Klaus Kraemer

Der Markt der Gesellschaft

Klaus Kraemer

Der Markt der Gesellschaft

Zu einer soziologischen Theorie der Marktvergesellschaftung

Westdeutscher Verlag

Umschlaggestaltung: Horst Dieter Bürkle, Darmstadt
Gedruckt auf säurefreiem Papier

ISBN 978-3-531-12989-1   ISBN 978-3-322-90286-3 (eBook)
DOI 10.1007/978-3-322-90286-3

Inhaltsverzeichnis

Vorwort

Bei der vorliegenden Arbeit handelt es sich um eine geringfügig überarbeitete Fassung meiner Dissertation, die im Jahre 1995 von der Philosophischen Fakultät der Westfälischen Wilhelms-Universität Münster angenommen wurde. Danken möchte ich Prof. Roland Reichwein für die Betreuung und Förderung der Arbeit sowie Prof. Hanns Wienold für das Korreferat. Ferner habe ich mich bei Katrin Hogrebe, Georg Kneer, Andreas Metzner, Armin Nassehi und Markus Schroer für wertvolle Hinweise und kritische Anregungen herzlich zu bedanken. Desweiteren gilt mein Dank den Teilnehmerinnen und Teilnehmern des von Prof. Rolf Eickelpasch geleiteten Forschungskolloquiums "Gesellschaftstheorie und Zeitdiagnose" für wichtige Denkanstöße. Darüber hinaus möchte ich mich bei Ute Pospiech - für die Unterstützung in der Schlußphase der Arbeit - und meinen Eltern bedanken. Nicht zuletzt gilt mein Dank dem Institut für Soziologie für die in jeder Hinsicht außergewöhnlichen Arbeitsmöglichkeiten, die mir im Rahmen meiner vierjährigen Tätigkeit als wissenschaftliche Hilfskraft im „Projektbüro" gewährt wurden. Schließlich danke ich Gerd Nollmann für die Hilfe bei der Erstellung der Druckvorlage.

Klaus Kraemer   Münster, im August 1996

I. Einleitung: Der Markt als soziologische Kategorie

Die vorliegende Untersuchung thematisiert den "Markt". Angesichts der Komplexität des Themenfeldes und der Vielzahl von Deutungsversuchen mag dies überraschen. Ist der Markt nicht im Alltag der Gesellschaft wie auch in den diversen sozialwissenschaftlichen Disziplinen ein bekanntes und altvertrautes Phänomen? Kann eine weitere Untersuchung überhaupt noch neue Erkenntnisse zu Tage fördern? Liegen nicht bereits ungezählte Versuche vor, den Markt aus wirtschaftsanthropologischer, historischer, ökonomischer, psychologischer oder soziologischer Perspektive einer eingehenden Analyse zu unterziehen?

Der Markt ist seit Adam Smith ein klassisches Thema nicht nur der Nationalökonomie, sondern auch der Gesellschaftstheorie und Sozialphilosophie (vgl. Hirschman 1992, 192ff.). Ungeachtet einiger innovativer Beiträge taucht die Marktthematik in den sozialtheoretischen Entwürfen der Gegenwartssoziologie jedoch nur kursorisch und wenig systematisch auf. Der Markt scheint als "sperriges" Analyseobjekt sukzessive aus dem Zentrum der zeitgenössischen soziologischen Betrachtung von Gesellschaft in die separierten Forschungsgebiete der von der neoklassischen ökonomischen Theorie adaptierten individualistischen Entscheidungstheorie, der Arbeits- und Berufssoziologie, der Industriesoziologie oder der Wirtschaftssoziologie abgedrängt worden zu sein.[1] In diesem Zusammenhang ist die "antithetische Konstruktion" (Beckenbach 1994, 99) des *homo oeconomicus* und des *homo sociologicus* bedeutsam, welche die fachwissenschaftliche Arbeitsteilung zwischen Ökonomie und Soziologie nach dem Zweiten Weltkrieg vertieft und bis an die "Grenze der Kommunikationslosigkeit" (ebd.) geführt hat. Sicherlich ist in Rechnung zu stellen, daß die für moderne Gesellschaften typischen Differenzierungsprozesse nicht spurlos am Wissenschaftssystem vorübergegangen sind, was sich etwa an der fachwissenschaftlichen Spezialisierung auf unterschiedliche Methodologien und Heuristiken, Forschungsgegenstände und Fragestellungen ablesen läßt. Die einst unter dem Titel "Politische Ökonomie"

---

[1]   Über Geschichte und Forschungsstand der Wirtschaftssoziologie und ihrer nationalökonomischen Inspirationsquellen informieren die einschlägigen Arbeiten von L. von Wiese (1965), Smelser (1968), Fürstenberg (1970), Burghardt (1974), Pierenkemper (1980), Buß (1985), Kutsch/Wiswede (1986), Türk (1987), Heinemann (1987a), Reinhold (1988), Hillmann (1988), Lange (1989) sowie Beckenbach (1994). Zum gegenwärtigen Stand der Industriesoziologie siehe im Überblick Hack (1994), zur Berufssoziologie vgl. Voß (1994).

ursprünglich zusammengefaßte Sozialwissenschaft ist in diverse Spezialdisziplinen auseinandergefallen.

In besonders problematischer Weise wird die Soziologie von dieser Arbeitsteilung tangiert, wenn man die kaum noch überschaubaren sozialwissenschaftlichen Diagnosen zur Ökonomisierung moderner Industriegesellschaften beim Wort nimmt. Zwar wird im Vergleich zu traditionalen Gesellschaften der immense Einfluß ökonomischer Beziehungen auf moderne Kultur und Gesellschaft herausgestellt und die weitreichenden Struktureffekte der ökonomischen Sphäre - bei unterschiedlicher theoretischer Gewichtung - im Hinblick auf die Organisation und das Selbstverständnis moderner Gesellschaften untersucht. Auch fehlt es nicht an prominenten Versuchen, das Verhältnis zwischen Wirtschaft und Gesellschaft oder das zwischen Wirtschaft und Politik gesellschaftstheoretisch zu bestimmen. Aus jüngster Zeit ist exemplarisch Jürgen Habermas anzuführen, der in der *Theorie des kommunikativen Handelns* die ökonomische Sphäre in der Absicht thematisiert, die *Austauschbeziehungen* zu rekonstruieren, die das "Subsystem" Wirtschaft und die "Lebenswelt" in modernen Gesellschaften miteinander unterhalten (vgl. 1981, II, 470ff.). Die *internen* Strukturbesonderheiten des ökonomischen Systems im allgemeinen und des Marktes im besonderen werden im Kontext neuerer gesellschaftstheoretischer Entwürfe oftmals jedoch nur beiläufig diskutiert, als bekannt vorausgesetzt und damit den Wirtschaftswissenschaften überlassen.[2] Auf dieses augenfällige Defizit reagiert meine folgende Untersuchung: Dabei verfolge ich die Absicht, die liegengebliebenen bzw. verstreuten Beiträge zur Soziologie des Marktes hinsichtlich ihrer gesellschaftstheoretischen Relevanz zu überprüfen und die damit verbundenen Probleme neu zu gewichten.

Zweifellos begibt man sich mit einer soziologischen Annäherung an die Marktthematik auf ein schwieriges Gelände. Was ist unter dem Begriff Markt in Abgrenzung zu rein ökonomischen Bestimmungen zu verstehen? Welchen eigenständigen Beitrag kann die Soziologie zur Marktproblematik überhaupt leisten? Gegenüber den ökonomischen Wissenschaften steht eine soziologische Analyse des Marktes allemal unter erheblichen Begründungzwängen. Das Terrain des Marktes ist nämlich seit jeher von den ökonomischen Wissenschaften als Untersuchungsfeld abgesteckt worden. Inwieweit sich die soziologische Methode hier

---

[2]   Hiervon ist Luhmann auszunehmen, der in *Wirtschaft der Gesellschaft* nach dem
selbstreferentiellen Operationsmodus der Ökonomie fragt und den "Markt" als etwas
interpretiert, das die Selbstbeobachtung des Wirtschaftssystems durch Preise ermöglicht. Demzufolge wird der Markt nicht als ökonomische Sphäre von Tausch*vorgängen* vorgestellt, die sich zu einem System verdichten, sondern als "systeminterne Umwelt" des Wirtschaftssystems (1988, 91ff.), d.h. als etwas, das - systemtheoretisch gesprochen - aus der *Beobachtung* von Beobachtungen des wirtschaftlichen Verhaltens
anderer gewonnen wird. Der Markt erscheint somit als "Beobachterkonstrukt"
(Baecker 1988a, 315) des ökonomischen Systems, mit dessen Hilfe die wirtschaftlichen Teilnehmer (z.B. Erwerbsbetriebe, Privathaushalte) Entscheidungen (Zahlen oder
Nichtzahlen) treffen. Auf die damit verbundenen Probleme wird noch einzugehen
sein.

gegenüber der ökonomischen Theorie behaupten kann, hängt deswegen auch nicht zuletzt von der Plausibilität der Ergebnisse ab, die sie zur Analyse des Marktphänomens beisteuern kann. In diesem Sinne steht schließlich die Leistungsfähigkeit der wissenschaftlichen Instrumentarien der Soziologie auf dem Prüfstand.

Angesichts der Komplexität des Marktphänomens bieten sich verschiedene Untersuchungsaspekte an: Man könnte eine soziologische Theorie auswählen und unter ihrem Blickwinkel die Marktproblematik entfalten. Sodann könnten die hieraus gewonnenen Erkenntnisse mit anderen sozialtheoretischen Konzepten verglichen werden. Weiter könnte man die Erörterung des Marktbegriffs etwa in der Wirtschaftssoziologie mit den Befunden der (neo)klassischen ökonomischen Theorie kontrastieren, um nach Übereinstimmungen und Widersprüchen Ausschau zu halten. Auch wäre es möglich, die Ideengeschichte des Marktes in den Sozialwissenschaften unter Einbeziehung diverser Selbstgefährdungs- und Krisentheorien wirtschaftsliberaler oder marxistischer Provenienz zu rekapitulieren, um die wechselvollen Interpretationen nachzeichnen zu können, die sich um das Phänomen des Marktes ranken. Außerdem böte sich an, die Marktthematik im Hinblick auf die Erklärung individueller Wahlentscheidungen zu erörtern, wobei insbesondere auf die diversen Tausch- und Verhaltenstheorien der neoklassischen Wirtschaftstheorie zurückzugreifen wäre. Hieran anschließend könnte die Rezeption ökonomischer Handlungstheorien in der Soziologie analysiert werden.[3] Ferner wäre es möglich, die Genese und die Entwicklung moderner Marktordnungen wirtschaftshistorisch zu rekonstruieren und Hypothesen hinsichtlich der Entstehungsgründe und der "treibenden Kräfte" des modernen Kapitalismus zu erörtern, etwa unter Berücksichtigung der klassischen Beiträge von Karl Marx, Werner Sombart, Max Weber u.v.a. In diesem Kontext wäre auch der Einfluß soziokultureller Faktoren auf den Wandel der Erwerbsmentalitäten zu dechiffrieren. Oder man könnte sich im Sinne einer Realanalyse dem Gegenstand empirisch annähern, um spezifische Entwicklungslinien des Weltmarktes herauszuarbeiten. Als Untersuchungsfelder wären etwa in Betracht zu ziehen: einzelne Wirtschaftssektoren, die internationale Arbeitsteilung, Trends der Monopolisierung, Bürokratisierung und Vermachtung (administrativer Wettbewerb) oder der Einfluß intermediärer Organisationen (Unternehmensverbände, Gewerkschaften) und internationaler Zusammenschlüsse (z.B. IWF, GATT, EU) auf das Marktgeschehen. Würde man diesen Weg der Analyse wählen, müßten die für moderne Gesellschaften typischen Beziehungen zwischen Marktökonomie und politischem System ("soziale Marktwirtschaft") unter besonderer Berücksichtigung seiner rechtlichen und demokratischen Institutionen in den Mittelpunkt gestellt werden. Mittels der komparativen Methode wäre es schließlich möglich, die Strukturen gegenwärtiger

---

[3] Vgl. etwa Homans (1972), Opp (1978; 1983), Becker (1982), Vanberg (1982), McKenzie/Tullock (1984), Elster (1986), Trapp (1986), Raub/Voss (1986), Wiesenthal (1987), Krause (1989), Coleman (1991), Kirchgässner (1991) und Friedrichs/Stolle/Engelbrecht (1993).

Marktordnungen im Hinblick auf ihre gesellschaftliche Bedeutung empirisch miteinander zu vergleichen oder mit Plangesellschaften zu kontrastieren.

Gegenüber diesen und anderen denkbaren Vorgehensweisen gebe ich einer soziologisch-systematischen Analyse des Strukturprinzips Markt den Vorzug. Dabei werden jene Überlegungen soziologischer Gesellschaftstheorien zu Rate gezogen, die mir bei der Analyse des Marktes als *Vergesellschaftungsmodus* hilfreich erscheinen. Insbesondere greife ich auf gesellschaftstheoretische Analysen von Max Weber und Georg Simmel zurück, die als Pioniere einer Soziologie des Marktes und seiner Vergesellschaftungsformen angesehen werden können. Darüber hinaus beziehe ich wirtschaftsanthropologische, wirtschaftssoziologische, industriesoziologische, sozialökologische und kultursoziologische Analysen und Fragestellungen in meine Überlegungen mit ein.

Im Anschluß an Simmel wird Vergesellschaftung als Figuration jener Wechselwirkungen gefaßt, die über den Horizont des individuellen Wollens und Handelns der einzelnen Akteure hinausweisen und zu einem Strukturzusammenhang gerinnen. Simmel begreift die Konstitution der Gesellschaft als Resultat der fortwährenden Verknüpfungsprozesse einzelner Handlungen bzw. als Verfestigung sozialer Wechselwirkungen zwischen einzelnen Individuen oder zwischen Individuen und sozialen Organisationen oder Institutionen. Mit Vergesellschaftungsprozessen sind somit Vorgänge gemeint, die aus sozialen Beziehungen hervorgehen und in einen interdependenten Strukturkontext übergehen, der nicht vollständig als *Entscheidungsinteraktion* begriffen werden kann. Die am Vergesellschaftungsprozeß beteiligten Akteure orientieren ihr Verhalten wechselseitig aneinander und schaffen auf diese Weise einen sozialen Kontext, der sich unabhängig vom und gegen den jeweiligen Entstehungszusammenhang begründet und erhält. Dieser Kontext kann nicht als die Summe intentionaler Entscheidungen aufgefaßt werden. Er verweist auf exogene Verhaltens- und Handlungszumutungen wie etwa Knappheit an Einkommen, Vermögen und Tauschoptionen, denen sich die Akteure nicht ohne weiteres entziehen können und die zugleich durch ihr Handeln bestätigt werden.

Für Simmel (1989, 59) gilt der Tausch als "reinste und gesteigertste Wechselwirkung". Damit erörtert Simmel zunächst den Tausch nicht hinsichtlich seiner ökonomischen Funktion, sondern thematisiert ihn als soziale Beziehung, die der ökonomischen Funktion *vorausgesetzt* ist. Der Tausch, so führt Simmel (ebd., 73f.) weiter aus, "ist nicht die Addition zweier Prozesse des Gebens und Empfangens, sondern ein neues Drittes, das entsteht, indem jeder von beiden Prozessen in absolutem Zugleich Ursache und Wirkung des andern ist". In soziologischer Hinsicht seien etwa die Wirkungen des Geldmediums, das den Markttausch vermittelt, auf die Gegenseitigkeitsverhältnisse der sozialen Akteure sowie die "Wirkungen auf die innere Welt: auf das Lebensgefühl der Individuen, auf die Verkettung ihrer Schicksale, auf die allgemeine Kultur" (ebd., 10) zu untersuchen. Aus diesem Grunde sei der Markttausch auch "keineswegs nur eine nationalökonomische Tatsache" (ebd., 11). An diese Überlegungen anknüpfend soll mit dem Marktbegriff *ein* Strukturierungsprinzip von Gesellschaft gekennzeichnet werden, das die

Vergesellschaftung der Individuen über Tauschvorgänge organisiert. Vergesellschaftung meint, daß die Individuen als agierende und reagierende Akteure in ein soziales Verhältnis zueinander treten. Mit anderen Worten wird also die Vergesellschaftung der Individuen über die Tauschsphäre strukturell erzwungen und arrangiert.

An dieser Stelle sei auf die in dieser Untersuchung gewählte methodologische Vorgehensweise hingewiesen, die mit der Wissenschaftslehre Max Weber untrennbar verbunden ist. In dem Aufsatz über *Die 'Objektivität' sozialwissenschaftlicher und sozialpolitischer Erkenntnis* von 1904 hat Weber (1988b, bes. 191ff.) die idealtypische Methode genauer ausgewiesen. Sie soll in der vorliegenden Untersuchung fruchtbar gemacht werden, um die Strukturmerkmale des Marktes gewissermaßen in komprimierter, "reiner" Form sozialtheoretisch beschreiben zu können. Da es sich bei der idealtypischen Begriffsbildung um eine "gedankliche Konstruktion" (ebd., 201) der charakteristischen Merkmale einer Konfiguration der sozialen Welt handelt, ist natürlich auch die "reine" Form des Marktes in modernen Industriegesellschaften empirisch nicht anzutreffen. Den heuristischen Wert des Idealtypus sieht Weber vielmehr in der gedanklichen Steigerung und Synthetisierung einzelner Gesichtspunkte bis zu einem denkmöglichen Extrem. Die idealtypische Methode zielt somit darauf ab, eine singuläre Erscheinung oder eine ganze Anzahl von Erscheinungen aus der diffusen Fülle kontingenter Erscheinungen unter bestimmten vereinseitigten Gesichtspunkten pointierend hervorzuheben und sie zu einem einheitlichen, in sich logischen Strukturbild zusammenzuschließen. Die idealtypische Betrachtung eines Einzelphänomens (hier: "Tausch") gerinnt dann zu einem Strukturbild (hier: "Marktvergesellschaftung"). Idealtypen sind nicht als maßstabsgetreue Abbilder von Wirklichkeit aufzufassen, sondern lediglich begrifflich-analytische Darstellungsinstrumente oder anschauliche Schemata, die erst mit der jeweiligen Wirklichkeit konfrontiert werden müssen. Der Idealtypus sei, wie Weber (ebd., 191) hervorhebt, in seiner "begrifflichen Reinheit" ein Konstrukt, das in der Wirklichkeit empirisch nicht vorfindbar sei; er sei eine "Utopie". Gerade weil sich die Wirklichkeit dem sozialwissenschaftlichen Betrachter als ein strukturloses, heterogenes Kontinuum darstellt, vertritt Weber die Forderung nach scharfen, eindeutig bestimmbaren Begriffen um so nachdrücklicher. Unter einseitigen Gesichtspunkten sei Wirklichkeit idealtypisch zu beleuchten, um "Ordnung in das Chaos derjenigen Tatsachen zu bringen, welche wir in den Kreis unseres Interesses jeweils einbezogen haben" (ebd., 207). In die als unendlich komplex begriffene, ungeordnete Wirklichkeit individueller Vorgänge wird eine gedachte, d.h. "ideale" Ordnung hineinprojiziert. Für Weber (1980, 9) liegt die Eigenart soziologischer Abstraktionen darin, daß die idealtypisch konstruierten Begriffe gegenüber der empirischen Wirklichkeit "relativ inhaltsleer" sein müssen. Die Soziologie habe jedoch die "gesteigerte Eindeutigkeit der Begriffe" (ebd., 10) zu bieten, um "ein möglichstes Optimum von Sinnadäquanz" (ebd.) zu erreichen. Durch das Absehen von Kontingenzen und der Zusammenstellung der wichtigsten Aspekte, die in der empirischen Wirklichkeit nicht zwingend gemeinsam vorkommen müssen, gelangt man so zu einem allgemeinen Begriff, dessen Definition den Hintergrund abgibt, vor dem sich die Besonderheiten des Einzelfalls abheben.

Weber lehnt es ab, in den so gewonnenen Idealtypen den "eigentlichen Sinn" der Geschichte, ihr "Wesen", zu fixieren und sie in universalhistorischer Hinsicht zu hypostasieren. Und umgekehrt wendet er sich dagegen, die schillernde Mannigfaltigkeit der empirisch-historischen Wirklichkeit in die Stringenz und Systematik eines idealtypisch konstruierten Begriffsapparates hineinzuzwängen. Die logische Architektur der Begriffe dürfe nicht über die zu beschreibenden Phänomene triumphieren. Der Idealtypus sei als begriffliches Hilfsmittel notwendigerweise einseitig und unwirklich. Mehr noch: Der Idealtypus müsse zum empirischen Geschehen Abstand halten, um die unhintergehbare Differenz von Begriff und Wirklichkeit nicht einzuebnen; er rekurriere weder auf evolutionstheoretisch begründete "Triebkräfte" noch ermögliche er eine Einsicht in die "Substanz" der Dinge. Mit dieser erkenntnistheoretischen Denkfigur beabsichtigt Weber, die idealtypische Begriffsbildung von jedem Absolutheitsanspruch zu befreien. Für Weber ist der Idealtypus ein genetischer Begriff, d.h. er löst aus einem Bündel von Merkmalen jene heraus, die für einen spezifischen Zusammenhang als wesentlich anzusehen sind. Sein Bildungskriterium ist mit Webers Worten die "Sinnadäquanz", nicht jedoch die Häufigkeit des empirischen Auftretens eines bestimmten Merkmals. Er kann nicht durch eine Überprüfung an der historischen Wirklichkeit "falsifiziert" werden. Der Idealtypus fungiert lediglich als ein heuristisches Mittel, um empirische Forschung anzuleiten, indem er mögliche Gesichtspunkte eines idealen, d.h. gedachten Zusammenhangs hypothetisch ordnet.

Die idealtypische Vorgehensweise impliziert also nicht, um es nochmals hervorzuheben, unterschiedliche Vergesellschaftungsformen dichotomisch gegenüberzustellen und alle Zwischenglieder und Kombinationsformen aus den Augen zu verlieren. Das theoretische Konstrukt Marktvergesellschaftung wird nicht verwendet, um gesellschaftliche Strukturen wirklichkeitsnah oder maßstabsgerecht abzubilden. In kristalliner Form ist Marktvergesellschaftung nicht aufzufinden, sondern allenfalls nur in historischen Mischungsverhältnissen, die insbesondere unter Ausklammerung des modernen politischen Systems und seiner institutionellen Regulierungsinstrumente *nicht* begriffen werden können. Diese in sich widersprüchlichen Mischungsverhältnisse genauer zu analysieren, wäre etwa die Aufgabe einer empirisch ausgerichteten sozialökonomischen Länderstudie.

Das so ausgewiesene Untersuchungsfeld entzieht sich allein schon deswegen der (neo)klassischen ökonomischen Theorie, weil üblicherweise der Markt als distributive Institution des Wirtschaftssystems begriffen wird, die die optimale Allokation von Gütern und Leistungen garantiere. Aus dieser Perspektive wird der Markt in aller Regel im Hinblick auf seine Funktion als Verbindungsglied zwischen der Produktions- und Konsumtionssphäre beschrieben, wobei die *invisible hand* (Adam Smith) des Preismechanismus die Koordination wirtschaftlicher Operationen sicherstellen soll. Der Markt ermögliche als optimales Produktions- und Verteilungsregulativ die zweckmäßige Abstimmung aller Teile (Anbieter und Nachfrager) zu einem funktional organisierten Ganzen. Er wird gewissermaßen als interner Steuerungsmodus der Ökonomie begriffen, der den Tausch markttauglicher Güter und Dienstleistungen regelt, wobei die Abstimmungsleistung zwischen Anbietern und Nachfragern *ex-post* erbracht wird.

Ökonomische Theorien tragen der gesellschaftlichen und kulturellen Bestimmtheit ihres Gegenstandes jedoch nur selten Rechnung. Demgegenüber ist der Markt in *soziologischer* Hinsicht als spezifische Vergesellschaftungsform zu interpretieren, die weniger darüber informiert, wie der Markt als ökonomische Institution funktioniert bzw. wie wirtschaftliches Verhalten der Unternehmen und Haushalte entscheidungstheoretisch erklärt werden kann. Der Begriff Marktvergesellschaftung, so lautet meine Hypothese, ermöglicht vielmehr, die soziologisch relevanten Dimensionen ökonomischer Tauschvorgänge zu thematisieren. Dieser Begriff impliziert mehr, als daß die Verwendung von knappen Gütern durch die Preisbildung koordiniert und die Anpassung und Variation individueller Präferenzen und Pläne an objektive Marktdaten und monetäre Budgetrestriktionen erzwungen wird. Mit der hier vorgeschlagenen Perspektive wird das Marktthema konzeptionell weiter gefaßt, um die "Kulturbedeutung" (Max Weber) marktregulierter Tauschbeziehungen für moderne Gesellschaften thematisieren zu können.[4] Der Markt besitzt ökonomische Bedeutung und verweist zugleich auf einen über den eng abgesteckten Horizont güterwirtschaftlicher Abstimmungsvorgänge hinausgreifenden Vergesellschaftungsmechanismus, der einen besonderen Typ sozialer Beziehungen zwischen den Tauschakteuren hervorbringt. Damit wird von der Einschätzung ausgegangen, daß die von den ökonomischen Wissenschaften behandelten Sachverhalte nicht unabhängig von gesellschaftlichen Voraussetzungen und Folgen zu sehen und zu behandeln sind. In diesem Sinne sollen weniger die von der Wirtschaftssoziologie thematisierten Beziehungen *zwischen* Wirtschaft und Gesellschaft untersucht werden (vgl. Buß 1985, 1ff.). Vielmehr wird in dieser Untersuchung die Absicht verfolgt, das *Gesellschaftliche* der *Tauschvorgänge innerhalb* des ökonomischen Systems soziologisch zu rekonstruieren. Die leitende Frage ist somit die nach der *sozialen* Konstitution des Markttausches, der unter dem Gesichtspunkt seiner Bedeutung für das stukturelle Profil moderner Gesellschaften in den Blick genommen werden soll. Von einem soziologischen Zugriff erhoffe ich mir somit jene Aspekte des Tauschens behandeln zu können, die aus dem Gegenstandsbereich der ökonomischen Theorie traditionellerweise herausfallen.

---

[4]   In Abgrenzung zu den hinlänglich bekannten Defiziten der schematischen Basis/Überbau-Architektonik der marxistischen Gesellschaftstheorie zielt das Konstrukt Marktvergesellschaftung darauf ab, Kultur als konstitutiven Bestandteil der Vergesellschaftung über Märkte zu begreifen. Davon erhoffe ich mir eine nichtreduktionistische Perspektive auf das Verhältnis von Markt und Kultur. Kultur ist weder ein Epiphänomen der Ökonomie noch etwas prinzipiell außerhalb des Ökonomischen Befindlichen. Kultur ist keine abgeleitete Variable der Ökonomie, sondern konstitutiver Bestandteil jeder über Tauschvorgänge vermittelten Sozialbeziehung.

Bevor der Gang der Untersuchung vorgestellt wird, möchte ich schon allein wegen einer möglichst präzisen Verwendung des Marktbegriffs bereits an dieser Stelle darauf verweisen, daß "Markt" nicht mit "Wirtschaft" synonym gesetzt wird. Beide Begriffe bezeichnen nicht dasselbe - was eigentlich selbstverständlich sein müßte. Das ausdifferenzierte Netzwerk von Tauschbeziehungen kann nicht mit der Gesamtheit der Ereignisse des wirtschaftlichen Geschehens gleichgesetzt werden. Die tendenzielle Gleichsetzung wirtschaftlicher Akte mit Tauschakten bzw. Zahlungsvorgängen läßt sich jedoch, darauf weist Berger (1992, 157ff.) hin, in prominenten soziologischen Theorien aufspüren, etwa bei Parsons/Smelser (1956), Habermas (1981) und Luhmann (1988). Demgegenüber wird in dieser Untersuchung davon ausgegangen, daß für das Wirtschaftssystem moderner Gesellschaften die Differenz zwischen Märkten und Wirtschaftsorganisationen (z.B. Erwerbsbetriebe) konstitutiv ist. In soziologischer Hinsicht ist diese Unterscheidung allein schon aus folgendem Grund bedeutsam: Im Hinblick auf die Handlungskoordination hebt sich die Tauschsphäre des Marktes nämlich grundsätzlich von der Organisationsebene industrieller Erwerbsbetriebe ab, in denen die Marktobjekte, die Güter, für Tauschzwecke produziert werden. Wirtschaftliche Vorgänge kommen auf Märkten über Zahlungen zustande und beruhen auf der Freiwilligkeit des Kontrakts, während sie in Wirtschaftsorganisationen insbesondere durch das - zeitlich sowie sachlich begrenzte - "herrschaftliche" Prinzip der Hierarchie reguliert werden. Im Gegensatz zu betriebsexternen Marktbeziehungen liegen die Kontrollrechte einer Handlung im innerbetrieblichen Sektor nicht bei dem Handelnden selbst. An die Stelle des für Tauschbeziehungen typischen Preismechanismus tritt im Erwerbsbetrieb das aus spezifischen Eigentumstiteln abgeleitete unternehmerische Dispositionsrecht über Arbeitsgegenstände, Arbeitsmittel und Arbeitskräfte.

Mit dem Begriff Marktvergesellschaftung wähle ich den *Zugang* zur Ökonomie nicht über die Produktions-, sondern über die Tauschsphäre. *Erstens* möchte ich damit vermeiden, die gesellschaftliche Relevanz der Ökonomie auf den Sektor der unmittelbaren Begegnung von "Kapital" und "Arbeit" einzuengen. Mit der Thematisierung der Tauschsphäre werden jedoch *keineswegs* Wirtschaftsorganisationen wie z.B. Erwerbsbetriebe analytisch ausgeklammert. Im Gegenteil: Schließlich treten Erwerbsbetriebe auf unterschiedlichen Märkten als Anbieter von Gütern bzw. als Nachfrager von Rohmaterialien, Krediten oder Arbeitskräften auf. Sie zeichnet ein organisatorisches Innenleben aus, das nicht als Netzwerk von Tauschvorgängen oder als Zusammenhang von Zahlungsakten bestimmt werden kann. Gleichwohl besteht das innerbetriebliche Geschehen aus einem Geflecht von Handlungen, die, ohne selbst Zahlungen zu sein, in Zahlungen *münden*. Obwohl innerbetriebliche Handlungen nicht mit Zahlungen identisch sind, sind sie jedoch im Hinblick auf den Außenkontakt eines Betriebes darauf *zugeschnitten*, daß die Abnehmer der Güter zahlen und die betriebliche Zahlungsfähigkeit aufrechterhalten wird (Berger 1992, 158). Die Entscheidungen der Wirtschaftsorganisationen orientieren sich an betriebsexternen Ereignissen, d.h. an einem

Kranz von Marktdaten, die aus der Binnenperspektive eines Produktionsbetriebes und seiner industriellen Arbeitsorganisation kaum kontrolliert werden können.

Auch am Beispiel des Arbeitskontraktes läßt sich veranschaulichen, daß das betriebsinterne Geschehen nur unzureichend erfaßt werden kann, wenn die vorgelagerten Tauschakte auf Märkten, hier: der Arbeits*markt*, vernachlässigt werden. Selbst das hierarchisch strukturierte Arbeitsverhältnis innerhalb eines Erwerbsbetriebes basiert auf vertraglicher Vereinbarung, die überhaupt erst der Unternehmung das Direktionsrecht über den Einsatz der Arbeitskraft zuspricht. Ein Arbeitsverhältnis kommt nicht durch die Ausübung von physischem Zwang zustande, sondern immer erst dann, wenn der Arbeitskontrakt einvernehmlich ausgehandelt ist. Anders formuliert: Es steht den Arbeitskräften im Prinzip jederzeit offen, die hierarchische Beziehung innerhalb des Erwerbsbetriebes einseitig aufzukündigen, das Beschäftigungsverhältnis zu beenden und das Arbeitsvermögen auf dem Arbeitsmarkt anderweitig anzubieten. Schließlich kommt die betriebliche Beziehung zwischen Arbeitgeber und Arbeitnehmer nicht durch herrschaftliche Privilegien zustande, sondern ist vertraglich geregelt.

Die sozialwissenschaftlichen Befunde zur "Krise der Arbeitsgesellschaft" sowie der vielzitierte "Wertewandel" legen *zweitens* nahe, den Blick über den Tellerrand des betrieblichen Geschehens auf die Tauschsphäre zu richten. Im Gegensatz zur Tauschsphäre ist die separierte Betriebs- oder Bürowelt ein Handlungsort, aus dem schon allein aufgrund hoher struktureller Arbeitslosigkeit mehr und mehr Individuen ausgeschlossen werden. Wie zudem der Bedeutungszuwachs des Konsumtionssektors in modernen Industriegesellschaften zeigt, gibt der Betrieb als unmittelbarer Ort der Begegnung von "Kapital" und "Arbeit" nicht mehr zwangsläufig den alltäglichen Erfahrungsmittelpunkt und Lebenshintergrund der Individuen ab. Nur ein - wenn auch immer noch erheblicher - Teil der Gesamtbevölkerung ist in westlichen Industriegesellschaften über Beschäftigungsverhältnisse in die gewerblichen Produktionskerne integriert. Hingegen stehen ausnahmslos *alle* Akteure im unmittelbaren Kontakt zum Marktgeschehen, etwa als Anbieter von Leistungsvermögen auf dem Arbeitsmarkt, als Nachfrager von Konsumartikeln auf Gütermärkten, als Nachfrager von Freizeitangeboten auf Dienstleistungsmärkten, als Nachfrager nach Kleinkrediten auf Geldmärkten etc. Kurzum, jedes Individuum ist - in unterschiedlicher Weise und Funktion - als Anbieter oder Nachfrager in das Marktgeschehen involviert, und sei es nur als einfacher Konsument auf den Märkten des täglichen Grundbedarfs an Lebensmitteln und Gebrauchsgegenständen oder als arbeitsloser Anbieter von Leistungsvermögen auf dem Arbeitsmarkt. Neben den Arbeits- und Produktionssektor ist allem Anschein nach gleichberechtigt der private Reproduktionsbereich aufgerückt, der in zunehmendem Maße von den professionellen Angeboten der Freizeit- und Kulturmärkte tangiert wird (vgl. Schulze 1992).

In dieser Untersuchung soll das theoretische Konstrukt "Marktvergesellschaftung" an ausgewählten Themenfeldern auf seinen Erklärungsgehalt hin überprüft werden. Angesichts der empirischen Weitläufigkeit des Untersuchungsgegenstandes erscheint es allerdings allein schon aus methodischen und darstellungstechnischen Gründen unumgänglich, lediglich einige - mir relevant erscheinende - soziologische Besonderheiten des Marktphänomens eingehender zu diskutieren. Die folgenden Überlegungen nehmen in Kapitel II auf der elementaren Ebene des funktionalen Markttausches zwischen Marktakteuren ihren Ausgangspunkt, um die Besonderheiten dieser Tauschbeziehung gegenüber dem Tauschmodus der sozialen Reziprozität darzulegen und genauer bestimmen zu können, wie sich das Verhältnis der Individuen zueinander darstellt. Dabei ist danach zu fragen, inwieweit der funktionale Markttausch von strukturellen Zusammenhängen entlastet, die den Marktteilnehmern vorausgesetzt sind. Wie zu zeigen ist, verweist die Entlastungsfunktion auf einen basalen Entscheidungskontext, der im Rahmen eines handlungstheoretischen Zugriffs kaum zufriedenstellend problematisiert werden kann. Im weiteren ist deswegen der Markt als Netz von Systemparametern zu untersuchen, in das die Austauschenden unhintergehbar eingewoben sind. Diese Systemparameter strukturieren Sachzwänge, unter denen Marktakteure handeln und eröffnen Gelegenheiten, aus denen sich ihre Handlungskapazitäten ableiten. Der Webersche Begriff der formalen Rationalität soll hierbei fruchtbar gemacht werden, um die Rationalitätsproblematik in sachlicher, zeitlicher und räumlicher Hinsicht zu entfalten.

In Kapitel III wird danach gefragt, wie sich der Vergesellschaftungsmodus des Marktes auf die Produktion und Reproduktion gesellschaftlicher Machtchancen auswirkt. Das Verhältnis von Macht und Markt ist dabei nicht als äußere, wenn auch interdependente Relation zu beschreiben. Vielmehr ist das Marktgeschehen gewissermaßen *von innen* heraus machttheoretisch zu analysieren, um den strukturellen Machteffekten *in* Tauschbeziehungen nachgehen zu können. Dies erscheint gerade auch deswegen unverzichtbar, weil Herrschaft und Macht dem äußeren Anschein nach in formal freien und gleichen Tauschbeziehungen des Marktes zunächst nur durch Abwesenheit auffallen. Um den Machtfaktor des "Tauschens" beschreiben zu können, wird der Begriff der Tauschchance eingeführt und auf der Folie des Arbeitsmarktes und des Geldmediums sowohl in sozialer, sachlicher, zeitlicher und räumlicher Hinsicht spezifiziert.

In Kapitel IV soll der soziologische Blick auf das Verhältnis von Markt und Ökologie gerichtet werden, um die Umweltbeziehungen des Marktgeschehens in einigen charakteristischen Zügen analytisch fassen zu können. Die in Kapitel II zusammengetragenen Ergebnisse zur *stofflichen* Dimension der Tauschobjekte, den Gütern, sind unter besonderer Berücksichtigung der dort entfalteten Rationalitätsproblematik wieder aufzunehmen und auf die ökologische Fragestellung zu projizieren. Die Integration der Umweltthematik in die soziologische Betrachtung des Marktes als Vergesellschaftungsmodus läßt sodann Rückschlüsse auf die Frage erwarten, wie und in welcher Weise der marktinduzierte Umgang mit naturalen Ressourcen (Stoffe und Energie) jene *zukunftsverträglichen* Gegenwartsentscheidungen systemisch benachteiligt, die sich in ihren Operationen an der langfristigen Sicherung der materiellen Existenzgrundlagen auszurichten versuchen. Um den hinlänglich bekannten Vereinseitigungen naturalistischer und industrialistischer Provenienz vorzubeugen, ist diesen Überlegungen die sozialtheoretisch bedeutsame Frage nach dem allgemeinen Verhältnis von Gesellschaft und Natur vorangestellt. Dabei soll der weitverbreiteten Absenz der ökologischen Thematik in der soziologischen Gesellschaftstheorie entgegengewirkt werden, um den Ort der Naturthematik in der soziologischen Theorie im Sinne einer vorläufigen Arbeitshypothese zu bestimmen. In diesem Zusammenhang ist auch der Vergesellschaftungsbegriff in einer - über Simmel hinausgehenden - Weise zu verwenden, um die *Vergesellschaftung von Stoffen und Energie* im Kontext des Marktgeschehens in den Blick nehmen zu können.

Der soziologische Blick auf das Panorama des Marktgeschehens wäre allerdings verkürzt, wenn an dieser Stelle der Gang der Untersuchung abgeschlossen und die Tauschenden selbst - als systemisch eingebundene Handlungs- und Entscheidungsakteure - nicht in die Analyse einbezogen würden. Im abschließenden Kapitel V ist deshalb unter besonderer Berücksichtigung kultursoziologischer Überlegungen die Marktbeziehung aus der Binnenperspektive der Anbieter und Nachfrager zu beschreiben, um die für das Marktgeschehen typischen Deutungsformen des Selbst, die *subjektiven Selbstverhältnisse*, idealtypisch rekonstruieren zu können. Hierbei gilt die besondere Aufmerksamkeit der soziologisch aufschlußreichen Frage, welche funktionalen Anforderungen das Marktgeschehen an die Tauschenden stellt, welche Verhaltensdispositionen zumindest für die Dauer des Leistungstransfers ausgeklammert werden und in welcher Weise die Austauschenden von den Rationalitätsvorgaben des Marktes "eingefärbt" werden. Während dem objektivistischen Blick auf die gesellschaftlichen Strukturen in aller Regel der subjektive Faktor entgeht, verspreche ich mir von einem kulturtheoretischen Zugang zum Marktphänomen, die Erwartungsstrukturen und Identitätskonstruktionen der Marktakteure in die Analyse integrieren zu können. In den abschließenden Überlegungen zur Semantik moderner Kulturmärkte werde ich die kultursoziologischen Beobachtungen von Gerhard Schulze zur Expansion des Tauschvolumens von Freizeit- und Kulturmärkten fruchtbar machen, um vor dem Hintergrund der daraus gewonnenen Ergebnisse Pierre Bourdieus Theorie sozialer Distinktion kritisch beleuchten zu können.

II. Vergesellschaftung über Märkte - Grundlegung

A. Markt und Rationalität I

1. Der funktionale Markttausch

Auf einer elementaren Ebene ist die Struktur des Marktes in der Moderne nach Heinemann (1976) zunächst durch die spezifische Form der sozialen Beziehung gekennzeichnet, die zwischen Marktteilnehmern gestiftet wird. Diese Beziehung ist erstens als *formale* Freiheit und Gleichrangigkeit charakterisiert. Das Marktgeschäft hat die freiwillige Zustimmung der Austauschenden zur Voraussetzung, und zwar ganz unabhängig davon, ob es sich um eine Tauschkooperation zwischen Käufer und Verkäufer auf dem Gütermarkt, zwischen Arbeitgeber und Arbeitnehmer auf dem Arbeitsmarkt, zwischen Vermieter und Mieter auf dem Wohnungsmarkt oder zwischen Gläubiger und Schuldner auf dem Geldmarkt handelt. In jedem Fall können Leistungen gegen Geld grundsätzlich frei getauscht werden, womit umgekehrt auch die Chance der Ablehnung einer Tauschbeziehung besteht. Diese Tauschfreiheit, die in den bürgerlichen Rechtsinstituten der Vertragsfreiheit *und* Gewerbefreiheit ihren unmittelbaren Ausdruck findet, ermöglicht den einzelnen Marktakteuren, in der Wahl des Tauschpartners und des Tauschobjektes wie auch in der Festlegung der Tauschmengen und Tauschrelationen formal ungebunden und frei zu entscheiden. Der Handel mit Gütern und Dienstleistungen, Grund und Boden, Geld und Wertpapieren wird nicht von ständischen Barrieren behindert, der Zugang zu Märkten und Produkten ist kein exklusives Recht, das an sozial, personal, politisch, ethnisch oder religiös legitimierte Schließungskriterien gebunden ist. Michael Walzer umschreibt in *Sphären der Gerechtigkeit* (1992, 36) diese Tausch- und Wahlfreiheit des Marktes mit den folgenden Worten: "Was immer rechtmäßig zum Kauf angeboten wird, sollte an gottlose, ketzerische und sündige Männer und Frauen genauso verkauft werden wie an gottesfürchtige (anders wären nennenswerte Geschäfte auch gar nicht zu machen). Der Markt steht allen offen, die zu ihm kommen, die Kirche nicht."[1]

---

[1]   "Freiheit" in dieser Form ist weder als universelle Möglichkeit oder individuelle Unabhängigkeit und Selbstbestimmung aufzufassen, noch räumt sie allen Gesellschaftsmitgliedern gleiche Partizipationschancen und materielle Sicherheiten ein. Die formale Freiheit des Marktes garantiert lediglich die Abwesenheit von physischem Zwang, staatlicher Reglementierung und personaler Bevormundung. Gleichwohl ist jene Freiheit, die sich in der Abwesenheit von gewaltförmigem Zwang erschöpft, eine *sub-*

Ein Marktteilnehmer wird vom Kauf beliebiger Leistungen nicht aufgrund der sozialen Lebenslage, der verwandtschaftlichen, geschlechtlichen, ethnischen oder konfessionellen Zugehörigkeit ausgeschlossen. Auch kann der Verkauf von Leistungen nicht von Dritten oktroyiert werden. Der aufgenötigte oder gewaltförmig erzwungene Kauf oder Verkauf eines Objektes ist mit der Institution der Vertragsfreiheit prinzipiell unvereinbar. Ein Tauschgeschäft ist immer nur dann rechtskräftig, wenn es individuell vereinbart wurde und sowohl die Zustimmung des Käufers als auch des Verkäufers vorliegt. Diese Vertragsfreiheit ist auf dem Arbeitsmarkt durch die freie Berufs- und Arbeitsplatzwahl und auf Güter- und anderen Dienstleistungsmärkten durch die Institution der Handels- und Konsumfreiheit rechtlich garantiert. Folglich sind auch Ämterpatronage, Klientelismus und Nepotismus soziale Distributionsmechanismen, die im alltäglichen Marktgeschäft zwar nicht gänzlich unbekannt sind, gleichwohl aber keinen Tauschpartner zu einer bindenden Verpflichtung nötigen.

Der moderne Markt kennt in *formaler* Hinsicht keine Privilegierung oder Diskriminierung aufgrund marktexterner Unterscheidungsmerkmale. Im Marktgeschehen herrscht *Bekenntnis*freiheit: Es wird nicht zwischen Inländern und Ausländern, Autochthonen und Fremden, Etablierten und Außenseitern, Konformisten und Nonkonformisten, Klerikern und Häretikern unterschieden. Die Marktakteure werden lediglich nach ihrer ökonomischen Funktion bewertet, also etwa danach, ob sie über monetäre Ressourcen verfügen oder zahlungsunfähig sind. Wie Bolz (1993, 100) betont, läßt das Geld als allgemeines Medium des Marktes "neben sich keine anderen Werte mehr aufkommen; sie degenerieren zu kontingenten Gründen der Zahlung". Auf dem Gütermarkt treten die Akteure nur als Produzenten oder Konsumenten auf, auf dem Geldmarkt als Kreditgeber oder Kreditnehmer, auf dem Wohnungsmarkt als Hauseigentümer oder Mieter bzw. Pächter, auf dem Arbeitsmarkt als Produktionsmittelbesitzer oder Besitzer von Leistungsvermögen usw.

Zweitens ergibt sich aus diesen - historisch beispiellosen - Eigenschaften des rationalen Markttausches zwischen *formal* Freien und Gleichen, daß die Handelnden in ihrer Funktion als Anbieter oder Nachfrager wechselseitig ersetzbar sind. Die sachlichen Leistungen, die der Käufer (Geld) und der Verkäufer (Ware) anbieten, werden genau abgewogen und miteinander verglichen, während der lebensweltliche Hintergrund, in den die Marktakteure als leibhaftige Personen eingebettet sind, unbeachtet bleibt. Die Warenbesitzer sind in einer Formulierung

---

stanzlose Freiheit, eine Karikatur. Im Lohnarbeiterdasein entpuppt sich formale Freiheit oftmals als ökonomische Abhängigkeit und soziale Ungleichheit - und damit als leeres Versprechen. Auch bestehen in steigendem Maße faktische Marktzugangsbeschränkungen durch Kartelle und Monopole, die den Markt unter sich aufteilen und gegen unliebsame Konkurrenz abschotten (Konzentration und Vermachtung). Vgl. auch Taylors (1988, 118ff.) Kritik der "negativen Freiheit". Zu den einschneidenden Restriktionen der formalen Freiheit des Marktes siehe die machttheoretischen Überlegungen in Kapitel III.

von Marx (1974, 153, vgl. auch 912f.) als "Gleichgeltende zugleich Gleichgültige gegeneinander".[2] Tauschbeziehungen, die über Märkte vermittelt sind, sind ökonomisch zweckgerichtet und durch jene Interessen strikt begrenzt, die dem sachlichen Transfer von Leistung und Gegenleistung dienen. Individuen treten als Marktakteure auf, um eine Leistung zu kaufen oder zu verkaufen. Sieht man von dieser Tauschfunktion ab, sind sie alles andere als unverwechselbar und unersetzlich. Sie sind durch Marktkonkurrenten beliebig auswechselbar, etwa wenn Dritte das Produkt zu günstigeren Konditionen anbieten, einen höheren Kaufpreis entrichten oder ihre Arbeitskraft gegen eine geringere Entlohnung veräußern. Ganz in diesem Sinne beschreibt Simmel (1992a, 349) die Marktkonkurrenz als die "reine Objektivität des Verfahrens, die ihre Wirkung ausschließlich der Sache und ihren gesetzlichen Wirkungen verdankt, unter völliger Gleichgültigkeit gegen die dahinter stehende Persönlichkeit". Anders formuliert kann die versachlichte Kooperation im Markttausch als funktional-zweckorientiert gekennzeichnet werden, da die Aufmerksamkeit der Austauschenden sich auf die Verfolgung individueller Nützlichkeitskalküle konzentriert, wobei marktexterne Sinnhorizonte und Wertkriterien für die Dauer des Leistungstransfers abgetrennt werden.

Der formal freie, weil sakral oder ständisch ungebundene Markttausch stellt insofern eine sachliche Beziehung dar, als ausschließlich die Tauschobjekte und die Konditionen des Austausches von Interesse sind, also etwa Güterpreis und Zahlungsmodalitäten. Schließlich hat das Marktgeschäft seinen Tauschzweck erfüllt, wenn Leistung und Gegenleistung zu den verabredeten Vertragsbedingungen den Besitzer wechseln. Da Marktbeziehungen keine über den konkreten Tauschzweck hinausgehende Erwartung an den Tauschpartner stiften, sind sie sozusagen emotional abgekühlt und entdramatisiert - oder in den Worten Schumpeters (1972, 209): "anti-heroisch". In den anonymen Tauschbeziehungen des Marktes tritt die individuelle Interessenverfolgung an die Stelle gemeinschaftlicher Verpflichtung und religiösen Bekenntnisses, milieuspezifischer Solidarität und politischer Protektion. Helmut Dubiel (1986, 278) bemerkt pointiert, daß sich der Markt zu den

---

[2]   Gerade auch nach Marx (1974, 153) gelten die Marktsubjekte als Gleiche füreinander; sie sind in ihrer Funktion als Austauschende *gleichgestellt*: "Jedes der Subjekte ist ein Austauschender; d.h. jedes hat dieselbe gesellschaftliche Beziehung zu dem andren, die das andre zu ihm hat. Als Subjekte des Austauschs ist ihre Beziehung daher die der Gleichheit". Marx zufolge treten die Besitzer von Tauschwerten im Tauschakt einander gegenüber, um Tauschwerte von gleicher Größe auszutauschen. Für ihn ist Gütertausch Äquivalententausch. Hieraus leitet er die formale Gleichheit der Marktsubjekte ab. In einer zugespitzten Formulierung führt Marx sogar den historisch einmaligen Freiheits- und Gleichheitsgewinn der bürgerlichen Moderne gegenüber den offen gewaltförmigen Restriktionen des Feudalsystems auf die Ausbreitung und Generalisierung des Markttausches von Tauschwerten zurück: "Gleichheit und Freiheit sind (...) nicht nur respektiert im Austausch, der auf Tauschwerten beruht, sondern der Austausch von Tauschwerten ist die produktive, reale Basis aller Gleichheit und Freiheit." (Ebd., 156; vgl. auch 915)

traditionellen Moralbeständen "wie die große Industrie zu den fossilen Brennstoffen" verhalte: sie werden "im Zuge ihrer Expansion verbrannt".[3]

Die sozialen Konsequenzen dieser Versachlichung sind keineswegs eindeutig, sondern in hohem Maße ambivalent. In Geldgeschäften hört nicht nur die Freundschaft, sondern auch die Feindschaft auf; in Marktbeziehungen verblassen Ängste vor Fremden, trocknen religiöse Glaubensbekenntnisse aus, verflüchtigen sich gemeinschaftliche Bezüge, werden Klassensolidaritäten prekär und nationalistische Ideologien entwertet, büßt der Glaube an die Autorität der Tradition an Überzeugung ein, wird die Allmacht des Monarchen entzaubert. Im Tauschakt ruht jede Freundschaft zu Gleichgesinnten, wird für die Dauer des Leistungstransfers jede moralische Selbst- oder Fremdverpflichtung eingefroren. Wer mit geschäftlichen Dingen befaßt ist, ist zugleich in normativen Dingen zum Schweigen oder Stillhalten gebracht. Max Weber beschreibt in *Wirtschaft und Gesellschaft* (1980, 383) diese weitreichende Normabsenz des Markttausches mit den folgenden Worten: "Wo der Markt seiner Eigengesetzlichkeit überlassen ist, kennt er nur Ansehen der Sache, kein Ansehen der Person, keine Brüderlichkeits- und Pietätspflichten, keine urwüchsigen, von den persönlichen Gemeinschaften getragenen menschlichen Beziehungen".

Genauer formuliert kommen Marktbeziehungen mit vergleichsweise geringen normativen Anforderungen aus. In ihnen reduziert sich der Konsensbedarf auf das Bedürfnis, den Tausch durch die Anerkennung allgemein gültiger Vertragsnormen abzusichern. Die vertragliche Vereinbarung eines Tauschaktes impliziert die Zustimmung der Vertragspartner zu den Rechten und Pflichten, die aus den Konditionen des Kaufvertrags resultieren. Von den Marktteilnehmern wird erwartet, daß sie auf die Ausübung physischer Gewalt verzichten und sich wechselseitig als Rechtssubjekte anerkennen. Zugleich wird ihnen das Versprechen abverlangt, geschlossene Verträge auch tatsächlich einzuhalten, um betrügerisches Verhalten sanktionieren zu können. Der Markttausch bezieht seine Legitimität ausschließlich aus dem formalen Vertragscharakter des Tauschaktes sowie aus der Freiwilligkeit der vertraglichen Vereinbarung. Das bürgerliche Vertragsrecht, das durch die institutionellen Garantien der Rechtsordnung abgesichert ist, macht die Marktbeziehung *enttäuschungsfest*. Es definiert gewissermaßen die Spielregeln des

---

[3] Nach Dubiel hat sich an der Erosion überlieferter Wertrepertoires und der Zerstörung von Traditionsbeständen eine "romantische Kritik des Kapitalismus" entzündet, die insofern als unreflektiert und verklärend zu bezeichnen sei, als sie die überkommen - Stabilität verbürgenden - Moralsysteme und traditionsgeleiteten Orientierungsmuster zurücksehne und die "materielle Reproduktion der Gesellschaft wieder einbinden will in die Sinnstiftung einer traditionellen Kultur. Am Ende des 20. Jahrhunderts existiert freilich keine traditionsdefinierte Sittlichkeit mehr, in deren Namen man eine in die Krise geratene Modernisierung wieder in ihre Schranken verweisen könnte" (1986, 278). Dubiel hat hierbei die verschiedenen Varianten der soziologischen Kulturkritik in den USA von David Riesman über Daniel Bell, Christopher Lasch und Lionel Trilling bis Richard Sennett und Robert Bellah im Blick.

Tauschgeschehens, die zu seiner Aufrechterhaltung funktional notwendig sind. Diese *Verrechtlichung* des Tausches ist allein schon deswegen unverzichtbar, da ohne Androhung von Konsequenzen bei Nichteinhaltung des Tauschvertrages keine Rechtssicherheit gestiftet werden kann. Der ausgedünnte Konsensbedarf des Tauschgeschehens nimmt jedoch nur auf die zuverlässige und erfolgreiche Abwicklung des Leistungstransfers Bezug, nicht aber auf *externe* Normansprüche. Die vertragliche Übereinkunft bezieht sich lediglich auf das *Leistungsergebnis* des Tauschaktes, während die Marktteilnehmer einem Kaufvertrag jeweils aus sehr unterschiedlichen Motiven zustimmen können. Das Zustandekommen der Tauschbeziehung hängt nicht davon ab, inwieweit sich die Beteiligten in normativer Hinsicht verständigen können. Aus diesem Grund scheint auch ein *Hintergrundkonsens* zwischen den Marktteilnehmern verzichtbar, der sich etwa über gemeinsam geteilte Weltvorstellungen erstreckt und ein prinzipielles normatives Einverständnis herstellt.[4]

Georg Lohmann (1991, 274) folgert aus der funktionalen Struktur von Marktbeziehungen, daß die Bedürfnisbefriedigung des Nachfragers dem Anbieter eines Gutes nur als Mittel diene, um die "eigene Bedürfnisbefriedigung als Zweck zu setzen". Derjenige, der ein Produkt auf dem Konsummarkt mit einem "Gebrauchswert für abstrakt andere" anbiete, verhalte sich nämlich "gleich-gültig gegen die Bedürfnisbefriedigung der anderen" (ebd.). Ein Beispiel zur Illustration: Ein Gut oder eine Leistung wird jenen Interessenten verkauft, die die Zahlungserwartung des Anbieters akzeptieren, nicht aber jenen, die bedürftig aber mittellos sind. Auch werden Anbieter von Leistungsqualifikationen (Arbeitskräfte) nicht deshalb eingestellt, weil sie sich in einer durch Einkommensarmut, Unterbeschäftigung oder Arbeitslosigkeit verursachten Notlage befinden, sondern weil es für ein Unternehmen im Hinblick auf die gegenwärtige Absatzlage und die zukünftige Markterwartung opportun erscheint.[5]

Die Tauschpartner registrieren sich als funktionale Rolleninhaber, genauer: als Besitzende und Nicht-Besitzende von Geld und Leistungen, während sie zugleich von allen subjektiven Sinnbezügen abstrahieren. Schließlich erkennen sie sich wechselseitig als Rechtssubjekte an, die Einzelinteressen verfolgen, nicht

---

[4] Die Absenz eines (im Schützschen Sinne) gemeinsam geteilten und definierten Weltverständnisses kann mit Bolz (1993, 91) illustriert werden: "Der prüde Hauseigentümer akzeptiert den Pornoshop in seiner Ladenzeile, der rassistische Oberbürgermeister den Araber im Westend - weil er zahlt." Im Marktgeschehen werden normativ gesicherte oder kommunikativ erzielte Geltungsgründe lebensweltlicher Milieus durch die operative Schließung der wirtschaftlichen Ereignisse Zahlen bzw. Nichtzahlen ersetzt (Luhmann 1988).

[5] Empirisch aufzufindende Fälle von "Vetternwirtschaft" widerlegen nicht diese Überlegungen, sondern verweisen vielmehr darauf, daß marktrationale Entscheidungen in Konkurrenz zu anderen Verteilungsmechanismen (hier: Verwandtschaft) stehen: z.B. die Übervorteilung in geschäftlichen Dingen aufgrund persönlicher oder familiärer Kontakte zum Tauschpartner.

aber als bedürftige Individuen. In der je individuellen Verfolgung ihrer Privatinteressen als Anbieter oder Käufer von Leistungen verhalten sie sich deshalb auch *desinteressiert* gegenüber der Person des Tauschpartners und der wechselseitigen Bedürfnisbefriedigung aller anderen Marktteilnehmer. Mit dem Geschäft, das mit der Leistung und Gegenleistung seinen Zweck erfüllt, sind keine weiteren Ansprüche und Rücksichtnahmen verbunden. Tauschbeziehungen, die sich über den Markt konstituieren, sind "affektiv neutral, d.h. sie sind nicht emotionalen und moralischen Bindungen unterworfen, sondern auf rationale, sachliche Interessenerwägung begründet, letztlich sind sie selbstorientiert, d.h. die Handelnden orientieren sich in ihren Entscheidungen einzig an ihren eigenen Interessen. Die Marktpartner kommen unter spezifischen, isolierten Gesichtspunkten zum Zwecke des Tausches zusammen, der Kontakt endet in dem Moment, in dem der Tausch beendet ist" (Heinemann 1976, 55).

Der Markttausch hinterläßt folglich auch keine Spur des vorhergehenden Besitzers. Weder kann von der physischen Eigenschaft eines gegen Geld getauschten Gutes auf den vormaligen Besitzers geschlossen werden, noch sieht man dem Geld die Umstände an, unter denen es erworben wurde, wer über es verfügt und welche Motive der Geldbesitzer verfolgt. Schließlich ermöglicht die Marktinstitution zwischen beliebigen Besitzern beliebiger Leistungen beliebig viele Tauschbeziehungen. Georg Simmel hat diesen Sachverhalt in der *Philosophie des Geldes* damit begründet, daß der über das Geldmedium vermittelte Leistungstransfer das "Auseinandertreiben von Sache und Person" (1989, 450) begünstige. Der Marktkontrakt könne die sachliche Objektivität und die rechenhafte Überprüfbarkeit des Tauschgeschäftes nur dann garantieren, wenn subjektive Faktoren aus der Kalkulation ausschieden: "Der Lieferant, der Geldgeber, der Arbeiter, von denen man abhängig ist, wirken garnicht als Persönlichkeiten, weil sie in das Verhältnis nur nach der je einen Seite eintreten, daß sie Waren liefern, Geld geben, Arbeit leisten, und anderweitige Bestimmtheiten ihrer garnicht in Betracht kommen, deren Hinzutreten zu jenen doch allein ihnen die persönliche Färbung verleihen würde" (ebd., 393). In diesem Sinne streift der funktionale Leistungstransfer zwischen Käufer und Verkäufer, Gläubiger und Schuldner, Unternehmer und Arbeiter jedes individuelle Persönlichkeitsprofil der beteiligten Anbieter und Nachfrager ab. Die pragmatische, erfolgsorientierte Übereinkunft im Marktkontrakt kennzeichnet das Ziel des sachlichen Markttausches. Ganz ähnlich wie etwa Weber (1980, 36) leitet hieraus Simmel in einer Abhandlung zum "Streit" (1992a, 376) den prinzipiellen Kompromißcharakter des Tausches ab, der der offenen Auseinandersetzung ebenso unversöhnlich gegenüberstehe wie dem Streben nach Übereinstimmung in normativen Anschauungen: "Aller Tausch um Dinge ist ein Kompromiß".

Das rational motivierte Tauschgeschäft verpflichtet zu nichts anderem als zur Anerkennung der bürgerlichen Rechtsinstitute des Leistungstransfers (Vertragsrecht, Eigentumstitel), was durch das politisch-administrative System garantiert wird. Dadurch sind die über den Markttausch gestifteten sozialen Beziehungen der privaten Willkür entzogen. Weder die rechtswidrige gewaltförmige Aneignung eines Tauschobjekts (Diebstahl) noch der Vertragsbruch (Betrug, Veruntreuung) kann geduldet werden. Die *Abwesenheit direkter physischer Gewalt* in Tauschbeziehungen ist deshalb auch eine der markantesten Errungenschaften der Marktinstitution. Selbst im Falle des Wettbewerbs um einen identischen Marktsektor konkurriere man, wie Simmel (1992a, 325) hervorhebt, "mit dem Gegner, ohne sich gegen ihn zu wenden, sozusagen ohne ihn zu berühren". Allgemeiner formuliert übt das Marktgeschehen in gewisser Weise eine pazifizierende Wirkung aus, da es mit der herrschaftlichen Aneignung ökonomischer Leistungen (Erpressung, Schutzgeld, Leibeigenschaft) unvereinbar ist. Schließlich sind die Tauschakteure lediglich an den Objekten des Tausches, den Marktgütern, interessiert, die gegen Geld erworben oder verkauft werden sollen, nicht aber an der personalen Unterwerfung des Tauschpartners.

In der Sachlichkeit des Marktgeschehens liegt auch begründet, warum weder "(un)faire" Preise erzielt noch "(un)gerechte" Löhne verdient oder "(un)gerechte" Strafen ausgesprochen werden. Strenggenommen können deswegen auch die *im* Marktgeschehen getroffenen Entscheidungen nicht als amoralisch beurteilt werden, mögen sie im Hinblick auf externe negative Effekte noch so bedenklich erscheinen. Schließlich sind Kaufentscheidungen preisgesteuert: Ihr Referenzpunkt ist Effizienz, nicht Gerechtigkeit. Der normativ neutralisierte Preismechanismus hat übrigens auch weitreichende Folgen für die Frage der Legitimität des Marktgeschehens. Da die über den Markt vermittelten Tauschbeziehungen *aus sich heraus* nur ökonomische Entscheidungskriterien zulassen, sind auch die Handlungen der wirtschaftlichen Akteure *zunächst* von allgemeinen Verfahren der politischen Zustimmung und Konsensbildung abgekoppelt. In dem Maße, in dem das Marktgeschäft nicht auf mühsame Prozesse der normativen Absicherung angewiesen ist, erübrigen sich langwierige Prozeduren der Legitimationsstiftung. Die marktrationale Haltung ist, so schlußfolgert Dahrendorf (1966, 6), "politisch passiv, eine Haltung der Abstinenz in Dingen der Gesetzgebung und Entscheidung". Betrachtet man die Tauschbeziehungen für sich allein, dann ist es durchaus angemessen, sie als im politisch-normativen Sinne ungeregelt zu kennzeichnen.[6]

---

[6]   Wie die historische Genese des modernen "Vorsorgestaates" (Ewald 1993) im allgemeinen und die institutionelle Einbettung und Verrechtlichung des Arbeitsmarktes (Müller-Jentsch 1986) im besonderen zeigen, sind die vielfältigen sozialstaatlichen Regularien von Marktbeziehungen das Ergebnis politischer Auseinandersetzungen und sozialer Kämpfe. Hieraus erklärt sich auch, warum sie erst *nachträglich* eingebaut wurden. Für die Bundesrepublik sind exemplarisch das Tarifrechtssystem und Betriebsverfassungsgesetz, Arbeitsgesetzgebung und Arbeitsrechtsprechung, Sozialpolitik und Sozialversicherung, staatliche Arbeitsverwaltung und Arbeitsmarktpolitik zu nennen. Zudem beschränken sich die korporatistisch organisierten Konfliktregelungs- und Normsetzungsverfahren zur kollektiven Regelung von industriellen Arbeitsbeziehungen auf *korrektive* Funktionen. Insofern wird auch die im weiteren zu erörternde *soziale Indifferenz* des Marktzusammenhangs nicht aufgehoben, sondern bestenfalls

Aus naheliegenden Gründen kann eine isolierte Tauschbeziehung nicht von Dauer sein. Schließlich realisiert sich die pragmatische Übereinkunft im Akt des Tausches, ist der Zweck der Tauschbeziehung mit dem erfolgreichen Abschluß des Marktkontraktes erreicht. Sobald das Dispositionsrecht über ein Tauschgut in die Hand des Nachfragers übergegangen und die Rechnung beglichen, die Arbeitsleistung erbracht und der Lohn gezahlt oder der Kredit gewährt und die Schuld samt Zinsen abgetragen ist, ist auch die Marktbeziehung beendet. Über den isolierten Tauschakt hinaus schulden die Marktakteure einander nichts - sie sind "quitt". Ist der Marktvertrag zu den entsprechenden Konditionen erfüllt und sind die gegenseitigen Bedürfnisse über den Tauschakt befriedigt, trennen sich die Wege der Tauschpartner, bis ein weiterer Tausch sie zum erneuten und kurzzeitigen Vertragsabschluß wieder zusammenbringt. Allenfalls aufgrund eines juristischen Nachspiels wird die soziale Beziehung zeitlich befristet aufrechterhalten: z.B. wenn der Tausch zum Gegenstand eines späteren Rechtsstreites wird, etwa wenn der Warenkäufer die Rechnung nicht vertragsgemäß beglichen hat oder eine Ratenzahlung vertraglich abgesprochen worden ist, der Käufer nun aber zahlungssäumig ist, oder auch wenn die vertraglich oder gewohnheitsmäßig zugesicherten Qualitäten der gekauften Ware nicht zutreffen, bzw. das Tauschgeschäft sich im nachhinein als Betrug erweist. Eine neue Tauschbeziehung beginnt erst mit dem Wiedereintritt in das Marktgeschehen und mit dem Kauf oder Verkauf eines Gutes. So wie der Tauschpartner wechselt, wechselt in aller Regel auch der Gegenstand des Tauschgeschäftes, die Ware. Trotz der Zufälligkeit und Kurzlebigkeit des jeweiligen Tauschvorgangs überzieht ein dichtes, sich ständig verflüchtigendes und zugleich immer wieder neu entstehendes Netzwerk von Kooperations- und Tauschbeziehungen die moderne Gesellschaft, welches die wirtschaftlichen Akteure in funktionaler Hinsicht wechselseitig aneinander bindet.[7]

---

wohlfahrtsstaatlich abgefedert. Walzer (1992, 156ff.) bringt den defensiven Charakter der normativen Einbettung von Marktbeziehungen treffend zum Ausdruck, wenn er im Falle von Objekten, die dem Markthandeln nach herrschendem Recht und Gesetz entzogen sind, von "blockierten Tauschgeschäften" spricht. Er faßt zusammen: Menschen dürfen nur als freie Arbeitskräfte, nicht aber als leibhaftige Personen (Sklaven) gekauft werden. Weiter ist die Vermarktung von politischer Macht und staatlicher Rechtsprechung (Bestechung, Korruption), bürgerlichen Freiheitsrechten und öffentlicher Sicherheit, kriminellen Handlungen (Mord, Erpressung) etc. gesetzlich untersagt. Der Markt, auf dem blockierte Tauschgeschäfte illegal stattfinden, ist bekanntermaßen der sogenannte Schwarzmarkt. Die Beschränkung der Käuflichkeit von Objekten und Leistungen kann als Bedingung der Möglichkeit des funktionalen Markttausches angesehen werden: Nur wenn für Geld nicht *alles* käuflich ist, kann man für Geld *vieles* kaufen. Vgl. Elwert (1985) sowie Luhmann (1988, 239).

[7] Bekanntermaßen bestreitet Durkheim in Abgrenzung von der utilitaristischen Gesellschaftstheorie in der Tradition Herbert Spencers, daß funktional differenzierte, genauer: arbeitsteilig organisierte Gesellschaften einzig und allein und auf Dauer auf sachlich-rationalen Interessenkoalitionen und Vertragskooperationen beruhen können. In der Studie *Über soziale Arbeitsteilung* (1992, 260) heißt es hierzu: "Denn wo das In-

2. Markttausch und soziale Reziprozität

Um die soziologischen Besonderheiten der funktionalen Tauschbeziehung des Marktes idealtypisch kennzeichnen zu können, ist sie im weiteren genauer vom Tauschmodus der sozialen Reziprozität, der das Nehmen an eine moralisch verbindliche Form des Gebens bindet, zu unterscheiden. Ausgehend von den wegweisenden wirtschaftsanthropologischen Untersuchungen von Richard Thurnwald (1932), Bronislav Malinowski (1979), Raymond Firth (1950), Marcel Mauss (1990) u.a. zum reziproken Tausch von Geschenken in archaischen Gesellschaften[8] hat Alwin W. Gouldner (1984, 79ff.) den universellen Charakter dieser Tauschform betont und sie auf die gemeinschaftlichen Beziehungen der Verwandtschaft und Familie, Nachbarschaft und Freundschaft in modernen Gesellschaften bezogen. Ihm zufolge basiert die soziale Reziprozitätsnorm auf spezifischen Rechten, die ego aufgrund seiner Zugehörigkeit zu einer sozialen Gemeinschaft besitze und die zugleich mit Verpflichtungen und Diensten gegenüber alter verbunden seien, von dem ego Hilfe und Unterstützung empfangen hat.[9]

---

teresse allein regiert, ist jedes Ich, da nichts die einander gegenüberstehenden Egoismen bremst, mit jedem anderen auf dem Kriegsfuß, und kein Waffenstillstand kann diese ewige Feindschaft auf längere Zeit unterbrechen. Das Interesse ist in der Tat das am wenigsten Beständige auf der Welt. Heute nützt es mir, mich mit Ihnen zu verbinden; morgen macht mich derselbe Grund zu Ihnen Feind." Erst die moralisch-konsensuelle Integration verleihe dem "unermeßliche(n) System privater Verträge" (ebd., 259) Stabilität, während die Orientierung an sachlichen Interessen "nur zu vorübergehenden Annäherungen und zu flüchtigen Verbindungen führen" (ebd., 260) könne. Wie Müller/Schmid (1992, 515) treffend bemerken, übersieht Durkheim die "Möglichkeit und hohe Wahrscheinlichkeit 'egoistischer Kooperation', die auch unter Minimierung moralischer Vorgaben realisierbar und stabilisierbar erscheint".

[8]   Die Wirtschaftsanthropologie hat die Anfänge des ökonomischen Handelns zu rekonstruieren versucht und hierbei den Tauschmodus der sozialen Reziprozität auf der Folie der Tauschzeremonien archaischer Stammeskulturen etwa am Beispiel der *taonga* der Maori in Samoa (Polynesien), des *Kula* auf den Trobriand-Inseln im westlichen Pazifik (Melanesien) und des *Potlatsch* nordwestamerikanischer Indianer studiert. Die Unterscheidung des reziproken Tausches nach generalisierter und balancierter Reziprozität kann in diesem Kontext vernachlässigt werden. Vgl. besonders Sahlins (1974, 193ff.) sowie zusammenfassend Buß (1985, 109f.).

[9]   Gouldner (1984) untersucht die Reziprozitätsnorm hinsichtlich ihres Beitrags zur Erhaltung und Stabilität von Sozialsystemen. Ihm zufolge repräsentiert sie in jeder Gesellschaft "eine Art Füllmittel, das man in die veränderlichen Risse sozialer Strukturen gießen kann und das gewissermaßen als ein für alle Zwecke verfügbares moralisches Bindemittel dienen muß." (Ebd., 106) Auf die von Gouldner (ebd., 118ff.) eingeführte Unterscheidung zwischen Reziprozitätsnorm, "Wohltätigkeitsnorm" und "moralischem Absolutismus" kann in diesem Kontext nicht näher eingegangen werden. Nur soviel: Erstens ermögliche im Gegensatz zur Reziprozitätsnorm die Norm der Wohltätigkeit Geben und Nehmen ohne Gegenleistung. Die moralische Verpflichtung,

Bereits Mauss hat in der klassischen Abhandlung *Die Gabe* (1990, 22) am Beispiel von Tausch- und Geschenkregeln in archaischen Gesellschaften hervorgehoben, daß der reziproke Austausch von Leistungen und Gegenleistungen nicht explizit vorgeschrieben, im stillschweigenden Sinne aber "streng obligatorisch" sei. Jeder soziale Akteur sei entsprechend der äußeren Umstände, der situativen Möglichkeiten und des sozialen Status dazu verpflichtet, Geschenke anzunehmen und zu erwidern. Wer dieses moralische Gebot des wechselseitigen Gebens und Nehmens mißachte oder absichtsvoll dagegen verstoße, zerschneide das integrative Band der Gemeinschaft und müsse mit dem Verlust der sozialen Anerkennung, im schlimmsten Fall sogar mit dem Ausschluß rechnen. Wer hingegen den moralischen Sollwerten der Reziprozitätsnorm genüge, gewinne an Status und Prestige, schaffe persönliches Vertrauen, festige freundschaftliche Beziehungen und sichere auf längere Sicht Kooperationsmöglichkeiten mit anderen Tauschpartnern. Nochmals Mauss (ebd., 37): "Sich weigern, etwas zu geben, es versäumen, jemand einzuladen, sowie es ablehnen, etwas anzunehmen, kommt einer Kriegserklärung gleich; es bedeutet, die Freundschaft und die Gemeinschaft verweigern." Diese Bindung gehe so weit, daß die Gemeinschaftsmitglieder "einander alles schulden". Wer ein Geschenk ablehne, lehne auch den Schenkenden ab, woraus im Umkehrschluß folge: Wer ein Geschenk annehme, unterwerfe sich der Bindung an den Schenkenden. Dieser Tauschmodus wird Mauss zufolge durch magische und rituelle Codes religiös abgesichert und als demonstratives Mittel eingesetzt, um soziale Differenzierungen zu verstärken sowie Prestige und Macht gegenüber Dritten zu erwerben und abzusichern.[10] Ganz ähnlich unterstreicht Heinemann (1976, 57) den personal bindenden Charakter dieser Tauschform: Durch die Norm

---

zu geben ohne zu nehmen, impliziere zugleich, daß der Empfänger hieraus kein Recht, etwas zu erhalten, ableiten könne. Gouldner (ebd., 141) vermutet, "daß die Beziehungen zu Gleichrangigen weniger durch Wohltätigkeitsnormen gesteuert werden als durch Reziprozitätsnormen." Und zweitens fordere die Norm des "moralischem Absolutismus", daß bestimmte Dinge unter allen Umständen getan werden müßten. Demgegenüber sei der Reziprozitätsnorm die strikte "Befolgung von Regeln um ihrer selbst willen" (ebd., 160) fremd. Die bekannteste Klassifikation von Tauschformen stammt von Polanyi (1966; 1978), der zwischen reziprokem Tausch, Markttausch und redistributivem Tausch unterscheidet. Zur Gegenüberstellung der verschiedenen Tauschformen siehe etwa Smelser (1968, 149), Heinemann (1976, 1988), Elwert (1987) und Harris (1989, 124ff.).

[10] Im Anschluß an Mauss bemerkt Bataille (1985, 17f.) zum *Potlatsch* der Indianerstämme der Tlingit, Haida, Tsimshian und Kwakiutl von der amerikanischen Nordwestküste: "Er schließt jedes Feilschen aus und besteht im allgemeinen in einem beträchtlichen Geschenk von Reichtümern, das ostentativ gemacht wird mit dem Ziel, einen Rivalen zu demütigen, herauszufordern und zu *verpflichten*. Der Tauschwert des Geschenks ergibt sich daraus, daß der Beschenkte, um die Demütigung aufzuheben und die Herausforderung zu erwidern, der mit der Annahme des Geschenks eingegangenen Verpflichtung nachkommen muß, sich durch ein noch größeres Geschenk zu revanchieren, das heißt, es mit Zinsen zurückzuzahlen."

der Reziprozität "wird der Tausch in alle sozialen Beziehungen, Solidaritätsver-
pflichtungen und Loyalitäten integriert, familiären, religiösen, politischen Bindungen und Wertungen unterworfen. Man kann eine Beziehung zu Personen und
Sachen nicht negieren; wer eine Forderung, eine Leistung, ein Geschenk ablehnt,
lehnt auch die Person ab; wer ein Geschenk, eine Leistung usw. entgegennimmt,
unterwirft sich den Bindungen und Verpflichtungen des Partners und seiner Gruppe." Die Distributionsform der Reziprozität kann insofern als eine *gemeinschaftliche Tauschform* gekennzeichnet werden, die den traditionellen Konventionen und
der Binnenkontrolle der sozialen Gruppe unterliegt, welche Konformität belohnt
und Abweichungen negativ sanktioniert.

Soziale Reziprozität verpflichtet alter zur Annahme einer Leistung von ego
und - entsprechend seines Sozialstatus - zur Erwiderung der empfangenen Leistungen. Dieser wechselseitige Austausch von Leistung und Gegenleistung basiert
auf einer alltagsweltlich verankerten und traditionell verbürgten sozialmoralischen
Verpflichtung, die das Vertrauen in die Verläßlichkeit des konkreten Tauschpartners gewährleistet. Dieses Vertrauen ist gesichert durch eine dauerhafte und stabile, an die innere Verbundenheit der Einzelnen appellierende Gemeinschaft. Der
Begriff der Verpflichtung signalisiert, daß jede Leistung eine unausgesprochene,
weil implizite Gegenleistung für ein vorausgegangenes Geschenk ist, wobei die
Äquivalenz dem Geber überlassen bleibt; wenngleich von ihm erwartet wird, daß
die Gegengabe einen mehr oder weniger angemessenen Wert besitzt. Das Tauschverhalten des Einzelnen wird von der sozialen Position geprägt, die er innerhalb
der Statushierarchie einnimmt. Umgang, Qualität und Zeitpunkt der zu erbringenden Leistung werden in jedem Fall jedoch nicht buchhalterisch taxiert und vertraglich ausgehandelt.

Gegenüber der für gemeinschaftliche Beziehungen typischen reziproken Aus-
tauschnorm des Gebens und Nehmens ist die Vertrauensbasis des funktionalen
Markttausches in zweierlei Hinsicht entpersonalisiert: Erstens sind die Austauschenden als funktionale Rolleninhaber des Marktgeschäfts (Käufer/Verkäufer,
Schuldner/Gläubiger, Besitzer/Nichtbesitzer) wechselseitig substituierbar, woraus
zweitens die sozial unspezifischen Merkmale des Marktkontrakts und die geringe
Interaktionstiefe der Tauschbeziehung resultieren. Vertrauen ist im Kontext des
anonymen Marktgeschehens nicht auf Personen bezogen, denen man mit Sympa-
thie begegnet oder die als Mitglieder der Gemeinschaft bekannt sind. Auch ist
Vertrauen nicht auf Wertmuster gerichtet, denen man aus Gewohnheit und Tradition folgt. Da die Tauschakteure in anonymen Marktbeziehungen lediglich begrenzte Informationen über die Motive und Interessen der Tauschpartner besitzen,
kann Vertrauen letztlich nur durch eine gewisse Rechtssicherheit des Tauschvertrages hergestellt werden oder auf den abstrakten Werten der Geldökonomie basieren: insbesondere der Geldwertsicherheit und der Währungsstabilität (Simmel
1989, 214ff.; Heinemann 1993). Zudem erlischt das Interesse des Marktakteurs an
der Tauschbeziehung mit ihrem erfolgreichen Abschluß und der Befriedigung der
individuellen Nutzenerwartung, während die reziproke Tauschbeziehung auch

dann aufrechterhalten und fortgesetzt wird, wenn die ausstehenden Verpflichtungen erfüllt und die eigenen Interessen gestillt sind bzw. ein Tauschzyklus abgeschlossen ist.

In diesem Zusammenhang ist auch die Begriffsunterscheidung Webers von Bedeutung, die er in *Wirtschaft und Gesellschaft* (1980, 36) zwischen dem rationalen Markttausch und traditionalem oder konventionalem Tausch vornimmt. Die traditionale Tauschbeziehung bleibt Weber zufolge in ein dichtes und lokales Netz von gemeinschaftlichen Verpflichtungen und Loyalitäten, Ansprüchen und Dankbarkeiten eingebunden. Demgegenüber "stellt der Markt ein Mit- und Nacheinander rationaler Vergesellschaftungen dar, deren jede insofern spezifisch ephemer ist, als sie mit der Uebergabe der Tauschgüter erlischt, sofern nicht etwa bereits eine Ordnung oktroyiert ist, welche den Tauschenden ihren Tauschgegnern gegenüber die Garantie des rechtmäßigen Erwerbs des Tauschgutes (Eviktionsgarantie) auferlegt. Der realisierte Tausch konstituiert eine Vergesellschaftung nur mit dem Tauschgegner." (Ebd., 382) Der für die Marktvergesellschaftung typische ökonomisch rationale Tausch unterscheidet sich nach Weber vom traditionalen oder konventionalen Tausch also dadurch, daß ersterer ein *flüchtiger* Vorgang sei, der keine kontinuierliche Beziehung zwischen angebbaren Personen etabliere, da er sich lediglich an den individuellen Marktchancen der Marktakteure orientiere, nicht aber an der personalen Vertrautheit und Zuneigung bzw. gemeinschaftlichen Verpflichtung der Austauschenden. Insofern stifte der rationale Markttausch mehr oder weniger zufällige oder *serielle Aggregationen* von monadischen Marktsubjekten, denen jede "Verbrüderung in der Wurzel fremd" (ebd., 383) sei.

Unter Bedingungen des funktionalen Markttausches wird die Verfolgung von Interessen zur eigenverantwortlichen Sache des Einzelnen, die Bewältigung von Handlungsfolgen oder Marktzwängen zur Sache des jeweils betroffenen Individuums. Eine in sich *ambivalente Kontextfreiheit* ist die Folge, die sich von traditionalen Tauschformen grundlegend unterscheidet. In der reziproken Tauschbeziehung ist der Einzelne unausweichlich und mit Haut und Haaren an die Gemeinschaft gebunden. Folglich ist das Individuum unter diesen Bedingungen auch mehr oder weniger auf die Befriedigung seiner Bedürfnisse und Interessen durch die Gemeinschaft angewiesen, die ihrerseits dem Einzelnen eine "vorgegebene Form der Bedürfnisbefriedigung" (Heinemann 1988, 48) oktroyiert. Der Tauschmodus der sozialen Reziprozität schließt Tauschfreiheit hinsichtlich Tauschpartner und Tauschobjekt aus. Schließlich sind nur jene Personen tauschfähig, die dem mehr oder weniger geschlossenen Kreis der Gemeinschaft angehören oder in einer kontinuierlichen Tauschbeziehung zu dieser stehen. Auch können nur jene Objekte getauscht werden, die innerhalb der Gemeinschaft zirkulieren. Obendrein kommt hinzu, daß traditionale Gemeinschaftssysteme kein individuelles Austrittsrecht kennen, welches auf dem freien Willen des Austrittswilligen gründet. Wer die Erwartungen von alter in die Erwiderung empfangener Leistungen enttäuscht oder dem Geber einer Leistung nicht mit der Haltung der Dankbarkeit begegnet, verstößt zudem gegen allgemeine, kulturell festgelegte Moralkodizes, was mit dem Abbruch der reziproken Beziehung und dem Verlust der sozialen Anerkennung unerbittlich geahndet wird. Das dichte Netz der Reziprozitätsnorm zwingt somit den Einzelnen bei Strafe des "Gesichtsverlustes" zur Rollenkonformität, so daß Fremderwartungen in die Erfüllung der "moralischen Pflicht" hineingenommen werden. Nur derjenige, der mit einer Haltung der Dankbarkeit gegenüber dem "großzügigen" Geber auftritt, hat auch ein Recht auf die Erfüllung spezifischer Erwartungen, genauer: die Respektierung anerkannter statusbezogener Ansprüche. Der Empfänger einer Leistung steht folglich in einer direkten moralischen Verpflichtung gegenüber dem Geber, die sich typischerweise als personale Abhängigkeitsbeziehung verfestigt. Der Einzelne, der ganz Gemeinschaft ist, kann sich ihrem Zugriff auf die ganze Person höchstens partiell entziehen: Das "Selbst, das der Reziprozität seine Existenz verdankt, hängt wesentlich von seiner Nützlichkeit für andere ab. Die Sicherheit und das Überleben des Selbst bestimmt sich in seinem Wert danach, was es tut, was seine Funktion ist und hängt nicht davon ab, was es ist." (Gouldner 1984, 129) Und weiter heißt es: "Das in der Reziprozität verankerte Selbst erlangt seine Reife dadurch, daß es nicht das tut, was es möchte, sondern was andere möchten. Dieses Selbst wird dadurch reif, daß es sich verleugnet; daß es Dinge herstellt, die es selbst nicht will oder schätzt, um von anderen Dinge zu bekommen, die es haben will und schätzt." (Ebd., 130)

Demgegenüber bringen Tauschbeziehungen, die über Märkte organisiert sind, keine Abhängigkeitsverhältnisse hervor, in denen das Selbst mit der Gemeinschaft verschmilzt und eins wird. Diese Identität von Person und Gruppe, die schon Ferdinand Tönnies in *Gemeinschaft und Gesellschaft* (1979, 46) als unmittelbares "Verhältnis der Leiber" beschrieben hat, ist den Marktindividuen fremd. Schließlich treten sie aus dem Bereich der direkten Normkontrolle und der personalen Bevormundung durch die kollektive Gemeinschaft von Familie, Verwandtschaft und Hausverband heraus, um als Anbieter oder Nachfrager auf Märkten auftreten zu können, auf denen das Handeln durch nichts als die "nackte Interessenlage" (Weber 1980, 23) bestimmt wird. Vor diesem Hintergrund ist die befreiende, emanzipatorische Seite des funktionalen Markttausches in jenem gewissermaßen nachmetaphysischen, unverhüllten Interesse begründet, das die nüchterne Abwägung unterschiedlicher Möglichkeiten und die rationale Auswahl zwischen mehreren Handlungsoptionen zumindest potentiell ermöglicht. Mit der Ausbreitung des modernen Marktzusammenhangs werden nämlich Ware-Geld-Beziehungen aus der autoritativen Enge hausrechtlicher Bindungen und der Nestwärme fürsorglicher Betreuung herausgelöst, in deren Folge der traditionsgeleitete Wertekanon sozialer Milieus sukzessive an Einfluß verliert, um schließlich buchstäblich aufgerieben zu werden. Dieser säkulare Wandel von Ökonomie und Gesellschaft ist in der Soziologie seit ihren Anfängen immer wieder als Freisetzung des Individuums aus traditionalen Verhältnissen beschrieben worden, in deren Folge die Individuen die Zukunft der Gesellschaft zunehmend als innovationsoffen, als "veränderbar und gestaltbar" (Heinemann 1988, 55) interpretieren. Unbekannte Handlungshorizonte, die von den mehr oder weniger eingelebten Alltagsroutinen und Rollenmustern traditionaler Gemeinschaften abweichen, können in dem Maße von den Individuen erschlossen werden, wie persönliche Bindungen an das Kollektiv der Gemeinschaft verblassen und die ungehinderte Verfolgung von Einzelinteressen möglich wird. Indem die Institution des Marktes von tradierten Normrestriktionen und autoritativen Verpflichtungen sukzessive befreit wird, wird ein Universum bisher unbekannter Produktionsmöglichkeiten und neuartiger Bedürfnisstrukturen eröffnet und zugleich die flexible Anpassung an sich verändernde Erfordernisse und Konstellationen ermöglicht. Die Marktbeziehungen scheren aus der Tradition und dem Althergebrachten aus, wodurch zwangsläufig die gesellschaftliche Entwicklung dynamisiert und der Wandel der Gesellschaft auf beispiellose Weise beschleunigt wird.

3. Entlastungsfunktion des Marktes

Der funktionale Marktmechanismus erleichtert und vereinfacht Tauschbeziehungen in zweierlei Hinsicht. *Erstens* werden Marktbeziehungen, die nichts als dem Tauschzweck dienen, aus den gemeinschaftlichen Beziehungen von Hausverband, Familie und Verwandtschaft sukzessive herausgelöst, mit der Folge, daß die Individuen von sozialmoralischen Reglementierungen und restriktiven personalen Unterordnungsverhältnissen befreit werden, die typischerweise alle Seiten des Subjektes umschließen und die Formulierung der eigenen Interessen blockieren. Schließlich repräsentiert der formal rationale Markttausch eine spezifische Form gesellschaftlicher Kooperation, die nicht mehr der Stützung durch tradierte Normen und rituelle Alltagscodes wie Bräuche und Sitten bedarf. Mehr noch: Das anonyme, personal neutrale Marktgeschehen ermöglicht überhaupt erst die Emanzipation und Unabhängigkeit von allen Moraldiktaten traditioneller Vergemeinschaftungsbande. Wie Marx (MEW 4, 464f.) pointiert bemerkt, reißt der Markt allen idyllischen Traditionsbeständen ihren "rührend-sentimentalen Schleier" ab, bis schließlich auch jene in sich kohärenten Moralsysteme und rituellen Alltagspraktiken "verdampft" und "entweiht" sind, die sich ihm entgegenstemmen. Simmel kann in der *Philosophie des Geldes* (1989, 375ff.) aufzeigen, daß sich die soziologische Bedeutung des Geldes - als dem allgemeinen Medium des Marktes - nicht nur in der Entpersönlichung und Objektivierung von Marktbeziehungen erschöpft, indem das Geld zwischen die Tauschakteure tritt, um ihren Leistungstransfer sachlich zu vermitteln; zugleich ermögliche die moderne Geldökonomie überhaupt erst die "individuelle Freiheit" von jenen personalen, kleinräumigen Abhängigkeitsverhältnissen, die mittels der autoritativen Binnenmoral der organischen Gemeinschaft jedes sprichwörtliche Recht des Einzelnen auf ein eigenes Stück Leben und jedes individuelle Fürsichsein bereits im Keim ersticken. Die "paternalistische Herrschaft" (Bauer/Matis 1988, 44) des "Hausvaters" über

die hausrechtlich Abhängigen wie auch die Erbuntertänigkeit und Schuldknecht-
schaft der Bauern im System der feudalen Guts- und Grundherrschaft sind typische personale Herrschaftsformen, die im scharfen Kontrast zu modernen Marktbeziehungen stehen: Das System des modernen Marktes zersetzt sukzessive von
innen und außen die hausherrschaftliche Abhängigkeit von Frauen und Kindern,
Gesinde und Gesellen, Knechten und Mägden, Bediensteten und Domestiken vom
"ganzen Haus" (Otto Brunner) der Bauern und Handwerker, den Haushalt der
Wirtschafts- und Bildungsbürger und die adligen und geistlichen Herrschaftshäu-
ser wie auch die Leibeigenschaft der an die "Scholle" gebundenen Bauern, die
typischerweise der physischen Gewalt und der lokalen Patrimonialgerichtsbarkeit
des feudalen Landesherrn direkt unterworfen, zu persönlichem Gehorsam und
bereitwilliger Gefolgschaft verpflichtet und zu Frondiensten und Naturalabgaben
gezwungen sind.[11]

Mit dem Abstreifen normativer Erwartungen und externer Reglementierungen
wird *zweitens* das rationale Tauschhandeln flexibel und äußerst effizient. Auch
unbekannte und unüberschaubare Marktkonstellationen, in denen das isolierte
Marktsubjekt schlicht überfordert wäre, hätte es alle entscheidungsrelevanten
Informationen eigenständig auf ihre Verläßlichkeit zu überprüfen, können mit
Hilfe des "rechnerischen Kalküls" (Weber 1988a, 61) der Geldökonomie rascher
bearbeitet werden. Aus der Fülle der Dinge und Eindrücke werden nur diejenigen
Informationen selektiert, die für das Zustandekommen des Marktgeschäfts unverzichtbar sind: die sachlichen Daten über Markttrends und Marktpreise, Kapitalkosten (Zinsen) und Arbeitskosten (Löhne), Marktangebote und Marktnachfrage. In
Tauschbeziehungen, die unter dem Einfluß sozialer Reziprozitätsnormen stehen,
wird die Sicherheit der Leistungserfüllung durch stabile personale Sozialbindungen gewährleistet. Während der sozial reziproke Tausch Vertrauen durch kollektiv
geteilte Glaubensannahmen herstellt und diese durch Tradition und Konvention
absichert oder durch konkrete Personenkenntnis garantiert, sind normativ neutralisierte Marktoperationen typischerweise auf keine direkten Vertrauensverhältnis-
se zwischen den Austauschenden angewiesen. Der Markt abstrahiert von personalen und sozialen Bezügen und begnügt sich mit funktionalen Rolleninhabern.
Dadurch wird es möglich, relativ problemlos mit unbekannten und ständig wech-

---

[11] Natürlich ist der Markt kein Ort, an dem der Willen jedes einzelnen frei zur Geltung
     gebracht werden kann. Insofern wird auch nicht der Auflösung beliebiger Zwänge das
     Wort geredet, sondern lediglich ihre Formverwandlung betont. Wie beispielsweise
     Simmel (1989, 404) hervorhebt, tritt unter Bedingungen einer entwickelten Geldöko-
     nomie die "Enge sachlicher Abhängigkeiten" an die Stelle persönlicher Abhängig-
     keitsformen traditionaler Gesellschaften. In Kap. III wird zu zeigen sein, daß die Ver-
     bindlichkeiten und Restriktionen der über den Markt gestifteten sozialen Beziehungen
     nicht auf den althergebrachten Institutionen der Sitte, des Brauches und der Konventi-
     on gegründet sind, sondern sich aus der jeweiligen Interessenlage der Markthandeln-
     den ergeben, die ihrerseits den funktionalen Systemparametern der Marktzwänge un-
     terworfen sind.

selnden Tauschpartnern zu kooperieren und leistungsbezogene Tauschbeziehungen auch über längere Handlungsketten (Vor- oder Nachleistungen inbegriffen) einzugehen, ohne im einzelnen deren persönliche Verläßlichkeit überprüfen zu müssen.

Im Gegensatz zur Ökonomie der sozialen Reziprozität ermöglicht der Markttausch, Art, Umfang und Zeitpunkt des Austausches von Leistung und Gegenleistung, Vorleistung und Rückvergütung rechenmäßig und vertraglich genau zu fixieren, so daß zumindest *unter diesem Gesichtspunkt* die Transparenz, Überprüfbarkeit und Nachvollziehbarkeit des Marktkontraktes gesichert ist. Hinsichtlich Reichweite und Intensität übertreffen zudem Marktbeziehungen typische Tauschformen der sozialen Reziprozität um ein Vielfaches, da diese auf den bescheidenen Gesichtskreis von Bekanntschaften und Gemeinschaften beschränkt bleiben, hingegen aber jene auch erfolgreich mit unbekannten Tauschpartnern auf anonymen Märkten abgeschlossen werden können. Mit anderen Worten ist der Marktmodus gegenüber Reziprozitätsnormen *generalisierbar*, da er nicht auf die Aufrechterhaltung direkter Kommunikation zwischen bekannten und miteinander vertrauten Tauschpartnern angewiesen ist, sondern die überpersönliche Kooperation mit beliebigen Dritten ermöglicht. Überhaupt sind für ein arbeitsteilig differenziertes Marktsystem lange und indirekt vernetzte Handlungsketten typisch, in denen persönliche Bekanntschaften mit stets wechselnden Geschäftspartnern ebensowenig denkbar sind wie die uneingeschränkte - durch eigene Anschauung und unmittelbare Erfahrung gewonnene - Kenntnis über entscheidungsrelevante Tatbestände, komplizierte Bedingtheiten und Fernbeziehungen des jeweiligen Handlungsfeldes.

Die Institution des Marktes ist als ein äußerst flexibler, leistungsfähiger und dynamischer Steuerungsmechanismus zu kennzeichnen, der zur Rationalisierung, Differenzierung und Spezifizierung gesellschaftlicher Strukturen und Prozesse maßgeblich beiträgt. Neben Simmel hat insbesondere auch Weber (1980, 38ff.) in seinen wirtschaftssoziologischen Überlegungen die zentrale Bedeutung des Geldes als Erleichterung und Vereinfachung des zweckrationalen Markthandelns hervorgehoben. Der Markt entlastet von allen sozial-normativen Sinnbezügen, indem der Geldcode von konkreten Personen abstrahiert und die Handlungen und Entscheidungen der Marktakteure auf ihre marktkompatible Rechenhaftigkeit und Zweckmäßigkeit konzentriert. Die schlichte Sprache des Geldes erleichtert den Marktakteuren zugleich die unverzerrte Beobachtung und sachliche Bewertung komplexer, arbeitsteiliger ökonomischer Bewegungen, indem Marktpreise als unbestechlicher Indikator für Angebots- und Nachfragerelationen der Gütermengen fungieren. Schließlich gewinnen die Marktakteure auch im Falle unvertrauter Marktpartner und Tauschobjekte wie mangelnder eigener Erfahrungen und direkter Anschauungen in fremden Marktsektoren Handlungssicherheit, indem sie den abstrakten aber eindeutigen und verbindlichen Informationsgehalt von Preisen problemlos zu entschlüsseln vermögen und erwartete bzw. faktische Kosten und Erträge vorher abschätzen bzw. nachträglich feststellen sowie zuverlässiger miteinander vergleichen können. Die Geldform läßt Erwartungen ins Leere laufen, die sich auf eine bestimmte Person und sonst niemanden beziehen. Dadurch werden die Tauschmöglichkeiten erweitert und die Tauschenden zu einer Vereinheitlichung der Orientierung an dem Geldcode gezwungen. Mit anderen Worten ist die Reduktion des Tauschvorgangs auf die nackte Preisinformation Bedingung der Möglichkeit seiner Universalisierung.

An die Stelle einer personalen Erwartung in die Verläßlichkeit eines bekannten Tauschpartners, mit dem innerhalb einer eng umgrenzten Gemeinschaft kooperiert wird, tritt schließlich die formale Rechtsgültigkeit des Marktkontraktes (Rechtssicherheit), die Erwartung in die Wertbeständigkeit des Geldes sowie die Erwartung, Geld für beliebige Tauschzwecke verwenden zu können[12]: Markthandeln wird erwartbarer und kalkulierbarer, wenn die staatlich garantierte Rechtsordnung private Eigentumsrechte garantiert, die Einhaltung der Verträge sichert und den Betrug oder den unlauteren Wettbewerb ahndet. Ein zeitlich gestreckter Leistungstransfer (Ratenzahlung, Lieferung auf Bestellung, Kreditgeschäft usw.) wäre ohne eine gewisse Rechtssicherheit kaum denkbar. Wer einen Kaufvertrag unterzeichnet, trifft die Entscheidung in der Gewißheit, daß die Nichterfüllung der vereinbarten Vertragskonditionen juristisch sanktionierbar ist. Gegenüber dem Vertragsbrüchigen steht der Rechtsweg offen, um nachträglich die kontraktlich fixierte Leistung einklagen zu können. Derjenige, der seiner Verpflichtung zu zahlen oder eine Ware zu liefern, nicht oder nur unzureichend nachgekommen ist,

---

[12]   Im Anschluß an Überlegungen Simmels (1989, 214ff.) zur Bedeutung des sozialen Vertrauens in die Wertbeständigkeit und Weiterverwertbarkeit des Geldes für die Funktionsfähigkeit moderner Geldwirtschaften macht Heinemann (1968, bes. 90ff.; 1993) in einer Kritik an G.F. Knapps *Staatliche Theorie des Geldes* (1921) darauf aufmerksam, daß die Geltung des Geldes nicht ausschließlich auf den staatlich garantierten Annahmezwang und das rechtlich gewährleistete Währungssystem (Notenbankgesetz) zurückzuführen sei. Politisches Staatsvertrauen sei notwendige, aber nicht hinreichende Voraussetzung des Vertrauens in das alltägliche Marktgeschehen. Der reibungslose Geldgebrauch beruhe zugleich auf subtilen Erwartungen der Marktakteure: "Es ist dies 1. ein Vertrauen in die Redlichkeit und Zahlungsfähigkeit des Marktpartners, 2. ein Vertrauen in die künftige Annahme des Geldes, 3. ein Vertrauen darin, daß die Wirtschaft auch künftig jene Güter zur Verfügung stellt, die man dann zu kaufen wünscht und schließlich 4. ein Vertrauen in die Stabilität des Geldwertes." (Heinemann 1993, 307) Ohne einen Konsens bezüglich des Gegenwerts des Geldes und einer faktischen Annahmebereitschaft seitens der Marktakteure sei jede formale Rechtsordnung des Geldes und jede staatliche Garantieerklärung Makulatur. Inflation und Währungsschwankungen seien Ereignisse, die sichtbar machten, daß ökonomisches Vertrauen keine statische Größe, sondern "auf einer Skala zwischen Vertrauen und Mißtrauen" (ebd., 320) anzusiedeln sei. Zur Funktionsbestimmung des Geldes in Marktbeziehungen siehe Kap. III.6.

kann von dem Geschädigten rechtlich belangt und zu einer (Ersatz)Leistung verpflichtet werden, jedenfalls solange dieser liquide ist.[13]

Neben der Rechtssicherheit kommt dem Geld beim Aufbau von stabilen Erwartungssicherheiten eine zentrale Bedeutung zu. Wer Geld von einem Dritten, dem "universalen Anderen" (Bolz 1993, 96), gegen den Verkauf eines Gutes annimmt, handelt nicht so, weil er seiner persönlichen Redlichkeit vertraut, sondern lediglich in der Erwartung, daß noch unbestimmte Dritte das Geld als allgemeines Tausch- und Zahlungsmittel für den Kauf bzw. Verkauf unbestimmter Objekte akzeptieren werden (vgl. auch Weber 1988b, 453). Das Geld genießt solange Vertrauen, wie der einzelne auch künftig erwarten kann, daß es relativ wertstabil ist und die benötigten Güter oder Leistungen gegen Geld eingetauscht werden können. "Geld wird der einzelne als Zahlungsmittel nur akzeptieren, wenn er darauf vertrauen kann, daß der Markt zu einem beliebigen Zeitpunkt auch jene Güter zur Verfügung stellt, die er als Geldbesitzer dann benötigt." (Heinemann 1993, 315f.) Dieser Vertrauensvorschuß in den Geldwert sowie die basale Gewißheit, über Geld frei verfügen und es für beliebige Tauschmöglichkeiten verwenden zu können, ist unverzichtbar, damit das Risiko der Geldannahme für den Marktakteur kalkulierbar bleibt. Wenn man von dem prinzipiell nicht reduziblen *Unsicherheits*potential einmal absieht, das unvermeidbar jeder Markt*entscheidung* anhaftet, ist die Annahme von Geld "durch die sichere, wenn auch inhaltlich unbestimmte Chance der Wiederausgabe hinreichend motiviert" (Luhmann 1988, 135).[14]

---

[13]   Elwert (1987, 306) hebt hervor, daß die Sanktionsdrohung auf Vertragsverletzung letztlich unzureichend sei, um eine allgemeine "Äquivalenz-Erwartung" im Markttausch vor Enttäuschungen abzusichern. Unverzichtbar sei im Marktgeschehen ein den isolierten Tauschakt übergreifender Vertrauensvorschuß in die Zahlungsbereitschaft des unbestimmten anderen: "Der Markt bräche zusammen, weil das Vertrauen zusammengebrochen ist. Vertrauen kann nur entstehen und bestehen, wenn (...) willkürliches Handeln ausgeschlossen ist, selektiv nur bestimmtes Verhalten erwartet werden kann. Gesellschaftliche Sanktion und individueller Entzug von Reziprozität können den Nutzen der willkürlichen Abweichung von dem Verhalten, das andere erwarten, vermindern. Aus einem rein individuellen Nutzen-Kosten-Kalkül läßt sich das Verhalten des einzelnen aber nicht erklären. Erst in der Summe - als System - stellt sich auch für den einzelnen der Nutzen der Nicht-Willkür ein." (Ebd., 306f.)

[14]   Im Anschluß an Gehlens Institutionentheorie sieht Luhmann (1968c) die soziologische Relevanz des Vertrauens, auf das keine Gesellschaft verzichten könne, in seiner Funktion der Reduktion von sozialer Komplexität. Die unbestimmte Weltkomplexität überfordere die Verarbeitungskapazität des einzelnen Menschen und lähme ihn, wenn Komplexität nicht laufend auf ein Maß des Handhabbaren zugeschnitten würde, so daß Erwartungsannahmen verläßlich und Sicherheiten aufgebaut würden. Luhmann greift auf Parsons' Konzept der *symbolically generalized media* zurück und beschreibt diesen Vorgang der Generalisierung von Erwartungen durch Vertrauen am Beispiel des Geldes. Mit dem Übergang zur modernen Geldökonomie wird das Tauschverhalten nicht mehr durch das Sozialisationsmilieu der Gemeinschaft und die norma-

Geld bündelt die unüberschaubare Fülle und Komplexität der Sachinformationen über Marktvorgänge, Güterbewegungen und Leistungen beliebiger Art auf einen leicht handhabbaren und jedermann verständlichen, gemeinsamen quantitativen Nenner, auf ein und dasselbe Wertmaß, auf einen "summarischen Informationsgehalt" (Heinemann 1969, 63), der sich im Preis ausdrückt und in Zahlungen systematisieren läßt. Preise dienen allen Tauschpartnern der Orientierung in beliebigen Situationen auf marktrelevante Daten des Angebots und der Nachfrage, oder wie Luhmann in *Wirtschaft der Gesellschaft* (1988, 19) postuliert: der "Informationsraffung und -verkürzung". Der Preis läßt keine Doppeldeutigkeiten zu und löst alle Mißverständnisse auf, weil er nichts als eine "statistische Information" (Bolz 1993, 97) enthält. Aufgrund des rein quantitativen Informationswertes des Preises weiß man sofort, was Dritte erwarten und was man von ihnen erwarten kann. Deswegen ist auch der kognitive bzw. Lernaufwand marginal, eine Preisinformation zu entschlüsseln.

Der abstrakte Formalismus des Geldes vereinheitlicht die Informationen über die heterogensten Objekte und macht diese dadurch untereinander vergleichbar. Geld kann die "Verschiedenheit des Verschiedenen überbrücken und zwar ohne dies Verschiedene als etwas anderes" (Luhmann 1988, 233) auszuschließen. Deswegen ist der Preis auch in den sachlich unterschiedlichsten Handlungsfeldern und Sozialmilieus problemlos verstehbar: Im hypothetischen Fall einer allseitigen Zahlungsfähigkeit ermöglicht er sogar die "Koexistenz des Heterogensten" (Bolz 1993, 99). Aufgrund dieser ausschließlich quantitativen Informationsinhalte kann Geld übrigens auch unabhängig von seiner Herkunft problemlos verwendet und unvorbelastet auf Dritte übertragen werden. Die Geldwäsche ist ein prominentes Beispiel hierfür.

Der hohe Vernetzungsgrad der ungezählten Ereignisse und multikomplexen Prozesse, der die einzelnen Industrie- und Dienstleistungszweige der modernen transnationalen Ökonomie inmitten einer enger zusammenwachsenden Welt auszeichnet, ist aus der Perspektive der isolierten Marktakteure undurchsichtig geworden. Im Gegensatz zu lokalen Märkten früherer Zeiten ist der Weltmarkt ein nicht mehr ohne weiteres überschaubarer Raum. Mehr und mehr erleben sich die Menschen als lokal verstreute und fragmentierte Individuen, die weder über ausreichend differenzierte Informationsquellen noch über einen globalen Handlungshorizont verfügen. Vollends undurchsichtig ist das Marktgeschehen für die Milliarden von Endverbrauchern, die den fein ausgefächerten Produktionsketten der großen multinationalen Konzerne hilflos gegenüberstehen (Narr/Schubert 1994). Wenn man jedoch nicht über die Informationen verfügt, die es ermöglichen würden, die ökonomischen Interaktionen und Prozesse als Einheit nachzuvollziehen,

---

tive Kontrolle ihrer Mitglieder gesichert. Auch entfällt die substantielle Wertgarantie z.B. des Metallgeldes (Heinemann 1993, 312). Luhmann (1968c, 46) begreift diesen Wandel als "Umstellung von Personenvertrauen auf Systemvertrauen", wodurch "das Lernen erleichtert und die Kontrolle erschwert" werde.

wird es um so dringlicher, sich auf Informationen verlassen zu können, die eine wie auch immer reduzierte Orientierung *trotzdem* möglich macht. Obwohl den einzelnen Marktteilnehmern die uneingeschränkte Kenntnis entscheidungsrelevanter Marktvorgänge der Weltökonomie strukturell verwehrt bleibt, müssen nämlich täglich und stündlich wirtschaftsrelevante Entscheidungen getroffen und Handlungen von zum Teil erheblicher Tragweite vollzogen werden. Diese Entscheidungen und Handlungen wären gänzlich unmöglich, könnten die Akteure nicht auf die schlichte Sprache des Geldes zurückgreifen.

Ungeachtet der zunehmenden Transnationalisierung der Produktion und Distribution bleibt der Geldcode eindeutig. Um in wie auch immer reduzierter Form Markttrends wahrnehmen und Angebots- bzw. Nachfrageveränderungen beobachten zu können, genügt es zunächst, die Preise zu kennen und die eigenen Erwartungen an den Zahlungserwartungen der anderen auszurichten. Schließlich ist Geld als absolut eigenschafts- und qualitätsloses "Ding" im Gegensatz zu den heterogenen Qualitäten der Leistungen, die auf Märkten gehandelt werden, allen Marktakteuren vollkommen vertraut. Das sich in Preisen ausdrückende Geld dient in dieser Hinsicht der rationalen Informationsbeschaffung: Preise signalisieren unzweideutig die Verkäuflichkeit einer Leistung für eine bestimmte Geldmenge und informieren unterschiedslos alle - ob Wirtschaftsexperten oder Wirtschaftslaien, Produzenten oder Konsumenten, Arbeitgeber oder Arbeitnehmer - über die Knappheit einer angebotenen Leistung, über die Zahlungserwartungen des Anbieters wie über Preisschwankungen, die von allen rasch registriert und antizipiert werden.[15] Indem Geld als allgemeine Recheneinheit akzeptiert wird, kann auch der Preis eines Gutes problemlos fixiert werden, ohne sämtliche Tauschrelationen desselben Gutes zu allen anderen Gütern kennen zu müssen.[16]

---

[15] Die Überprüfung der Vertrauenswürdigkeit eines Marktpartners steht natürlich auf einem anderen Blatt. Zudem informiert der Preis nicht über das künftige Verhalten der anderen. Die Indizien der Preise sind völlig unzureichend, um etwa die Wirtschaftspläne der Konkurrenz und die Turbulenzen des Geldmarktes einschätzen zu können, weswegen auch halbwegs verläßliches Expertenwissen über einzelne Angebots- und Nachfragesektoren (Marktbeobachtung) - insbesondere auch im Zeichen einer verschärften Konkurrenz - unverzichtbar geworden ist.

[16] Die ökonomische Theorie hat wiederholt darauf aufmerksam gemacht, daß durch die Auspreisung eines Gutes in Geldeinheiten der rationale Preisvergleich mit anderen Güterangeboten gleichen Typs erleichtert wird, wodurch die Transparenz der Gütermärkte zweifellos erhöht und sogenannte *Transaktionskosten* verringert werden. Indem der Preis die Vielfalt der Informationen zu solchen marktrelevanter Art bündelt, gehen gleichwohl andere, gesellschaftlich relevante Informationen verloren. Schließlich kappt der Preis jeden Bezug zum sozialen Kontext der Tauschbeziehung. Luhmann (1988, 18) beschreibt diesen "hohen Informationsverlust" folgendermaßen: "Weder brauchen Bedürfnisse oder Wünsche, die man über Geldleistungen befriedigen kann, besonders erläutert oder begründet werden, noch gibt der Zahlende über die Herkunft des Geldes Aufschluß." Dies geht zwangsläufig zu Lasten der Durchschaubarkeit. Bolz (1993, 97) betont: "Geld erinnert sich nicht. Deshalb ist - auch ange-

Ohne Geld sind die komplexen Güter- und Leistungsbewegungen arbeitsteilig ausgefächerter Gesellschaften kaum denkbar. Geld ist das Medium, das auf anonymen Märkten *beliebige* Tauschtransaktionen mit *unbestimmten Dritten* vermittelt. Auf einer elementaren Ebene betrachtet werden Preise für Leistungen aller Art (Güter und Dienste) in Geldeinheiten formuliert und beglichen. Dadurch erlaubt Geld gegenüber den Formen des direkten Naturaltausches eine historisch beispiellose Komplexitätssteigerung und Ausdifferenzierung ökonomischer Handlungen zwischen untereinander unbekannten Tauschpartnern auf anonymen Märkten. Geld ermöglicht als Rechenmittel von Marktbeziehungen darüber hinaus die Vergleichbarkeit qualitativ verschiedener Leistungen, indem ihre Wert- bzw. Tauschrelationen in Preisen bemessen werden. Erst durch die im Preis ausgedrückten Wertproportionen lassen sich unterschiedliche Dinge gleichsetzen. Der gemeinsame Nenner des Preises standardisiert und vereinfacht dadurch die Bedingungen, zu denen beliebige Leistungen gegen beliebige Gegenleistungen in einem arbeitsteiligen System der Marktproduktion angeboten werden; genauer: vereinfacht wird die wechselseitige Verrechnung von Leistung und Gegenleistung, Vorleistung und Rückvergütung auch über längere Handlungsketten zwischen anonymen Käufern und Abnehmern hinweg. Deshalb gilt gegenüber sozialromantisch verklärenden Geldkritiken das Marxsche Diktum (1983a, 101 f.): "Der Geldkristall ist ein notwendiges Produkt des Austauschprozesses, worin verschiedenartige Arbeitsprodukte einander tatsächlich gleichgesetzt und daher tatsächlich in Waren verwandelt werden."

Das sich in Preisen ausdrückende Geld entlastet vor diesem Hintergrund von einer langwierigen und nie lückenlosen Informationsbeschaffung. Geld fungiert für die Handelnden angesichts komplexer und durch die Existenz des Geldes selbst vervielfältigter Handlungschancen als notwendige Orientierungsmarke, indem die unüberschaubare Informationsfülle von Marktbeziehungen zu überschaubaren, marktrelevanten Daten über Angebot und Nachfrage, Preise und Kosten komprimiert wird. Dadurch werden Marktbeziehungen hinsichtlich ihres Informationsgehalts eindeutig und zuverlässig und d.h. letztendlich kalkulierbar und abschätzbar. Die funktionale Ausrichtung von Marktbeziehungen bündelt schließlich die Aufmerksamkeit und das strategische Interesse der Marktakteure auf jene Preisinformationen, die für das Zustandekommen des Tausches unabdingbar sind. Diese *doppelte Entlastungsfunktion* des Marktes, einerseits von den Wert- und Normsystemen traditionaler (aber auch posttraditionaler) Vergemeinschaftungen abzusehen und andererseits von kaum überschaubarer Komplexität arbeitsteilig differenzierter Strukturen zu abstrahieren, ist gleichwohl nicht nur als ein äußerst effizientes Informationssystem zu beschreiben, das ansonsten neutral wäre gegenüber den Verhältnissen der Gesellschaft. Um unter dem kritischen soziologischen Vergrößerungsglas die gesellschaftlichen Probleme des Marktes genauer in den

---

sichts spezieller detektivischer Beobachter wie des Finanzamts oder Bundesrechnungshofs - 'Geldwäsche' möglich."

Blick nehmen zu können, ist im folgenden zunächst nach dem spezifischen Rationalitätstypus von Marktbeziehungen zu fragen.

4. Formale Rationalität und Marktzweck

Die Unterscheidung zwischen formaler und materialer Rationalität, die Weber in *Wirtschaft und Gesellschaft* (1980, 44) in Paragraph 9 des Kapitels zur kategorialen Grundlegung einer Soziologie der Wirtschaft vorgenommen hat, bietet einen Zugang zur Rationalitätsproblematik des Marktes: "Als formale Rationalität eines Wirtschaftens soll hier das Maß der ihm technisch möglichen und von ihm wirklich angewendeten Rechnung bezeichnet werden. Als materiale Rationalität soll dagegen bezeichnet werden der Grad, in welchem die jeweilige Versorgung von gegebenen Menschengruppen (gleichviel wie abgegrenzter Art) mit Gütern durch die Art eines wirtschaftlich orientierten sozialen Handelns sich gestaltet unter dem Gesichtspunkt bestimmter (wie immer gearteter) wertender Postulate, unter welchen sie betrachtet werden, wird oder werden könnte." Und weiter präzisiert Weber (ebd., 45): "Formal 'rational' soll ein Wirtschaften je nach dem Maß heißen, in welchem die jeder rationalen Wirtschaft wesentliche 'Vorsorge' sich in zahlenmäßigen, 'rechenhaften', Ueberlegungen ausdrücken kann und ausdrückt".[17]

---

[17] In der Max Weber-Forschung ist das Konzept der formalen/materialen Rationalität oftmals vernachlässigt bzw. mit zweckrational/wertrational "identifiziert" (Döbert 1989, 218) worden. Für Döbert (1985, 529) ist nicht Zweckrationalität, sondern formale Rationalität der "Dreh- und Angelpunkt" der Weberschen Soziologie. Döbert (1989, 213) bemängelt beispielsweise an Prewo (1979), daß dieser "wohl der Auffassung ist, mit Zweckrationalität auch formale Rationalität bestimmt zu haben." Und zu Recht werden von Döbert (1989, 220ff.) die unklaren Formulierungen bei Habermas (1981, I, 243f.) kritisiert. Anders Bogner (1989, 100ff.), der im Anschluß an die Überlegungen von Brubacker (1984, 1ff.) und Döbert (1985) auf den zentralen Stellenwert des Begriffs der formalen Rationalität für Webers Rationalisierungsthese hingewiesen hat und aufzeigt, daß Weber den formalen Rationalitätstypus auf verschiedene Handlungsbereiche (Wirtschaft, Rechtsprechung, Administration und Verwaltung) bezieht und mit effektiver Kontrolle und Beherrschung der Dinge durch präzise *Rechenhaftigkeit* und vorausschauende *Kalkulierbarkeit* in Verbindung bringt. Formale Rationalität stellt für Weber "jenen Aspekt dar, unter dem die gesellschaftliche Rationalisierung der Wirtschaft einerseits, der staatlichen Verwaltung und Rechtsprechung andererseits und die Rationalisierung der Ideen analoge Züge annehmen und sich praktisch miteinander verschränken." (Bogner 1989, 110) Für die "bureaukratische Herrschaft" gilt nach Weber (1980, 128), daß ein Höchstmaß an formaler Rationalität die "Präzision, Stetigkeit, Disziplin, Straffheit und Verläßlichkeit, also: Berechenbarkeit" der Leistungen garantiert und ihre universelle "Anwendbarkeit auf alle Aufgaben" ermöglicht. Schluchter (1979, 130ff.) diskutiert die Problematik der formalen/materialen Rationalität nur auf der Folie der Weberschen Rechtssoziologie und dif-

In dieser Begriffsbestimmung sind einige Implikationen eingelassen, die im folgenden genauer zu betrachten sind. Zunächst wird formale Rationalität von Weber in mehrerlei Hinsicht als rechenbares Verfahren gekennzeichnet: *Erstens* ist dieser Rationalitätstypus als formal rechenhaft zu bestimmen, da alle Entscheidungen nicht, wie im Falle der Naturalrechnung, grob abgeschätzt werden, sondern *quantifizierbar* und *objektiv meßbar* sind; und zwar objektiv im Sinne der intersubjektiven Überprüfbarkeit von faktischen Marktdaten, die sich etwa in effektiven Preisen ausdrücken. Das System der effektiven Preise dient den Marktakteuren - jedenfalls im Rationalitätsfall - als gemeinsamer Bezugsrahmen der Kalkulation und damit zur Orientierung und Abschätzung eigener Handlungen und Entscheidungen, ohne daß sie auf uneindeutige und willkürliche subjektive Nutzenschätzungen und Wertkriterien zurückgreifen müssen. *Zweitens* kann formale Rationalität als ein Rechnen und Kalkulieren in *Relationen* und *Proportionen* aufgefaßt werden, welches sich jeder substantiellen Bestimmung von Zielen und Zwecken entzieht. Die Maßstäbe und Kriterien, nach denen die Effizienz von Handlungen beurteilt werden kann, sind nicht in materieller oder normativer Hinsicht festgelegt, sondern werden rein quantitativ und relativistisch bestimmt. In der objektiven Rechenhaftigkeit einerseits und in dem Vermögen, von allen qualitativen Verschiedenheiten ("sachliche Umstände") und persönlichen Verhältnissen ("Ansehen der Person") andererseits abstrahieren zu können, liegt *drittens* die Besonderheit der formalen Rationalität begründet, verallgemeinerbar bzw. generalisierbar zu sein. Der Geltungsbereich formal rationaler Entscheidungen ist *universell*, da diese auf beliebige (sachliche und personale) Kontexte übertragbar und in raum-zeitlicher Hinsicht ausdehnbar sind. Aus diesen drei Merkmalen folgt schließlich *viertens*, daß der formale Rationalitätstypus auf jede materiale Zielfixierung verzichtet, so daß ihr Rationalitätsmaßstab ausschließlich im Hinblick auf die Auswahl der *Mittel* des Handelns definiert werden kann.

Materiale Rationalität ist hingegen ohne die Setzung eines inhaltlichen Maßstabs als Richtschnur des Handelns und Entscheidens bzw. eines spezifischen Zwecks, dem die ausgewählten Mittel dienen, nicht bestimmbar. Hierbei können die Maßstäbe der materialen Rationalität durchaus normativ festgelegt sein, beispielsweise in Gestalt diverser Gerechtigkeitspostulate oder Wohlstandskriterien, die eine spezifische Art und Weise des Produzierens und Konsumierens im Sinne der Versorgung aller mit notwendigen Ressourcen einfordern. Materiale Rationalität ist jedoch nicht, wie oftmals angenommen wird, allein durch Werte und Normen motiviert. Wie Weber (ebd., 45) ausdrücklich betont, sei materiale Rationalität weder notwendig auf einen besonderen Wertinhalt, beispielsweise Egalität und Versorgung, festgelegt noch auf andere ethisch-normative Maßstäbe fixiert, son-

---

ferenziert zwischen der Rechtsform (*wie wird entschieden*) und dem Rechtsinhalt (*was wird entschieden*) von Entscheidungen des Rechtssystems. Weber hat den Begriff der formalen Rationalität am Beispiel der Wirtschaft näher erläutert. Hierauf ist im folgenden genauer einzugehen.

dern schließe auch solches strategisch-rationale, nüchterne Interessenhandeln ausdrücklich ein, das von normativen Wertbezügen und Geltungsansprüchen gänzlich unbehelligt sei. Materiale Rationalität sei ein "abstrakter Gattungsbegriff" (ebd.), unter dem zugleich egoistische, utilitaristische, etatistische, militärische Zwecke, politische Machtzwecke usw. zu subsumieren seien. Die jeweiligen Maßstäbe des Handelns könnten sich in ihren inhaltlichen Bezügen grundlegend voneinander unterscheiden und sowohl ethisch, ästhetisch, religiös, politisch, utilitaristisch, materiell oder beliebig anders begründet sein. Entscheidend sei nur, daß überhaupt irgendwelche *inhaltlichen* Präferenzen oder Richtlinien gesetzt werden, die das Handeln und Entscheiden organisieren, anleiten und in entsprechende Bahnen lenken. Im Kontext der materialen Rationalität könnten die Ergebnisse des Wirtschaftens - wie Weber erläutert - "wertrational *oder* [Hervorh. von mir, K.K.] material zweckrational" (ebd.) bewertet werden. Materiale Rationalität erlaube somit Aussagen über die "Rationalität" der verfolgten Ziele - und zwar nach Maßgabe der selbst auferlegten handlungsleitenden Maßstäbe und der hieraus abzuleitenden "letzten" Gesichtspunkte und Einstellungen.[18]

Den Typus der formalen Rationalität verdeutlicht Weber am Beispiel der Geldform, die als sprichwörtliches Gleitmittel arbeitsteiliger Kooperation nicht nur die ultima ratio der formalen Rechenhaftigkeit komplexer ökonomischer Entscheidungen und Operationen verkörpere, sondern vor allem auch gegenüber der Naturalrechnung eine fast unbegrenzte Rationalisierung und Ausdehnung von Marktbeziehungen ermögliche. Mit den Worten Webers (1980, 45) repräsentiert die Geldform das "Maximum dieser formalen Rechenhaftigkeit". Und nur folgerichtig bestimmt er sodann den Geldkontrakt als "Archetypos des Zweckkontrakts" (ebd., 403). Bader u.a. (1983, 240ff. u. 285ff.) haben die wirtschaftssoziologischen Überlegungen Webers zur Rationalitätsproblematik zum Anlaß genommen, um auf den grundlegenden Unterschied zwischen Geldrechnung und Kapitalrechnung hinzuweisen. Dessen sei sich Weber durchaus bewußt, gleichwohl bleibe er aber für die Begriffsbestimmung der formalen Rationalität folgenlos. Weber subsumiere nämlich sowohl die Geldrechnung als auch die Kapitalrechnung unter dem Einheitsbegriff der formalen Rationalität. Geld werde als "Orientierungsmittel" (ebd., 285) des Wirtschaftens gefaßt, "ohne daß die Zwecke, für

---

[18] Siehe hierzu Bogner (1989, 112), der darauf hingewiesen hat, daß materiale Rationalität im Weberschen Sinne nicht notwendig mit einer normativen Handlungsorientierung zusammenfalle: "Es geht bei materialer Rationalität nur um die Festlegung eines konkreten Gesichtspunkts". Vgl. demgegenüber exemplarisch Kahlberg (1981, 16, 21 u.ö.) der die materiale Rationalität unzulässigerweise mit Wertrationalität gleichsetzt. Döbert (1985, 524) formuliert: "Wenn die Handlungsziele geltungsfreie Interessen, frei von jedem Wertbezug sind, dann ist Handeln, sofern es diese Zwecke erreicht, material zweckrational." Vgl. auch ders. (1989, 241): Materiale Rationalisierung könne "auf der Handlungsebene so organisiert sein, daß die Ergebnisse des Handelns dem Zweck (material-zweckrational) oder dem normativen Standard entsprechen (wertrational)".

die es Mittel ist, überhaupt angesprochen werden" (ebd., 286). Mit Geld kann im Hinblick auf *beliebige* Ziele gerechnet werden. Für Weber scheint bereits die schlichte Rechenhaftigkeit des Geldes Inbegriff der formalen Rationalität zu sein. Geld wird jedoch verwendet, um ganz unterschiedliche Zwecke zu verfolgen: Mit Geld kann man rechnen, um spezifisch materiale Zwecke der Bedarfsdeckung wie auch inhaltlich unbestimmte Zwecke der Marktproduktion (Wachstum und Rentabilität) zu realisieren. Die Geldrechnung ist nicht nur für jene Erwerbsbetriebe unverzichtbar, die für Märkte produzieren, sondern dient selbst den marktfernen Zwecken traditionaler Hauswirtschaften, um ihren Eigenbedarf an jenen handwerklichen oder Naturalprodukten zu decken, die nicht selbständig erwirtschaftet werden, aber für die elementare Reproduktion unverzichtbar sind. Insofern kann die formale Rationalität der Geldrechnung auch durchaus in den Dienst einer material rationalen Subsistenzökonomie gestellt werden. Anders verhält es sich bei der für den klassischen Erwerbsbetrieb typischen Kapitalrechnung, die nach Weber (vgl. 1980, 48) auf der Geldrechnung aufbaut. Bei der Kapitalrechnung besteht nicht eine Vielzahl von Zwecken in Abhängigkeit von den jeweiligen subjektiven Bedürfnissen; sie "dient nur dem einen Zweck: Rentabilität" (Bader u.a. 1983, 286). Die Zweckbestimmung eines Wirtschaftsunternehmens ist der Erwerb von "Geld und seine Vermehrung. Beim kapitalistischen Erwerben besteht zwischen dem Orientierungsmittel, der Kapitalrechnung, und der Zweckbestimmung, der Rentabilität, kein Unterschied hinsichtlich der Form. Damit zeigt sich im Gegensatz zu einem an der Geldrechnung orientierten aber auf Bedarfsdeckungszwecke gerichteten Wirtschaften beim kapitalrechnungsmäßigen Erwerben eine Homogenität von Mittel und Zweck." (Ebd.)

Dieser Perspektivenwechsel von der Geldrechnung, die als *allgemeines* wirtschaftliches Orientierungsmittel beliebige Bedarfsdeckungszwecke realisiert, zur Kapitalrechnung, die nur einem *bestimmten* Zweck, der Rentabilität, dient, ist von grundlegender Bedeutung. Im Falle der Kapitalrechnung ist nämlich der subjektive Entscheidungsspielraum, sich selbst diverse Zwecke souverän setzen und diese mit den Mitteln der Geldrechnung realisieren zu können, zugunsten des einen Zwecks, der vorgegeben ist, eingeebnet: Die Kapitalrechnung "selbst setzt den Zweck, Rentabilität, als sachliche Bestimmung für das Handeln voraus. Ein wichtiges subjektives Moment im Handlungskonzept, die Zwecksetzung, ist objektiviert, weil sie mit dieser Form selbst gegeben, von ihr selbst gesetzt ist. Das Handeln ist Bestätigung dieser Form, die Handelnden sind ihre 'rechnenden Agenten'." (Ebd., 288) Im Gegensatz zur Geldrechnung informiert die Kapitalrechnung nicht darüber, in welchem Ausmaß individuelle Zwecke bei gegebenen Mitteln realisierbar sind. Sie ist auf den Zweck der Rentabilität orientiert.

Es ist das Verdienst von Bader u.a. (ebd., 282), auf die begriffliche Doppeldeutigkeit der formalen Rationalität bei Weber hingewiesen zu haben: *einerseits* verweist der Begriff auf die mit Geld buchhalterisch kalkulierenden und "rechnenden" Marktsubjekte resp. Erwerbsbetriebe (*Handlungsebene*) und *andererseits* auf einen sachlichen Marktmechanismus, der den rechnerischen Operationen der Marktteilnehmer *vorausgesetzt* ist (*Systemebene*). Formale Rationalität bezieht sich somit zugleich auf die faktisch vorgegebenen Zweckgesichtspunkte (strukturelle Bedingungen), die den sachlichen Entscheidungshorizont des rechnerisch orientierten Handelns abstecken. "Da auf der Ebene des Systems bzw. des Markts keine sinnhaften Träger der Gesamtbewegung auszumachen sind, wird die formale Rationalität nicht mehr nur auf die einzelwirtschaftliche Rechenhaftigkeit bezogen, die den Betrieben durch die 'Rechnung' des Marktmechanismus möglich bzw. aufgezwungen ist, sondern auch auf das Zustandekommen des wirtschaftlichen Gesamtergebnisses, das durch den Marktmechanismus herbeigeführt wird." (Ebd., 292)

Offensichtlich ist im Weberschen Begriff der formalen Rationalität nicht nur die Ebene des rechnerisch kalkulierenden, einzelwirtschaftlichen Erwerbsbetriebes berücksichtigt. Da zugleich die subjektive Orientierung der Handelnden an Systemvoraussetzungen thematisiert wird, liegt es zumindest nahe, den Markt als überindividuellen Vergesellschaftungsmodus implizit mitzudenken. Weber (vgl. 1988b, 29) ist sich auch durchaus im klaren darüber, daß der Markt weder in der Summe zweckrationaler Handlungen seiner Akteure aufgeht noch auf die Erfüllung bestimmter strategischer Handlungszwecke gerichtet ist. Er geht wie selbstverständlich davon aus, daß die formale Rationalität der Geldrechnung nicht in subjektive Einstellungen und Erwägungen, Absichten und Zwecke von Handelnden übersetzbar ist, sondern auf einen sachlich vermittelten, strukturellen Zusammenhang verweist, der immer schon über die vorbedachten Wirtschaftspläne und sinnhaften Handlungsabsichten der Anbieter und Nachfrager hinausreicht. Insofern wird auch der Markt als "absolute Versachlichung" (1980, 383) sozialer Beziehungen gekennzeichnet, der die Handelnden zur Orientierung an objektiven Marktdaten (Preise) zwingt. Weber (1988, 140) hebt selbst die sozialen Gravitationskräfte des Marktes hervor, die dem in das Marktgeschehen "verflochtenen Individuum" marktkonformes Verhalten aufherrschen und in letzter Konsequenz nur die Wahl lassen "zwischen der Alternative: 'teleologische' Anpassung an den 'Markt' oder ökonomischer Untergang". Allerdings verzichtet er darauf, das Auseinandertreten von Handeln und sozialen Strukturen unter Bedingungen des sachlichen Marktes genauer zu problematisieren. Schließlich sieht er sich nicht dazu veranlaßt, methodische Konsequenzen aus der Versachlichungsannahme zu ziehen und den kategorialen Rahmen seiner verstehenden Handlungstheorie zu überdenken, die den subjektiv gemeinten Sinn zweckrational, wertrational, affektuell oder traditional Handelnder als elementare Grundeinheit der soziologischen Analyse bestimmt.[19]

---

[19]   Vgl. hierzu Bader u.a. (1983, 249): "Man kann Weber so interpretieren, daß ihm gerade durch die Analyse der Geldrechnung die Unzulänglichkeiten der Analyse der Wirtschaft mit Kategorien der Handlungsrationalität sich aufdrängte, und daß mit der bei ihm angelegten Unterscheidung von Zweckrationalität und formaler Rationalität (als Systembegriff) die spätere Unterscheidung von Handlungsrationalität und System-

Am Beispiel der Ausdifferenzierung zwischen Haushalt und Erwerbsbetrieb erläutert Weber (1980, 52f.) lediglich, daß die eigene Zwecksetzung von Handelnden die formale Rationalität der sachlichen Rentabilitätsrechnung gefährde: "So wenig wie die Rentabilitätsrechnung eines Betriebs etwas Eindeutiges über die Versorgungschancen der als Arbeiter oder als Verbraucher interessierten Menschen aussagt, ebensowenig liegen die Vermögens- und Einkommensinteressen eines mit der Verfügungsgewalt über den Betrieb ausgestatteten Einzelnen oder Verbandes notwendig in der Richtung des nachhaltigen Betriebs-Rentabilitätsoptimums und der Marktmachtlage. (...) Die sachlichen Interessen einer modernen rationalen Betriebsführung sind mit den persönlichen Interessen des oder der Inhaber der Verfügungsgewalt keineswegs identisch, oft entgegengesetzt". Diese von Weber postulierten "sachlichen Interessen" der Kapitalrechnung des Erwerbsbetriebs setzen Zwecke voraus, die in sinnhaften Intentionen und subjektiv geplanten Entscheidungen der Marktakteure nicht aufgehen. Gewissermaßen setzt der Marktmechanismus *sich selbst einen Zweck* in Form des Rentabilitätsmaßstabs, wobei das System der effektiven Preise Marktdaten vorgibt, die das Handeln der Anbieter und Nachfrager sachlich bestimmen.[20] Mit anderen Worten ist die Set-

---

rationalität, wenn auch ohne klares methodisches Bewußtsein, angezielt ist." Auch Bogner (1989, 167) kritisiert die doppeldeutige Definition und ungenaue Verwendung des formalen Rationalitätsbegriffs: "Der Begriff der formalen Rationalität - 'Berechenbarkeit' - bezeichnet ja gerade die strukturellen Bedingungen für eine maximale Ausbreitung effizienten zweckrationalen Handelns, und darüber hinaus - als 'Rechenhaftigkeit' - ist er selbst das Maß, in dem die jeweiligen Akteure die dauerhafte Ermöglichung und Gewährleistung von Chancen zweckrationalen Handelns zu einem Prinzip ihrer Lebensführung gemacht haben." Dadurch blendet Weber in seiner Bestimmung der formalen Rationalität einen "'objektiven' und einen 'subjektiven' Rationalitätsbegriff ineinander" (ebd., 113), so daß er konsequenterweise auch den Bezugsrahmen der verstehenden Soziologie verlassen muß. Demgegenüber geht Döbert (1985, 529) davon aus, daß Weber "zwischen unterschiedlichen Aggregationsniveaus von Handlungen unter anderem deshalb flexibel zu vermitteln vermochte, weil er das Konzept des Einverständnishandelns mit Prozessen formaler Rationalisierung verbinden konnte. Formal rationalisiert werden sämtliche Denk- und Handlungsbereiche, aber auch die Persönlichkeit selbst. Damit hat Weber mit formaler Rationalität den Fall der Interrelation von Mikro- und Makrorationalität identifiziert, bei dem die Rationalitätskriterien der beiden Ebenen konkordant sind. Die Organisationen haben ein notwendiges Interesse daran, daß ihre Mitglieder und Abnehmer in ihrem Verhalten berechenbar sind, und umgekehrt haben die Individuen ein Interesse daran, daß auch die Organisationen 'maschinenmäßig' funktionieren. Wächst nun die formale Rationalität von Individuen und sozialen Systemen, so kommen 'Einverständnisse' leichter zustande."

[20] Die Preise, obgleich Resultate von Entscheidungen, haben für den Marktakteur wesentlich nur Bedeutung als *externe* Daten. Die Handelnden produzieren selbst also beständig unumstößliche Daten, die für ihr eigenes Handeln wiederum höchst relevant sind. Die Bemerkung Baders u.a. (1983, 282) ist in diesem Zusammenhang von Bedeutung, daß "Systemstrukturen weiter in das Handeln 'hineinreichen', als dies mit der Vorstellung der Anpassung des Handelns an Daten sichtbar wird. Soziale Daten sind

zung von Zwecken in der Form des Rentabilitätszwecks objektiviert. Objektiv ist der Rentabilitätszweck insofern, als der Markt als Systemkomplex sich diesen Zweck selbst gibt. Marktrationalität kann schließlich als Typus beschrieben werden, dem jeder subjektiv gesetzte Bestimmungsort und jeder letzte Zweck des Handelns, der *außerhalb* des Rentabilitätszwecks steht, unbekannt ist. Kurzum: *Der Zweck der Rentabilität ist sich selbst genug.*

Zwecke gelten somit nicht mehr als selbständige und intentionale Wahlentscheidungen von Handelnden, die sie souverän zu verwirklichen wissen, indem die Welt von ihnen nach einem vorgefaßten Plan konstruiert und entsprechende Mittel hierfür ausgesucht und instrumentell eingesetzt werden, sondern als systemreferentielle Setzungen von Marktzwängen, die an das Handeln der sozialen Akteure rückgekoppelt sind. Im System der Märkte kann es deshalb auch kein übergreifendes Geschichtssubjekt geben, das sich ein selbstbestimmtes Ziel vorgibt, nach einem antizipierten Entwurf Zwecke auswählt und auf das vorbestimmte Ziel mit ausgesuchten Mitteln linear hinsteuert. Aus diesem Grund ist der Zweckbegriff des Marktes auch nicht als *teleologischer Handlungszweck* im Sinne eines subjektiven Willensaktes kategorial zu fassen, sondern nur als *Systemzweck*; d.h. als Zweck, der nicht einzelnen Individuen oder Handlungen zurechenbar ist, sondern über die Selbstreferentialität des Marktes konstituiert wird. Der Zweckbegriff des Marktes ist folglich von Motiven und Werten, Bedürfnissen und Interessen der Markthandelnden abgekoppelt. Schließlich erfüllt der Markt auch keine materialen Zwecke noch strebt er diese an. Von Systemzwecken kann somit nur im Sinne der Systemerhaltung des Marktes die Rede sein, nicht aber hinsichtlich einer teleologischen Zweckbestimmung, die auf spezifische materiale Inhalte und subjektive Absichten rekurriert. Bezogen auf den ökonomischen Modus des Marktes kann diese "Selbsterhaltung" etwa in dem Zwang zur rentablen Marktproduktion, zur Akkumulation von Kapital, zum absoluten Wachstum der Absatzmengen oder im Zwang zu marktkompatiblen Entscheidungen gesehen werden. Der hier vorgeschlagene Zweckbegriff ist somit nicht substantiell fixiert, sondern nur *abstrakt* zu bestimmen.[21] Die ökonomische Rationalität des Marktes

---

nicht wie Naturdaten 'neutral' gegenüber dem Handeln, sondern sie sind, als von Handeln produzierte Daten von vornherein auch wieder kompatibel mit bestimmtem Handeln. Der gedankliche Schritt vom 'Kapitalismus als Einzelhandeln' zum 'Kapitalismus als System' wäre nicht einfach als Zunahme 'äußerer' Daten zu begreifen, an die sich das Handeln anzupassen hat, sondern als Herausbildung selbst durch das Handeln produzierter Strukturen, die das Einzelhandeln tendenziell in sich einbinden, dadurch daß es von den Strukturdaten her sachlich bestimmt wird."

[21] An dieser Stelle sei auf die Kritik Luhmanns (1968b) am Zweckbegriff der klassischen Organisationstheorie verwiesen, der im Hinblick auf eine einzelne Handlung konzipiert wird. Luhmann überträgt den Zweckbegriff von der Handlungstheorie auf die Systemtheorie, indem er die traditionellerweise angenommene innere Beziehung von Handlungen und Zwecken auflöst und die "Funktion von Zwecken in Systemen" (ebd., 11) thematisiert. *Erstens* fungieren Zwecksetzungen nach Luhmann als "Ent-

ist deshalb auch an keine leitende Idee, praktische, theoretische oder sonstwie begründete Vernunft gebunden, woraus André Gorz (1989, 180) schlußfolgert, daß sie auch "gegen jede reflexive Selbstkorrektur" abgeschottet sei.

Aus dieser Bestimmung des Rationalitätstypus des Marktes folgt dreierlei: *Erstens* werden im Rationalitätsfall Entscheidungen unter Marktbedingungen genau kalkuliert und vollziehen sich strikt in der buchhalterischen Form von "objektiven" Rechnungen, die der willkürlichen Bewertung einzelner Subjekte entzogen sind. *Zweitens* wird nicht im Hinblick auf beliebige, sondern auf einen ganz bestimmten Zweck gerechnet. Dieser Zweck kann genauer als *Marktzweck* bezeichnet werden, der insofern nur abstrakt bestimmbar ist, als er sich allen mate-

---

scheidungshilfen" (ebd., 32), durch die Informationen verarbeitet und Entscheidungsprozesse strukturiert werden, so daß die Unendlichkeit von Alternativen auf eine handhabbare Handlung bzw. Handlungsfolge reduziert und spezifische Handlungseffekte als gewünschte Wirkung bzw. als unbeabsichtigte Nebenfolgen von Handlungen bewertet werden können. Zwecke dienen dazu, Komplexität zu reduzieren, Unsicherheit zu absorbieren und Kontingenz einzudämmen: "Zwecksetzung ist ein unentbehrliches Reduktionsmittel (...). Niemand kann alles mit allem vergleichen; Struktur muß sein." (Ebd., 110) Zwecke werden als "koordinierende Generalisierungen" (ebd., 189) aufgefaßt, die Abstand zum konkreten Geschehen schaffen und die Gemengelage von Wirkungskomplexen auf einen überschaubaren Nenner bringen. Zwecken kommt somit eine wichtige Legitimationsfunktion zu: Sie werden gesetzt, um die Richtigkeit einzelner Entscheidungen zu begründen und die daraus resultierenden Handlungen vorbehaltlos zu rechtfertigen. Durch Zwecksetzungen wird das Handeln als Ursache einer Wirkung ausgelegt und subjektiv abgeschätzt. Mit Luhmanns Worten: "Ein Zweck ist die vorgestellte Einheit einer geschätzten Wirkung." (Ebd., 180) *Zweitens* gelten nach Luhmann Zwecke nicht mehr als freie und absichtsvolle Setzungen von Subjekten, sondern als Resultate von Systemzwängen. Genauer betrachtet sind bei Luhmann Systeme nicht durch die Erfüllung *bestimmter* Aufgaben oder Ziele definiert. Luhmann kritisiert damit einen invarianten, material oder formal bestimmten Zweckbegriff, und zwar unabhängig davon, ob er Einzelhandlungen oder sozialen Systemen zurechenbar ist. "Die Konstanz der Zwecke ist demnach nur eine systemrelative Konstanz, die eine Änderung von Zwecken im Rahmen ihrer Funktion nicht ausschließt." (Luhmann 1968b, 11) Rohbeck (1993, 209) formuliert zu Luhmann: Ein "System setzt sich nicht primär Zwecke, die es zur Ausführung bringt, sondern unter der Voraussetzung der Systemerhaltung ergeben sich Zwecke je nach Durchsetzbarkeit unter gegebenen äußeren Bedingungen." Luhmanns Zweifel am handlungstheoretisch begründeten Zweckbegriff sind nicht von der Hand zu weisen. Problematisch ist indes, wenn die Unterscheidung zwischen formalen und materialen Zwecken grundsätzlich aufgegeben und der Zweckbegriff für die "Beobachtung" des "Systems" und der "systemeigenen Umwelt" reserviert wird. Dann nämlich können auch keine (formalen) Systemzwecke mehr identifiziert werden, die über die reine Funktion der Selbstthematisierung hinausgehen. Gegenüber Luhmanns Überlegungen soll im weiteren daran festgehalten werden, die "Selbsterhaltung" bzw. den Reproduktionsmodus des Marktes im Begriff des abstrakten Systemzwecks zu thematisieren. Zu Luhmanns Zweckbegriff vgl. auch Obermeier (1988, 26ff.).

rialen Zwecksetzungen und Zielbestimmungen von Handelnden entzieht. Und *drittens* ist der Modus des Marktes als *inhaltlich indifferente Prozeß- oder Verfahrensrationalität* zu kennzeichnen, mit der der Einsatz von Mitteln zur Erreichung spezifischer Marktzwecke optimiert werden soll. Der Begriff des Verfahrens oder Prozesses soll die inhaltliche Elastizität und Anpassungsfähigkeit der formalen Marktrationalität unterstreichen. Formal rationales Entscheiden und Handeln ist im Marktgeschehen nicht material festgelegt, sondern in gewisser Weise offen für beliebige Inhalte. Mehr noch: Der relativ vage, weil substantiell indifferente Marktzweck ist Garant für die Offenheit seiner sachlichen Ergebnisse. Die Abstraktheit des Zwecks, der von persönlichen Motiven und Bedürfnissen absieht, läßt eine Vielzahl von Mitteln in den unterschiedlichsten Kombinationen als geeignet und zulässig erscheinen. Marktrationalität kombiniert insofern ein Höchstmaß an inhaltlicher Beliebigkeit mit einem Optimum an formaler Rechenhaftigkeit und systemischer Funktionalität: Nicht alles ist möglich, was potentiell möglich wäre; aber alles ist möglich, was formal rational ist. Der Begriff des Verfahrens oder Prozesses bezieht sich somit auf ein *formales Durchführungsprinzip*, das den inhaltlich unbestimmten Handlungen eine - mit Blick auf den Marktzweck - bestimmte Funktion zuweist. Mit anderen Worten ist formale Rationalität *nicht in der Substanz rational, sondern lediglich in der Wahl und Verwendung der Mittel, d.h. der Verfahren, Instrumente und Kalkulationen.*

Weiter kann die formale Rationalität des Marktes durch eine spezifische Zwecksetzung (A) und Mittelverwendung (B) gekennzeichnet werden. (A): Das Marktsystem dient keinem bestimmten Zweck in materialer Hinsicht, und zwar weder der Sicherung des "Auskommens" aller Gesellschaftsmitglieder, der Bedarfsdeckung, der Allokationsgerechtigkeit oder der Anhebung des durchschnittlichen Konsumtionsniveaus noch einer sozial nachhaltigen und ökologisch verträglichen Nutzung kollektiver Güter und Ressourcen. Dem Markthandeln unterliegt "keine Orientierung an einer gesatzten Ordnung über die Art der Güterbedarfsdeckung der vorgestellten Beteiligten" (Weber 1988b, 453). Trotz dieser materialen Unbestimmtheit sind Markthandlungen gleichwohl zweckorientiert: Ihr übergeordneter Zweck ist die Realisierung des Marktgeschäfts respektive Marktwerts, der alle materialen Zweckbestimmungen überlagert. Die Zwecksetzung der formalen Marktrationalität kann gegenüber traditionalen Subsistenzökonomien auch als Umstellung von der Gebrauchswert- auf die Tauschwertorientierung gekennzeichnet werden. Diese Umstellung besteht in nichts anderem als in der Etablierung eines neuen übergeordneten Zwecks, für den die vormaligen Zwecke als ihm zugeordnete Mittel instrumentalisiert werden. Ein Objekt oder Gegenstand wird nicht für den materialen Zweck der unmittelbaren Konsumtion hergestellt (Gebrauchswertrealisierung), sondern für den abstrakten Zweck der Vermarktung (Marktwertrealisierung). Aus vormaligen Zwecken, der Herstellung von konkreten Gebrauchswerten, werden folglich bloße Mittel zur Realisierung eines anderen Zwecks, der Vermarktung ökonomischer Werte. Folge hiervon ist, daß sich der inhaltlich unbestimmte Zweck der Marktproduktion gegenüber jeder materialen

Bestimmung verselbständigt. Das Geschehen auf Märkten ist unhintergehbar an die Selektionskriterien der formalen Rationalität gebunden, die sich - wie Weber hervorhebt - in der Kapitalrechnung konkretisiert und mit den Maßstäben der Rentabilität beurteilen läßt. Anders formuliert kennt die formale Rationalität des Marktes keine Vielzahl von Zielen und Zwecken, zwischen denen Handelnde nach selbst definierten Entscheidungskriterien, Werten, Präferenzen, d.h. "nach eigenem Ermessen" auswählen, sondern nur den *Zweck der Rentabilität*, dem sich in letzter Konsequenz jede Marktentscheidung zu beugen hat.[22]

Genauso verhält sich der Typus der formalen Rationalität zur Mittelverwendung (B): Entscheidungen unter Marktbedingungen dienen nicht der Auswahl zwischen verschiedenen rationalen Zwecken, sondern sind mehr oder weniger beschränkt auf die Suche nach Mitteln für einen vorausgesetzten Zweck. Ein bestimmter Marktzweck, z.B. der Verkauf eines möglichst günstig hergestellten Produktes zu einem möglichst hohen Preis, wird mit Hilfe angemessener Mittel wie investiertem Geldkapital, Arbeitskraft, Anlagevermögen, Technologien, Rohstoffe, Energie etc. anvisiert. Die Mittel, die hierfür ausgewählt und eingesetzt werden, sind an den Marktzweck gebunden. Mehr noch: Die Objekte des Marktgeschehens (Waren und Dienste) verweisen auf Zwecke, für die sie adäquate Mittel sind. Zwecksetzung und Mittelauswahl stehen hinsichtlich der sachlichen Bestimmung, der Rentabilität, einander nicht äußerlich gegenüber, sondern sind miteinander identisch. Der Marktzweck ist als abstrakter Zweck nicht auf einen ganz bestimmten Mitteltypus festgelegt, sondern ermöglicht aufgrund seiner Abstraktheit, daß die sachlich unterschiedlichsten Mittel elastisch und variantenreich ausgewählt, verwendet und miteinander kombiniert werden können. Mittel ist nämlich buchstäblich *alles*, was dem abstrakten Zweck zu dienen vermag. Der Zweck geht dem Mittel, der Form des Handelns, voraus; er fungiert als *Filter* der Mittel. Der Primat des Zwecks gegenüber den Mitteln bleibt hiervon unberührt. Die Mittel erhalten allein durch den Zweck ihre Funktionsbestimmung und Legitimität. Formale Rationalität bemißt sich somit an der effektiven Planung, Auswahl und Verwendung der Mittel bei gegebenen Zwecken (Mittelrationalität). Entscheidend ist nicht die *Sache des Handelns*, sondern nur seine *Form*; nicht das *Was*, sondern nur das *Wie*.

Aus den bisherigen Überlegungen zum Zweckbegriff des Marktes folgt, daß sich dieser vom Weberschen Handlungstypus der Zweckrationalität[23] in mehrerlei

---

22   Von der stummen Dominanz der verselbständigten (technischen oder ökonomischen) Mittel über die Zwecke bzw. vom *Verlust* der Zwecksetzung schlechthin, wie der Begriff der "instrumentellen Vernunft" von Max Horkheimer nahelegt, kann nur die Rede sein, wenn der Zweckbegriff für substantielle oder normative Bestimmungen reserviert wird.

23   Bekanntlich heißt nach Weber (1980, 12f.) ein Handeln dann zweckrational, wenn sich Menschen bestimmte Zwecke setzen, die aus einer Anzahl von potentiell möglichen Zwecken ausgewählt werden, wobei diese Zwecke durch die zweckmäßige, genauer: effiziente und kostengünstige Auswahl dafür geeigneter Mittel realisiert werden

Hinsicht grundlegend unterscheidet: *Erstens* ist Zweckrationalität nach Weber durch die Wahlfreiheit zwischen verschiedenen möglichen Zwecken (Zweckwahl) und Mitteln (Mittelwahl) gekennzeichnet, während im Falle der formalen Rationalität der Ökonomie nur die mehr oder weniger freie Mittelwahl gegeben ist, die eigenständige Wahl und Setzung differenter Zwecke den Marktakteuren aber prinzipiell verschlossen bleibt. Der Markt konvertiert nämlich bisherige Zwecke in Mittel, so daß die Subjekte zwangsläufig ihre souveräne Zwecksetzungskompetenz verlieren müssen. Mit anderen Worten können Zwecke nicht selbständig ausgewählt werden, noch sind sie gegen andere potentiell mögliche Zwecke verrechenbar oder austauschbar. Der Webersche Begriff der Zweckrationalität suggeriert hingegen, daß die Frage, welche Zwecke verfolgt werden sollen, *entscheidbar* sei und daß Entscheidungen darüber durch Entscheidungen wieder zurückgenommen und revidiert werden könnten. Die Zwecksetzung des Marktes ist jedoch - wie aufgezeigt - im überindividuellen Rentabilitätsmaßstab objektiviert, welcher die Entscheidungen der Marktproduzenten maßgeblich strukturiert. Hieraus folgt *zweitens*, daß der für die soziologische Analyse des Marktes vorgeschlagene Zweckbegriff im Gegensatz zum Weberschen Begriff der Zweckrationalität nicht intentionalistisch im Sinne von *Handlungszwecken* zu fassen ist, die aus der subjektiven Handlungsabsicht erklärbar sind, sondern sich auf den Markt als systemischem Vergesellschaftungsmodus bezieht.[24] Und *drittens* schließen sich wertra-

---

sollen, wobei die Nebenfolgen der als Mittel eingeschätzten Handlungen sorgfältig zu berechnen und in Relation zu den Mitteln und Zwecken selbst rational abzuwägen sind. Insofern können auch die bereits ausgewählten Handlungsziele (Zwecke) und Handlungswege (Mittel) bewußt modifiziert oder sogar zurückgestellt werden, wenn die Mittel zur Erreichung des Ziels zu kostspielig und die zu erwartenden Schäden des Mitteleinsatzes oder der Zielrealisierung zu hoch sind bzw. in keinem sinnvollen Verhältnis mehr stehen. Weber (1980, 13) formuliert in *Wirtschaft und Gesellschaft*: "Zweckrational handelt, wer sein Handeln nach Zweck, Mitteln und Nebenfolgen orientiert und dabei sowohl die Mittel gegen die Zwecke, wie die Zwecke gegen die Nebenfolgen, wie endlich auch die *verschiedenen möglichen* [Hervorh. von mir, K.K.] Zwecke gegeneinander rational abwägt: also jedenfalls weder affektuell (und insbesondere nicht emotional), noch traditional handelt. Die Entscheidung zwischen konkurrierenden und kollidierenden Zwecken und Folgen kann ihrerseits wertrational orientiert sein: dann ist das Handeln nur in seinen Mitteln zweckrational."

[24] Handeln, welches unter den Zwängen des Marktes steht, wird somit von der Zweckbestimmung des Marktes als "System" her definiert. An dieser Stelle ist jedoch ausdrücklich hervorzuheben, daß Markthandeln weder in "reiner Form" anzutreffen noch als Prototyp für soziales Handeln schlechthin aufzufassen ist. Die berechtigten Zweifel an der Ziel- bzw. Zweckgerichtetheit sozialen Handelns sollen damit ebensowenig ignoriert werden wie die Kritik an Webers handlungstheoretischem Begriff der Zweckrationalität, der auf subjektive Zwecke menschlicher Handlungen Bezug nimmt. Vgl. in diesem Zusammenhang Luhmanns (1968a, 1968b) wegweisende Verdienste bei der Entthronung des handlungstheoretisch-teleologischen Zweckbegriffs. Sicherlich gehen aus der mikrosoziologischen *Handlungsperspektive* Mittel nie in den zu

tionales und zweckrationales Handeln bei Weber keineswegs aus, wenn nämlich "mehrere zur Auswahl stehende Zwecke nach Wertgesichtspunkten abgewogen werden" (Rohbeck 1993, 128). Demgegenüber geht die sachliche, weil rechenhaftige Marktrationalität auf Kosten jedes wertrational orientierten Handelns. Letztlich sind wie auch immer begründete Wertpostulate mit dem nüchtern rechnenden Blick eines Anbieters oder Nachfragers, der seine Marktentscheidungen hinsichtlich der erwartbaren Kosten und des erwartbaren Nutzens zu relationieren versucht, nicht kompatibel. Um Markthandlungen erfolgreich abzuschließen, ist schließlich kein umfassender Wertkonsens herzustellen, der das Gesamtgeschehen als integrative Klammer umgreift.

5. Marktzweck und Organisationszweck

Die Annahme einer Zuordnung von Zweck und Mittel durch die Systemreferenz des Marktes ist gleichwohl zu spezifizieren. Der idealtypisch eingeführte Begriff des Marktzwecks soll nämlich keine widerspruchslose Harmonie vortäuschen. Weiter oben wurde bereits auf die Beobachtung von Weber hingewiesen, daß die

---

realisierenden Zwecken restlos auf. Weder erschöpfen sich die ausgewählten Mittel in der Zweckrealisation noch ist die Dominanz der Zwecke gegenüber den Mitteln unantastbar. Oftmals sind vielmehr gegenläufige Tendenzen zu beobachten: Handlungsziele bleiben relativ unbestimmt und werden erst im Prozeß der Auswahl der Mittel, die verfügbar sind, spezifiziert, revidiert, aufgegeben, ersetzt und neu formuliert; die ausgesuchten Mittel bestimmen rückwirkend die Wahl der Zwecke, da Handlungen in aller Regel Folgen hervorbringen, die mit den antizipierten Zielvorgaben nur selten übereinstimmen. Oftmals werden Zwecke erst gar nicht vorher antizipiert, sondern den veränderten Handlungsbedingungen nachträglich angepaßt, da unbeabsichtigte Wirkungen nur höchst unzureichend ins Handlungskalkül gezogen werden können. Die Differenz zwischen anvisiertem Ziel und realem Ergebnis des Handelns wird durch die nachträgliche Umdefinition des Handlungszweckes gekittet. In diesem Sinne dient die Setzung von Zwecken eher der "Rechtfertigung nach außen" als der "Anleitung des Handelns selbst" (Joas 1992, 222). Siehe neuerdings Rohbeck (1993, 16), der das Zweck-Mittel-Verhältnis aus der Perspektive des subjektiv Handelnden thematisiert und gegen die Vorstellung einer Zweckdominanz einwendet, daß die *technisch-gegenständlichen* Mittel stets "einen Überschuß enthalten" und die "Wirkungen der Mittel (...) über die Zweckrealisation hinausgehen" (ebd., 17). Vgl. hierzu Joas (1992, 218ff.), der im Anschluß an die kritischen Überlegungen von John Dewey und Luhmann zum starren Zweck/Mittel-Schema die Relativität von Zweck und Mittel hervorhebt und Handeln als einen Prozeß deutet, "der im alltäglichen Erleben keineswegs nach Zwecken und Mitteln, auch nicht nach Zweck-Mittel-Ketten, in denen Zwecke immer wieder Mittel für höhere Zwecke sein können, gegliedert ist." (Ebd., 223). Siehe auch die organisations- und spieltheoretischen Beiträge in Küpper/Ortmann (1988) zum Konzept der "Mikropolitik".

formale Rationalität der sachlichen Rentabilitätsrechnung eines Produktionsbetriebs durch materiale Zwecksetzungsstrategien von Handelnden gefährdet sei. Genauer betrachtet kann am Beispiel der Organisation Erwerbsbetrieb illustriert werden, daß der Marktzweck nicht unangefochten die Entscheidungsprogramme seiner individuellen oder kollektiven Organisationsmitglieder "füttert". Vielmehr spielen diverse marktexterne Faktoren in den Prozeß der Zwecksetzung und Mittelverwendung hinein, die die *Zentrifugalkraft des Marktes zumindest partiell brechen.* Gegenüber einer schlichten subsumtionstheoretischen Annahme, alle in einem Unternehmen beobachtbaren Kommunikationen und Informationsflüsse, Wissensressourcen und Verhaltensregeln, Entscheidungen und Nichtentscheidungen, Tätigkeiten und Handlungen würden der Logik des auf Selbstverwertung drängenden Kapitals vorauseilend gehorchen, ist daran zu erinnern, daß die betriebliche Verfolgung von Marktzwecken in eine facettenreiche und widersprüchliche Gemengelage eingebunden ist, welche die alltäglichen Entscheidungen innerhalb eines Betriebes nachhaltig und immer wieder in neuen Konstellationen beeinflussen. Diese Gemengelage setzt sich nicht nur aus externen Makroanforderungen von Staat, Justiz und Verwaltung, Politik und Gesellschaft zusammen, sondern auch aus betriebsinternen Mikrofaktoren. Der Alltag eines Betriebs stellt sich als umkämpftes Terrain dar, in dem sich die Akteure mit unterschiedlichen Handlungsstrategien und Verhaltensweisen bewegen und mit unterschiedlichen Einsätzen und Machtpotentialen agieren. Zweifelsohne wird dieser soziale Raum durch das Direktionsrecht des Kapitaleigners strukturiert und mit Hilfe von offiziellen Befehlshierarchien, kontraktuellen Abmachungen, vertikalen und horizontalen Machtverteilungen strukturiert und abgestützt. Zugleich jedoch sind vorauseilende Unterwerfungsgesten und unausgesprochenes Einverständnishandeln, informelle Kommunikationskanäle und stillschweigende Informationsblockaden genauso entscheidend für das faktische Funktionieren der Organisation Erwerbsbetrieb.[25]

Der Marktzweck diktiert nicht verlustfrei den Organisationszweck eines Erwerbsbetriebes. Genauer betrachtet konkurriert der Marktzweck mit vielfältigen materialen Zwecken der unterschiedlichsten betrieblichen und außerbetrieblichen Gruppen und Einzelpersonen, die nicht umstandslos auf diesen eingeschworen werden können. Die Unternehmensführung kann sich zwar ihrer Direktionsgewalt

---

[25] Vgl. weiterführend die grundlegenden organisationstheoretischen Überlegungen von Crozier/Friedberg (1979), die machttheoretisch erweiterten Ansätze innerhalb der Industriesoziologie zum "Manufacturing Consent" (Burawoy 1979) sowie zum betrieblichen Produktivitäts- und Sozialpakt (Seltz/Hildebrandt 1985; Seltz 1986; Hildebrandt 1991). Siehe zusammenfassend Küpper/Ortmann (1988), die die Kritik am überzogenen Kontroll-Paradigma aufnehmen und die Ergebnisse der britischen Labour-Process-Debatte auf das Organisationskonzept der "Mikropolitik" übertragen. Zur Anwendung der mikropolitischen Analyse vgl. die Untersuchung von Ortmann u.a. (1990) zur Informatisierung betrieblicher Abläufe. Siehe auch Heidenreich (1995) sowie die Überlegungen zum Arbeitskontrakt in Kap. III.5.4.

bedienen, um den Marktzweck zum Organisationszweck des Betriebes zu erklären, ist gleichwohl aber gezwungen, die latent oder offen ausgetragenen Interessen-, Macht- und Zielkonflikte zwischen den unterschiedlichsten Organisationsgruppen und -mitgliedern in ihre strategischen Planungen und Entscheidungen einzukalkulieren. In keinem Fall kann die organisationelle Eigenkomplexität eines Unternehmens und der betriebliche "Dschungel der Mikropolitik" (Neuberger 1988, 55) ignoriert und konfliktfrei auf den Referenzhorizont des Marktes umgepolt werden. Unter dem Gesichtspunkt der partiellen Unbestimmtheit von spezifischen innerbetrieblichen Entscheidungsprozeduren und Handlungsfeldern erweisen sich oftmals indirekte und informelle Entscheidungen zur Erreichung des Unternehmenszwecks brauchbarer und nützlicher als solche, die den Prämissen ökonomischer Rationalität geradlinig folgen. Während das zweckrationale Organisationsmodell die blinden Flecken der betrieblichen Arbeitsorganisation systematisch ausblendet, sind diese für den hier diskutierten Zusammenhang von entscheidender Bedeutung. Die überall anzutreffenden Unsicherheitszonen und "Regelungslücken" (Berger 1988, 119) überlassen nämlich nicht nur den Organisationsmitgliedern der unteren Hierarchieebenen gewisse Definitionsspielräume und Selbststeuerungskompetenzen, sondern zwingen auch der Unternehmensleitung ein geradezu unkonventionelles Entscheidungsverhalten auf, das die flexible und dynamische Anpassung an unvorhersehbare Situationen und unplanmäßige Friktionen gewährleistet. Mehr noch: Im Interesse der Anpassungsfähigkeit, der Entscheidungsflexibilität, der Selbsterhaltung und der Erfolgsorientierung eines Betriebes ist das Management ständig gezwungen, gegenüber inneren und äußeren Gegebenheiten Konzessionen zu machen, Ungewißheiten einzuplanen, Reibungsverluste mitzubedenken, Rationalisierungsstrategien zurückzustellen, d.h.: spontan auf Veränderungen zu reagieren und zu improvisieren. Um den Marktzweck wenigstens annäherungsweise zu realisieren und den Fortbestand des Unternehmens sicherzustellen, muß sie in aller Regel auf suboptimale Handlungswege ausweichen.

Nur von einem betriebsexternen Standpunkt aus betrachtet scheint der Marktzweck eines Unternehmens zweifelsfrei bestimmbar zu sein. Aus der betrieblichen Binnenperspektive löst sich dieser hingegen in divergente Zwecksetzungen, z.B. zwischen Unternehmensleitung und Arbeitergruppen, technischem und Büropersonal usw. auf, die jedoch erst im Konflikt um die Auswahl der Mittel sowie im "Heruntertransformieren" des Marktzweckes auf die Ebene betrieblicher Detailentscheidungen sichtbar werden. Luhmann (1968b, 283) spricht in diesem Zusammenhang von der "Verkleinerung des Systemzwecks durch Zerlegung in Unterzwecke für Untersysteme". Die Vorstellung einer einfachen, linearen Kausalbeziehung zwischen exklusivem Marktzweck und "dazugehörigen" Mitteln muß auch vor dem Hintergrund der von Kern und Schumann in den 1980er Jahren ausgelösten industriesoziologischen Debatte um die "neuen Produktions- und Arbeitskonzepte" (1984) als unrealistisch erscheinen, da die kapitallogische Prozeßbeherrschung der Arbeit ihre Grenze in den arbeitslogisch auftretenden Pla-

nungs- und Kontrollücken hochkomplexer und vielfältig vernetzter Produktions-
systeme und Verfahrenstechniken findet.

Die investierten Mittel können nicht problemlos auf den Marktzweck zugeschnitten werden. Für das rentable Funktionieren eines Erwerbsbetriebes ist es
überdies nicht zwingend notwendig, daß alle Beteiligten dem Zweck der Marktproduktion zustimmen. Die Motive der Beteiligten brauchen sich nicht mit dem
Marktzweck zu decken, sondern sind typischerweise ganz anders ausgerichtet,
nämlich auf Einkommenssicherung, Arbeitsplatzsicherheit, berufliche Weiterqua-
lifikation, betriebliche Gratifikationen, Karriereplanung etc. Die eingesetzten
Mittel dienen folglich auch nicht teleologisch dem Marktzweck, sondern können
auch für andere materiale Zwecke instrumentalisiert werden, die die Beteiligten
unterhalb des Marktzweckes als eigene Subzwecke verfolgen. Weiter erübrigt
sich eine Verständigung über Zwecke (Zweckkonsens) oder sogar die vorbehaltlo-
se Unterstützung seitens aller Organisationsmitglieder, wenn über die eingesetzten
Mittel eine pragmatisch motivierte Übereinstimmung erzielt werden kann. Auch
ist die reine Erfüllung des Marktzwecks sicherlich nicht sonderlich praktikabel,
um den Erfolg des Erwerbsbetriebs auch auf Dauer zu garantieren: In den selten-
sten Fällen genügt es, ein bestimmtes Gut möglichst kostengünstig produzieren
und möglichst profitabel absetzen und vermarkten zu können. Marktexterne Variablen wie "Mitarbeitermotivation" und "Betriebsklima", Imagepflege nach außen
(public relations) und Loyalitätsbindung nach innen (corporate identity), materielle und symbolische Partizipationsansprüche der Organisationsmitglieder usw.
müssen gegebenenfalls ins Kalkül gezogen werden, so daß neben den primären
Marktzwecken andere Zwecksetzungen auf die Entscheidungen Einfluß nehmen.
Im Einzelfall können sogar marktexterne Entscheidungen marktentscheidend sein.
Absatzeinbrüche, Liquiditätsengpässe, unterdurchschnittliche Produktivitätsraten,
überdurchschnittliche Produktionskosten, absatzhemmende Entscheidungen etc.
können schließlich durchaus auch als Indiz dafür angesehen werden, daß die für
die Erfüllung des Marktzwecks eingesetzten Mittel von spezifischen Organisationsmitgliedern, die eigene materiale Zwecke verfolgen, hintertrieben, modifiziert
und "zweckentfremdet" wurden. Im Extremfall kann dies sogar dazu führen, daß
der eigentliche Marktzweck verfehlt wird. Die Mittel können folglich auch nicht
automatisch im Sinne des Marktzwecks programmiert werden, sondern sind in
gewisser Weise immer offen und disponibel für alternative Verwendungsmöglichkeiten und Rationalitätsoptionen der beteiligten Akteure. Marktexterne
Zwecksetzungen, etwa in Form sozialer Interessen, politischer Entscheidungen
oder ethischer Maximen, neutralisieren oder "mildern" stets den Marktzweck,
indem Mittel ausgewählt werden, welche den Versorgungsinteressen der Organisationsmitglieder, nicht aber dem Marktzweck dienen. Aus den unterschiedlichen
Praxisfeldern der Gesellschaft ließen sich eine Vielzahl weiterer Beispiele zu-
sammentragen, die verdeutlichen, daß Marktzwecke nicht ungebrochen im Sinne
einer starren Teleologie wirken. Da es sich jedoch um eine idealtypisch angelegte

Betrachtung des Marktes handelt, sollen diese knappen Überlegungen vorerst genügen.

B. Markt und Rationalität II

Im Kontext sozialtheoretischer Grundsatzdebatten ist immer wieder betont worden, daß verselbständigte Strukturfigurationen und nichtintendierte Handlungsfolgen sich dem Begriffsapparat der Handlungstheorie und den Denkfiguren des methodologischen Individualismus systematisch entziehen. Mit dem Vollzug einer Handlung und der Einlösung einer Absicht endet in aller Regel auch die Erklärungsreichweite der soziologischen Handlungstheorie. Ihr Gegenstand sind primär Formen bewußt herbeigeführter Interaktionen und Handlungsreihen, deren subjektiv gemeinter Sinn rekonstruierbar ist, während Formen systemischer Vergesellschaftung mehr oder weniger unanalysiert bleiben.[26] Nur zu oft treffen Individuen jedoch auf sozial produzierte objektive Handlungsbedingungen, die sich ihrem Entscheidungsradius entziehen. Handeln ist nämlich immer beherrscht von den vorgefundenen Produkten der Gesellschaft, ihren Traditionen und Strukturen. Neben dieser diachronen Handlungsbeschränkung treten auf synchroner Ebene stets individuell unbeherrschbare Interdependenzen auf. Wie sind etwa überindividuelle Strukturen des Marktgeschehens zu interpretieren, die historisch zwar aus Handlungsvollzügen hervorgegangen sind, unterdessen aber dem gegenwärtigen Akteur als objektive Marktdaten gegenübertreten und dessen Aktionsräume konditionieren? Wie sind Handlungen zu verstehen, mit denen Marktsubjekte spezifische Ziele verfolgen, die sich kurzfristig erfüllen (oder auch nicht), zugleich aber auf lange Sicht unbeabsichtigte Entscheidungsfolgen herbeiführen, die die kurzfristigen Handlungsziele im Nachhinein in ihr Gegenteil verkehren? Oftmals werden mehr oder weniger unfreiwillig Entscheidungen getroffen, die zukünftiges Handeln irreversibel festlegen und spätere Alternativen blockieren oder einschränken. Schließlich werden gegenwärtige Handlungschancen und -risiken nachhaltiger von zeitlich und räumlich verschobenen Rückkopplungen bereits vollzogener Handlungsschritte diktiert als von reflexiv gesteuerten Zweck-Mittel-Setzungen autonom handelnder Akteure hervorgebracht. Die im Kontext des französischen Poststrukturalismus entwickelte Formel von der "Dezentrierung des

---

[26]   Im vorigen Kapitel sind einige grundlegende Defizite der Weberschen Konzeption formaler/materialer Rationalität angesprochen worden. In seinen materialen religionssoziologischen Schriften hat Weber (1988a, 524) selbst auf die "Paradoxie der Wirkung gegenüber dem Wollen" hingewiesen und dies mit der nicht-intendierten Versachlichung ethischer Maximen des Protestantismus zu belegen versucht. Die grundbegrifflich konzipierte und idealtypisch angelegte Handlungstheorie Webers bleibt hiervon allerdings weitgehend unberührt.

Subjekts" (Foucault) findet deswegen auch ihren vehementesten Ausdruck in den dezentrierten Strukturen des modernen Marktsystems, das jede ungebundene Handlungssouveränität des Individuums und jede bewußte, auf zwangloser, vernünftiger Verständigung und kollektiver Willensbildung beruhenden Ordnung faktisch dementiert. Insofern wäre auch die Analyse des Marktes, die sich auf einen strikt handlungstheoretischen Rahmen beruft, mit einigen grundlegenden Problemen behaftet.

Die bisherigen Überlegungen zum Markt als spezifischer Vergesellschaftungsform haben ihren Ausgangspunkt auf der elementaren Ebene des funktionalen Markttausches zwischen Marktsubjekten genommen, um die Besonderheiten dieser sozialen Beziehung darlegen zu können. Wie aufgezeigt wurde, verändert sich das Verhältnis der Individuen zueinander in dem Maße wie die sozialen Beziehungen zwischen ihnen über den funktionalen Markttausch vermittelt werden. Der funktionale Markttausch entlastet wiederum von strukturellen Zusammenhängen, die den Marktteilnehmern vorausgesetzt sind. Diese Entlastungsfunktion des Marktes verweist auf etwas, das im Rahmen eines handlungstheoretischen Zugriffs letztlich nicht erklärt werden kann. Unter Bezug auf den Weberschen Begriff der formalen Rationalität sollte bereits im vorangegangen Abschnitt deutlich geworden sein, daß die unbeabsichtigten Folgen des Tuns oder Unterlassens die Oberhand gewinnen. Deshalb ist die soziologische Frage nach dem Modus der Marktvergesellschaftung nicht auf das versachlichte Handeln isolierter Individuen zu beschränken, sondern muß zugleich auf den Markt als Ordnung *sui generis* abzielen, die sich eben nicht in der Institutionalisierung zweckrationaler Handlungsstrategien von souveränen Marktsubjekten erschöpft.

Die Bestimmung des sozialen Handelns von Marktsubjekten stellt eine unzureichende Basis für die Analyse der Marktstrukturen dar. Deshalb ist ein Perspektivenwechsel vorzunehmen, der den soziologischen Blick auf jene Marktstrukturen richtet, die die Individuen einschließen, welche in ihnen agieren und interagieren. Die Fixierung auf den Marktzusammenhang als isolierte Einzelaktionen zwischen Austauschenden, die spezifische Nutzenkalküle verfolgen, bleibt nämlich eigentümlich unterkomplex, so daß die höhere Emergenzebene der gesellschaftlichen Synthesis des Marktzusammenhangs analytisch nicht erschlossen werden kann. Der Fokus der Analyse ist somit um die Rekonstruktion des Marktes als überindividuellem Systemmechanismus zu erweitern, der überhaupt erst die funktionale Handlungskoordination der Marktsubjekte erzwingt. Im folgenden ist genauer darzulegen, daß die Zwänge, unter denen Marktakteure handeln, und die Gelegenheiten, die sich ihnen eröffnen und aus denen sich ihre Handlungskapazitäten ableiten, von den Systemparametern des Marktes, den Angebots- und Nachfrageverhältnissen, strukturiert werden. Hierbei ist die Rationalitätsproblematik in sachlicher (II.B.1), zeitlicher (II.B.2) und räumlicher (II.B.3) Dimension zu spezifizieren.

1. Die Stoffe des Marktes

Im bisherigen Verlauf der Untersuchung wurde der Markt auf der Folie der sozialen Beziehungen zwischen Tauschakteuren thematisiert, wobei die Mängel eines handlungstheoretischen Zugriffs am Beispiel der Rationalitätsproblematik offenkundig geworden sind. Eine soziologische Betrachtung des Marktes, die nach dem Typus und der Dynamik seiner Vergesellschaftungsform fragt, kann sich hingegen nicht mit der Analyse sozialer Interaktionen im Marktgeschehen begnügen. Die soziale Dimension des Marktes ist zugleich um die sachliche, zeitliche und räumliche Dimension zu erweitern. Zunächst ist in einer ersten Annäherung die sachliche Dimension zu analysieren. Als Ausgangspunkt der folgenden Überlegungen bieten sich hierbei die Objekte des Markttausches an, die hinsichtlich ihrer gesellschaftlichen Form als *Waren* zu befragen sind. Genauer formuliert ist die *Warenform der Güter* in den Blick zu nehmen.

Bisher wurde von der Warennatur der Tauschobjekte des Marktes a priori ausgegangen. In diesem Abschnitt ist zu klären, warum die Ware selbst in einem komplementären Verhältnis zum System des rationalen Markttausches steht. Hiervon ausgehend ist der Fokus der Analyse auf die *Formen des Umgangs* mit Stoffen und Materialien auszudehnen, die das physische Substrat der Tauschobjekte darstellen. Im Rahmen einer soziologischen Betrachtung des Typus moderner Marktvergesellschaftung ist diese Hinwendung zur stofflichen Seite des Güterverkehrs allein schon deshalb unverzichtbar, weil die materiellen Elemente und Substanzen selbst, aus denen die Objekte des Tausches bestehen, in ihrer *stofflichen Beschaffenheit* nicht unangetastet bleiben und ihre physische Architektur eine spezifische Form der Konsumtion oktroyiert. Am Beispiel der Stoffeigenschaften des modernen Konsumgutes wird diese präjudizierende Wirkung kurz erörtert.

Nach dem allgemeinen Verständnis ist eine Ware zunächst ein Produkt mechanischer Arbeit, das nicht zum unmittelbaren Verbrauch durch den Produzenten selbst bestimmt ist. Insofern haben in traditionalen Subsistenzökonomien die meisten Güter noch nicht den Charakter einer Ware angenommen. Erst im Zuge der voranschreitenden gesellschaftlichen Arbeitsteilung und der daraus hervorgehenden Produktion der Güter zum Zwecke des Verkaufs auf Märkten zu bestimmten Preisen ändert sich auch der Charakter des Gutes. Indem das Gut für andere, genauer: für *abstrakt* andere hergestellt wird, verwandelt es sich in eine Ware.

Weiter besitzen Waren, die nicht für den Eigenverbrauch, sondern für Marktzwecke hergestellt werden, eine qualitativ-physische und eine quantitativ-wertmäßige Seite: sie sind, um eine klassische Begriffsunterscheidung aufzunehmen, zugleich Gebrauchswert und Tauschwert; ersterer drückt sich in einer Leistung aus, letzterer im Preis.[27] Jedes Arbeitsprodukt hat spezifische stoffliche Eigen-

---

[27] Diese begriffliche Unterscheidung hat eine lange Tradition und geht auf entsprechende Passagen in der *Politik* und der *Nikomachischen Ethik* von Aristoteles zurück (vgl. Immler 1985, 27ff.; Koslowski 1993). Der schottische Nationalökonom und Moralphi-

schaften und gegenständliche Qualitäten. Das Arbeitsprodukt wird allerdings erst dann zur Ware, wenn es in ein Tauschverhältnis zu anderen Waren gesetzt wird und einen bestimmten ökonomischen Marktwert annimmt. *Einerseits* erfüllt eine Ware aufgrund ihrer stofflichen Qualität einen bestimmten Nutzen, der sich von dem anderer Waren unterscheidet. Sie ist ein Gebrauchsgegenstand, der der Befriedigung elementarer oder distinktiver Bedürfnisse dient. Der Gebrauchswert einer Ware, ihre physische Nützlichkeit und praktische Funktionalität, verwirklicht sich im Konsum. Schließlich ist der Gebrauchswert erschöpft, wenn das Produkt verschlissen oder aufgebraucht ist. In diesem Fall ist die maximale physische Nutzungszeit abgelaufen: Der praktische Zweck ist aufgezehrt und die Ware wandert auf die Deponie, wird entsorgt oder recycelt. *Andererseits* muß den stofflich verschiedenen Waren, um ihren Austausch zu ermöglichen, etwas quantitativ Vergleichbares zugrunde liegen. Dieser quantitative Vergleichsmaßstab kommt im Tauschwert zum Ausdruck. Erst der ökonomische Tauschwert einer Ware erlaubt ihre Gleichsetzung mit anderen Waren im Tauschgeschäft; er signalisiert ihre prinzipielle Tauschbarkeit im Marktgeschehen. Die gemeinsame Bemessungsgrundlage aller Waren ist Geld, das die gegenseitigen Tauschrelationen der Dinge in Preisen ausdrückt.[28]

---

losoph Adam Smith (1993, 27) hat 1776 in der klassischen Abhandlung *Der Wohlstand der Nationen* den Gebrauchswert dem Tauschwert einer Ware gegenübergestellt. Diese Differenzierung des Arbeitsproduktes, das nicht für den Eigenverbrauch hergestellt, sondern gegen Geld oder andere Waren auf Märkten getauscht wird, ist in der Marxschen Grundlegung der Kritik der Politischen Ökonomie wieder aufgenommen worden, um die Ware als Einheit der Differenz von Gebrauchswert und Tauschwert zu bestimmen. Waren besitzen in der Terminologie Marx' (1983a, 62) eine doppelte Form: "Naturalform und Wertform". Kritisch gegenüber Marx ist anzumerken, daß die traditionelle "hausbackene Naturalform" des Arbeitsproduktes, von der er an gleicher Stelle (ebd.) spricht, mit der chemischen Synthetisierung und gentechnischen Veränderung von Stoffen endgültig abgestreift wird. Vgl. auch die Überlegungen zum Naturbegriff in Kap. IV.A.2. In einer systemtheoretischen Arbeit von Baecker (1988a, 65) wird der Gebrauchswert mit Leistung und der Tauschwert mit Preis übersetzt. Hinzuweisen ist bereits an dieser Stelle auf die Unterscheidung zwischen funktionalem und symbolischem Gebrauchswert, die in Kap. V.B.2 eingeführt wird.

[28] Die werttheoretische Problematik des Zustandekommens des Tauschwertes kann in diesem Kontext nicht näher erörtert werden. Kaum umstritten scheint allerdings zu sein, daß *erstens* die Qualitäten des Gebrauchswerts sowie die Bedingungen, unter denen er hergestellt wurde, die Größe des Tauschwertes beeinflussen. *Zweitens* muß der Gebrauchswert auf Märkten nachgefragt werden, da ansonsten die Rede vom Tauschwert keinen Sinn macht. Von zentraler Bedeutung ist hierbei die Frage, ob und inwieweit Schwankungen der Nachfrage die Größe des Tauschwertes beeinflussen. Im Hinblick auf die ungelösten Probleme der Marxschen Arbeitswerttheorie, der Produktionskostenlehre sowie der subjektiven Werttheorie der Wiener Grenznutzenschule Karl Mengers u.a. mögen die folgenden Bemerkungen an dieser Stelle genügen. Bekanntlich hat Marx die Frage der Kommensurabilität von stofflich differenten Waren, ihres

Der Tauschwert einer Ware ist nur dann zu realisieren, wenn sie einen konkreten Gebrauchswert besitzt; eine Ware ohne Gebrauchswert wäre streng genommen gar keine, da sie auf Gütermärkten keinen Käufer finden würde, der einen entsprechenden Preis zu zahlen bereit wäre. Nur Güter, die aufgrund ihrer Nützlichkeit als Gerät, Maschine, Werkzeug, Hilfsmittel, Konsummittel usw. begehrt sind bzw. spezifische Bedürfnisse zu befriedigen versprechen, werden nachgefragt. Betrachtet man jedoch den im Tauschwert eines Marktobjekts ausgedrückten Preis für sich allein, dann ist die Ware *in ihrer stofflichen Struktur* nebensächlich. Ihre physischen Eigenschaften dienen lediglich der Realisierung des marktrationalen Kalküls. Im Preis dominiert der Marktwert einer Ware über ihre Physis und ihren konkreten Zweck; im Marktwert werden die stofflichen Besonderheiten der verarbeiteten Materialien und die praktischen Anwendungsmöglichkeiten eines Gutes als Nutzobjekt vernachlässigt. Mehr noch: Der Marktwert besitzt für sich betrachtet keine physische Qualität.

Simmel hat in der erstmals 1900 publizierten *Philosophie des Geldes* (1989) diese Problematik aufgegriffen, wenn er den modernen Warentausch als Medium kennzeichnet, welches alle qualitativen Maßstäbe auf der gemeinsamen quantitativen Grundlage des Geldwertes nivelliere. Die einheitliche Verrechnungsform des Geldes verschlucke gewissermaßen die Verschiedenheiten der Gegenstände, die

---

quantitativen Vergleichsmaßstabs, folgendermaßen zu beantworten versucht: Der Wert einer Ware, der sich im Tauschwert ausdrücke, bemesse sich nach den für ihre Produktion notwendig veräußerten durchschnittlichen Arbeitsquanten. Die Ware repräsentiere in dinglicher Form "abstrakte Arbeit". Insofern identifiziert Marx die wertbildende Substanz, die "Quelle von Wert" (1983a, 191), im menschlichen Arbeitsvermögen. Demgegenüber sieht die Grenznutzentheorie vom Arbeitsaufwand ab und individualisiert die Wertbestimmung, indem sie den Wert von Gütern in den subjektiven Nutzenpräferenzen der Individuen sowie in der individuell und gesamtwirtschaftlich verfügbaren Menge eines Gutes allein begründet sieht: Der Wert eines Gutes ist die Resultante von Nutzen und Knappheit. In Anlehnung an die Wiener Grenznutzenschu-le und in Kritik der Marxschen Arbeitswertlehre versucht Simmel (1989, 23ff. und 563ff.) zu begründen, warum der Warentausch kein Äquivalententausch darstelle, sondern vielmehr der Tauschvorgang selbst Wert produziere bzw. "der Tausch genau so produktiv und wertbildend ist, wie die eigentlich so genannte Produktion" (ebd., 63). Der Wert repräsentiere nämlich keine den Waren innewohnende objektive Eigenschaft, sondern sei auf die subjektive Begehrlichkeit der Tauschobjekte zurückzuführen bzw. in der individuellen Bewertung der Dinge begründet. Zur Diskussion der Werttheorie Simmels vgl. exemplarisch Cavalli (1993). Und Murphy (1985) hat den Vorschlag gemacht, ökonomische Gewinne und Preise machttheoretisch zu definieren. Unter besonderer Berücksichtigung der Preise für Arbeitsleistungen (Löhne und Gehälter) sprechen Bader/Benschop (1989, 186) deswegen auch von "Machtpreisen". Zur kontroversen Werttheorie siehe auch Immler (1989, 226ff.), der die klassische Frage der Physiokraten nach dem Wert der Natur aus sozialökologischer Perspektive wieder aufgegriffen hat und die elementare "Naturproduktivität" als Quelle ökonomischer Werte ausmacht.

diese als Gebrauchswerte ausweisen. An Simmels Überlegungen anknüpfend bemerkt Heinemann in der Studie *Grundzüge einer Soziologie des Geldes* (1969, 65): "Das sozial Geltende eines Objektes stellt nicht, wie in traditionalen Wirtschaften, eine fest umschriebene Einheit mit dem jeweiligen Gegenstand dar, ist keine dem Gegenstand an und für sich anhaftende Eigenschaft, sondern ist ein jederzeit durch freie Setzung änderbares sachliches Verhältnis zwischen Gegenständen, also Relation des Quantums des einen Objektes, dem ein Quantum eines anderen Objektes entspricht. Nur in dieser Wertproportion werden verschiedenartige Dinge gleichgesetzt, nur in dieser Form haben die Gegenstände des Marktverkehrs soziale Geltung. Der Geldausdruck der Waren, um den es sich hier handelt, ist also zum einen dadurch gekennzeichnet, daß Waren auf ihre objektiv vergleichbaren Tauschwerte reduziert sind und daß zum anderen in ihm Proportionen zwischen Güterquanten zur Darstellung kommen."

Bereits Adam Smith hat in seinem Hauptwerk *Der Wohlstand der Nationen* (1993, 27) die Inkompatibilität von stofflicher Nützlichkeit und ökonomischem Wert der Dinge thematisiert: "Dinge mit dem größten Gebrauchswert haben vielfach nur einen geringen oder keinen Tauschwert, umgekehrt haben solche mit dem größten Tauschwert häufig wenig oder keinerlei Gebrauchswert. Nichts ist nützlicher als Wasser, und doch läßt sich damit kaum etwas kaufen oder eintauschen. Dagegen besitzt ein Diamant kaum einen Gebrauchswert, doch kann man oft im Tausch dafür eine Menge anderer Güter bekommen." Diesen Grundgedanken radikalisiert Marx in den *Grundrissen der Kritik der Politischen Ökonomie* (1974, 913): "Die stoffliche Verschiedenheit im Gebrauchswerte ihrer Waren ist ausgelöscht in dem idealen Dasein der Ware als Preis". Und im ersten Band des *Kapitals* fällt der Marxsche Röntgenblick erneut an prominenter Stelle auf die Welt der modernen Ware, wenn er sie hinsichtlich ihrer ökonomischen Bedeutung seziert und zu der Überlegung kommt, daß die Gebrauchswerte der Waren im Vergleich zu ihrer Tauschfunktion nur sekundäre Erscheinungen darstellen, insofern sie lediglich als "stofflicher Träger des Tauschwertes" (1983a, 50) fungieren. Im Tauschwertverhältnis werde nämlich von der spezifischen Stofflichkeit und Nützlichkeit der Ware, von jedem konkreten Inhalt, abstrahiert: all ihre "sinnlichen Beschaffenheiten sind ausgelöscht", übrig bleibe nur ihre "gespenstige Gegenständlichkeit" (1983a, 52). Marx spitzt diese Überlegung mit dem Postulat zu, daß der stofflich neutrale Tauschwert "kein Atom Gebrauchswert" (ebd.) besitze. Vom Standpunkt des Marktproduzenten aus fungieren nicht nur die Designerformen, Produktnamen und Verpackungen, die der ästhetischen Präsentation eines Produkts dienen, als "Köder" (Haug 1976, 15), sondern bereits die konkreten Stoffeigenschaften, die den Gebrauchswert eines Marktobjektes ausweisen: Das "Gebrauchswertversprechen der Ware wird zum Instrument für den Geldzweck" (ebd., 17). Wenn man dieser Argumentation folgt, repräsentieren die Arbeitsprodukte für den Marktproduzenten nur abstrakte Wert-Dinge. Wenn der Marktwert, nicht aber der physische Gebrauchswert, das Interesse des Marktproduzenten bestimmt, verhält sich dieser gegenüber der stofflichen Struktur der Ware, indifferent. In der Preisform, in der alle Produktqualitäten im Markttausch auf einen einzigen quantitativen Geldausdruck kondensiert sind, ist das stofflich Konkrete der Arbeitsprodukte, ihre Gebrauchswerteigenschaft *verschwunden*.

In dem Maße, in dem die Arbeitsprodukte von den Anbietern nicht als solche mit konkret nützlichen, stofflichen Eigenschaften wahrgenommen werden, sondern vorrangig als Objekte, die einen spezifischen Marktwert besitzen, wird von der stofflichen Substanz der Artefakte abstrahiert und in ihr nur ein Mittel zur Erfüllung des ökonomischen Zwecks gesehen. Aus der Binnenperspektive des Anbieters wird die stoffliche Verschiedenheit der Tauschobjekte und damit auch ihr basaler stofflicher *Umweltbezug*, ihre physische Gebundenheit ausgeklammert. Der ökonomische Marktwert dominiert über den praktischen Nutzeffekt, was sich zwangsläufig auch auf die Materialqualitäten und stofflichen Konstruktionspläne der Produkte auswirken muß.

Diese Problematik kann paradigmatisch am Beispiel der massenindustriellen Konsumware und des ihr so typischen "Prinzips der eingebauten Kurzlebigkeit" (Kapp 1988, 169) verdeutlicht werden. Die stoffliche Beschaffenheit eines herkömmlichen Massenartikels vom Automobil bis zur Glühbirne ist den marktrationalen Konstruktionsparametern des minimalen Arbeits- und Materialaufwandes auf der Produktionsseite sowie des rascheren Materialverschleißes und des verkürzten Nutzungszyklus auf der Konsumtionsseite unterworfen. Die stückbezogenen Herstellungskosten können beispielsweise dadurch verringert werden, daß Fertigungsprozesse und Montageverfahren zu Lasten der Stoffqualität eines Artikels beschleunigt oder wertvolle Materialien durch weniger wertvolle substituiert werden: In diesem Falle sinkt die Haltbarkeit eines Produktes, und seine Reparaturanfälligkeit steigt. Zugleich können tragende Teile einer Ware, deren Funktionstüchtigkeit für eine uneingeschränkte und dauerhaft störungsfreie Benutzung unabdingbar ist, vom Hersteller so konstruiert und montiert werden, daß die maximale Nutzungsdauer bzw. der maximale Nutzungseffekt pro Lebensdauereinheit verkürzt wird, mit dem Ergebnis, daß der zeitliche und finanzielle Aufwand ihrer Reparatur oder Instandsetzung in keinem sinnvollen Verhältnis zum Anschaffungspreis eines Äquivalenzproduktes steht. Selbst spezifische Ersatzteile scheinen so konstruiert zu sein, daß sie im Falle eines Defekts nur als Kompaktteile ersetzt werden können. Anders formuliert: Auch stofflich gesehen ist die moderne Konsumware ein rasch verbrauchtes "Light"-Produkt. Schließlich ist die jeweilige Marktlage durch vorausschauende Produktplanung und -gestaltung im Sinne der Absatzstrategie eines Erwerbsbetriebes korrigierbar, wenn die *eingebaute Warendestruktion* die Nachfrage nach Ersatzprodukten anheizt. Die Marktstrategie der geplanten Obsoleszenz wird somit in den Dienst einer beschleunigten Güterproduktion und Kapitalakkumulation gestellt. Die möglichst rasche physische Vernutzung eines Gebrauchsgutes (Einfachnutzung, planmäßige Alterung) ist schließlich der beste Garant für die aktive Stimulierung einer ansonsten gesättigten Nachfrage.

Die bereits von Scherhorn (1975, 17) beobachtete Tendenz der Konsum- und Gebrauchsgütermärkte zur Sättigung des Bedarfs kann jedoch nicht nur durch die Produktion von kurzlebigen Gütern aufgehoben werden. Als weitere Marktstrategie zur Anreizung der Konsumnachfrage bietet sich beispielsweise die unentwegte Produktinnovation an. Beim Endverbraucher tritt im allgemeinen solange kein Ersatzbedarf an spezifischen Gütern auf, wie ein Bedürfnis durch den Konsum bereits erworbener Güter noch gesättigt werden kann. Für jene Unternehmen, die solche Waren zum Verkauf anbieten, hätte dies eine Beschränkung ihrer Umsatzchancen zur Folge. Hingegen können die Bedürfnisse angereizt, die Nachfrage stimuliert und die Umsätze gesteigert werden, wenn die Gebrauchswertqualität variiert wird. Beier (1993, 82) etwa spricht von der unternehmerischen "Strategie der Warengestaltung", die darauf abziele, die Qualität der Waren in immer kürzeren Zeitintervallen zu "verändern oder zu verbessern, d.h. zu vergrößern, verfeinern, verstärken, verschönern und in immer größer werdender Anzahl von Varianten" anbieten. In diesem Falle werden Produkte nicht mehr in identischer Qualität, sondern mit diversifizierten funktionalen Eigenschaften oder ästhetischen Erkennungsmerkmalen ausgestattet. Diese "Artikelneuheiten" sollen den Konsumenten dazu veranlassen, vergleichbare, aber noch intakte und nutzbare Waren durch neuartige Serien oder Modelle auszuwechseln. Die herkömmlichen Wettbewerbsstrategien der Preiskonkurrenz und Produktdifferenzierung werden somit um die der Produktvariation und Durchsetzung neuer Standards ergänzt. Statt einen vielseitig verwendbaren Artikel zu produzieren, der sich durch seine multifunktionale Verwendung auszeichnet, werden obendrein "Spezial"-Artikel angeboten, die oftmals nur eingeschränkte Nutzungsmöglichkeiten bieten. Kurzum, ohne die beschleunigte Entwicklung neuer Warentypen, die von den darauf folgenden Warengenerationen in immer kürzeren Intervallen abgelöst werden, scheint die Sicherung zukünftiger Absatzmärkte und Marktchancen kaum noch möglich zu sein. Zudem fallen die immer höheren Forschungskosten und längeren Entwicklungszeiten um so weniger ins Gewicht, wenn der Lebenszyklus eines Konsumartikels verkürzt wird.

Aus diesen knappen, vorläufigen Überlegungen zur stofflichen Dimension des Marktes folgt: Parallel mit der Vermarktung des Tauschobjektes durch den Marktproduzenten erlischt die Funktion einer Ware als Träger ökonomischer Werte und damit auch das Interesse des Warenverkäufers an ihrem weiteren stofflichen Schicksal als *Ding*. Oder anders formuliert: Das Verhältnis des Warenproduzenten zur Materialität der Ware vergleichgültigt sich mit der Einlösung ihres Marktwertes. Bereits im Produktionsakt wird das Produkt in betriebsökonomische Rechnungseinheiten aufgelöst. Das stoffliche Substrat eines Arbeitsproduktes verschwindet schließlich zur Gänze mit der Realisierung des Marktwertes im Tauschakt. Nachdem herstellungsbedingt die kurzlebige Ware in der Konsumtionssphäre rasch verschlissen ist, wandert das vernutzte Gut als Warenmüll über den Umweg der Mülltonne, des Schrottplatzes und des Recyclingkreislaufes auf die Mülldeponie oder in die Müllverbrennungsanlage. Mehr noch: Tempo, Form und Folgen des stofflichen Verfalls eines Gebrauchsgutes - M. Thompson etwa beschreibt in der *Theorie des Abfalls* (1981, 37) den kontinuierlich abnehmenden Gebrauchswert eines Gegenstandes als Wandel vom "Vergänglichen zum Wertlosen" - werden von den Marktproduzenten weitgehend ignoriert.

Zudem präjudiziert die physische Substanz einer kurzlebigen "Wegwerfware" förmlich ihren raschen Konsum, der den Konsumenten faktisch nahegelegt wird. Durch die stoffliche Konstruktion einer Ware ist nämlich ihr Nutzungseffekt oftmals praktisch vorgegeben und eingeschränkt. Da "Wegwerfwaren" ohnehin relativ schnell aufgebraucht sind, wird zur raschen Vernutzung eingeladen und zum verschwenderischen Umgang ermutigt. Gewissermaßen verweist das stoffliche Profil einer Ware nicht nur auf sich selbst, auf die reine materielle Substanz. Die impliziten Ge- und Verbote des Marktgeschehens sind gegenüber den Gegenständen nicht abwesend, sondern vielmehr ihnen selbst inhärent: Schließlich werden bestimmte Konsummuster beim Kauf einer Ware bereits faktisch mitgereicht. Folglich stellen die scheinbar so banalen Gegenstände und Dinge des Alltags auch mehr dar, als die "Natürlichkeit" und Stofflichkeit ihrer - mit Händen greifbaren - Materie suggeriert. Kurzum, die Verwandlung der Marktobjekte in abstrakte ökonomische Wertkategorien wirkt auf ihren Gebrauchswert zurück. Entgegen dem Marxschen Postulat in der *Einleitung zur Kritik der Politischen Ökonomie* (MEW 13, 16), daß die stoffliche Analyse des Gebrauchswertes in den Bereich der "Warenkunde" gehöre, weil in ihm sich kein spezifisches gesellschaftliches Verhältnis verkörpere, ist somit die *gesellschaftliche Bestimmtheit* der stofflichen Qualität der Waren und ihren Gebrauchs- und Verwendungsmöglichkeiten hervorzuheben. Diese vorläufigen Überlegungen zur stofflichen Dimension des Marktes sind in Kapitel IV wieder aufzunehmen und fortzuführen, um jene Formen der Umweltnutzung eingehender beschreiben zu können, die für den Markt als Vergesellschaftsform besonders charakteristisch sind.

2. Die Zeit des Marktes

Emile Durkheim hat bereits 1912 in der Einleitung zu seiner Studie *Die elementaren Formen des religiösen Lebens* (1981, 29) am Beispiel der Einteilung in Jahre, Monate, Wochen und Stunden auf den sozialen Ursprung der Zeit hingewiesen und hervorgehoben, daß diese "Fixpunkte, auf die alle Dinge zeitlich gerichtet sind, dem sozialen Leben entnommen sind". Genauer betrachtet stellt Zeit im soziologischen Verständnis weder eine astronomische Konstante des Kosmos bzw. eine elementare physikalische Eigenschaft der Natur im Sinne der klassischen Mechanik Newtons dar, noch ist sie dem menschlichen Bewußtsein a priori vorgegeben. Zeit existiert nicht als solche, d.h. im Sinne einer immer schon vorhandenen ontologischen Zeit, die als der Gesellschaft vorgelagerte Weltform den

Menschen vorausgeht, sondern sie wird durch diese erst als Zeit der Gesellschaft bestimmbar. Der auf Durkheim zurückgehende Begriff der "sozialen Zeit" bringt zum Ausdruck, daß alle Zeitvorstellungen *Ordnungsleistungen* darstellen, die soziokulturell geformt, gesellschaftlich strukturiert, intersubjektiv abgestützt und biographisch kleingearbeitet werden. Soziale Zeit ist somit eine relationale Größe, die gesellschaftlich konstituiert ist und mit dem Strukturwandel von Gesellschaften auch ein anderes Profil annimmt.[29]

Die jeweils vorherrschende Auffassung von Zeit, das sogenannte Zeitverständnis, ist ebenso wie die Gesellschaft, in die sie eingebettet ist, dem sozialen Wandel "in" der Zeit unterworfen. Die diversen Zeitverständnisse, die sich historisch herausgebildet haben, belegen dies: etwa die Vorstellung von der Ewigkeit der Zeit oder von ihrer Knappheit; ebenso die Annahmen, Zeit stehe still, fließe in einem Zeitstrom unablässig dahin oder beschleunige sich, Zeit besitze im Sinne einer linearen Heilsgeschichte oder einer teleologischen Geschichtsphilosophie eine Richtung oder treibe richtungslos, Zeit habe einen Anfang und ein Ende, Zeit kehre periodisch wieder bzw. erneuere sich beständig, Zeit sei unumkehrbar und gehe irreversibel verloren, Zeit sei geschichtslos oder kontingent usw. In jedem Falle wird die Vorstellung von Zeit gesellschaftlich konstituiert und strukturiert: durch alltägliche oder außeralltägliche Ereignisse und Ereignisreihen der Natur, periodische Festtage und soziokulturelle Riten, religiöse und Bauernkalender, klösterliche Gebetszeiten, politische Termine oder ökonomische Zeitpläne.[30] Ganz unabhängig davon, nach welchen Kriterien die Zeit einer Gesellschaft geordnet und geplant wird, besitzt sie einen hohen Strukturwert und zwängt die Handelnden wie in ein Korsett ein. Im folgenden sind einige strukturelle Besonderheiten jener Zeitmodalität theoretisch zu beschreiben, die für funktionale Marktbeziehungen m.E. besonders charakteristisch sind. Als idealtypische Kontrastfolie dienen hierbei zunächst die temporalen Strukturen traditionaler Lebensformen, so daß die Zeitimperative des Marktes schärfer konturiert werden können.

Ohne auf die vielfältigen ethnologischen und kulturgeschichtlichen Befunde detailliert eingehen zu wollen, ist für die zu erörternde Marktproblematik von Bedeutung, daß Zeit in traditionalen Agrargesellschaften noch als mehr oder weniger aufgabenbezogene, ereignisorientierte und "lokale Zeit" (Gurjewitsch 1989, 111)

---

[29] Aus der umfangreichen zeitsoziologischen Literatur seien Sorokin/Merton (1937), Rammstedt (1975), Bergmann (1983), Elias (1984), Halbwachs (1985, 78ff.) Schmied (1985), Rinderspacher (1985), Zoll (1988a), Adam (1990), Nassehi (1993a) und Stanko/Ritsert (1994) genannt.

[30] Nach Rammstedt (1975) können vier Typen der Zeiterfahrung voneinander unterschieden werden: occasionale (*jetzt/nicht-jetzt*), zyklische (*vorher/nachher*), lineare mit geschlossener Zukunft (*Vergangenheit-Gegenwart-Zukunft*) und lineare mit offener Zukunft (*kontinuierliche Bewegung/Beschleunigung*). Diese ordnet er unterschiedlichen Differenzierungsformen von Gesellschaft (undifferenzierte, segmentäre, geschichtete, funktional differenzierte Systeme) und ihren evolutionären Erscheinungsformen (archaische, antike, mittelalterliche, moderne Gesellschaft) zu.

definiert werden kann; sie existiert nicht unabhängig von der zu erledigenden Arbeitsaufgabe, von dem Ort der Tätigkeit und von der Person des Arbeitenden selbst, sondern nur in Form von Tätigkeiten oder Ereignissen.[31] Am Beispiel des "Tagwerks" traditionaler Lebensformen des Handwerks läßt sich das aufgabenorientierte Empfinden von Zeit besonders gut veranschaulichen: Zeit stellt sich dar als konkret faßbares Ergebnis eines Arbeitstages, d.h. der Mühen, die aufgewendet werden müssen, um ein konkretes Gut an einem bestimmten Ort für einen Abnehmer herzustellen, der dem Produzenten persönlich bekannt ist. Rhythmik, Dauer und Intensität des "Tagwerks" werden nicht durch Zeitvorgaben reglementiert, die als übergreifende Bezugspunkte gewissermaßen im Schatten der Handelnden stehen. Vielmehr ist das "Tagwerk" unmittelbar durch sachliche Erfordernisse des Arbeitsprozesses und kulturell eingelebte Routinen bestimmt, die Sinn und Bedeutung generieren. Die Tätigkeit selbst ist der Maßstab der Zeitordnung, so daß erlebte Dauer und Handeln noch wie selbstverständlich eng miteinander verbunden bleiben. Die Zeit wird nicht als unbestimmt oder gar "leer" erlebt, sondern als eine, die mit konkreten Anforderungen und Aufgaben gesättigt ist. Folglich bleibt dem "Tagwerk" auch die chronometrische Feingliederung des Tages durch exakt "gemessene" Stunden, geschweige denn Minuten oder sogar Sekunden fremd. Da sie als objektives Maß an den Arbeitstag angelegt wird, wird Zeit als Eigenschaft der Tätigkeit selbst gedeutet. Sie liegt eben nicht bereits vor. Deshalb besitzt auch jede Tätigkeit eine andere Zeit, die mit der Zeit anderer Tätigkeiten unvergleichbar ist. Jede Arbeit braucht im sprichwörtlichen Sinne *ihre Zeit*, da sie nicht auf einen bestimmten Abschnitt einer Zeitachse zurechenbar ist: "Die zeitliche Dauer der Tätigkeiten ist durch die Erfüllung der Aufgabe gesetzt; und die Verdichtung von Arbeitshandlungen orientiert sich an den zu erledigenden Aufgaben" (Scharf 1988, 143). Damit wird eine gesteigerte Sequenz von Handlungen nicht als Steigerung des Handlungstempos erlebt, weil die verfügbaren Zeitressourcen knapp sind, sondern weil die Arbeitsaufgaben selbst es erfordern. Letztlich steht hinter der Tätigkeit nicht das strikte Zeitreglement einer unerbittlich tickenden Uhrzeit, die den Individuen in Form einer ereignis- und personenunabhängigen Verhaltensanforderung gegenübersteht; maßgeblich sind immer Handelnde, denen es im sprichwörtlichen Sinne nicht auf eine Viertelstunde an-

---

[31]   Die zahlreichen Beobachtungen der *social anthropology* und Ethnosoziologie zur Zeiterfahrung archaischer Gesellschaften können hier nicht referiert werden. Vgl. lediglich Evans-Prichards (1939) berühmte Untersuchung über die "occupational time" des Stamms der Nuer im südlichen Sudan, Malinowskis (1981) Berichte über die Zeitrechnung der Bewohner der Trobriand-Inseln in der Südsee sowie Bourdieus (1979, 378ff.) Analyse der vorkapitalistischen Zeitstruktur der kabylischen Bauern in Algerien. Einen Überblick über traditionale Zeitauffassungen in außereuropäischen Kulturen bietet Wendorff (1984, 244ff.). Aus der Vielzahl der historiographischen Untersuchungen zum Zeitbewußtsein und zur Zeitordnung traditionaler Gesellschaften seien nur Le Goff (1977), Thompson (1980, 34ff.), Gurjewitsch (1989, bes. 98ff.), Wendorff (1980, 1993), Borst (1990) sowie Dohrn-van Rossum (1992) genannt.

kommt, da in aller Regel Morgen auch noch ein Tag ist, an dem die Arbeit fortgesetzt oder erledigt werden kann. Auch wenn das Tagespensum nicht geschafft wird, bleibt der natürliche Rhythmus von Tag und Nacht weitgehend unangetastet. Zeit bildet keine selbständige Kategorie: sie existiert nicht unabhängig davon, was in ihr geschieht; sie erscheint noch nicht als "ereignistranszendentes Abstraktum" (Nassehi 1993a, 265), sondern referiert auf die Ereignisse selbst. Die mittelalterlichen Bauernkalender können für dieses Zeitverständnis exemplarisch angeführt werden, da sie nicht nur die Zeiten der Eintreibung der Feudalrenten und die Pflichten der Bauern festhalten, sondern auch jedem Monat bestimmte Landarbeiten zuweisen, welche durch tätige Menschen personifiziert werden (vgl. Gurjewitsch (1989, 112).

Dieser traditionale Zeittypus ist auf konkrete *Handlungs-* oder *Ereigniszeiten* zugeschnitten, wobei Handlungen und Erlebnisse nicht entlang einer chronologischen Achse systematisch angeordnet werden, deren Einteilungen in Stunden, Minuten und Sekunden gleich lang, in sich gleich gegliedert und gleich viel wert sind, sondern in Zeitstrecken unterschiedlicher Länge und verschiedenen Inhalts auseinanderfallen. Hohn (1988, 130) beschreibt dieses Rückgekoppeltsein der Zeitbestimmung an konkrete Ereignisabläufe und Routinen wie folgt: "Zeit- und Sachdimensionen sind nicht 'entzerrt' und besitzen keine selbständige Geltung gegenüber der Sozialdimension, es existiert daher keine inhaltsneutrale Eindimensionalität der Zeit, die Zukunft und Vergangenheit unumkehrbar differenziert und eine eindeutige Zuordnung von Handlungen auf einen Punkt der Zeitachse zuläßt." Genauer betrachtet folgt aus der unhintergehbaren Tätigkeitsbezogenheit dieser Zeitauffassung, daß Zeit außerhalb geographisch eingrenzbarer Handlungsfelder nicht bestimmbar ist, so daß die Zeitdimension neben der Sach- und Sozialdimension auch mit der Raumdimension verbunden bleibt. Mit anderen Worten ist das zeitliche *Jetzt* nicht überall als *zeitgleiche* Sequenz erlebbar, sondern streng genommen nur in der einmaligen Dauer des räumlichen *Hier*. Die Handlungs- bzw. Ereigniszeit bezieht sich nämlich auf eine situative, gegenwärtige Handlungseinheit, die notwendigerweise an die Lokalität des Ereignisablaufs und die Anwesenheit der Handelnden gebunden bleibt und in keiner Weise als mit der Zeit anderer Ereignisse verrechenbar erscheint. Aus diesem Grunde variiert die Handlungszeit als *sozialräumliche Ortszeit* auch mit dem jeweiligen Kontext der Handlung. Da in traditionalen Agrargesellschaften eine einheitliche Zeitskala für einzelne Regionen, geschweige denn für weite Territorien oder ganze Kontinente fehlt, kann diese Zeitrechnung im Anschluß an die kulturhistorischen Überlegungen von Gurjewitsch (1989, 178) als *temporaler Partikularismus* klassifiziert werden.

Demgegenüber verlieren in modernen Marktbeziehungen die erfahrbaren Zäsuren von Tag und Nacht, der Jahreszeiten und der Feiertage ihre soziale Zeit strukturierende Qualität. Die Zeitimperative sind nicht mehr an Gelegenheiten und Zwänge gebunden, die von der naturalen Umwelt oder den soziokulturellen Traditionen vorgegeben werden. Die Zeit des Marktes löst sich von den Rhythmen der Natur und tritt aus dem Erfahrungskontext und den kulturellen und religiösen Ereigniszyklen traditioneller Lebenshorizonte heraus. Ihre temporalen Referenzpunkte rekurrieren weder auf vegetative Wachstumsperioden und klimatische Jahreszyklen der Natur noch sind sie am christlichen Kalendarium oder der soziokulturellen Abfolge von Arbeitstag und Feierabend, Wochentag und Sonntag festzumachen. Dem Faktor Zeit haftet nicht mehr der zyklisch wiederkehrende Wechsel von Sommer und Winter, Tag und Nacht, Arbeitsintensität und Müßiggang an; auch läßt er sich nicht durch die elementaren Lebensdaten wie Geburt, Heirat und Tod ordnen. In die beschauliche und zugleich statische Zeitauffassung traditioneller Lebensformen bricht das Zeitkalkül des Marktes ein, das den Rhythmus von Leben, Arbeit und Muße tiefgreifend revolutioniert: Die unendliche Vielzahl handlungs- oder ereignisbezogener Lokal- und Regionalzeiten wird dysfunktional durch den einheitlichen Bezug auf eine universelle Zeitskala.

Aus der Perspektive einer traditionellen Zeitordnung, in der die Maßstäbe und Rhythmen der Zeit erst durch alltägliche Arbeitserfordernisse oder Naturereignisse hergestellt werden, wird die marktökonomische Zeitrechnung als *ereignisfrei* empfunden oder sogar als "zeitlos" oder "uniform" wahrgenommen. In Marktbeziehungen treten nämlich Zeitabläufe und lebensweltliche Ereignisabläufe auseinander. Zeit wird fortan als *abstraktes*, durch lokale Ereignisse und soziale Erfahrungen nicht strukturiertes Kontinuum von gleichwertigen Zeitmomenten gekennzeichnet. Dadurch werden die ungleichzeitigen Lokalzeiten verschiedener Sozialräume aufgehoben und in einem buchstäblichen Sinne *vergleichzeitigt*. Die Zeitordnung des Marktes löst sich von der subjektiven Erfahrungszeit der Handelnden, vom "inneren Zeitbewußtsein", das im Kontext der Sozialphänomenologie von Alfred Schütz (1974, 20) als "Bewußtsein der je eigenen Dauer" beschrieben worden ist, "in dem sich für den Erlebenden der Sinn seiner Ereignisse konstituiert". Zeit geht nicht in Bewußtseinserlebnissen des Individuums auf, sondern tritt aus seinem unmittelbaren Erfahrungshorizont heraus, um als eigenständige "System-Zeit" (Deutschmann 1983) sich gegen die subjektive Zeit der Handelnden selbst zu verobjektivieren: Zeit strukturiert Handeln, nicht umgekehrt. Die abstrakte Zeit wird damit zum Zeitmaß der gesellschaftlichen Einheit, einer Einheit gleichwohl, die nicht als alltagsweltlich geschlossene Einheit erlebbar ist.

Der Markt benötigt ein einheitliches und allgemeines Zeitmaß, daß unabhängig von den Intentionen der Individuen und deren Erinnerungsvermögen allen Tätigkeiten ihre funktionale Bedeutung zuweist. Handlungen werden auf punktuelle Zeitmarken, im buchstäblichen Sinne "nach der Uhr" ausgerichtet, die von jeder subjektiven Sinneswahrnehmung und inneren Zeiterfahrung absieht. Diese hochabstrakte Zeitrechnung ermöglicht die Entlastung der Handelnden von den jeweils konkreten sozialen, sachlichen und räumlichen Ereignistemporalitäten. Hieraus folgt zugleich aber auch, daß so elementare anthropologische Ereignisverläufe wie beispielsweise die körpergebunden Bio-Rhythmen (Chronobiologie), biophysiologische Prozesse (Alterungsprozeß) und Aktivitätszyklen des Menschen (Ruhe-, Schlaf- und Arbeitsphasen) als Zeitgeber ebensowenig entscheidungsrelevant sein können wie die Zeitmodalitäten ökologischer Systeme. Die Rede von der abstrakten Zeit meint somit, daß Zeit ihren Wert nicht mehr durch einen wie auch immer zurechenbaren Sinn erhält, sondern durch die *Beliebigkeit ihrer Anwendbarkeit und Verwertbarkeit*. Der Zeit haftet nicht mehr etwas qualitativ Bestimmtes an; sie büßt ihre überkommene Funktion als Sinnbildnerin ein und verwandelt sich in eine "reine Dauer", die auf konkrete Bedeutungsinhalte verzichtet. Die abstrakte Zeit der Chronometrie kann, so Luhmann (1990c, 123), nicht mehr sicherstellen, "daß man wissen kann, was zu einer bestimmten Zeit zu tun ist, sondern nur noch, (...) daß man organisieren und verabreden kann, was zu einer bestimmten Zeit zu tun ist. Dann aber findet man in der Zeit selbst keine Gewähr mehr für die Richtigkeit des Verhaltens."[32] Für den weiteren Fortgang der Überlegungen kann bereits an dieser Stelle festgehalten werden, daß der Markt auch in zeitlicher Hinsicht ein eigenes Emergenzniveau konstituiert, das nicht im inneren Zeitbewußtsein verankert ist und von dort seinen Ausgang nimmt. In welcher Weise Zeit als reine kategoriale Form auf das ökonomische Geschehen der Produktion und Distribution bezogen wird, ist im folgenden genauer zu erörtern.

2.1 Zeit und Rationalisierung

In traditionalen Agrargesellschaften wird Arbeit üblicherweise nicht zum Zwecke der Wertschöpfung veräußert. Sie dient der selbstgenügsamen Bedarfsdeckung des Hausverbandes sowie der standesgemäßen Befriedigung der lehnsherrschaftlichen Ansprüche, und zwar in Form von Fronarbeit, Naturabgaben oder Geldrenten. Die hauswirtschaftlichen Einheiten interessieren sich, wie Hohn (1988, 137) betont, "für kaum eine weitere Zeitstrecke als den jeweils folgenden saisonalen Jahresabschnitt". Sieht man einmal von der Herstellung von Gütern im Auftrag

---

[32] Man kann der Uhrenzeit "nicht ansehen, was sie alles mißt" (Nassehi 1993a, 340). Die moderne Zeitstruktur ist *abstrakt*, weil sie einerseits von konkreten Handlungen und Ereignissen absieht und ihr andererseits keine innere Bedeutung ("Fortschritt", "Erlösung", "Barbarei" usw.) verliehen wird; sie ist *uniform*, da sie in unterschiedslos gleich lange und standardisierte Zeitsequenzen eingeteilt ist; sie ist *kontinuierlich*, da sich ihr Zeitlauf lückenlos in die Zukunft fortschreibt und von gleichmäßiger Geschwindigkeit ist; sie ist *generalisiert*, weil sie nicht exklusiv auf bestimmte Sektoren oder Funktionsbereiche der Gesellschaft beschränkt bleibt, sondern global gültig ist; sie ist *reversibel*, da die Zeitverläufe trotz ihrer irreversiblen Verlaufsform gedanklich rückrechenbar sind; sie ist *bestimmbar*, da vergangene Zeitstrecken exakt quantitativ berechenbar und datierbar sind und sie ist *transitiv*, da beliebige Zeitsequenzen, die zu verschiedenen Zeiten und Orten gemessen werden, quantitativ miteinander vergleichbar sind (Luhmann 1975, 111; Nassehi 1993a, 332ff.). Die Computertechnologie ermöglicht inzwischen die "Messung" minimaler Zeitintervalle, die für Menschen weder vorstellbar noch wahrnehmbar sind (1 Nanosekunde = 1/100 000 000 s).

von Händlern und Verlegern ab, dann werden Güter allenfalls nur auf Bestellung, nicht aber für anonyme Märkte produziert, so daß auch Eile nur im Hinblick auf althergebrachte Gewohnheiten oder natürliche Prozesse geboten erscheint, wie beispielsweise im Falle der Aussaat und des Einbringens der Ernte. Die Grenzen des Arbeitstages werden nicht von festen Terminen bestimmt, sondern von dem Tageslicht, d.h. die Arbeit beginnt in aller Regel mit dem Sonnenaufgang und endet mit dem Sonnenuntergang. Solange jedenfalls die Trennung von Produktionsstätte und Haushalt, die Trennung von Arbeitskraft und Betriebsmittel, nicht im großen Stile vollzogen ist, können die Arbeitenden ihren Arbeitsrhythmus und ihr Arbeitstempo noch in einem gewissen Ausmaß selbst bestimmen.[33]

Im Marksystem moderner Gesellschaften hingegen wird der Umgang mit Zeit allein schon deswegen anders organisiert, weil Erwerbsbetriebe Arbeitsleistungen auf dem Arbeitsmarkt gegen Geld kaufen, um in einer bestimmten Zeitspanne ein möglichst großes Arbeitsprodukt herzustellen, das auf Märkten gewinnbringend abgesetzt werden kann. Die Institution der freien Lohnarbeit spaltet hierbei die für traditionale Hauswirtschaften charakteristischen einheitlichen Sinnbezüge von Erwerbsarbeit und Hausarbeit in betriebliche Arbeitszeit und betriebsfreie Zeit ("Freizeit") auf: Dauer und Intensität der Arbeitszeit wird unter dem Aspekt der betrieblichen Rentabilität umstrukturiert; sie wird von der Zeitstruktur individueller Bedürfnisse abgekoppelt, aus dem soziokulturellen Lebenshorizont des Arbeitskraftbesitzers herausgelöst und auf die Erzielung eines möglichst hohen Arbeitsertrages zugeschnitten. Hiervon zu unterscheiden sind die Tätigkeiten ohne Erwerbszweck (Haus- und Eigenarbeit), die in der betriebsfreien Zeit ausgeübt werden. Im Gegensatz zur gewerblichen Arbeitszeit stellt diese freie Zeit "einen Gebrauchswert ohne Tauschwert" dar, weil sie "Zweck in sich selbst ist, da sie weder Waren produziert noch konsumiert" (Gorz 1989, 166).

Zeit wird zum ökonomischen Faktor einer sich entfaltenden Marktproduktion: Sie wird genau eingegrenzt, gegliedert, quantifiziert und zur kalkulatorischen, verrechenbaren Größe. In dem Maße, in dem wirtschaftliche Vorgänge zeitlich "gemessen" und bewertet werden, streift die Zeit jede qualitative Bestimmung ab. Das "Rechnen mit der Zeit macht die Zeit nun selbst zu einem Faktor, der sich von den in ihr sich vollziehenden Tätigkeiten wegzudifferenzieren beginnt" (Nassehi 1993a, 302). Dieses Rechnen mit Zeit wird möglich, wenn sie auf einen Geldwert bezogen, genauer: "durch Geld systematisch substituierbar" (Laermann 1988, 328) wird.[34] Sobald Zeit einen eigenständigen, ereignisunabhängigen Wert

---

[33]   An dieser Stelle ist von der in alteuropäischen Gesellschaften durchaus verbreiteten "Arbeit außer Haus" abzusehen, die Tagelöhner in Handwerk und Handel, in protoindustriellen Manufakturen, in der Landwirtschaft oder im Bergbau leisteten. Aus kulturgeschichtlicher Perspektive hat etwa Dohrn-van Rossum (1992) die Entstehung und Ausbreitung der modernen Zeitordnung zurückverfolgt.

[34]   Benjamin Franklin hat bereits 1748 in *Advice to a young tradesman* den berühmten Ausspruch, daß "Zeit Geld" sei, geprägt. Zit. nach Weber (1988, 31). Zum Verhältnis von Uhrzeit und Geldmedium formuliert Wendorff (1980, 202): "Das Geld ist wie die

bekommt, der sich in Geldeinheiten ausdrücken läßt, wird Zeit auch als Arbeitszeit käuflich. Da Arbeitszeit gegen einen bestimmten Preis (Lohn) erworben werden muß, liegt es auf der Hand, die Arbeitszeit im Sinne einer ökonomisch effektiven Nutzung zu intensivieren und die industrielle Arbeitsorganisation zu rationalisieren und zu perfektionieren. Die Zeit selbst wird zur begehrten "Mangelware" (Hohn 1984); sie ist zwangsläufig immer knapp, wenn sie in Geldeinheiten
verrechenbar ist. In der ökonomischen Sphäre wird die möglichst rationale Zeiteinsparung allein schon deshalb zur ultima ratio, "weil Zeit für den Wert steht, der
in ihr produziert und realisiert wird" (Zoll 1988b, 80). Mit anderen Worten steigt
die rationale Zeitrechnung zum unbestechlichen Referenzpunkt aller Zeitkalküle
der Marktproduzenten auf.

Wenn der Faktor Zeit als ökonomische Recheneinheit für Marktzwecke in
Anspruch genommen wird, muß auch der Bedarf an Zeiteinsparung unersättlich
werden: Zeit nimmt Eigenschaften des Geldes an; sie wird als abstrakte Zeit mit
der abstrakten Geldform kommensurabel. Mit Zeit wird fortan gewirtschaftet: Sie
muß käuflich und verkäuflich sein, sie muß verläßlich meßbar und damit berechenbar und das heißt in erster Linie beliebig teilbar und disponibel sein. Um dies
zu erleichtern, werden Arbeitsaufgaben sachlich zerstückelt, räumlich parzelliert
und als zeitlich normierte Sequenzen auf einer gleichförmigen und kontinuierlichen Zeitachse angeordnet. Damit wandelt sich auch das Zeitbewußtsein in grundlegender Weise: "Nicht mehr die Tätigkeit als solche, das aufgabenorientierte
Handeln und sein Erfolg gelten als Leistung, sondern die Erfüllung vorgegebener
Zeitnormen." (Zoll 1988b, 84) Die Zeit nimmt *zeitökonomische* Formen an und
versachlicht sich zum ereignisunabhängigen, inhaltsneutralen und ortlosen Ord-
nungsgefüge. Die in Arbeitserträge investierte Zeit wird zum Gegenstand formaler
Rechnung, indem der Einsatz und die Allokation von Ressourcen und Arbeitsvermögen auf formelle Zeitparameter hin präzise kalkuliert werden: Der Zeitfak-
tor wird zum objektiv berechenbaren Maß der Arbeit. Die Ökonomisierung der
Zeit steigt damit zum objektiv überprüfbaren, generalisierbaren Rationalitäts-
prinzip auf und formt das Zeitprofil von Marktbeziehungen in entscheidender
Weise: Auf dem Geldmarkt bemißt sich die Höhe der Tilgung eines gewährten
Kredits u.a. nach seiner Laufzeit; auf dem Gütermarkt werden wechselseitige
vertragliche Verpflichtungen wie etwa Lieferzeit, Transportdauer, Lagerzeit und
Zahlungsmodalitäten zeitlich genau fixiert; die Entlohnung der Arbeitskraft bemißt sich an der abgeleisteten Arbeitszeit, deren Dauer und Lage im Arbeitskontrakt genau festgeschrieben wird.

Uhrzeit eine gleichmäßig gegliederte Quantität, deren einzelne Teile wertneutral sind
und eben durch diesen 'mechanischen' Charakter jede beliebige Manipulation von
Dauer und Menge zulassen. Darüber hinaus aber wohnt beiden eine grundsätzlich unbegrenzte Gerichtetheit inne, der Uhrenzeit als bloß formale Möglichkeit, dem Geld
im Sinne von auf Gewinn gerichteten vorwärtsdrängenden Entscheidungen." Zur
buchstäblich "zeitlosen" Geldform vgl. bes. Kap. III.6.

Allgemeiner betrachtet tritt diese Zeitökonomie einerseits in der Produktionssphäre als Zwang zur permanenten Rationalisierung und Intensivierung zeitaufwendiger Verfahren und Entscheidungsprozesse auf; und andererseits stehen die
wirtschaftlichen Akteure in der Distributions- und Zirkulationssphäre unter dem
permanenten Druck, zeitaufwendige Lagerzeiten (Aufenthaltsdauer), Wegezeiten
(Transportdauer), Kauf- und Verkaufszeiten zu verkürzen. Maschinenstillstands-
zeiten, Instandsetzungsarbeiten, Umrüstzeiten, Wartungspausen oder andere unplanmäßige Unterbrechungen des Produktionsablaufs verursachen nämlich zusätzliche Produktionskosten, während längere Lager-, Warte- oder Transportzeiten
die Zirkulationskosten in die Höhe schrauben. In beiden Fällen geht das investierte Kapital nicht in die Herstellung neuer Güter ein, sondern wird nutzlos gebunden
und kann für andere Marktzwecke nicht verwendet werden. Der Geld- und Warenfluß kann nur dann beschleunigt werden, wenn Zeit zweckmäßig und rationell
disponiert wird, die Umschlagszeiten von Kapital exakt berechnet werden und die
Effizienz derjenigen Produktionsbereiche und Anlagesphären gesteigert wird, die
Kapital in erheblichem Umfang an sich binden. Insbesondere unter den verschärften Konkurrenzbedingungen des Weltmarktes wird der Faktor Zeit in zunehmendem Maße sowohl in der Produktions- als auch in der Zirkulationssphäre zu einer
unverzichtbaren Wettbewerbsressource.

Bereits Marx hat im zweiten Band des *Kapitals* (1983b, 124ff. und 154ff.) die
Bewegung des Kapitals durch die Produktions- und Zirkulationssphäre eingehend
beschrieben und hervorgehoben, daß die gesamte Umschlagszeit des Kapitals
"gleich der Summe von Produktionszeit und Umlaufzeit" (ebd., 124) sei. Während
die Produktionszeit die Dauer des Aufenthalts des Kapitals in der Produktionssphäre angebe, informiere die Umlaufzeit über die Aufenthaltsdauer in der Zirkulationssphäre. Eine möglichst schnelle Produktionszeit von Waren sowie die möglichst schnelle Umlaufzeit von Gütern in Geld (Verkaufszeit) und Geld in Güter
(Kaufzeit) erhöhe die Produktivität des Kapitals und steigere den potentiellen
Marktertrag. Werde beispielsweise auf Bestellung produziert, nähere "sich die
Produktionszeit Null" (ebd., 128). In direkter Anlehnung an Marx' Überlegungen
zur Zeitstruktur des Kapitals formuliert Werner Sombart in dem 1916 publizierten
Werk *Der moderne Kapitalismus* (1969, I, 324f.): "Ist die Gewinnquote am einzelnen Produkt gegeben, so entscheidet über die Höhe des Profits die Menge der
in einer gegebenen Zeit hergestellten Produkteinheiten; diese wird vergrößert
durch Beschleunigung (Intensivierung) des Produktionsprozesses, kapitalistisch
ausgedrückt: durch Beschleunigung des Kapitalumschlags."

Rinderspacher (1985, 57ff.) bringt diese ökonomische Funktion von Zeit auf
die Formel der infinitesimalen Zeitverwendung: Da die Wachstumsprozesse der
Marktproduktion in sich unbeschränkt seien, gebe es weder absolute Grenzen der
Nutzung von zeitlichen Ressourcen noch solche der Zeitersparnis. Jede Zeitspar-
nis spare zu wenig Zeit ein und werde von rationelleren Verfahren der Zeiteinsparung verdrängt, die noch mehr Zeit einzusparen versprechen. Diese permanente
Erhöhung der Nutzungsdichte von Zeitintervallen lasse hierbei den ökonomischen

Wert der Zeit kontinuierlich ansteigen: und zwar *erstens* durch eine vermehrte Nutzungskonkurrenz zwischen alternativen Handlungsmöglichkeiten, die in einer bestimmten, knapp gewordenen Zeit sinnvollerweise erledigt werden könnten; und *zweitens* durch einen zunehmend kostenintensiveren Aufwand, der durch den Einsatz von Technologie nötig erscheine, um Zeiteinsparungseffekte überhaupt noch realisieren zu können. Je höher der Zeitsparungsgrad sei, um so schwerer seien reale Zeitverluste betriebsökonomisch zu verkraften und desto aufwendiger werde es, irreversible Zeitverluste zu kompensieren. Zugleich sei es immer nützlicher, nicht nur die verfügbare Zeit möglichst produktiv zu verwenden, sondern darüber hinaus neue Zeiträume (z.B. Rund-um-die-Uhr-Fertigung) zu erschließen, wenn die Marktlage es erfordere. Strategien, die auf eine unentwegte Intensivierung der Zeitverwendung abzielten, gingen im Extremfall bis zur völligen Ersetzung der lebendigen Arbeitskraft durch vollautomatisierte Fertigungsprozesse. Die Verwendung und Verteilung von Zeit richte sich schließlich nicht nach bestimmten Güterquanten, die notwendig erschienen, um das bestehende Konsum- und Reproduktionsniveau zu erhalten. Vielmehr werde umgekehrt aus dem Arbeitszeitpool ein nach oben offener Warenoutput bzw. ein Maximum an Produktivität und Produktivitätssteigerung angestrebt. Im folgenden ist diese Ökonomisierung von Zeit im Hinblick auf die Sequenzialisierung und Synchronisation von Handlungen im Marktgeschehen genauer zu betrachten und auf der Folie der tayloristischen Arbeitsorganisation und der Just-in-Time-Produktionslogistik zu illustrieren.

2.2 Zeitstrategien: Sequenzialisierung und Synchronisation

Mit den Worten von Norbert Elias (1984, 14) werden Handlungen "zeitbestimmt", um diese vor allem in hochkomplexen und interdependenten Gesellschaften temporal "zu koordinieren und zu synchronisieren" (ebd., 100). Dieses "Zeitbestimmen" geschieht mit Hilfe von astrologischen und kalendarischen Zeitkategorisierungen und wird im Zuge der technologischen Umwälzungen des 19. und 20. Jahrhunderts durch die Messung von mechanischen, elektromechanischen, elektronischen und sogar nuklearen Ereignisreihen perfektioniert. Genauer formuliert kann die Praxis des "Zeitens", d.h. das exakte "Messen" von Zeit als symbolischer Vorgang interpretiert werden, mithilfe dessen der *Beginn*, die *Dauer*, die (zeitliche) *Abfolge*, die *Gleichzeitigkeit* und das *Ende* von Ereignissen und Handlungen bestimmt, geplant und reguliert werden können.[35] Die Industrialisierung und die

---

[35] Bereits Sorokon/Merton (1937) haben auf die Relativität zeitlicher Bezugssysteme hingewiesen und die Koordination und Synchronisierung von Handlungen durch das Bestimmen von Zeit hervorgehoben. Elias (1984, 14) verdeutlicht, daß Zeitzeichen, mit denen Gesellschaften operieren (z.B. natürliche Zyklen, Uhren, Kalender etc.),

Ausdehnung arbeitsteiliger Kooperationen zu überregionalen Produktions- und Handelsnetzen beschleunigt den Drang zur Vereinheitlichung aller lokalen und regionalen Gewohnheiten der Tageszeitbestimmung. Abstrakte und standardisierbare Zeitmaßstäbe sind nämlich unverzichtbar, um die vielfältigen Koordinationsprobleme ausdifferenzierter Tauschvorgänge und Kooperationsbeziehungen erfolgreich zu bewältigen, exakte Zeitpläne aufzustellen, Termingeschäfte abzuschließen, Lieferfristen einzuhalten oder die Zeitpunkte von Tauschtransaktionen zweifelsfrei zu verabreden. Wie bereits weiter oben (Kapitel II.A.1) angesprochen, sind Marktbeziehungen üblicherweise befristete Tauschgeschäfte, die durch einen fixierbaren Anfang (Bestellung, Arbeitsbeginn) und ein fixierbares Ende (Lieferung und Begleichung der Rechnung, Arbeitsende) zeitlich begrenzt sind.

Die Verständigung auf ein verobjektiviertes Bezugssystem wird in dem Maße um so dringlicher, wie mit dem Voranschreiten der gesellschaftlichen Arbeitsteilung die Handlungsketten der Akteure länger und komplexer und die Differenz zwischen den jeweiligen Zeitpunkten der Produktion und denen der Konsumtion größer werden. Der Markt avanciert gewissermaßen zum Knotenpunkt, der die ausdifferenzierten Teiltätigkeiten zusammenführt und zumindest punktuell die gesellschaftliche Synthesis herstellt: "Die wechselseitige Angewiesenheit der Produzenten auf die Lieferung von Rohstoffen und Halbfertigwaren, aber auch das allmählich einsetzende Auseinanderfallen der Rollen von Produzent und Konsument, welches vor allem mit dem Aufblühen der Städte einsetzt, führt zu einer Ausweitung der Interaktionsnetze. Soweit diese geschäftliche Beziehungen darstellen, implizieren sie stets auch eine Übereinkunft über Termine von Lieferungen, Stückzahl der Produkte etc. wie auch Fristen für den Verleih von Geld." (Rinderspacher 1985, 39) Die monochrone, quantitative und generalisierte Zeitrechnung der "Weltzeit" (Luhmann 1975) drängt sich hierbei geradezu als idealer *Zeitkoordinator* auf, um die ausdifferenzierten Marktoperationen temporal aufeinander abzustimmen und zeitgenaue Koinzidenzen zwischen Austauschenden erwartbar zu machen. Ein kontinuierliches und gleichmäßig gegliedertes Zeitmessungssystem, das von allen sozialen, sachlichen und räumlichen Ereignisbezügen

---

nicht die Zeit selber sind, sondern soziale Artefakte darstellen, die einen einheitlichen temporalen Bezugspunkt von Handlungen und Handlungsreihen herstellen: "Zeit" sei ein "begriffliches Symbol für eine allmählich fortschreitende Synthese, für ein ziemlich komplexes In-Beziehung-Setzen zwischen verschiedenartigen Geschehensabläufen. (...) Wieweit menschliche Gruppen Ereignisse 'zeiten', also in der Dimension von 'Zeit' erleben können, hängt ganz davon ab, wieweit sie in ihrer sozialen Praxis vor Probleme gestellt werden, die ein Zeitbestimmen erforderlich machen und wieweit ihre gesellschaftliche Organisation und ihr Wissen sie befähigen, eine Wandlungsreihe als Bezugsrahmen und Maßstab für andere zu benutzen." Und: Zeit sei ein "Regulierungsmechanismus von zwingender Kraft" (ebd., 10), ein "Orientierungsmittel" (ebd., 2). Ähnlich auch Halbwachs (1985, 78f., 84). Zur systemtheoretischen Reformulierung der Synchronisationsfunktion der Zeitmessung vgl. Luhmann (1975, 1980, 1990) und Nassehi (1993a).

abstrahiert, erweist sich im Marktgeschehen als außerordentlich nützlich, um Zeitintervalle nach einem allgemeinverbindlichen temporalen Muster wiederholbar zu machen, zu verstetigen und die Zeitpläne der einzelnen Marktakteure miteinander zu verkoppeln. Weiter oben (Kap. II.A.3) wurde bereits die Entlastungsfunktion von Marktbeziehungen, die nichts als dem funktionalen Tauschzweck dienen, herausgearbeitet. Wenn man diesen Sachverhalt auf die Zeitproblematik überträgt, läßt sich hieraus schließen, daß das temporale Referenzsystem des Marktes die Tauschenden von überschüssigen Informationen abschirmt und ihr Handeln in der Zeitdimension zuverlässiger und berechenbarer macht. Die monochrone Zeitmessung erhöht nämlich die Wahrscheinlichkeit, daß der verabredete Kaufvertrag auch wirklich nächste Woche Dienstag um 16.30 Uhr unterschrieben wird und nicht irgendwann in den nächsten Tagen. Mit anderen Worten wird die Unsicherheit hinsichtlich der Erwartbarkeit, wann ein abgemachtes Tauschgeschäft tatsächlich zustandekommt, verringert, so daß die ansonsten notwendige Informationszeit, die aufzuwenden wäre, um in Erfahrung zu bringen, zu welchem Zeitpunkt der Vertragspartner wirklich erscheinen wird, für andere Aktivitäten genutzt werden kann. Abstrakte Zeitrechnungen bieten somit als verbindliches Orientierungsschema den kaum zu unterschätzenden Vorteil, Termine absprechen und einhalten ("Zuverlässigkeit"), Handlungen zeitlich datieren ("Pünktlichkeit") und wiederkehrende Ereignisketten exakt periodisieren und routinisieren ("Regelmäßigkeit") zu können.

Im sachlichen Marktgeschehen fungiert die abstrakte Zeitrechnung gewissermaßen als unverzichtbares *Koordinations- und Abstimmungsinstrument*, das den zunehmenden Komplexitätsgrad arbeitsteilig differenzierter Tauschbeziehungen durch exakt *terminierte* Ereignisse, Handlungen und Prozesse handhabbar bzw. möglich macht. Die temporale Koordination bezieht sich hierbei zum einen auf die *Sequenzialisierung* und zum anderen auf die *Synchronisation* von Handlungen, Handlungsreihen und Handlungsabläufen. Der Zeitmodus muß feste Zeitpunkte und Zeitstrecken garantieren, da ansonsten weder der "fließende" Zeit*anschluß* von Handlungen, die aufeinander folgen (*diachrone Ebene*), gesichert werden kann, noch Handlungen an verschiedenen Orten parallel, d.h. zu exakt *gleicher* Zeit (*synchrone Ebene*) stattfinden können. Erst die temporale Kalkulation von Handlungen versetzt die Marktakteure in die Lage, die verfügbaren Zeitbudgets rational zu verplanen, Anschlußhandlungen ohne Zeitverlust aufeinander abzustimmen und alternative Verwendungsmöglichkeiten von Zeit miteinander zu vergleichen: Sie müssen wissen, wann die Bestellung geliefert wird, zu welchem Datum offene Rechnungen zu begleichen sind, zu welchen Zeiten Güter gekauft und verkauft werden können, wie die Arbeits- und Bürozeiten festgelegt sind, wann die vereinbarten Lieferfristen überschritten werden, wann die Laufzeit des Kredits abläuft, wann Ratenzahlungen fällig werden usw. Die Bedeutung des Faktors Zeit kann insbesondere an Termingeschäften veranschaulicht werden: Vertragliche Abmachungen werden nämlich hinfällig, wenn die vereinbarte Lieferfrist nicht eingehalten werden kann. Auch die intertemporalen Tauschtransaktionen des Geld- und Kreditmarktes (Kaufkraft gegen später zu begleichende Zinsraten) erfordern exakt bestimmbare Zeitquanten. Geld gegen Zinsen zu verleihen ist immer mit fixierbaren Zeiträumen verbunden.

Die industrielle Arbeitsorganisation bietet eine Vielzahl an Beispielen, die die Ökonomisierung von Zeit belegen.[36] Sollen die Arbeitsprodukte eines Erwerbsbetriebes auf dem Markt profitabel gegen Geld getauscht werden, ist die vom Kapitaleigner auf dem Arbeitsmarkt gekaufte Arbeitskraft möglichst effizient einzusetzen. Um den Output an Arbeitserträgen pro Zeiteinheit zu optimieren, darf die Arbeitszeit nicht unproduktiv verstreichen oder sinnlos verausgabt werden. Sie muß produktiv, und das heißt zeitökonomisch genutzt werden, wenn die Amortisationszeit des investierten Kapitals reduziert werden soll: *Einerseits* ist die Arbeit in einzelne Arbeitsvorgänge und Zeitabschnitte zu zergliedern und nach Sekunden zu vermessen und zu organisieren, um die Arbeitsintensität und damit die Arbeitsproduktivität zu steigern. *Andererseits* sind die verschiedenen Arbeitsvorgänge reibungsärmer und effizienter zu koordinieren, um die Geschwindigkeit des gesamten Arbeitsprozesses zu erhöhen und den Materialfluß zu verbessern. Um dies zu erreichen, darf die zeitliche Länge eines Arbeitsvorgangs nicht relativ offen sein; ihre Dauer muß eindeutig festgelegt werden, um die erbrachte Leistung messen und detaillierte Zeitvorgaben machen zu können. Ohne Zeitmesser wäre es nicht möglich, die zeitliche Länge der Detailarbeiten verbindlich zu fixieren. Darüber hinaus wird die - möglichst lückenlose - zeitliche Koordination und Vernetzung der Detailarbeiten durch die exakte Terminierung der einzelnen Arbeitsschritte ermöglicht.

Die Zeitgebote der industriellen Fabrikarbeit werden in der tayloristischen Arbeitsorganisation und den repetitiven Taktschritten der fordistischen Fließbandfertigung modellhaft sichtbar: Arbeitsabläufe werden durch ausführliche Zeit- und

---

[36] Die konfliktreiche Durchsetzung der industriellen Zeitdisziplin und den Kampf um den Normalarbeitstag schildern Marx (1983a, 249ff.) und Thompson (1980, 35ff.) am Beispiel Englands des 18. und 19. Jahrhundert. Zur Zeitökonomie der industriellen Arbeit vgl. etwa Rinderspacher (1985, 88ff.), Zoll (1988b, 72ff.), Scharf (1988, 143ff.), Kößler (1991, 35ff.) und Beckenbach (1991). Foucault interpretiert in *Überwachen und Strafen* (1977) die fortschreitende Ausdehnung der Lohnarbeit als "Verengung des Zeitgitters" (ebd., 193) und sieht in den "mikrophysischen" Disziplinartechniken des industriellen Zeitregimes die Möglichkeit, den "geringsten Augenblick(s) zu intensivieren" (ebd., 198) und eine "vollständig nutzbare(n) Zeit" (ebd., 193) herzustellen. Am Beispiel des Übergangs von der Früh- zur Hochindustrialisierung hat Deutschmann (1983) die überzogene Annahme einer omnipräsenten, unilinearen Zeitdisziplinierung durch das System der industriellen Fabrikarbeit zurückgewiesen und den Begriff des "Zeitarrangements" vorgeschlagen, um nach der Vermittlung von Betriebszeit und sozialer Zeit fragen zu können. Das industrielle Zeitarrangement sei ein umkämpfter "Kompromiß heterogener Zeitstrukturen" (ebd., 512), z.B. zwischen betrieblichen Zeitanforderungen und außerbetrieblichen Zeiterfahrungen in der Lebenswelt. Vgl. auch meine Überlegungen zum Verhältnis von Marktzweck und Organisationszweck in Kap. II.A.5.

Bewegungsstudien (REFA-Verfahren) in viele kleine, kontrollierbare Arbeitsperioden zerlegt und in Zeitblöcke eingeteilt, auf ein finales Arbeitsergebnis ausgerichtet und in eine lineare Zeitpunktreihe eingeordnet. Den so isolierten Einzeltätigkeiten werden im Akkord- und Prämiensystem bestimmte standardisierte Zeitwerte zugeordnet, die die Bearbeitungszeit je Leistungseinheit vorgeben. Im Zuge der Entwicklung der Mikroprozessor- und Computertechnologie werden diese Formen der Arbeitsorganisation mit EDV-gestützten Planungs- und Steuerungssystemen kombiniert, die einerseits Arbeitsgeschwindigkeiten und Materialflüsse überwachen (*Betriebsdatenerfassungssysteme*) und andererseits Daten über Leistungserbringung, Qualifikation, Arbeitsverhalten, Fehlzeiten usw. der Beschäftigten beschaffen und auswerten (*Personalinformationssysteme*). Der kontinuierliche Produktionsprozeß erfordert schließlich die Kalkulation einer durchschnittlich erwartbaren Normalleistung pro Arbeitsvorgang und Zeiteinheit. Voraussetzung hierfür ist die sachliche Standardisierung und zeitliche Normierung des betrieblichen Arbeitsprozesses und seiner Teilfunktionen (Arbeitsorganisation) sowie die ingenieurwissenschaftliche Konstruktion der Arbeitsmittel (Technologie) nach Maßgabe der unternehmerischen Dispositionsfreiheit über den Faktor Zeit.

Standardisierte Zeitnormen regulieren das Tempo der isolierten Detailarbeiten, parallelisieren die unterschiedlichsten Tätigkeiten oder verkoppeln diese miteinander zu einer linearen Abfolge von Zeitsequenzen. Entscheidend ist, daß die einzelnen Teilfunktionen des Produktionsprozesses "mit ihrem Anfang und ihrem Ende auf Anschlußfähigkeit ausgelegt sind" (Luhmann 1990c, 125), um einen optimalen Übergang zu nachfolgenden Funktionen zu gewährleisten. Ohne die Herstellung von temporaler Verläßlichkeit erscheint die zeitgenaue Abstimmung und Koordination der einzelnen Detailarbeiten und damit die Kontinuität der arbeitsteiligen Industriefertigung kaum möglich. Die "Treffpunkte" (Schmahl 1988, 346) in der Zeit sind allein schon deswegen zu optimieren, damit die Detailarbeiten in die übergeordneten Zeitvorgaben des betrieblichen Produktionsplans möglichst ohne Reibungsverluste eingefügt werden können. Zeitpuffer wie Lagerzeiten, Umrüst- oder Stillstandszeiten der Maschinen sind nach Möglichkeit wegzurationalisieren, um den Arbeitsablauf gleichmäßiger und zuverlässiger, präziser und pünktlicher organisieren zu können. Die kleinsten Verzögerungen, Störungen, Pannen und Leerläufe machen sich insbesondere bei kapitalintensiver Produktion immer empfindlicher als zusätzliche Kosten bemerkbar. Es entsteht ein Zwang zu zeitgerechtem Handeln: "So ist nicht nur vorgeschrieben, *was* der einzelne, sondern auch *wie* er dies zu tun hat, *wann* und *in welcher Zeit*." (Ebd., 347) Luhmann (1990c, 125) hebt die Dominanz der Zeitdimension gegenüber der Sachdimension hervor, wenn er betont, daß nicht selten das Einhalten von Zeitvorgaben wichtiger werde als das sachliche Resultat selbst.

2.3 Flexibilisierung von Zeit

Seit spätestens Mitte der 1970er Jahre haben sich die Absatzbedingungen des Weltmarktes erheblich verschärft. Lutz (1984) und Piore/Sabel (1985) gehen davon aus, daß die Stabilitäts- und Prosperitätsphase der Weltwirtschaft nach dem Zweiten Weltkrieg von einer Niedrigwachstumsphase abgelöst worden sei, die einerseits durch die zunehmende Sättigung auf den Absatzmärkten (Absatzeinbrüche, Nachfrageinstabilitäten und Konsumverschiebungen) und andererseits durch die Verschärfung des Wettbewerbs in Folge der Globalisierung von Produktions- und Distributionsstrukturen gekennzeichnet werden könne. Die standardisierte tayloristische Massenproduktion für wachsende Absatzmärkte sei an Grenzen gestoßen und den veränderten Anforderungen einer zunehmend differenzierteren Struktur der Nachfrage immer weniger gewachsen. Allein auf Wachstum zu setzen sei heute keine erfolgreiche Strategie zur Sicherung der unternehmerischen Überlebensfähigkeit. Die turbulenten und instabilen Weltmärkte, auf denen erhebliche Unsicherheiten hinsichtlich der Erwartbarkeit zukünftiger Absatzchancen herrschten, heizten zudem den einzelbetrieblichen Kostendruck weiter an. Auf die Zunahme unkalkulierbarer Marktturbulenzen und diskontinuierlicher Nachfrageentwicklungen müßten die Unternehmen in zunehmendem Maße mit elastischen und flexiblen Anpassungsstrategien der betrieblichen Organisations- und Fertigungsstrukturen reagieren, um den rasch wandelnden Bedingungen kontingenter Marktereignisse gewachsen zu sein. Ein Beispiel: Mehr und mehr müsse das gesamte Produktionsprogramm kurzfristig an größere Typenvielfalt und Sortimentauswahl, an Kleinserienmodelle und an rasch wechselnde Kundenpräferenzen angepaßt werden können. Dadurch werde die Gesamtproduktionsmenge auf viele Modelle bei niedriger Nachfrage verteilt, so daß kleine Stückzahlen flexibel gefertigt werden müßten, was den Produktivitätsdruck weiter erhöhe, da die Produktivitätserhöhung auch bei kleinen Stückzahlen unverzichtbar sei, um die Stückkosten zu senken, aber aufgrund der absolut geringeren Stückzahl schwerer zu bewerkstelligen sei. Da die Überlebensfähigkeit einzelner Unternehmen generell von einer flexiblen Reaktions- und Adaptionsfähigkeit an Marktveränderungen abhänge, würden langfristig angelegte Produktplanungs- und Absatzstrategien immer mehr durch dezentrale Entscheidungen ad hoc substituiert. Vor dem Hintergrund dieses Szenarios erscheint die invariante und statisch programmierte Zeitökonomie des traditionellen tayloristischen Produktionssystems immer weniger geeignet, den neuen Anforderungen an eine flexible Verwendung von Zeitressourcen zu entsprechen. Hinzu kommt, daß durch die mit der Technisierung einhergehende Erhöhung der fixen Kapitalbestände der Amortisationsdruck ansteigt, der wiederum die *zeitliche Integration* bisher separierter Arbeits- und Produktionsvorgänge vorantreibt.

Bereits ein flüchtiger Blick auf die industriesoziologischen Befunde zum "Neuen Rationalisierungstyp" bestätigt diese Beobachtungen.[37] Wie Altmann u.a. (1986) aufgezeigt haben, zielen die neuen Strategien der Flexibilisierung und Ökonomisierung betrieblicher Produktions-, Administrations- und Distributionsprozesse auf die computergestützte Vernetzung und "systemische Rationalisierung" der gesamtbetrieblichen Organisationsabläufe sowie der zwischenbetrieblichen Kooperations- und Austauschbeziehungen ab. Ihnen zufolge richten sich die bisherigen Rationalisierungsstrategien vorrangig auf einzelne Bearbeitungsschritte, auf die Erhöhung der Leistungsfähigkeit und der Bearbeitungsgeschwindigkeit von Teilprozessen. Demgegenüber ziele die systemische Rationalisierung auf die logistische Verknüpfung und Integration der Teilaktivitäten ab. Gegenstand systemischer Rationalisierung sei die "Optimierung der zeitlichen Wechselbeziehungen, der mechanischen und informatorischen Schnittstellen zwischen den einzelnen Teilprozessen und deren steuernde und rückkoppelnde Verknüpfung mit anderen Teilprozessen in der Verwaltung und in der Fertigung (z.B. der Planung, der Konstruktion, der Lagerwirtschaft, dem Versand)" (ebd., 192). Altmann u.a. heben die Bedeutung der arbeitsplatz- und abteilungsübergreifenden Zeitkoordination sowie die informationelle Integration mehrerer Teilprozesse hervor, die darauf zugeschnitten sei, die "Gesamtdurchlaufzeit und den Nutzungsgrad mehrerer Bearbeitungsstationen in einer gesamtbetrieblichen Ablaufperspektive zu verbessern" (ebd.). Rationalisierungsobjekt sei nicht primär, wie noch im Taylorismus, der inhaltlich-stoffliche Kern der Produktion, die technische und organisatorische Gestaltung einzelner Arbeitsvorgänge, sondern die übergreifende informationelle Integration und temporale Koordination des in Teilfunktionen zerlegten Arbeitsprozesses. Anvisiert werde, die Rationalisierungsreserven der der unmittelbaren Produktion vorgelagerten Distributionslogistik besser auszuschöpfen, indem beispielsweise inselartige Fertigungsbereiche flexibler miteinander verkoppelt, Teilprozesse ausgegliedert, Zwischenlager abgebaut, die Bevorratung von Rohmaterialien transparenter gemacht, überlange Durchlaufzeiten durch Liege- und Wartezeiten zwischen den Teilprozessen verkürzt und der innerbetriebliche Transport von Arbeitsmitteln und Werkzeugen effizienter aufeinander abgestimmt werde, um das "Timing" der einzelnen Funktionselemente der Betriebsorganisation bereits im Vorfeld und Umfeld der Fertigung zu verbessern.

Manske (1987, 1991) schließt in einer industriesoziologischen Studie zur Einführung von PPS-Systemen im Maschinenbau an diese neueren Befunde an. Der Taylorismus sei insofern als "punktuelle Rationalisierung" zu verstehen, als es hierbei um die möglichst effiziente stofflich-technische Gestaltung detaillierter Fertigungsabläufe in einzelnen Teilprozessen gehe. Der informationstechnologische Rationalisierungstypus ziele hingegen auf die indirekte, "zeitliche und sach-

---

[37] Die durchaus widersprüchlichen Auswirkungen des "Neuen Rationalisierungstypus" auf die konkreten Arbeitsbedingungen vor Ort müssen im folgenden vernachlässigt werden.

liche Abstimmung der Teilprozesse" ab, mit dem Ziel, den gesamten Produktionsprozeß "in einem bestimmten Zeithorizont" (1991, 15) abzuwickeln. Die Informatisierung der betrieblichen Interaktion umfasse im Zuge der Installierung von
computergestützten Produktionsplanungs- und -steuerungssystemen (PPS) die ar-
beitsprozeßbezogene Dimension (Technik, Zeit, Prozeßdaten) sowie die perso-
nenbezogene Dimension (Leistungsvorgaben, Ergebniskontrollen). Die informa-
torische Verbindung von Produktionsplanung und -steuerung integriere Mensch
und Maschine, Produzentenwissen und Unternehmenskontrolle in die Organisati-
onsstruktur des Produktionssystems.[38] Die vielfältigen horizontalen und vertikalen Abstimmungs- und Kooperationsprozesse, die nach dem Muster traditioneller
Ablauforganisation noch von einem eher improvisierten Charakter geprägt waren,
würden systematisiert. Die Informationstechnologien der sog. Dritten Industriellen
Revolution ermöglichen, so Manske, die Erhebung, Speicherung und Verarbeitung aller im Produktionsprozeß relevanten Daten von Einkauf, Verkauf, Fertigung und Montage sowie die technologisch und betriebswirtschaftlich optimale
Allokation der Produktionsmittel zur Erhöhung der Zeitrentabilität. Nach Manske
erlauben sie eine fortlaufende Prozeßbeobachtung, schaffen neue, variabel handhabbare Möglichkeiten der Vor- und Nachsteuerung des Produktionssystems, um
bisherige Zeitlücken zu schließen. Dadurch können Produktionsrisiken gezielter
identifiziert und vorbeugende Maßnahmen zur frühzeitigen Abwehr von Produk-
tionsfriktionen und zur Prävention absehbarer Betriebsstörungen ergriffen werden.
Im Gegensatz zur tayloristischen Detailkontrolle ermögliche der neue Rationalisierungstypus jedoch eine "wirksame Kontrolle und Rationalisierung der Arbeit,
ohne sie 'auszuforschen', den Arbeitern 'detailliert vorzuschreiben' und vor allem:
ohne die Qualifikationsanforderungen an die Arbeiter zu senken." (Ebd., 11)[39]

---

[38] Die Produktionsplanung setzt sich aus den Komponenten Produktionsprogrammpla-
nung (z.B. Kundenauftragsverwaltung, Grobplanung), Mengenplanung (Bedarfser-
mittlung, Bestandsrechnung, Bestellauftragsbildung) und Termin- und Kapazitätspla-
nung (z.B. Durchlaufterminierung, Kapazitätsbedarfsentwicklung, Reihenfolgepla-
nung) zusammen, die Produktionssteuerung aus den Komponenten Arbeitsüberwa-
chung (Erfassung des aktuellen Produktionsstandes, Mengen- und Terminüberwa-
chung, Qualitätsprüfung) und Auftragsveranlassung (insbesondere Arbeitsverteilung)
(Manske 1991, 25).

[39] Dörr (1985) hat im facharbeiterabhängigen Maschinenbau eine ähnliche Beobachtung
gemacht. Dort werde der tägliche Produktionsablauf durch die genaue Festschreibung
der Arbeitsreihenfolge bei der Abarbeitung von Aufträgen zunehmend linearisiert. An
die Stelle des Maschinentaktzwangs sei der "informationelle Taktzwang" getreten, der
einer "kontrollierten Autonomie" (ebd., 129) gleichkomme. Hirsch/Roth (1986, 112)
sprechen sogar vom "Taylorismus auf höherer Stufenleiter". Dohse/Jürgens/Malsch
(1985) zufolge gehen in der Automobilindustrie eine stärkere Produktionsüberwa-
chung durch die Zentrale mit einer "fertigungsnahen Selbstregulation" und der zunehmenden Dezentralisierung von Produzentenverantwortung Hand in Hand. Hohe
Effizienz solle erreicht werden, ohne die inhaltlichen Kerne der einzelnen Teiltätigkeiten detailliert "auszuspionieren".

Wie diese und andere industriesoziologische Forschungsergebnisse nahelegen, scheinen mit den Grenzen der fordistischen Produktionsmethodik und der tayloristischen Detailkontrolle auch die Rationalisierungsvorteile einer linearen, sequenzialisierten Zeitstruktur ausgeschöpft zu sein: Die starre, gleichförmige Anordnung von Zeitintervallen gerät mit den neuen, flexibleren Produktionsbedingungen und Marktgegebenheiten in Bewegung. Brose u.a. (1993, 38ff.) haben auf die hieraus hervorgehenden neuen Formen des betrieblichen Zeitmanagements hingewiesen, die allesamt darauf hinausliefen, die lineare, monotone Zeitökonomie des tayloristischen Systems in zeitoptimalere Organisationsformen einzupassen, um sie mit den Schwankungen einer zunehmend instabileren Marktnachfrage zu synchronisieren. Im Gegensatz zur tayloristischen Zeitökonomie ziele die Zeitoptimierung nicht auf einzelne hochstandardisierte und repetitive Detailarbeiten der Massenserienfertigung ab, sondern auf die flexible Anpassung der Bereiche Entwicklung, Herstellung und Marketing an betriebsexterne Marktveränderungen. Der Zeitfaktor gewinne nicht nur hinsichtlich des absoluten Tempogewinns strategische Bedeutung im Kampf um Wettbewerbsvorteile, sondern auch hinsichtlich der temporalen Anpassung betrieblicher Eigenzeiten an die Zeitanforderungen des Marktes. Mehr noch: Jede betriebliche Zeitordnung sei für die Dauer ihrer Anpassungsfähigkeit an Marktzeiten befristet. Ändern sich die Marktdaten von Angebot und Nachfrage, seien auch die betrieblichen Zeitparameter - wann, wie oft, in welcher Reihenfolge und wie lange - an diese Verschiebungen anzupassen. Gegen die Annahme eines qualitativen Kontinuitätsbruchs im betrieblichen Umgang mit Zeit formuliert gleichwohl Rinderspacher (1985, 17), daß die zeitliche Flexibilisierung "nicht die Aufhebung einer zeitlichen Strukturiertheit überhaupt, sondern nur eine qualitative Neufassung des Zeitmodus im Umgang mit ökonomischen Ressourcen" bedeute.

Brose u.a. (1993, 38ff.) zufolge lasse sich diese Relativierung der starren Linearzeit des Fließbandes, die dem Taktrhythmus der Uhr unterworfen sei, wie folgt darstellen: *Erstens* werde das Prinzip der Sequenzialisierung der tayloristischen Arbeitsorganisation durch ein Prinzip der zunehmenden "Parallelisierung von Funktionen und der Simultanabwicklung von Operationen" (ebd., 38) ergänzt. Diese Beschleunigung der Produktion ermögliche nicht nur eine neue Stufe der Zeitersparnis, sondern erhöhe zugleich im Hinblick auf unvorhersehbare Marktentwicklungen die "Varietät der Organisation" (ebd.). Beispielhaft wird die Just-in-Time-Logistik erwähnt, die die Beschaffung und Anlieferung von Teilen mit der Fertigung synchronisiere und die Reagibilität des Produktionsprozesses auf veränderte Nachfragebedingungen (Menge, Qualität) erhöhe. Der Materialtransfer von vorgelagerten zu nachgelagerten Arbeitsgängen solle verflüssigt werden, so daß die Kapitalbindung durch entstehende Lagerhaltungskosten für Rohstoffe und Halbfabrikate verringert und die Durchlaufzeiten des Fertigungsprozesses verkürzt werden könnten. Der überbetriebliche Material- und Warenfluß zwischen Zuliefer- und Montageunternehmen einerseits wie auch der innerbetriebliche Ablauf zwischen den einzelnen Verarbeitungsstufen andererseits solle durch spezielle computergestützte Informationssysteme effektiviert werden, indem die *richtigen* Werkstoffe oder Montageteile zum *richtigen* Zeitpunkt in der *benötigten* Stückzahl am *richtigen* Arbeitsplatz zum *entsprechenden* Arbeitsvorgang bereitgestellt werden. Die Just-in-Time-Produktionslogistik ziele darauf ab, Produktivitätsreserven auszuschöpfen, die nicht in den einzelnen Teilfunktionen verborgen, sondern *zwischen* diesen zu vermuten seien: Der innerbetriebliche Materialfluß solle dynamisiert und die Kapazitäten und Fertigungstakte auf den verschiedenen Stufen der Fertigung synchronisiert werden, um den Güterumschlag des gesamten Produktionsprozesses zu verkürzen. Die zeitliche Verfügbarkeit von extern zu beschaffenden und intern zu produzierenden Gütern und Werkstoffen solle unter Minimierung der Speicherungszeiten (Lagerhaltung) und Distributionszeiten optimiert werden, um Überproduktion zu verhindern und die aktuelle Produktionsmenge auf die tatsächliche Marktnachfrage abzustimmen.[40] Dadurch sollen unproduktive Restzeiten ("Leerlauf") und Warteschlangen (Stauungen) verhindert und temporale Ungleichmäßigkeiten begradigt werden. Brose u.a. betonen ausdrücklich, daß diese Synchronisierung der Operationen nicht nur den eigentlichen Produktionskern erfasse, sondern zugleich vor- und nachgelagerte Funktionen wie Forschung, Entwicklung und Marketing einschließe. Mit diesem "simultaneous engineering" sei beabsichtigt, die traditionelle Phasenabfolge Forschung, Entwicklung, Produktion und Verkauf zu reorganisieren und stärker aneinanderzuschließen, so daß die - mit großen Unsicherheiten verbundene - Phase zwischen dem Entwurf eines neuen Produkts und seiner Einführung auf dem Markt nicht nur möglichst kurz ist, sondern auch bessere "Möglichkeiten des Umsteuerns" (ebd., 39) bietet.

Zweitens habe dadurch das Problem der Rechtzeitigkeit, das Timing, gegenüber standardisierten Zeitformen an Bedeutung gewonnen. Wie Brose u.a. (ebd., 40ff.) im Anschluß an Simons (1989) Analyse des Zeitfaktors als "Wettbewerbsressource" hervorheben, entscheide unter Bedingungen verschärfter Konkurrenz in zunehmendem Maße die Zeiteffizienz von Handlungen über den Markterfolg, d.h. der "richtig" gewählte Zeitpunkt des Markteinstiegs, der Produktinnovation, der Designänderung etc. Vor allem in Zeiten beschleunigter Innovationszyklen und rascher Veralterung von Technologie und Produktionsanlagen sei die Schnelligkeit der getroffenen Entscheidungen von besonderer Bedeutung. Marktpioniere haben oftmals Absatzvorteile gegenüber Produktimitatoren: "Der Zeitwettbewerb ist zunächst natürlich ein Wettbewerb gegen die Zeit. Wer als erster mit einem neu entwickelten Produkt am Markt ist, der hat bessere Chancen, (...) seine aufgewendeten Entwicklungskosten durch höhere Absatzmengen wieder zu erwirtschaften"

---

[40]   Fandel/François (1989, 532) sprechen auch von "einsatzsynchroner" Produktion und Beschaffung. Mit den Worten des Begründers der "Lean Production" Taiichi Ohno (1993, 76) ist die Just-in-Time-Fertigungsmethode des Automobilherstellers Toyota "eine Methode, genau das zu liefern, was das Fließband benötigt, wenn es gebraucht wird."

(Brose u.a. 1993, 40). Hingegen könne eine hinausgezögerte Produktinnovation und der hieran anschließende verspätete Markteintritt durchaus dazu führen, daß potente Marktchancen der entscheidungsfreudigeren Konkurrenz überlassen werden müssen. Die Verkürzung der Zeitspanne von der Entwicklung und Erprobung eines Produkts bis zur Markteinführung könne marktentscheidend sein. Dies treffe auch dann zu, wenn ein hoher Kostenaufwand notwendig sei, indem beispielsweise Know how transferiert werde, um den Prozeß von der Entwicklung bis zur Vermarktung zu beschleunigen: "Die Notwendigkeit schneller zu sein als die Wettbewerber, ergibt sich dabei allerdings nicht allein (mitunter nicht einmal primär) aus dem daraus erhofften Ökonomisierungseffekt - durch Einsparung von Zeit als Kostenfaktor. Oft wird Geschwindigkeit auch durch Zukauf von Zeit (Fremdbezug von Leistungen) hergestellt und ist damit kostenintensiv. Dennoch kann eine solche Beschleunigung sich als rentabel erweisen, da sie dazu beiträgt, die strategischen Zeitfenster zu nutzen." (Ebd., 42) Einschränkend ist jedoch in diesem Zusammenhang daran zu erinnern, daß Organisationsressourcen wie z.B größere Produktionserfahrung, innerbetriebliche Konsensstrukturen, aber auch Imageprofile der Hersteller etc. nicht durch auch noch so umfangreiche Anstrengungen sofort - z.B. durch Zukauf - , sondern nur im Rahmen zeitaufwendiger Prozesse gebildet werden können (vgl. Simon 1989, 72).

Keineswegs ausgeschlossen sei nämlich, daß die stetige Beschleunigung des Handlungstempos zu entgegengesetzten Effekten führen könne. Die First-to-Market-Strategie biete nämlich erhebliche Marktrisiken, wenn der sogenannte Pionierbonus rasch aufgebraucht sei: "Gerade weil die Geschwindigkeit so gesteigert wird, sind die Effekte dieser raschen Bewegung u. U. schwerer absehbar und auch größer. Deshalb können Abwarten, Verzögerung und richtiges Timing durchaus auch Wettbewerbsvorteile bringen." (Ebd., 41) Das Timing der Zeitverwendung, d.h. den günstigsten Augenblick auszunutzen, sei deshalb auch nicht mit der absoluten Beschleunigung von Entscheidungen und Handlungen zu verwechseln. Nicht in jedem Fall biete die beschleunigte Markteinführung eine hohe Erfolgswahrscheinlichkeit; oftmals sei vielmehr der richtige Zeitpunkt der Investitionstätigkeit oder der Marktpräsenz bzw. die richtige Reihenfolge der Einführung neuer Produkte wichtiger, um sich längerfristig Marktanteile sichern zu können. Dies gelte insbesondere dann, "wenn 'Beschleunigung' zu hoher Ressourcenbindung führt, und deshalb in der Entwicklungsphase ein alternativer Pfad übersehen oder nicht 'wahrgenommen' werden kann, der sich dann doch als der erfolgsträchtigere erweist. Schnelligkeit also nicht 'um jeden Preis'. Hier erscheint Zeit nicht als homogene Ressource, die nur unter dem Blickwinkel der quantitativen Knappheit betrachtet und bewirtschaftet wird. Die oft beschworene 'qualitative' Dimension von Zeit, der 'kairos', im Unterschied zur chronometrischen und chronologischen Dimension von Zeit wird hier relevant. Diese Bedeutung der Inhomogenität von Zeit - im Unterschied zur mechanischen, linearen, gleichförmig verfließenden, beliebig teilbaren Zeit - wird auch noch an einem anderen Gesichtspunkt deutlich: der verstärkten Berücksichtigung von Lebenszyklen und

anderen temporalen Verlaufsmustern, wie konjunkturellen Schwankungen."
(Ebd., 42) Unstetige Nachfrageentwicklungen und Marktturbulenzen erfordern
somit flexible Zeitparameter zur Schaffung von Wettbewerbsvorteilen, die von
der Linearität der herkömmlichen Zeitökonomie abweichen und die Zeitressourcen disponibel auf neue Marktanforderungen umorientieren. Erzwungen wird damit eine Konzeptionalisierung der Zeit, die nicht mit "Zeitquanten und -perioden,
sondern mit Zeitperspektiven operiert" (ebd., 45). Der Zeitfaktor ist oftmals
marktentscheidend, wenn Entscheidungen aufgrund von Konkurrenzlagen unaufschiebbar und *jetzt* zu fällen sind, um potentielle Marktchancen gegenüber Konkurrenten besser ausschöpfen zu können. Während Marktentscheidungen, die *zu
früh* getroffen werden, zusätzliche Kosten für Lagerung etc. verursachen, entstehen bei *zu spät* getroffen Entscheidungen Wartezeiten, die Kapital unproduktiv
binden. Überhaupt können in aller Regel Marktchancen, die auf spezifische Patentansprüche, Monopolstellungen oder situative Nachfragebedingungen (Modezyklen) zurückgehen, nur innerhalb ganz bestimmter Zeiträume realisiert werden.
Marktchancen sind somit zeitbefristet. Geldtransaktionen müssen im Börsengeschäft in Minutenschnelle abgeschlossen sein, wenn *momentane* Chancen, die
Wertschwankungen von Aktienpapieren bieten, wahrgenommen werden sollen.
Generell werden ganz unterschiedliche Zeitprioritäten aufgestellt, um in rasch
wandelnden Marktsituationen bestehen zu können.

Drittens lösen nach Brose u.a. (ebd., 44) diskontinuierliche Zeitformen sukzessive kontinuierliche und hochgradig schematisierte Zeitformen ab und werden
zum "Normalfall". Am Beispiel der tendenziellen Abkehr von der Regelmäßigkeit
des Normalarbeitsverhältnisses kann diese Entwicklung illustriert werden.[41] Die
flexiblen Fertigungssysteme und die neueren Konzepte der Produktionslogistik
(Just-in-Time) sind kaum mit der festen und gleichförmigen Verteilung einer
normierten Jahresarbeitszeit auf bestimmte Tageszeiten und Wochentage in Einklang zu bringen. Wie Hinrichs (1992) aufzeigt, verlange die absatzgesteuerte
Produktion (Marktnähe), die eine kurzfristige Anpassung des Produktionsprogramms an größere Variantenvielfalt und Kleinserien erzwinge, als Pendant beliebig abrufbare Arbeitskräfte sowie eine flexiblere Organisation der industriellen
Arbeitszeit. Der Einsatz bezahlter Arbeitskräfte solle vermieden werden, wenn
diese nicht betriebsoptimal genutzt werden könnten. Deswegen werde die Inanspruchnahme von Arbeitskräften nach Zeitpunkt und Umfang sukzessive an die

---

[41] Zur Abkehr vom Normalarbeitstag in der bundesdeutschen Industrie vgl. auch Schudlich (1987). Er unterscheidet zwischen der *traditionellen* und der *neuen* Flexibilisierung der Arbeitszeit. Als traditionelle Flexibilisierungsformen gelten: Mehrarbeit, Kurzarbeit, Schicht- und Wochenendarbeit. In diesen Fällen variiere die Arbeitszeit nur nach ihrer Dauer oder nach ihrem kalendarischen Zeitraum. Als neue Flexibilisierungsformen gelten: Gleitzeit, Teilarbeitszeit, Job-Sharing oder kapazitätsorientierte variable Arbeitszeiten. Hier variiere sowohl die Dauer als auch der kalendarische Zeitraum. Die Entwicklung von Arbeitszeitformen in der europäischen und japanischen Automobilindustrie beschreiben Lehndorff/Bosch (1993).

schwankenden Bedarfsspitzen angepaßt. Im Idealfall sollen die individuellen Arbeitszeiten unablässig mit dem betrieblichen Zeitbedarf wechseln. Der Auf- und Abbau von Randbelegschaften werde mehr und mehr je nach Auftragsbeständen und dem Rhythmus des Betriebsgeschehens flexibel gesteuert. Hinrichs (ebd., 321) spricht in diesem Zusammenhang treffend von der "Externalisierung des Auslastungsrisikos durch chronologisch flexible Abforderung der bezahlten Arbeitszeit" und der "Reduzierung des Volumens kontrahierter Arbeit". Die Erosion von Normalarbeitszeitstandards, die Aufsplittung in Vollzeitarbeit und Teilzeitarbeit sowie der Übergang von einer gleichverteilten Wochenarbeitszeit zu einer flexiblen Ungleichverteilung der Jahresarbeitssumme liege im betrieblichen Rentabilitätsinteresse einer flexiblen Disponibilität der Arbeitszeit. Stundenpläne und Arbeitsperioden würden flexibilisiert und desynchronisiert, um die Produktionsmenge mit den saisonalen Schwankungen der Auftragslage zu synchronisieren. Exemplarisch sind zu nennen: Betriebsnutzungszeiten rund-um-die-Uhr, abrufbereite Teilzeitarbeiter, zeitweilig in Subkontrakten Beschäftigte oder Saisonarbeiter, die Sonderschichten, Überstunden und Kurzarbeit entbehrlicher machen. Hinrichs (ebd., 321ff.) beschreibt diese Flexibilisierung der Arbeitszeitparameter, die im Kern auf die stärkere Entkopplung von individuellen Arbeitszeiten und verlängerten Betriebsnutzungszeiten hinauslaufe, als "chronologische Denormalisierung" (Schicht-, Nacht- Wochenendarbeit), als "chronologische Diskontinuität" (eine dem Arbeitsanfall angepaßte Abforderung der Arbeitszeit) und als "chronometrische Destandardisierung" (Teilzeitarbeit, Mehrarbeit). Die Abkehr von der Vorratspufferproduktion und Lagerfertigung von Großserien standardisierter Produkte begünstigt schließlich den bedarfssynchronen Einsatz der Arbeitskräfte: "Arbeit erscheint in der Tendenz allozierbar wie stoffliche Produktionsverfahren, d.h. 'wie aus dem Wasserhahn'." (Wiesenthal 1988, 195)

Die Überlegungen zur temporalen Rationalität des Marktgeschehens können an dieser Stelle folgendermaßen zusammengefaßt werden: Das allgemeine Zeitmaß der Uhr dient der *temporalen Rationalisierung* von Marktentscheidungen, um Renditeerwartungen auf Investitionstätigkeiten und Kapitaleinlagen verläßlicher abschätzen zu können. Betriebsinterne Tätigkeiten der Produktion, des Transports und der Lagerung werden zeitlich gemessen und im Hinblick auf betriebsexterne Ereignisse (Veränderungen der Güterpreise, der Zinshöhe, des Geldwertes, der Aktienkurse, der Kreditlaufzeiten usw.) bewertet. Hierbei zielt die innerbetriebliche Zeitökonomie *erstens* auf die reibungsarme Organisation des zeitlichen Nacheinanders von Tätigkeiten ab, die sich über bestimmte Zeitstrecken auf einer linearen Zeitachse ausdehnen (Sequenzialisierung); *zweitens* ist das Nebeneinander von inner- und zwischenbetrieblichen Handlungen möglichst zeitgleich zu koordinieren (Synchronisation). Die innerbetriebliche Synchronisation von Ereignissen (Abstimmung der Zeitpläne zwischen einzelnen Arbeitsvorgängen) sowie die zwischenbetriebliche Synchronisation der Zeitpläne zwischen einzelnen Erwerbsbetrieben, z.B. zwischen einem Automobilhersteller und den Zulieferbetrieben (pünktliche Anlieferung bei Bedarf), verfehlt jedoch das Ziel eines möglichst effizienten Zeitmanagements, wenn der Absatz aufgrund unerwarteter Marktturbulenzen ins Stocken gerät oder die Produkteigenschaften des angebotenen Gutes aufgrund veränderter Nachfragestrukturen nicht mehr gefragt sind. Die zeitökonomische Strategie der inner- und überbetrieblichen Synchronisation macht nämlich nur dann Sinn, wenn zugleich die Produktionsmenge und das Produktprofil eines Erwerbsbetriebs mit der situativen Marktnachfrage synchronisiert wird. Mit anderen Worten ist der *produktions*fixierte Umgang mit Zeit auf eine flexiblere, *markt*orientierte Zeitorganisation umzustellen.

Um den Risiken rascher Marktveränderungen begegnen und die sich hieraus ergebenden neuen Chancen nutzen zu können, ist die innerbetriebliche Organisation des Faktors Zeit an die unsteten Ereigniszeiten des Marktgeschehens anzuschließen. Im Rationalitätsfall, von dem empirisch nicht auszugehen ist, geschieht alles zeitgleich: Die Marktnachfrage ändert sich, die Komponenten eines Gutes werden ausgetauscht oder variiert, neue Produkttypen und -serien entwickelt, das Design wird verändert, Marketingstrategien und Vertriebskonzepte werden umgestellt, Produktionsanlagen umgerüstet und auf die neuen Erfordernisse der Nachfrage ausgerichtet. Je schneller es einem Erwerbsbetrieb gelingt, den gesamten Produktionsapparat umzustellen, je mehr die Produktentwicklung beschleunigt werden kann, je variantenreicher die standardisierten Komponenten zusammengefügt werden können, je kürzer die Auftragsdurchlaufzeit ist, je flexibler auf kurzfristige Lieferanforderungen reagiert werden kann, desto höher sind auch die Wettbewerbschancen einzuschätzen.

Brose u.a. (1993, 46) heben hervor, daß die Kriterien, nach denen Organisationen des Wirtschaftssystems den Faktor Zeit verwenden, variieren. Diese variationsreiche Verwendung von Zeitressourcen ist auf eine flexiblere Anpassung der betrieblichen Eigenzeit an Zeiterfordernisse des Marktes zugeschnitten, oder mit anderen Worten: auf die *marktkompatible Terminierung der betrieblichen Zeitorganisation*. Die Handlungen und Entscheidungen eines Erwerbsbetriebes, seiner Innovationsabteilungen (Forschung), seiner Planungs- und Überwachungsstäbe (Steuerung und Kontrolle), seiner Fertigungsstrukturen (Produktion), seiner logistischen Informationssysteme (Distribution) und seiner Verkaufsstrategien (Marketing) sind im Rationalitätsfall mit den *temporalen Systemereignissen* des Marktes, den Parametern von Angebot und Nachfrage, kurzzuschließen, um die innerbetrieblichen Aktions- und Reaktionszeiten der Entwicklung und Planung, Produktion und Distribution auf externe Marktveränderungen so weit wie möglich zu verkürzen und die allgemeine *Marktreagibilität* (Anpassungsgeschwindigkeit) zu erhöhen. Insofern erscheint die Zeitstruktur des Erwerbsbetriebs gegenüber den Zeiterfordernissen des Marktes als abhängige Variable. Der Markt erzwingt gewissermaßen als Zeitgeber ganz unterschiedliche Tempi und Dringlichkeiten, Zeitpräferenzen und Zeitanpassungen. Am Beispiel der Veränderungen der industriellen Arbeitszeitorganisation sollte verdeutlicht werden, daß die aktuelle Auftragslage die betrieblichen Zeitverwendungspräferenzen in zunehmendem Maße diktiert. Generell können betriebliche Entscheidungen dann als "marktnah" bezeichnet werden, wenn diese nicht in einen rigiden, unelastischen Takt-rhythmus eingeschnürt und gegenüber kaum vorhersehbaren Angebots- und Nachfrageschwankungen unempfindlich sind, sondern flexibel auf kontingente und hochkomplexe Marktereignisse reagieren.

3. Der Raum des Marktes

In den europäischen Gesellschaften der vorindustriellen Epoche ist der bebaute Raum noch unverkennbar nach ständischen Prinzipien gegliedert. Eine gesell-schaftliche Rangordnung soll greifbar werden, die als unveränderliche Überein-kunft zwischen Gott und den Menschen oder als von den natürlichen Gewalten vorgegebene Ordnung verstanden wird. Die vorherrschende Anschauung von der legitimen Ordnung der Dinge wird sinnfällig gemacht, sie wird *verräumlicht* und gewissermaßen in Stein gehauen. Die monumentale Autorität der barocken Archi-tektur und Raumplanung des Absolutismus (Schlösser, Lustgärten, Parks, Avenu-en) etwa dient der Ehrerbietung der Herrscher und der Einschüchterung der Un-tergebenen. Die ausladende Pracht der Paläste symbolisiert die Übermacht und Unanfechtbarkeit des absoluten Souveräns und vergegenständlicht das, was ihre Besitzer vermögen. Der Herr zeigt sich in der "repräsentativen Öffentlichkeit" (Habermas 1990, 58ff.), stellt sich dar als die leibhaftige Verkörperung einer wie immer "höheren" metaphysischen Ordnung, vor der seine Vasallen zurückzuwei-chen haben. Der Zugang zu dieser "Öffentlichkeit", zu diesem ständisch codierten Repräsentationsraum, ist durch Geburt und Abstammung reglementiert, wodurch das Volk der Vielen ausgeschlossen ist, in die Rolle von Statisten schlüpft und bei Bedarf als akklamierende Kulisse zu legitimatorischen Zwecken herbeigerufen wird. Auch die Form der physischen Bewegung im Raum beschwört und ze-lebriert die konservierende Macht der Tradition und des Althergebrachten. Bau-er/Matis (1988, 318) illustrieren diese starre Raumordnung, in der positionelle Orientierungen dominieren, am Beispiel des Bewegungsverhaltens und der Kör-persprache: "Im ausgehenden 18. Jahrhundert verfiel ein Bewegungsverhalten, das sich an räumlich-geometrischen Harmonien orientierte und bei dem es auf 'zierli-che', figürliche und positionelle Veränderungen im Raum ankam. Die Bewegung war zuvor teils ein oszillierendes Hin und Her (Fechten), teils uhrenmäßiger Um-lauf und Zirkulation (Tanz, Figurenreiten), teils ein Wechsel positioneller Haltun-gen (Reverenz, Exerzieren, Voltigieren)."

Während in der Zeit des Absolutismus die axiale Anlage des fürstlichen Pala-stes und der monumentale Maßstab der Gebäudeanordnungen die Blicke noch auf den Herrscher lenken und dessen Unanfechtbarkeit demonstrativ zum Ausdruck bringen sollen, ziehen die neuen Verkehrsknotenpunkte und Warenumschlag-plätze (z.B. Bahnhöfe, später Flughäfen) alle Straßen der Stadt an. Mit dem Ver-

lust der fürstlichen Macht nehmen auch die Straßen einen anderen Weg. Im Ge-
wirr der Verkehrsströme schwindet die repräsentative Sichtbarkeit der alten aristokratischen Eliten. Die unendliche Bewegung des Güterflusses erdrückt die Attribute personaler, angsteinflößender Autorität und erfordert eine Neuorganisation
des städtischen Raumes (vgl. Mumford 1963). Damit verlieren auch die räumlichen Verhältnisse an Statik und Gewißheit.

Die ökonomische Sphäre wird von der mechanischen Uhr[42], der Dampfmaschine und - später - dem Diesel- und Elektromotor in Schwung gebracht, durch-
bricht lokale Horizonte und überführt die ständisch abgeschotteten und räumlich
voneinander geschiedenen Lebenswelten in ein einheitliches Zeit-Raum-Kontinu-
um. Die sich entfaltende Sphäre der Ökonomie schließt die lokale Zeitrechnung
des "provinzellen Raums" (Braudel 1986b, 314) an die benachbarter oder "am Ende der Welt" liegender Sozialräume an und beschleunigt selbst den Rhythmus der
Gütermobilität zwischen florierenden Handels- und Gewerbezentren auf der einen
und den abgekapselten und unwegbaren Regionen auf der anderen Seite. Mit der
beschleunigten Zeit gerät die Enge des provinziellen Raumes in Bewegung und
wird von dem "schwindelerregenden Strudel der Modernität" (LeGoff 1992, 81)
erfaßt: Er büßt seinen lokalen Charakter, seine in sich ruhende Identität des Hier
und Jetzt ein. Indem der Raum auf distributive Zwecke zugeschnitten wird, wird
er in quantifizierbare Raumdistanzen zergliedert, die die Form "abstrakte(r) Einheiten" (Mumford 1963, 490) annehmen. Dabei sind die Zeitintervalle zwischen
Start und Ziel von vorrangigem Interesse, nicht jedoch die physische und sozialräumliche Charakteristik des Ortes, die ihn von anderen Orten unterscheidet. Mit
anderen Worten wird die physische Raumstruktur im Hinblick auf Abfahrts-,
Knoten- und Ankunftspunkte neu strukturiert und damit in gewisser Weise *de-
territorialisiert*.

Das stetige und ungehinderte Fließen des Verkehrs ist Bedingung der Möglichkeit einer ausdifferenzierten ökonomischen Sphäre, die auf die „räumliche
Mobilität" (Franz 1984, 30) der Güter und Leistungen in historisch beispielloser
Weise angewiesen ist. Mit der *Ökonomisierung des Bewegungsraumes* endet jedoch auch die soziale Orientierung am lokal identifizierbaren Raum. An seine
Stelle tritt der an der "freien Zirkulation ausgerichtete abstrakte Raum" (Kleinspehn 1989, 247). In Anlehnung an die scharfsinnigen Beobachtungen des französischen Geschwindigkeitstheoretikers Paul Virilio (1989) kann der moderne
Bewegungsraum als monofunktionale Durchgangszone für Transportvorgänge beschrieben werden, in der alle Mobilitätshemmnisse der traditionellen Raumordnung buchstäblich begradigt werden.[43] Da ein Verkehrskollaps die Zirkulation der

---

[42] Wendorff (1980, 137) verweist auf Mumford (1934, 14ff.), der nicht die Dampfma-
      schine, sondern die mechanische Uhr als Proto-Maschine des modernen Industrie-
      zeitalters ansieht.

[43] Es ist das Verdienst Virilios, durch seine Phänomenologie moderner Bewegungen den
      "Geschwindigkeitsraum" der Gesellschaftsanalyse zugänglich gemacht zu haben.

Produkte und die Funktionen des ausdifferenzierten ökonomischen Einheiten behindern würde, kann der Verkehrsraum als Nadelöhr und die reibungslose Mobilität als Schmiermittel eines beschleunigten Umschlags der Güter angesehen werden.[44]

Der alles entscheidende Zeitfaktor des Marktgeschehens, der im vorigen Abschnitt erörtert wurde, läßt die Tiefe des Raumes nicht unberührt: Ein *neuer Raumtyp* (Lefèbvre 1976, 30) wird geschaffen, der das traditionelle sozialräumliche Gefüge nach den Anforderungen einer arbeitsteiligen Produktion und Distribution industrieller Massengüter umgestaltet, wobei geographische Flächen nur als physische Hindernisse zwischen verschiedenen Standorten und Funktionsbereichen - als "Zwischen-Räume" - wahrgenommen werden, die so billig und schnell wie möglich zu überwinden sind.[45] Im folgenden ist die moderne Raum-

---

Gleichwohl desavouiert Virilio dieses ambitionierte Vorhaben selbst, indem er mit apokalyptischen Metaphern und kulturpessimistischen Untergangsbildern dem Wesen der Geschwindigkeitsordnung, der "Dromokratie", auf die Schliche kommen will, aber bei diesem Vorhaben vor lauter Geschwindigkeit keine Gesellschaft mehr sieht, die jene hervorbringt. So rächt es sich, wenn Geschwindigkeit und die mit ihr korrespondierende Raumordnung aus sich selbst heraus, sozusagen aus der reinen Macht der Bewegung, erklärt werden soll, dabei aber auf jegliches gesellschaftstheoretisches Rüstzeug zur Analyse der beschleunigten Gesellschaft verzichtet wird. Insofern überrascht weder Virilios naturalistische Stilisierung der 'unberührten Natur' und des 'ursprünglichen Lebens', die untergründig durch das argumentative Geflecht hindurchschimmert, noch verwundert der an vielen Stellen anklingende Technikdeterminismus, dem eine problematische Leitdifferenz Technik *versus* Sozialität zugrunde liegt. Vgl. auch die überzeugenden Einwände von Breuer (1992, 131ff., bes. 137f.).

[44] Die in den letzten Jahren zu beobachtende architektonische und städteplanerische Rückbesinnung auf den Wert historischer Bausubstanzen, alter Marktplätze, Passagen und Innenhöfe ist allenfalls nur dann als "Rückgewinnung einer 'kulturellen Topographie'" (Schäfers 1988, 102) zu verstehen, wenn die "neue Stadtkultur" sich auf die Gestaltung historischer Stadtkerne begrenzt. Auch die moderne Raumgestaltung bedarf der Ästhetik der Fassade, gerade auch dann, wenn sie noch als Objekt der Touristikindustrie oder als Imagesymbol städtischer Selbstdarstellung zu vermarkten ist. Das repräsentative Gesicht einer Stadt tritt nicht im historischen Zentrum hervor, sondern ist an ihrer Peripherie abzulesen: dem Industriegürtel, den Gewerbegebieten, den Umgehungsstraßen und den Verkehrsstrassen, die die Stadt planquadratisch umschließen.

[45] Für den Kulturhistoriker Schivelbusch (1989, 158ff.) ist die Systematik der Haussmannschen Straßenschneisen im Paris des 19. Jahrhunderts das paradigmatische Muster der Raumnutzung der industriellen Moderne. Er betont, daß die Haussmannschen Straßen im Gegensatz zu den alten geradlinigen Avenuen und breiten Boulevards des Barock nicht in erster Linie den militärischen Aufmärschen und Paraden dienten, sondern dem kommerziellen Verkehr. Demgegenüber hebt Mumford (1963, 428ff.) den bis ins 20. Jahrhundert reichenden Einfluß des Hofes auf die Raumstruktur der Stadt hervor und sieht die Haussmannsche Stadtplanung als eine Verlängerung des höfischen Repräsentationsbedürfnisses und der militärischen Zurschaustellung der absolu-

struktur im Hinblick auf die ökonomische Nutzung betriebs*externer* Räume genauer zu betrachten. Die Kategorie des Raumes ist hierbei nicht im Kontext spezifischer Standortfaktoren zu diskutieren, wie dies in der ökonomischen Theorie
üblicherweise der Fall ist. Demgegenüber ist der dynamische *Bewegungs*raum
zwischen Start und Ziel in den Blick zu nehmen, der von einem dichten Netzwerk
verkehrswirtschaftlicher Transportvorgänge und Infrastruktursysteme durchzogen
ist.[46]

Die moderne Arbeitsteilung findet einen geographischen Ausdruck in den
weitläufigen Siedlungsstrukturen und suburbanen Gewerbezonen; sie führt zu einer räumlichen Segregation von Funktionen, die miteinander verkoppelt werden
müssen. Diese Vernetzung der Austauschbeziehungen wird durch den Transport
gewährleistet, der mit Läpple (1993, 25f.) als "Vorgang der Ortsveränderung bzw.
der Raumüberbrückung" definiert werden kann, wobei das Transportobjekt "von
A nach B, also von einem Bereitstellungs- zu einem Bestimmungsort bewegt
wird". Diese funktionale Differenzierung von Tätigkeiten drückt sich in dem
räumlichen Auseinandertreten von Produktion und Haushalt, Arbeit und Wohnung, Versorgung und Erholung aus. Hierbei erweitert die infrastrukturelle Ge-

---

ten Macht der Fürsten und Könige. Die sternförmige Raumordnung der Residenz- und
Garnisonsstädte habe sich in der Avenue paradigmatisch materialisiert. Die autoritäre
Deutlichkeit dieser Stadtplanung habe dem absolutistischen Bedürfnis nach Systematik, Ordnung und Einteilung Rechnung getragen. In der Gleichförmigkeit der Straßen-
führung sei die Unvereinbarkeit von geradliniger militärischer Formation und unge-
ordnetem Gassengewirr überwunden worden. Die Avenue habe als Symbol der Ba-
rockstadt zudem dem höfischen Lebensgefühl nach Schauspiel und Zeremoniell auch
im städtischen Raum einen neuen Ausdruck verliehen, indem beispielsweise die Rituale des aristokratischen Hofzeremoniells vom abgeschiedenen Schloß auf die Avenue
der Stadt verlegt wurden. Obwohl Mumford den Ursprung der Gradlinigkeit der neuen
Straßen in den barocken Methoden absoluter Macht sieht, bemerkt er, daß sie gleichsam auch schon der Beweglichkeit des Verkehrs dienen. Resümierend stellt Mumford
(ebd., 429) fest: "Die Beschleunigung der Bewegung und die Eroberung des Raumes,
das fiebernde Verlangen, 'irgendwie durchzukommen', waren Ausdrucksformen des
alldurchdringenden Willens zur Macht." Mit der Öffnung der aristokratischen Lustgärten und Landschaftsgärten für die städtische Bevölkerung habe die barocke Raum-
kultur Einzug in die Stadt erhalten und die "aristokratische Vorstellung von Raum und
Pflanzengrün" (ebd., 444) schließlich eine Fortsetzung unter bürgerlichem Vorzeichen
erfahren. Noch an den architektonischen und städtebaulichen Überresten der barocken
Ordnung könne man die "Überschätzung der geometrischen Gestalt" (ebd., 455) und
die Ignoranz gegenüber den praktischen Funktionen des städtischen Raumes ablesen.
Zur sog. Haussmannisierung der europäischen Stadt vgl. zudem Benevolo (1993, Kap.
6).

[46]   Vgl. Friedrichs (1987, 333), der die veränderte Raumnutzung industrieller Gesell-
schaften *erstens* auf die Flächennutzung (Größe, Art, Intensität), *zweitens* auf die
Verteilung im Raum (Standortstruktur) und *drittens* auf Bewegungsvorgänge im Raum
(Überwindung von Distanzen) bezieht.

bietserschließung die Aktionsräume der ökonomischen Sphäre und nivelliert - in unterschiedlichem Tempo, aber in gleicher Richtung - den sozialräumlichen Gegensatz zwischen Stadt und Land. Aus diesem Grunde sind Stadt und Land auch keine Kategorien mehr, die unterschiedliche Produktions-, Reproduktions- und Herrschaftsformen bezeichnen.

Mit der zunehmenden Internationalisierung der Industrie- und Dienstleistungsbereiche seit Anfang der 1970er Jahre sind translokale Produktionsverbünde und Tauschnetze entstanden, die in historisch beispielloser Weise Marktbeziehungen räumlich ausdehnen. Bei der räumlichen "Dezentralisation" (Häußermann/Siebel 1988, 81) von Ausführungsfunktionen kommt den großen Industriekonzernen eine Vorreiterrolle zu: In zunehmendem Maße werden nämlich sowohl vorgelagerte als auch nachgelagerte Tätigkeiten aus zentralen Fertigungsorten ausgelagert und an Fremdfirmen delegiert, die Produktion von Komponenten der Güter weltweit auf unterschiedliche Standorte verteilt und transnationale Zuliefernetze aufgebaut (Narr/Schubert 1994).[47] Wenn produktive Tätigkeiten räumlich ausdifferenziert werden und die geographische Distanz zwischen den Orten der Produktion und des Konsums größer wird, werden umfangreiche Materialbewegungen und damit Transferleistungen immer unvermeidbarer. Die globale Ausdehnung wirtschaftlicher Interaktionen korrespondiert deswegen auch mit einer Erhöhung der Tauschfrequenz von Rohstoffen, Halbfertig- und Endprodukten. Die Flexibilisierung der Standortwahl und die räumliche Mobilität des Kapitals führt zu einer Ausdehnung des räumlichen Aktionsradius und damit zu mehr Verkehrsaufwand, der notwendig ist, um die räumlich differenzierten Teilfunktionen miteinander zu vernetzen. In diesem Sinne ist das Wachstum des Verkehrsaufkommens und besonders der Verkehrsleistung[48] Voraussetzung und zugleich

---

[47] Appold/Kasarda (1988, 145) sehen "Agglomeration als Merkmal hochspezialisierter, nichtstandardisierter Aktivitäten und Dezentralisierung als Merkmal standardisierter, bereits Routinen gewordener Aktivitäten sowohl in der Güterproduktion als auch in der Informationsverarbeitung".

[48] Unter *Verkehrsaufkommen* wird üblicherweise die transportierte Gütermenge in Tonnen verstanden. Das Verkehrsaufkommen gibt jedoch keinen Hinweis auf die gefahrenen Kilometer im Güterverkehr. Bei der *Verkehrsleistung* wird zusätzlich die Entfernung berücksichtigt, über die das Verkehrsaufkommen transportiert wird; sie ist das Produkt aus beförderter Menge und gefahrenen Kilometern und wird in Tonnenkilometern (tkm) gerechnet. Im Hinblick auf die Problematik der Verkehrsüberlastung ist die Verkehrsleistung die wichtigere Größe. Ein Beispiel: Wenn ein Gut statt 10 Kilometer 100 Kilometer transportiert werden muß, dann erhöht sich die Verkehrsleistung, während das Verkehrsaufkommen konstant bleibt: Es wird immer noch die gleiche Menge des Gutes geliefert. Bedingt durch die zunehmende räumliche Arbeitsteilung, die Verringerung der Fertigungstiefe und wachsende internationale Wirtschaftsverflechtungen ist die Verkehrsleistung in der Bundesrepublik im Zeitraum von 1970 bis 1990 schneller gewachsen als das Verkehrsaufkommen im Straßengüterverkehr. Die Transportleistungen des Lkw-Verkehrs stiegen von 1950 mit 14,4 Mrd. tkm auf 169,8 Mrd. tkm im Jahr 1990. Vgl. den Datenüberblick bei Glaser (1993).

Ergebnis der inter- und intraregionalen Arbeitsteilung und damit eine abgeleitete Größe ökonomischer Tätigkeiten. Der sprunghafte Anstieg der Gütermobilität und die voranschreitende Bewegungsverdichtung läßt jedenfalls den für traditionale Wirtschaftsformen noch bedeutsamen Faktor der physischen Nähe sukzessive irrelevant erscheinen.[49]

Die möglichst rasche Überwindung räumlicher Distanzen erscheint allein schon deswegen ein Gebot marktökonomischer Vernunft, um die mit der Raumdurchquerung verbundenen Kosten der Mobilität, die Transportkosten, so gering wie möglich zu halten. Um dies zu erreichen, ist die Transport*dauer* zu verkürzen, übrigens auch dann, wenn die Transportentfernungen zunehmen. Die Beförderungszeit der Güter kann jedoch nur dann vermindert werden, wenn das Verkehrswegenetz ausgebaut und Ortsumgehungen angelegt werden, um etwa den Durchgangsverkehr zum Zwecke der Verkehrsentlastung von Ballungszentren umzuleiten und unplanmäßige Wartezeiten (z.B. Stau) zu verkürzen, die zusätzliche Kosten verursachen. Nach Altvater (1987, 42) symbolisieren die modernen Straßennetze und Verkehrstrassen die "Venen für die Zirkulation des Kapitals", die um so lebhafter befahren werden, je mehr die Zirkulationszeiten des investierten Geldes verkürzt werden können. Je schneller Waren transportiert werden können, desto schneller kann das durch den Transportaufwand gebundene Kapital reinvestiert werden. Der Zeitfaktor fungiert somit als Richtwert bei der Überbrückung von Raumdistanzen. Mit anderen Worten werden geographische Räume in Relation zur Zeitdimension tendenziell bedeutungslos.

---

[49] Zur abnehmenden Bedeutung der räumlichen Nähe siehe Friedrichs (1987, 332). Stefanie Böge vom *Wuppertal Institut für Klima, Umwelt und Energie* hat die extrem transportintensive Produktion am Beispiel eines Erdbeerjoghurts der Südmilch AG Stuttgart (Recycelglas) recherchiert und die Transportwege aufaddiert, die zurückgelegt werden, bis alle Bestandteile des Produkts (incl. Verpackung) zusammengetragen sind. Insgesamt fahren Lkw mehr als 9000 Kilometer, bis alle Einzelbestandteile des Produkts selbst und die Verpackung in dem Unternehmen angekommen sind: Die Erdbeeren stammen aus Polen, das Etikett liefert eine Firma in Kulmbach, den Etikettenleim schickt eine Düsseldorfer Firma, die Rohbakterien kommen aus Schleswig-Holstein, die Aluminiumdeckel werden aus dem Rheinland nach Stuttgart transportiert, die Milch kommt aus dem Stuttgarter und Heilbronner Umland, das Aluminium für die Deckel wird im rheinischen Grevenbroich hergestellt und in Weiden zu Aludeckeln verarbeitet, die Verpackung setzt sich aus verschiedenen Komponenten zusammen, die aus Aalen, Köln, Lüneburg, Hamburg, Ludwigsburg und Obergrünburg in Österreich bezogen werden, der Zucker wird aus Rüben gewonnen, die in der Region um Offenau und Heilbronn geerntet werden. Zu den detaillierten Wegstrecken, die zurückgelegt werden, siehe Zeitmagazin Nr. 5 vom 29. Januar 1993, 14ff. Zum Untersuchungsrahmen dieser "produktbezogenen Transportkettenanalyse" siehe Böge (1993). Zu berücksichtigen ist, daß die Transportkette lediglich bis zu den Zulieferern der für die Produktion notwendigen Einzelbestandteile verfolgt wurde. Die weitergehenden Transportketten von Primär- und Sekundärstoffen sind in der Untersuchung nicht berücksichtigt worden (vgl. ebd., 136).

Die technischen Verbesserungen der Raumüberwindung (Motorisierung) und der großindustrielle Ausbau interregionaler Verkehrsverflechtungen (z.B. Autobahn, Flugverkehr) sind eine entscheidende strukturelle Voraussetzung, um die Fahrgeschwindigkeiten erhöhen und die durchschnittlichen Transportzeiten verkürzen zu können. Der großzügige Ausbau der Verkehrsinfrastruktur ermöglicht zugleich, die Transport*kapazität* pro Ladeeinheit (z.B. Ladevolumen eines Lkw, Containerschiffs, Flugzeugs etc.) auszudehnen. Schnellere Transportwege, standardisierte Transportbehälter (normierte Container und Paletten), größere Transportkapazitäten der Fahrzeuge, optimal aufeinander abgestimmte Transportketten (Integration einzelner Verkehrsträger, "kombinierte Verkehr") und kürzere Aufenthaltszeiten an den Schnittstellen des Transports (Terminals, Automatisierung von Umschlagprozessen) bewirken, daß den Transportentfernungen und -preisen eine immer geringere Bedeutung zukommt.[50] Die mit der Industrialisierung des Transports und der logistischen Integration der einzelnen Transportkettenglieder verbundene Zeitersparnis bei der Überbrückung größerer Distanzen verstärkt zugleich den bereits angesprochenen Trend, großflächige Beschaffungs- und Vermarktungsstrukturen aufzubauen: Periphere Regionen werden erschlossen, um selbst entlegene Absätzmärkte an die Güterströme und Distributionsstrukturen anzuschließen. Wenn Raumdistanzen schneller überwunden werden und die Gütermenge pro Transporteinheit zunimmt, sinken im Ergebnis auch die durchschnittlichen Transportkosten pro Kilometer. Schnellere Transportsysteme, größere Transportleistungen und niedrigere Transportkosten begünstigen somit flexiblere Standortentscheidungen, die den Trend zu weitmaschigen räumlichen Verflechtungsstrukturen weiter verstärken und zu einem Anstieg des inter- und intraregionalen Verkehrsaufkommens und damit zu einem Zuwachs der transportierten Gütermengen führen. Je niedriger der Preis für Mobilität ist, um so mehr lohnt es sich, die jeweilige Standortentscheidung von den regional und national ungleichen Preisen für Arbeitskräfte, Grund und Boden, Vorleistungen oder auch von der verfügbaren Infrastruktur abhängig zu machen. Wenn diese Kostendifferenzen in Relation zu den Mobilitätskosten gesetzt werden, dann lohnt es sich, Verkehr zu erzeugen (Weizsäcker 1994, 128). Unter diesen Bedingungen muß das Straßennetz beständig ausgebaut werden, um an die Eigendynamik der gestiegenen Verkehrsanforderungen angepaßt zu werden.

Vor dem Hintergrund der bisherigen Überlegungen erscheint die *Ökonomie des Verkehrs* als eine existentielle Funktionsbedingung eines dislozierten Marktgeschehens. Ökonomie des Verkehrs meint, daß der Raum genau im Verhältnis zur Geschwindigkeit "schrumpft", mit der er durchquert wird. Mit der Verringerung der räumlichen Distanzen bzw. dem beschleunigten Durchqueren des Raumes (Zeitersparnis) werden auch entfernte Märkte erreichbar. Zugleich sinken die

---

[50]   Über die Industrialisierung und die logistische Rationalisierung in Gütertransportsystemen informieren Läpple (1993, bes. 37ff.) und Bukold (1993). Insbesondere bei Läpple finden sich genauere Ausführungen zum Konzept der Transportkette.

Transaktionskosten, so daß der Austausch von Rohstoffen, Halbfertigprodukten oder Konsumartikeln über größere Entfernungen wirtschaftlich rentabler gestaltet und eine höhere Intensität oder Frequenz ermöglicht werden kann. Dies hat wiederum eine Senkung der Produktionskosten zur Folge und begünstigt die Dezentralisation der Produktion, die territoriale Ausbreitung der Produktionseinheiten (Appold/Kasarda 1988). Bereits Sombart (1969, III,1, 278) spricht in diesem Zusammenhang von der Beschleunigung der Transportleistung, die mit einer Kapazitätserhöhung des Warentransports einhergehe. Je entwickelter das Transport- und Kommunikationswesen sei, desto schneller erfolge der Umschlag der Güter, um so geringer seien die Transportkosten zu veranschlagen und um so rascher amortisiere sich der investierte Kapitalstock.

Die manifesten Ungleichheitsstrukturen des gegenwärtigen Welthandels müssen im folgenden unberücksichtigt bleiben (vgl. Hauchler 1993, 237ff.). Festzuhalten bleibt jedoch, daß Vorleistungen, Halbwaren und Endprodukte, die in weit entfernten Regionen hergestellt werden, immer stärker mit regionalen oder nationalen Produkten konkurrieren. In jedem "Supermarkt gibt es preisgünstig gleichartige Äpfel aus Chile und Neuseeland, Butter aus Irland, Dänemark und der Eifel; in den Fachgeschäften gibt es verschiedene Stereoanlagen unterschiedlicher Marken und Fotoapparate aus Japan und Korea; auf dem Automarkt kann aus einem weltweiten Angebot gewählt werden" (Weizsäcker 1994, 135). Am vielzitierten Beispiel der sogenannten Billiglohnländer läßt sich sogar zeigen, daß trotz langer Transportwege Überseeprodukte preisgünstiger angeboten werden als Produkte, die regional vermarktet werden. "Bestimmte Regionen und Länder wandeln sich zu Agrarfabriken und liefern standardisierte Waren, andere liefern Hochpreisprodukte der Technik, wieder andere Technik zu Niedrigpreisen, eine weitere Gruppe schnell wechselnde Modeartikel. Es gibt in Massen Bierexport, Weinexport, Möbelexport, Export von Spezialmaschinen und Waffen." (Ebd., 136)

Die im vorigen Abschnitt bereits erörterten logistischen Rationalisierungsstrategien ermöglichen neben der innerbetrieblichen Flußoptimierung in der Fertigung durch Synchronisation der Kapazitäten und Fertigungstakte eine zunehmende Integration der Zulieferer in die betriebliche Materialflußsteuerung. Die neue Qualität dieses Rationalisierungsansatzes liegt nicht, wie bereits dargestellt, in der arbeitstechnischen Optimierung isolierter Teilfunktionen, sondern in der logistischen Optimierung der Schnittstellen interdependenter Teilfunktionen. Die logistische Kette von der Beschaffung über die Zulieferer, die Produktion, die Lagerhaltung bis hin zur Distribution an den Kunden soll im Hinblick auf brachliegende Rationalisierungsreserven überprüft und auf aktuelle Marktentwicklungen zeitgenauer abgestimmt werden. Hierbei geht es etwa darum, Teilfunktionen, die aus einem Betrieb an externe Hersteller ausgelagert werden (Vorprodukte, Kleinteile, Montageteile etc.), mit innerbetrieblichen Arbeitsabläufen zu verknüpfen. Die mit der Auslagerungsstrategie verbundene Reduktion der einzelbetrieblichen Fertigungstiefe führt zu neuen Formen der *zwischen*betrieblichen Arbeitsteilung, wobei die innerbetriebliche Lagerhaltung zugunsten einer produktions- und absatzsynchronen Anlieferung abgebaut werden soll. Mit dem Ausbau betriebsübergreifender Produktionsnetzwerke verschwimmen zudem die Grenzen von innerbetrieblichen und zwischenbetrieblichen Güterströmen (Läpple 1993, 27ff.; Sauer 1993; Weizsäcker 1994, 127ff.).

Bei der operativen Umsetzung des logistischen Rationalisierungsansatzes wird vermehrt auf Just-in-Time-Zulieferersysteme zurückgegriffen. Der Material- und Warenfluß wird im Rahmen dieser neuen Logistikkonzepte bedarfsgerechter gestaltet, d.h.: das benötigte Gut ist in der richtigen Menge am richtigen Ort zur richtigen Zeit bereitzustellen. Dies führt einerseits zu einer Reduzierung der Lagerbestände und Lagerflächen, durch die die Kosten des im Umlaufvermögen gebundenen Kapitals eingespart werden; andererseits können Transport und Lagerhaltung nicht mehr unabhängig voneinander betrachtet werden. Die Lagerhaltung wird nämlich in zunehmendem Maße durch Liefervorgänge ersetzt, was mit dem Schlagwort der "rollenden Läger" treffend umschrieben worden ist. Dadurch werden die ruhenden Lagerbestände vor Ort in die Transportkette und damit vor allem auf die Straße verlagert. Da immer kleinere Losgrößen (Versandmengen) nachfragesynchron verschickt werden, verringert sich die Möglichkeit, Transportströme zum Zwecke der Verkehrs*vermeidung* zu bündeln, was im Ergebnis zu einem Anstieg der Transportvorgänge und Lieferfrequenzen und damit zu einer höheren Belastung der Verkehrswege führt. Mit anderen Worten erzwingen die neuen Logistikkonzepte eine Individualisierung und Flexibilisierung des Lieferverkehrs und vergrößern damit den Verkehrsaufwand. Den flexiblen Transportansprüchen der Just-in-Time-Logistik entsprechen die traditionellen, systemgebundenen Massengutverkehrsträger Eisenbahn und Binnenschiffahrt immer weniger. Die veränderten Transporterfordernisse begünstigen den Einsatz von Lkw, die aufgrund ihrer hohen Beweglichkeit, ihrer autonomen Energie- und Verkehrswegenutzung und ihrer dezentralen Steuerungsmöglichkeit zeitlich und flexibel eingesetzt werden und genau festgelegte Mengen zeitgenau anliefern können. Schon wegen der zeitlichen Rigidität der Fahrpläne und der räumlichen Zwänge der Schiene scheint die Bahn als zentraler Verkehrsträger dem ubiquitären Straßennetz nicht gewachsen zu sein. In dem Maße, in dem fahrplan- und netzgebundene Massenverkehrsmittel durch den motorisierten Individualverkehr ersetzt werden können, werden die Verkehrsrouten und -zeiten der Transportbewegungen individualisiert (Deecke u.a. 1993, 264). Mit der Häufigkeit der Fahrten nehmen schließlich auch die allgemeinen Verkehrsengpässe zu, die den Druck auf den Bau weiterer Straßennetze verstärken.

III. Markt und Macht

Im folgenden Kapitel ist der Frage nachzugehen, wie sich der Vergesellschaftungsmodus des Marktes auf die Produktion und Reproduktion gesellschaftlicher Machtchancen auswirkt. Bevor jedoch das Verhältnis von Macht und Markt genauer eingekreist werden kann, erscheint es an dieser Stelle angezigt, den Stand der bisherigen Überlegungen kurz zu rekapitulieren: Die Analyse nahm ihren Ausgangspunkt auf der elementaren Ebene des funktionalen Markttausches, um die Besonderheiten dieser Tauschbeziehung gegenüber dem Tauschmodus der sozialen Reziprozität darzulegen und genauer bestimmen zu können, wie sich das Verhältnis der Individuen zueinander darstellt. Hierbei sollte verdeutlicht werden, daß der funktionale Markttausch von strukturellen Zusammenhängen entlastet, die den Marktteilnehmern vorausgesetzt sind. Diese Entlastungsfunktion verweist auf Verhältnisse, die im Rahmen eines handlungstheoretischen Zugriffs letztlich nicht hinreichend problematisiert werden können. Deshalb wurde ein Perspektivenwechsel vorgenommen, um den soziologischen Blick auf jenes Netz von Systemparametern richten zu können, in das die Austauschenden unhintergehbar eingewoben sind. Unter besonderer Berücksichtigung des Weberschen Begriffs der formalen Rationalität ist hierbei die Absicht verfolgt worden, den Modus der Marktvergesellschaftung jenseits von zweckrational motivierten Handlungsstrategien souveräner Marktsubjekte zu beschreiben. Die Fixierung auf die Handlungsebene isolierter Einzelaktionen von Austauschenden, die spezifische Nutzenkalküle verfolgen, bliebe nämlich sonst eigentümlich unterkomplex und die höhere Emergenzebene des Marktzusammenhangs analytisch unerschlossen. Der Fokus der Analyse wurde somit um die Rekonstruktion des Marktes als überindividuellem Systemmechanismus erweitert, um die Rationalitätsproblematik in sachlicher, zeitlicher und räumlicher Dimension genauer zu thematisieren. Im folgenden ist nun zu begründen, warum die sich hieraus ergebenden Zwänge, unter denen die Akteure Entscheidungen fällen und handeln, machttheoretisch von erheblicher Bedeutung sind. Dies erscheint mir gerade auch deswegen unverzichtbar, da Herrschaft und Macht dem äußeren Anschein nach in formal freien, vertraglich vereinbarten Tauschbeziehungen des Marktes zunächst nur durch Abwesenheit auffallen.

1. Der Machtfaktor des "Tauschens"

Mit der Vergesellschaftung über Märkte bildet sich ein spezifisches ökonomisches System der Produktion und Distribution heraus, das sich von feudalen Herrschaftsbeziehungen zwischen Lehnsherr und Vasall, Herr und Knecht sowie von traditional verbürgten, hausrechtlichen Autoritätsformen der unmittelbaren personalen Über- und Unterordnung grundlegend absetzt. Die Abwesenheit physisch erzwungener und autoritativ abgesicherter Herrschaft in marktvermittelten Tauschbeziehungen ist aus wirtschaftsliberalistischer Sicht wiederholt zum Anlaß genommen worden, um die Institution des Marktes im allgemeinen und die des Eigentums im besonderen als relativ machtneutrale zu kennzeichnen. Wie etwa Swedberg (1987, 153ff.) aufzeigen kann, mißt die neoklassische ökonomische Theorie der Machtproblematik nur wenig Bedeutung bei. Zwar wird dem Machtfaktor ein gewisser Einfluß auf das Marktgeschehen zugestanden, gleichwohl aber betont, daß das Marktgeschehen einer eigenen, ökonomischen Logik von Angebot und Nachfrage folge. Auch wenn in der ökonomischen Theorie der Macht nicht jeglicher Einfluß auf ökonomische Prozesse abgesprochen wird, wird doch seit Böhm-Bawerk (1914) und Schumpeter (1916/1917) immer wieder herausgestellt, daß die Geltung ökonomischer Gesetze letztlich nicht durch ungleiche Machtpotentiale und Einflußchancen der Marktteilnehmer beeinträchtigt werden könnten und die jeweiligen Angebots- bzw. Nachfragerelationen hiervon mehr oder weniger unabhängig zu bestimmen seien. Das auf den Utilitarismus von John Stuart Mill zurückgehende Bild des gewinnmaximierenden Anbieters, dem ein nutzenmaximierender Nachfrager gegenübertritt, suggeriert jedoch tendenziell eine harmonische, symmetrische Tauschbeziehung zwischen formal gleichgestellten Marktpartnern, die ihre sachlichen Interessen und Nutzenerwägungen im zweckrationalen Geschäftskontrakt zur Geltung bringen und aufeinander abstimmen. Swedberg (1987, 154) vermutet, daß die Machtproblematik in den hauptsächlichen Strömungen der ökonomischen Theorie möglicherweise deswegen vernachlässigt werde, weil sie üblicherweise von der Annahme ausgehe, "daß 'Tauschen' etwas freiwilliges darstellt, also Zwang ausschließt, der als das Kennzeichen politischer Macht gilt". Diese in der ökonomischen Theorie weitverbreitete Überzeugung hat, so kann man im Anschluß an Swedberg folgern, *erstens* damit zu tun, daß auf modellhaft angenommenen Gleichgewichtsmärkten mit "vollkommener" Konkurrenz der Machtfaktor nur von untergeordneter Bedeutung ist. Und *zweitens* läßt sich möglicherweise die Vernachlässigung der Machtproblematik darauf zurückführen, daß die ökonomische Theorie Machtpositionen im Marktgeschehen als Resultat äußerer Einflüsse von Verbänden, Organisationen und Interessengruppen erörtert, die Austauschbeziehungen *extern* stören. In diesem Sinne wird Macht tendenziell in der ökonomiefernen Sphäre von Staat und Politik verortet und hieraus die Annahme abgeleitet, die Machtanalyse gehöre nicht zum eigentlichen Gegenstandsbereich der Wirtschaftswissenschaften.

Die unterschiedlichen Varianten der ökonomischen Tauschtheorie können an dieser Stelle nicht angemessen referiert, geschweige denn diskutiert werden. Gleichwohl ist für die weiteren Überlegungen zur Machtproblematik des Marktes festzuhalten, daß in der ökonomischen Theorie seit Adam Smith das Marktgeschäft als ein Tauschvorgang gedacht wird, der immer dann zustandekomme, wenn jeder Tauschpartner für sich das angebotene Gegengut höher einschätze als das auszutauschende. Eine Austauschbeziehung werde demzufolge immer dann aufgenommen, wenn beide Seiten sich einen Vorteil davon versprechen. Dieses Zusammenspiel individueller, eigeninteressierter Bestrebungen gelte im übrigen selbst dann, wenn der subjektive Gewinn von A größer sei als der von B, und es gelte auch für den Fall, daß A und B im nachhinein in ihren Nutzenerwartungen enttäuscht würden. Der Marktkontrakt wird entsprechend der berühmten Smithschen Formel von der *invisible hand* als Tauschvorgang aufgefaßt, der dem individuellen Nutzen beider Marktakteure diene und darüber hinaus, gewissermaßen als Nebeneffekt, die optimale Allokation von Gütern und Ressourcen gewährleiste. Die ökonomische Theorie geht hierbei, wie bereits gesagt, typischerweise von einem gleichgewichtigen Marktmodell aus, in dem "vollkommene" Konkurrenz unterstellt wird, sowohl Anbieter wie auch Nachfrager als Preisnehmer auftreten, marktexterne Effekte auszuschließen sind und die Einflußmöglichkeiten der einzelnen Marktlagen atomistisch klein und auf alle Beteiligten gleichermaßen verteilt erscheinen. Im hypothetischen Falle des Marktgleichgewichts hätten sich unterschiedslos alle Tauschakteure den Gesetzen des Marktes zu beugen und müßten den Preissignalen von Angebot und Nachfrage folgen; kurzum, Preise seien sowohl für Anbieter als auch Nachfrager externe Parameter, die sich ihren Einflußchancen in gleicher Weise entzögen.

Die idealtypisch angenommene "vollkommene" Konkurrenz setzt viele - im Grenzfall unendlich viele - Marktteilnehmer sowohl auf der Angebots- als auch auf der Nachfrageseite voraus. Deswegen gehört es auch zum gesicherten Erkenntnisstand des makroökonomischen Lehrbuchwissens, daß eine geringe Zahl von Anbietern oder Nachfragern Marktmacht erzeugt. Der Begriff ökonomischer Macht wird jedoch nur in einem eingeschränkten Sinne gebraucht und im Hinblick auf Prozesse der Konzentration und Monopolisierung oder unter Berücksichtigung von Verbandsmacht thematisiert. Von wirtschaftlichen Machtpositionen ist immer dann die Rede, wenn Konkurrenz und Wettbewerb eingeschränkt bzw. ausgeschaltet und eine Benachteiligung der Nachfrager oder Anbieter insbesondere durch eine entsprechende Preispolitik zu erwarten sei. Dieser Anschauung zufolge besitzen etwa monopolistische Anbieter gegenüber den Nachfragern eine Marktlagenmacht, wenn sie einen Preis durchsetzen können, der deutlich über den effektiven Marktpreisen unter Konkurrenzbedingungen liegt, ihnen also die Erzielung überdurchschnittlicher Gewinne gestattet. Oder es wird von ökonomischen Machtpositionen gesprochen, wenn diese außerhalb des Marktgeschehens in der politischen Sphäre ausgenutzt werden, um die Entscheidungen der gesetzgebenden und ausführenden Organe des Staates im eigenen Interesse nachhaltig beeinflussen zu können. Hierbei wäre dann der Frage nachzugehen, inwieweit es gelingen kann, ökonomische Macht in institutionalisierte politische Herrschaft umzusetzen.

Sieht man einmal von der Zuschreibung von Macht aufgrund monopolistischer Marktformen ab, dann wird Macht häufig mit marktexterner, politischer Macht identifiziert. In diesem Kontext ist es nur folgerichtig, wenn Machteffekte in der ökonomischen Sphäre als Folge extern irritierter Austauschbeziehungen

interpretiert werden. Die Störungsquelle wird in Bereichen der Gesellschaft lokalisiert, die per definitionem außerhalb des Marktgeschehens angesiedelt seien.
Dieser Überlegung folgt beispielsweise Olsen (1985), wenn er die Vermachtung
von Märkten organisierten Interessengruppen wie Kartellen, Gewerkschaften,
Unternehmensverbänden, Berufsorganisationen und anderen Lobbygruppen zu-
schreibt. Diese marktexternen "Verteilungskoalitionen" verzerrten Preise, die un-
flexibel würden und dadurch ihre Steuerungsfunktion beim effizienten Ressour-
ceneinsatz immer weniger erfüllen könnten.

Die neoklassische ökonomische Theorie wird stillschweigend von der impliziten Annahme geleitet, daß der Tauschvorgang zunächst als symmetrischer Tausch
von Gleichgestellten zu denken sei, die zueinander kommen, weil sie sich hiervon
spezifische Vorteile versprechen, auch wenn jeder Tauschpartner den subjektiven
Nutzen des gekauften Gutes höher einschätze als die hierfür geleistete Zahlung.
Wenn alle Marktteilnehmer jedoch tatsächlich vergleichbaren ökonomischen Ent-
scheidungszwängen und -risiken ausgesetzt wären, könnten diese auch, so wäre zu
folgern, über vergleichbare Tauschoptionen verfügen. Die Schwierigkeiten der
ökonomischen Theorie, den Markt machttheoretisch zu analysieren, sind jedoch
damit verbunden, daß vom Marktgleichgewicht der vollständigen Konkurrenz
ausgegangen und der Versuch unternommen wird, alle Marktkonstellationen, die
dem "reinen" Modell nicht entsprechen, als Abweichungen zu erklären.

Im Gegensatz zur neoklassischen ökonomischen Theorie ist die Problematik
von Herrschaft und Macht ein klassisches Thema in den Sozialwissenschaften. In
der Geschichte dieser Disziplin hat es nicht an prominenten Versuchen gefehlt,
diese schillernden Begriffe zu definieren und für die mikro- und makrosoziologi-
sche Analyse sozialer Interaktionen, formaler Organisationen und gesellschaftlicher Strukturen fruchtbar zu machen. Sozialwissenschaftliche Untersuchungen
des Machtbegriffs öffnen ein weites, theoretisches und empirisches Forschungs-
feld auf politische und ökonomische, administrative und militärische, kulturelle
und diskursive, private und öffentliche, hegemoniale und subversive, legitime und
illegitime Praktiken oder Institutionen gegenwärtiger Gesellschaften. Eine auch
nur halbwegs angemessene Darstellung und Diskussion des aktuellen Forschungs-
tandes in der Soziologie zum Problem des Macht- und Herrschaftsbegriffs würde
den Rahmen dieser Arbeit bei weitem sprengen.[1]

Sobald man sich jedoch dem engeren Verhältnis von Macht und Ökonomie
zuwendet, werden drei unterschiedliche Richtungen in der wirtschaftssoziologisch
relevanten Forschung sichtbar. *Erstens* werden monopolistische oder oligopolisti-
sche Marktformen in den Blick genommen, um Kartellabsprachen, Konzernver-
bindungen und Tochtergesellschaften in einer zunehmend transnational verfloch-

---

[1] An dieser Stelle seien exemplarisch für viele andere Arbeiten genannt: Arendt (1970),
Foucault (1977; 1983; 1991), Honneth (1985), Gerstenberger (1990), Mann (1990),
Röttgers (1990), Breuer (1991), Sofsky/Paris (1991), Fink-Eitel (1992), Popitz (1992)
und Kößler (1993).

tenen Weltökonomie untersuchen zu können.[2] *Zweitens* wird unter dem Begriff
der organisierten Verbandsmacht nach der Bedeutung von Interessengruppen im
System der modernen Ökonomie gefragt.[3] Und *drittens* wird die interne Arbeitsorganisation eines Erwerbsbetriebes im Hinblick auf *innerbetriebliche* Machtbeziehungen und Aushandlungsprozesse analysiert: die horizontale und vertikale Arbeitsteilung, die sachliche Anordnung der Informations- und Technologiesysteme,
Arbeitsablauf und Arbeitsinhalte, Arbeitsintensität und Arbeitstempo, offizielle
Richtlinien und informelle Kommunikationskanäle.[4] Der Betrieb erscheint in

---

[2]   Vgl. neuerdings Narr/Schubert (1994). In *Soziologie der Wirtschaft* beschreibt Smelser
       (1968, 84) die mit steigender Konzentration der Anbieterseite zu beobachtende "Ten-
       denz zur Verlagerung des Wettbewerbs zwischen sehr großen Unternehmen vom
       Preiskampf auf Werbefeldzüge". Zugleich verändere sich das asymmetrische Verhält-
       nis zwischen Anbietern und Nachfragern auf Gütermärkten zugunsten ersterer, wenn
       marktbeherrschende Unternehmen auftreten und wesentliche Teile des Marktes ihrer
       Kontrolle unterwerfen. Unter Bedingungen unvollständiger Konkurrenz besäßen die
       wenigen anbietenden Unternehmungen bei geschickter Unternehmenspolitik nämlich
       die Chance, das Preisniveau und Produktangebot auf dem Markt zu ihren Gunsten zu
       beeinflussen. Im Falle eines Angebotsmonopols sinke der Einfluß der Konsumenten
       tendenziell gegen Null. Nochmals Smelser (ebd.): Während "das Verhalten kleiner
       Unternehmer, die eine geringe oder gar keine Kontrolle über den Markt ausüben,
       maßgeblich durch die Nachfrage nach ihren Produkten und die Verfügbarkeit von In-
       vestitionskapital bestimmt wird", sei bei einem monopolähnlichen Konzern "die ein-
       flußreichste Umweltdeterminante weder die Marktsituation noch das Verhalten ande-
       rer Firmen, sondern die Einstellung der Regierung, die an Konzernentflechtungen, di-
       rigistischen Eingriffen, dem Erlaß neuer Steuergesetze usw. interessiert sein kann."
[3]   Exemplarisch ist in diesem Zusammenhang an Gäfkens (1967) Vorschlag zu erinnern,
       zwischen vier Grundformen von Marktmacht zu unterscheiden: *Marktlagenmacht*
       (Käufermarkt, Verkäufermarkt), *Marktformenmacht* (Monopole, Oligopole), *Markt-
       verbandsmacht* (organisierte Interessengruppen) und *Marktklassenmacht* (Solidarität
       und "Klassenbewußtsein"). Die ersten beiden Typen werden unter dem Begriff der
       atomistischen Marktmacht, die letzten beiden unter dem der kollektiven Marktmacht
       subsumiert. Vgl. hierzu den knappen, aber informativen Überblick bei Wiswede
       (1991, 415f.). Siehe auch Buß (1985, 124ff.).
[4]   Einen problemorientierten Überblick über Entwicklung und Stand der industriesozio-
       logischen Forschung zur Macht- und Herrschaftsproblematik im modernen Produkti-
       onsbetrieb bieten Lange (1989, 125ff.), Beckenbach (1991, 163ff.) und Mikl-Horke
       (1991, 89ff.). Zur Modernisierung und Informatisierung der Industriearbeit vgl. die
       These der "neuen Produktionskonzepte" von Kern/Schumann (1984) sowie die Dis-
       kussionsbeiträge bei Malsch/Seltz (1987) und Malsch/Mill (1992). Siehe desweiteren
       Naschold (1985) und Manske (1991) zum Wandel innerbetrieblicher Kontrolltechni-
       ken und Kontrollchancen. Besonders hervorzuheben sind vor allem die vielverspre-
       chenden organisationssoziologischen Überlegungen von Crozier/Friedberg (1979), die
       machttheoretisch erweiterten Ansätze innerhalb der Industriesoziologie zum "Manu-
       facturing Consent" (Burawoy 1979; 1985) und zum betriebsinternen Produktivitäts-
       und Sozialpakt (Seltz/Hildebrandt 1985; Seltz 1986; Hildebrandt 1991). Küp-
       per/Ortmann (1988) und Ortmann u.a. (1990) haben die Kritik am wenig differenzier-

dieser Perspektive als ein von der öffentlichen Distributionssphäre abgeschotteter Ort der Produktion, als ein privater "Herrschaftsverband" (Mikl-Horke 1991, 89), in dem die unternehmerische Dispositionsmacht über Produktionsapparate, Arbeitsgegenstände und Arbeitskräfte auf privatrechtlichen Eigentumstiteln basiert, zugleich aber im Betriebsalltag nicht unangefochten oder kompromißlos durchgesetzt werden kann. Gleichgültig, durch welche Einzelpersonen oder Gremien diese Verfügungsgewalt repräsentiert ist, sie ist stets im Alltag des Produktionsgeschehens latent umkämpft und muß immer wieder aufs Neue abgesichert und durchgesetzt werden (Kößler 1990; 1993, bes. 79ff.).

Um das Verhältnis von Markt und Macht in modernen Gesellschaften soziologisch in grundlegender Weise bestimmen zu können, kann nicht darauf verzichtet werden, den Blick auf die einzelnen Wirtschaftsorganisationen und die einzelbetriebliche Organisation der Industriearbeit zu lenken. Von besonderem Interesse ist hierbei die Machtpotenz der unternehmerischen Verfügungsgewalt und des betriebsinternen, hierarchisch verfaßten Produktionsalltags. Zugleich ist die empirisch herausragende Bedeutung organisierter wirtschaftlicher Verbandsmacht sowie monopolistischer oder oligopolistischer Marktformen in den verschiedenen Schlüsselsektoren der transnationalen Weltökonomie kaum hoch genug einzuschätzen. Die bisherigen Forschungsergebnisse der Wirtschafts-, Industrie- und Betriebssoziologie sind unverzichtbar, um die Art und Weise, wie Wirtschaft gesellschaftlich funktioniert, mit soziologischen Kategorien zu erklären. Dies gilt insbesondere auch für den Begriff der ökonomischen Macht, der, wie Swedberg (1987, 157ff.) hervorhebt, selbst in der wirtschaftssoziologischen Literatur zuweilen nur beiläufig und wenig präzise bestimmt und keineswegs als besondere Form der Macht behandelt werde.

Wenn hingegen die weit verzweigte und kaum noch überschaubare sozialwissenschaftliche Debatte zum Verhältnis von Ökonomie und Macht auf das Untersuchungsfeld des Industriebetriebes enggeführt wird, wird schnell die Machtproblematik des *Tausches* vernachlässigt. Vor diesem Hintergrund ist insbesondere die Reduktion der modernen Marktökonomie auf das Organisationsgeschehen des privaten Erwerbsbetriebes kritisch zu hinterfragen.[5] Aus naheliegenden Grün-

---

ten und überzogenen Kontroll-Paradigma innerhalb der traditionellen Industrie- und Betriebssoziologie aufgenommen und die Ergebnisse der britischen Labour-Process-Debatte auf das Organisationskonzept der "Mikropolitik" übertragen. Typische Vertreter des traditionellen Kontrollansatzes sind Braverman (1977) und Edwards (1981).

[5] Nach Berger (1992, 156ff.) erscheint eine umgekehrte Reduktion der Wirtschaft auf Tauschvorgänge ebenso problematisch, weil damit der soziologisch bedeutsame "Herrschafts"aspekt der modernen Unternehmung verfehlt werde. Er kritisiert die etwa bei Parsons/Smelser (1956), Habermas (1981) und Luhmann (1988) anzutreffende Gleichsetzung des wirtschaftlichen Geschehens mit der Koordination von Tauschakten über den Preismechanismus. Insbesondere Luhmann treibe die Ausgrenzung der Unternehmung aus der Wirtschaft auf die Spitze, indem er das Zusammenspiel von Markt und Wirtschaftsorganisation vernachlässige und das ökonomische Geschehen auf

den geht das ökonomische System nämlich nicht in den Binnenstrukturen wirtschaftlicher Organisationen, zu denen insbesondere Erwerbsbetriebe zu rechnen sind, auf. Die Differenz zwischen Tauschbeziehung und Wirtschaftsorganisation ist ein konstitutives Merkmal der modernen Marktökonomie, da ansonsten das wirtschaftliche Geschehen mit der Tauschsphäre gleichgesetzt wird oder auf den Produktionssektor und das Innenleben industrieller Erwerbsbetriebe zusammenschrumpft. In jedem Fall sind Erwerbsbetriebe keine hinreichende, sondern lediglich notwendige Bedingung der modernen Marktökonomie. Es ist fast schon eine triviale Feststellung, daß marktförmige Tauschbeziehungen *außerhalb* von Wirtschaftsorganisationen angesiedelt sind und umgekehrt, auch wenn die Produktions- und Distributionssphäre in der modernen, arbeitsteilig differenzierten Wirtschaft nicht voneinander abgeschottet sind. Ein herausragendes Merkmal der Erwerbsbetriebe ist nämlich, daß diese Güter und Leistungen nicht für den Eigenbedarf, sondern für anonyme Märkte produzieren und zum Zwecke des Markterfolgs in der Tauschsphäre als Zahler und Zahlungsempfänger, Anbieter und Nachfrager auftreten.[6] Gleichwohl sind Tauschbeziehungen von innerbetrieblichen Arbeitsbeziehungen prinzipiell zu unterscheiden, was beispielsweise an den grundverschiedenen Koordinationsmechanismen veranschaulicht werden kann: der Tausch wird über den Preis gesteuert, das Innenleben eines Erwerbsbetriebes unter *Ausschaltung* der Marktgesetze über Hierarchie und Kontrolle, Aushandlung und Kooperation. Eine Arbeitskraft ist etwa als Konsument bereits *vor* Eintritt in die Fabrik- oder Büroorganisation einer Erwerbsunternehmung in diverse Marktbeziehungen eingebunden, die auch *nach* Verlassen des Produktionssektors allgegenwärtig bleiben. Die Machtproblematik der Wirtschaft kann allein schon deswegen nicht auf den Betrieb als dem *unmittelbaren* Raum der Beziehung zwischen Kapital und Arbeit begrenzt werden, sondern erstreckt sich zugleich über das weite, betriebsexterne Feld der Tauschbeziehungen zwischen Anbietern und Nachfragern, Erwerbsbetrieben und privaten Haushalten, Produzenten und Konsumenten. Aus diesem Grunde ist auch der betrieblichen Arbeitsorganisation nicht die zentrale Bedeutung zuzusprechen, die ihr zu Recht bei einer Analyse des Produktionsprozesses seit Marx zukommt.

Wenn man sich der Machtproblematik von Tauschbeziehungen zuwendet, trifft man in der wirtschaftssoziologischen Literatur auf eine weitverbreitete Tendenz, Macht und Tausch als grundverschiedene Strukturprinzipien sozialer Beziehungen zu interpretieren. Zwar werden die interdependenten Beziehungen von

---

Zahlungsvorgänge reduziere. Die innerbetriebliche Koordination der Arbeitsorganisation funkioniere jedoch nach einem anderen Mechanismus (Hierarchie), wobei dem Direktionsrecht des Unternehmers eine herausragende Bedeutung zukomme.

[6]   *Korporative* Akteure (Erwerbsbetriebe) treten jedoch auf dem Markt mit einem anderen Gewicht auf als *individuelle* Akteure (Verbraucher, Arbeitskraftanbieter), da erstere unter genauer zu spezifizierenden Bedingungen das Geschehen dominieren können, etwa als Nachfrager auf dem Arbeitsmarkt und als Anbieter auf dem Gütermarkt.

Macht und Markt durchaus problematisiert. Mit Ausnahme monopolistischer oder oligopolistischer Marktformen oder besonderer Marktlagen (Käufermarkt, Verkäufermarkt) wird gleichwohl häufig darauf verzichtet, das Marktgeschehen gewissermaßen *von innen* heraus machttheoretisch zu analysieren.[7] Ganz ähnlich wie in der neoklassischen ökonomischen Theorie wird tendenziell auch in der soziologischen Gesellschaftstheorie von Talcott Parsons, Jürgen Habermas und Niklas Luhmann "Macht" mit "politischer Macht" und "Wirtschaft" mit "Tausch" gleichgesetzt. So wie das politische System als Sphäre der institutionalisierten Ausübung und Kontrolle von Macht interpretiert wird, erscheint in dieser Auffassung das ökonomische System zunächst als relativ machtfreie, weil staatsferne Sphäre des geldvermittelten Tausches von Gütern und Dienstleistungen zwischen Marktteilnehmern.

Ganz in diesem Sinne behandelt Habermas in der *Theorie des kommunikativen Handelns* (1981, II, 246ff.) die Wirtschaft als zweckrationales Subsystem der modernen Gesellschaft, ohne in systematischer Absicht einen system*internen* Bezug zur Machtproblematik herzustellen. Grundlegend für die Habermassche Argumentation ist die evolutionstheoretisch begründete Annahme einer Systemdifferenzierung von Ökonomie und Staatsapparat, wobei er auf Parsons' Konzept des "symbolisch generalisierten Kommunikationsmediums" zurückgreift, um die unterschiedlichen Mechanismen der systemischen Handlungskoordination beschreiben zu können. Einerseits seien die Tauschbeziehungen zwischen den Unternehmungen sowie zwischen Unternehmungen und privaten Haushalten in der gesonderten, entpolitisierten und nichtstaatlichen Handlungssphäre der Ökonomie angesiedelt und über das innersystemische Geldmedium reguliert, das den naturalwirtschaftlichen Güterverkehr in Warenverkehr transformiere. Andererseits habe der moderne Staat die gesamtgesellschaftliche Funktion des Wirtschaftens aus seiner Handlungssphäre ausgelagert, um sich auf die Aufgaben der Verwaltung, des Militärs und der Rechtsprechung zu spezialisieren. Die staatliche Administration werde hierbei über das innersystemische Medium der politischen Macht koordiniert, dem eine geldanaloge Steuerungsfunktion zukomme. Ökonomie und Staatsapparat repräsentieren, so schlußfolgert Habermas, voneinander ausdifferenzierte mediengesteuerte Subsysteme, die sich aus dem sozialen Integrationsmilieu der "Lebenswelt" herausgelöst haben, als selbständige Formen der Koordina-

---

[7] Vgl. exemplarisch Buß (1985, 99ff.). Diese Feststellung trifft letztlich auch für Wiswede (1991, 415) zu, der die Machtproblematik vorrangig nicht auf der Folie ungleicher Struktureffekte *des* Marktgeschehens analysiert, sondern das Verhältnis von Macht und Markt als äußere, wenn auch interdependente Relation beschreibt: "Wahrscheinlich ist das Verhältnis zwischen Marktmechanismus einerseits und der Komponente sozialer Macht andererseits in einer Interdependenzbeziehung zu sehen: Machtelemente stoßen auf Schranken, die durch die Funktionsfähigkeit des jeweiligen Marktmechanismus gegeben sind. Andererseits stößt der Marktmechanismus auf die durch Macht gesetzten Grenzen, wobei die Marktform und ihre Ablaufmechanismen wiederum durch Machteinflüsse geformt und verändert werden."

tion des Handelns in Erscheinung treten und autonome, komplexitätsgesteigerte Funktionssphären mit je eigenen Umwelten ausbilden.

Habermas ist sicherlich zuzustimmen, wenn er im Anschluß an die soziologische Tradition die Systemdifferenzierung von Ökonomie und Politik als geradezu konstitutiv für moderne Gesellschaften charakterisiert und dies anhand der Herausbildung des kapitalistischen Industriebetriebes und der Lohnarbeit auf der einen und der Institutionalisierung des modernen, formal gesatzten Rechts- und Steuerstaates mit hierarchischem Verwaltungsapparat und zentralem Erzwingungsstab auf der anderen Seite zu belegen versucht. Weiter weist er (ebd., 256) zu Recht darauf hin, daß das politische System etwa "über das Steueraufkommen der Beschäftigten mit der Produktion rückgekoppelt wird. Der Staatsapparat wird von dem mediengesteuerten Subsystem Wirtschaft abhängig; das zwingt ihn zu einer Reorganisation, die unter anderem dazu führt, daß politische Macht an die Struktur eines Steuerungsmediums angeglichen, Macht an Geld assimiliert wird." Gleichwohl kann man jedoch mit Berger (1986, 273) danach fragen, ob die Steuerungsmedien Geld und Macht so trennscharf, wie Habermas im Anschluß an Parsons' Medientheorie nahelegt, auf das Wirtschaftssystem und den Staatsapparat zugerechnet werden können. Gegen die Annahme einer Ausdifferenzierung dieser beiden Funktionssysteme *über* die Medien Geld und Macht sprechen etwa die industrie- und betriebssoziologischen Forschungen, die Arbeitsteilung und hierarchische Kontrolle, Technisierung und Informatisierung der sachlichen Produktionsabläufe als Mechanismen der innerbetrieblichen Handlungskoordination diskutieren. Vor diesem Hintergrund kritisiert Berger (ebd.) die konzeptionelle Ausklammerung der Organisation Unternehmung aus der Analyse des Wirtschaftssystems und wendet gegen Habermas ein, daß "Handeln *in* Organisationen nicht allein geldvermittelt" reguliert werden könne.[8]

Die machttheoretischen Defizite der Charakterisierung des Subsystems Wirtschaft, die Habermas im Anschluß an Parsons in der *Theorie des kommunikativen Handelns* vornimmt, sind gleichwohl nicht allein in der Vernachlässigung ökonomischer Organisationen begründet. Es wäre aus methodischen Gründen nämlich durchaus zulässig, zunächst vom Untersuchungsfeld des industriellen Erwerbsbetriebes abzusehen und die Analyse des Wirtschaftssystems mit dem überbetrieblichen Marktgeschehen zu beginnen. Wenn man jedoch mit Habermas (1981, II, 256) die betriebsexterne, über "monetäre Kanäle" abgewickelte Sphäre ökonomischer *Tausch*beziehungen in den Blick nimmt, ist kaum einzusehen, warum Machteffekte *in* diesen Tauschbeziehungen bereits auf kategorialer Ebene ausgeschlossen werden. In diesem Zusammenhang ist sicherlich in Rechnung zu stellen, daß Habermas nicht an den Funktionssystemen Wirtschaft und Staat als solchen

---

[8] Die Einwände von Honneth (1986, 328ff.), Berger (1986), Joas (1986) u.a. gegen die strikte Gegenüberstellung von funktional operierendem "System" und sozial integrierter "Lebenswelt" in der *Theorie des kommunikativen Handelns* werden als bekannt vorausgesetzt und nicht weiter erörtert.

interessiert ist, sondern diese nur in der Absicht thematisiert, die *Austauschbeziehungen* zu rekonstruieren, die die "Subsysteme" und die "Lebenswelt" in modernen Gesellschaften miteinander unterhalten (ebd., 470ff.).[9] Dessen ungeachtet haben jedoch ganz offensichtlich Habermas' Schwierigkeiten, sich den Machteffekten *in* Tauschbeziehungen des Wirtschaftssystems zuzuwenden, damit zu tun, daß der Machtbegriff im Sinne der Medientheorie Parsons' verwendet und ausdrücklich für die Analyse der institutionellen Arrangements des politischen Systems reserviert wird.

Die Ausklammerung der Machtproblematik aus ökonomischen Tauschbeziehungen findet in der differenztheoretischen Sichtweise Luhmanns gewissermaßen eine Zuspitzung. An dieser Stelle ist an die bekannte gesellschaftstheoretische Basisannahme Luhmanns zu erinnern, die moderne Gesellschaft habe sich in funktionale Teilsysteme - Wirtschaft, Politik, Recht, Wissenschaft, Religion, Medizin, Erziehung, Kunst etc. - ausdifferenziert. Ein Teilsystem, so Luhmann, operiere stets aus funktionsspezifischer Perspektive mit Hilfe beobachtungsleitender Grundentscheidungen, die er als binäre Codes beschreibt. So sei für das politische System entscheidend, ob man politische Macht ausübe oder nicht, für die Wirtschaft, ob man zahle oder nicht zahle, für das Recht, ob ein Tatbestand rechtmäßig sei oder einen Rechtsbruch darstelle, für die Wissenschaft, ob eine Hypothese wahr sei oder falsch, für die Religion, ob etwas dem Heil diene oder zu verdammen sei, für die Medizin, ob eine Person krank sei oder gesund, usw.

Nach Auffassung Luhmanns (1988) ist die Wirtschaft innerhalb der modernen Gesellschaft ein autopoietisches System, weil sie aufgrund ihrer Basisoperationen rekursive, selbstreferentielle Geschlossenheit herstelle. Luhmann löst Parsons Medienkonzept aus dessen Theorierahmen und ersetzt den Systembegriff durch die allgemeine Theorie selbstreferentieller Systeme, wenn er den zentralen Katalysator für die Ausdifferenzierung der Wirtschaft zu einem autopoietischen System in der Herausbildung eines symbolisch generalisierten Kommunikationsmediums, des Einheitscodes Geld, sieht. Mit Hilfe dieses spezifischen Mediums gewinne die

---

[9] Die Austauschbeziehungen zwischen "System" und "Lebenswelt" sieht Habermas durch die Funktionsrollen des Beschäftigten und des Konsumenten auf der einen, des Klienten und des Staatsbürgers auf der anderen Seite definiert. Seine kommunikationstheoretischen Überlegungen zum Spannungsverhältnis von "System" und "Lebenswelt" gipfeln bekanntermaßen in der zeitdiagnostischen These der "Kolonisierung der Lebenswelt" (1981, II, 470ff.). Im Anschluß an das Verdinglichungstheorem und die Webersche Bürokratieproblematik versteht Habermas darunter das Eindringen der monetären und administrativen Steuerungsimperative in die Bezirke einer - wie er annimmt - auf kommunikativer Verständigung ruhenden Alltagspraxis. Die weitgehende Ausblendung der Machtproblematik des ökonomischen Geschehens muß jedoch insofern überraschen, als Habermas sehr wohl von einer Sonderstellung des Arbeitsmarktes im System der Märkte ausgeht. Vgl. hierzu Berger (1992, 157, Fn. 9), der deswegen auch auf die durchaus ambivalente Behandlung der Wirtschaft bei Habermas hinweist.

Wirtschaft ihre Einheit als autopoietisches, sich selbst produzierendes und reproduzierendes System. Das Wirtschaftssystem bediene sich des Kommunikationsmediums Geld und codiere alle ökonomischen Operationen anhand der Unterscheidung, ob eine bestimmte Geldzahlung geleistet werde oder nicht. Damit identifiziert Luhmann Zahlungen bzw. Nichtzahlungen als spezifische Grundoperationen des autopoietischen Systems Wirtschaft. Zahlungsvorgänge seien autopoietisch, weil es sich um rekursiv geschlossene Operationen handele: "Sie sind nur aufgrund von Zahlungen möglich und haben im rekursiven Zusammenhang der Wirtschaft keinen anderen Sinn, als Zahlungen zu ermöglichen." (Ebd., 52) Zahlungen, so Luhmann, seien aus Zahlungen entstanden und brächten unaufhörlich neue Zahlungen hervor. Würden keine Zahlungen erfolgen, dann würde die Wirtschaft aufhören, als ausdifferenziertes Funktionssystem zu existieren. Die basalen Operationen der Wirtschaft stehen daher unter dem ständigen "Zwang der Selbsterneuerung" (ebd., 53). Ungeachtet der interessanten systemtheoretischen Einsichten Luhmanns zur "Selbstreproduktion von Zahlungen durch Zahlungen" (ebd., 71) wird gleichwohl der monetäre Aspekt, die Geldzirkulation hypostasiert. Da Luhmann das ökonomische Geschehen nur als operativ geschlossenen Zusammenhang von Zahlungen analytisch erschließt, ist es folgerichtig, wenn er die materielle Produktion, den Tausch, die Verteilungsproblematik und das Verhältnis von Kapital und Arbeit als "derivaten Sachverhalt" (ebd., 55) auffaßt. Letztlich nimmt die Machtproblematik der Produktion und des Tausches in der Luhmannschen Behandlung der Wirtschaft keinen festen Platz ein, so daß er auch keine sozialstrukturellen Gründe angeben kann, warum die tatsächliche Zahlungs(un)fähigkeit auf die individuellen und kollektiven Wirtschaftsakteure ungleich verteilt ist (Schulze-Böing/Unverferth 1986, 47).

Auch abseits der bekannten Wege der vorherrschenden gesellschaftstheoretischen Entwürfe von Habermas und Luhmann findet das Marktverständnis der neoklassischen ökonomischen Theorie in der gegenwärtigen Soziologie nach wie vor einen kaum zu unterschätzenden Resonanzboden. In einem Diskussionsbeitrag zur Geldsoziologie Simmels hat beispielsweise Kunitzki (1993) die Annahme vertreten, daß die Geldökonomie nicht in Machtkategorien beschrieben werden könne. Im Marktgeschäft gehe es nicht um die herrschaftliche Aneignung von Leistungen oder um die persönliche Unterwerfung des Tauschpartners, sondern nur um die Abwicklung eines sachlichen Leistungstransfers. Die Institution des Geldes habe die "Machtverhältnisse nicht nur nicht verschärft, sondern weitgehend gelockert" (ebd., 341). Gegen die Gleichsetzung von Geld und Macht wendet Kunitzki ein: "Der Herr bleibt der Befehlsgewaltige, jedoch ohne personelle Abhängigkeit des Gehorchenden. Der Diener ist auswechselbar, der Herr auch. Die Beziehungen zwischen beiden werden entpersonalisiert und neutral gestaltet. Der vom Gelderwerb Abhängige erleidet wohl den Zwang, für irgendeinen Herrn zu arbeiten, jedoch kann er seinen jeweiligen Herrn wählen und, bei Bedarf gegen einen anderen auswechseln" (ebd., 335f.).

Kunitzki koppelt den Machtbegriff somit an personal gebundene Abhängig-keiten, insbesondere an die zwischen Lehnsherr und Vasall, Herr und Knecht und damit an die Möglichkeit, Gehorsam und Gefolgschaft gewohnheitsrechtlich oder physisch erzwingen zu können. Die Machtproblematik wird nur im Rahmen von feudalen Unterordnungsbeziehungen in Agrargesellschaften diskutiert und folg-lich aus der Analyse moderner Gesellschaften ausgelagert. Insofern ist seine Schlußfolgerung auch nur konsequent, daß die Geldökonomie moderner Gesell-schaften "ein so komplexes Netz von gegenseitigen Abhängigkeiten geschaffen hat, daß es überhaupt keine echten Herren mehr gibt. (...) In der Geldwirtschaft ist jeder ein Herr: In den Grenzen seiner Geldmittel kann er alles kaufen; wohl gehört ihm nicht alles, jedoch ein jedes könnte alternativ ihm gehören" (ebd., 337). Ver-weist jedoch die Einschränkung "in den Grenzen seiner Geldmittel" nicht auf ein grundsätzliches Dilemma dieser Argumentation, wenn die Problematik der Geld-knappheit unberücksichtigt bleibt? Und ist damit die Machtanalyse des Marktes obsolet oder gar unsinnig geworden?

In diesem Zusammenhang ist darauf hinzuweisen, daß sich bereits bei Max Weber ein wenn auch eingeschränkter Zugang zur Machtproblematik des Marktes findet. In *Wirtschaft und Gesellschaft* verwendet Weber (1980, etwa 531, 541f.) gelegentlich die Begriffe "Geldmacht" oder "ökonomische Macht", worunter er "die Verfügung über wirtschaftliche Güter" versteht. Er mißt allerdings dieser De-finition allem Anschein nach nicht allzuviel Bedeutung bei, da er zugleich auf den Begriff "Verfügungsgewalt" zurückgreift, um die eigentumsrechtliche Aneignung von Gütern und Leistungen aller Art im ökonomischen Tauschgeschäft sozio-gisch zu beschreiben: "Im soziologischen Begriff des 'Wirtschaftens' darf das Merkmal der Verfügungsgewalt nicht fehlen, schon weil wenigstens die Erwerbs-wirtschaft sich ganz und gar in Tauschverträgen, also planvollem Erwerb von Verfügungsgewalt, vollzieht." (Ebd., 33) In den *Soziologischen Grundbegriffen* schlägt Weber (ebd., 28) bekanntermaßen vor, den Begriff der "Herrschaft" dem der "Macht" vorzuziehen, da letzterer "soziologisch amorph" sei: Macht gründe auf und sei zugleich Übermächtigung, auch gegen Widerstreben Dritter. Herr-schaft als eine Sonderform der Macht meine ebenfalls Übermächtigung, vollziehe sich aber in institutionellen Formen und werde von den Übermächtigten als wie auch immer rechtmäßig anerkannt. Herrschaft sei die Macht, die faktisch Gefü-gigkeit oder Gehorsam finde. Im Weberschen Sinne ist Herrschaft immer legitime Herrschaft, da die Herrschaftsunterworfenen sich fügsam verhalten (vgl. ebd. 28f.). Weber unterscheidet an anderer Stelle zwischen "Herrschaft kraft Interes-senkonstellation" und "Herrschaft kraft Autorität" (ebd., 542): Bei ersterer füge sich der Herrschaftsunterworfene aus rein zweckrationalen Motiven. Er akzeptiere die oktroyierten Bedingungen, weil es unter den gegebenen Umständen ratsam erscheine und es in seinem eigenen Interesse liege, nicht zu widersprechen. Nicht autoritäre Befehlsgewalt eines Machthabers, sondern der stumme Zwang der beschränkten Entscheidungslage veranlasse ihn zu Fügsamkeit. Die "Herrschaft kraft Interessenkonstellation" gründe auf die "kraft irgendwie gesicherten Besitzes

(oder auch marktgängiger Fertigkeit) geltend zu machenden Einflüsse auf das
lediglich dem eigenen Interesse folgende formal 'freie' Handeln der Beherrschten", während die "Herrschaft qua Autorität" auf "eine in Anspruch genommene,
von allen Motiven und Interessen absehende schlechthinige Gehorsamspflicht"
(ebd.) zurückzuführen sei. Für Weber (ebd.) ist der "reinste Typus" der "Herrschaft kraft Interessenkonstellation" die "monopolistische Herrschaft auf dem
Markt", der der "Herrschaft qua Autorität" die "hausväterliche oder amtliche oder
fürstliche Gewalt". Wenn man berücksichtigt, welche zentrale Bedeutung der
Bürokratietheorie in der Weberschen Soziologie zukommt, wird es verständlich,
warum er im weiteren der "Herrschaft qua Autorität" mehr Aufmerksamkeit
schenkt und an der "Herrschaft qua Interessenkonstellation" weniger interessiert
ist.

Wenn man zunächst monopolistische Marktformen und die Problematik organisierter Verbandsmacht vernachlässigt, sind, wie im folgenden genauer zu
zeigen ist, bereits auf der Ebene marktvermittelter Tauschbeziehungen strukturelle
Machtasymmetrien zu beobachten. Eine Tauschbeziehung ist nicht gleich Tauschbeziehung. Die Tauschenden sind von ganz ungleichen Tauschlagen umgeben und
verfügen über qualitativ und quantitativ ungleiche *Tauschchancen*, aus der wiederum unterschiedliche Abhängigkeitsgrade, Dispositionsspielräume und Handlungsoptionen abzuleiten sind. Eine Tauschchance steigt proportional mit der
Möglichkeit, zwischen verschiedenen Tauschpartnern, Warenangeboten, Anlageobjekten usw. auswählen und sich gegen diese oder jene Tauschoption aussprechen zu können, ohne mit handfesten negativen Folgen rechnen zu müssen. Und
die Machteffekte von Tauschchancen liegen immer dann vor, wenn diese auf die
Marktteilnehmer ungleich verteilt sind und Dritte, die über vergleichsweise be-
schränkte Tauschchancen verfügen, zu restriktiven Marktentscheidungen gezwungen sind. Tauschchancen sind somit immer nur relational zu bestimmen.

Den Marktakteuren werden zur Durchsetzung der eigenen Interessen je nach
Marktlage unterschiedliche Entscheidungshorizonte und Sanktionschancen vorenthalten oder zugesprochen, welche ihre Entscheidungen und Handlungen nachhaltig präformieren. Diese *Ungleichheit* der Handlungsoptionen im Marktgeschehen materialisiert sich gewissermaßen in der ungleichen Einkommens- und Vermögensverteilung. Im folgenden ist gegenüber dem wirtschaftsliberalistischen
Basisaxiom deswegen auch von der Annahme auszugehen, daß der Markttausch in
der entwickelten Geldökonomie kein Tausch unter Gleichen ist, in dem reziprok
gleichwertige oder -gewichtige Handlungschancen appropriiert werden. Hierbei
kommt dem Begriff der Tauschchance eine besondere Bedeutung zu, der zunächst
im Hinblick auf unterschiedliche *Komplementär-* und *Substitutionschancen, Ver-
fügungs-* und *Ausschließungsrechte* der individuellen oder kollektiven Akteure zu
spezifizieren ist. Auch sind die mit den Tauschchancen *potentiell* verbundenen
(ungleichen) Machtressourcen und Machteffekte genauer zu bestimmen, auch
wenn das grundlegende methodologische Problem sicherlich darin besteht, daß
Tauschchancen *als* Potenz nur vage zu operationalisieren sind. Und umgekehrt

erscheint der Nachweis unterbliebener Tauschgeschäfte *aufgrund* begrenzter Tauschoptionen im Einzelfall nicht einfach. Diese und andere offene Fragen können jedoch an dieser Stelle nicht weiter verfolgt werden.

Um den hier verfolgten, machttheoretisch ausgerichteten Zugang zu Tauschbeziehungen zwischen Anbietern und Nachfragern zu ermöglichen, ist das Marktgeschehen nicht in ökonomischen Begrifflichkeiten zu rekonstruieren. Vielmehr ist der Markt im soziologischen Sinne als ein zentraler *Handlungs*bereich moderner, kapitalistisch verfaßter Industriegesellschaften zu begreifen, wobei die Handlungschancen von den strukturellen ökonomischen Bedingungen eingerahmt sind: Machttheoretisch betrachtet kann der Markttausch kaum als äquivalenter Tausch von Handlungsoptionen beschrieben werden. Auch wenn jeder Tauschpartner das gekaufte Objekt subjektiv höher einschätzt als das ausgetauschte Äquivalent bzw. das empfangene Gut einen Wert besitzt, der zumindest der geleisteten Zahlung entspricht, werden qualitativ und quantitativ ungleiche Vorteile und Handlungsmöglichkeiten eingetauscht. In diesem Sinne ist genauer zu klären, warum die Vergesellschaftung über Märkte als spezifisches Machtverhältnis aufgefaßt werden kann, das gleichwohl von anderen Formen der Herrschaft und Macht grundsätzlich zu differenzieren ist. Es geht also darum, die gesellschaftliche Ungleichheit individueller Tauschchancen als zentrales Strukturelement der Marktvergesellschaftung einzuführen.

Somit sind zwei Einschränkungen unabdingbar, um die Machtrelevanz von Marktbeziehungen prototypisch begründen zu können: *Erstens* wird, um es noch einmal zu betonen, die Absicht verfolgt, Machteffekte *im* Tauschgeschehen zu thematisieren. Wirtschaftsorganisationen sind nur soweit von Interesse, wie sie in Tauschbeziehungen als Anbieter oder Nachfrager von Marktleistungen auftreten. Im Hinblick auf die Machtproblematik hebt sich die Tauschebene des Marktes grundsätzlich von der Organisationsebene des industriellen Erwerbsbetriebes ab. Dies läßt sich etwa auch daran verdeutlichen, daß Machtchancen, die sich aus dem Tausch auf dem Markt ergeben, nur *vermittelt* realisiert werden können. Hingegen kann die aus spezifischen Eigentumstiteln abgeleitete unternehmerische Dispositionsmacht über Arbeitsgegenstände, Arbeitsmittel und Arbeitskräfte im betrieblichen Produktionsalltag *unmittelbar* eingesetzt werden. *Zweitens* ist die Machtproblematik von Marktbeziehungen jenseits der modernen, hierarchisch-bürokratisch verfaßten Staatsorganisation angesiedelt. Im Gegensatz zum Begriff der politischen Macht ist im Marktgeschehen die Frage der konsensuellen Anerkennung von Machtchancen zu vernachlässigen. Auch wenn die Folgen ökonomischer Entscheidungen weit über das Wirtschaftssystem im engeren Sinne hinaus wirksam sind, ist das *de*politisierte Marktgeschehen von den Legitimationszwängen und Geltungsgründen des politischen Systems abgekoppelt. Aus diesen Vorüberlegungen folgt zwingend, daß die sozialtheoretische Rekonstruktion ungleicher Tauschchancen in dezentrierten Marktbeziehungen weder auf die an Marx anschließende Herrschaftsanalyse der industriellen Arbeitsorganisation noch auf die Webersche Herrschaftssoziologie zurückgreifen kann. Die herrschaftssoziologischen Paradigmen von Marx und Weber sind allenfalls als implizite Kontrastfolien nützlich, um die Konturen und Besonderheiten der über den Marktzusammenhang vermittelten Machtstrukturen präziser bestimmen zu können.

Drittens verfestigt sich die Ungleichheit von Tauschchancen proportional mit der Zunahme "unvollkommener" Märkte.[10] Einige wenige multinational operierende Kapitalgesellschaften und Konzerne können beispielsweise kleinere, weniger leistungsfähige Unternehmungen, die über keine oder nur geringe Kapitalreserven verfügen und kostspielige Investitionen oder große Forschungsprogramme nicht finanzieren können, vom Markt verdrängen, um als oligopole oder monopole Anbieter (ohne Substitutionskonkurrenz) alle relevanten Marktvariablen zu kontrollieren. Im diesem Falle können einzelne Marktsegmente unter den verbliebenen Anbietern aufgeteilt, Preise festsetzt und Angebote hinsichtlich Menge und Qualität bestimmt werden, mit dem Ergebnis, daß Handlungsalternativen und Substitutionschancen der Konsumenten tendenziell auf ein Minimum begrenzt werden. Ganz ähnlich sind übrigens auch die Formen organisierter Marktverbandsmacht als spezifische *Steigerung* des über Tauschbeziehungen vermittelten strukturellen Marktzwanges zu interpretieren.

Mit diesen Vorüberlegungen zum Verhältnis von Markt und Macht steckt man jedoch schon mitten im eigentlichen Problem. Warum ist die Marktordnung als Machtverhältnis zu kennzeichnen und eben nicht als Herrschaftsform zu beschreiben? Um nicht in den Strudel allgemeiner Begriffskonfusionen und semantischer Entleerungen zu geraten, sind einige begriffliche und theoretische Vorklärungen zwingend notwendig. Ausgehend von der Frage nach der Freiheit des Marktes (III.2) und seiner typischen Sanktions- und Kontrollform (III.3) wird das Phänomen des "strukturellen Zwangs" mit Bezug auf die Überlegungen von Johan Galtung und Anthony Giddens auf sozialtheoretischer Ebene diskutiert und das Verhältnis zum Gewaltphänomen erörtert (III.4). Diese allgemeinen Überlegungen dienen der begrifflichen Vorverständigung, um den spezifischen Machttypus marktvermittelter Tauschbeziehungen genauer skizzieren zu können. Am Beispiel des für eine machtsoziologische Betrachtung des Marktes zentralen Arbeitsmarktes wird sodann die Logik marktförmiger Strukturzwänge exemplarisch erörtert (III.5), um hieran anschließend das generalisierte Tauschmedium des Marktgeschehens, die Geldform, machttheoretisch rekonstruieren zu können (III.6). Die Betrachtungen zum Arbeitsmarkt und zum Geldmedium münden schließlich in die abschließenden sozialtheoretischen Überlegungen zum Verhältnis von Tauschchancen und strukturellen Marktzwängen (III.7).

---

[10]   Wie vielfältige empirische Marktanalysen belegen, sind vollkommene Marktlagen als idealtypischer Sonderfall anzusehen und deshalb auch in den allermeisten Wirtschaftssektoren nicht anzutreffen. Einen guten Überblick über Stand und Entwicklung wirtschaftlicher Konzentrationsprozesse in diversen Schlüsselsektoren der gegenwärtigen Weltökonomie bieten Narr/Schubert (1994).

2. Formale Freiheit

Wie bereits in Kapitel II.A erläutert, entlastet das System der Märkte aufgrund der formal rechenhaften Programmierung typischerweise von diversen außerökonomischen Zwängen, egal ob es sich hierbei um sozialmoralische Verpflichtungsverhältnisse traditionaler oder moderner Gemeinschaften (soziale Reziprozität) oder um sozialstaatliche Regulationen politischer Apparate (Redistribution) handelt. Die entlastende Freiheit des Marktes, die ohne die Scheidung der ökonomischen von der politischen Sphäre nicht denkbar wäre, ist aber insofern nur eine formale, als sie lediglich durch die *Abwesenheit* von physischem Zwang, moralischer Verpflichtung, autoritativer Bevormundung und etatistischer Planung gekennzeichnet ist. Dieser formale Charakter ist im folgenden genauer zu betrachten.

Die formale Freiheit in Marktbeziehungen gründet erstens darauf, daß jedes bürgerliche Individuum Entscheidungen unabhängig von "höheren Weisungen" und vom Willen anderer Personen treffen kann und dadurch, wie Macpherson in der Studie *Die Politische Theorie des Besitzindividualismus* (1973, 15) formuliert, "Eigentümer seiner Person und seiner Fähigkeiten" ist. Aufgrund dieser Freiheit vom Willen Dritter ist zweitens der Marktakteur auch "in der Wahl des Tauschpartners und der Tauschgegenstände" (Heinemann 1988, 50) ungebunden und frei. Die formale Tauschfreiheit drückt sich in den bürgerlichen Rechtsinstituten der Gewerbefreiheit und Vertragsfreiheit aus: Im Rahmen des verfügbaren Einkommens und des Marktangebots entscheiden die Konsumenten selbständig und dezentral darüber, mit wem sie Marktgeschäfte eingehen wollen und mit wem nicht, was sie in welchen Mengen und in welchen Qualitäten nachfragen und verbrauchen wollen (Konsumfreiheit), während die Entscheidungen über die Deckung der Nachfrage und die Herstellung neuer Marktprodukte, d.h. Art und Umfang der Güterproduktion von den Unternehmungen dezentral getroffen werden (Produktionsfreiheit).

Marktfreiheit beinhaltet, daß die Handelnden rechtlich frei und normativ ungebunden über ihre Besitz- und Eigentumsobjekte verfügen können; und zwar unabhängig davon, ob es sich um Grund und Boden, Geldvermögen oder Wertpapiere, Produktionsmittel oder Konsumgüter handelt. Die Arbeitsleistungen, die von Arbeitskräften auf Arbeitsmärkten als Ware angeboten werden, nehmen hierbei, wie weiter unten in Kapitel III.5. genauer zu erörtern ist, eine Sonderstellung ein. Aber auch hier gilt zunächst, daß die Vertragsfreiheit Fron- oder Zwangsarbeit ausschließt und die freie Wahl des Arbeitsplatzes formal garantiert. Zur Rechtsform des modernen Arbeitsvertrags betont Simmel in *Soziologie. Untersuchungen über die Formen der Vergesellschaftung* (1992, 242f.), daß die Persönlichkeit aus dem Arbeitsverhältnis ausgeklammert und deshalb hieraus auch kein die ganze *Person* umschließendes Pflicht- und Hörigkeitsverhältnis abgeleitet werden kann, hingegen aber innerhalb des vormodernen Gesellen- oder Dienstbotenverhältnisses "der ganze Mensch in die Unterordnung eintritt" (ebd., 243). Der moderne Arbeitskontrakt ist demzufolge ein Vertragsverhältnis zwischen persönlich freien und formal gleichgestellten Rechtspersonen, wodurch ausgeschlossen ist, daß eine Arbeitskraft zur Aufnahme eines bestimmten Arbeitsverhältnisses physisch gezwungen werden kann. In diesem Zusammenhang ist auf Weber (1980, 61) hinzuweisen, der Marktfreiheit nur gewährleistet sieht, wenn der Eigentumsbegriff auf *Sach*güter eingeschränkt werde, bei gleichzeitiger Ausweitung der autonomen Verfügbarkeit über genau diese Güter: "Die Marktfreiheit steigt an Tragweite 1. je vollständiger die Appropriation der sachlichen Nutzleistungsträger, insbesondere der Beschaffungs- (Produktions- und Transport-)Mittel ist. (...) Sie steigt aber ferner 2. je mehr die Appropriation auf sachliche Nutzleistungsträger beschränkt ist. Jede Appropriation von Menschen (Sklaverei, Hörigkeit) oder von ökonomischen Chancen (Kundschaftsmonopole) bedeutet Einschränkung des an Marktlagen orientierten menschlichen Handelns."

Die Freiheit des Marktes von normativen Setzungen und materialen Zwecken impliziert zugleich, daß für die Dauer des Leistungstransfers normative Überzeugungen und Einstellungen unverbunden nebeneinander stehen bleiben, expressive Distinktionen und soziale Statusprivilegien im Marktkontrakt zurückgestellt werden und ästhetische Geschmacksfragen nicht dem Zwang zur Konsensfähigkeit bzw. Vereinheitlichung unterstehen. Normen und Weltbilder, die auf grundverschiedene Werthorizonte rekurrieren und eigentlich miteinander unverträglich sind, müssen im Marktgeschäft nicht unter Aufbietung großer Mühen und Kosten auf den kleinsten gemeinsamen Nenner gebracht und in einen Minimal- oder Basiskonsens überführt werden, der immer wieder aufs Neue zu stabilisieren, d.h. zu bestätigen oder zu korrigieren und fortzuschreiben wäre. Wie Koslowski (1991, 49) hervorhebt, stellt der Markt nämlich keine transzendentalen Wahrheitsansprüche: Er drängt die Markthandelnden nicht zu Einstimmigkeit in moralischen, ästhetischen oder politischen Fragen, zwingt nicht zu kultureller Konformität, sanktioniert kein abweichendes Verhalten, schließt keine abweichenden Wahrheiten aus, entscheidet nicht über die "richtige" Gesinnung und den "angemessenen" Geschmack, läßt semantische Dissonanzen nicht bedeutsam werden und schottet sich auch nicht gegen neue Bedürfnisse und Ideen ab, die den althergebrachten *common sense* porös machen und durchlöchern; vielmehr kann er "unendlich viele Überzeugungen oder Wünsche der Konsumenten zulassen, wenn sie nur einen zustimmenden Vertragspartner finden" (ebd.). Marktprozesse verhalten sich insofern neutral gegenüber wie auch immer legitimierten Wahrheitsansprüchen, da jedes beliebige Bedürfnis des Individuums bedient wird, solange der einzelne für die Befriedigung des Bedürfnisses nur die marktübliche Gegenleistung erbringen kann und *bezahlt*.

Im Hinblick auf die ideale Sprechgemeinschaft Apelscher oder Habermasscher Provenienz hebt Koslowski hervor, daß dem Marktprozeß kein konsensuelles Einverständnis bzw. keine kommunikativ erzielte Verständigung über moralisch-praktische und ästhetisch-expressive Grundlagen des Handelns zugrundeliegt. Weder reklamieren die Marktakteure die subjektive *Wahrheit* der geäußerten

Meinung für sich, noch erheben sie den Anspruch auf die *Richtigkeit* des Sprechaktes in Bezug auf dessen normativen Kontext oder unterstellen sie wechselseitig die *Wahrhaftigkeit* der geäußerten subjektiven Erlebnisse. Nicht gute Gründe und viele Worte entscheiden über die Befriedigung von Bedürfnissen und die Realisierung von Zielen, sondern einzig und allein die Zahlungsbereitschaft respektive bare Zahlung, die das Verstehenkönnen von alter und das "Hineinversetzen" in dessen Lebensumstände erübrigt. Der Markt ist von lebensweltlicher Konsenszumutung frei: Er läßt "'falsche' oder ungerechtfertigte Bedürfnisse zu, wenn man bereit ist, dafür zu bezahlen (...). Ich kann im Markt meinen Idiosynkrasien ebenso nachgehen wie meinem Unwissen, wenn ich bereit bin, die Kosten zu tragen, die mir aus meinen Eigentümlichkeiten oder meiner Unwissenheit entstehen. Der ideale Diskurs müßte hingegen alle auf dieselben, vermeintlich wahrheitsfähigen Normen und Bedürfnisse festlegen" (ebd., 50).

Im Gegensatz zu einer auf Tradition und ständischer Hierarchie beruhenden sozialen Ordnung kennen Marktbeziehungen "keine autoritative Verteilung von Arbeit und Belohnung" (Macpherson 1973, 62). Erzeugnisse aber auch Arbeitsvermögen werden nicht zentral und administrativ, z.B. durch das politische System, zugewiesen, sondern auf Märkten mehr oder weniger frei gehandelt, so daß die Nachfrager auf Güter- und Arbeitsmärkten die entsprechenden Erzeugnisse bzw. Leistungen gegen einen bestimmten Preis bzw. Lohn immer dann kaufen können, wenn diese angeboten werden. Gleichwohl kann von Freiheit nicht im normativ-emphatischen Verständnis die Rede sein, sondern nur in formaler Hinsicht: Schließlich ermöglicht die rechtsstaatlich garantierte Tausch- und Wahlfreiheit des Marktes, die sich auf alle Warenobjekte wie Erzeugnisse und Dienstleistungen, Produktionsanlagen und Immobilien, Grund und Boden erstreckt, nur dann einen realen Zuwachs an Entscheidungs- und Handlungschancen, wenn die Marktakteure über eine ausreichende (monetäre) Ressourcenausstattung verfügen bzw. ihre effektive Teilhabe an der gesellschaftlichen Besitz- und Vermögensverteilung sichergestellt ist. Die Frage, inwieweit die formale Wahlfreiheit des Marktes nicht nur die Gewerbe- und Konsumfreiheit ermöglicht, sondern auch substantielle Freiheitsoptionen gewährt, kann jedoch erst zufriedenstellend erörtert werden, wenn die Sonderstellung des Arbeitsmarktes innerhalb des Systems der Märkte (III.5) sowie das Geld (III.6) machttheoretisch rekonstruiert worden ist.

3. Kontroll- und Sanktionsform: Preise und das individuelle Interesse

Aus der Abwesenheit eines normativen Referenzsystems geht eine für Marktbeziehungen charakteristische Kontroll- und Sanktionsform hervor, die weder auf den Wahrheitsansprüchen einer kommunikativen Gemeinschaft noch auf autoritativen Gehorsamspflichten oder bürokratischen Satzungen eines Erzwingungsstabes beruht, sondern einzig und allein auf den Maximen der individuellen Interessenverfolgung. Die Disziplinierung der Marktteilnehmer ist auf ein geldwertes Anreizsystem zurückzuführen, welches mit einem Minimum an Konsensbedarf bzw. direkter physischer Gewalt auskommt. Eine Tauschbeziehung, die zwischen zwei Marktteilnehmern zustande kommt, basiert auf dem beiderseitigen Einverständnis über die einzelnen Modalitäten des Tauschvertrages. Dieses Einverständnis ist pragmatisch motiviert: Es ist auf den konkreten Einzelfall des Tausches bezogen und soll den reibungslosen Leistungstransfer zwischen beiden Marktakteuren sicherstellen. Die sachlich begrenzte Kooperation erlischt mit der Einlösung der vertraglich taxierten Ansprüche, die der Verkäufer gegenüber dem Käufer und umgekehrt besitzt. An die Stelle von Konsens und Repression treten die über öffentliche Märkte vermittelten monetären Leistungsanreize, welche Erfolg und Mißerfolg in Geldgrößen bemessen und als Erträge und Kosten praktisch spürbar werden. Die Sanktionen des Marktes operieren "nicht nach dem Wahr- oder Falsch-Schema, sondern nach dem Mehr- oder Weniger-Schema" (Koslowski 1991, 49).

Im Anschluß an die Wirtschaftssoziologie von N.J. Smelser definiert Heinemann (1976, 55) den finanziellen Sanktionsmechanismus des Marktes wie folgt: "Märkte sind eine Form der Verhaltenssteuerung durch positive und negative Sanktionen - d.h. also durch Belohnung und Bestrafung in Form von Gewinn und Verlust, finanziellem Erfolg und Mißerfolg, durch Verdienstchancen oder der Gefahr der Unversorgtheit. Der Markt wirkt als finanzieller Sanktionsmechanismus, der ohne zentrale Führung auf der Basis finanziellen Anreizes und finanzieller Belohnung die Steuerung des Verhaltens der Marktpartner ermöglicht." Das Geldmedium ermöglicht eine präzise Erfolgskontrolle von Markthandlungen. Geht man hypothetisch von der Modellannahme einer "vollständigen" Konkurrenz aus und sieht man zusätzlich von ökonomischer Staatstätigkeit und von außenwirtschaftlichen Beziehungen ab, dann werden Entscheidungen über Umfang, Qualität und Verwendung der Güterproduktion über die Preisbildung koordiniert. Die Preisbildung sorgt bei "vollständiger" Konkurrenz bekanntermaßen dafür, daß die marktstrategischen Präferenzen und Pläne der Angebots- und Nachfrageseite aufeinander abgestimmt werden. Die Preissteuerung soll im einzelnen sicherstellen, daß die Produktion der Nachfrage entspricht, also die effektive Nachfrage befriedigt wird. Angebotene Güter und Leistungen, deren Preise nicht "wettbewerbsfähig", d.h. in Relation zu vergleichbaren Marktangeboten überhöht sind, finden keine oder weniger Abnehmer als erwartet. Dadurch ist die *direkte* Koordination von Handlungen den Intentionen der Handelnden entzogen und dem dezentralen und zugleich überindividuellen System der Nachfrage- und Angebotsrelationen übertragen, das im Gegensatz zur administrativ-etatistischen Lenkung weder auf zentrale, hierarchisch gegliederte Steuerungsstrukturen angewiesen noch auf ein exakt lokalisierbares Zentrum zugeschnitten ist. Das basale Steuerungsinstrument der Preisbildung fungiert als heterarchischer Sanktionsmechanismus, operiert mit der Differenz von Gewinn und Verlust, Verkaufspreis und Produktionskosten und drückt sich in den durch den Einsatz ökonomisch verwertbarer Güter und Leistungen erzielbaren Vermögenserträgen und Arbeitseinkommen aus.

Die Abstimmung von Angebot und Nachfrage über Preise bei "vollständiger" Konkurrenz kann als erzwungene Anpassung und Variation individueller Präferenzen und Pläne an objektive Markt*daten* interpretiert werden. Das Individuum ist diesen Anziehungskräften der Marktsteuerung unterworfen, kann sich der Sogwirkung des Preismechanismus, der bis in die Budget- und Verbrauchspläne der privaten Haushalte hineinreicht, kaum entziehen.[11] Wie weiter unten in Kapitel III.6 noch aufzuzeigen ist, enthält Geld als allgemeines Zahlungs-, Rechnungs- und Wertaufbewahrungsmedium des Marktes ein solches Maß an Objektivität, daß es dem Einzelnen bei der Befriedigung elementarer Bedürfnisse keine freie Wahl läßt, auf Liquidität selbst zu verzichten. Zudem fungiert der monetäre Sanktionsmechanismus als verhaltenswirksames Regulativ: Zwar sind die finanziellen Sanktionen und Anreize aus den Interaktionen der Marktteilnehmer selbst entstanden; sie sind aber insofern objektiv gültig, als der einzelne Marktakteur sie nicht zu beeinflussen vermag und sie für alle ökonomischen Entscheidungen gleichermaßen relevant sind. Bei vollständiger Konkurrenz sind die monetären Sanktionen und Anreize nicht als Resultat der eigenen Entscheidung anzusehen, sondern als Datum, das dieser vorausgesetzt ist (Heinemann 1988, 54). Was immer hiervon in gesellschaftskritischer Absicht zu halten ist: Aus der funktionalen *Binnen*perspektive des Marktes erscheint der wirtschaftliche Mißerfolg wie Bankrott, Zahlungsunfähigkeit oder Arbeitslosigkeit als faktische "Fehlanpassung" an individuell mehr oder weniger nicht beeinflußbare Marktlagen.

Während bei Nichtbeachtung von Verhaltensnormen in Reziprozitätsbeziehungen soziale Isolation und der Ausschluß aus reziproken Netzen angedroht wird, wird in der personal neutralen Marktbeziehung die moralische Disziplinierung durch den sachlichen *Zwang zur Anpassung* an das Marktgeschehen ersetzt. Schon die Vermutung eines wirtschaftlichen Erfolges wie die hypothetisch angenommene Bedrohung durch ein wirtschaftliches Fiasko "peitschen so jeden einzelnen auf, wiederum viel wirksamer, als es ein gleichmäßigeres und 'gerechte-

---

[11] Gegenüber der liberalen Ideologie einer sich selbst regulierenden Marktwirtschaft, die ein Höchstmaß an Freiheit in der Entfaltung individueller Bedürfnisse auszumachen glaubt, wendet Luhmann (1988, 113) ein: "Dabei geht man davon aus, daß ein durch den Markt festgelegter Preis mit Freiheit kompatibel sei, daß dagegen politisch beeinflußte oder gar fixierte Preise diese Freiheit beeinträchtigen. In beiden Fällen findet sich der Konsument jedoch normalerweise mit Preisen konfrontiert, die er nicht beeinflussen kann. Er kann nur, gleichgültig, wie der Preis zustande gekommen ist, kaufen oder nicht kaufen. Die Freiheit ist im einen Falle nicht größer als im anderen, denn das Problem liegt in der Frage, wie hart den Interessenten die Alternative, nicht zu kaufen, trifft. In jedem Falle ist geregelter oder liberaler Markt für ihn Umwelt, und die Unterschiede sind, was Freiheit betrifft, trivial - es sei denn, daß man Freiheit verstehen will als Unerkennbarkeit der Ursache von Freiheitseinschränkungen."

res' System von Strafen tun könnte. Schließlich: sowohl wirtschaftlicher Erfolg wie wirtschaftliches Fiasko sind von idealer Eindeutigkeit" (Schumpeter 1972, 123). Der Antrieb für die Nichtbesitzenden, als Anbieter von Arbeitsvermögen auf den Arbeitsmarkt zu treten, besteht Weber (1980, 60) zufolge in dem "Risiko völliger Unterversorgtheit für sich selbst und für diejenigen persönlichen 'Angehörigen' (Kinder, Frauen, eventuell Eltern), deren Versorgung der Einzelne typisch übernimmt". Da der Markt marktkonformes Verhalten belohnt und nonkonformes Verhalten ohne Ansehen der Person und der sachlichen Umstände unerbittlich bestraft, bietet er den idealen Nährboden für pragmatisch motivierte Verhaltenskalküle und Nützlichkeitserwägungen. Insofern ist es auch nur konsequent, daß der Markt kein ihn selbst transzendierendes Legitimationsmuster bedarf, etwa in Form eines geschlossenen religiösen Weltbildes oder einer politischen Ideologie.

4. Exkurs zum Begriff des strukturellen Zwangs

In dem sozialtheoretischen Hauptwerk *Die Konstitution der Gesellschaft. Grundzüge einer Theorie der Strukturierung* bemerkt Anthony Giddens (1988, 230), daß strukturelle Zwänge ganz allgemein in der "Kontextualität des Handelns" gründen, genauer: "in der 'Vorgegebenheit' der Strukturmomente gegenüber Handelnden in einer Situation". Derartige Zwänge resultieren weder aus den elementaren physischen Eigenschaften des menschlichen Körpers und seiner materiellen Umwelt noch gehen sie aus der direkten Anwendung körperlicher Gewalt, der Androhung ihres Einsatzes oder aus den milderen Formen moralischer Mißbilligung hervor. Strukturelle Zwänge unterscheiden sich deshalb auch grundlegend von Zwängen, die sich aus personalen Beziehungen etwa zwischen Herr und Knecht herleiten. Weiter kann ihre Geltung nicht durch Akzeptanzprobleme oder Legitimationskrisen bedroht werden, da Handelnde nicht nach wie auch immer legitimierten Geltungsgründen fragen, sondern mit Strukturzwängen scheinbar automatisch konfrontiert werden und ihnen deshalb auch in aller Regel unbegriffen gegenüberstehen. Worauf basiert diese "Zwangsläufigkeit"?

Anonyme Strukturzwänge stellen nichts Außeralltägliches oder Spektakuläres dar, das die Alltagsgeschäfte der Individuen abrupt unterbrechen und alle Aufmerksamkeit auf sich ziehen könnte. Im Gegenteil scheinen sie in die mehr oder weniger bedeutsamen, aber oftmals unscheinbaren, weil "kleinen" Handlungen und Entscheidungen des Systemalltags abgetaucht zu sein und werden deshalb für selbstverständlich erachtet und unhinterfragt hingenommen. Obendrein sind sie nicht permanent wirksam, sondern offenbaren ihre zwanghafte Natur nur in der situativen Aktualisierung des Strukturkontextes. Zwingende oder beschränkende Wirkungen gehen von ihnen nur dann aus, wenn Handlungen und Entscheidungen auf einen Systemkomplex bezogen sind und die strukturell vorgegebenen Optionen und Restriktionen praktisch gegeneinander geltend gemacht werden.

Genauer betrachtet markieren Strukturzwänge Daten, Fakten und Ereignisse eines kaum überschaubaren Systemkomplexes, die in ihren *generalisierenden* Wirkungen von den Akteuren auf längere Sicht nicht ignoriert werden können. Anders formuliert: Systemdaten und Systemereignisse präformieren und präjudizieren Handlungen und Entscheidungen auf spezifische Weise, erzwingen bei Strafe des Scheiterns deren Anschlußfähigkeit an die Normalität systemischer Anforderungen. Der Begriff des *Struktur*zwangs meint in diesem Zusammenhang also die Orientierung von Handelnden und Entscheidern an dem sie transzendierenden Geschehen des Systems. Wesentlich ist jedoch, daß Strukturzwänge den Handelnden nicht objekthaft gegenüberstehen, sondern in *miniaturisierter Form* in stereotype Redewendungen eingelassen und in eingelebten Gesten symbolisiert sind, sich in eingespielten Handlungswegen und routinisierten Entscheidungsschritten verdichten. Strukturelle Zwänge entfalten ihre nachhaltige Wirkung immer erst durch die Wahlpräferenzen der Handelnden hindurch, indem sie deren Motive und Gründe durchkreuzen, Willensentschlüsse hintergehen, subjektive Intentionen zunichte machen und schließlich zu unhintergehbaren Handlungsvoraussetzungen und nicht revidierbaren Handlungsfolgen gerinnen. Sie werden in die eigenen Absichten eingeschlossen und damit in eins gesetzt mit den Wahlpräferenzen; sie sind in das alltägliche Geschehen infiltriert und haben sich in die Erinnerungsspuren der Handelnden als praktisches Wissensreservoire und habituelles Gedächtnis eingelagert. Die bemerkenswerte konservative Beharrlichkeit, mit der sich strukturelle Zwänge und individuelle Entscheidungen verquicken, begünstigt im Ergebnis die relativ reibungsarme Reproduktion der gesellschaftlichen Ordnung.

Im Gegensatz zu direkteren Formen der Überwachung und Kontrolle, durch die die Herrschaftsunterworfenen in ihren Handlungen unmittelbar reglementiert und diszipliniert werden, beruhen Strukturzwänge nicht auf autoritativ diktierten Handlungsvorgaben. Sie wirken nur indirekt durch *implizite* Sanktionen; bei Nichtbefolgung der Strukturimperative bringen die Handelnden sich *selbst* um ihre Chancen. Dieses systemisch erzeugte Risiko der Selbstschädigung ist das effektivste Mittel zur Selbstanpassung.

Strukturelle Zwänge treten im Inneren des Individuums als *Gewöhnung* an sachliche Umstände und Voraussetzungen auf, wodurch die Selbstanpassung an äußere Systemdaten erleichtert wird. Insofern existieren Strukturzwänge nicht als eigenständige, in sich selbst ruhende Entitäten, sondern finden ihren Ausdruck in Handlungen und Entscheidungen des Systemalltags; kurzum, sie werden erst im dynamischen Prozeß handlungsförmiger "Strukturierung" (Giddens) produziert und reproduziert. Strukturzwänge verweisen stets auf die "mitlaufende" Kontextualität von Handlungen und damit auf eine - allerdings nicht mit Händen greifbare - überindividuelle Strukturobjektivität, in die die gesellschaftlichen Akteure inkludiert sind und die gleichwohl nur als subjektvermittelte Handlungswirklichkeit und Erfahrungspraxis in den Ereignissen des Systemalltags aufzuspüren ist. Sie jenseits von Handlungen und Entscheidungen, z.B. im formalen Organisationsgerippe von Institutionen, dingfest zu machen, käme einem verpaßten Rendezvous mit dem Gegenstand der Analyse gleich.

Strukturzwänge sind gewissermaßen in die sachlichen Geschehensverläufe des Systemalltags logistisch implementiert, sie haben sich im Handlungsapparat der Individuen festgesetzt und an das habituelle Sosein angekoppelt. Nach Giddens stellen strukturelle Zwänge sowohl Bedingungen als auch Resultate des raum-zeitlichen Handelns selbst dar; sie schreiben die Bedingung der Möglichkeit von Handlungen und zugleich Handlungsrestriktionen fest. So wenig wie Handlungen voraussetzungslos und beliebig kontingent sind, kann die Bildung, Dynamik und Reproduktion von Strukturzwängen verständlich werden, wenn handelnde Subjekte theoretisch eliminiert werden oder ihnen in Analogie zu mechanistischen Anschauungen die Funktion automatenhafter Exekutoren struktureller "Gesetze" zugeschrieben wird.[12]

Strukturelle Zwänge können in sachlicher, zeitlicher und räumlicher Hinsicht differenziert betrachtet werden. In Fortführung der Überlegungen von Elias Canetti (1992, 445) ist die Ordnung der Zeit, der Sachen und Räume das vornehmste, weil diskreteste und unauffälligste Attribut aller Herrschaft. Strukturzwänge reorganisieren die soziale Welt nach einem spezifischen Realitätsprinzip. Von *strukturell* zementierten Zwängen kann insofern die Rede sein, als sie auf der *Faktizität* ihrer sachlichen, zeitlichen und räumlichen Setzungen gründen und eine wirklichkeitsmächtige *Ordnung der Normalität*, eine "Betonwelt der Realität" (Negt/Kluge 1992, 15) konstituieren, die sich nicht als gesellschaftliche Konstruktion zu erkennen gibt, sondern als naturhaft unveränderliche Entität. Ein weiteres Merkmal von Strukturzwängen ist, daß sie *extensiv* und *diffus* zugleich sind: extensiv insofern sie weit in die Gesellschaft und ihre fein verzweigten Segmente ausgreifen; diffus insofern intentionale Motive, die einzelnen Akteuren direkt zugeschrieben werden können, kaum auszumachen sind und Zwingende und Gezwungene weder personal eindeutig bestimmbar noch trennscharf voneinander zu unterscheiden sind.

Der "Handlungsspielraum eines oder mehrerer Akteure in einer gegebenen Situation oder einem gegebenen Strukturtyp" wird durch Strukturzwänge "begrenzt" (Giddens 1988, 230). Zwänge dieser Art binden individuelle und institutionalisierte Entscheidungen, die anderes als Strukturvorgaben im Blick haben.

---

[12] Mit der Theorie der Strukturierung (1988, 364ff.) intendiert Giddens, den erkenntnistheoretischen Reduktionismen der Sozialphänomenologie und des Objektivismus zu entgehen. Die Figurationssoziologie Elias' (1970) sowie Bourdieus Theorie der Praxis (1979, 1987) sind weitere prominente Versuche, dieser erkenntnistheoretischen Frontstellung zu entkommen. Zu Elias' Methodologie vgl. Esser (1984) und Kuzmics/Mörth (1991), zu Bourdieu etwa Eder (1989), Janning (1991), Müller (1992) und Kraemer (1994a).

Durch die Harmonisierung von Handlungsrestriktionen und Handlungen werden Erwartungen enttäuschungsfest gemacht und Anpassungsleistungen konfliktarm organisiert. Die strukturellen Zwänge schnüren die Handelnden umso enger in das Korsett von Handlungsrestriktionen ein, je seltener etwas zu entscheiden ist, je seltener sich überhaupt aussichtsreiche Gelegenheiten ergeben, je seltener Entscheidungen gegenüber externen Anforderungen offen gehalten werden können, je weniger strukturelle Handlungsbeschränkungen von Alternativoptionen kompensiert werden können, je geringer der Alternativnutzen von möglichen Handlungsoptionen ist, je geringer das Alternativnutzenniveau gegenüber dem Nutzenniveau gegenwärtiger Handlungen ist, je höher die Alternativkosten möglicher Handlungsoptionen sind usw.

Im Umkehrschluß folgt daraus, daß Strukturzwänge nicht nur negativ im Sinne einer Blockierung von möglichen Optionen zu definieren sind. In dem Maße, in dem sie Kontingenz verhindern, ermöglichen sie - wenn auch in ungleicher Weise - Kontingenz. Luhmann (1969, 168) definiert Macht ganz allgemein als strukturabhängige "Selektion von Verhaltensprämissen" und "Alternativkonstellationen". Mit anderen Worten ist Macht mit strukturellen Effekten verbunden, die Fakten und Daten in doppelter Hinsicht setzen: als *systemische Eröffnung* von Handlungsoptionen und zugleich als *systemische Diskriminierung* davon abweichender Handlungsalternativen. Strukturelle Zwänge ermöglichen *Handlungskontingenz in limitierter Form*, indem sie Dispositionshorizonte nach Maßgabe ihrer funktionalen Strukturkomplementarität schließen oder öffnen. Die Möglichkeit, zu entscheiden und dadurch Chancen wahrzunehmen, ist jedoch immer nur im Sinne von Anreizen zu verstehen. Anreize, z.B. Einkommens- oder Marktchancen, markieren Gelegenheiten, legen Entscheidungen nahe, ohne sie direkt zu forcieren. So wie sie die freie Auswahl bestimmter Handlungsalternativen ermöglichen, schränken sie wiederum andere ein oder schließen sie bis zur (relativen) Handlungsunfähigkeit aus.

Strukturelle Zwänge sind sachliche und zeitliche Anforderungen an die Individuen, die die *Grenze zwischen Fremd- und Selbstzwängen einebnen.* Was an Zwang dem Einzelnen von außen auferlegt wird und was er intentional oder habituell "nach innen" nimmt, genauer: internalisiert und damit individualisiert, wird tendenziell ununterscheidbar. Insofern entziehen sich strukturelle Zwänge auch der Unterscheidung formell/informell: Schließlich ist es mit Blick auf das nackte Handlungsergebnis relativ unerheblich, ob der faktischen Einordnung in den Systemalltag eine bürokratische Anweisung voranging oder ob sie aus der Verhaltensanpassung an einen allseitig akzeptierten normativen Verhaltenskanon hervorgegangen ist. Allemal bleiben die subjektiven Motive der Handlungsanpassung sekundär; einzig und allein zählt das nüchterne Resultat der Handlung. Mit der Eröffnung bestimmter Handlungsspielräume werden andere von vornherein verbaut oder sogar negiert. Insofern verbietet es sich auch, diesen Prozeß als bloße Exekution stereotyper Handlungsmuster zu interpretieren, in der jede Abweichung von den vorgestanzten Pfaden negativ sanktioniert wird. Strukturzwänge realisieren sich erst im Prozeß des Handelns und Entscheidens. Sie werden im Handlungsgeschehen aktiviert und modifiziert, ohne jedoch von den individuellen oder kollektiven Akteuren, an die sie gebunden sind, eigenständig generiert zu werden.

Weit mehr als eine schematisierte Handlungsregel, der auf Gedeih und Verderb zu folgen ist, reproduzieren sich Systemzwänge schleichend durch die *Selbstregulationen der strukturell eingebundenen Handelnden.* Nochmals Giddens (1988, 364f.): "Wenn Zwänge die Menge der (gangbaren) Alternativen so einschränken, daß einem Akteur nur eine Option oder ein Optionstyp offensteht, ist zu vermuten, daß es der Akteur nicht wert findet, irgend etwas anderes zu tun als sich zu unterwerfen. Die dabei getroffene Wahl ist eine negative, insofern man die Folgen der Nicht-Unterwerfung zu vermeiden sucht." Diese strukturelle Erzwingungsform von konformen Entscheidungen kann mit Luhmann (1980, 245) auch als "Dauerrepression der meisten Möglichkeiten" beschrieben werden.

Im Gegensatz zu Giddens können sachliche Zwänge im Anschluß an Galtung (1975) als spezifisch moderne Form von Gewalt interpretiert werden: Für Galtung erschöpft sich Gewalt nicht in bloßen Gewaltexzessen, die den menschlichen Körper zur Zielscheibe von Mißhandlungen und Zerstörungen, zum Objekt physischer Gewalt degradieren. Galtung sucht nach spezifisch modernen Gewaltmustern, die destruieren, ohne die physische Integrität und körperliche Unversehrtheit des Menschen zu verletzen. Sein Verdienst ist es, die Analyse von Gewalt nicht auf Handlungen engzuführen, die unmittelbar Leib und Leben gefährden. Gewalt wird vielmehr ganz allgemein definiert als "Ursache für den Unterschied zwischen dem Potentiellen und dem Aktuellen, zwischen dem, was hätte sein können, und dem, was ist. Gewalt ist das, was den Abstand zwischen dem Potentiellen und dem Aktuellen vergrößert oder die Verringerung dieses Abstandes erschwert." (Ebd., 9) Ausgehend von dieser begrifflichen Vorverständigung führt Galtung die Differenzierung von Gewaltphänomenen in personale/direkte Gewalt und strukturelle/indirekte Gewalt ein. Die erste Gewaltform ist das direkte Resultat einer Handlung, die einem Akteur zugeschrieben werden kann. Die zweite Gewaltform wird nicht durch ein Subjekt ausgeübt; sie zeigt sich nicht verbal in punktuellen Aktionen, sondern "geschieht", ohne daß jemand sichtbar in Aktion tritt. Strukturelle Macht entzieht sich den Kategorien von Souveränität, Gesetz und Gehorsam. Ihr Gewaltpotential ist in die ungleiche Verteilung von Entscheidungsmöglichkeiten und Substitutionschancen, in die ungleiche Ausstattung mit materiellen Ressourcen und die ungleiche Kostenverteilung alternativer Handlungsoptionen eingewoben. Diese Gewalt materialisiert sich beispielsweise in dem Ausschluß Dritter von Teilhabechancen am gesellschaftlichen Reichtum aufgrund von unfreiwilliger Arbeitslosigkeit und Einkommensarmut. Strukturzwänge werden in alternativarmen Gesellschaftslagen spürbar, die die Androhung und Exekution personaler Gewalt schließlich erübrigt. Die "Realitätsmacht des Gegebenen" (Negt/Kluge 1992, 17) verdrängt die autonome Wahl von Alternativen aus den Zentren an die Peripherie der "Normalität". Während personale Gewalt auf trennscharfen Subjekt-Objekt-Beziehungen beruht, indem die Herren von den

Herrschaftsunterworfenen personal unterschieden werden können, sind aus strukturellen Figurationen der Gewalt keine eindeutigen Subjekt-Objekt-Beziehungen ablesbar: "Das Objekt der personalen Gewalt nimmt die Gewalt normalerweise wahr und kann sich dagegen wehren - das Objekt der strukturellen Gewalt kann dazu überredet werden, überhaupt nichts wahrzunehmen." (Galtung 1975, 16)

Strukturelle Zwänge können als spezifische Form der *Nötigung* zu sachlichen Entscheidungen gekennzeichnet werden, ohne daß annähernd angebbar und unterscheidbar wäre, wer nötigt und was aufgenötigt wird bzw. wer und was nicht. Sie erzwingen eine faktische Zustimmung zu Systemdaten und Systemereignissen, ohne auf die reflexive Erörterung der Bedingungen ihrer Zustimmung angewiesen zu sein. Die Faktizität des Zwanges bedarf nicht der diskursiven Absicherung und des konsensuellen Einverständnisses im Sinne der Habermasschen kommunikativen Rationalität. Schon aufgrund des immensen Anpassungsdrucks an Strukturzwänge kann hierauf problemlos verzichtet werden. Strukturelle Zwänge normieren auf unauffällige Weise das Alltagsgeschehen, ohne offenbar selbst einer "höheren" Norm zu gehorchen, an der sich die Handelnden reiben könnten und die von ihnen zur Disposition gestellt werden könnte. Sie gehen durch die Setzung von Daten und Fakten, auf die die Akteure ihr Handeln und Entscheiden im Systemalltag zuschneiden (müssen), fließend in den Zustand normativer Gültigkeit über. Der Zwang zu dem, was ist, ist ein Zwang, der kaum eine andere Wahl zuläßt. Nur in Fällen, in denen Handelnde mindestens zwischen mehreren qualitativ verschiedenen Handlungschancen effektiv auswählen können, ist die Entscheidung für die eine Option und gegen die anderen legitimationsbedürftig. Wenn diese Möglichkeit des Auswählens entfällt, entzieht sich das Handeln auch den mühsamen Prozessen stets brüchiger Legitimationsstiftung. Wo keine Wahl zwischen substantiellen Möglichkeiten existiert, erübrigt sich auch die Frage der Legitimität des eigenen Tuns. Diese allgemeinen Überlegungen zum Begriff des strukturellen Zwangs dienen der terminologischen Vorverständigung, um den Machttypus des Marktkomplexes genauer skizzieren zu können. Am Beispiel des Arbeitsmarktes (III.5) und des Geldmediums (III.6) ist im folgenden prototypisch die Logik marktförmiger Strukturzwänge aufzuzeigen.

5. Tauschzwänge auf Arbeitsmärkten

Das System der Märkte ist ohne die Sonderstellung, die dem Markt für Arbeitsleistungen, dem Arbeitsmarkt[13] zukommt, nicht annäherungsweise verständlich. Entgegen den geläufigen Annahmen der neoklassischen ökonomischen Theorie, die den Arbeitsmarkt als Markt wie alle anderen Güter- und Geldmärkte betrach-

---

[13] Die folgenden Überlegungen beziehen sich auf den Arbeitsmarkt des privaten Sektors. Zum öffentlichen Sektor vgl. Keller (1985).

tet, kann von einer Schlüsselstellung in einem doppelten Sinne gesprochen werden: Wie selbstverständlich bindet der Arbeitsmarkt in entwickelten Industriegesellschaften nämlich erstens die individuelle Reproduktions- und Konsumtionschance unhintergehbar und dauerhaft an die Bedingungen der modernen Lohnarbeit, auch wenn diese selbst nicht mehr länger als selbstverständlicher Mittelpunkt der subjektiven Lebensperspektiven anzusehen ist.[14] Auf dem Arbeitsmarkt fallen die Entscheidungen über Art und Niveau der materiellen Versorgung des Individuums und damit über die soziale Verteilung begehrter Güter und Ressourcen. Nach Kreckel (1992, 153) ist deshalb auch nicht, wie seit Schelsky immer wieder angenommen wird, das Bildungssystem, sondern das über den Arbeitsmarkt vermittelte Erwerbsleben der zentrale Ort, wo die ungleiche Verteilung von Lebenschancen verankert ist. Dies treffe in gleichem Maße für die nicht-erwerbstätige Bevölkerung zu, die ihren Lebensunterhalt nicht über formelle Arbeitsverträge und Arbeitsverhältnisse bestreite, sondern über sozialstaatliche Rechtstitel und Versicherungsleistungen bzw. Versorgungsansprüche. Wie Kreckel (ebd.) weiter betont, definiere sich nämlich Einkommen und Sozialprestige auch für Erwerbslose, Hausfrauen, Rentner, Schüler etc. über ihr - wenn auch vermitteltes - Verhältnis zum Erwerbsleben und zum Arbeitsmarkt: "Für den größten Teil der Personen, die ihr Haupteinkommen aus direkten Transferleistungen beziehen, ist entweder die eigene frühere Erwerbstätigkeit (bei Arbeitslosen und Rentnern) oder die zu erwartende künftige Erwerbstätigkeit (bei Ausbildungsförderung, Stipendien) der Rechtfertigungsgrund für Einkommen und sozialen Status; es handelt sich hier also um 'erwerbsbezogene' Einkünfte. Für die Empfänger privaten Unterhalts andererseits (also vor allem: für Hausfrauen, Kinder und sonstige 'Angehörige') gilt selbstverständlich auch, daß ihre sozio-ökonomische Lage von der Erwerbssituation des oder der für ihren Unterhalt Verantwortlichen abhängt." Der Arbeitsmarkt besitzt allein schon deswegen eine herausragende Stellung im System der Märkte, weil bereits hier eine strukturelle Machtdifferenz zwischen den Anbietern und den Nachfragern von Arbeitskraft begründet wird, die im Betrieb als dem "unmittelbare(n) Schauplatz der Begegnung von Kapital und Arbeit" (ebd., 168) ihre Fortsetzung findet.

Um den Arbeitsmarkt im Hinblick auf ungleiche Marktchancen soziologisch genauer erkunden zu können, sind zunächst seine Gemeinsamkeiten zu Rohstoff-, Güter- und Kapitalmärkten genauer herauszuarbeiten. Offe/Hinrichs (1984, 48) sehen vier zentrale Gemeinsamkeiten zwischen Arbeits- und Gütermärkten: *Erstens* stünden sich Anbieter und Nachfrager von Waren gegenüber, *zweitens* werde Leistung gegen Geld und umgekehrt getauscht, *drittens* sei das Verhältnis der

---

[14]   Vgl. hierzu die Debatte zur "Krise der Arbeitsgesellschaft" und zum "Wertewandel" in
        westlichen Industriestaaten. Auf die anhaltenden und sich verschärfenden Tendenzen
        der "Arbeitsmarktspaltung" seit Mitte der 1970er Jahre in "Rationalisierungsgewinner"
        und "-verlierer" kann in diesem Kontext nicht eingegangen werden. Hierzu etwa Offe
        (1984), Kreckel (1992) und Daheim/Schönbauer (1993).

Konkurrenz gegeben, wodurch *viertens* die Angebots- und Nachfrageseite jeweils genötigt sei, eine bestimmte rationale Strategie der Interessenwahrung zu verfolgen. Die Gemeinsamkeiten zwischen Arbeitsmärkten und anderen Warenmärkten lassen sich auch im Hinblick auf die Besonderheiten des in Kapitel II.A eingehend erörterten funktionalen Tauschmodus verdeutlichen. Wie auf allen anderen Märkten wird auf dem Arbeitsmarkt die Allokation der angebotenen Leistungen normfrei abgewickelt. Nicht soziale Bedürftigkeit, materielle Notlagen oder wie auch immer begründete Anrechte eines Arbeitskraftbesitzers entscheiden typischerweise über seine Vermarktungschancen, sondern in erster Linie nachweisbare funktionale Leistungsqualifikationen. Im Vergleich zu traditionalen Gesellschaften ist die "Beschaffungskontingenz des Arbeitsmarktes hochgradig gesteigert: die Rekrutierung von Arbeitskräften ist nicht beschränkt durch normative Fürsorgepflichten oder ständische Bindungen der Arbeitskraft an den Boden" (Berger/Offe 1984, 89).

Trotz dieser Gemeinsamkeiten sind Tauschgeschäfte auf Arbeitsmärkten von anderer Art als Tauschgeschäfte auf herkömmlichen Gütermärkten. Der Kauf eines Gutes gegen Geld auf einem Gütermarkt unterscheidet sich grundlegend von den typischen Tauschtransaktionen auf dem Arbeitsmarkt, auf dem Arbeitskräfte ihr spezifisches Arbeitsvermögen gegen Geldeinkommen (Löhne und Gehälter) anbieten. Die Leistungsqualifikationen eines Individuums, das gewissermaßen seine Arbeitskraft als "Ware" auf Arbeitsmärkten anbietet, sind zunächst von anderer Art als Güterwaren, weil sie von Kapitaleignern als Lohnarbeit gekauft und für produktive Marktzwecke genutzt werden. Die Inhaber von materiellen Produktionsmitteln fragen auf Arbeitsmärkten nach Arbeitskräften nach, nicht aber umgekehrt. Das Tauschgeschäft auf Arbeitsmärkten erschöpft sich zudem nicht im Austausch von Leistung gegen Geld: Während das Tauschgeschäft auf dem Gütermarkt mit der Übergabe der Ware und der Begleichung der Warenrechnung erlischt und das Tauschergebnis für beide Tauschpartner hinsichtlich der Zuweisung von Erwerbs- und Lebenschancen mehr oder weniger bedeutungslos bleibt, bilden sich über Tauschtransaktionen auf den Arbeitsmärkten ungleiche soziale Partizipationschancen am Sozialprodukt heraus, die sich als besondere ökonomische Abhängigkeiten verfestigen. Die *bargaining power* ist auf Arbeitsmärkten keineswegs paritätisch zwischen Anbietern und Nachfragern verteilt. Wie bereits Weber im rechtssoziologischen Kapitel von *Wirtschaft und Gesellschaft* (1980, 439) bemerkt, wird diese Ungleichheit der Marktchancen schließlich durch den kapitalistischen Arbeitsvertrag institutionalisiert, indem der Angebotsseite weiterreichende Mitsprache- und Kontrollmöglichkeiten bei der Festsetzung von Unternehmenszielen und bei der betriebsinternen Organisation der Arbeit vorenthalten werden: "Das formale Recht eines Arbeiters, einen Arbeitsvertrag jeden beliebigen Inhalts mit jedem beliebigen Unternehmer einzugehen, bedeutet für den Arbeitsuchenden praktisch nicht die mindeste Freiheit in der eigenen Gestaltung der Arbeitsbedingungen und garantiert ihm an sich auch keinerlei Einfluß darauf. Sondern mindestens zunächst folgt daraus lediglich die Möglichkeit für den auf dem

Markt Mächtigeren, in diesem Falle normalerweise den Unternehmer, diese Bedingungen nach seinem Ermessen festzusetzen, sie dem Arbeitsuchenden zur Annahme oder Ablehnung anzubieten und - bei der durchschnittlich stärkeren ökonomischen Dringlichkeit seines Arbeitsangebots für den Arbeitsuchenden - diesem zu oktroyieren. Das Resultat der Vertragsfreiheit ist also in erster Linie: die Eröffnung der Chance, durch kluge Verwendung von Güterbesitz auf dem Markt diesen unbehindert durch Rechtsschranken als Mittel der Erlangung von Macht über andere zu nutzen. Die Marktmachtinteressenten sind die Interessenten einer solchen Rechtsordnung." Aus diesen Gründen kann der Arbeitsmarkt, über den in modernen Gesellschaften Arbeit vergesellschaftet wird, als zentrale Drehscheibe sozialer Ungleichheit gekennzeichnet werden.[15]

Die Anbieter auf Gütermärkten treten oft als mächtige Produktions- und Verkaufsoligopole (*kollektive Akteure*) den Nachfragern (*individuelle Akteure*) entgegen, welche im Gegensatz zum idealen Bild des souveränen Konsumenten allerhöchstens zwischen einer Vielzahl von angebotenen Produkten und Produktserien auswählen können, in aller Regel aber aufgrund ihrer Vereinzelung und Isolierung nicht die Marktmacht besitzen, spezifische Herstellungstechniken und Produktpaletten zu erzwingen. Wie sich an der öffentlichen Debatte zur Fragwürdigkeit von Einwegverpackungen nachzeichnen läßt, liegt die Frage der Produktgestaltung, bei Ausklammerung der Dingästhetik und des Designs der Ware, in aller Regel nicht in der Entscheidungsmacht der Konsumenten. Trotz aller notwendigen Differenzierung zwischen unterschiedlichen Fachgütermärkten, deren Angebots- und Nachfragebedingungen im Einzelfall durchaus von der Nachfrageseite diktiert werden können (z.B. durch staatliche Nachfragemonopole), ist die Machtchance hinsichtlich des konkreten Warenangebots zwischen der Angebots- und Nachfrageseite insbesondere auf herkömmlichen Konsumgütermärkten gravierend un-

---

[15]   Entgegen der These von der "gleichgewichtigen Sozialpartnerschaft" zwischen Arbeitnehmern und Arbeitgebern wird - im Anschluß an Marx und Weber - auch in der neueren soziologischen Literatur eine prinzipielle Machtasymmetrie zwischen Kapital und Arbeit betont. Vgl. hierzu Offe/Wiesenthal (1980), Littek/Rammert/Wachtler (1983, 189ff.), Offe/Hinrichs (1984) und Kreckel (1992). Kreckel (ebd., 175) zufolge kommt dem "Konzept des abstrakten Klassenverhältnisses zwischen Kapital und Arbeit" auch dann noch eine zentrale Bedeutung innerhalb der soziologischen Gesellschaftstheorie zu, wenn die sozialmoralischen Klassenmilieus - wie Beck (1986) diagnostiziert - weiter an alltagsweltlicher Evidenz verlieren oder gänzlich verschwinden. An dieser Stelle ist anzumerken, daß das ungleiche Arbeitsmarktverhältnis nicht mit dem unmittelbaren Herrschaftsverhältnis, das sich in der konkreten Arbeitsorganisation des Betriebs darstellt, identisch ist. Insofern ist hervorzuheben, daß im folgenden nur jene Momente der strukturellen Machtasymmetrie zwischen Kapital und Arbeit von Interesse sind, die über Arbeitsmärkte indirekt vermittelt werden und deren Bedingungen diktieren. Alle anderen ungleichen Machtchancen, die jenseits des Arbeitsmarktgeschehens erst *hinter dem Werkstor* im betrieblichen Arbeitsverhältnis konkret sichtbar, erfahrbar und unmittelbar handgreiflich werden, sind im folgenden nicht Gegenstand der Analyse (vgl. Kößler 1993, bes. 79ff.).

gleichgewichtig. Gleichwohl ist diese Machtdifferenz zwischen Marktanbietern und -nachfragern auf Gütermärkten bezüglich der Chance, soziale Positionen zu erobern, zu sichern und sich mit Hilfe von Marktstrategien bei der Verteilung sozialer Lebenschancen einen entscheidenden Vorteil zu verschaffen, wenig aussagekräftig. Da ausnahmslos jeder in der modernen arbeitsteiligen Gesellschaft, unabhängig davon, welcher sozialen Gruppe oder welchem Milieu er angehört, als Warenkäufer auftritt, also auch derjenige, der den Gütermarkt als Oligopolist beherrscht, gibt der Warenmarkt keinen hinreichenden Aufschluß über die Verteilung sozialer Lebenschancen und -risiken. In der Konsumtionssphäre der Gütermärkte wird eine Gleichheit der Lebenschancen suggeriert, die hingegen auf Arbeitsmärkten faktisch dementiert wird.

Die auf Arbeitsmärkten angebotenen Leistungsqualifikationen unterscheiden sich von allen anderen Tauschobjekten durch spezifische Besonderheiten, die ein grundsätzliches marktstrategisches "Handicap der Arbeitskraft" (Offe/Hinrichs 1984, 51) vermuten lassen, da die Nachfrageseite über ein weitaus umfangreicheres Handlungspotential an strategischen Optionen verfügt, das effektiver ausgeschöpft werden und zur Wirkung gelangen kann. Dieses strukturell zementierte, ungleiche Handlungspotential zwischen Anbietern und Nachfragern auf Arbeitsmärkten ist in idealtypischer Absicht im folgenden genauer in zeitlicher (III.5.1), sachlicher (III.5.2) und räumlicher (III.5.3) Hinsicht zu untersuchen.[16]

---

[16] Wie Kreckel (992, 190ff.) eingehend begründet, ist das ungleiche Handlungspotential auf dem privaten Arbeitsmarkt natürlich keineswegs so einfach strukturiert, wie das im folgenden zu skizzierende Machtgefälle zwischen der Nachfrage- ("Kapital") und Angebotsseite ("Arbeit") vermuten läßt. Die "primäre Machtasymmetrie" konstituiert nämlich einen Rahmen, innerhalb dessen sich sowohl auf der Nachfrageseite als auch auf der Angebotsseite "sekundäre Machtasymmetrien" ausbilden: Auf der Nachfrageseite sind zwischen den kollektiven Akteuren (Erwerbsunternhemen) erhebliche interne Machtungleichgewichte anzutreffen, z.B. zwischen Kern- und Randindustrien, Wachstums- und Krisenbranchen; und auf der Seite der Anbieter existieren vielfache Differenzierungen zwischen Kern- und Randbelegschaften, qualifizierten und unqualifizierten Berufen, Inländern und Ausländern usw., die durch spezifische soziale Schließungsstrategien institutionalisiert werden (vgl. auch Offe/Hinrichs 1984; Bader/Benschop 1989, 174ff.). Während die Anbieterseite bzw. die entsprechenden Interessenorganisationen (Gewerkschaften, Berufsverbände) sich den Mitteln der *vertikalen Ausschließung*, der *horizontalen Abgrenzung* und *selektiven Assoziation* bedienen, um die Lohnkonkurrenz unter den Arbeitskräften einzudämmen, das Angebot zu verknappen und die Marktposition zu verbessern, operiert die Nachfrageseite mit der *Entlassungsdrohung*, der *innerbetrieblichen Einbindung* (übertarifliche Löhne, Sondervergütungen, Zusatzversicherungen, Pensionsansprüche, Bewährungsaufstieg, Senioritätsregeln) und der *hierarchischen Spaltung* (Rang- und Befehlshierarchien, System abgestufter Statussymbole). Von besonderer Bedeutung sind eine ganze Reihe strategischer Kalküle, die auf der Anbieterseite individuell oder kollektiv verfolgt werden, um die Arbeitsmarktchancen gegenüber der anbieter*internen* Konkurrenz zu verbessern. In diesem Zusammenhang ist die *berufliche Segmentierung* des Arbeitsmark-

5.1 Zeitliche Dimension

Im Gegensatz zu Gütermärkten ist der Arbeitsmarkt der zentrale Ort der ungleichen Verteilung sozialer Lebenschancen und gesellschaftlicher Stellungen; auf
ihm wird, unabhängig von dem jeweiligen sozialen Herkunftsmilieu, maßgeblich
über das gegenwärtige und zukünftige gesellschaftliche Schicksal der Individuen
entschieden: Die Anbieterseite ist auf Arbeitsmärkten nämlich genötigt, ihre Arbeitskraft zu verkaufen, da alternative Erwerbschancen nur äußerst eingeschränkt
oder überhaupt nicht vorliegen. Obwohl die moderne Arbeitsverfassung jede beliebige Form physisch aufgenötigter Zwangsarbeit kategorisch ausschließt, unterliegen die Anbieter von Leistungsqualifikationen auf längere Sicht einem restriktiven Tauschzwang. Abgesehen von den bescheidenen Erwerbsquellen der Subsistenzarbeit und der familialen Haushaltsproduktion, also der Herstellung von Gütern und Lebensmitteln auf eigene Rechnung und für den eigenen Bedarf, ist nämlich das Arbeitsvermögen für seinen Besitzer außerhalb der Tauschbeziehung des
Arbeitsmarktes im strengen marktökonomischen Sinne "wertlos" (Offe/Hinrichs
1984, 51). Wertvoll ist nur jenes Arbeitsvermögen, das die Nachfrage nach Arbeitskräften auf Arbeitsmärkten bedient und mit dem der Lebensunterhalt bestrit-
ten werden kann. Eigenarbeit, Hausarbeit, familiale Kindererziehung und Alten-
pflege sind für die individuelle und gesellschaftliche Reproduktion unverzichtbar,
können gleichwohl aber nicht als Erwerbsquelle genutzt werden, da sie außerhalb
des institutionellen Rahmens der Lohnarbeit ausgeübt werden. Problemverschärfend kommt hinzu, daß im Zuge des raschen industriellen Wandels und des technologischen Innovationszwangs traditionelle Arbeitsfertigkeiten und Fachqualifi-

---

tes in Teilarbeitsmärkte sowie diverse Professionsstrategien (Gratifikationen, Diplome,
Zeugnisse, Titel usw.) von besonderer Bedeutung. Der Erwerb von bzw. die Regulierung des Zugangs zu Qualifikationsprofilen dient beispielsweise dazu, diese knapp zu
halten, um die jeweiligen "Fachkräfte" gegenüber potentiellen Anbieterkonkurrenten
unersetzlich zu machen. "Solidarität nach innen und (ggf. gewaltförmige) Diskriminierung nach außen sind also rationale Strategien der Angebotsseite zur Erlangung von
Marktvorteilen. Dasselbe gilt im übrigen für die Nachfrageseite (...). Das gemeinsame
Prinzip dieser Strategien besteht, wie gesagt, darin, die Intensität der Konkurrenzbeziehungen im eigenen Lager relativ zu dem Niveau der Konkurrenzbeziehungen auf
der anderen Seite zu vermindern. Außer mit den Mitteln der Solidarisierung (Koaliti-
onsbildung) und der Diskriminierung (Ausschließung) kann man den gleichen, markt-
strategisch vorteilhaften Effekt erzielen, wenn es gelingt, die Intensität der Konkurrenzbeziehungen im anderen Lager - bei konstanter Intensität im eigenen Lager - zu
steigern. Das kann den Nachfragern an einem Markt zum Beispiel dann gelingen,
wenn sie in der Lage sind, die Zahl der am Markt auftretenden Anbieter relativ zu
steigern oder die auf der Angebotsseite unternommenen Versuche der Koalitionsbil-
dung bzw. Diskriminierung scheitern zu lassen." (Offe/Hinrichs 1984, 49). Zur Theorie der Arbeitsmarktsegmentation vgl. Pfriem (1979), Lärm (1982), Sengenberger
(1987) und Rotschild (1988).

kationen schnell ihre Marktgängigkeit einbüßen - und dadurch entwertet werden und veralten. Eine Leistungsqualifikation, die auf dem Arbeitsmarkt keine Nachfrage findet, entfällt schließlich als Quelle von Geldeinkommen.

Der Verkaufszwang ist auch noch in anderer Hinsicht prekär: Erstens steht die Arbeitskraft in einem komplementären oder substitutiven Verhältnis zur Kapitalinvestition. Arbeitskräfte können mit Technologie sowohl kombiniert als auch durch Technologie "freigesetzt", d.h. wegrationalisiert werden, was allerdings u.a. von den sachlichen Arbeitsaufgaben, den verfügbaren Produktionstechnologien und den relativen Preisverhältnissen zwischen Investitionskosten (Zins für die Aufnahme von Darlehen zur Finanzierung von Investitionen), Maschinenkosten (Anschaffungs- und Betriebskosten für Maschinenanlagen, insbesondere Energiekosten) und Arbeitskosten (Lohn und Lohnnebenkosten) abhängt. Der kollektiv vereinbarte Preis für die Arbeitskraft (Tarifvertrag) beeinflußt nachhaltig das Ausmaß, in welchem Arbeits- und Kapitalkosten miteinander konkurrieren. Zweitens wird der Verkaufszwang der Anbieter auf Arbeitsmärkten in Zeiten wirtschaftlicher Rezession um so prekärer, da die Arbeitskraft über ein Leistungsvermögen verfügt, das nur in dem Maße nachgefragt wird, wie eine effektive Konsumnachfrage nach jenen Gütern erwartet werden kann, die von dieser Arbeitskraft hergestellt werden. Bricht diese Nachfrage weg, ohne daß andere Nachfragesegmente stimuliert werden, um die entstandenen Absatzverluste zu kompensieren, erlahmt auch schlagartig die Nachfrage nach Arbeitskräften. Baecker (1988a, 269f.) faßt diese gleichwohl folgenreiche ökonomische Banalität mit den Worten zusammen: "Zahlungen an die Arbeitskraft sind nur dann ökonomisch sinnvoll, wenn diese Arbeitskraft Leistungen herstellt, die abgesetzt werden können."

Die strukturelle Machtasymmetrie wird durch diesen permanenten Verkaufszwang gestützt, in dem dieser selbst eine strukturell alternativlose Entscheidungslage konstituiert, auf der die unaufhebbare Abhängigkeit der Angebotsseite von der Nachfrageseite begründet ist: Die Anbieter von Leistungsvermögen sind wirtschaftlich unselbständig und in weit höherem Maße von den Nachfragern abhängig als umgekehrt. Die Option des Arbeitskraftanbieters, seine Arbeitskraft nicht gegen Geldeinkommen auf dem Arbeitsmarkt anzubieten oder ihren Verkauf auszusetzen, bis sich eine günstigere Gelegenheit ihrer Vermarktung ergibt, ist allenfalls eine kurzfristige Option, stellt aber auf Dauer keine tragfähige alternative Handlungsstrategie dar. Schließlich besitzt der Anbieter von Arbeitskraft in aller Regel kein ausreichendes Eigentum oder Geldvermögen, das ihm die Chance der selbständigen Existenzsicherung außerhalb des Arbeitsmarktes ermöglichen würde. Die Verfügung über Grund- und Hausbesitz und die Aufsparung eines gewissen Konsumvermögens erleichtert gegebenenfalls die materielle Existenzsicherung; zugleich bietet sie aber dauerhaft keine eigenen Chancen der selbständigen Existenzsicherung außerhalb des Arbeitsmarktes. Das Arbeitsvermögen als Erwerbsquelle ist prinzipiell nicht substituierbar, da die Arbeitsmarktanbieter in aller Regel weder über nennenswerte materielle Produktionsmittel verfügen noch über längere Zeitspannen hinweg auf ausreichende Finanzreserven zurückgreifen können. Die materiellen Reserven, die das Erwerbseinkommen für eine begrenzte Zeit kompensieren, sind typischerweise rasch aufgezehrt. Insofern ist auch im Fall der Langzeitarbeitslosigkeit der Arbeitskraftanbieter letztendlich dem Armutsrisiko ausgeliefert (vgl. Littek/Rammert/Wachtler 1983, 136ff.). Die strukturelle Macht-asymmetrie wird folglich durch *unterschiedliche Zeitbudgets* zementiert, die die Anbieter und Nachfrager von Arbeitskraft unter je spezifischen Zeitdruck setzen: "Warten können oder 'abschließen' müssen bieten wichtige strategische Vor- oder Nachteile." (Bader/Benschop 1989, 182) Anders formuliert ist das strategische Markthandeln der Nachfrageseite auf Arbeitsmärkten in zeitlicher Hinsicht elasti-scher.

Die unterschiedlichen Zeitrestriktionen sind auf eine extrem ungleiche Res-sourcenausstattung der Angebots- und Nachfrageseite zurückzuführen: Erwerbs-betriebe verfügen über z.T. erhebliche materielle Produktionsmittel, Kapitalanla-gen und Finanzreserven. Selbst im Falle von Liquiditätsengpässen besitzen sie einen privilegierten Zugang zu den Kreditmärkten. Demgegenüber befindet sich der typische Arbeitnehmer aufgrund seines vergleichsweise geringen Geld- und Konsumvermögens in einer materiell ungesicherten Soziallage und ist im Falle des Arbeitsplatzverlustes erheblichen existentiellen Risiken ausgesetzt - zumal dann, wenn es ihm nicht gelingt, auf eine alternative Arbeitsstelle überzuwech-seln. Diese Konstellation wird noch dadurch verschärft, wenn der Arbeitnehmer nicht ohne weiteres eine neue Beschäftigung aufnehmen kann. Die festgelegten beruflichen Fachqualifikationen, die familiäre Bindungen sowie die jeweilige Wohnungsmarkt- und Arbeitsmarktlage schränken seinen Entscheidungshoriziont nicht selten erheblich ein (Kreckel 1992, 169). Im Falle der Erwerbsarbeitslosig-keit wird zwar in gewisser Weise das Arbeitseinkommen durch wohlfahrtsstaatli-che Transfereinkommen kompensiert und dadurch der Zeitdruck abgemildert. Aber zyklische Wirtschaftskrisen und Phasen konjunktureller oder struktureller Arbeitslosigkeit verschlechtern auf ganzer Breite die handlungsstrategische Lage der Arbeitskraftanbieter und lassen die impliziten Zeitrestriktionen zu Lasten der Angebotsseite ansteigen. Die in zeitlicher Hinsicht relativ starre Anbieterseite kann nur in einem äußerst eingeschränkten Sinn den notwendigen Geldaufwand zur Sicherung der physischen und sozialen Reproduktion reduzieren und die Wie-deraufnahme eines neues Arbeitsverhältnisses zeitlich strecken. Da materielle Grundbedürfnisse nicht grenzenlos eingeschränkt werden können, ist auch das zur Aufrechterhaltung des Existenzminimums notwendige Versorgungsniveau mit Geld, durch das die Kosten für Nahrung, Kleidung, Wohnung, Bildung, Unterhal-tung, Erholung usw. aufgebracht werden, nicht unterschreitbar. Allein schon daraus erklärt sich die zeitliche Inflexibilität im Angebotsverhalten der Arbeits-kräfte.

5.2 Sachliche Dimension

Die Nachfrager von Arbeitskräften verfügen in der Wahl und Abstimmung ihrer Handlungsoptionen zugleich über eine größere *sachliche Flexibilität*. Diese fällt mit der zeitlichen Elastizität ihrer Handlungsstrategien zusammen und kann dazu genutzt werden, sich vom Bedarf an Leistungen der Anbieterseite unabhängiger zu machen, indem diese substituiert werden: Neueinstellungen können nämlich in gewissen Grenzen durch Mehrarbeit hinausgezögert und Arbeitskräfte aufgrund des betrieblich akkumulierten und verfügbaren Expertenwissens (wissenschaftlich-rationale Betriebsorganisation, zentralisierte Datenerfassungs- und Informationssysteme) durch Rationalisierungsmaßnahmen und technologische Innovationen ersetzt werden. Erst Arbeiterkoalitionen und gewerkschaftliche Streikfonds bieten die strategische Möglichkeit der kollektiven Arbeitsverweigerung, mit der die Nachfrager von Leistungsqualifikationen in gewisser Weise auch unter Zeitdruck (Verlust von Kunden und Wettbewerbsfähigkeit) gestellt werden können. Mit Blick auf die ungleiche materielle Ressourcenausstattung bemerkt allerdings Kreckel (1992, 169): "Die vielfach als gleichgewichtig eingeschätzten Kampfmittel 'Streik' und 'Aussperrung' sind von dieser materiellen Asymmetrie betroffen: Streikende Arbeitnehmer verlieren ihr Einkommen und damit ihre Existenzgrundlage, Kapital 'kann warten' und hat den längeren Atem. Die Gegenstrategie, auch auf Gewerkschaftsseite materielle Mittel anzusammeln und diese gegebenenfalls als Streikfonds zu nutzen, hat immer nur eine begrenzte Reichweite. Die materielle Überlegenheit der Kapitalseite bleibt davon unberührt."

Die Nachfrageseite verfügt in sachlicher Hinsicht über weitaus variablere Handlungsstrategien, der auf der Anbieterseite kaum vergleichbare Möglichkeiten gegenüberstehen. Das Arbeitsvermögen des Arbeitskraftanbieters ist an die Physis seiner Person gebunden, während Geldkapital auch in dieser Hinsicht äußerst flexibel ist (vgl. Kap. III.6). Einerseits kann Kapital innerhalb des physischen Mediums stofflich verwandelt werden, indem der materielle Träger ausgetauscht wird: Die Firma A in der metallverarbeitenden Branche wird verkauft und der Verkaufspreis X wird als Geldkapital durch den Ankauf der Firma B in der Dienstleistungsbranche re-investiert. Andererseits kann Kapital das physische Medium selbst abstreifen, indem der Gelderlös X nicht in Anlagen- und Immobilienkapital (Firma B) reinvestiert wird, sondern als Kredit- und Spekulationsgeld auf den internationalen Finanzmärkten gewinnbringend angelegt wird. Daraus folgt: Das Anlagenkapital wird durch seine Veräußerung gewissermaßen verflüssigt zu stofflich neutralem Geldkapital. Durch Verkauf einer Produktionsanlage kann beispielsweise der Gelderlös an einem anderen Standort wieder durch Ankauf von Produktionsanlagen reinvestiert werden. Durch diese *stoffliche Ungebundenheit* löst sich das Geldvermögen von konkreten materiellen Bezügen, wodurch es zugleich vom Prozeß des physischen Verfalls in der Zeit unabhängig wird. Insofern gründet die sachliche Flexibilität des Kapitals gewissermaßen auf der Chance, dingliches Warenkapital oder produktives Anlagenkapital in verschiedene stoffliche Träger zu transformieren und in der monetären Form des virtuellen Geldkapitals von der Physis selbst zu abstrahieren. Das zirkulierende Kapital wechselt unablässig seinen Aggregatzustand, indem es materialisiert (Anlageninvestition), entmaterialisert (Gelderlös, Zahlungsmittel) und wieder rematerialisiert (Reinvestition in Anlagen) wird.

Die Metamorphosen der Kapitalbewegungen umfassen das Medium der Waren, der produktiven Anlagen und des flüssigen Geldes (Liquidität): Die Ware verwandelt sich im Marktgeschäft zu Geld, das zum Ankauf von Produktionsanlagen, Rohstoffen, Energien, Halbfertigprodukten und Arbeitskräften investiert wird. Das investierte Kapital wird sodann im Produktionsprozeß in Güter umgewandelt, indem diese hergestellt und auf Warenmärkten wiederum verkauft werden, die Erlöse schließlich reinvestiert werden etc. Während die Arbeitskraft auf die Vermarktung ihres Leistungsvermögens angewiesen bleibt, kann das virtuelle Kapital sowohl auf Arbeitsmärkten investiert werden, zugleich aber auch auf *Immobilien-, Rohstoff- und Gütermärkten* (Ankauf von Grund- und Boden, Stoffen, Energie und (halb)fertigen Produkten), *Devisenmärkten* (Währungsspekulation im Wechselkursgeschäft) und *Kreditmärkten* (Verleihung von Geld gegen Zinsen und Gebühren) gewinnbringend bzw. ohne Wertverlust eingebracht werden. Die Nachfrager von Arbeitsqualifikationen besitzen gegenüber diesen selber eine "qualitative Mobilitätschance" (Offe/Hinrichs 1984, 53), mit der die berufsbezogene Weiterbildungslehrgänge und Umschulungsprogramme, die die Vermarktungschancen der Arbeitskraftanbieter verbessern sollen, nicht konkurrieren können: "Das konkrete Arbeits'vermögen', das die Anbieter von Arbeitskraft zu bieten haben, durchläuft, anders als das Kapital, keine Phase der 'Liquidität', in der es sich aller stofflichen Bestimmtheit entledigen und sozusagen ein neues Leben anfangen könnte; im buchtechnischen Sinne 'altert' das Kapital nicht, sondern bewegt sich in einem Kreislauf dauernder Erneuerung. Dagegen können die Anbieter von Arbeitskraft auch die Qualität ihres Angebots nur in engen Grenzen - und wiederum nur aufgrund externer (politischer) Hilfestellung (z.B. Umschulung) - variieren." (Ebd.)

5.3 Räumliche Dimension

Strategische Flexibilitätsvorteile besitzt die Nachfrageseite schließlich auch in räumlicher Hinsicht. Transnational operierende Großkonzerne können beispielsweise gezielt angekündigte Anlageinvestitionen zurückhalten, Kapital in andere Branchen transferieren und Produktionsanlagen in andere Weltregionen verlegen, die "günstigere" Arbeitsmarktbedingungen, Tarifvereinbarungen, staatliche Umweltschutzauflagen usw. bieten ("Billiglohnländer"). Trotz der kontinuierlich ansteigenden Zahl von Berufspendlern und den konjunkturell bedingten Wanderungsbewegungen von Arbeitsmigranten sind die Anbieter in Relation zu ihren Nachfragern an bestimmte Standorte gebunden: Sie sind vergleichsweise *räumlich indisponibel.* Wie Duda/Fehr (1988, 145) bemerken, wird zudem der Nutzen eines Ortswechsels für einen Arbeitskraftanbieter durch die "exogenen Mobilitätskosten" (Aufgabe sozialer Beziehungen, Suchkosten, Kosten des Wohnungswechsels, Schulwechsel, Verkauf von Hauseigentum) im allgemeinen selbst dann erheblich geschmälert, wenn das neue Beschäftigungsverhältnis vergleichbare Einkommenskonditionen und Arbeitsbedingungen bietet. Während Geldkapital auf globalen Kapitalmärkten zirkuliert und weltweit in diversen Produktionsstandorten investiert werden kann, ist der Mobilitätsfaktor der Anbieterseite einerseits durch soziale Bindungen und andere Verpflichtungen eingeschränkt; andererseits ist die Anbieterseite wenn nicht auf regionale, so doch auf nationalstaatliche oder zumindest kontinental begrenzte Arbeitsmärkte angewiesen. Den globalen Kapitalmärkten stehen demgegenüber eine Vielzahl von in aller Regel nationalstaatlich oder regional begrenzten Arbeitsmärkten gegenüber. Ein Beispiel: Während der Arbeitsmarkt der Europäischen Union, der nach wie vor in viele, mehr oder weniger voneinander abgetrennte nationalstaatliche Sektoren zergliedert ist, von dem südostasiatischen oder nordamerikanischen Arbeitsmarkt abgeschottet ist und umgekehrt, sickert das global vagabundierende Investiv- und Finanzkapital buchstäblich durch jede politische Grenze.

Die gegenüber der Nachfrageseite vergleichsweise bescheidene Ressourcenausstattung (Güter- und Geldbesitz), fehlendes Produktivvermögen wie auch die erörterten zeitlich, sachlich und räumlich bedingten Handlungsrestriktionen, denen die Arbeitskraftanbieter auf Arbeitsmärkten ausgesetzt sind, begrenzen zudem das Konfliktpotential, was sich wiederum negativ auf die Anzahl der verbliebenen Handlungsoptionen auswirkt. Das ungleiche Konfliktpotential zwischen der Angebots- und Nachfrageseite wird in Zeiten ökonomischer Rezession dadurch vergrößert, daß mit dem Abbau von Arbeitsstellen und dem weiteren Anstieg der Massenarbeitslosigkeit die strategische Handlungsoption der "Abwanderung" (Hirschman 1974; 1993, 168ff.), des Wechsels auf alternative Arbeitsstellen, stark eingeschränkt wird. Der allgemeine Verkaufszwang der Arbeitskraft stellt sich unter diesen Bedingungen dann tendenziell als konkreter Verkaufszwang gegenüber einem und nur einem Erwerbsunternehmen dar. Je weniger effektive alternative Handlungsoptionen - und d.h. in diesem Falle offene Arbeitsstellen - zur Verfügung stehen und je schmaler die Entscheidungslage wird, desto stumpfer werden auch die traditionellen Droh- und Konfliktmittel (Streik), die der gewerkschaftlich organisierten Anbieterseite in den westlichen Demokratien prinzipiell zur Verfügung stehen. In dem Maße, in dem die Konfliktfähigkeit abnimmt, wird auch die Konfliktbereitschaft spürbar gedämpft, was sich wiederum negativ auf das defensive Machtpotential der Angebotsseite auswirkt. Je geringer deren effektive Machtressourcen sind, um so anfälliger ist die Angebotsseite auch gegenüber den Machtdrohungen des Konfliktgegners. Das Risiko des Scheiterns im ökonomischen Macht- und Verteilungskampf kann in diesem Fall die Angebotsseite immer weniger auf sich nehmen. Denjenigen, die von Arbeitslosigkeit unmittelbar bedroht sind, sind buchstäblich die Hände gebunden.

Aus Sicht der mikroökonomischen Entscheidungstheorie verdeutlichen Duda/Fehr (1988, 142), daß der "Alternativnutzen" der Arbeitsanbieter durch "das Wohlstandsniveau der nächstbesten Alternative" resp. Beschäftigungsmöglichkeit bestimmt wird. Im Falle von struktureller Arbeitslosigkeit sinkt typischerweise das Wohlstandsniveau alternativer Arbeitsstellen, wodurch sich die Entscheidungslage der Angebotsseite verschlechtert und der Alternativnutzen sinkt. In dem Maße, in dem deren "Risikoaversion" (ebd., 147) ansteigt, nehmen auch die Marktchancen der Nachfrageseite zu. Demgegenüber steigt in Zeiten relativer Vollbeschäftigung das Alternativnutzenniveau der Anbieterseite auf Kosten des Machtumfangs der Nachfrageseite. Wie die historischen Erfahrungen der Weltwirtschaftskrise von 1929, aber auch die gegenwärtige internationale Rezessionsphase exemplarisch zeigen, verschärft sich in Zeiten ökonomischer Krisen das Machtungleichgewicht auf Arbeitsmärkten wieder zu Lasten der Anbieterseite, was scheinbar automatisch die defensive Machtpotenz der Gewerkschaften und die *bargaining power* der Beschäftigten z.T. erheblich beschneidet. Umgekehrt steigt mit der Kapitalausstattung und der in zeitlicher, sachlicher, räumlicher und stofflicher Hinsicht zu differenzierenden Handlungsflexibilität die Konfliktbereitschaft der Nachfrageseite, was ihr insbesondere in Zeiten von Massenentlassungen, Dauerarbeitslosigkeit und materieller Verarmung z.T. erhebliche strategische Vorteile gegenüber der Angebotsseite verschafft.

5.4 Der Arbeitskontrakt - Kontingenz und Konflikt

Trotz der strukturellen Vorteile der Nachfrageseite auf Arbeitsmärkten besitzt diese gleichwohl unter keinen Umständen die Chance, alle Marktmacht an sich zu reißen und die Entscheidungslage der Angebotsseite so weit einzuengen, daß der Umfang ihrer Handlungsmöglichkeiten dauerhaft gegen Null tendiert (Marktohnmacht). Die Machtasymmetrie des Arbeitsmarktes ist nicht als invariante Herrschaftsstruktur institutionalisiert, sondern nur *relational* zu bestimmen. Obwohl die Anbieter von Leistungsqualifikationen gegenüber der Nachfrageseite aus den oben genannten Gründen entscheidend benachteiligt sind, liegt kein einseitiges oder totales Machtverhältnis vor, welches etwa die Nachfrageseite dauerhaft in die Lage versetzen würde, auf institutionalisierte Verfahren der Konfliktregulierung und Tarifverhandlungen verzichten zu können und ihre Bedingungen des Arbeitsvertrages ohne Abstriche der Angebotsseite zu oktroyieren (Giddens 1979, 123f.). Schließlich geht aus der strukturellen Machtasymmetrie notwendig ein soziales

Konfliktpotential hervor, das allenfalls für einen begrenzten Zeitraum zu Gunsten einer Konfliktseite stillgelegt, aber nie aufgelöst werden kann.

Einerseits greift der moderne Sozialstaat unentwegt in das Arbeitsmarktgeschehen ein. Neben den individuellen und kollektiven Akteuren des Arbeitsmarktes, die sich verschiedener Handlungsstrategien bedienen, um das Wettbewerbsmodell zu ihren Gunsten zu verändern oder außer Kraft zu setzen ("Vermachtung") und ihre relative Marktposition gegenüber der anderen Seite oder gegenüber unliebsamen Mitkonkurrenten zu verbessern, tritt ein markt*externer* Akteur in Gestalt des modernen Staates auf, der die Angebots- und Nachfragekonditionen auf dem Arbeitsmarkt reguliert, um die sozialen Risiken, von der die Anbieterseite, wie gezeigt, in besonderer Weise betroffen ist, zumindest in begrenztem Umfang wohlfahrtsstaatlich abzumildern bzw. zu normalisieren. Während das Tarif- und Arbeitsrecht die Bildung von Koalitionen und korporativen Interessenorganisationen garantiert und die Rahmenbedingungen des Arbeitsvertrages gesetzlich festschreibt (Höchstarbeitszeit, Normalarbeitszeit usw.), stellen die kollektiven sozialen Sicherungssysteme der Arbeitslosen-, Unfall-, Kranken- und Rentenversicherung marktexterne Subsistenzquellen für jene Arbeitsmarktanbieter zur Verfügung, die erwerbslos oder nicht erwerbsfähig sind.[17]

Das relationale und zugleich konfliktgeladene Machtgefälle des Arbeitsmarktes ist andererseits in der besonderen Natur des Tauschobjektes des Arbeitsmarktes selbst zu suchen. Wie bereits Karl Polanyi in *The Great Transformation* (1978, 102ff.) herausgearbeitet hat, ist die menschliche Arbeitskraft im Unterschied zu dinglichen Waren, die auf Gütermärkten gehandelt werden, im gewissen Sinne nur eine "fiktive Ware", weil sie so behandelt wird, *als ob* sie eine normale Ware wäre, die mit anderen Waren wie Stühlen, Tischen oder Hosenknöpfen vergleichbar sei (vgl. Sombart 1969, III, 529). Im Gegensatz zu Güterwaren ist die spezifische "Ware" Arbeit nicht für den Verkauf "produziert", sondern ist unhintergehbar an ihren leibhaftigen Träger, den konkreten Menschen gebunden, der lediglich auf Arbeitsmärkten als Anbieter auftritt, um seinen Lebensunterhalt bestreiten zu können. Da der An-bieter von Arbeitsleistungen nicht uneingeschränkt mobil ist, kann er nicht beliebig hin und her geschoben und unterschiedslos eingesetzt werden. Auch kann das Angebot an Arbeitskräften nicht beliebig variiert werden, sondern ist an demographische Reproduktionsprozesse gebunden, die kaum kontrollierbar sind. Die Arbeit kann zudem von ihrem persönlichen Eigentümer nicht abgekoppelt werden. Genau genommen ist die Arbeitskraft selbst überhaupt nicht als Ware käuflich, sondern nur ihr "Vermögen zu arbeiten" (Berger/Offe 1984, 91). Dieses Arbeitsvermögen streift allerdings erst nach Abschluß eines Arbeitskontrakts seinen hypothetischen Charakter ab. Das Leistungs-

---

[17] Zu Geschichte, Struktur und Entwicklungstrends des modernen Sozialstaats in westlichen Industriegesellschaften unter besonderer Berücksichtigung der Bundesrepublik vgl. Müller-Jentsch (1986), Evers/Nowotny (1987), Heinze/Olk/Hilbert (1988), Alber (1989), Vobruda (1989), Ewald (1993), de Swaan (1993) und Nullmeier/Rüb (1993).

versprechen der Arbeitskraft, das in abstrakten Bildungszertifikaten und beruflichen Gratifikationen scheinbar objektiv garantiert wird, kann erst im konkreten Arbeitsprozeß in effektive Arbeits*leistungen* umgesetzt werden.

Offe/Hinrichs (1984, 54ff.) haben diese "Unbestimmtheit des Arbeitsvertrages" einer genaueren Analyse unterzogen: Der Arbeitsvertrag unterscheidet sich zunächst von anderen Kaufverträgen. Während beim Kauf von Dingen kontraktuell im Detail fixiert wird, welche Ware zu welchem Preis zu welcher Menge und zu welchem Zeitpunkt den Eigentümer wechselt, kann das Tauschobjekt des Arbeitsvertrages nicht exakt eigentumsrechtlich definiert noch in die absolute Verfügungsgewalt des Käufers übergehen. Der Käufer kann über das erworbene Ding nach seinem Belieben verfügen, ohne daß der Verkäufer auf die Art der Nutzung und Verwendung irgendeinen Einfluß nehmen kann. Demgegenüber ist das Direktionsrecht eines Unternehmers gegenüber "seinen" Arbeitskräften eingeschränkt. Der Arbeitskontrakt bleibt nämlich mit Blick auf die erst noch zu erbringende Leistung tendenziell unvollständig und unbestimmt; ihm fehlt jene Eindeutigkeit der Übertragung von Rechten, Leistungen und Ansprüchen, die alle anderen Kauf- und Mietverträge auszeichnen. Während ein gekauftes Gut dem Käufer im Rahmen geltenden Rechts in dessen uneingeschränkten Besitz übergeht und beliebig genutzt werden kann, ohne daß der Verkäufer die Art der Nutzung und Verwendung beeinflussen könnte, verhält es sich beim Kauf von Arbeitskräften anders. Im Arbeitsvertrag verpflichtet sich der Arbeitskraftkäufer für die Dauer seiner Geltung zu Lohnzahlungen in bestimmter Höhe. Die in Form der Arbeitsleistung zu erbringende Gegenleistung des Arbeitskraftbesitzers kann hingegen nur indirekt durch Entlohnungsformen (Zeitlohn, Stücklohn, Stundenlohn), Arbeitszeiten und Arbeitsplatzbeschreibungen kontraktuell festgelegt werden, die die äußeren Arbeitsbedingungen regeln. Der Unternehmer kauft nur das Recht, während bestimmter Zeitintervalle über die Arbeitskraft verfügen und Arbeitsanweisungen durch Vorgesetzte aussprechen zu können. Mit Blick auf die sachlichen Details der Arbeitsaufgaben, die Qualität und den Umfang der Arbeitsleistung, die Arbeitsintensität, die Umweltbedingungen des Arbeitsplatzes usw. beinhaltet der Arbeitskontrakt hingegen nur vage Bestimmungen. Aus diesem Grunde ist der Arbeitsvertrag auch nur als *Rahmenvertrag* zu kennzeichnen, der im Hinblick auf das faktische Leistungsverhalten der Arbeitskraft im Produktionsalltag ungeregelt ist und kontingente Momente enthält. Anders formuliert sind die durch den Arbeitsvertrag kodifizierten Verfügungsrechte notgedrungen unscharf definiert und im Hinblick auf das exakte Arbeitspensum, die Intensität der Arbeitsverausgabung sowie die Güte und Qualität der zu erbringenden Leistung immer lückenhaft. Im Anschluß an Polanyi und Offe faßt Kreckel (1992, 186) diesen Sachverhalt folgendermaßen zusammen: "Es sind Menschen, die nicht - wie Sklaven - als ganze zum Verkauf stehen. Sie gehen vielmehr, mehr oder weniger aus freien Stücken, einen Arbeitsvertrag mit dem Arbeitgeber ein. Gegen ein bestimmtes Entgelt und zu festgesetzten Konditionen verpflichten sie sich, entsprechende Arbeitsleistungen zu erbringen. Das heißt, der Arbeitsvertrag ist kein gewöhnlicher Kaufvertrag, bei dem die Ware vorbehaltlos in das Eigentum des Käufers übergeht. Denn als Person bleibt der Arbeitnehmer sein eigener Herr, nur als Erwerbstätiger muß er eine Fremdbestimmung durch den Unternehmer hinnehmen. Der Arbeitsvertrag ist somit ein zwar asymmetrischer, aber doch auf beidseitigen Rechten und Pflichten beruhender Vertrag, dessen Geltung gesetzlich und gewohnheitsrechtlich garantiert ist."[18]

Mit der physischen Einheit von Person und Arbeitsvermögen sind der rechtlichen Dispositionsmacht des Käufers von Leistungsqualifikationen über das lebendige Arbeitssubjekt faktische Grenzen gesetzt. Schließlich tritt das "Marktobjekt" Arbeitskraft als Individuum und damit als vollwertiges bürgerliches Rechtssubjekt auf: "Der Gebrauchswert, den ein Betrieb aus der Arbeitskraft zieht, ist quantitativ und qualitativ an die Subjektivität des Arbeitenden, an seinen Arbeitswillen, seine Arbeitsbereitschaft usw. gebunden, und Art und Menge der Leistungshergabe des Arbeitnehmers als des Partners des Arbeitsvertrages sind daher nicht in der Weise zu normieren, wie man etwa die Leistungswerte einer Maschine spezifizieren und zum Gegenstand von Kaufverträgen machen kann." (Offe/ Hinrichs 1984, 57) Individuelles Widerstandshandeln, Absentismus, Leistungsverweigerung und -zurückhaltung ("Bremsen") im betrieblichen Alltag verweisen auf diese *Einheit der Differenz von Arbeitsleistung und Arbeitskraft*. Genauso kann ein Arbeitsverhältnis nicht einzig und allein auf reinen Drohungen, Disziplinierungen und anderen Zwangsmaßnahmen beruhen, sondern muß konsensuell abgestützt sein, um Kooperation und Akzeptanz im Arbeitsprozeß zu gewährleisten. Oder anders formuliert: Die Arbeitskraft muß auch arbeiten *wollen*. Da das Arbeitsvermögen nicht von einer Person zu trennen ist, verfügt diese über eine begrenzte, gleichsam "negative Kontrolle" (Kößler 1993, 89) über die betriebliche

---

[18] Zum Problem der Unvollständigkeit und Durchsetzbarkeit des Arbeitskontraktes vgl. zudem Duda/Fehr (1988, 139ff.), die zwischen rechtlicher und faktischer Verfügungsgewalt über die Arbeitskraft unterscheiden. Auch Müller-Jentsch (1986, 27) betont, daß die Arbeitskraft insofern keine Ware oder Sache darstelle, die mit anderen Tauschgütern vergleichbar sei, als erstens *Warenverkäufer* und *Tauschobjekt* identisch seien und zweitens der Arbeitsvertrag nicht nur im Dienstleistungssektor, sondern auch im Produktionssektor hinsichtlich Arbeitsinhalt und Arbeitsintensität *unbestimmt* bleibe. Insbesondere in dieser zweiten Besonderheit des Arbeitsvertrags gegenüber anderen Kaufverträgen sieht er allerdings auch einen strategischen Vorteil für die Nachfrageseite. Zugleich werde nämlich der relativ unbestimmte Nutzungsspielraum der Arbeitskraft durch die vergleichsweise vagen inhaltlichen Fixierungen des Arbeitsvertrages vergrößert und könne sowohl in qualitativer als auch in quantitativer Hinsicht an die sich verändernden betrieblichen Erfordernisse angepaßt werden: Die Unbestimmtheiten des Arbeitsvertrages seien "notwendig für die Funktionsweise kapitalistisch organisierter Betriebe, denn sie erlauben den wechselnden Einsatz der Arbeitskraft je nach Produktionserfordernissen, die flexible Umsetzung bei arbeitsorganisatorischen und technologischen Rationalisierungen; kurz sie lassen dem Management Handlungsspielräume für Produktivitätssteigerungen und Arbeitsintensivierungen" (ebd.).

Verwendung der Arbeitsleistung, an der sich das unternehmerische Direktionsrecht und der betriebliche Kontrollanspruch bricht.[19] Vor diesem Hintergrund
zielen die verschiedenen betrieblichen Strategien der Rationalisierung und Mecha-
nisierung menschlicher Arbeit u.a. auch darauf ab, das Arbeitsvermögen von der
Arbeitsperson abzutrennen, um Arbeitskräfte durch technologische Systeme ersetzen zu können. Durch die Versachlichung des Arbeitsvermögens und die Technisierung des industriellen Arbeitshandelns wird schließlich die Arbeitsleistung von
der physischen Person abgekoppelt, indem sie von technischen Produktionsappa-
raturen übernommen und standardisiert wird.

Die unabwendbare industrielle Konfliktlogik liegt auf einer allgemeinen Ebene somit in der gegensätzlichen Interessenlage der Anbieter und Nachfrager auf
Arbeitsmärkten begründet, die beide spezifische Strategien zur Schonung und
Regenerierung bzw. Nutzungsoptimierung des Arbeitsvermögens entwickeln. Die
damit verbundene Konfliktkonstellation läßt sich an dem besonderen Charakter
des "Marktobjektes" Arbeitskraft ablesen. Während der Arbeitnehmer an der Reproduktion und der Erweiterung seines individuellen Arbeitsvermögens unmittelbar interessiert ist, "kauft" der Erwerbsbetrieb eine Arbeitskraft, um diese möglichst optimal wirtschaftlich nutzen zu können. Diese betriebsökonomische Aus-
schöpfung der Arbeitskraft ist allerdings noch keineswegs dadurch sichergestellt,
wenn der Arbeitsvertrag paraphiert wird und der Arbeitnehmer für die Dauer der
betrieblichen Arbeitszeit am vorgesehenen Arbeitsplatz anwesend ist.

Für Offe/Hinrichs (1984, 64) stellt sich der moderne Arbeitsmarkt als Machtverhältnis dar, das alle sozialen Lebensbereiche berührt und "in seinen Sog zieht".
Um ein gesellschaftliches Machtverhältnis handele es sich bei dem Arbeitsmarkt
deswegen, weil er "auf die für sich selbst völlig 'wertlose' Arbeitskraft einen
strukturellen Kontrahierungszwang ausübt und dabei die strukturell eingeschränkte Adaptivität der 'Ware' Arbeitskraft zum Vorteil der Nachfrageseite wirksam
werden läßt, die diesen Vorteil ihrerseits im Rahmen von prinzipiell 'unvollständi-
gen' Arbeitsverträgen auf dem Weg betrieblicher Organisation und Herrschaft
realisiert." (Ebd.) Während das betriebliche Arbeitsergebnis im Rahmen der unternehmerischen Direktionsmacht privatrechtlich angeeignet wird, wird bereits auf
dem Arbeitsmarkt die relationale Ungleichheit von Marktchancen zementiert.
Dieses arbeitsmarktbedingte Chancengefälle basiert, wie gezeigt wurde, letztlich
auf der ungleichen Verteilung materieller und monetärer Ressourcen, aus der sich
ungleiche Tauschchancen ableiten, die wiederum ungleiche Handlungsoptionen

---

[19]   Zum Problem der Transformation des Arbeitsvermögens in konkrete Arbeit vgl. zudem Seltz/Hildebrandt (1985, 94f. u. 97f.) sowie Dörr (1985, 136ff.). In diesen Zusammenhang sind u.a. auch die sog. "neuen Produktionskonzepte" (Kern/Schumann
1984) des Managements einzuordnen, den Beschäftigten im Produktionsalltag größere
Eigenständigkeit, dezentrale Entscheidungsbefugnisse und zeitliche und sachliche Dispositionsspielräume einzuräumen, um die "Arbeitsmotivation" zu steigern und bisher
ungenutzte Arbeitskenntnisse, Betriebserfahrungen, informelle Kommunikationskanäle, Leistungsreserven, Kreativitätspotentiale usw. besser ausschöpfen zu können.

im Marktgeschehen ermöglichen. Gleichwohl wird erst mit dem Verlassen des Arbeitsmarktes und dem Betreten des Produktionssektors durch das Werktor hindurch die Unterordnung der Arbeitskraft unter das unternehmerische Direktionsrecht unmittelbar erfahrbar. Im industriellen Alltag des Erwerbsbetriebes wird die strukturelle Machtasymmetrie allerdings nicht neu begründet, sondern findet gegenüber dem Arbeitsmarkt lediglich ihre Fortführung auf erweiterter Stufenleiter.

6. Das Geld

Im vorigen Abschnitt ist die Besonderheit des Arbeitsmarktes im System der Märkte betont worden. Einerseits wurde der Verkaufszwang auf Arbeitsmärkten, dem die Anbieterseite unterliegt, als prototypischer Strukturzwang erörtert. Andererseits sollte im Anschluß an Offes und Kreckels Überlegungen zur Soziologie des Arbeitsmarktes begründet werden, daß die strukturelle Machtüberlegenheit der Nachfrageseite des Arbeitsmarktes auf die ungleiche materielle Ressourcenausstattung zurückverweist. Diese Asymmetrie ist mit den strategischen Handlungspotentialen verklammert, über die die Anbieter- und Nachfragerseite auf dem Arbeitsmarkt und anderen Märkten verfügen können. Der vergleichsweise unbeweglichen und schwerfälligen Anbieterseite steht eine vergleichsweise bewegliche Nachfrageseite gegenüber, deren Handlungsflexibilität zu einem erheblichen Teil in der sozialen, stofflichen, zeitlichen und räumlichen Ungebundenheit des virtuellen Geldkapitals begründet ist. Im folgenden Abschnitt ist diese schillernde Machtpotenz des äußerst flexiblen und anpassungsfähigen Geldes genauer zu analysieren. Hiervon erhoffe ich mir Aufschlüsse bzgl. der Frage, warum formalisierte Machtbeziehungen, in denen das Befolgen von Befehlen durch die hierarchisch regulierte Organisationsmacht formaler Institutionen erzwungen und Gehorsam durch die Präsenz von Erzwingungsstäben abgesichert wird, als vergleichsweise ineffizient angesehen werden können.

Weber hat in *Wirtschaft und Gesellschaft* (1980, 42) die nicht unbedingt spektakuläre, aber zentrale Beobachtung gemacht, daß mit der gesellschaftsweiten Durchsetzung der Geldwirtschaft eine "zunehmende Verwandlung ökonomischer Chancen in solche: über Geldbeträge verfügen zu können" einhergeht. Wie weiter oben gezeigt wurde, sind die Möglichkeiten des Erwerbs von und der Verfügung über Geld mit der jeweiligen Stellung auf dem Arbeitsmarkt verschränkt. Auch die allgemeinen Kreditgewährungs- bzw. Kreditnahmechancen sind übrigens in diesem Zusammenhang zu beurteilen. Darüber hinaus sollte herausgearbeitet werden, daß der Arbeitsmarkt nicht nur eine ökonomische Institution zur Allokation von Arbeitsvermögen darstellt, sondern seine herausragende gesellschaftliche Bedeutung zugleich darin begründet ist, daß auf ihm die ungleiche Teilhabe an ge-

sellschaftlichen Lebenschancen präjudiziert wird und ungleiche Lebensrisiken zugewiesen und zementiert werden. Im Falle des Geldes verhält es sich nicht anders.
In der Studie *Grundzüge einer Soziologie des Geldes* hat Heinemann (1969, 2) die
herausragende gesellschaftliche Bedeutung des Geldes in der Moderne hervorgehoben und bemerkt, "daß Geldbesitz und Geldgebrauch nicht bloß die ökonomischen, sondern zugleich viele soziale Chancen und Möglichkeiten festlegen
oder eröffnen und damit zum zentralen, quantitativen Indikator gesellschaftlicher
Positionen werden". In Fortführung dieser Überlegung ist im folgenden genauer
zu begründen, warum die Geldform bezüglich der Produktion und Reproduktion
sozialer Macht keinen neutralen Status besitzt, sondern umgekehrt zur Objektiva-
tion gesellschaftlicher Ungleichheitsverhältnisse gerinnt. Insbesondere ist danach
zu fragen, warum die Verfügung über monetäre Ressourcen in modernen Marktgesellschaften als typischer Indikator sozialer Ungleichheit anzusehen ist. Hierbei
ist von der Annahme auszugehen, daß Geld unter bestimmten Bedingungen ein
verallgemeinertes Konzentrat sozialer Tauschchancen darstellt.[20] Von besonde-

---

[20]   Genauer gesagt ist Geld nicht gleich Geld. Um die Besonderheiten des Geldmediums
machttheoretisch entschlüsseln zu können, ist die *Kaufkraftpotenz* des Geldes in einfachen Marktbeziehungen (Kauf und Verkauf einer Leistung gegen Geld) von dem *Erwerbsvermögen* des Geldes (Kapitalbildungspotenz) in der erweiterten Warenproduk-
tion für Märkte (Produktion von Mehrwerten) analytisch zu unterscheiden. Während
im ersten stationär-kreisförmigen Fall ein Produktbesitzer eine Ware gegen Geld verkauft, um von diesem Geld Waren zu erwerben, die er benötigt, ist im zweiten akku-
mulativ-spiralförmigen Fall die Ware nur Vehikel der Erhöhung des Verkaufserlöses:
Ware wird mit Geld gekauft, um Ware produzieren zu können, die gegen mehr Geld
verkauft werden kann. Statt "verkaufen, um zu kaufen", heißt es nun: "kaufen, um teurer zu verkaufen" (Marx 1983a, 162). Geld wird eingesetzt, um mehr Geld zu erwirtschaften, genauer: es wird als Kapital eingesetzt. Der Differenzierung des Geldes in
eine Kaufkraft- und Kapitalbildungsfunktion liegt die machttheoretische Überlegung
zugrunde, daß die im bloßen Geldbesitz verborgenen und durch ihn gespeisten
Tauschchancen lediglich als *embryonale* Machtform des Geldkapitals aufzufassen
sind. Schließlich ist Geldvermögen nicht identisch mit Geldkapital, auch wenn das
bloße Verfügenkönnen über Liquidität eine notwendige Voraussetzung für die Verwandlung von Geld in Erwerbsvermögen ist. Während die produktive Verfügung und
Verwendung von Geldkapital auf die Mehrung der Geldressourcen, d.h. auf die Wert-
schaffung durch Marktproduktion abzielt, kann der schlichte Geldbesitz typischerweise nur aufgespart oder verwendet - d.h. schrittweise aufgezehrt - werden, bis er zur
Gänze aufgebraucht ist. Insofern stehen auch die Machtchancen des bloßen Geldbesitzers den Machtchancen des Geldkapitalbesitzers in allem nach. Während jene typischerweise auf den engeren Bereich der Konsumtionssphäre beschränkt bleiben, können diese am wirkungsvollsten in der Produktionssphäre oder auf Geldmärkten (Währungsspekulation, Kreditgeschäft) realisiert werden. Siehe bereits Sombart (1969, III,
168ff.), der mit der Unterscheidung zwischen "potentiellem" und "aktuellem Kapital"
die Verwandlung ersparter Beträge in produktive Zwecke beschreibt. Es ist ein Defizit
der Geldsoziologie Simmels (1989), zwischen der Kaufkraft- und Kapitalbildungs-
möglichkeit der Geldform nicht systematisch unterschieden zu haben. Bei Heinemanns

rem soziologischen Interesse sind die in der Geldform schlummernden Tauschchancen, welche sowohl in sachlicher, sozialer, zeitlicher und räumlicher Hinsicht
differenziert zu betrachten sind (III.6.2). Bevor allerdings die spezifische Tausch-
potenz des Geldes unter die soziologische Lupe genommen werden kann, sind einige grundlegende Bemerkungen zur Funktion des Geldes (III.6.1) voranzustellen.

6.1 Generalisierung von Tauschchancen

Wie bereits in Kapitel II.A.3 dargestellt, übt Geld in funktionalen Marktbeziehungen eine tragende Entlastungsfunktion aus, die im Hinblick auf die Machtproblematik zu spezifizieren ist. In wirtschaftssoziologischen Betrachtungen werden in Analogie zur ökonomischen Theorie typischerweise drei konstitutive Funktionen des Geldes voneinander unterschieden, um seine Leistungsfähigkeit genauer bestimmen zu können: Geld als Tausch- und Zahlungsmittel, als Rechenmittel
und als Wertaufbewahrungsmittel.[21] Als *Tauschmittel* ermöglicht Geld *erstens* die
Chance, es gegen andere Güter einzutauschen (vgl. Weber 1980, 39). Wer Geld
als Tauschmittel annimmt, handelt in der Erwartung, daß noch unbestimmte Dritte
das Geld für den Kauf unbestimmter Objekte akzeptieren werden. Historische
Voraussetzung der generalisierten Tauschfunktion des Geldes ist die Aufhebung
von sozialen Tauschbarrieren durch die Institution der Vertragsfreiheit und des
freien Gütermarktes. Geld ist weiter insofern *Zahlungsmittel*, als für die "Erfüllung bestimmter paktierter oder oktroyierter Leistungspflichten die Geltung seiner
Hingabe als Erfüllung konventionell oder rechtlich garantiert ist" (ebd.). Zudem
ermöglicht die Geldform "'unvollständige' Tauschhandlungen. Anbieter und
Nachfrager von Gütern können unter Ausschaltung beliebiger Zwischenglieder
den unmittelbaren Austausch zeitlich aufschieben und räumlich verlagern (...). In
dem Maße, in dem Geld als allgemeiner Liquiditätsträger, als Ausdruck der Zahlungsfähigkeit akzeptiert wird, können komplexe Systeme gesellschaftlicher Arbeitsteilung entstehen, deren Teilnehmer an Handlungsspielraum gewinnen."
(Fürstenberg 1988, 60) Die allgemeine Anerkennung des Geldes als Tausch- und
Zahlungsmittel basiert auf dem vorbehaltlosen Vertrauen in den relativen Geldwert. Diese Wertstabilität garantiert die Eintauschbarkeit und die Wiederverwend-
barkeit des Geldes zu verhältnismäßig stabilen Austauschrelationen. Sie begünstigt dadurch den weithin unproblematischen Vollzug des Marktgeschäfts. Bezüg-

---

markt- und geldsoziologischen Überlegungen verhält es sich ähnlich. Hierzu vgl. auch
Türk (1987, 241).

[21] Ökonomische Theorien sind über diese Bestimmungen im wesentlichen nicht hinaus-
gekommen (vgl. exemplarisch Borchert 1992). Einen wirtschaftssoziologischen Zugang zur Geldproblematik bietet der zusammenfassende Überblick von Fürstenberg
(1988).

lich des Geldwertes werden auf Seiten der Marktakteure spezifische Handlungs-
unsicherheiten abgebaut und Erwartungssicherheiten befestigt. Der Besitz von
Geld offeriert zudem den "indirekte(n) Tausch" (Weber 1980, 41), der die Vervielfältigung und Flexibilisierung von Tauschbeziehungen vorantreibt und die ört-
liche, zeitliche, personale und mengenmäßige "Trennung der jeweils zum Abtau-
schen bestimmten Güter von den zum Eintausch begehrten" (ebd.) erlaubt.[22] Das
geldförmige Austauschmedium des Marktes ermöglicht *zweitens* als einheitliches
Verrechnungsinstrument, die Wertrelationen beliebiger Güter und Dienstleistungen mit gleichem Maß zu bestimmen und ihren Austausch formal rechenhaft zu
handhaben. Dadurch kann der Wert einer Leistung genau fixiert, im Preis ausgedrückt und mit anderen Leistungen wertmäßig verglichen werden. Es liegt nahe,
daß diese Kommensurabilität des Geldes nicht nur die formale Rationalität und
Leistungseffizienz eines isolierten Tauschaktes steigert, sondern erst recht auch
die eines Systems differenzierter Leistungsbewegungen. Ökonomische Transaktionen werden mit Hilfe des rechenhaften Geldes abgewickelt, wodurch die Entscheidungen der Erwerbsbetriebe überschaubarer und kontrollierbarer werden. Insofern bietet Geld als allgemeines Äquivalent der Waren die Möglichkeit zur
vergleichenden Nutzenabschätzung (Wertmesserfunktion).[23] *Drittens* fungiert
Geld nicht nur als gegenwärtig nutzbares Mittel, sondern kann auch zur "Sicherung künftiger Verfügungsgewalt über Eintauschchancen" (Weber 1980, 42)
beliebig angehäuft oder gespart werden. Mit anderen Worten kann der Geldeigen-

---

[22]   Das Geld ist für Simmel (1989) ein historisch entstandenes Medium, das Tauschbeziehungen versachlicht und objektiviert - und deshalb auch vereinfacht. Nach Baecker
(1988, 98) erlaubt das Geld, wirtschaftliche Prozesse "in Episoden zu gliedern und dadurch handhabbar zu machen". Der Leasing-Kontrakt ist ein typisches Beispiel. Vgl.
auch Weber (1980, 41), für den durch den Geldgebrauch die "Bemessung gestundeter
Leistungen, insbesondere: Gegenleistungen beim Tausch (Schulden), in Geldbeträgen"
möglich wird.

[23]   Zur formalen Rationalität und zur Entlastungsfunktion des Geldes vgl. Kap. II.A. Die
Funktion des Geldes als *reine* Rechengröße wird durch den Übergang vom Münzgeld
zum Papiergeld eingeläutet. Fürstenberg (1988, 62) hebt hervor: "Durch die fixierte
Relation zu einer Edelmetallbasis blieb das Münzgeld bis in die Gegenwart hinein
immer noch auf einen substantiellen 'Warenwert' bezogen, wenn auch der staatlich gewährleistete Annahmezwang letztlich ausschlaggebend war. Die Einführung von Papiergeld bringt die endgültige Ablösung vom substanzgebundenen Eigenwert und be-
reitet die Verwendung von Geld als reine Rechengröße (Giralgeld) vor, deren Gebrauch im täglichen Leben lediglich eines Legitimationsnachweises (Scheckkarte,
Kreditkarte) bedarf." Diese historische Entwicklung des Geldes von der *Substanz* des
Natural- und Münzgeldes zur *Funktion* des Papier- und Giralgeldes - Fürstenberg
spricht an gleicher Stelle auch von der "Entmaterialisierung des Geldes" (ebd.) - beschleunigt die Entwicklung hin zur Tauschfreiheit auch in sozialer, zeitlicher sowie
räumlicher Hinsicht und verbessert damit die Tauschchancen des Geldbesitzers in erheblichem Umfang.

tümer Arbeitserträge und andere ökonomische Werte deponieren und Tauschentscheidungen vertagen.

Über diese herkömmliche Bestimmung des Geldes hinaus ist aus machttheoretischer Perspektive die herausragende Bedeutung des Geldes *viertens* darin zu sehen, nicht nur Beschaffungsmittel für Güter zu sein, sondern auch *Finanzierungsmittel* für investive und produktive Tätigkeiten bereitzustellen. Schließlich ist die Verfügung über Geldressourcen bzw. die Chance der Geldbeschaffung auf Finanzmärkten durch Kreditnahme eine unabdingbare Voraussetzung zur Bildung, Zirkulation und Akkumulation von Kapital.[24] Unter Nachweis entsprechender Kreditwürdigkeit, die etwa durch den Vermögensnachweis oder die Offenlegung der Zins- und Hypothekenbelastung überprüft werden kann, können Unternehmen trotz akuter Liquiditätslücken Finanzierungsmittel erwerben, um Erweiterungsinvestitionen gerade dann vornehmen zu können, wenn es ökonomisch am sinnvollsten ist und profitable Marktchancen locken. Diese knappen Überlegungen zur Funktionsbestimmung des Geldes sind zum Ausgangspunkt der folgenden machttheoretischen Annäherung an die Geldform zu machen.

6.2 Geld als Konzentrat von Tauschchancen

Simmel hat in der *Philosophie des Geldes* die herausragende gesellschaftliche Bedeutung des Geldes in der Moderne u.a. darauf zurückgeführt, daß es als abstraktes und zugleich absolutes Mittel die absolute Geltung von konkret bestimmbaren Dingen zur Disposition stelle und die Tauschrelation der Dinge selbständig zum Ausdruck bringe: "Geld ist das 'Geltende' schlechthin (...). Alle anderen Dinge haben einen bestimmten Inhalt und gelten deshalb; das Geld umgekehrt hat seinen Inhalt davon, daß es gilt, es ist das zur Substanz erstarrte Gelten, das Gelten der Dinge ohne die Dinge selbst. Indem es so das Sublimat der Relativität der Dinge ist, scheint es selbst dieser entzogen zu sein" (1989, 124). Indem das Geld als abstrakter Vermögenswert die "Relativität der Dinge" bemesse, sei es selbst zum objektiven, quantitativen Wertmaßstab der Dinge geworden. Tauschtheoretisch folgt hieraus: Wenn Geld die konkrete Form der Dinge negiert und ihre beliebige Tauschbarkeit signalisiert, wird es allgegenwärtig nutzbar. Wenn von den wenigen Refugien nicht marktfähiger, d.h. nicht geldwerter Güter und Dienstleistungen abgesehen wird, kann mit Geld jeder geldbesitzende Akteur zu jeder Zeit und an jedem Ort jedes gewünschte Gut kaufen. Geld ist universelles Zahlungsmittel, das im Austausch für Leistungen aller Art allgemein akzeptiert wird. Geld drückt als absolutes Mittel alle Sachwerte aus und verkörpert alle Zwecke, so daß

---

[24] Siehe am prominentesten nach wie vor bei Marx (1983a). Mit den Worten Webers (1980, 111) ist Geld ein "Mittel der Kapitalgüterbeschaffung". Gerloff (1952, 165ff.) spricht von der "Kapitalfunktion" des Geldes.

es zum Kauf unbestimmter marktfähiger Leistungen von unbestimmten Dritten
verwendet werden kann. Mit der Annahme von Geld kann der Geldeigentümer
"Tauschmöglichkeiten eintauschen" (Luhmann 1988, 230) und vergrößert damit
seine Chancen, zwischen einer nahezu unendlichen Zahl heterogenster Tauschoptionen auswählen zu können. Genauer betrachtet verfügt der Empfänger einer
Geldzahlung über eine potente - weil allgemeine - *Kaufkraft für beliebige Zwecke
in festen quantitativen Grenzen.* Die Möglichkeiten, erworbenes Geld zu verwenden, ist lediglich durch die Summe begrenzt, über die der Geldbesitzer verfügt,
während das Geld hinsichtlich der Zweckverwendung offen ist. Von Offenheit
kann insofern gesprochen werden, als Geld von einer bestimmten Tauschchance
abstrahiert und die Tausch*chancen* vervielfältigt. Diese Tauschchancen nehmen
proportional mit der Menge der verfügbaren Geldressourcen zu.

Der Geldbesitzer entscheidet eigenmächtig darüber, wann und wie er sein
Geld ausgibt, was und mit wem er tauscht; er kann jedoch nicht unendliche viele
Güter kaufen und unendliche viele Dienstleistungen in Anspruch nehmen. Dadurch wird dem Geldbesitzer jedoch ein "Höchstmaß an Verwendungsfreiheit"
(Luhmann 1988, 248) bei begrenzter Güterwahl zugesprochen. In dem Maße wie
die Einlösung des Geldes nicht an spezifische Leistungsgruppen oder Warentypen
gebunden ist, sind seine "Einflußmöglichkeiten auf eine beliebige Zahl nicht standardisierter Mittel verteilt. Daher sind Einflußwege und Einflußinhalte nur schwer
generalisierbar und sozial normierbar" (Heinemann 1969, 76). In einen ähnlichen
Zusammenhang hat bereits Weber (1980, 99) die Funktion des Geldes als
Tauschmittel gestellt und von der Chance gesprochen, "daß es von unbestimmt
vielen Anderen gegen bestimmte oder unbestimmte gedachte Güter künftig in
einer (ungefähr geschätzten) Preisrelation" getauscht werden kann. Sobald ein
Ding einen Preis hat und als Leistung auf Warenmärkten angeboten wird, kann es
durch Geld ausnahmslos von jedem Geldbesitzer gekauft werden.

Die Geldwertstabilität angenommen, symbolisiert das Geld als gemeinsamer
Code aller Tauschvorgänge zwischen ego und alter das "generalisierte Dritte"
(Haesler 1993, 229). Diese Funktion des Geldes, zwei unterschiedliche Tauschobjekte unter Bezugnahme auf ein abstraktes Drittes zu vergleichen, läßt bereits erkennen, daß es nichts anderes als die beliebige Tauschbarkeit der Objekte signalisiert - jedenfalls solange diese einen spezifischen Geldwert besitzen. Beim Uni-
versalmedium Geld handelt es sich deshalb um eine allgemeine Kaufkraft von
herausragender gesellschaftlicher Bedeutung. Dem Geldbesitzer wird nämlich ein
sachlicher Leistungsanspruch zugesprochen, dessen Geltung nicht auf spezifische
Inhalte und Nutzungsbereiche beschränkt ist, sondern auf beliebige Leistungska-
tegorien übertragen und in beliebigen Tauschbeziehungen jederzeit eingelöst werden kann. Zugleich ermöglicht die beliebige Teilbarkeit des Geldes die zweckmäßige Stückelung der inhaltlich unspezifischen Leistungsansprüche auf verschiedene Objekte und Handlungsfelder. Und schließlich sind die durch Geld dokumentierten Leistungsansprüche nicht an die Einlösung durch bestimmte Personen

gebunden, sondern beliebig übertragbar.[25] Deshalb weisen auch die potentiellen Kaufkraftchancen des Geldes[26] über die individuellen Bedürfnispräferenzen und Handlungsintentionen seines aktuellen Besitzers hinaus.

Da Geld als allgemeiner Stellvertreter für Kaufkraftchancen fungiert, verfügt der Besitzer von Geldvermögen über das prominenteste *Zugangsmittel* zu allgemeinen Lebenschancen. Geld berechtigt nicht nur, wie etwa eine Theaterkarte, zum Besuch einer ganz bestimmten Veranstaltung, oder, wie etwa das Bahnticket oder die Lebensmittelkarte, zum Empfang einer ganz bestimmten Leistung, sondern erlaubt in den Grenzen der verfügbaren Geldmenge den Zugriff auf knappe Leistungen beliebiger Art. Aus diesem Grunde symbolisiert Geld buchstäblich eine allgemeine Eintrittskarte zu den knappen Leistungen einer Gesellschaft.[27] Die Tauschchancen des Geldes sind gleichwohl in ihrem Umfang dadurch begrenzt, daß die jeweiligen Marktakteure nur über genau fixierbare Werteinheiten des

---

[25] Die Verwendbarkeit des Geldes ist "unabhängig von seiner Herkunft, und das bewirkt nicht zuletzt, daß geliehenes Geld ebenso verwendet werden kann wie sauer verdientes." (Luhmann 1988, 247)

[26] Geld ist keine Machtsubstanz an und für sich, sondern muß als Konsumtions- oder Erwerbsmittel eingesetzt werden, damit seine Machtpotenz faktisch wird. Wer nur abstraktes Geld besitzt, besitzt nichts Konkretes, über das er verfügen und bestimmen könnte; erst wenn mit Geld Leistungen auf Güter- und Arbeitsmärkten gekauft werden, um konsumtive oder Erwerbschancen auszunutzen, wird - in unterschiedlichen Maße - die Machtpotenz des Geldes aktiviert. In diesem Sinne bietet der reine Geldbesitz nur *potentielle* Leistungsansprüche.

[27] Vgl. hierzu die allgemeine soziologische Bestimmung des Geldes von Heinemann (1969, 2), der über herkömmliche wirtschaftswissenschaftliche Definitionen hinausgeht und Geld als "normierte Darstellung hochabstrakter sozialer Erwartungs- und Anspruchsstrukturen" interpretiert. Heinemann (ebd., 51) spricht in Anlehnung an Kehl (1952) auch vom Geld als einer Sonderform von "Scheinen", die zweifelsfrei "Leistungsansprüche" dokumentieren. Geld ermöglicht in festen quantitativen Grenzen "individuelle Entscheidungsfreiheit in der Befriedigung der Bedürfnisse; es eröffnet die Freiheit der Wahl. So ist das Geld als eine nur zahlenmäßig begrenzte Beteiligungsmöglichkeit am Sozialprodukt eine lediglich quantitativ festgelegte, im übrigen aber unbestimmte und für beliebige Dispositionen offene Einflußerwartung. Es ist frei für beliebige Konkretisierungen." (Heinemann 1987c, 329) Durch diese relative Dispositionsfreiheit schafft Geld eine hohe Flexibilität und Anpassungsfähigkeit an differenzierte, wechselnde Bedürfnislagen und unvorhersehbare Anforderungen des Marktgeschehens. Bereits Marx beschreibt Geld als allgemeines Äquivalent: Der Geldbesitzer verfüge über eine "allgemeine Ware" (1983a, 150). Deswegen repräsentiere Geld auch die "stets schlagfertige, absolut gesellschaftliche Form des Reichtums" (ebd., 145). Im Anschluß an Parsons und Luhmann vertritt Buß (1985, 83) die Auffassung, daß Geld im soziologischen Sinne keine Handelsware darstelle, sondern ein bloßes Kommunikationsmedium. Dagegen sieht Fürstenberg (1988, 60) in der "Liquiditätseigenschaft des Geldes seinen Eigenwert" begründet. Wenn Geld nämlich zu einem bestimmten Preis (Zins) gekauft werde, werde dafür bezahlt, daß *Kaufkraft verfügbar* sei.

Geldes verfügen. Hieraus lassen sich quantitativ ungleiche Kaufkraftchancen ableiten, die qualitativ extrem ungleiche Handlungsoptionen eröffnen: Ein Arbeitnehmer, der über ein effektives Geldeinkommen von monatlich 2500,- DM verfügt, kann nur auf die embryonale Machtpotenz des Geldes (vgl. Fn. 20) zurückgreifen, indem er die verfügbare Kaufkraft nutzt und als Konsumtionsmittel aufbraucht, um die eigene physische und soziale Reproduktion sicherzustellen, während der Geldkapitalbesitzer Geld als Erwerbsvermögen verwendet, um es zu vermehren, indem er monetäre Ressourcen produktiv investiert oder zinsbringend anlegt.

Die in der Geldform schlummernde universelle Verfügungschance beruht, wie gesehen, auf der allgemeinen Kaufkraft des Geldes, die wiederum auf seine Funktion als allgemeines Tausch- und Zahlungsmittel zurückgeführt wurde. Deshalb ist praktisch auch die *Monopolstellung* des Geldes in Marktkontrakten gesichert, so daß über den Besitz von Geldressourcen der Zugang zu und die Verwendung von Sachmitteln reguliert wird. Heinemann (1987c, 327) folgert hieraus: "Die Möglichkeit der Bedürfnisbefriedigung und damit die Chance der Beeinflussung anderer werden auf den Besitz eines Mittels konzentriert und damit die Abhängigkeiten auf einen Punkt - den Besitz des Geldes - gebündelt. Die Chance der Einflußnahme leitet sich somit einzig aus dem Besitz dieses einen Mittels ab. Je entwickelter und differenzierter das Wirtschaftssystem ist, um so kleiner wird für den einzelnen die Möglichkeit, sich von der Teilhabe an dem zentralen Steuerungsmedium Geld (etwa durch die Verweigerung der Annahme im Kauf) auszuschließen." Zwingend ergeben sich aus dieser Monopolstellung des Geldes spezifische Abhängigkeiten, da die Nichtbesitzer von Geld von der Möglichkeit, Leistungen aller Art käuflich zu erwerben, ausgeschlossen sind. Im Marktgeschehen ist das geldarme Subjekt kaum tauschfähig, weil Geldbesitz die einzige Form der Teilnahme am Tauschhandel darstellt. Über Geldmittel zu verfügen ist die Voraussetzung dafür, an Tauschgeschehen teilnehmen zu können; umgekehrt führt Mittellosigkeit zum Ausschluß von Nutzungsrechten beliebiger Leistungen, ohne daß dies im Lichte der Öffentlichkeit formell erklärt werden muß. Geld signalisiert somit immer schon die Möglichkeit des *privilegierten Zugriffs auf allgemeine Nutzungsrechte* wie die der *Exklusion Dritter von allgemeinen Verfügungschancen*. Der ausgeschlossene Dritte steht gewissermaßen im Schatten der exklusiven Zurechnung von allgemeinen Nutzungsrechten, die das Geld implizit vornimmt.

Aus der Tausch- und Zahlungsmittelfunktion folgt weiterhin, daß die in der Geldform konzentrierte Tauschchance nicht an konkrete Besitzobjekte gebunden ist. Simmel etwa sieht die immense Machtchance des Geldbesitzes in der Steigerung der allgemeinen Eigentumschancen begründet. Sacheigentum definiert Simmel (1989, 413) zunächst als "sozial garantierte Potenzialität der vollständigen Nutznießungen eines Objektes". Während sich das Eigentum an einer Sache in der ausschließlichen Nutzung *dieses* und *nicht* jenes Gutes erschöpfe, werde durch den Besitz des Geldes "nicht nur der Besitz desselben, sondern eben damit der

Besitz sehr viel anderer Dinge zugesichert. Wenn jedes Eigentum an einer Sache nur die Möglichkeit derjenigen Nutznießung bedeutet, die die Natur dieser Sache gestattet, so bedeutet Eigentum an Geld die Möglichkeit der Nutznießung unbestimmt vieler Sachen" (ebd., 413). Insofern erzeugt Geld eine "höhere Potenz des allgemeinen Eigentumsbegriffes" (ebd.). Die Fixierung auf den Eigentumstitel *eines* Gutes werde durch die potentielle Unendlichkeit des Zugriffs auf *beliebige* Objekte ersetzt. Schließlich besitze das stofflich formlose Geld einen "absolut flüssigen Körper, der (...) jegliche Form annimmt, keine aber sozusagen in sich selbst ausprägt, sondern jede Bestimmtheit derselben erst von dem umschließenden Körper erhält" (ebd., 439). Und an anderer Stelle heißt es bei Simmel (1986, 84) zur beliebigen Richtung der Geldverwendung: "Mit Hilfe des Geldes können wir den Wert des Objektes in jede beliebige Form gießen, während er vorher in diese eine gebannt war; mit dem Geld in der Tasche sind wir frei, während uns vorher der Gegenstand von den Bedingungen seiner Konservierung und Fruktifizierung abhängig machte." Ganz in diesem Sinne beschreibt auch Luhmann (1988, 197) das Eigentum als einen "Aggregatzustand von Geld, als eine festgelegte Geldsumme, als Investition oder als Ware". In der entwickelten Geldwirtschaft kontrolliere nicht mehr das Sacheigentum den Tausch, sondern "der Tausch, der in der Form von Zahlungen abgewickelt wird, das Eigentum. Man behält oder verkauft Eigentum unter dem Gesichtspunkt der Verluste und Gewinne, die es verursacht." (Ebd.)

Die Macht des Geldes relativiert den gesellschaftlichen Stellenwert des Eigentums als Besitz von *Dingen*, da es die hieraus ableitbaren Verfügungsrechte generalisiert. Da jedes Eigentumsrecht ein Ausschlußrecht von Dritten impliziert, erlaubt der sachliche Eigentumstitel, anderen die Nutzung des abgrenzbaren und zurechenbaren Eigentums zu verwehren. Demgegenüber ermöglicht der Geldbesitz entsprechend der verfügbaren Menge, Dritte von der Nutzung unbestimmter Eigentumsoptionen auszuschließen. So betrachtet ist Geld ein *abstrakter Eigentumstitel*, der die Institution des sachlich konkreten Eigentums transzendiert. Dieser durch den Geldbesitz verbürgte abstrakte Eigentumstitel ist durch keine rechtliche Beziehung eines konkreten Subjekts zu einem konkreten Objekt gekennzeichnet, sondern garantiert ein Höchstmaß an sachlicher Verfügungsfreiheit über unbestimmte Objekte. Mit den Worten von Aglietta (1993, 184) liegt die immense Bedeutung des Geldes in der "unbestimmten Potentialität" seiner Möglichkeiten begründet. Geld repräsentiert einen allgemeinen, aber gegenwärtig uneingelösten Eigentumstitel, der erst mit der Zur-Ware-Werdung des Geldes (Warenkauf gegen Geld) eingelöst wird, jederzeit aber wieder in den buchstäblichen Wartezustand der Geldform (Warenverkauf gegen Geld) zurückübertragen werden kann.

Wie aufgezeigt sind die unbegrenzten Verwertungschancen des Geldes nicht an den dauerhaften Besitz eines konkreten Objektes gebunden. Entweder kann ein Eigentumstitel durch Verkauf an eine andere (natürliche oder juristische) Person übertragen und ein anderer Eigentumstitel durch Kauf erworben werden. Oder es können spezifische Nutzleistungen gegen Gelderlöse für eine bestimmte Zeitspanne erworben werden, ohne selbst direkter Eigentümer der Güter auf Dauer zu werden. Im Miet- und Pachtvertrag ist beispielsweise die (exklusive oder anteilige) konsumtive oder produktive Verwendung eines Gutes vor dem Zugriff Dritter auf Zeit geschützt. Gleichwohl erlischt nach Ablauf, Nichtverlängerung oder Kündigung des Miet- oder Pachtvertrages das zeitlich übertragene Nutzungsrecht des Mieters bzw. Pächters und kehrt in die exklusive Verfügungsgewalt des Eigentümers zurück.

Geld kann jederzeit durch den Kauf eines Sachobjektes vergegenständlicht und durch seinen Verkauf wieder dematerialisiert bzw. verflüssigt werden. Geld kann zinsbringend als Kredit oder Darlehen an Dritte kurzfristig oder langfristig verliehen, im Aktiengeschäft gegen Eigentumsteilhabe Dritten überlassen, im Devisengeschäft in ausländische Währungen konvertiert oder durch den Neukauf eines Objektes wieder vergegenständlicht werden. Und vor allem: Geld kann als Erwerbsvermögen produktiv investiert werden, wenn Arbeitsmittel (Rohstoffe), Produktionsanlagen (Technologien, Fabrikgebäude) und Arbeitskräfte zum Zwekke der Produktion eines ökonomischen Mehrprodukts und d.h.: zum Zwecke der Geldakkumulation gekauft werden, um das produzierte Gut schließlich für mehr Geld wieder verkaufen zu können. Diese fließende Verwandlung des Geldkapitals in Produktivkapital (Lohnkapital und Sachkapital/Anlagevermögen) und Warenbestände (Umlaufvermögen in Gestalt von Verkaufsvorräten) sowie die Rückverwandlung des produzierten Gutes in liquide Beträge (Verkaufserlöse) ist beliebig wiederholbar.[28] Der Geldkapitalbesitzer kann dadurch seine Strategien der Geldanlage diversifizieren, um wirtschaftliche Risiken, die kaum auszuschließen sind, breit zu streuen und auf mehrere Anlagesektoren zu verteilen; er kann sich aber auch bald der einen, bald der anderen Form von Geldanlage zuwenden, je nach dem, was gerade günstig erscheint, und so den Geldertrag, die Verkaufserlöse, die Dividenden oder die Kursgewinne maximieren. Von besonderer Bedeutung ist also, daß der Geldbesitzer nicht etwa an jene Einflußchancen gebunden ist, die auf Waren- und Arbeitsmärkten durch den Kauf von Produkten und Arbeitsvermögen realisierbar sind, sondern jederzeit auf den immateriellen Geldmarkt ausweichen kann, um dort als Anleger oder Gläubiger andere Einflußchancen wahrnehmen zu können: In diesem Falle fungiert Geld weder als Zirkulationsmittel, um Handelsgeschäfte zu ermöglichen noch als Finanzierungsmittel für investive und produktive Tätigkeiten. Im Kreditgeschäft wird Geld vielmehr selbst zu einer "handel-

---

[28]   Geld unterscheidet sich von allen anderen Waren durch sein Verwandlungsvermögen, seine Fähigkeit also, sich in jede beliebige andere Ware zu verwandeln. Vgl. hierzu Marx' unübertroffene Analyse der Zirkulation bzw. des Reproduktionsprozesses des Geldkapitals im zweiten Band des *Kapitals* (1983b, 31ff.), in der die einzelnen Stadien - "Metamorphosen" - (Geldkapital, Warenkapital und produktives Kapital) rekonstruiert werden: G-W...P...W'-G'. Zur Verwandlung von Geld in Kapital siehe auch die einschlägigen Passagen im ersten Band des *Kapitals* (1983a, 161ff.).

baren Ware" (Altvater 1992a, 77), die gegen einen bestimmten Preis (Zinssatz) an einen Kreditnehmer verliehen wird.[29]

Geld abstrahiert nicht nur von sachlichen Bezügen, sondern emanzipiert sich zugleich von allen reziproken Systemen unentgeltlicher Verpflichtungen, indem es an deren Stelle das Prinzip der Entgeltlichkeit setzt. Aufgrund seiner formal rationalen Rechenhaftigkeit ist das abstrakte Geld ein quantifizierendes Mittel, das soziale Wertgefüge ausnahmslos relativiert: Diese abstrakte Rechenfunktion des Geldes sieht von jeder Moraldiktion ab. Geld ist weder an traditionsverbürgende Konventionen noch an statusbezogene Moralcodes (z.B. Ehre) gebunden. Es verlöre sein Funktion, wenn seine Geltung von askriptiven Merkmalen der Tauschakteure wie Herkunft, Geschlecht, Ethnie oder Konfession abhinge. Geld, das in die Welt des Status einbricht, ist eine "moralische Ökonomie" (Thompson 1980) von traditionalen oder posttraditionalen Anrechten und Verpflichtungen fremd. Und ganz im Gegensatz zum modernen Sacheigentum gibt es keine sozialstaatlich garantierte Sozialbindungsklausel des Geldes. Schließlich reduziert sich die Verfügung über Geldbeträge weder auf die Machtchance über einen konkreten Gruppenverband von herrschaftlich Unterworfenen noch auf das Verfügenkönnen über konkrete leblose Gegenstände und Dinge. So wie sich das Geld nicht an den "Schranken des Besitzens" (Simmel 1989, 441) von physischen Objekten stößt, durchlöchern Geldströme auf legalem oder illegalem Wege jede von der Gesellschaft noch so sorgfältig gezogene soziale Barriere, egal ob es sich hierbei um die Grenzziehung von Nationalstaaten, ethnische Abschottungen, Klassenschranken oder milieubedingte Distinktionen handelt. Kurzum, Geld überspringt den Lebenswelthorizont einzelner Sozialmilieus und Gruppen und verstärkt als "interkulturelles Tauschmedium" (Buß 1985, 86) Prozesse der Akkulturation. Maßeinheit aller Leistungen ist abstraktes Geld, das verschlossene Türen öffnet, umständliche Wege abkürzt, das Entscheidungsprocedere verschlangt und alle nicht auf Geldbesitz beruhenden Formen sozialer Schließung wie Ämterpatronage, Klientelismus und Nepotismus unterminiert.

Metaphorisch gesprochen ist das *unsichtbare* Geld *namenlos*. Beispielsweise kann ein politischer Führer von seiner Gefolgschaft ("Parteibasis") "im Stich" gelassen werden, wenn er die in ihn gesetzten Erwartungen enttäuscht; auch kann ein Verwaltungsdirektor von den Untergebenen unter Legitimationsdruck geraten. Hingegen ist die Kaufkraftchance des Geldes in normativer Hinsicht unanfällig. Die reine Geldform kann nämlich keinen Legitimationskredit verspielen: sie neu-

---

[29] Am Beispiel der internationalen Finanzmärkte wäre zu problematisieren, inwieweit sich Geldkapitalbewegungen vom Referenzhorizont des realwirtschaftlichen Produktions- und Tauschsystems abgelöst haben. Zur Entkopplungsproblematik und zum kontinuierlichen Zuwachs des Finanzsektors und des Spekulationsgeschäftes in der gegenwärtigen Weltwirtschaft vgl. neben Strange (1986), Welzk (1986), Hickel (1988), Hübner (1988) vor allem Altvater (1992a, 143ff.). Einen knappen Überblick über die Auseinanderentwicklung des internationalen Kredit- und Handelsvolumens im Zeitraum von 1974 bis 1991 bietet Hauchler (1993, 217ff.).

tralisiert zumindest im Geltungsbereich funktionaler Marktprozesse traditionelle Wertbezüge und Legitimitätsmaßstäbe. Durch die Flexibilität des Geldmediums in der Zirkulationssphäre werden im Gegensatz zu Sacheigentümern dem Geldkapitalbesitzer im besonderen außergewöhnliche und variable Chancen geboten, Einfluß und Kontrolle auszuüben und Macht zu akkumulieren, ohne ins Zwielicht repressiver Handlungen zu geraten oder dem Verdacht der gewaltförmigen Unterdrückung ausgesetzt zu sein. Die Autorität eines charismatischen Führers tritt ebenso hinter die funktionale Bestimmung des Geldes wie die den Attributen einer Person zugeschriebene auratische "Ausstrahlung".

Unter Bedingungen relativer Wertstabilität ist das im Geld verborgene Leistungsversprechen "zeitstabil" (Luhmann 1988, 253). Das Vertrauen in die Leistungsfähigkeit des Geldes schwindet nicht automatisch, wenn es zunächst aufbewahrt und erst mit einiger zeitlicher Verzögerung gegen Leistungen eingelöst wird. Geld fungiert auch dann noch als ein allgemein respektiertes Zahlungsmittel, wenn der Zeitpunkt seiner Aktivierung aufgrund unabsehbarer Marktturbulenzen in der Gegenwart und unter Wahrung günstigerer Marktchancen in der Zukunft hinausgezögert wird. Seine Kaufkraftpotenz ist nicht an bestimmte Termine und Fristen gebunden. Geld "überbrückt Zeitdifferenzen" und versetzt damit seinen Besitzer in die Lage, "Entscheidungen zu vertagen im Hinblick auf andere Situationen, andere Partner, andere Bedingungen, andere Bedürfnisse; und es stellt zugleich sicher, daß es verfügbar bleibt" (ebd.). Im Gegensatz zu anderen Leistungsdokumenten ist das sachlich unbestimmte Geld typischerweise offen für den beliebigen Zeitpunkt seiner Einlösung: Ein Theaterabonnement ist für eine Theatersaison gültig, eine Fußballdauerkarte verfällt mit dem Abpfiff des letzten Heimspiels der laufenden Meisterschaft, während es dem Geldbesitzer aufgrund der "formalen Dauergeltung" (Heinemann 1969, 107) des Geldes überlassen bleibt, wann er konsumtiv oder investiv tätig werden will. Darüber hinaus bleibt die Geldform gegenüber Besitztiteln an Sachobjekten vom sprichwörtlichen Zahn der Zeit unbehelligt, der den physischen Wertverlust schleichend aber unerbittlich vorantreibt. Geld unterliegt keinen biologischen, chemischen oder physikalischen Verfalls- bzw. Regenerationszeiten. Sodann ist seine Verwendung vom temporären Horizont individueller Lebenserwartungen abgelöst. Mit dem Tod des Geldbesitzers erlischt deshalb auch keineswegs das Kaufkraftpotential des Geldes. Die Geldform stellt ein *entkörperlichtes Medium* dar, das "jeden Augenblick mit der gleichen Frische und Wirksamkeit" (Simmel 1989, 691) auftritt.

Noch in anderer Hinsicht kann die Nutzung von geldförmigen Leistungsansprüchen auf die Zukunft übertragen werden. Aus der Eigenschaft des Geldes, als physisch ungreifbares, zeitunabhängiges Medium zu fungieren, ergibt sich zwingend die Möglichkeit, Geldvermögen anzuhäufen oder auszuleihen. Mit den Worten von Fürstenberg (1988, 61) kann Geld nämlich zugleich als "sparfähige und ausleihbare Kaufkraft" genutzt werden. Unter Bedingungen ausreichender Stabilität des Geldwertes erleichtert Geld in seiner Funktion als Wertaufbewahrungsmittel die Speicherung von Kaufkraft, wodurch potentielle Verfügungschancen gegenwärtig eingefroren werden, um sie in Zukunft einlösen zu können. Geringe Inflation und damit die wertstabile Einlösung angenommen, ist das Geld ohne Wertverlust jederzeit nutzbar; mit der Folge, daß das in ihm liegende Versprechen auf Leistungsansprüche konserviert wird. Geld löst sich folglich von starren Zeitrestriktionen, denen die Nutzung physischer Objekte aller Art aufgrund ihrer elementaren Stofflichkeit unhintergehbar unterworfen bleiben. Geld muß nicht sofort, d.h. zum Zeitpunkt seiner Übertragung auf den gegenwärtigen Besitzer, ausgegeben oder investiert werden, sondern kann mit Blick auf spätere Marktsituationen, die günstigere Nutzungschancen (Investitionsklima, Angebotskonstellation, Kreditaufnahmebedingungen, Renditeerwartungen, Arbeitskosten usw.) versprechen, gehortet oder in Wertpapiere, Goldvermögen oder andere Wertobjekte angelegt werden. Geldbesitzer entscheiden folglich nicht nur über Art und Weise der Geldverwendung selbständig, sondern befinden auch darüber, zu welchem Zeitpunkt die verfügbaren Geldsummen verwendet werden sollen. Geld ermöglicht "zeitliche Tauschfreiheit" (Borchert 1992, 22), da die Chancen des indirekten Tausches in zeitlicher Hinsicht enorm ausgeweitet werden.

Neben der Wertaufbewahrungsfunktion ist das Kreditgeschäft ein besonders gutes Beispiel, um zu verdeutlichen, daß Geld die Übertragung von Leistungsansprüchen, die in der Gegenwart erworben wurden, auf die Zukunft ermöglicht. Im Geld- bzw. Kreditgeschäft wird schließlich nur für einen überschaubaren Zeitraum auf das Leistungspotential des Geldes verzichtet. Die Dauergeltung des Geldes erlaubt beispielsweise dem Kreditgeber, monetäre Ressourcen für einen bestimmten Zeitraum gegen Entgelt (Zinsen) Dritten zu überlassen, ohne daß dadurch seine eigene Verfügungschance nach Ablauf der Frist beeinträchtigt wird. Das Kreditgeschäft ermöglicht sozusagen den *intertemporalen Tausch*, da zukünftige Leistungen auf die Gegenwart diskontiert werden. Ohne an dieser Stelle im einzelnen zwischen verschiedenen Kreditarten im Marktgeschehen (z.B. privater Konsumentenkredit, Hypothekendarlehen, Geschäftskredit, Zirkulations- und Produktionskredit) unterscheiden und auf ihre Auswirkungen auf das Verhältnis zwischen Kreditgeber und Kreditnehmer eingehen zu können, kann der Kredit ganz allgemein als "ausleihbare Überlassung von Gegenwartsgütern oder Geld gegen Zukunftsgüter" (ebd., 26) bestimmt werden. Da im Kreditgeschäft dem Kreditnehmer gegen die vertragliche Zusage der zukünftigen Gegenleistung leihweise Kaufmittel gewährt werden, über die er aus welchen Gründen auch immer gegenwärtig nicht verfügt, sind für diesen zeitliche Vorgriffe auf zukünftige Verfügungschancen möglich. Allerdings bilden sich insbesondere dann einseitige wirtschaftliche Abhängigkeitsstrukturen zu Lasten des Kreditnehmers heraus, wenn die verfügbaren Finanzmittel den Schuldendienst, also Tilgung und Zinsen, nicht mehr bedienen können und die Zinslast den Kreditnehmer in seinen wirtschaftlichen Möglichkeiten erdrückt (Überschuldungsproblem, Schuldenspirale). Schließlich ist für den Erwerb von Liquidität an den Kreditgeber ein "intertemporaler Preis" (Altvater 1992b, 108) in Form einer Zinsrate zu entrichten. Die Verpflichtung der Schuldners gegenüber dem Gläubiger wird intertemporalisiert, indem jener an diesen auch in Zukunft für die gegenwärtige Überlassung von Kaufkraft die kontraktuell fixierten Zinsen für die Dauer der Kreditlaufzeit zu jeweiligen Zeitpunkten und Zeitintervallen zu zahlen hat. Dadurch fällt den einflußreichen Kreditinstituten und Banken die kaum zu überschätzende Chance der wirtschaftlichen Konzentration und Machtballung zu, welche sie in die Lage versetzt, Geldströme zu lenken, Investitionen zu kontrollieren, Unternehmensbeteiligungen durch den Ankauf von Aktienpaketen zu erwerben, Kredite selektiv nach Wohlgefälligkeit zu gewähren, das sogenannte Depotstimmrecht (aufgrund der von Bankkunden hinterlegten Aktien) wahrzunehmen usw. (Fürstenberg 1988, 66).

Diese allgemeinen Überlegungen zur zeitlichen Unanfälligkeit des Geldes sind gleichwohl zu spezifizieren. Am Beispiel extremer Wertinstabilitäten und den verteilungspolitischen Folgewirkungen einer aus der Währungskrise erwachsenden Währungsreform kann nämlich illustriert werden, daß das Einflußpotential des reinen Geldbesitzers auf tönernen Füßen steht: Wenn man von alltäglichen, in allen modernen Volkswirtschaften zu beobachtenden schleichenden Inflationsprozessen absieht, steigt im Extremfall der galoppierenden Inflation, der sogenannten Hyperinflation, das Preisniveau rapide an, während der reale Geldwert proportional sinkt. Die Geldentwertung kommt folglich einem entsprechenden Kaufkraftverlust gleich; mit der bekannten Konsequenz, daß auch die im Geld dokumentierten Leistungsversprechen entwertet werden. Idealtypisch betrachtet bietet natürlich die sachliche Flexibilität des Geldes einen Ausweg, um der drohenden Geldentwertung zuvorzukommen: die sprichwörtliche Flucht in die Sachwerte. Geldressourcen können nämlich zur Sicherung des Vermögens in andere Wertträger transferiert werden. Schließlich ist die mehr oder weniger verläßliche Wertstabilität von Sachobjekten wie Immobilien und Kapitalanlagen wie Goldreserven auch in Zeiten einer akuten Währungskrise garantiert. Wie sich leicht am Beispiel der Hyperinflation zu Beginn der 1920er Jahre in der Weimarer Republik aufzeigen läßt, sind gleichwohl in der Praxis Sachvermögensbesitzer und Schuldner gegenüber Geldvermögensbesitzern und Gläubigern strukturell im Vorteil, wodurch die ungleiche Einkommens- und Vermögensverteilung weiter verschärft wird: Mit dem Anstieg des Preisniveaus sinkt der Wert der Forderung des Gläubigers, da Hypothekenpfandbriefe, Rentenpapiere und Lebensversicherungen mit zunehmender Inflationsrate zugunsten des Schuldners an Wert einbüßen. Dies trifft insbesondere für Kleingläubiger mit geringen Spareinlagen zu, die in aller Regel keinen entsprechenden Inflationszuschlag auf den Zins durchsetzen können. Die Stellung der Eigentümer von Sachgütern wird zugleich dadurch gestärkt, daß eventuelle Hypothekenbelastungen durch die Inflation geschmälert oder sogar gänzlich getilgt werden. Während Sacheigentümer durch die Inflation Ansprüche Dritter auf ihr Eigentum abschütteln können und unter Umständen sogar schuldenfrei werden, verlieren die Inhaber von kleinen Geldvermögen im Zuge der Entwertung der Spareinlagen ihre bescheidene Vermögensbasis. Die in zeitlicher Hinsicht durchaus labile Machtpotenz des Geldes ist somit nur durch seine Verwandlung in andere Sachkapitalwerte zu stabilisieren. Umgekehrt nimmt im Zeichen einer Deflation die Kaufkraft des Geldes zu, so daß Barvermögen im Vergleich zum Grundbesitz an Wert gewinnt; und schließlich erzielt der Kreditgeber im Kreditgeschäft Kaufkraftgewinne, weil er mehr an Kaufkraft vom Kreditnehmer zurückbekommt als er an diesen verliehen hat.

Die Verwendungschancen des Geldes sind schließlich nicht mehr auf Tauschbeziehungen innerhalb regionaler, nationalstaatlicher oder kontinentaler Wirtschaftsstandorte begrenzbar. Mit der Liberalisierung des Welthandels und der Durchsetzung eines transnationalen Marktes für Investitions- und Konsumgüter ist die Globalisierung monetärer Beziehungen verbunden. Geld kann je nach Konjunkturlage und Renditeerwartung weltweit in der Eisen- und Rohstoffindustrie, der Automobilbranche, der Chemieindustrie, der Gentechnologie, der Atomwirtschaft usw. investiert werden. Die Anlageformen des Geldes sind jedoch nicht auf Direktinvestitionen in den produktiven Kernsektoren der Wirtschaft beschränkt. Der globale Geldmarkt macht darüber hinaus transnationale Kredit-, Währungs- und Aktiengeschäfte und andere spekulative Kapitalbewegungen an den Börsen möglich, denen in Relation zu produktiven Direktinvestionen eine zunehmend größere Bedeutung zufällt. Dadurch kann privates Geldkapital von einem Land ins andere transferiert werden, um ausländische Devisen, Aktien, Wertpapiere oder Schuldverschreibungen zu erwerben und sie auf diese Weise zu verzinsen.[30]

Im Hinblick auf die Machtproblematik des Geldes ist folgendes festzuhalten: Während leibliche Personen an das elementare Medium der Physis gebunden sind, abstrahiert das global disponible Geldkapital von allen räumlichen Bezügen der sozialen Welt. Auf internationalen Devisenmärkten werden nationale Geldwährungen zu spezifischen Wechselkursen mit anderen Währungen gehandelt. Schon aufgrund dieser Konvertibilität ist Geld ein universelles Zahlungsmittel, das die globalen Handelsströme, Direktinvestitionen, Kreditbeziehungen, Devisenspekulationen und Finanztransaktionen überhaupt erst ermöglicht: Kurz, "Weltgeld" (Marx) vermittelt die transnationalen Handels- und Geldgeschäfte und überbrückt in Milliardenhöhe und in Sekundenbruchteilen räumlich-geographische Distanzen. Diese Entwicklung wäre ohne die Hilfe der digitalisierten Kommunikationstechnologien undenkbar. Als generalisiertes Tauschmedium ermöglicht die Geldform im Geldgeschäft eine "zeitliche Verbindung zwischen Vergangenheit, Gegenwart und Zukunft" und im Investitionsgeschäft eine "räumliche zwischen ver-

---

[30] Zur Transnationalisierung des Geldes vgl. Narr/Schubert (1994, 95ff.). Die transnationalen Bankforderungen beliefen sich Ende 1990 auf annähernd 7200 Mrd. US-Dollar. Auch die zunehmende Transnationalisierung des Vermögens, die an einer erhöhten Kapitalmobilität abzulesen ist, läßt sich empirisch belegen: Der Export und Import von Kapital ist im Zeitraum von 1985 bis 1991 stark angestiegen. Das US-Vermögen im Ausland stieg von 1253 Mrd. auf 1960 Mrd. US-Dollar, während sich das ausländische Vermögen in den USA von 1114 Mrd. auf 2322 Mrd. US-Dollar mehr als verdoppelte. Die entsprechenden Zahlen für die Bundesrepublik lauten: von 349 Mrd. auf 1152 Mrd. US-Dollar bzw. von 289 Mrd. auf 812 Mrd. US-Dollar; für Japan: von 438 Mrd. auf 2007 Mrd. US-Dollar bzw. von 308 Mrd. auf 1623 Mrd. US-Dollar.

schiedenen nationalen Währungsräumen" (Altvater 1992a, 131). Das stofflich ungebundene, immaterielle Geld kann in konsumtive Güter und andere Eigentumsobjekte verwandelt, im Ausland direkt investiert, in ausländische Währungen konvertiert oder in Kreditgeschäften und Wertpapieren wie Bundesanleihen und Aktienpaketen zinsbringend angelegt werden. Kurzum, vor diesem Hintergrund erscheint Geld in seiner Form als *mobiles* Medium wie maßgeschneidert für die Bedürfnisse der an Umfang, Reichweite und Geschwindigkeit gesteigerten Marktbeziehungen.

Die aus der Funktionsbestimmung des Geldes abgeleiteten Überlegungen zur
monetären Machtpotenz können abschließend folgendermaßen zusammengefaßt
werden: Da knappe Konsumtions- und Investitionsgüter nicht auf dem Verwal-
tungswege administrativ zugeteilt, sondern gegen Geld auf Märkten erworben
werden, wird dem Geldbesitzer zugesichert, aus dem Sozialprodukt Güter- und
Dienstleistungen seiner Wahl zu kaufen sowie sie frei und disponibel für beliebige
konsumtive oder produktive Zwecke nutzen zu können. Genauer formuliert ist
derjenige Marktakteur *aktueller Träger ökonomischer Macht*, der Geld hat oder
Geld schöpfen kann und damit über Teile des Produktionsapparates und des Sozialproduktes verfügen kann. Die in der Geldform dokumentierten Tauschchancen
sind nur durch die verfügbare Geldmenge begrenzt, nicht jedoch aufgrund immanenter Nutzungsschranken, die die Geldverwendung in Tauschbeziehungen begrenzen.

Im Geldmedium sind tendenziell alle traditionellen Begrenzungen sozialer,
sachlicher, zeitlicher und räumlicher Art aufgehoben oder doch zumindest neutralisiert.[31] Wie aufgezeigt ist *erstens* die Geldform aufgrund ihrer sozial indifferenten Verwendungszwecke nicht in ein Netz sozial reziproker Verpflichtungen
eingespannt. Das zirkulierende, "bewegliche und freizügige" (Weber 1980, 649)
Geld besitzt eine personal unabhängige Existenz, die keinen normativen Fremderwartungen ausgesetzt ist. Deshalb kann das Marktgeschäft mit beliebigen Dritten abgeschlossen werden, ohne daß daraus über den sachlichen Geschäftskontrakt hinausgehende soziale Ansprüche welcher Art auch immer abgeleitet werden
könnten. Gegenüber der Sachlichkeit von Leistung und Gegenleistung ist die soziale Herkunft und gegenwärtige Stellung des Tauschadressaten von sekundärer
Bedeutung. Die Marktakteure sind durch "nichts als das im Geld restlos ausdrück-
bare Interesse" (Simmel 1989, 396) miteinander verbunden; ihre Persönlichkeits-

---

[31]   Vgl. zusammenfassend Heinemann (1987c, 329f.), der die zeitliche, sachliche und
       soziale bzw. personale Verallgemeinerung des Geldmediums betont, ohne allerdings
       die räumliche Dimension in seine Überlegungen systematisch einzubeziehen. Ganz
       ähnlich bereits Luhmann (1968, 205), der die "Generalisierung von Tauschchancen"
       lediglich in zeitlicher, sachlicher und sozialer Hinsicht betrachtet. Treffend bemerkt
       jedoch Luhmann, daß die "generalisierende(n) Indifferenz" des Geldes "ein notwendi-
       ges Komplement für hochgradige Spezifikation der Systeminteressen, eine unentbehr-
       liche Rückendeckung" (ebd., 206) darstelle. Eine machttheoretische Perspektivierung
       der Geldthematik sucht man bei Heinemann und Luhmann allerdings vergeblich.

profile verblassen hinter den Funktionsrollen, die sie ausüben. Aus diesem Grunde entzieht sich auch die konzentrierte und reine Macht des Geldes der autoritativen Macht des Befehls. *Zweitens* ist die Kaufkraft des Geldes auch in sachlicher Hinsicht mehr oder weniger ungebunden. Die Machtchancen des Geldes bestehen streng genommen nicht in der unmittelbaren Verfügungsmacht des Eigentümers über *konkrete* Sachgüter, Immobilien und Produktionsanlagen, Wertpapiere und Goldbestände, Arbeits- und Dienstleistungen, sondern in der potentiellen privaten Nutzungsermächtigung über beliebige Wertobjekte, deren Nutzungsrechte in den Grenzen der verfügbaren Geldmenge zur Durchsetzung der eigenen wirtschaftlichen Interessen gegenüber Dritten ge- und verkauft werden können. Alle tauschfähigen Güter und Dienste können unabhängig von ihrer sachlichen Verschiedenheit für Geld erworben, gemietet oder gepachtet werden. Zudem wechselt Geldkapital unentwegt seinen Aggregatzustand, indem es sich von der Warenform löst, um sich in liquide Mittel zu verwandeln bzw. in Warenform (Kauf) rückzuverwandeln, wenn vorteilhaftere Geschäfte winken. *Drittens* ist in temporaler Hinsicht die Einlösung des Geldvermögens in Kaufkraft oder Erwerbsmittel nicht an spezifische Zeitpunkte und -horizonte gebunden. Wie darüber hinaus am Beispiel des Kreditgeschäfts angedeutet wurde, werden ökonomische Abhängigkeiten zu Gunsten des Gläubigers auf Dauer gestellt und abgesichert, während für den Schuldner zukünftige Verfügungschancen gegenwärtig verfügbar werden, obwohl dies der aktuelle Liquiditätsengpaß eigentlich nicht zuläßt. Diese Einflußchancen werden schließlich *viertens* durch die räumlich indifferenten Verwendungsmöglichkeiten des Geldes tendenziell globalisiert und im Zuge weltweiter Finanztransaktionen flexibilisiert. Kurzum, Geld erweitert in beispielloser Weise die sozialen, sachlichen, zeitlichen und räumlichen Tauschmöglichkeiten seines Eigentümers.

Geld überwindet als Gleitmittel eines arbeitsteiligen Produktionssystems die engen Schranken des reziproken Naturaltausches und entkoppelt ökonomische Transaktionen von der traditionalen Lebenswirklichkeit, die der physischen Unmittelbarkeit und dem sozialen Nahbereich des Einzelnen verhaftet bleibt. Insbesondere entziehen sich globale Geldströme dem räumlich-zeitlichen Handlungskosmos und Aktionsradius des isolierten Individuums und seinen sachlichen Realitätsbezügen (Physis), durchdringen als digitalisierte Zeichen in Bruchteilen von Sekunden raum-zeitliche Entfernungen und sickern durch jede von der Gesellschaft noch so sorgfältig gezogene Grenze. Die "subversiven" Wege des Geldes bleiben den Individuen, die unhintergehbar an räumliche Standorte (Lebenswelten) und zeitliche Horizonte (Biographie) gebunden sind, für immer verschlossen. Das virtuelle, stofflich ungebundene Geld, das an jedem Ort und zu jeder Zeit beliebig und unbegrenzt in Devisen, Kreditgeschäften, Wertpapieren und Anleihen angelegt oder in Grund und Boden oder andere Sachobjekte verwandelt werden kann, vagabundiert buchstäblich zwischen unterschiedlichen Anlageobjekten im *intermateriellen* Raum der Zirkulationssphäre. Die in sachlicher, sozialer, zeitlicher und räumlicher Hinsicht disponible Geldform ist im Gegensatz zu leibhaftigen Individuen nicht an das elementare Medium der Physis gebunden. Geld ist schließlich von allen *materialen* Zwecken und Bestimmungen der Produktion, die sich in konkreten Gebrauchswerten ausdrücken, befreit.

Geld ist ein flüchtiges Medium, dessen konsumtive oder kapitalschöpfende Verwendung weder an bestimmbare soziale Beziehungen und Personen noch an konkrete, gegenständliche Eigentumstitel und zeitlich und räumlich umgrenzte Horizonte gebunden ist. Da Geld als abstraktes Mittel des Marktes hinsichtlich der vier erörterten Dimensionen allgemeine Geltung besitzt, kann es problemlos in *wechselnde Verwendungsrechte* eingelöst und beliebig übertragen werden. Aus diesem ausschließlichen Mittelcharakter des Geldes schlußfolgert Simmel (1989, 414): "Die völlige Unabhängigkeit des Geldes von seiner Genesis, sein eminent unhistorischer Charakter spiegelt sich nach vorwärts in der absoluten Unbestimmtheit seiner Verwendung." Geld ist *frei übertragbar.* In dieser sozialen, sachlichen, zeitlichen und räumlichen Dispositionsfreiheit liegt auch die immense Potentialisierung und Flexibilisierung, Dynamisierung und Mobilisierung der Macht des Geldes begründet. Kurz: *Die Indifferenz des Geldes ist Garant für die historisch beipiellosen Machtkonzentrate, die in den Tauschmöglichkeiten des Geldes bzw. Geldkapitals potentiell eingelassen sind.* Indem abstraktes Geld sich von allen Bezügen ablöst, erscheint es in seiner *unbegrenzten Zweckbestimmung* als *selbständiger und ungreifbarer Träger von transformierbaren und generalisierten Tauschchancen.* Die Tauschchancen des Geldes sind nicht zuletzt deswegen objektiviert, weil sie sich vom begrenzten Handlungshorizont des isolierten Subjekts abgekoppelt und hinsichtlich des Umfangs, der Reichweite und der Geschwindigkeit der Tauschvorgänge in eine Sphäre verlagert haben, die seine kognitiven Aufnahmekapazitäten überfordert und seinen überschaubaren Beobachtungsradius überschreitet. Simmel (1989, 395) bemerkt treffend, daß die "unendliche Biegsamkeit und Teilbarkeit" des Geldes eine "Vielheit ökonomischer Abhängigkeiten ermöglicht", die nicht an ein stabiles personales Unterordnungsverhältnis zwischen Herr und Knecht gebunden sind, sondern sich an stets wandelnde Situationen und Konstellationen anschmiegen können. In jedem Fall hört Geld auf, eine ausschließlich *private* Ressource zu sein, die den Güterkauf ermöglicht und die Speicherung von Kaufkraft erleichtert, wenn wirtschaftliche Akteure über potente monetäre Ressourcen verfügen und diese nicht nur als privates Beschaffungsmittel für Güter verwenden, sondern auch als Finanzierungsmittel für investive und produktive Tätigkeiten einsetzen. Anders formuliert nimmt Geld immer dann einen originär "politischen Charakter" (Walzer 1992, 185) an, wenn es einen *exklusiven* Zugriff auf relevante Teile des Produktionsapparates und des Sozialproduktes ermöglicht, was zwangsläufig mit dem Ausschluß Dritter verbunden ist. Wenn Geld als "generelles Problemlösungsmittel" (Luhmann 1968c, 46) das einzige ist, was im Marktgeschehen zählt, dann steht derjenige vor kaum lösbaren Problemen, der nicht zahlen kann, genauer, der weder über nennenswerte Einkommensquellen bzw. Geldreserven verfügt noch kreditwürdig ist, um seine akute Zahlungsunfähigkeit zeitlich zu überbrücken.

In Tauschbeziehungen symbolisiert Geld Machtchancen in konzentrierter Form. Es repräsentiert diejenige gesellschaftliche Form, in der sich Tauschchancen, die auf Arbeits-, Güter- und Kreditmärkten ungleich produziert und verteilt werden, ausdrücken. Mit der Bestimmung des Geldes als Konzentrat von Tauschchancen ist gleichwohl keineswegs die Frage nach der Genese und Reproduktion dieses Machttypus beantwortet. Im folgenden Abschnitt ist deshalb zu begründen, warum Machtchancen nicht im Geldmedium an sich, sondern vielmehr in den Strukturzwängen des Marktes selbst zu suchen sind. Diese strukturellen Zwänge werden in ihrer ganzen Bedeutung erst erkennbar, wenn die soziologische Aufmerksamkeit auf die Möglichkeiten, die die Marktordnung bietet, und die Restriktionen, zu denen sie Markthandelnde zwingt, gerichtet wird. Das System der Märkte räumt den Marktsubjekten qualitativ und quantitativ ungleiche Tauschchancen ein, indem sie ungleiche Bedingungen vorfinden, jene komprimierten Machtpotentiale, die im Geld dokumentiert sind, zu erwerben, zu investieren und über sie monopolistisch verfügen zu können. Der Verkaufszwang auf Arbeitsmärkten wurde bereits im Hinblick auf asymmetrische Tauschrestriktionen diskutiert. In diesem Abschnitt sind die allgemeinen Geldfunktionen danach befragt worden, inwieweit sie spezifische Tauschchancen zum Ausdruck bringen. Diese Überlegungen zum Arbeitsmarkt und zum Geldmedium sind im folgenden zusammenzuführen, um den spezifischen Machttypus der Vergesellschaftung über Märkte von anderen Formen der Über- und Unterordnung abheben zu können.

7. Tauschchancen und Marktzwänge

Die machttheoretische Erörterung von Marktbeziehungen nahm ihren Ausgangspunkt bei der soziologischen Analyse des Arbeitsmarktes, der als spezifisches Verhältnis asymmetrischer Abhängigkeiten untersucht wurde. Dieses ungleiche Abhängigkeitsverhältnis stellt sich auf der Anbieterseite als restriktiver Tausch*zwang* dar, dem auf der Nachfrageseite weit flexiblere Tausch*chancen* gegenüberstehen. Die strategische Beweglichkeit der Nachfrageseite korreliert mit den historisch einmaligen, virtuellen Einflußchancen des Geldes, die auf die sozial, sachlich, zeitlich und räumlich beliebigen Verwendungsmöglichkeiten zurückgeführt wurden. Dem Besitzer von Geld(kapital) fallen spezifische Tauschchancen zu, die den Nichtbesitzern von Geldvermögen strukturell verwehrt bleiben. Unter diesen Bedingungen stellt Geld ein konkurrenzloses absolutes Mittel dar, das gegen alle marktgängigen Güter und Leistungen eingetauscht werden kann. Nicht nur die Verfügungsgewalt über begehrte Güter und Leistungen, sondern auch die allgemeinen Tauschchancen sind auf den Besitz dieses einen Mittels konzentriert. D.h., es sollte gezeigt werden, daß die Verfügung über Geldressourcen die verallgemeinerte, weil sachlich, sozial, zeitlich und räumlich ungebundene Tauschchance garantiert, während andererseits aus dem Nichtbesitz von Geld ein generalisierter und auf Dauer gestellter Ausschluß von beliebigen Tauschchancen zwingend hervorgeht. Die Anbieter auf Arbeitsmärkten unterliegen hierbei der handlungsstrategisch ungünstigen Situation, über vergleichsweise geringe Tauschchancen zu verfügen und sind deswegen gezwungen, Arbeitskraft zu "verkaufen", um diese als Gelderwerbsquelle bzw. als Quelle zukünftiger Tauschchancen erschließen zu können.

Tauschchancen im allgemeinsten Sinne variieren mit der jeweiligen Marktlage, die spezifische Transaktionen ermöglicht und begünstigt, andere hingegen benachteiligt oder sogar strukturell ausschließt. Um den Begriff präziser verwenden zu können, ist genauer zu klären, was unter Tauschchance zu verstehen ist. Zunächst kann eine Tauschchance im Hinblick auf ein Objekt definiert werden, das entsprechend der jeweiligen Marktlage zu bestimmten Preisen und Vertragskonditionen (z.B. Zahlungsmodalitäten) getauscht werden kann. Die Marktlage eines Tauschobjektes umschreibt Weber (1980, 43) wie folgt: "Marktlage eines Tauschobjektes soll die Gesamtheit der jeweils für Tauschreflektanten bei der Orientierung im Preis- und Konkurrenzkampf erkennbaren Aus- und Eintauschchancen desselben gegen Geld heißen". Sieht man einmal von den vielfältigen Möglichkeiten konventionaler und rechtlich kodifizierter Zugangsbeschränkungen ab, die das Marktgeschehen im Rahmen des staatlichen Ordnungsrechtes regulieren, dann ist die Tauschchance eines Tauschobjektes in Relation zur Marktlage zu bestimmen. Im Hinblick auf die zu erörternde Machtproblematik erscheint es jedoch aufschlußreicher, den Begriff der Tauschchance nicht aus der jeweiligen Marktlage eines Tausch*objektes* abzuleiten, sondern auf die Marktlage eines Tausch*akteurs* zu beziehen, der auch im ungünstigsten Falle immer über mehr als über die Tauschchancen *eines* Tauschobjektes verfügt. Die Tauschchance eines Marktakteurs kann nur bestimmt und mit den Tauschchancen anderer verglichen werden, wenn das ganze Set substitutiver und komplementärer Tauschoptionen systematisch berücksichtigt wird, die er faktisch nutzen könnte. Genauer betrachtet hängt dieses Set von Tauschchancen *erstens* von der Marktlage des Anbieters bzw. Nachfragers auf dem Arbeitsmarkt ab, *zweitens* von der Marktlage aller anderen verfügbaren Tauschobjekte und nimmt *drittens* proportional mit der monetären und materiellen Ressourcenausstattung (Kaufkraft, Sach- und Produktivvermögen) zu. Mit anderen Worten werden die Tauschchancen eines Akteurs von den jeweiligen Angebots- und Nachfragekonstellationen auf den Arbeits-, Geld-, Immobilien-, Investitionsgüter- und Konsumgütermärkten strukturiert, die wiederum durch die ungleich verteilten Handlungspotentiale der Akteure strategisch beeinflußt werden können.

Marktbeziehungen weisen immer dann ein besonders krasses strukturelles Machtgefälle auf, wenn die Angebots- oder Nachfrageseite über extrem ungleiche alternative Tauschchancen verfügt. Ein Marktakteur B ist von A ökonomisch abhängig, wenn B im Vergleich zu A über ein restriktives Set alternativer Tauschchancen verfügt und auf die Leistungen von A angewiesen ist. Im konzeptionellen

Rahmen der mikroökonomischen Entscheidungstheorie haben Duda/Fehr (1988, 134f.) im Anschluß an J. Harsanyi die Problematik der Einflußnahme von A auf die Entscheidungen von B eingehender erörtert. Die Nutzenmaximierung des Akteurs B stehe in Abhängigkeit zu unbeeinflußbaren, exogenen Parametern, die von A auf Basis seiner Verfügung über monetäre und materielle Ressourcen vorgegeben seien und B zu bestimmten Entscheidungen veranlaßten, die sonst nicht gewählt würden. Dadurch könne A die Opportunitätskosten von B beeinflussen: "A kann B Güter zur Verfügung stellen, die komplementär zu X oder substitutiv zu den Alternativen von X sind; oder A kann B Güter vorenthalten, die substitutiv oder komplementär zu seinen Alternativen sind." (Ebd., 135) Wenn man dieser Überlegung folgt, dann verhält sich die ökonomische Abhängigkeit eines Marktakteurs umgekehrt proportional zu den spezifischen Chancen, alternativ zu einer Tauschbeziehung auf andere Tauschbeziehungen auszuweichen, die komplementäre oder substitutive Chancen eröffnen. Genauer formuliert nimmt der Grad der Abhängigkeit zu, wenn das verfügbare Set alternativer Tauschoptionen abnimmt; oder er nimmt zu, wenn es wenig attraktiv ist, auf substitutive Tauschchancen auszuweichen, weil entweder das Nutzenniveau bestehender Tauschbeziehungen das der alternativen Tauschchancen bei weitem übersteigt oder die zusätzlich auftretenden Alternativkosten (Such- und Sachkosten, Organisations- und Umstellungskosten, soziale Kosten etc.) das ursprünglich höhere Nutzenniveau substitutiver Tauschchancen erheblich schmälern. Je mehr ein Marktakteur B von den Leistungen eines Marktakteurs A abhängig ist und je geringer die Chance von B ist, die Tauschbeziehung mit A aufzukündigen und zu anderen Marktakteuren mit substitutiven Tauschangeboten abzuwandern, um so enger wird der strategische Handlungsspielraum für B in Relation zu A.[32]

Sogenannte Verkäufer- oder Käufermärkte verfestigen die ungleiche Verteilung von Tauschchancen. Im Falle eines angebotsdominierten Marktes für Konsumartikel kann etwa die Anbieterseite das Angebot knapp halten, die Anbieterkonkurrenz durch Absprachen und Unternehmensverflechtungen einschränken oder versuchen, das Nachfragerverhalten im eigenen Absatzinteresse zu beeinflussen. Oftmals bleibt den Konsumenten nur die Möglichkeit der defensiven Anpassung an das Warenangebot, während die Anbieterseite Angebotsmenge und Preisstaffelung, Produktpalette und Produktdifferenzierung, Produktinnovation und Vertragsmodalitäten usw. zu diktieren versucht. Die Abhängigkeit der Konsumenten von der Anbieterseite ist weiter steigerungsfähig, wenn diese sich etwa der Technik der eingebauten Warendestruktion bedient, um den Zyklus der Produktalterung zu beschleunigen und die Nachfrage nach Ersatzartikeln anzuheizen (Kap. II.B.1), oder wenn die Anbieter auf subtile Marketingstrategien zurückgreifen (Inszenierung eines Produktimages), um ihren Einfluß auf die Kaufentscheidungen der Verbraucherseite auszubauen. Im Falle des nachfragedominierten Arbeitsmarktes konnte bereits weiter oben (Kap. III.5) gezeigt werden, daß der strategi-

---

[32] Zum Theorem der "Abwanderung" siehe Hirschman (1974; 1993, 168ff.).

sche Handlungsspielraum der Nachfrageseite gegenüber der Anbieterseite zunimmt und die Konkurrenz der Anbieter untereinander um unbesetzte Beschäfti-
gungsstellen sich verschärft, wenn das Angebot die effektive Nachfrage übersteigt
(Arbeitslosigkeit) bzw. die Nachfrage nach Arbeitskräften durch die Rationalisierung menschlicher Arbeit und den verstärkten betrieblichen Einsatz von Maschinen und Technologiesystemen sinkt.

Um den Begriff der Tauschchance fruchtbar machen zu können, ist das Verhältnis zum Eigentumsbegriff genauer zu bestimmen. Dies ist allein schon deswegen naheliegend, weil Weber in den "Soziologischen Grundbegriffen" den Begriff
des Eigentums mit dem der Chance verkoppelt. Eine "geschlossene soziale Beziehung" garantiere, so Weber (1980, 23), den Beteiligten "monopolisierte Chancen".
An gleicher Stelle erläutert er: "Appropriierte Chancen sollen 'Rechte' heißen. (...)
Erblich an Einzelne oder an erbliche Gemeinschaften oder Gesellschaften appropriierte Chancen sollen: Eigentum (der Einzelnen oder der betreffenden Gemeinschaften oder Gesellschaften), veräußerlich appropriierte: freies Eigentum heißen." Giddens (1979, 124) greift diese Überlegung Webers auf: "'Eigentum' bezieht sich nicht auf irgendwelche Merkmale physikalischer Objekte als solcher,
sondern auf die Rechte, die mit ihnen einhergehen und dem 'Besitzer' wiederum
gewisse Chancen verleihen." Derjenige Akteur, der einen Eigentumtitel besitzt,
kann Außenstehende vom Zugriff auf das Eigentumsobjekt ausschließen und damit seinen Verfügungsanspruch monopolisieren. Im soziologischen Sinne meint
Eigentum somit mehr als die schlichte Aneignung eines Besitzobjektes; das appropriierte Objekt ermöglicht die Aneignung von sozialen und ökonomischen
Chancen, die mit dem Besitz des Objektes verbunden sind.[33] Parkin (1983, 125)
hat u.a. am Beispiel des Eigentums den Weberschen Begriff der sozialen Schließung dahingehend rezipiert, daß der Faktor "Macht als ein der Schließung inhä-
rentes Attribut" (ebd.) anzusehen sei. Giddens und Parkin vernachlässigen jedoch
die in der oben zitierten Passage von Weber vorgenommene Unterscheidung zwischen zwei grundverschiedenen Eigentumsformen: Im ersten Fall, so Weber, sei
die exklusive Aneignung von Chancen an erblich legitimierte Ansprüche eines
Einzelnen oder einer Gemeinschaft gebunden, im zweiten Fall sei die exklusive
Aneignung von Chancen durch vertragliche Vereinbarung an beliebige Dritte
"frei" übertragbar. Die Besonderheit des spezifisch modernen Eigentumsrechts
sieht Weber darin begründet, daß die "appropriierten Monopolchancen zum Austausch auch nach außen" (Weber 1980, 202) gegeben würden, während die Appropriation der erblich gebundenen Eigentumschancen nur innerhalb des nach
außen geschlossenen Personen-, Gruppen- oder Gemeinschaftsverbandes möglich
sei. Die im modernen Eigentumsbegriff eingelassenen Monopolchancen können
somit nicht nur im Rahmen einer *dauerhaft* geschlossenen sozialen Beziehung
appropriiert, sondern auch "frei", d.h. mit Dritten, die zunächst *außerhalb* einer

---

[33]   Heckes (1990) unterscheidet das *Ausschließungsrecht* des Sacheigentümers von seiner
       faktischen, sozialstaatlich regulierten *Verfügungsmacht* über das Sachobjekt.

geschlossenen Sozialbeziehung stehen, *ausgetauscht* werden. In diesem Fall werden die monopolistischen Nutzungschancen keinesfalls entwertet, sondern können im Marktkontrakt auf einen anderen Besitzer, den Käufer des Objektes, übertragen werden, der wiederum andere von der Partizipation dieser Monopolchancen ausschließen kann.

Um den Weberschen Begriff der appropriierten Chance für die machtsoziologische Analyse des Marktgeschehens fruchtbar machen zu können, möchte ich noch einmal auf die vorangegangenen Überlegungen zur Problematik des Geldes (Kap. III.6) zurückkommen. Die Verfügungsrechte des Eigentümers werden traditionellerweise mit dem Besitz von *Dingen* gleichgesetzt. Demgegenüber ist virtuelles Geld als abstrakter Eigentumstitel interpretiert worden, der die Verfügungschance von konkreten Objekten ablöst und generalisiert. Die ökonomischen und sozialen Chancen, die der Besitz eines Objektes gewährt, ist mit denen des Geldbesitzes nicht vergleichbar. Während der Sacheigentümer schnell an die unüberwindbaren physischen Schranken des Besitzobjektes stößt, kann der Geldbesitzer vom Eigentum konkreter physischer Objekte abstrahieren, *ohne* zugleich auf spezifische Eigentumschancen verzichten zu müssen. Die Verfügungsfreiheit über physisches Eigentum findet nämlich, wie Simmel (1989, 435) herausarbeitet, "ihre Grenze an der Beschaffenheit des besessenen Objektes selbst. (...) Die Freiheit meines Willens gegenüber einem Stück Holz, das ich besitze, geht freilich so weit, daß ich allerlei Geräte daraus schnitzen kann; aber sie erlahmt, sobald ich solche davon herstellen will, die die Biegsamkeit des Gummis oder die Härte des Steins verlangen." Aus diesem Grunde wurde Geld als potente Kaufkraft für unbestimmte Verwendungszwecke gekennzeichnet, die den Geldbesitzer in den Grenzen der verfügbaren Geldmittel implizit dazu ermächtigt, Dritte, die nicht liquide sind, von der Nutzung unbestimmter Güter und Leistungen auszuschließen. Aus dieser an Simmel angelehnten Bestimmung des Geldes als abstraktem Eigentumstitel ergab sich zwingend auch die Multiplizierung jener Tauschchancen, die der konkrete Besitztitel physischer Objekte bereits ermöglicht. Anders formuliert: Der Besitz von Geldressourcen ermöglicht die private Appropriation von Tauschchancen und reguliert damit den exklusiven Zugang zu Tauschbeziehungen ("soziale Schließung" mittels des Geldbesitzes).[34]

Im Marktgeschehen wird keine außerökonomische Gewalt angedroht noch physisch ausgeübt, um individuelle Willensentscheidungen zu brechen, Zugeständnisse zu erreichen und Fügsamkeit zu erzwingen. In *Wirtschaft und Gesellschaft* notiert Weber (1980, 20) zur formal friedlichen Konkurrenz von Tauschakteuren: "'Friedliche' Kampfmittel sollen solche heißen, welche nicht in aktueller

---

[34] Tauschchancen eröffnen somit ganz im Weberschen Sinne (1980, 28) spezifische Machtchancen. In Analogie zur Machtdefinition Webers bestimmt Swedberg (1987, 163) ökonomische Macht als die "Chance, daß ein Handelnder innerhalb einer wirtschaftlichen Beziehung in der Lage ist, den eigenen Willen auch gegen den Widerstand anderer durchzusetzen".

physischer Gewaltsamkeit bestehen. Der 'friedliche' Kampf soll 'Konkurrenz' heißen, wenn er als formal friedliche Bewerbung um eigne Verfügungsgewalt über Chancen geführt wird, die auch andre begehren. 'Geregelte Konkurrenz' soll eine Konkurrenz insoweit heißen, als sie in Zielen und Mitteln sich an einer Ordnung orientiert." An anderer Stelle betont Weber (ebd., 385) nachdrücklich, daß der Tausch als Form der Vergesellschaftung der Individuen über Märkte "die spezifisch friedliche Form der Gewinnung ökonomischer Macht" darstelle.[35] Nackter Terror und physische Gewalt sind durchaus dysfunktional, wirken störend und hemmend auf die Entfaltung von Marktbeziehungen, in denen die Übereinkunft vertraglich besiegelt und das Maß aller Dinge nicht durch fraglose Folgebereitschaft und Hörigkeit der Herrschaftsunterworfenen bestimmt wird, sondern sich in Geldeinheiten ausdrückt.

Der Markttausch ist das "Resultat eines Geschäfts im Sinne einer Übereinkunft und nicht eines Befehls oder eines Ultimatums" (Walzer 1992, 184). Die Funktionsfähigkeit des Marktes beruht nicht auf der Wirksamkeit administrativer Anweisungen, sondern auf der formalen Freiwilligkeit des Austausches zwischen Anbietern und Nachfragern, die sich wechselseitig als Besitzer von Gütern oder Leistungen anerkennen und einvernehmlich die Modi des Tauschgeschäftes vertraglich festlegen.[36] Kontraktuell fixiert wird ein sachlicher Leistungstransfer zu bestimmten Konditionen (Menge und Qualität eines Artikels, Kaufpreis, Zahlungsmodalitäten usw.) zwischen formal gleichgestellten Marktakteuren. Dadurch ermöglicht der Marktmodus die Koordination wirtschaftlicher Tätigkeiten "bei einem Minimum an Konsensbedarf oder Zwang. Die Marktakteure müssen sich nur darüber verständigen, wer was und wem für welche Gegenleistung überläßt. Der Tausch auf dem Markt setzt nur das gegenseitige Einverständnis der zwei Tauschpartner, etwa von Käufer und Verkäufer, voraus." (Weede 1990, 5) Der Markttausch ist in formaler Hinsicht eine beiderseitig vorteilhafte Kooperation, die auf freiwilliger Vereinbarung beruht und ohne hierarchische Befehlsinstanzen zustande kommt. Diese formal freiwillige Übereinkunft sagt jedoch, wie bereits gezeigt wurde, nichts über die materiale Wahlfreiheit der Tauschenden aus. Von Wahlfreiheit kann nämlich nur dann gesprochen werden, wenn die Akteure über ein hinreichend umfangreiches Set substitutiver und komplementärer Tauschchancen effektiv verfügen. Was sich im Arbeitsmarktgeschehen für die Anbieterseite zunächst als formal freiwilliger Tausch darstellt, beruht auf längere Sicht gesehen wesentlich auf dem Tauschzwang, das Angebot, die Arbeitsleistung, gegen Geld-

---

[35] Gleichwohl unterstreicht Weber (1980, 385), daß sich der Tausch "mit außerökonomischer Gewaltsamkeit alternativ verbinden" kann, in der Regel aber einhergehe mit einer "relativen Befriedung".

[36] Die *Verrechtlichung* des Tausches durch den Vertrag ist zwingend, da ohne die Androhung von Konsequenzen bei dessen Nichteinhaltung keine Rechtssicherheit gestiftet und Vertrauen gesichert werden kann. Mit anderen Worten macht das bürgerliche Vertragsrecht Markthandeln enttäuschungsfest. Vgl. die früheren Überlegungen in Kap. II.A.4.

einkommen eintauschen zu müssen. Dem Anpassungsmechanismus der Markt-zwänge können sich die Arbeitsmarktanbieter nur entziehen, wenn sie über alter-native Erwerbsquellen verfügen oder die Kosten des ökonomischen Scheiterns (Dauererwerbsarbeitslosigkeit, Einkommensarmut) in Kauf zu nehmen bereit sind. Im Falle restriktiv eingeschränkter oder sogar alternativloser Tauschchancen ist Freiwilligkeit nur formal, nicht jedoch faktisch gegeben.

Die Machtproblematik der Tauschchance wäre unzureichend erörtert, wenn ihr Verhältnis zum Begriff der Herrschaft ausgeklammert würde. Unter Herrschaft versteht Weber (1980, 28) zunächst ganz allgemein die "Chance, für einen Befehl bestimmten Inhalts bei angebbaren Personen Gehorsam zu finden" und unter-scheidet sie von jeder "Art von Chance, 'Macht' und 'Einfluß' auf andere Men-schen auszuüben" (ebd., 122). Im Gegensatz zur Herrschaft könne Macht "auch gegen Widerstreben" (ebd., 28) durchgesetzt werden. Die unterschiedlichen Herr-schaftstypen werden sodann nach Geltungsgründen differenziert. Geltungsgründe liegen immer dann vor, wenn Handlungen nicht bloß aus eingelebten Routinen wie Gewohnheit und Sitte, materiellen Interessen, praktischen Opportunitätsgrün-den oder individueller Schwäche und Hilflosigkeit erfolgen, sondern von der Vorstellung einer "legitimen Ordnung" (ebd., 16) geleitet sind. Eine Herrschaft, die rein durch Gewohnheit, Sitte oder Interessenlage äußere Verhaltenskonformi-tät herstellte, wäre für Weber (1988b, 475) "relativ labil", weil sie auf eine kon-sensuelle Stütze, auf Zustimmung und Anerkennung verzichten müßte. Auf Dauer sei Gehorsam und Fügsamkeit nur zu erzielen, wenn ein spezifischer Legitimitäts-glauben die Rechtmäßigkeit der Ordnung unterstreiche. Breuer (1991, 19) hebt diesen Aspekt des Einverständnisses nachdrücklich hervor: "Erst eine Herrschaft, die bei den Beherrschten den Glauben an die Vorbildlichkeit oder Verbindlichkeit der etablierten Ordnung zu wecken vermag, hat Aussicht auf Kontinuität und dauerhafte Sicherung."

Weber (1980, 124) unterscheidet bekanntermaßen zwischen unterschiedlichen Legitimitätsgründen: Rationale Herrschaft basiere auf dem "Glauben an die Legi-timität gesatzter Ordnungen und des Anweisungsrechts der durch sie zur Aus-übung der Herrschaft Berufenen", traditionale Herrschaft bestehe "auf dem All-tagsglauben an die Heiligkeit von jeher geltender Traditionen und die Legitimität der durch sie zur Autorität Berufenen" und charismatische Herrschaft beruhe "auf der außeralltäglichen Hingabe an die Heiligkeit oder die Heldenkraft oder die Vorbildlichkeit einer Person und der durch sie offenbarten oder geschaffenen Ord-nungen". Ohne auf die theorietechnischen Probleme der Weberschen Differenzie-rung der Herrschaftstypen nach Geltungsgründen eingehen zu können[37], kann jedoch an dieser Stelle festgehalten werden, daß das Marktgeschehen auf traditio-nale oder charismatische Legitimitätsgründe problemlos verzichten kann. Tausch-beziehungen kommen immer dann zustande, wenn sich beide Tauschpartner einen

---

[37]   Einen Überblick des Forschungsstandes bietet Breuer (1991). Zum Legitimitätsbegriff
       in der Weberschen Soziologie vgl. exemplarisch Bader (1989).

individuellen Nutzeneffekt versprechen und sich über den Kaufpreis und die Tauschmenge vertraglich verständigen können, *ohne* daß der eine von dem anderen (und umgekehrt) erwarten müßte, ein normatives Einverständnis über die ungleichen ökonomischen Verteilungsergebnisse zu erzielen. Ob die Austauschenden zugleich an die charismatische Aura eines "Führers", an die Heiligkeit der Tradition und des Althergebrachten oder an die Legalität formal gesatzter Ordnungen *glauben*, ist prinzipiell nicht auszuschließen, aber eher unwahrscheinlich, in jedem Falle jedoch nicht zwingend notwendig, um Tauschgeschäfte abschließen zu können. Dem Marktgeschehen liegt keine außerökonomische Referenzfolie zugrunde, die etwa einen Glauben an die Legitimität ungleicher Verteilungsrelationen wecken könnte. Die ökonomische "Sprache" von Angebot und Nachfrage, die sich in der Systematik des Geldes ausdrückt, stiftet keine charismatisch, traditional oder legal legitimierte Folgebereitschaft, sondern schafft allerhöchstens eine sachlich-rationale Erwartungssicherheit in das Verhalten der Marktakteure. Die von Weber angegebenen Geltungsgründe charismatischer, traditionaler oder legaler Autoritäten, welche von der Anerkennung derer abhängig sind, denen Gehorsam abverlangt wird, zerbröseln an den nüchternen Rentabilitätskriterien des Marktes. Mit Blick auf die formale Rechtsgültigkeit des Marktkontraktes (Rechtssicherheit) scheint lediglich der Glaube an einen formal geregelten Wirtschaftsverkehr in gewisser Weise unverzichtbar zu sein, um marktförmige Tauschbeziehungen dauerhaft und relativ enttäuschungsfest aufrechtzuerhalten. Die alltägliche Erwartung in die Wertbeständigkeit des Geldes sowie die Erwartung, Geld für beliebige Tauschzwecke verwenden zu können, kann gleichwohl nicht, wie in Kap. II.A.3 aufgezeigt wurde, ausschließlich auf die Geltung einer formal gesatzten Rechtsordnung zurückgeführt werden. Der Begriff der rationalen Herrschaft scheint für die Marktproblematik nicht zuletzt deswegen ungeeignet zu sein, weil beispielsweise die rechtsstaatlichen Geltungserwartungen lediglich den *äußeren* Rahmen abstecken, innerhalb dessen sich Marktbeziehungen "frei" entfalten können.[38] Um dies näher zu begründen, ist ein weiterer zentraler Aspekt des Weberschen Verständnisses von Herrschaft kurz zu skizzieren.

Weber (1988b, 475) differenziert Herrschaftsformen nicht allein nach Geltungsgründen, sondern auch nach der "Struktur des Verwaltungsstabs und der Verwaltungsmittel". Ihm zufolge zeichnet sich jeder Herrschaftstyp zugleich

---

[38] Der Aufbau von Erwartungssicherheiten im Marktgeschehen läßt sich als "Einverständnishandeln" im Weberschen Sinne (1988b, 456) fassen. Im Gegensatz zu Handlungen, die sich an einer explizit vereinbarten, formal gesatzten Ordnung orientieren, versteht Weber (ebd.) unter Einverständnishandeln, "daß ein an Erwartungen des Verhaltens Anderer orientiertes Handeln um deswillen eine empirisch 'geltende' Chance hat, diese Erwartungen erfüllt zu sehen, weil die Wahrscheinlichkeit objektiv besteht: daß diese anderen jene Erwartungen trotz des Fehlens einer Vereinbarung als sinnhaft 'gültig' für ihr Verhalten praktisch behandeln werden. Begrifflich gleichgültig sind die Motive, aus welchen dieses Verhalten der anderen erwartet werden darf."

durch die Organisation eines Stabes oder eines Verbandes aus.[39] Herrschaft äußere sich "als Verwaltung, jede Verwaltung aber unterstellt Befehlende einerseits,
Ausführende andererseits; die daraus erwachsenden Beziehungen können entweder locker und abwechselnd und nur in geringem Maße institutionalisiert sein,
oder sie können sich zu einem perennierenden sozialen Gebilde verfestigen: einem 'Apparat'" (Breuer 1991, 23). Im Falle der charismatischen Herrschaft denkt
Weber an einen charismatischen Gefolgschaftsstab von Jüngern, Gefolgsleuten
oder Vertrauensmännern, die persönlich an ihren Herrn, den außeralltäglich legitimierten "Führer", gebunden sind. Traditionale Stäbe sieht Weber insbesondere in
den verschiedenen Formen des ständischen Patrimonialismus, bei welchem dem
"Verwaltungsstab bestimmte Herrengewalten und die entsprechenden ökonomischen Chancen appropriiert sind" (ebd., 134). Auf der Ebene der legalen Herrschaft nennt Weber (1988b, 477) nicht nur den bürokratisch rationalen Verwaltungsstab, sondern auch das "Turnus-, Los- und Wahlbeamtentum, die Parlaments- und Komiteeverwaltung" sowie andere "Arten kollegialer Herrschafts- und
Verwaltungskörper". Da die grundlegenden Unterschiede in der Verfaßtheit herrschaftlicher Organisationsapparate nicht Gegenstand dieser Untersuchung sein
können, muß auf eine eingehendere Erörterung verzichtet werden (vgl. weiter
Breuer 1991, 23ff.). Mit Blick auf die Marktthematik ist jedoch festzuhalten, daß
Weber Herrschaft in allen drei Fällen als formalisiertes Über- und Unterordnungsverhältnis auffaßt, in dem das Befolgen der charismatisch, traditional oder legal
legitimierten Befehlsgewalt durch die Präsenz eines zentralen Erzwingungsstabes
oder eines Herrschaftsverbandes gesichert wird. In der ökonomischen Sphäre findet Weber (1980, 562) allenfalls in modernen Großunternehmen das bürokratische
Organisationsmuster des rationalen Herrschaftstypus wieder.

Auch in dieser Hinsicht erweist sich die Webersche Herrschaftstypologie für
die hier verfolgte Fragestellung wenig hilfreich. Zum einen ist der leitende Gesichtspunkt der Weberschen Herrschaftssoziologie, wie Breuer (1991, 24) in Erinnerung ruft, nicht "die objektive Effizienz, die Fähigkeit zur Erzielung eines bestimmten outputs, vielmehr allein: die Geeignetheit oder Ungeeignetheit für einen
obersten Zweck: die Sicherung bzw. Perfektionierung der Herrschaft". Beispielsweise verfolge ein legal gesatzter, etatistischer Verwaltungsstab mit Hilfe der verfügbaren Verwaltungsmittel, der Fachqualifikation der Berufsbeamten, strenger
Amtsdisziplin (formaler Gehorsam) und hierarchischer Kontrolltechnik einen

---

[39] Herrschaft sei weder zwingend an die "Existenz eines Verwaltungsstabes noch eines
Verbandes geknüpft; dagegen allerdings - wenigstens in allen normalen Fällen - an die
eines von beiden" (Weber 1980, 29). Weber (ebd.) hat insbesondere den hauswirtschaftlichen, patriarchalisch strukturierten Herrschaftsverband in traditionalen Agrargesellschaften im Blick: "Der Hausvater herrscht ohne Verwaltungsstab." Und an anderer Stelle (ebd., 549): "Die Struktur einer Herrschaft empfängt nun ihren soziologischen Charakter zunächst durch die Eigenart der Beziehung des oder der Herren zu
dem Apparat und beider zu den Beherrschten und weiterhin durch die ihr spezifischen
Prinzipien der 'Organisation', d.h. der Verteilung der Befehlsgewalten."

ganz bestimmten materialen Zweck, etwa die Sicherung von Herrschaftsansprü-
chen. In diesem Zusammenhang ist Breuer (1991, 25) vorbehaltlos zuzustimmen,
wenn er das Dilemma der Weberschen Herrschaftssoziologie wie folgt umschreibt: "Die Konzeption ist organisationszentriert, nicht gesellschaftszentriert;
sie geht nicht von einer Theorie gesellschaftlicher Strukturen und Prozesse aus,
sondern von einem geschlossenen, determinierten administrativen System, das mit
anderen, weniger geschlossenen Systemen verglichen wird." Obwohl das Webersche Werk "von Hinweisen auf strukturprägende Effekte der Herrschaftsorganisa-
tion im ökonomischen, rechtlichen und religiösen Bereich geradezu überbordet
(...), bleibt es in umgekehrter Richtung überraschend stumm. Wir erfahren (...)
nichts über die Auswirkungen intra- und interregionaler Arbeitsteilung und Han-
delsbeziehungen, nichts über die Effekte räumlicher Distributionsmuster, Aus-
tauschsysteme und Produktionsweisen. Die Typologie ist komponiert, als gäbe es
dergleichen nicht - oder besser gesagt, als seien diese Strukturen für die Herr-
schaftstypen gleichgültig." (Ebd., 26)

Zum anderen macht bereits ein notgedrungen flüchtiger Blick auf den Regu-
lationsmodus des Marktgeschehens deutlich, daß das für monozentrische Verwal-
tungsstäbe typische Koordinationsprinzip der Hierarchie - verstanden als Rangordnung von Positionen - in Tauschbeziehungen nicht anzutreffen ist. Die Regulation komplexer, arbeitsteilig differenzierter Tauschbeziehungen über den Markt
steht konträr zur zentralen Steuerung staatlicher Apparate und Planungsinstanzen.
Die Allokation der Güter und Dienstleistungen ist nicht politisch-administrativ bestimmt, sondern *marktgesteuert*. Die Koordination der Wirtschaftspläne der Produzenten und Konsumenten bezüglich der Angebots- und Nachfragemengen ist
nicht der Befehlsgewalt eines Positions- oder Amtsinhabers, sondern den anonymen Preissignalen des Marktes übertragen. In der ökonomischen und wirtschaftssoziologischen Literatur wird der Markt deswegen auch als dezentrierte Institution
der "Abstimmung" beschrieben, die die hierarchisch-administrative Planung der
wirtschaftlichen Tätigkeiten ersetzt. Typisch sind heterarchische Formen der Koordination, welche die komplexen und ausdifferenzierten Marktaktivitäten der unendlich vielen voneinander isolierten Wirtschaftsakteure miteinander vernetzen.
Die Tauschentscheidungen der Wirtschaftsorganisationen (Erwerbsbetriebe, Banken, Versicherungen usw.) und der privaten Haushalte werden getroffen, indem
Preisentwicklungen beobachtet werden, die über die Angebots- und Nachfragerelationen der Gütermengen informieren. Das marktökonomische Tauschgeschehen
wird damit ex-post gesteuert, also im nachhinein über monetäre Signale (Preise)
(vgl. Lange 1989, 125). Die Dezentralität der Entscheidungen erhöht die Disponibilität und die Wahlmöglichkeiten der individuellen und kollektiven Wirtschaftsakteure, garantiert die einzelwirtschaftliche Nutzenverfolgung und ermöglicht, zwischen verschiedenen Marktangeboten nach Maßgabe eigener Rentabili-
tätspläne und Dringlichkeitskriterien zu entscheiden. Wirtschaftsakteure, die das
Marktgeschehen nicht nur zu beeinflussen, sondern auch ex-ante zu dirigieren
versuchen, sind unter idealtypischen Bedingungen "vollkommener" Märkte nicht

auszumachen. Nur in einem eingeschränkten Sinne kann den fiskalpolitischen Entscheidungen des Bankensystems oder den investitionspolitischen Entscheidungen großer internationaler Konzerne eine gesamtwirtschaftliche Steuerungsfunktion zugesprochen werden. Die weitgehende Abwesenheit zentralisierter Planungsinstanzen *im* Marktgeschehen ergibt sich allein schon aus der Begrenztheit der ökonomischen Orientierung der Einzelkapitale, die ihre Entscheidungen nach *betriebs*wirtschaftlichen Rentabilitätsgesichtspunkten fällen.

Der Markttausch ist ein gesellschaftlicher Regelungsmechanismus, der aus naheliegenden Gründen von der hierarchischen Organisation des traditionalen Hausverbandes, des bürokratischen Verwaltungsstabes, aber auch des industriellen Erwerbsbetriebes in grundsätzlicher Weise zu unterscheiden ist. Der Markt besitzt weder eine zentralisierte Befehlsgewalt noch einen Erzwingungsstab, der das Verhalten der Marktteilnehmer mittels kanonisierter Anordnungen und schematisierter Verhaltensvorschriften reglementieren und kontrollieren könnte. Die Institutionen des modernen Staatsapparates können beispielsweise Steuern erheben, Einberufungen verfügen, Transferleistungen festsetzen, Vorschriften erlassen und Richtlinien aufstellen. Verwaltungsdirektoren können in bürokratisch strukturierten Behörden formalen Gehorsam erzwingen, Anordnungen delegieren, Einstellungen vornehmen, Gratifikationen aussprechen oder normierende Sanktionen verfügen, um Konformität zu erzwingen. Das Unternehmensmanagement kann Produktionspläne aufstellen, Rationalisierungsvorhaben umsetzen, Fertigungsabläufe überwachen, Arbeitsanweisungen geben, Abmahnungen aussprechen, Kündigungen vornehmen usw. Im Gegensatz zu Verwaltungs- oder Wirtschaftsorganisationen wird den Marktakteuren kein unbedingter Gehorsam und keine bereitwillige Fügsamkeit abverlangt. Tauschchancen sind nicht an formale Auswahlkriterien bzw. Zulassungsverfahren oder an hierarchische Statuspositionen (Ämtersystem) gebunden (Walzer 1992, 195ff.) noch auf eindeutig angebbare Inhalte und Ziele im Sinne einer materialen Rationalität beschränkt. Negative Sanktionen werden - um es nochmals zu betonen - nicht durch kodifiziertes Recht ausgesprochen, sondern durch die monetären Erfolgsindikatoren wirtschaftlicher Entscheidungen.

Weber hat in den rechtssoziologischen Abschnitten von *Wirtschaft und Gesellschaft* (1980, 440) diesen eigentümlichen Zwangscharakter von Marktlagen vom Begriff der Autorität abgegrenzt: "Die Marktgemeinschaft ihrerseits kennt direkten Zwang kraft persönlicher Autorität formal ebenfalls nicht. Sie gebiert an seiner Stelle aus sich heraus eine Zwangslage - und zwar diese prinzipiell unterschiedslos gegen Arbeiter wie Unternehmer, Produzenten wie Konsumenten - in der ganz unpersönlichen Form der Unvermeidbarkeit, sich den ökonomischen 'Gesetzen' des Marktkampfs anzupassen, bei Strafe des (mindestens relativen) Verlustes an ökonomischer Macht, unter Umständen von ökonomischer Existenzmöglichkeit überhaupt." In diesem Sinne kann von einem Marktzwang gesprochen werden, der buchstäblich auf leisen Sohlen die einzelwirtschaftlichen Entscheidungen der privaten Haushalte und Erwerbsbetriebe konditioniert. Ökonomische Abhängigkeit stellt sich *im* Marktgeschehen als relativ gewalt- und des-

halb auch geräuscharme, weil tauschvermittelte Abhängigkeit dar, die im Hinblick
auf ungleich verteilte Tauschchancen und -zwänge diskutiert wurde. Tauschzwänge treten nur als sekundäre oder Sachzwänge auf, die keiner Person, keiner
sozialen Gruppe, keinem Amts- oder Organisationsapparat direkt zugeschrieben
werden können. Zwanghaft sind sie aber insofern, als die wirtschaftlichen Akteure
sich den geldlogischen Selektionskriterien nur vorübergehend entziehen können.
Der Marktmechanismus kann somit als subjektlos gekennzeichnet werden, da die
individuellen Motivlagen und Handlungspläne der Akteure im Einzelfall durchaus
zu vernachlässigen sind, um seinen Funktionsmodus beschreiben zu können. Mit
anderen Worten: Die handelnden Wirtschaftsakteure stehen paradoxerweise am
Rande dessen, was durch sie - durchaus nicht aus freien Stücken - geschieht.[40]

Tauschzwänge treten nicht in Form einer vertikalen Machtstruktur in Erscheinung, an deren Spitze ein steuerndes Zentrum steht, das die Einzeltätigkeiten *ex-
ante* koordinieren und den Marktakteuren befehlen könnte, dies und jenes zu tun
oder auch zu lassen. Die kausale Zurechenbarkeit von Zwängen und Beschränkungen auf personale oder Organisationsentscheidungen sinkt, wenn der "selbst-
laufende" Preismechanismus allen Akteuren Marktkonformität aufzwingt. Tauschbeziehungen sind nicht hierarchisch, sondern monetär strukturiert; sie basieren
nicht auf politischer oder Organisationsmacht, sondern auf "Geldmacht" (Weber
1980, 531). Unter diesen Bedingungen erscheint auch der punktuelle Verzicht, etwas tauschen zu können, eher als mild, das ausgespreizte Netzwerk von Tausch-
zwängen, denen sich etwa die Anbieterseite auf Arbeitsmärkten ausgesetzt sieht,
um so engmaschiger und die Tauschchancen, die auf Gütermärkten wegen mangelnder Liquidität verweigert werden, um so unausweichlicher. In diesem Sinne
ist Macht im Marktgeschehen keinem Objekt (Eigentum), keiner hierarchischen
Position (Amt) und keinem persönlichen Attribut (Autorität) zurechenbar, sondern
das *Resultat* asymmetrischer Tauschbeziehungen. Der hier verwandte Machtbegriff verweist somit nicht auf eine Substanz, sondern auf eine Relation, genauer:
auf das soziale Verhältnis zwischen Tauschakteuren, die in einer Marktbeziehung
aufgrund ungleicher Tauschchancen über unterschiedliche Handlungsoptionen
verfügen, zugleich aber miteinander kooperieren, weil sich *beide* wechselseitig
spezifische - wenn auch ungleiche - Vorteile versprechen.[41] Der Marktzusammen-

---

[40]   Der Begriff Subjektlosigkeit rekurriert auf die strukturell vorgegebene Entscheidungs-
       enge der jeweiligen Marktlage und die begrenzten Handlungschancen, die die wirt-
       schaftlichen Akteure zu beachten haben.

[41]   Aus diesem Grunde verbietet es sich auch, einfache Bipolaritäten ("oben"/"unten",
       "Herrschende"/"Beherrschte", "Ausbeuter"/"Ausgebeutete") anzunehmen.

hang konstituiert somit ein nicht-statisches, asymmetrisches Kräftefeld, das sich in dem Maße verändert, in dem wirtschaftliche Akteure ihre vorhandenen Tauschchancen auch effektiv mobilisieren und das Set der Tauschchancen zu Lasten anderer vergrößern.

IV. Markt und Risiko

Marktbeziehungen entstehen nicht aus dem physischen Nichts. Mit der Differenzierung und Rationalisierung menschlicher Arbeit, dem massenhaften Einsatz energetischer und mineralischer Ressourcen, der Entwicklung neuartiger Arbeitsmaschinen und Verfahrenstechniken bildet sich ein industrielles Produktionssystem heraus, das die stofflichen Eigenschaften der Produkte, die Weisen ihres Verbrauchs sowie die Modi der Rückführung der bearbeiteten Stoffe, der vernutzten Energie und der konsumierten Materialien in den Naturprozeß tiefgreifend umgestaltet. Form und Inhalt von Produktion und Distribution, Konsumtion und Entsorgung werden grundlegend neu bestimmt. Es ist unmittelbar evident, daß diese stofflichen und energetischen Umformungsprozesse nicht folgenlos bleiben für die organische und anorganische "Umwelt" der Gesellschaft, das planetare Ökosystem.[1] In Kapitel II.B.1 wurde bereits die stoffliche Dimension der Tauschobjekte des Marktes am Beispiel kurzlebiger Konsumwaren angesprochen. Diese Überlegungen sollen im folgenden Kapitel wieder aufgenommen und in umweltsoziologischer Hinsicht vertieft werden, um jenen gesellschaftlichen Umweltbezug präziser rekonstruieren zu können, der für das Marktgeschehen industrieller Gesellschaften besonders charakteristisch ist. Bevor jedoch ein Überblick über das folgende Kapitel gegeben wird, ist bereits an dieser Stelle hervorzuheben, daß Naturprozesse soziologisch betrachtet *nur* insofern von analytischem Belang sind, als

---

[1]   Zu den Strukturmerkmalen ökologischer Systeme vgl. Bühl (1986), der sich explizit von "harmonischen" Naturmodellen abgrenzt, die in der Tradition des Holismus stehen. Aus der Perspektive der kybernetisch informierten allgemeinen Systemökologie kennzeichnet Bühl ökologische Systeme als unabsehbar dynamische und nicht-lineare, relativ offene und "lose bzw. variabel gekoppelte Systeme" (ebd., 372), die fortlaufend erweiterungsfähig sind. Ihre Zeithorizonte bleiben in aller Regel unbestimmt. Ökologische Systeme verfügen über erhebliche Substitutionsmöglichkeiten und räumen Zufallsverteilungen und häufigen Fluktuationen einen breiten Raum ein. Diese verfügen über keinen zentralen Regulationsmechanismus, sondern sind aufgrund ihrer selbstregulativen Interaktionsfähigkeit *heterarchisch* strukturiert. Komplexe Rückkopplungsschleifen sind ebenso häufig anzutreffen wie vielfältige Synergismen und Symbiosen, insbesondere auch dann, wenn bestimmte Schwellenwerte überschritten werden. Mit dieser Bestimmung ökologischer Systeme grenzt sich Bühl vom "Organizismus" und "Mechanizismus" ab. Der Organizismus knüpft an holistische Natur- und Gesellschaftsbilder an ("Ganzheitlichkeit") und begreift das Ökosystem als eine Art Superorganismus mit geschlossenem Funktionssystem und eindeutiger Aufgabenverteilung seiner einzelnen Elemente. Ganz ähnlich geht der Mechanizismus von statischen Gleichgewichten und stabilen Ordnungszuständen aus und postuliert ein homogenes und lückenloses, kurz: deterministisches Wirkungsgefüge. Prozesse der Interdependenz, der Streuung und Varianz finden hierbei nur als "Abweichung", "Ungenauigkeit" oder "Störung" Beachtung. Zum Begriff des Ökosystems siehe auch Tischler (1984) sowie die knappe Zusammenfassung bei Hassenpflug (1993, 39ff.).

diese für *menschliche* Gesellschaften im weitesten Sinne bedeutsam sind. Ein Umweltbegriff, der biotische oder abiotische Prozesse zum Inhalt hätte, die bereits theoretisch aus der Gesellschaft und ihren materiellen Tätigkeiten und Handlungen ausgeklammert sind, würde lediglich die in den Sozial- und Kulturwissenschaften altbekannte Dichotomisierung von Gesellschaft und Natur fortschreiben.

Den folgenden Überlegungen liegt *erstens* die Annahme zugrunde, daß die materiell-energetischen Beziehungen der Gesellschaft zur physischen Umwelt einen zentralen Gegenstandsbereich gesellschaftstheoretischer Analyse darstellen. *Zweitens* werden die gesellschaftlichen Umweltbezüge über Tätigkeiten und Prozesse hergestellt, die nicht nur in der industriellen *Produktion* im engeren Sinne anzusiedeln sind, sondern sich gleichermaßen auf *distributive, konsumtive* und *reproduktive* (Entsorgung) Handlungsbereiche erstrecken. Das gesellschaftliche Profil dieser Tätigkeiten und Prozesse kann wiederum sozialtheoretisch nur zufriedenstellend beschrieben werden, wenn *drittens* der *Vergesellschaftungsmodus von Stoffen und Energie* in den Mittelpunkt der Analyse gestellt wird. *Viertens* verweist die gesellschaftliche Konstitution von Natur, die Naturvergesellschaftung, auf produktive und komsumtive Entscheidungen und Handlungen, die unter spezifischen ökonomischen, politischen und kulturellen Bedingungen getroffen und vollzogen werden. Hieraus folgt schließlich *fünftens*, daß der Naturbegriff im weiteren nicht als symbolische Kategorie im Sinne eines soziokulturellen Interpretationsmusters oder einer Bewußtseinsform aufgefaßt wird, sondern auf elementare biophysikalische Produktions- und Reproduktionsprozesse menschlicher Tätigkeiten bezogen wird. Auch wenn ganz ohne Zweifel die Interaktion der Gesellschaft mit ihrer physischen Umwelt wesentlich durch soziokulturelle Faktoren mitbestimmt wird, sind gleichwohl die verschiedenen kultursoziologischen, wissenssoziologischen oder ideengeschichtlichen Annäherungen an die Naturthematik zurückzustellen[2], um den über soziale *Praxis* hergestellten Umweltbezug theoretisch

---

[2]   Gemeint sind damit die in soziologischer Hinsicht nicht weniger bedeutsamen Formen der *semantischen Konstitution von Natur*. Gesellschaftliche Umweltbezüge erschöpfen sich nämlich keineswegs in physikalischen, chemischen oder biotischen Prozessen, die durch Handlungen ausgelöst oder verursacht werden. Sie sind zugleich immer schon kulturell codiert, da diese mittels spezifischer Denksysteme und Deutungsmuster erfaßt, verarbeitet und interpretiert werden. Eder (1988, 51ff.) spricht in diesem Zusammenhang von der "normativen Vergesellschaftung von Natur". Hierzu heißt es (ebd., 61): "Kognitive Beschreibungen der Natur produzieren ein Weltbild, das die empirische Erfahrung der Natur kanalisiert. Moralische Symbolisierungen der Natur produzieren dagegen ein Bewußtsein darüber, wie mit der Natur umgegangen werden soll. Beide Formen der sozialen Konstruktion der Natur sind auf eine Symbolisierung der Natur angewiesen. Diese Symbole sind nicht der Natur entnommen. Die Natur ist nur das 'Bezeichnende'. Das 'Bezeichnete' in den Symbolisierungen ist die Gesellschaft selbst. In der Symbolisierung der Natur legt die Gesellschaft die elementaren Regeln der Wahrnehmung und Erfahrung der Welt fest." Die Naturkategorie fungiere damit als "Medium der Reproduktion der Kultur einer Gesellschaft" (ebd., 63). Siehe auch

in den Blick nehmen und auf die Problematik des Tuns und Unterlassens im modernen Marktgeschehen idealtypisch zuschneiden zu können.

Von diesen allgemeinen Prämissen ausgehend ist in den folgenden Abschnitten die soziologische Analyse auf das Verhältnis von Markt und Ökologie zu richten, genauer: auf die *Vergesellschaftung der Natur unter Marktbedingungen*. Insbesondere ist zu rekonstruieren, inwieweit jene sozialen Verhältnisse, die über Märkte vermittelt sind, nicht nur in ihrer systeminternen Selbstbezüglichkeit, sondern auch in ihrem physischen Umweltbezug auf Indifferenz programmiert sind. Insofern ist die bereits diskutierte Rationalitätsproblematik (II.A und II.B) in Verbindung mit den geldsoziologischen Überlegungen (III.6.) wieder aufzunehmen und auf die ökologische Thematik zu projizieren (IV. A). Die Integration der Risikothematik in die soziologische Betrachtung der Marktvergesellschaftung (IV.B) läßt sodann Rückschlüsse auf die Frage erwarten, wie und in welcher Weise die Marktregulation jene *zukunftsverträglichen* Entscheidungen und Handlungen systemisch benachteiligt, die sich in ihren gegenwärtigen Operationen an der langfristigen Sicherung der natürlichen Existenzgrundlagen auszurichten versuchen. Die Erörterung des Risikobegriffs möchte ich schließlich zum Anlaß nehmen, um vor dem Hintergrund der gewonnenen Ergebnisse auf einige gesellschaftstheoretische Ungereimtheiten der Beckschen Gegenwartsdiagnose der "Risikogesellschaft" hinzuweisen. Um den hinlänglich bekannten Vereinseitigungen naturalistischer und industrialistischer Provenienz vorzubeugen, wird diesen Überlegungen zunächst die Frage nach dem allgemeinen Verhältnis von Gesellschaft und Natur vorangestellt (IV.A.1 und IV.A.2). Eine etwas breiter angelegte begriffliche Vorverständigung drängt sich zum einen deshalb auf, weil die ökologische Thematik in der soziologischen Theoriebildung bisher weitgehend vernachlässigt bzw. auf ein physisches Belastungsproblem reduziert oder - wie in der ökonomischen Theorie - auf eine utilitaristische Ressourcenökonomie enggeführt wurde. Zum anderen kann der Zugang zur Analyse der Umweltbeziehung des Marktgeschehens erleichtert werden, wenn vorab der Ort der Naturthematik in der soziologischen Theorie zumindest im Sinne einer vorläufigen Arbeitshypothese bestimmt wird.

Bruckmeier (1994, 116ff.). Zur Geschichte ökologischer Ideen siehe Worster (1985), zur Kulturgeschichte der Topoi der Natur siehe Sieferle (1989). Zur Frage, ob ästhetische Naturerfahrungen erst als Komplementär- oder sogar Kompensationsphänomene einer "entzweiten" Moderne heranreifen oder bereits in der vormodernen Gesellschaft auf dem Boden metaphysisch begründeter Vorstellungen von den natürlichen Dingen als harmonisches und ewiges Ganzes gedeihen, siehe Groh/Groh (1991, 92ff.). Vgl. hierzu auch die Überlegungen von Eisel (1982) und Trepl (1991, 196ff.) zum Naturbild der "Landschaft", welches ihnen zufolge gleichzeitig mit der "abstrakten Natur" der exakten Naturwissenschaften im Übergang vom Mittelalter zur Neuzeit entstehe. Zur Frage der "Wiederverzauberung der Welt" im Kontext des ökologischen Diskurses siehe Weiß (1986).

A. Markt und Umwelt

1. Soziologie und Natur

Die Absenz der ökologischen Problematik in den Sozialwissenschaften ist frappierend. Sie geht auf eine lange epistemologische Tradition im abendländischen Denken seit Francis Bacons Programm der wissenschaftlichen Naturbeherrschung und René Descartes' Subjekt-Objekt-Dualismus zurück und hat im Ideenhorizont der Aufklärung und in den Fortschrittskonzepten und Geschichtsphilosophien des 19. Jahrhunderts tiefe Spuren hinterlassen. Das Ausklammern der Naturthematik ist in Gestalt des evolutionistischen Industrialismusparadigmas bis weit ins 20. Jahrhundert fortgeschrieben worden und schimmert noch heute in den verschiedenen Spielarten der Modernisierungstheorie durch, die naturale Prozesse allein in der Perspektive einer immer besser gelingenden rationalen Beherrschung durch Arbeit und Technik aufgreift. Der teleologische Glaube an die Zukunft, die Idee der Befreiung von Naturzwängen und die Hoffnung auf einen grenzenlosen Fortschritt der Technik haben sozialwissenschaftliche Theorien seit dem 18. Jahrhundert beflügelt. Seitdem die ökologische Problematik moderner Industriegesellschaften in den letzten zwei Jahrzehnten mehr und mehr sichtbar geworden ist, ist diesen jedoch ihr Selbstverständnis, die unkontrollierte Naturwüchsigkeit abschütteln und durch die souveräne Selbsterzeugung ihrer eigenen Existenzgrundlagen ersetzen zu können, abhanden gekommen. Kurzum, das originär moderne Selbstbild der menschlichen Perfektibilität im Umgang mit der Natur ist zutiefst erschüttert worden.[3]

Vor diesem Hintergrund kann es kaum verwundern, daß die Soziologie seit ihren Anfängen in der Nichtthematisierung ökologischer Fragestellungen keine Ausnahme macht. Reflexionen über erfahrene Unsicherheiten und gesellschaftliche Krisen markieren zweifelsohne eine wichtige Triebfeder der traditionellen Gesellschaftstheorie. Bonß (1991, 259f.) etwa erinnert an das berühmte Diktum von Talcott Parsons (1937), daß die soziologische Theoriebildung seit ihren Anfängen das sogenannte Hobbessche Problem, also die Frage, wie gesellschaftliche

---

[3]   Einen kurzen Abriß der traditionellen Dichotomisierung von Natur und Kultur in den Sozialwissenschaften bietet Rosenmayr (1989). Die Kritik an der Absenz ökologischer Fragestellungen in den Sozialwissenschaften wird neuerdings aus kultur- und sozialökologischer bzw. umweltsoziologischer Sicht immer vehementer vorgebracht (Bühl 1986; Teherani-Krönner 1992; Glaeser/Teherani-Krönner 1992a; Metzner 1993; Scharping/Görg 1994, 180). Im Rückgriff auf die symbolische Anthropologie und die Politische Ökonomie erörtert Eder (1988) an kultursoziologisch relevanten Phänomenen wie Eßtabus und Fastfood, Kannibalismus und Vegetarismus, romantischem und industriellem Naturverständnis das Natur-Desiderat in den Sozialwissenschaften.

Ordnung möglich sei, in den Mittelpunkt gestellt habe: "Diese nach dem Zusammenbruch kosmologischer Sicherheiten naheliegende Frage wurde freilich in einer Form beantwortet, die eher auf eine Verdrängung als auf eine Verarbeitung der Unsicherheitsproblematik hinauslief. Denn in der Soziologie (...) ging es darum, neue Ordnungsprinzipien zu finden, die gleichsam zur zweiten Natur stilisiert wurden. Risiko und Unsicherheit tauchen dementsprechend, wenn überhaupt, nur negativ auf, nämlich als Abweichung von der Ordnung und damit als ein Problem der sozialen Kontrolle, das in der Regel durch Ausgrenzung gelöst wird." (Ebd., 260)[4] Im Zeichen der Belastungs- und Kapazitätsgrenzen des Ökosystems ist nun diese basale Ordnungsgewißheit erschüttert worden, d.h. die Annahme von der Beherrschbarkeit von Ungewißheit; und es rückt die Frage nach den Risiken und Katastrophen eingeschlagener Entwicklungspfade sukzessive ins Zentrum der soziologischen Reflexion. Insbesondere sind die allzu optimistischen Planungs- und Sicherheitsversprechen von moderner Wissenschaft und Technologie, die einen linearen und kumulativen Erkenntnisfortschritt unterstellten, prekär geworden. Die unplanmäßigen Nebenfolgen der industriellen Modernisierung scheinen nämlich die eigentlich beabsichtigten Handlungsziele in den Schatten zu stellen, oder genauer formuliert: in ihrem Ausmaß zu *Haupt*wirkungen zu mutieren.[5]

Obwohl ein naiver Fortschrittskonsens in den Sozialwissenschaften längst zerbrochen ist, ist eine umweltsoziologisch informierte Theorie moderner Gesellschaften bislang eigentümlich blaß und peripher geblieben. Zwar kann die ökolo-

---

[4] Nach Bonß (1991, 259) trifft dies auch für die konflikttheoretische Traditionslinie innerhalb der Soziologie zu, die sich in ideologiekritischer Absicht vom Hobbesschen Ordnungsproblem abgrenze, gleichwohl aber nur eine "negative Kontrastfolie" darstelle: "Dies zeigt sich nicht zuletzt darin, daß über die Unsicherheiten und Risiken sozialen Handelns ebenfalls kaum diskutiert wird und wenn, dann tritt die Unsicherheitsfrage allenfalls als ein Problem der Strategie, Taktik oder politischen Praxis in den Blick."

[5] Marx hat im Kontext der naturdialektischen Grundlegungen seiner materialistischen Geschichtsphilosophie stets die unauflösliche prozeßhafte Eingebundenheit gesellschaftlicher Praxis in Naturzusammenhänge und umgekehrt betont und damit wie kein anderer Theoretiker seiner Zeit die Naturabhängigkeit des Menschen betont, den über Arbeit vermittelten Stoffwechsel zwischen Gesellschaft und Natur hervorgehoben und die Natur als Grundstoff der Produktion bzw. als Mittel zur Reproduktion ("Lebensmittel") thematisiert (vgl. dazu die frühen Pariser Manuskripte von 1844, aber auch 1983a, z.B. 192, 198). Schon aufgrund seiner geschichtsteleologischen und mechanistischen Theorieanlage ist er jedoch dem technikeuphorischen Diskurs des 19. Jahrhunderts verhaftet geblieben. Die Möglichkeit des Umschlagens industrieller Produktivkräfte in Destruktionskräfte kam ihm, ganz zeitgemäß, nicht in den Sinn. Später hat sich die orthodox-marxistische Gesellschaftstheorie einer blinden Verlaufslogik der Technik unterworfen. Gleichwohl besteht die Ironie der Marxschen Auffassung von der Produktivkraftentwicklung als evolutionärem Schrittmacher der Geschichte gerade darin, daß sie - mit negativem Vorzeichen - aktuell wie nie zu sein scheint (Schmidt 1971; Immler/Schmied-Kowarzik 1984; Immler 1985, 239ff.; Rosenmayr 1989).

gische Fragestellung für zukünftige gesellschaftliche Entwicklungspfade nicht mehr ignoriert werden. Auch haben Ulrich Becks *Risikogesellschaft* (1986) und Niklas Luhmanns *Ökologische Kommunikation* (1986) diversen risikosoziologischen und umweltsoziologischen Untersuchungen Auftrieb gegeben. Wie Scharping/Görg (1994) hervorheben, können diese Arbeiten jedoch nicht darüber hinwegtäuschen, daß die gesellschaftstheoretische Bearbeitung der ökologischen Problematik nicht dem Stellenwert entspricht, der ihr im Hinblick auf die Akkumulation globaler Umweltprobleme zukommt. Deshalb sei auch der von Joas (1992, 325) gemachten Beobachtung vorbehaltlos zuzustimmen, der ein gravierendes Desiderat der gegenwärtigen Gesellschaftstheorie in der "Berücksichtigung der Auswirkungen innergesellschaftlicher Prozesse auf die natürliche Umwelt sozialer Einheiten" sieht. Zugespitzt formuliert: Der Einbruch neuer ökologischer Gefährdungslagen in die soziologische Theoriereflexion scheint den Alterungsprozeß mancher althergebrachter Begriffe und Kategorien erheblich zu beschleunigen, so daß es ratsam erscheint, ihre Tauglichkeit gegenüber den Anforderungen einer gegenwartsbezogenen Zeitdiagnostik zu überprüfen.

Die negativen Effekte von Modernisierung und Modernität sind in der Geschichte der Soziologie primär unter der Rubrik der "sozialen Frage" aufgegriffen und als asymmetrische Verteilung materieller Lebenschancen thematisiert worden, oder sie wurden sekundär auf die kulturellen Lebensformen bezogen und unter der Semantik der Entfremdung und Verdinglichung abgehandelt. Diese Thematik findet insbesondere in der *Dialektik der Aufklärung* von Max Horkheimer und Theodor W. Adorno (1985) aus dem Jahre 1944 ihren intellektuellen Höhepunkt. Sie knüpfen in ihrer Kritik der instrumentellen Vernunft an Webers Rationalisierungsthese und an Georg Lukács' Theorie der Verdinglichung an, um im totalen Triumph der technisch-wissenschaftlichen Rationalität das Janusgesicht der Moderne identifizieren zu können. In der *Dialektik der Aufklärung* wird die Moderne nach der *zivilisatorischen* Wirkung der instrumentellen Naturbeherrschung befragt (vgl. Habermas 1981, I, 455ff.; 1985, 130ff.; Honneth 1986, 43ff.). Das zweckgerichtete Verfügbarmachen von Natur wird thematisiert, um moderne Herrschaft "als eine Art innergesellschaftliche Verlängerung der menschlichen Herrschaft über die äußere Natur" (Honneth 1986, 63) deuten zu können. Die herrschaftsunterworfenen Subjekte erscheinen in dieser Perspektive als gesellschaftsinterne Repräsentanten der unterdrückten Natur. Die äußere Naturbeherrschung stehe, so Horkheimer und Adorno, in einem Entsprechungsverhältnis zu dem von ihnen diagnostizierten zivilisatorischen Verfallsprozeß: Die Herrschaft über die äußere Natur habe sich in der Herrschaft über die innere Natur des Menschen verdoppelt. Der technischen Naturbearbeitung könne deswegen auch kaum noch das Potential zivilisatorischer Befreiung zugetraut werden. Vielmehr sei in ihr die Quelle gesellschaftlicher Regression, sozialer Entfremdung und kultureller Verarmung zu sehen. Naturbeherrschung wird damit als *soziokulturelle* Zivilisationskrise gedeutet, nicht aber als umgreifende *sozioökologische* Reproduktionskrise der Gesellschaft interpretiert. Die ökologische Problematik bleibt deswegen auch bei Horkheimer und Adorno auf eigentümliche Weise ortlos. Sieferle (1989, 11) formuliert treffend: "Neu am gegenwärtigen Bewußtsein einer drohenden totalen anthropogenen Naturkrise ist nicht der einfache Gedanke einer 'Verkehrung', d.h. des Auftretens von unkontrollierten Handlungsfolgen und der Entstehung einer zweiten Natur eigenständiger Objektivität. Was die moralische Perfektibilität betrifft, so gehört diese 'Dialektik der Aufklärung' spätestens seit Auschwitz zum eisernen Bestand moderner Selbstreflexion. Der Gedanke ist nicht neu, daß es sich bei dem Prozeß der Zivilisation um einen selbstzerstörerischen Vorgang handelt, der gerade dort scheitert, wo er scheinbar seine höchsten Triumphe feiert. Neu dagegen ist seine Ausdehnung auf die Naturbedingungen des menschlichen Lebens selbst". In gebotener Kürze möchte ich mich im folgenden den gegenwärtig einflußreichen Gesellschaftstheorien von Jürgen Habermas und Niklas Luhmann zuwenden, um zu verdeutlichen, daß die sozialökologischen Defizite der Soziologie bis in die jüngste Gegenwart fortgeschrieben worden sind.[6]

Habermas diagnostiziert in der *Theorie des kommunikativen Handelns* (1981) in breit angelegten und fein ausgefächerten Argumentationsgängen das Übergreifen der "verdinglichten Subsysteme zweckrationalen Handelns" auf kommunikativ gestiftete Handlungsnischen der "Lebenswelt" und faßt diese Entwicklung in der These von der "Kolonisierung der Lebenswelt" zusammen. Gleichwohl verzichtet er darauf, die Kolonisierung zukünftiger Entwicklungschancen durch industrielle Umweltnutzungen in der Gegenwart theoretisch plausibel zu erörtern. Habermas (1981, I, 385) differenziert erfolgsorientierte Handlungen in instrumentelle und strategische Handlungen: Instrumentell bezeichnet Habermas eine erfolgsorientierte Handlung, wenn der Akteur unter zweckgerichteten Gesichtspunkten auf Gegenstände der äußeren Natur einwirkt; strategisch faßt er eine erfolgsorientierte Handlung, wenn ego auf die zweckgerichtete Beeinflussung von alter abzielt. Obwohl Habermas eine Zeitdiagnose moderner Gesellschaften für sich in Anspruch nimmt, verzichtet er darauf, den blinden Fleck soziologischer Theoriebildung, die ökologische Frage, freizulegen. Auch entwickelt er keinen Begriff von Gesellschaft, der die schroffe Gegenüberstellung von Kultur und Natur in der Soziologie überwinden helfen könnte. Bereits auf der Ebene der kategorialen Vorverständigung werden die *stofflichen* und *symbolischen* Umweltbezüge der komplementär eingeführten Begriffe "System" und "Lebenswelt" vernachlässigt. Insbesondere erwähnt Habermas im Zusammenhang des kommunikativen Handelns das Verweisungsgefüge von Arbeit, Technik und Natur nur beiläufig (vgl. Sohn 1994, 242). Im Zuge der kommunikationstheoretischen Wende scheint Habermas die Gesellschaft vom naturalen Kontext abzukoppeln, so daß zwangsläufig auch die soziologisch aufschlußreiche Frage nach den *gesellschaftlichen* Nutzungsformen von Natur aus dem Beobachtungsfeld herausfallen muß. Bereits

---

6   Weitere markante Beispiele für das sozialökologische Desiderat in der Soziologie sind
      die Figurationssoziologie von Norbert Elias sowie Anthony Giddens' Sozialtheorie der
      Strukturierung (1988).

Eder (1988, 34) hat zeigen können, daß mit Habermas' Verabschiedung des auf Marx zurückgehenden Arbeitsbegriffs die Naturproblematik aus der Theorie getrieben wird "und mit ihr die Gebrauchswertgeschichte, die jenseits von Produktion und Distribution die gesellschaftliche Aneignung des Produzierten und Verteilten bestimmt".[7]

Die ökologischen Defizite sind in theorietechnischer Hinsicht auch in Luhmanns *Theorie sozialer Systeme* festzustellen. Metzner (1993, 171ff.) hat auf grundlegende Probleme hingewiesen, die entstehen, wenn Luhmann die ökologische Problematik in das Kategoriengerüst seiner Systemtheorie einzupassen versucht. Der systemtheoretische Umweltbegriff blende nämlich den ökologischen Umweltbegriff zugunsten des Begriffs der Systemumwelt völlig aus und übergehe damit die Verschränkung sozialer Systeme mit dem Ökosystem. In der Theoriesprache Luhmanns gilt nämlich Umwelt nur als das, was von sinnprozessierenden Systemen als systemeigene Umwelt registriert wird. In der theoretischen Programmschrift *Soziale Systeme* (1984, 36) findet sich an prominenter Stelle eine Passage, die diesen Befund bestätigt. Die System-Umwelt-Relation wird darin wie folgt beschrieben: "Die Umwelt erhält ihre Einheit erst durch das System und nur relativ zum System. Sie ist ihrerseits durch offene Horizonte, nicht jedoch durch überschreitbare Grenzen umgrenzt; sie ist selbst also kein System". An anderer Stelle formuliert Luhmann (ebd., 249) apodiktisch: "'Die' Umwelt ist nur ein Negativkorrelat des Systems. Sie ist keine operationsfähige Einheit, sie kann das System nicht wahrnehmen, nicht behandeln, nicht *beeinflussen* (Hervorh. von mir, K.K.)." Und umgekehrt habe jedes System "nur den Umweltkontakt, den es sich selbst ermöglicht, und keine Umwelt 'an sich'" (ebd., 146). In *Ökologische Kommunikation* (1986, 23) erläutert er: "Systeme selbst definieren ihre Grenzen, sie selbst differenzieren sich aus und konstituieren Umwelt als das, was jenseits ihrer Grenzen liegt. Umwelt in diesem Sinne ist kein eigenes System, nicht einmal eine Wirkungseinheit, sondern nur das, was als Gesamtheit externer Umstände die Beliebigkeit der Morphogenese von Systemen einschränkt und sie evolutionärer Selektion aussetzt."

Strenggenommen markiert die Leitdifferenz System/Umwelt der Systemtheorie eine Beobachtungsdifferenz. "Umwelt" entspricht im Luhmannschen Sinne zunächst jenen Elementen, die von dem System als Umwelt *des* Systems *beobachtet* werden können. Systemrelativ ist dieser Umweltbegriff in einem radikalen Sinne insofern, als Umwelt durch die Operationen des Systems definiert wird. Hingegen bleiben jene Elemente der physischen Umwelt, die *unbeobachtet* auf das System als biotisches und abiotisches Faktum *einwirken*, von Luhmann selbst unbeobachtet und damit letztlich auch für die soziologische Beschreibung der Beziehung der Gesellschaft zu ihrem physischen Umfeld und umgekehrt bedeutungslos. Die

---

[7] Welche Bedeutung hierbei der sprachpragmatischen Wende in der Philosophie und den Sozialwissenschaften zukommt, an die Habermas anschließt, kann in diesem Kontext nicht weiter verfolgt werden.

wahrgenommene Umwelt des Systems ist nicht mit der physisch wirksamen Natu-rumwelt, die das System umgibt, identisch. Der Luhmannsche Umweltbegriff er-faßt alles, was das System als systemrelative Umwelt wahrnehmen und operativ einbeziehen kann; er umfaßt nicht *alle* physischen, chemischen, mechanischen und biologischen Ereignisse und Prozesse, die auf die Struktur des Systems ein-wirken, ohne daß sie systemisch verarbeitet werden. Da alles, was nicht Bestand-teil des Systems a ist, seiner Umwelt zurechnet wird, werden auch alle anderen Subsysteme b, c ... n dem System a als systemeigene Umwelt zugeordnet. Die Umwelt des Systems ist Luhmann zufolge allerdings nie mit der Umwelt anderer Systeme identisch, da der systemtheoretische Umweltbegriff nicht auf die alle Systeme umschließende physische Umwelt rekurriert. Mit der System/Umwelt-Differenzierung scheint eine autonome Seinsebene der Gesellschaft eingeführt zu werden, die sich den materiellen Wechselwirkungen des ökologischen Milieus weitgehend entzieht. Wie Metzner (1993, 174) hervorhebt, findet bei Luhmann die organisch-physische Umwelt im gesellschaftlichen System nur als "systemin-ternes Umweltkorrelat, als Desiderat der natürlichen Umwelt" Berücksichtigung, nicht aber als *Biosphäre* der Gesellschaft. Die physische Umwelt psychischer und sozialer Systeme spiele für diese selbst kaum eine Rolle, nur die systemrelevanten (Sinn)Umwelten: Das physische Substrat der Gesellschaft sei deswegen auch kaum mehr als eine "Kulisse, über deren Aussehen man zwar leidlich streiten (kommunizieren) kann, die mit dem eigentlichen Inhalt des im Vordergrund ste-henden Theaters (des sozialen Kommunikationsgeschehens) aber nichts zu tun hat." (Ebd., 175) Der ökologisch blinde Fleck der Luhmannschen Theorieanlage ist besonders gut zu beobachten, wenn man mit Metzner (ebd., 217) bedenkt, daß die physische Umwelt, von der sich sinnprozessierende Systeme abheben, für diese "nur noch als interne sinnhafte Repräsentation wirklich vorhanden" bleibt. Umwelt, verstanden als physisches Faktum der Gesellschaft, wird letztlich auf ein *Epiphänomen* von sinnprozessierenden psychischen bzw. sozialen Systemen redu-ziert und damit systemtheoretisch aus dem Beobachtungshorizont des Soziologen exteriorisiert. Dies erscheint um so überraschender, als die ausdifferenzierten Funktionen moderner Gesellschaften nur auf der Basis ausdifferenzierter materiel-ler und energetischer Interaktionen mit dem ökologischen Milieu möglich erschei-nen.

Angelegt ist dieses Grundproblem bereits in der kommunikationssoziologi-schen Engführung des Gesellschaftsbegriffs auf Sinnprozesse: Luhmann überträgt die Leitidee der sozialphänomenologischen Beobachtung von der Ebene der Psy-che auf die Systemebene. Ihm zufolge (1986, 24) besteht Gesellschaft "aus nichts anderem als aus Kommunikationen". Wenn Kommunikation als "elementare Einheit der Selbstkonstitution" (ebd., 241) des Systems in die Theoriekonstruktion eingeführt wird, entschwindet allerdings das materiell-stoffliche Substrat der Gesellschaft aus dem soziologischen Beobachtungsradius und damit auch ein geeigneter begrifflicher Rahmen, mit dem die basalen Umweltbezüge der Gesell-schaft thematisiert werden können. Die ganze Problematik des Luhmannschen

Ansatzes zeigt sich für Bühl (1987, 231) deswegen auch in der Gleichsetzung von Kommunikation und Gesellschaft. Natürlich ist sich auch Luhmann im klaren darüber, daß Systeme sich nur selbsterhalten können, wenn sie in Kontakt mit der physischen Umwelt stehen, mit der sie Energie und Materie austauschen. Im Hinblick auf die Entfaltung des Systembegriffs bleibt diese Überlegung jedoch folgenlos. Allein die Differenz zur Umwelt wird zum Konstitutionsprinzip selbstreferentieller Systeme erklärt. Für Luhmann (1984, 249) erscheint Umwelt lediglich als Grenzbedingung des von innen operativ gesteuerten Systems, die "einfach 'alles andere'" repräsentiere. Er begnügt sich mit der Aussage, daß das System von der Umwelt lediglich durch ein abruptes "Komplexitätsgefälle" (ebd., 250) abgegrenzt sei. Der Umwelt, der nach Luhmann (ebd., 249) eine weitaus höhere Komplexität zuzuschreiben ist, als dem System selbst, wird keine weitere Beachtung geschenkt. Sie scheint in konzeptioneller Hinsicht für die interne Selbststeuerung des Systems eine zu vernachlässigende Größe. Da Luhmann (ebd., 60f.) zufolge "außerhalb des Kommunikationssystems Gesellschaft überhaupt keine Kommunikation" anzutreffen ist, entfällt damit auch eine *soziologische* Bestimmung der Interaktionen zwischen Umwelt und Gesellschaft. In diesem Zusammenhang ist es nur folgerichtig, wenn Luhmann die ökologische Gefährdung der Gesellschaft nicht an spezifischen Überlastungen der Umweltnutzung festmacht, sondern - wie Kluge (1991, 96) formuliert - an einer "'falsche(n)' Kommunikation der Gesellschaft *über* ihre Umwelt".

Bereits Eder (1988, 43) hat die ökologische Leerstelle bei Luhmann beobachtet und auf den für das systemtheoretische Selbstverständnis zentralen Begriff der Autopoiesis zurückgeführt, der dazu verleite, die Theorie sozialer Systeme weitgehend von Umweltfaktoren abzukoppeln. Dadurch werde Natur nicht mehr als Umwelt, sondern nur mehr als ein Moment der systemischen Selbstorganisation gesehen. Sie reduziere sich "auf die Beschreibungen, die die Gesellschaft von ihr produziert. Die Frage, warum die Natur so und nicht anders beschrieben wird, bleibt allerdings offen. Die Beschreibungen der Natur werden nur danach beurteilt, ob sie funktional für die Autopoiese der Gesellschaft sind oder nicht. Dann macht auch die Frage Sinn, ob der Diskurs über die Natur zuviel Resonanz erzeugt oder nicht" (ebd.).[8] Das differenzierungstheoretische Grundaxiom der Sy-

---

[8] Der Begriff der Autopoiesis scheint die operative Geschlossenheit sozialer Systeme zu hypostasieren. So sieht es jedenfalls Bühl (1987, 231), der gegen die Übergeneralisierung der autopoietischen Perspektive argumentiert: "Zwar ist es natürlich richtig, daß nach der Organisationsperspektive der Autopoiese alles, was als Elementareinheit im System in Erscheinung tritt, *formaliter* vom System bestimmt ('reproduziert') wird (obwohl die Elementareinheiten *materialiter* aus der Umwelt bzw. aus darunterstehenden Organisationsebenen entnommen sein mögen). Wenn nun aber im sozialen System auch *materialiter* nach eigenen Elementareinheiten gesucht wird - und diese als 'Handlungen', 'Ereignisse', 'Informationen' und schließlich 'Kommunikationen' identifiziert werden -, dann ist damit ein Formalprinzip (wenn auch mit sehr ungegenständlichen, weil total temporalisierten, Gegenständen) reifiziert worden."

stem/Umwelt-Differenz scheint jedenfalls nur dann auf die basalen *Austausch-prozesse* zwischen Gesellschaft und Ökosystem fruchtbar anwendbar zu sein, wenn sich die Leitdifferenz System/Umwelt nicht in der Analyse sinnprozessie-render Operationen erschöpft, sondern sich mit ihr die komplexe Vermittlung materiell-energetischer und symbolisch-interaktiver Aspekte menschlicher Gesell-schaften darstellen läßt.[9]

2. Vergesellschaftung von Natur

Das Verhältnis zwischen *Individuum und Gesellschaft* steht seit Anbeginn im Zen-trum des soziologischen Erkenntnisinteresses. Hingegen wird bis in die jüngste Gegenwart hinein der Beziehung zwischen *Gesellschaft und Natur* nur am Rande Beachtung geschenkt. Dies muß um so mehr verwunden, da der Einfluß von Um-weltfaktoren auf die Entwicklungschancen menschlicher Lebensformen genauso außer Frage steht wie die Rückwirkung gesellschaftlicher Tätigkeiten und Prozes-se auf das Umweltmilieu. Um das Verhältnis von Gesellschaft und Natur theore-tisch genauer fassen zu können, möchte ich an die von Metzner (1994) vorge-schlagene Unterscheidung zwischen materiell-energetischer *Umweltoffenheit* und symbolisch-kommunikativer *Umweltabgeschlossenheit* des Gesellschaftssystems anknüpfen. Diese Unterscheidung erlaubt es nämlich, die Einheit der Differenz von autogenen und allogenen Momenten der gesellschaftlichen Entwicklung im Verhältnis zum Umweltmilieu modellhaft zu beschreiben. Jenseits von umweltde-terministischen und kulturalistischen Annahmen geht es Metzner darum, den Zu-sammenhang von ökologischer Umwelt und soziokultureller Evolution analytisch differenziert zu erfassen. Hierbei greift er auf soziologische und thermodynami-sche, systemtheoretische und systemökologische Argumentationsstränge zurück und projoziert diese auf die sozialökologische Fragestellung. Die Theorie offener Systeme, die auf den Zoophysiologen Ludwig von Bertalanffy zurückgeht, sowie das von den chilenischen Biologen und Neurophysiologen Humberto R. Maturana und Francisco J. Varela entwickelte biokybernetische Konzept der Autopoiesis ist hierbei von besonderem Interesse. Während die Theorie des offenen Systems nach

---

[9]　　Luhmanns (1986) Betrachtungen zu den Defiziten eines normativ stark aufgeladenen Ökologiediskurses, der der Illusion nachhinkt, die *Differenz* des Systems zur Umwelt in arbeitsteilig differenzierten, komplexen Gesellschaften der Gegenwart ungeschehen zu machen, bleiben von dieser Kritik ebenso unberührt wie die Annahme, daß soziale Systeme nur solche ökologischen Informationen und Ereignisse aus der Systemumwelt zu Kommunikation und letztlich zu Entscheidungen umformen können, soweit diese in den jeweiligen systemspezifischen Leitcode übersetzbar sind. Die unhintergehbare System-Umwelt-Differenz macht es gerade im hohen Maße unwahrscheinlich, daß die naturale Umwelt im Gesellschaftssystem *vollständig* repräsentiert werden kann.

den physischen Austauschprozessen fragt, welche unverzichtbar sind, damit sich ein System in einer Umwelt über Grenzerhaltung konstituieren und ein von der Umwelt abweichendes Organisationsniveau sicherstellen kann, konzentriert sich die Theorie der Autopoiesis auf die operative Geschlossenheit der internen Kommunikationsprozesse des Systems.

Metzner (1994, 362ff.) reformuliert in sozialökologischer Absicht diesen Sachverhalt und unterscheidet zwischen dem organisch-physischen und dem kulturellen Selbsterzeugungsprozeß einer Gesellschaft. Zum einen stehe das "materiell-energetisch offene System" einer Gesellschaft in direkter Wechselwirkung zu seiner Umwelt, dem ökologischen System; zum anderen handele es sich um ein "geschlossenes System", das eine indirekte Wechselbeziehung zur ökologischen Umwelt unterhalte. Diese Beziehung sei insofern nur vermittelt, als Deutungsmuster, Ordnungskonstrukte und theoretische Axiome über den naturalen Kontext produziert werden, welche die handlungsrelevanten und praktisch-instrumentellen Umweltbezüge anleiten und strukturieren. Die kommunikative Selbstreferentialität der Gesellschaft sieht Metzner (ebd., 367) in ihrer unhintergehbaren "informationelle(n) Differenz zur Umwelt" begründet. Alle Umweltinformationen können schließlich nur auf der Folie der jeweils gültigen, gesellschaftlich konstruierten Umweltmodelle und Naturvorstellungen zusammengetragen und verarbeitet werden.

An diese Überlegung anschließend kann Gesellschaft in stofflich-energetischer Hinsicht als ein offenes System gekennzeichnet werden, das sich beständig im Austausch mit seiner Umwelt befindet. Stofflich offen ist die Grenze zwischen Gesellschaftssystem und Umwelt in einem doppelten Sinne. Einerseits ist die Gesellschaft auf die elementaren Prozesse der naturalen Umwelt angewiesen: Die Nutzung von Energie und die Umformung von Materie zu Werkstoffen und Betriebsmitteln, Maschinen und Gütern ist unverzichtbar, um die materielle Struktur der Gesellschaft aufzubauen und zu erhalten, die physische Reproduktion des menschlichen Lebens zu garantieren und die biologische Fortpflanzung sicherzustellen. Die materiellen Elemente des Systems werden mit Hilfe der menschlichen Arbeitskraft, technologischer Apparaturen und wissenschaftlicher Verfahren aus dem vorgegebenen Material der Umwelt gewonnen und reorganisiert. Die Gesellschaft greift stets auf materielle und energetische Ressourcen der naturalen Umwelt zurück, und zwar ganz unabhängig davon, ob die gesellschaftliche Reproduktion auf gleicher Grundlage gesichert oder im Hinblick auf erweiterte Möglichkeiten fortentwickelt werden soll. Lebensmittel werden produziert und konsumiert, Ausgangsmaterialien umgeformt, Rohstoffe erschlossen und zu Produkten verarbeitet, artifizielle Objektwelten geschaffen, Endprodukte verbraucht und entsorgt usw. Durch bestimmte Produktionsweisen und Bewirtschaftungsformen wirkt die Gesellschaft andererseits auf die naturale Umwelt ein, drängt diese nicht bloß im quantitativen Sinne zurück, sondern rekonstruiert, synthetisiert, modelliert, transformiert sie für eigene Zwecke. Der stoffliche Austausch zwischen dem

Gesellschaftssystem und seinem materiellen Umfeld kann hierbei in physikalischer, chemischer und biologischer Hinsicht differenziert beschrieben werden.

Während die Grenze zwischen Gesellschaftssystem und Umwelt für Stoffe und Materie durchlässig ist, kann sie in kultur-kommunikativer Hinsicht als operational geschlossen charakterisiert werden. Die materielle Kultur der Gesellschaft steht durch die Medien produktiver *und* konsumtiver Tätigkeiten in einem direkten Interaktionsprozeß mit der Umwelt. Hingegen steht die symbolische Kultur allenfalls in einer indirekten, über das Medium der Sprache vermittelten Beziehung zur Umwelt. Das sinnhaft-kognitiv geschlossene Gesellschaftssystem produziert, verarbeitet und verwirft Deutungen und Informationen, Wissensformen und Ideensysteme über das materielle Umweltmilieu, in das es eingebettet ist, nimmt den physischen Umweltbezug der Gesellschaft mittels religiöser, alltagskultureller oder wissenschaftlicher Codes wahr, diskutiert und präjudiziert normativ-ästhetische Maßstäbe und moralische Axiome, die den symbolischen und materiellen Umweltbezug anleiten und regulieren sollen. Die Differenz der Gesellschaft zur Umwelt ist somit doppelt konstituiert: *einerseits* über die Medien der Arbeit und der Konsumtion, die die physisch-materielle Reproduktion aufrechterhalten und erweitern sowie *andererseits* über das Medium der Sprache, das die kommunikative Organisation und Koordination der gesellschaftlichen Segmente ermöglicht und die symbolische Reproduktion gewährleistet. Umweltinformationen werden hierbei sowohl von der materiellen als auch von der symbolischen Kultur der Gesellschaft - in unterschiedlicher Weise - verarbeitet.

Für den Fortgang der Überlegungen zu einer Theorie der Umweltbeziehungen des Marktes ist festzuhalten, daß Handlungen und Tätigkeiten nicht nur von einem soziokulturellen Sinnhorizont eingerahmt sind, der die Erfindung sozialer Institutionen und Organisationen anleitet bzw. filtert. Zugleich sind die jeweiligen Handlungen in einem stofflich-materiellen Umfeld situiert, aus dessen Elementen eine artifizielle Welt geschaffen wird. Entgegen der Annahme eines Umweltdeterminismus, der die adaptive Reaktion der soziokulturellen Organisation auf Variationen und Selektionen des physischen Umfelds nahelegt, wird den folgenden Überlegungen die These zugrunde gelegt, daß umgekehrt die mannigfaltigen Bestrebungen agrarischer und industrieller Gesellschaften darauf hinauslaufen, das physische Milieu so weit wie möglich an sich wandelnde gesellschaftliche Differenzierungen, Problemlagen, Erfordernisse und Zwecke "anzupassen", um den anthropogenen Einzugsbereich zu vergrößern und die Reproduktionsmöglichkeiten auf ein breiteres Fundament zu stellen.[10] Mit anderen Worten werden die spezifischen Umweltbedingungen von der Gesellschaft *produziert*. Vor diesem Hintergrund kann es kaum verwundern, daß die historisch variablen Formen der Umweltnutzung zum Konfliktfeld sozialer Auseinandersetzungen werden.

---

[10]   Zur Kritik der Adaptionstheorie (Anpassung der Kultur an Fluktuationen der Umwelt) in der Kultur- und Sozialanthropologie vgl. Bargatzky (1986, 174ff.; 1992).

Wie Ulrich Beck eindrucksvoll zeigt, käme es einer Problemverdrängung mit nicht abschätzbaren Konsequenzen gleich, würde man die gesellschaftlich induzierten, anthropogenen Umweltzerstörungen in den Bereich der "*Nicht*gesellschaft" (1986, 107) entlassen: Umweltprobleme seinen keine Probleme der "Um-Welt", sondern Probleme der ökonomischen, kulturellen und politischen Konstitution einer Gesellschaft. "Die industriell verwandelte 'Binnenstruktur' der zivilisatorischen Welt muß geradezu als exemplarische Nichtumwelt begriffen werden, als Innenumwelt, der gegenüber alle unsere hochgezüchteten Distanzierungs- und Ausgrenzungsmöglichkeiten versagen." (Ebd., 108)[11] Mit dieser Formulierung hält Beck zu Recht die klassische Dichotomie von Gesellschaft und Natur, die die Problembeschreibungen der Human- und Naturwissenschaften so nachhaltig beeinflußt hat, für antiquiert. Gegen die Separierung von Gesellschaft und Natur spricht vor allem, daß die Auffassung von der Gesellschaft als *Gegen*welt zur Natur nur möglich ist, wenn die *gesellschaftliche* Konstitution der Natur und die *naturale* Konstitution der Gesellschaft ausgeblendet wird. Daß die ökozentrische Annahme von der Natur als ahistorische Gesetzmäßigkeit biotischer und abiotischer (geologischer, hydrologischer, klimatologischer) Prozesse ebensowenig überzeugen kann wie die soziozentrische Vorstellung von der Gesellschaft als Gegenwelt zur Natur, möchte ich im folgenden genauer aufzeigen.

Es ist kein spektakulärer, aber höchst folgenreicher Grundtatbestand, daß das terrestrische und maritime Ökosystem als physisch-organischer Träger menschlicher Gesellschaften das stoffliche und energetische Potential für vielfältige Entwicklungschancen bereithält. Es ist evident und bedarf keiner weiteren Erläuterung, daß Gesellschaften nicht den biotischen, chemischen und physikalischen Prozessen des naturalen Umfelds entwachsen können, sondern sich *aus* und *in* ihm entwickeln und somit nur *mit* und *von* ihm existieren können. Alle gesellschaftlichen Entwicklungsmöglichkeiten hängen von den Potenzen ab, die die Materie in sich birgt bzw. aus ihr entwickelt werden können. Gleichwohl ist diese Anbindung der Gesellschaft an ihr materielles Substrat nicht im Sinne eines naturalistischen Reduktionismus zu verstehen, der die anthropogene Dynamik im Rückgriff auf ökologische "Gesetzmäßigkeiten" zu erklären versucht und diese an ihrer schlichten Fähigkeit zur "Anpassung" an die Umweltbedingungen bewertet. Naturromantische Postulate der Einheit zwischen Natur und Gesellschaft erliegen der Gefahr der Mystifikation gesellschaftlicher Umweltbeziehungen. Demgegenüber ist auf folgenden Zusammenhang zu insistieren: Menschliche Gesellschaften scheren aus der allein genetisch programmierten biologischen Evolution von zufälliger Variation und Selektion aus und differenzieren bzw. sektoralisieren ihre Umweltbezüge mit zunehmendem sozio-kulturellem Entwicklungsgrad nach Maßgabe funktionaler Erfordernisse und Handlungskompetenzen.[12] Diese über

---

[11]   Zur Kritik an der These von der Naturkrise siehe auch Glaeser (1992a).

[12]   Zur problematischen "Ontologisierung der Natur" innerhalb des ökologischen Diskurses vgl. die entsprechenden Beiträge in Hassenpflug (1991). Schultz (1991) weist etwa

eine bloße Erfüllung organischer Funktionen hinausweisenden Umweltbezüge eröffnen besondere, im Einzelfall zu spezifizierende Chancen und Risiken der sozialen Entwicklung, die allesamt darauf abzielen, die "Evolution zu rekonstruieren
und fortzusetzen" (Moscovici 1982, 54). Damit ist gleichwohl keineswegs impliziert, daß Gesellschaften das sie umgebende ökologische Milieu abstreifen oder
die wechselseitigen Bezüge zwischen gesellschaftlich erlernten Fähigkeiten und
biologisch-physischen Prozessen negieren können.

Einerseits ist ihr Verwiesen-Sein auf den Umweltkontext unhintergehbar. Andererseits werden mit der zunehmenden Komplexität und Differenziertheit der
gesellschaftlichen Umweltbeziehungen diese selbst prekär, wenn ökologische
Schwellenzustände überschritten werden. Gegenüber den Aporien eines ökologischen Determinismus, der das Soziale auf der Folie der klassischen biologischen
Evolutionstheorie als mehr oder weniger zufällige Variation oder Selektion seitens
der Umwelt erklärt, ist nachdrücklich zu betonen, daß menschliche Populationen
in Umweltprozesse intervenieren, um diese für anthropogene Zwecke, z.B. zur
Bewältigung von Ernährungskrisen, aktiv umzugestalten. Die zweckdienliche Aneignung naturaler Ressourcen ist nicht als reine Konsumtion begrifflich zu fassen.
Vielmehr werden Kulturpflanzen gezüchtet, Tiere domestiziert, Naturlandschaften
kultiviert, Stoffströme umgeleitet, Materialien weiterverarbeitet, Substanzen synthetisiert, Artefakte hergestellt und gegenständliche Welten erfunden. Die Elemente des physischen Milieus dienen der Herstellung von Lebensmitteln und Hilfsmit-
teln im weitesten Sinne. Mittels der technologischen Produktionsapparate wird
nicht bloß unbearbeitete Materie angeeignet. Vielmehr wird diese für menschliche
Zwecke umorganisiert, indem bestimmte naturale Wirkkräfte hervorgebracht,
konzentriert oder multipliziert werden, um neue Produkte mit speziellen Stoffeigenschaften herzustellen. In dem Maße, in dem Gesellschaften ihre naturale Basis
durch produktive und konsumtive Tätigkeiten verändern, werden sie in die Lage
versetzt, die elementaren physischen Reproduktionsbedingungen zu beeinflussen
und anthropozentrisch auszurichten. Mit den Worten von Moscovici (1982, 52)
wird der Mensch "zum entscheidenden Faktor seiner eigenen Natur".[13]

---

nach, daß der ökologischen Kritik an den analytisch-synthetischen Naturwissenschaften eine ontologische Naturkonzeption unterlegt ist, wenn "naturnahe" und "sanfte"
Erkenntnisverfahren eingefordert werden, die sich dem "lebenden Organismus" der
"Natur an sich" anzupassen hätten - statt diese in einzelne Bestandteile zu zerlegen
(analysieren) und wieder neu zusammenzusetzen (synthetisieren). Kultursoziologisch
betrachtet steckt das "Schöne" nicht im Gegenstand "Natur". Das "Erhabene" und das
"Harmonische" basiert nicht auf besonderen, der Natur inhärenten Eigenschaften, sondern auf Projektionen und Urteilsformen der Gesellschaft, die das Schema einer
schlichten Gegenständlichkeit der Natur sprengen. Natur hat eine wandelbare kulturelle Bedeutung, die ihr "im Prozeß der konsumtiven Aneignung" (Eder 1988, 58) gegeben wird.

[13]   Der theologisch, esoterisch oder spiritualistisch-animistisch begründete Ökozentrismus spricht beispielsweise von "Natur" als einer von Menschen unabhängigen Sphäre

Soziologisch betrachtet wird Natur vergesellschaftet. Differenzierte Wissensformen werden den bereits bekannten hinzugefügt und Fähigkeiten entwickelt, gespeichert und angewendet, um Materie und Energie durch das Medium der Arbeit für vielfältige produktive oder konsumtive Zwecke transformieren zu können. Die differenzierten Bestrebungen der Gesellschaft, die naturalen Umweltprozesse zu gestalten, zielen allesamt darauf ab, die engen Determinanten der biologisch-genetischen Evolution zu erweitern und einen neuen Typus von Wechselwirkung mit der naturalen Umwelt durchzusetzen. Die selbständige Entwicklung von Gesellschaften hat schließlich zur Voraussetzung, daß diese ganz spezifische Kenntnisse und Kompetenzen ausbilden können, um ihre eigenen materiellen Existenzgrundlagen selbst zu erzeugen und vor allem zu erweitern. Durch die Veränderung von Umweltbedingungen geraten Organismen und Populationen sodann unter Anpassungsdruck, was sich wiederum auf die genetische Variabilität und Diversität des Ökosystems nachhaltig auswirken muß.

Die Erfindungen der Agrikultur (Ackerbau und Viehzucht), der Dampfmaschine, der Agroindustrie, der neuen artifiziellen Welten der Computertechnologien usw. erweitern auf je spezifische Weise die Bearbeitungsformen von Natur und damit die gesellschaftlichen Entwicklungschancen gegenüber den naturalen Umweltbedingungen.[14] Die Organisation und Technik der Arbeit sowie die sozia-

---

im Zustand des An-sich-Seins. Der Natur wird ein moralischer Anspruch *gegenüber* der Gesellschaft zuerkannt und hieraus ein "Eigenrecht der Natur" ohne Bezug auf menschliche Belange abgeleitet. Demgegenüber orientiert der Anthropozentrismus auf ein menschliche Zwecke und Mittel abwägendes Kosten-Nutzen-Kalkül im Umgang mit Naturressourcen, wobei die Wertbezüge, wie im ökologischen Diskurs oftmals übersehen, nicht nur individuell-utilitaristisch, sondern *auch* anthropogen-utilitaristisch, normativ-ästhetisch oder sozialökologisch begründbar sind. Höfer (1989, 43) hat auf die erkenntnistheoretische Paradoxie des Ökozentrismus hingewiesen, wenn eine "nicht-anthropozentrische Position" vom Standpunkt der menschlichen Weltauffassung formuliert werden soll. Die Begründungszwänge des ökozentrischen Imperativs faßt Kösters (1993, 27ff.) überzeugend zusammen, indem er nachweist, daß zum anthropozentrischen Wertbezug im Natur- und Umweltschutz keine sinnvolle Alternative bestehen kann. Weiter bleibt im ökozentrischen Ansatz unerkannt, daß alle Wissensformen über Naturphänomene letztlich gesellschaftlich vermittelt sind und nicht selten mehr über die Gesellschaft aussagen als über ihr physisches Umfeld.

14 Ohne auf kulturgeschichtliche Einzelheiten eingehen zu können (vgl. Immler 1989, bes. 124ff.), ist an dieser Stelle grob schematisierend festzuhalten, daß bereits mit der Kultivierung von Pflanzen und der Domestizierung von Tieren im vorderasiatischen Lebensraum in der Zeit des Frühneolithikums Lebensmittel mit Hilfe spezifischer Kulturtechniken angebaut und gezüchtet werden, um das Überleben auf eine breitere und sicherere Grundlage zu stellen, was wiederum ohne die Verwendung von spezifischen Werkzeugen und Geräten sowie die allmähliche Umwandlung von Naturlandschaften in Kulturlandschaften, die Rodung der Wälder, die Trockenlegung der Sümpfe und die Anlegung von Wiesen und Feldern undenkbar wäre. Im Gegensatz zur Kulturstufe des Paläolithikums leben bereits die menschlichen Gemeinschaften des

len und kulturellen Institutionen der Gesellschaft, die die Errungenschaften in eine tragfähige und dauerhafte soziale Form bringen, dienen hierbei nicht nur der Selbstbehauptung der Gesellschaft gegenüber dem naturalen Milieu, das mehr und mehr auf Distanz gebracht werden soll. Zugleich erlauben diese die bewußte Transformation von Stoffen und Ressourcen für anthropogene Zwecke, die über den schlichten Abbau "gewachsener" Naturressourcen weit hinausreicht. Erst die unhintergehbare Abhängigkeit der "inneren Natur" des Menschen (organische Natur) von seiner "äußeren Natur" (naturale Umwelt) ermöglicht ihre gesellschaftlich-kulturelle Durchdringung, indem das Verhältnis des Menschen zur Natur durch diesen selbst umgestaltet wird. Diese Distanznahme ist auf dem erreichten Entwicklungsniveau moderner Industriegesellschaften unvermeidbar, der Prozeß unumkehrbar und die Rückkehr zur "unberührten Natur" verstellt. Bereits die Natur traditionaler Agrargesellschaften und in noch viel größerem Umfang die Natur der industriellen Moderne kann vor diesem Hintergrund nicht als das objektiv Gegebene, das Andere oder das Gegenüberliegende der Gesellschaft erschlossen bzw. als ungesellschaftlicher Raum, menschenleere *Um*-Welt oder exterritoriale Zone der Gesellschaft übersetzt werden. Die "Außengrenzen" der Gesellschaft markieren nicht den Übergang zur exogenen Umwelt. Moderne Gesellschaften repräsentieren keinen außerökologischen Ort, der naturfernes Geschehen ermöglicht: Natur ist konstitutiv für die Innen(Um)welt der Gesellschaft. Natur repräsentiert weniger eine wie auch immer begriffene Außenwelt der Gesellschaft, die als Um-Welt diese umgrenzt, sondern stellt sich als integrale Grundlage der Gesellschaft dar. Folglich kann mit der Rede von der "Umwelt" weniger die Um-Welt der Gesellschaft gekennzeichnet werden, sondern die im hohen Maße kulturell geprägte, geformte und bearbeitete Materie.[15]

Neolithikums nicht mehr vorrangig vom Sammeln und Jagen, also von dem, was in der unbearbeiteten Natur ohne ihr bewußtes Zutun wächst und gedeiht. Der Übergang vom Wildbeutertum zur Seßhaftigkeit, der u.a. mit der Bildung sozialer Organisationsformen des *oikos* abgesichert wird, geht mit der Fähigkeit zum kultivierten Pflanzenanbau, zur Tierhaltung und zur Nahrungsmittelvorratshaltung Hand in Hand. Immler (ebd., 178) spricht treffend von "anthropomorpher Produktivität". Mit der Metallbearbeitung, insbesondere der Entdeckung und Anwendung der Bronze als Legierung aus Kupfer und Zinn beginnt der Übergang zu den frühen mesopotamischen und ägyptischen Hochkulturen mit entwickelter Bewässerungswirtschaft, handwerklicher Arbeitsteilung und gewerblichem Handel.

[15]   Bühl (1986, 363f.) kritisiert unter Einschluß der Luhmannschen Systemtheorie treffend vorherrschende Konzepte in der Soziologie, denen zufolge Umwelt "nur als Grenzbedingung, als Umkehrreferenz für das System" auftaucht und damit "doch nur die Folie des Systems" abgibt. Demgegenüber schlägt er vor, die "ökologische Konstruktion des sozialen Systems selbst aufzuzeigen". Aus dem Umfeld der Sozialökologie vgl. exemplarisch Glaeser (1989), Glaeser/Teherani-Krönner (1992a) und Hassenpflug (1990; 1991; 1993)

Moscovici hat in dem wegweisenden *Versuch über die menschliche Ge-schichte der Natur* (1982) den Vorschlag gemacht, Natur nicht im Sinne der stati-schen Naturauffassung der klassischen Physik als zeit- und geschichtslose Gege-benheit zu begreifen, die innerhalb einer kosmologischen Ordnung etwas Unver-änderliches oder Absolutes repräsentiere. Natur ist für Moscovici kein Zustand, der außerhalb der menschlichen Tätigkeit und Geschichte zu verorten sei, nichts, das der Gesellschaft gegenüberstehe. Dem liegt die programmatische Überlegung zugrunde, die Abfolge der verschiedenen "Naturzustände" spezifischen gesell-schaftlichen Epochen zuzurechnen, kurz: Natur nach ihrer *gesellschaftlichen Konstitution* zu befragen. Folgerichtig sieht sich Moscovici veranlaßt, einen hi-storisch-soziologischen Naturbegriff einzuführen, mit dem die materiellen und symbolischen Beziehungen der Gesellschaft zum physischen Umfeld analytisch erfaßt und der Blick auf den geschichtlichen Wandel der Naturzustände freigelegt werden soll. Dies kulminiert in der These, daß der strukturelle Wandel einer Ge-sellschaft ohne die Reorganisation ihrer materiellen Existenzgrundlagen undenk-bar sei.[16]

Die gesellschaftstheoretischen Folgerungen sind weitreichender, als es auf dem ersten Blick erscheint: Jeder tiefgreifende Wandel gesellschaftlicher Ordnun-gen ist nämlich ohne die Transformation des "natürlichen Zustands als solchem" (ebd., 38) kaum denkbar, so daß nicht nur die nostalgische Vorstellung von Natur als unverändert fortbestehendem Substrat obsolet werden muß, sondern auch die gleichlautende Vorstellung von der stabilen Natur des Menschen. "Soweit wir auch die Kette unserer Abstammung zurückverfolgen, stets finden wir nur sekun-däre Naturen, die einander ablösen, und niemals gelangen wir zu einer reinen, ursprünglichen Formation." (Ebd., 40) Hieran anschließend schlägt Moscovici vor, auf die übliche Dichotomisierung von Natur und Gesellschaft zu verzichten, um die aktive Rolle der Menschen im Umgang mit Natur betonen und - mehr noch - den jeweiligen Zustand der materiellen Strukturen als Ergebnis ihrer Tätig-keit beschreiben zu können. Damit wendet er sich gegen die Vorstellung von der Gesellschaft und ihren artifiziellen Welten als "Gegennatur", d.h. als etwas, das der Organisation der Materie äußerlich gegenübersteht. Maschinen und Techno-logie bringen nach Moscovici lediglich andere materielle Wirkkräfte hervor bzw. reorganisieren die bestehenden Existenzbedingungen der Umwelt; sie stellen eine Architektur der Elemente und Stoffe dar, die von vorgängigen Formen abweicht.

Diese relationale Bestimmung des Verhältnisses zwischen Gesellschaft und Materie erlaube es, so Moscovici, *erstens* eine substantielle Betrachtung der Natur durch eine historisch-soziologische zu ersetzen, um die Schwierigkeiten bei der Bestimmung der Natur als Konstante auflösen und ihre prinzipielle Offenheit und

---

[16]   Ich möchte Oechsle (1991, bes. 115ff.) folgen, die überzeugend Moscovicis szientisti-schen Fortschrittsoptimismus kritisiert, den er später selbst revidiert hat. Gleichwohl hält sie an seinen zentralen Überlegungen zum historisch-soziologischen Begriff von Natur fest.

Prozeßhaftigkeit betonen zu können. Der Verzicht auf die Annahme einer fixen Naturbasis ermögliche *zweitens*, den "Glauben an die Existenz eines Naturzustandes, der dem Menschen eigen wäre" (ebd., 48) zu hinterfragen. Und *drittens* könne die Vorstellung von der Natur als eines heranwachsenden Organismus, der einem stabilen und beständigen Endzustand zustrebe, aufgegeben werden. Damit verwirft Moscovici die Annahme, daß die Naturevolution "gelenkt von irgendeinem vorgängig bestehendem Programm, hin zu einer Struktur führte, die allein im Einklang mit der Menschheit stünde" (ebd., 50f.). In dem Maße, in dem die menschliche Geschichte sich in die "Geschichte der Materie" einschreibe und die produktive Naturbasis verändere, "ist es nicht nötig, dafür einen Ursprung oder ein permanentes Ziel ausfindig zu machen: Allein der Prozeß zählt. Um in der wirklichen Welt zu handeln, bedarf es durchaus nicht der Gußform einer Theodizee, die dieses Handeln auf ein vorbestimmtes und unveränderliches Ziel ausrichtete. Weder die Wissenschaften noch die Technik, welche die Bestandteile dieses Handelns bilden, sind auf eine Umwelt gerichtet, in der die Züge des absoluten Gesetzes oder der Wirksamkeit im voraus eingraviert wären." (Ebd., 55) Vor diesem Hintergrund gilt Moscovicis besonderes Interesse dem historischen Wandel der Modalitäten in den Naturbezügen von Gesellschaften, genauer: der Transformation des Verhältnisses zwischen der Gesellschaft und ihrem materiellen Milieu. Ein "Naturzustand" mit spezifischen Attributen wird gesellschaftlich erzeugt: Naturstoffe werden entdeckt und Fertigkeiten der Naturbearbeitung hervorgebracht, die bisher unerkannt blieben; Naturstoffe werden erfunden und produziert, die bisher unbekannt waren; kurzum, ein Naturzustand zeichnet sich durch eigene Modalitäten der Verknüpfung materieller Elemente und Kräfte aus, die von den historisch darauf folgenden Naturzuständen modifiziert und rekombiniert werden. Die Entwicklung menschlicher Gesellschaften kann somit als Abfolge von spezifischen Naturzuständen charakterisiert werden, die jeweils besondere Umformungsprozesse von Energie und Materie hervorbringen.

Die Art und Weise, in der sich Gesellschaften auf die physische Umwelt beziehen, um für die Sicherung der Bedürfnisbefriedigung Nahrungsmittel und Rohstoffe in ausreichendem Umfang zu gewinnen, wird durch verschiedene soziale Faktoren bestimmt: Zu nennen sind hierbei insbesondere die allgemeinen Tätigkeitsformen, die gesellschaftlichen Organisationen und Institutionen, die technischen Artefakte und Produktionsapparate, die kognitiven Fähigkeiten und Wissenssysteme, die soziokulturellen Praktiken und instrumentellen Erfahrungen usw. Diese und andere Faktoren zusammengenommen konstituieren spezifische Umweltnutzungen, die nicht statisch festgeschrieben sind, sondern mit dem strukturellen Wandel der Gesellschaft auch andere Formen annehmen. Grob vereinfachend kann die tiefgreifende Transformation der Umweltnutzung im Übergang von der traditionalen zur industriellen Gesellschaft folgendermaßen skizziert werden[17]:

---

[17]   Vgl. Moscovicis (1982, 86ff.) typologische Unterscheidung zwischen "organischem", "mechanischem" und "kybernetischem Naturzustand". Immlers (1989, 96ff.) naturhi-

Bis zur Schwelle der industriellen Revolution ist die wirtschaftliche Tätigkeit traditionaler Agrargesellschaften noch weitgehend in die vorgefundenen, die Lebensbedingungen auf der Erde bestimmenden Energieströme, biologischen, geologischen und chemischen Stoffkreisläufe eingebunden. Der gesellschaftliche Umweltbezug ist schon allein wegen der traditionellen bäuerlichen und handwerklichen Arbeit und der damit verbundenen überwiegenden Nutzung regenerativer Rohstoff- und Energiequellen durch eine *begrenzte* Transformation der Materie gekennzeichnet. Die anthropogenen Eingriffe in die Biosphäre bleiben trotz der z.T. erheblichen Auswirkungen (Erosionen, Versalzungen, Verwüstungen) lokal oder regional begrenzt. Global gesehen sind sie in ihrer Größenordnung durchaus mit langsamen natürlichen Veränderungen vergleichbar.[18] Traditionale Gesellschaften sind in ihrem Umweltbezug, der keineswegs "harmonische" Formen annehmen muß, noch eingepaßt in den Rahmen der biologischen Evolution. Die benutzte Materie tritt als Rohmaterial in Erscheinung, das etwa im Falle des Holzes geformt (z.B. Hausbau) oder umgewandelt (Energie) wird. Die vertrauten Eigenschaften der vorgefundenen Stoffe werden für produktive Zwecke auf vielfältige Weise genutzt, d.h. ihre physischen Kräfte werden angewendet und gesteigert. Sie sind jedoch Gegebenheiten, die *in* den Dingen stecken und im wesentlichen festliegen. Die handwerkliche Arbeit "folgt den Hinweisen und Vorgaben der Materie" (Moscovici 1982, 90). Es werden noch keine Stoffe und Substanzen synthetisch geschaffen, mit bisher unbekannten Eigenschaften oder einer bisher nicht vorhandenen Kombination von Eigenschaften. Gleichwohl beschränken sich traditionale Gesellschaften keineswegs auf den Abbau vorgefundener Rohstoffe oder die schlichte Konsumtion von Naturressourcen. Durch Arbeit und technische Hilfsmittel wird bereits das physische Umfeld umgeformt, indem Wälder gerodet, Sümpfe trockengelegt, Wiesen und Äcker angelegt und bewirtschaftet, Dämme und Kanäle gebaut und Dörfer und Städte errichtet werden.

Während traditionale Agrargesellschaften in die Physis eingreifen, die partielle Nutzbarmachung der Naturressourcen aber noch weitgehend innerhalb der vorgegebenen physischen Schranken verbleibt, wird mit dem Anbruch der industriellen Revolution eine völlig neue Epoche der gesellschaftlichen Umweltnutzung eingeläutet. Mit der Trennung von Agrikultur und Industrie, der rationelleren Nutzung von Materie und Energie, der Perfektionierung der mechanischen Arbeit

---

storische Drei-Phasen-Periodisierung weicht hiervon ab: Paläolithikum, traditionale Agrargesellschaft, Industriegesellschaft. Ähnlich auch Hassenpflug (1993, 96ff.), der die Grundzüge einer historischen Sozialökologie skizziert und zwischen "dyadischem", "agricolem" und "fabricolem Naturzustand" differenziert. Siehe auch den zusammenfassenden Überblick der ethnologischen Forschungstradition der Kulturökologie bei Bargatzky (1986, 40ff.), in der die Grundformen der Interaktion zwischen Mensch und Umwelt in Wildbeutertum, Hirten-Nomadismus, Bodenbau und agroindustrielle Landwirtschaft unterteilt werden.

[18] Zur Geschichte anthropogener Umweltzerstörungen seit der Antike vgl. exemplarisch Herrmann (1989).

(Automatisierung), der städtischen Agglomeration der Produktion sowie der erd-
umspannenden Mobilisierung umfangreicher Ressourcen entsteht eine Produktionsweise, die die Physis für erweiterte ökonomische Zwecke nutzbar zu machen
versucht. Die Aneignung und Verarbeitung physischer Naturpotentiale wird durch
neue natur- und ingenieurwissenschaftliche Methoden, maschinelle und organisatorische Fähigkeiten revolutionär umgestaltet und in eine moderne Stoffökonomie
überführt, die sich nur scheinbar von naturalen Kontexten wegbewegt. Der Prozeß
der Industrialisierung kann nämlich mit Immler (ebd., 149) als "radikale Übertragung der Produktivität des Menschen auf die ganze Natur", als "Produktion von
Physis durch Techne" interpretiert werden.[19] Genauer betrachtet wird die Industrie zum Schmelztiegel des modernen Naturbezugs, der an Intensität und Differenziertheit in der Geschichte menschlicher Gesellschaften beispiellos ist. Die
Revolutionierung der industriellen Produktivkräfte wird auf unterschiedlichen
Entwicklungsstufen in den Bereichen der Mechanik, der Elektrik, der Atomphy-
sik, der synthetischen Chemie, der Mikroelektronik, der Bio- und Gentechnologie
Schritt für Schritt vorangetrieben und damit die *Eindringtiefe* der Gesellschaft in
das naturale Milieu vergrößert. Der Entschlüsselung und technischen Rekombina-
tion der informationsübermittelnden DNA-Moleküle in den Zellen der Lebewesen
kommt hierbei eine besondere Bedeutung zu, da die Grundlagen für eine qualitativ völlig neue technologische Apparatur gelegt werden. Im Gegensatz zu toxischen oder radiologischen Stoffen, die in Form von Emissionen, Abwasser und
Abfall in die Umwelt gelangen und dort *in*direkt mutagene Wirkungen auf die
Erbsubstanzen entfalten, sind nämlich die Eingriffe in die Genotypen von pflanz-
lichen und tierischen Organismen *unmittelbar* beabsichtigt.[20]

---

[19]   Wie die industriellen Arbeitstechniken der Werkstoffkunde, der Metallverarbeitung
       und der synthetischen Chemie verdeutlichen, kommt die Materie nicht als naturaler
       Rohstoff zur Verwendung, dessen Eigenschaften im wesentlichen festliegen. Vielmehr
       wird die Materie - in unterschiedlicher Weise - entsprechend des Zwecks, dem sie die-
       nen soll, umgeformt und mit Eigenschaften ausgestattet, die in der vorgefundenen
       Umwelt keine Entsprechung besitzen. Bekanntlich kommen "Kunststoffe" in der
       "Natur" nicht vor. Vgl. hierzu auch Moscovici (1982, 47), der etwa die Metalle der in-
       dustriellen Epoche wie Aluminium, Magnesium, Kalzium usw. anführt.

[20]   Die Nutzung biologischer Stoffumwandlungsprozesse zur Herstellung von Produkten
       hat eine lange Tradition, ohne die bestimmte zivilisatorische Entwicklungsmöglichkei-
       ten schlicht undenkbar wären. Heydemann (1990, 99) erinnert etwa daran, daß prak-
       tisch kein tierisches und pflanzliches Nahrungsmittel existiere, "das nicht auf einer
       züchtungstechnischen Veränderung durch den Menschen in den letzten 4000 bis 5000
       Jahren beruhte". Im Bereich der Kulturpflanzen seien durch bisherige konventionelle
       Züchtungsmethoden erhebliche Veränderungen im Vergleich zu den Ursprungswild-
       pflanzenarten zu registrieren. Ein Beispiel: Wildgerste, Wildroggen und Wildweizen
       können im Gegensatz zu den jeweiligen Kulturrassen in Mitteleuropa nicht überwin-
       tern (ebd., 110). Gegenüber traditionellen biotechnischen Veredelungsverfahren der
       Haustier- und Kulturpflanzenzüchtung und Fermentationsverfahren (Bier-, Wein-, Kä-
       se- und Brotherstellung), die den Stoffwechsel von lebenden Zellen (Mikroorga-

Ohne diese Entwicklung im einzelnen nachzeichnen zu können, ist folgendes festzuhalten: Die Einführung der ökologischen Problematik in die soziologische Theoriebildung erzwingt sozusagen die *Dezentrierung von Gesellschaft in ihrem Verhältnis zum ökologischen Milieu*. Die Sozialität von Gesellschaft kann in angemessener Weise nur noch in ihrer naturalen Kontextgebundenheit rekonstruiert werden. Mit dieser theorietechnischen Vorentscheidung ist zugleich die systematische Ausdehnung der soziologischen Fragestellung auf das weite Feld *gesellschaftlicher* Umweltbeziehungen angelegt. Hingegen wird die wechselseitige Durchdringung von Ökosystem und Gesellschaft von den verschiedenen Spielarten des Ökologismus[21] einerseits und des technologischen Fortschrittsparadigmas andererseits beharrlich negiert, indem der Parallelismus von Natur und Gesellschaft mit unterschiedlicher Schwerpunktsetzung fortgeschrieben wird. Das ökologistische Paradigma blendet in seinem technikskeptischen Glaubensbekenntnis zur "beseelten Naturganzheit" den für menschliche Gesellschaften notwendigen, in ökologische Zusammenhänge intervenierenden Stoffwechselprozeß zwischen der organischen Natur des Menschen und seinem naturalen Milieu aus. Das Verhältnis von Gesellschaft und Ökologie wird als stationärer Gleichgewichtszustand gedacht und "Natur" zu einer dem Gesellschaftssystem übergeordneten Universaltotalität stilisiert, die konsequenterweise im anthropogenen Jenseits verortet wird. Hierbei wird jedoch schnell übersehen, daß Natur, wie Beck (1988, 64) hervorhebt, infolge der Transformationsprozesse von Arbeit, Produktion und Wissenschaft kaum noch als Zustand an sich zu begreifen ist, sondern nur noch als "zivilisatorische Zweitwirklichkeit" der Gesellschaft faßbar wird.

---

nismen, Zell- bzw. Gewebekulturen) oder deren Elemente (Enzyme) nutzbar machen, erweitert die Gentechnologie auf qualitativer Ebene die Palette klassischer oder moderner biotechnologischer Verfahren und Produkte, indem sie einen völlig neuartigen, *direkten und gezielten* Zugriff auf die Erbsubstanz allen Lebens ermöglicht. Darüber hinaus werden mit Hilfe der Gentechnik evolutionäre Barrieren übersprungen, indem das Produktionsprinzip der Natur reprogrammiert und neue Lebewesen mit bisher unbekannten Eigenschaften industriell produziert werden sollen. Zur Frage, wie sehr die "Gen-Revolution" in Umfang und Reichweite über die "Grüne Revolution" hinausgeht, vgl. die Übersicht bei Spangenberg (1990, 92).

[21] Zur Ideologie und zum Stellenwert des in der Tradition des Holismus stehenden ökologischen Naturalismus, der sich gegen das neuzeitliche Rationalismuskonzept und das Erkenntnisideal der Naturwissenschaften in der Tradition Descartes' wendet und einen vermeintlichen Urzustand der Natur konservieren will, vgl. die kritischen Beiträge von Oechsle (1988), Höfer (1990) sowie in Hassenpflug (1991). Das ökologistische Paradigma plädiert dafür, das Ausgreifen des Industriesystems in die Natur zu stoppen, es auf ein Niveau "natürlicher" Selbstregulation zurückzuschrauben, so daß die Gesellschaft wieder in einen "Frieden mit der Natur" (Meyer-Abich) eintreten könne. Im Diskursumfeld des Ökologismus gedeihen auch ahistorisch naturalistische Ideologeme, die die ökologische Krise einer angeblich triebhaft bedingten Natur des Menschen zuzurechnen versuchen. In diesem Modell erscheint der Mensch als Störfaktor einer als harmonisch begriffenen Naturwelt, bisweilen sogar als Fehlprodukt der Evolution.

Demgegenüber hängt das neuzeitlich-okzidentale Fortschrittsversprechen des Industrialismus in seiner affirmativen Technikeuphorie der modernistischen Illusion von der unbeschränkten Entwerfbarkeit und Machbarkeit von Gesellschaft durch menschliche Vernunft und Rationalität nach. Technologie steht buchstäblich als Synonym für die autogene Entwicklung der Gesellschaft gegenüber der naturalen Umwelt. Fortschritte in Technik und Naturwissenschaft unterstreichen in dieser Perspektive den omnipotenten Herrschaftsanspruch des vernunftbegabten Individuums über die Natur. Im Übergang zur Moderne habe sich die Gesellschaft aus der naturkonstanten Formation traditionaler Gesellschaften herausgelöst und von den physischen Fesseln "emanzipiert", um mit Hilfe rationaler Methoden und effizienter Arbeitsformen immer größere Naturkapazitäten, Menschenpotentiale und industrielle Produktivkräfte zu mobilisieren.

Sowohl antimodernistische als auch modernitätsaffirmative Leitbilder erscheinen allerdings ungeeignet, die Relation von Ökosystem und Gesellschaftssystem überhaupt zu registrieren, geschweige denn in kritischer Absicht sozialtheoretisch rekonstruieren zu können: Während der traditionelle ökologische Naturalismus die *gesellschaftlichen* Qualitäten von Natur übergeht, überblendet der Industrialismus die *ökologischen* Qualitäten von Gesellschaft. Die Natur der industriellen Moderne erscheint vor diesem Hintergrund alles andere als "natürlich" und unabhängig von anthropogenen Eingriffen denkbar. Vielmehr verkörpert sie - im produktiven wie destruktiven Sinne - die materiellen Ergebnisse menschlicher Arbeit und soziokultureller Entwicklung bzw. materialisiert diese geradezu. Gleichwohl ist die gesellschaftliche Erzeugung von Natur nicht Ausdruck einer beliebigen Unterwerfung physischer oder organischer Prozesse unter das Diktat menschlicher Vernunft und Rationalität: Die Verselbständigung der Gesellschaft gegenüber ihrer physischen Umwelt ist allgemeine Voraussetzung und Ergebnis moderner Zivilisation, die gleichwohl aber ökologischen Restriktionen unterworfen bleibt. Alle Entscheidungen und Handlungen sind nämlich in ein spezifisches Umweltmilieu eingebunden, in dem die geologischen, geographischen, physikalischen, klimatologischen Gegebenheiten (Biotop) und die Lebewesen jeglicher Art, ob nun Einzeller, Bakterien, Pflanzen oder Tiere (Biozönose), interagieren und dabei fortwährend ein dynamisches, sich selbst organisierendes Ökosystem hervorbringen und regenerieren.[22]

---

[22]   Gegenüber den Illusionen eines romantischen Naturalismus ist das Problem somit nicht darin zu sehen, *daß* industrielle Tätigkeiten in Umweltbedingungen eingreifen, sondern *wie* sie dies tun. Vgl. hierzu auch Luhmanns (1986, 38f.) zum Problem der *Unter*komplexität vorherrschender Umweltbezüge in modernen Gesellschaften: "Es geht nicht um ein Mehr oder Weniger an technischer Naturbeherrschung und schon gar nicht um sakrale oder um ethische Sperren. Es geht nicht um Schonung der Natur und auch nicht um neue Tabus. In dem Maße, als technische Eingriffe die Natur verändern und daraus Folgeprobleme für die Gesellschaft resultieren, wird man nicht weniger, sondern mehr Eingriffskompetenz entwickeln müssen, sie aber unter Kriterien praktizieren müssen, die die eigene Rückbetroffenheit einschließen."

Zwei Folgerungen drängen sich aus den bisherigen Überlegungen geradezu auf: Erstens reicht die schlichte Existenz ökologischer Systeme im Zustand des An-und-für-sich-Seins nicht zur Begründung gesellschaftspolitischer Projekte aus. Die Ökologiethematik wird jedoch schnell politisch, wenn die gesellschaftliche Gestaltung der Umweltbeziehungen als historisch *kontingenter* Tatbestand in den Blick genommen und problematisiert wird, daß gegenwärtige Umweltdegradationen zukünftige ökonomische, soziale und kulturelle Entwicklungschancen beeinträchtigen, die ansonsten möglich wären. Streng genommen ist folglich auch die Redeweise von der ökologischen oder Naturkrise viel zu unpräzise, wenn darunter weniger die Gefährdung gesellschaftlicher Entwicklungsoptionen, sondern eine gesellschafts*externe* Gefährdung der Natur als solche verstanden wird. Und zweitens sind produktive und reproduktive Tätigkeiten auf die gegenständlich-stoffliche Welt gerichtet und damit unhintergehbar auf die Quellen und Senken der Umwelt angewiesen, so daß sie zwangsläufig eine Variation der vorgefundenen materiellen Sphäre herbeiführen, mit anderen Worten: Umweltbedingungen herstellen und *irreversibel* verändern.

Im Anschluß an diese umweltsoziologische Problemstellung ist im folgenden zu skizzieren, daß die stofflich-materiellen Interaktionen zwischen Gesellschaft und naturaler Umwelt nur angemessen beschrieben werden können, wenn die über den Marktkontext vermittelten *produktiven, konsumtiven und reproduktiven Tätigkeiten* in den Blick genommen werden. Hierbei ist insbesondere danach zu fragen, in welcher Weise und nach welchen Kriterien die marktökonomischen Tätigkeiten die stoffliche Transformation betreiben.

3. Umweltbezüge des Marktes

Die Umweltbezüge von Entscheidungen und Handlungen, die in der ökonomischen Sphäre getroffen und vollzogen werden, können im Anschluß an das Konzept des „industriellen Metabolismus" (Ayres/Simonis 1993; 1994) in mehrfacher Hinsicht gekennzeichnet werden. Zunächst werden in der Produktion spezifische qualitative Zustände der Materie versammelt und bearbeitet: Stoffe werden selektiv aus der Umwelt extrahiert, in ihre Bestandteile zerlegt, synthetisiert und miteinander kombiniert, um einen neuen physischen Zustand mit bestimmten Stoffeigenschaften zu schaffen, der sich durch einen besonderen Nutzen auszeichnet. Der produzierte Materiezustand wird in Warenform auf Märkten zu einem bestimmten Preis angeboten und - im Regelfall - auch nachgefragt. In der Sphäre der Konsumtion kann er seinen funktionalen Zweck solange erfüllen, bis er vernutzt ist. Mit dem Ende der maximalen Nutzungsdauer des Produkts sind auch die Nutzungseffekte aufgebraucht, so daß der Gebrauchswert erlischt. Die physischen Komponenten des ausgedienten Produktes sind in ihrer Substanz aufgezehrt und werden als Müll "beseitigt", d.h. in die globale Geo-Öko-Sphäre abgeführt. Dieser über produktive oder konsumtive Tätigkeiten hergestellte Umweltbezug ist unter den Zwängen des Marktgeschehens im folgenden genauer zu betrachten.

Nehmen wir zunächst ein beliebiges Erwerbsunternehmen, in dem zu Tauschzwecken Arbeitsprodukte hergestellt werden, die über besondere Funktionseigenschaften verfügen und zu einem bestimmten Marktwert angeboten werden. Der Gebrauchswert des produzierten Produktes ist zunächst von besonderem Interesse, da dieser auf einen spezifischen physischen Zustand rekurriert, der im weiteren als *stoffliche Form* zu bezeichnen ist. Die stoffliche Form ist insofern von Bedeutung, als an ihr nicht nur der technische Entstehungsprozeß studiert und die stofflichen Bestandteile des Produktes abgelesen werden können, sondern sich in ihr auch einige typische Merkmale des marktökonomischen Umweltbezugs spiegeln. Bei genauerer Betrachtung der stofflichen Form eines Produktes zeigt sich nun, daß im Verlauf der Herstellung bestimmte Werkstoffe wie Rohstoffe, Vorprodukte, Energie und Schmierstoffe unter Verwendung von Betriebsstoffen wie Maschinen, Technosystemen, Gebäuden und Grundstücken sowie unter dem Einsatz menschlicher Arbeitsleistung in marktfähige Endprodukte transformiert werden. Sodann sind bei der Isolierung und Umwandlung von Materie zu neu kombinierten Materiekompositionen (Güter) mittels mechanischer Arbeit und Energie auf jeder Produktionsstufe immer *ubiquitäre Naturpotenzen* beteiligt, die in die Rekonstruktion marktökonomischer Umweltbezüge einzubeziehen sind. Unter ubiquitären Naturpotenzen sind ganz allgemein und deshalb im weitesten Sinne biotische Wachstumsprozesse, chemische Reaktionen und physikalische Wirkkräfte zu subsumieren (Photosyntheseprozesse, genetische Ressourcen, Mikroorganismen, Humsuproduktion des Bodens, Luftdruck, Temperatur, Schwerkraft, Magnetfelder,).

Neben dem erwünschten Endprodukt werden aus produktions- oder verfahrenstechnischen Gründen eine Vielzahl unerwünschter Nebenprodukte hergestellt, sogenannte "Kuppelprodukte", beispielsweise Staubpartikel, Gas- und Flüssigkeitsgemische, Strahlung, Wärme und toxische Produktionsrückstände, die entweder als Emissionen in die Luft abgegeben, als Abwasser in die Kanalisation eingeleitet oder als feste Abfälle deponiert bzw. verbrannt werden. Diese unerwünschten Kuppelprodukte sind keine Randerscheinung, sondern fallen zweckbedingt unvermeidbar an, und zwar unabhängig davon, ob Naturstoffe gewonnen, angereichert oder aufbereitet, Stoffe umgewandelt oder verformt werden. Für die Umwelt wesentlich ist dabei, daß sie sich nicht ohne Störungen oder Belastungen in die Stoffströme des Ökosystemas einfügen. Diese sogenannten "Abprodukte", die bei der Herstellung der Hauptprodukte anfallen, sollen im folgenden unter dem Begriff der *produktiven Abfälle* zusammengefaßt werden. Die Betrachtung der marktökonomischen Umweltbezüge kann jedoch an dieser Stelle nicht abgebrochen werden. Um die *stoffliche Kehrseite* der Produkte in umfassender Weise berücksichtigen zu können, liegt es nahe, ihre Stoffgeschichte über den Produktionssektor hinaus zu verfolgen und danach zu fragen, was mit dem Endprodukt geschieht, wenn es die Fertigungshalle verlassen, auf Konsummärkten angeboten und in den Besitz eines Käufer übergegangen ist.

In der Konsumtionssphäre kann das Produkt für spezifische Zwecke so lange verwendet werden, bis die physisch maximale Mehrfachnutzung ausgeschöpft bzw. die Nutzungszeit abgelaufen ist. Mit der Abnutzung des Materials sinkt der Gebrauchswert, so daß schließlich nur noch Reststoffe und Verschleißteile übrigbleiben, die als Abfälle auf die Mülldeponie oder den Schrottplatz, in die Verbrennungs- oder Recyclinganlage wandern.[23] Aus stoffökologischer Sicht kann verallgemeinert festgehalten werden, daß am Ende *jeder* produktiven *und* konsumtiven Tätigkeit notwendig und unvermeidbar feste, flüssige und gasförmige Abfälle produziert und angehäuft werden. Schließlich werden ausnahmslos alle Produkte nur vorübergehend als solche genutzt, bevor sie auf dem Abfall landen bzw. ihre Substanzstoffe freigesetzt werden und in die Umweltmedien der Lithosphäre, Hydrosphäre oder Atmosphäre entweichen (RSU 1991, 21ff.). Anders formuliert stellen produktive und konsumtive Tätigkeiten stoffliche Transformationen dar, nämlich Transformationen von Rohstoffen in konsumierbare Güter und Produktionsrückstände und Transformationen von konsumierbaren Gütern in Siedlungsabfälle.[24]

Neben produktiven Abfällen entstehen somit *konsumtive Abfälle*, worunter neben den verbrauchten Betriebsstoffen, die für die reibungslose Produktnutzung unverzichtbar sind, vor allem die Endprodukte selber zu zählen sind, wenn ihre maximale Verwendungsdauer abgelaufen ist und die Nutzungsfunktion erlischt. In diesem Zusammenhang sind auch die sogenannten dissipativen Verluste anzufüh-

---

[23] Am Beispiel der chemischen Industrie läßt sich aufzeigen, daß nicht unbedingt die durch verfahrenstechnische Umwandlungs- und Syntheseprozesse produzierten Kuppelprodukte, sondern die Endprodukte selber die größte Schadstoffquelle repräsentieren. Die Produkte der Chlorchemie werden beispielsweise nicht nur als Ausgangsmaterialien für Vor- und Zwischenprodukte verwendet - wie etwa die krebserregenden Chlorchemikalien Chlor, Vinylchlorid, Phosgen und Epichlorhydrin. Zugleich gelangen sie selbst als brisante Verarbeitungsmaterialien in die Endprodukte. Hierunter fallen Chlorprodukte wie chlororganische Pestizide (DDT und 2,4,5-T), chlorierte Lösungsmittel (Tetra, Chloroform, Tri und Per), polychlorierte Biphenyle (PCB), Massenkunststoffe aus Polyvinylchlorid (PVC) sowie Fluorchlorkohlenwasserstoffe (FCKW). Konsequenterweise bezeichnet Grießhammer (1993, 79) auch nicht die unmittelbaren Produktionsabfälle der Chlorchemie, sondern deren Endprodukte als die "größten Emissionen der Chemieindustrie". Vor diesem Hintergrund ist auch die Verpackungsproblematik in ihrer Bedeutung zu relativieren.

[24] Nach Bardmann (1990, 188) ist die moderne Arbeitsgesellschaft immer zugleich auch eine "Abfallgesellschaft". Und an anderer Stelle heißt es: "Abfall ist das notwendige und unvermeidbare Produkt jedes Auswahl-, Sortier- und Ordnungsverfahrens. Jedes Ordnungssystem produziert seine eigenen Ordnungsabfälle (...). Das abfallfreie System ist eine weltfremde aber vor allem unbrauchbare Fiktion." (Ebd., 191) Hiervon unberührt bleibt die Strategie der Minimierung des absoluten Abfallvolumens und der Toxizität der einzelnen Abfallstoffe.

ren, also Stoffe, die bei ihrer Verwendung in den Umweltmedien so fein verteilt werden, daß sie nicht mehr zurückgewonnen werden können. Selbst wenn es gelänge, die bei der Produktion eingesetzten Stoffe ohne Abfall in Konsumgüter umzuwandeln, werden bei der Nutzung selbst die in den Gütern enthaltenen Substanzen über kurz oder lang durch Verschleiß, Abrieb und Unbrauchbarwerden freigesetzt und damit unvermeidbar zu Abfall, die sich in der Umwelt mit anderen Stoffen vermischen oder sich in chemischen Reaktionen mit diesen umwandeln. Diese Dissipation von Stoffen kann durch folgende Beispiele veranschaulicht werden.: Allein durch Abrieb werden auf den bundesdeutschen Straßen jährlich ca. 40.000 t Reifenmaterial dissipiert. Bauwerke und Anlagenkomplexe aus Stahl sind Korrosionsprozessen ausgesetzt, die das Material in Rost verwandeln und dissipieren. Auch verteilen sich z.B. die Stoffkomponenten von benutzten Haarsprays, Anstrichfarben und Agrarchemikalien in einer Weise, die ihre erneute Verfügbarkeit und Zugänglichkeit (Recycling) aus technischen und ökonomischen Gründen praktisch ausschließt (SRU 1991: 30).[25]

Bisher wurde danach gefragt, welche toxischen Kuppelprodukte bei der unmittelbaren Herstellung eines Produktes entstehen und was mit dem Produkt und seinen Stoffelementen geschieht, während es benutzt wird bzw. wenn es nicht mehr gebrauchsfähig ist. Damit ist die Stoffproblematik jedoch alles andere als erschöpfend behandelt. Wenn man über den Tellerrand der isolierten Endprodukte hinwegsieht und das nähere und weitere materielle Umfeld in die Betrachtung einbezieht, stößt man unweigerlich auf produktive und konsumtive Tätigkeiten und damit letztlich wieder auf Abfälle, die *indirekt* in einem stofflichen Zusammenhang mit den Endprodukten stehen. In vielen Fällen ist der Gebrauchswert

---

[25]   Zur Illustration der produktbezogenen Abfallproblematik ein Beispiel: Bei der Herstellung der für ein Auto benötigten Materialien (Eisen, Stahl, NE-Metalle, Kunststoffe, Glas etc.) fallen insgesamt ca. 25 Tonnen Abraum und Abfälle an. Bei der Autoherstellung selber fallen etwa 0,8 Tonnen Abfälle pro Fahrzeug an. Darunter befinden sich ökologisch brisante Sonderabfälle wie Lack- und Farbschlämme, Bohr- und Schleifemulsionen, cyanid- und schwermetallhaltige Galvanikschlämme, Säure- und Laugengemische, Beizen, synthetische Kühl- und Schmiermittel, Asbeststaub usw. Über die gesamte Betriebsdauer eines Autos kommen weitere rund 25 Tonnen Abgase hinzu. Nicht eingerechnet sind hierbei die während der Nutzung anfallenden Sonderabfälle wie Altöle, Altreifen, verbrauchte Kühl- und Reinigungsmittel, Reifen- und Bremsenabrieb. Die ineffiziente Stoffnutzung eines Automobils wird schließlich überdeutlich, wenn man berücksichtigt, daß erstens seine durchschnittliche Nutzungsdauer von ca. 3000 Betriebsstunden außerordentlich gering ist und zweitens für die eigentliche Transportfunktion nur knapp 1 % des Gesamtenergieverbrauchs der Herstellung und des Betriebs benötigt werden (vgl. Henseling 1992, 278ff). Wie notwendig eine umfassende produktorientierte Stoffbilanzierung ist, die sich nicht auf das Müllaufkommen der Endproduktentsorgung begrenzt, zeigt auch die folgende Abfallrelation zwischen Produktion und Entsorgung einer Ware: Bei der Entsorgung eines verbrauchten Autos fallen durchschnittlich eine Tonne Müll an, bei der Herstellung eines Autos 25 Tonnen (vgl. Natsch 1993, 10).

eines Endproduktes nämlich nicht ausschließlich an seine stofflich-funktionalen Eigenschaften gebunden, sondern kann in der Regel nur realisiert werden, wenn *Technosysteme* und *Infrastrukturnetze* zum Zwecke der Produktnutzung vorhanden sind. Mit anderen Worten können industrielle Massengüter nur dann genutzt werden, wenn bestimmte technische, organisationelle, sozialräumliche und materielle Voraussetzungen zu ihrer Konsumtion gegeben sind. Ein Beispiel zur Illustration: Um Automobile als Fahrzeuge nutzen zu können, müssen Erdmassen bewegt, Wälder gerodet, Flüsse kanalisiert, Hügel abgetragen, Mulden aufgeschüttet, Rohstoffe und Materialien mobilisiert, extrahiert und weiterverarbeitet, Tunnel gegraben, Brücken gebaut, Straßentrassen angelegt, Flächen versiegelt, Beleuchtungs- und Ampelanlagen installiert werden. Autogerechte Infrastrukturnetze und Verkehrssysteme können wiederum nur gebaut, betrieben und instandgehalten werden, wenn spezifische Primärrohstoffe, Hilfsstoffe, Verarbeitungsmaterialien, Zwischenprodukte, Baumaschinen, Baufahrzeuge, technologische Installationen und nicht zuletzt Transportleistungen bereitgestellt werden, die ihrerseits erhebliche Mengen und Qualitäten an Stoffen und Energie benötigen. Diese durch das Automobil indirekt verursachten materiellen Effekte sind seiner stofflichen Architektur nicht unmittelbar anzusehen.

Ohne die detaillierte Stoffgeschichte des Automobils von der Herstellung über die Konsumtion bis zur Entsorgung zu verfolgen, ist davon auszugehen, daß moderne industrielle Produkte eine lange Kette direkter *und* indirekter Stofftransformationen in der Produktions-, Distributions- und Konsumtionssphäre auslösen, die zugleich in die Betrachtung einzubeziehen sind. In diesem Sinne hat Schmidt-Bleek (1993b, 37ff.) in der Studie *Wieviel Umwelt braucht der Mensch?* vorgeschlagen, die umfassenden anthropogenen Stoffströme, welche durch die Herstellung, Distribution und Konsumtion einer Ware verursacht werden, auf den ökologischen Prüfstand zu stellen. In systematischer Hinsicht sind hierunter zu subsumieren: *erstens* biotische und abiotische Massen, die bewegt werden, um Rohstoffe abbauen und Energie nutzbar machen zu können (Translokationen); *zweitens* primäre Rohstoffe und andere Ausgangsmaterialien, die zu Sekundär-, Zwischen- und Endprodukten verarbeitet werden; *drittens* Reststoffe und Abfälle, die während der Produktion, Konsumtion und Entsorgung eines Produktes anfallen; *viertens* Maschinen, Anlagen und Gebäudekomplexe, ohne die die Weiterverarbeitung der primären Stoffe und die Herstellung der Zwischen- und Endprodukte technisch unmöglich wäre; und schließlich *fünftens* Infrastrukturnetze und Verkehrssysteme bzw. Transportleistungen, ohne die die Rohstoffe, Zwischen- und Halbfertigprodukte nicht transportiert bzw. die Endprodukte nicht konsumiert werden könnten.

Die stofflichen Effekte produktiver und konsumtiver Tätigkeiten können somit nur umfassend bewertet werden, wenn sich die Analyse nicht auf das isolierte Artefakt in der Sphäre der Produktion und Konsumtion beschränkt, sondern die Gesamtheit der für die Bereitstellung, Herstellung, Distribution, Konsumtion und Entsorgung einer Ware notwendigen Materialien und Substanzen einbezogen werden. Aus diesem Grund sind neben den Abfällen, Abwässern und Abgasen eines Produktyps, die im Laufe seiner Produktion, Distribution, Konsumtion und Entsorgung anfallen (Kuppelprodukte), zugleich alle anderen stofflichen und energetischen Potentiale und Effekte zu betrachten, die nur indirekt in die Produkte einfließen, aber unverzichtbar sind, um ein Gut produzieren, verarbeiten, bewegen, nutzen, recyceln und entsorgen zu können. Um die stofflichen Bezüge eines Marktprodukts hinsichtlich ihrer Größenordnung annäherungsweise erfassen zu können, ist eine isolierte *Abfallbilanz* durch eine umfassendere *Stoffbilanz* zu erweitern.[26] Während erstere insbesondere die Wirkung einzelner Schadstoffe (z.B. Dioxine) auf den menschlichen Organismus und das Ökosystem analysiert, faßt letztere den für die Rohstoffbeschaffung, Herstellung, Distribution, Nutzung und Entsorgung eines Produkts durchschnittlichen *mengenmäßigen* Aufwand an bewegter Materie summarisch zusammen. Nachdem die produktiven und konsumtiven Umweltbezüge grob schematisierend skizziert wurden, ist im folgenden danach zu fragen, *welche* Tätigkeiten im Marktgeschehen und damit welche Aneignungen und Transformationen von Materie in welcher Weise ökonomisch gemessen und bewertet werden und welche nicht.

4. Die ökonomische Bewertung der Umweltbezüge

Die physische Umwelt ist elementare Grundbedingung aller ökonomischen Operationen, sowohl im Produktions- wie auch im Konsumtionssektor. Wie gezeigt wurde, werden einzelne Naturelemente mit Hilfe menschlicher Arbeitskraft und technischer Produktionsapparate isoliert, extrahiert, synthetisiert oder rekombiniert und zu gebrauchswertfähigen Produkten umgeformt, die wiederum in einem aus Naturstoffen geformten materiell-technischen Umfeld (Infrastruktur) konsumiert werden. Um das spezifische Verhältnis zwischen Markt und Umwelt theoretisch genauer rekonstruieren zu können, reicht es jedoch nicht aus, die stofflichen Bezüge des Marktgeschehens darzustellen. Im folgenden ist deshalb die Problematik aufzuwerfen, inwieweit das für Marktzwecke benutzte Naturvermögen ökonomisch operationalisierbar ist. Genauer formuliert: Welche Naturpotentiale werden als Gratisleistungen bewertet und welche werden als betrieblicher Kostenfaktor verbucht? Warum bleiben die ökologischen Effekte des marktökonomischen Tuns und Unterlassens unerkannt oder werden doch zumindest vernachlässigt, wenn das benutzte Naturvermögen lediglich unter dem Aspekt der privaten Wert- und Vermögensbildung thematisiert wird?

---

[26]   Zum Konzept der Ökobilanzierung von Produkten, Produktgruppen, Produktionsverfahren und -systemen vgl. zusammenfassend Schmidt-Bleek (1993b, 271ff.). Siehe zudem Jänicke (1994), Ankele/Rubik (1994) und Hellenbrandt/Rubik (1994).

Der Wert der Umwelt wird zunächst danach bemessen, inwieweit Naturpotentiale in Geldform erfaßbar sind und im Produktionsprozeß als physische Qualitäten für die Herstellung von Marktprodukten optimal und marktökonomisch nutzbringend eingespannt werden können. Eine Marktware wird preislich *kaum* danach bewertet, wie hoch die Abfallmenge, der Flächenverbrauch, die Material- und Energieintensität ist, wie lange sie maximal genutzt werden kann, welche ökologischen Folgekosten durch ihre Konsumtion oder Entsorgung verursacht werden und als physische Reproduktionskosten in Rechnung zu stellen sind. Die Frage, ob ein Herstellungsverfahren eines Produkttyps das physische Regenerationsvermögen des Ökosystems nachhaltig beeinträchtigt oder verbessert, bleibt ausgeklammert. Im marktökonomischen Sinne gibt es keinen erkennbaren Grund, die unmittelbaren und mittelbaren, gegenwärtigen und zukünftigen Kosten der Umweltnutzung[27] zu thematisieren, weshalb der Marktwert einer Ware auch keinen geeigneten Wertindikator für physisch-naturale Potenzen darstellt. In dem Maße, in dem Gebrauchswerte für nichts als Vermarktungszwecke produziert und angeboten werden, scheinen die physischen Bezüge der Gebrauchswerte in der monetären Optik des Marktproduzenten in einem doppelten Sinne zu verschwimmen: *einerseits* die stofflich-materiellen Eigenschaften eines Gutes und *andererseits* die vollständige Gebundenheit dieser Eigenschaften an das physikalische, chemische und biotische Umweltmilieu der Gesellschaft.[28] Mit anderen Worten:

---

[27] Zu den grundlegenden Problemen der Operationalisierbarkeit von Zukunfts- oder Nutzungskosten (*user costs*) vgl. Leipert (1989a, 94), der am Beispiel erschöpflicher Ressourcen hervorhebt, daß "wir weder die Entwicklung der technischen und Angebotsbedingungen der Zukunft noch die Präferenzen der zukünftigen Generationen, also die Richtung und Intensität der Nachfrage, voraussehen können. Werden in Zukunft substitutive Stoffe entdeckt, die an die Stelle von Grundstoffen treten können, deren ökonomisch nutzbare Bestände in überschaubarer Frist ausgebeutet und verbraucht werden? Führt die Entwicklung der technologischen Bedingungen dazu, daß bisher ökonomisch nutzlose Stoffe ökonomisch verwertbar werden? Wie entwickelt sich die Ressourcenproduktivität der Zukunft? Wie entwickeln sich Preise und Technologie, von denen es abhängt, ob bisher nicht zugängliche Rohstoffbestände ökonomisch profitabel abgebaut werden können?" Bei der Identifizierung von Kostenfaktoren ergeben sich weitere Schwierigkeiten aus der Komplexität ökosystemarer Zusammenhänge und der Unmöglichkeit, unilineare Ursache-Wirkung-Beziehungen aus der lokalen Freisetzung von Schadstoffen abzuleiten (vgl. Kap. IV.B.1 und IV.B.2).

[28] Angesichts der gängigen ökonomischen Praxis ist es nur konsequent, wenn die neoklassische ökonomische Theorie die Umweltbezüge des Wirtschaftsprozesses, die Beschaffung und Transformation von Materie und Energie, die irreversiblen ökologischen Folgen der Distribution, Konsumtion und Entsorgung kaum thematisiert. Gelegentlich wird das Problem der Umweltnutzung auf marktinterne Allokationsprobleme reduziert, während die Entsorgungs- und Regenerationsproblematik keine hinreichende Berücksichtigung findet. Üblicherweise wird die Wirtschaft als ein von der Umwelt "isoliertes System" (Daly 1991; 1994, 149) betrachtet und lediglich im Hinblick auf die Tauschvorgänge *zwischen* Unternehmen und Haushalten untersucht. Um die Ein-

Die naturale Umwelt wird auf der stofflichen Inputseite als unerschöpfliche Roh-stoffquelle und unendlicher Energiespeicher und auf der Outputseite als grenzen-lose Schadstoffsenke vorausgesetzt. Wie bereits weiter oben angesprochen, stellt der Marktpreis eines Produktes, im Gegensatz zu seinem Gebrauchswert, keine physische Werteinheit dar, die über spezifische Umweltindikatoren informiert. Das oberste Kriterium für die ökonomische Bewertung einer Ware ist ihr quanti-tativ-abstrakter Marktwert, gleichgültig in welcher physischen Form. Die Frage, ob die Menge und Qualität des Stoffdurchsatzes pro Produktionseinheit als öko-logisch unbedenklich einzustufen ist oder nicht, ist von untergeordneter Entschei-dungsrelevanz.

Betrachten wir die marktrationale Bewertung von Umwelt genauer. Nur als Waren erhalten Naturelemente einen spezifischen Marktwert. Auch wenn zu be-denken ist, daß Naturelemente nur als Waren getauscht werden können, wenn ihre physische Form dies zuläßt, sind es doch nicht die Natureigenschaften selber, die sie zu einer Ware machen oder nicht. Naturelemente nehmen nach Immler (1989, 233) immer dann Warenform an, wenn sie als Marktobjekte einen Nutzen für Dritte stiften, von Marktteilnehmern individuell angeeignet und getauscht werden können. Dementsprechend unterscheidet er zwischen "warenförmigem" und "nicht-warenförmigem Naturteil": Naturelemente, die die Warenform annehmen, zeichnen sich dadurch aus, daß sie *erstens* einen Gebrauchswert besitzen und damit für Dritte nützliche Eigenschaften aufweisen, welche auf Märkten angebo-ten und nachgefragt werden; *zweitens* sind sie im privatrechtlichen Sinne "aneignungsfähig und damit eigentumsfähig", so daß sie unzweideutig einem Eigentümer zugerechnet werden können; und *drittens* müssen sie "tauschfähig" sein.

Nicht alle Elemente und Substanzen der naturalen Umwelt besitzen jedoch diese Eigenschaften eines Marktobjektes. Nur solche Eigenschaften und Quali-täten der naturalen Umwelt sind marktfähig und damit in Marktwerten erfaßbar, bei denen alle drei Kriterien zutreffen. Trifft entweder nur das erste, zweite oder dritte Kriterium zu, werden sie nicht als Tauschobjekte vom Markt monetär be-wertet. Naturqualitäten sind dann nicht marktfähig, wenn sie weder einen Ge-brauchswert besitzen, welcher von der Nachfrageseite tatsächlich begehrt wird, noch im Sinne des bürgerlichen Privatrechts spezifischen Eigentümern zurechen-bar sind. Im ersten Fall können "Unkräuter" oder toxische Naturelemente zwar privat angeeignet werden, aber diese sind für Marktakteure ohne erkennbaren Nutzen. Im zweiten Fall können Naturqualitäten nicht auf Märkten ge- oder ver-kauft werden, da sie nicht aus einem übergreifenden räumlichen und zeitlichen

---

arbeitung der ökologischen Thematik in den theoretischen Bezugsrahmen der neo-klassischen Wirtschaftslehre bemüht sich seit einiger Zeit der Ansatz der Umwelt- und Ressourcenökonomie (Cansier 1993; Gawel 1994). Zur Kritik der neoklassischen Umweltökonomie aus der Perspektive der „Ecological Economics" siehe Söllner (1993).

Prozeßzusammenhang seziert werden. Die Chance, ein Objekt privat aneignen zu können, setzt nämlich immer die Möglichkeit seiner exklusiven Verwendung und damit den Ausschluß Dritter von seiner Nutzung voraus. Der Inhaber eines Eigentumstitels kann seinen Rechtsanspruch gegenüber dem Besitzobjekt in Form der Monopolnutzung geltend machen oder diesen auf Dritte übertragen. Es liegt in der Natur der Sache, daß physikalische, chemische oder biotische Wirkkräfte, die im vorigen Abschnitt als ubiquitäre Naturpotenzen gekennzeichnet wurden, nicht über diese Eigenschaften verfügen und deshalb auch nicht als Wirtschaftsobjekte gehandelt werden können. Nur jene Materieelemente, die in nützliche und tauschfähige Marktobjekte im weitesten Sinne umgeformt werden können, nehmen einen spezifischen Marktwert an. Der jeweilige Marktwert einer Naturressource ist wiederum nicht von dauerhaftem Bestand, sondern sinkt etwa rapide ab, wenn die gegenwärtige Nachfrage gesättigt ist, billigere Substitutionsgüter oder synthetisierte Ersatzprodukte angeboten werden.

Während der "Güterkosmos aus beliebig teilbaren Einheiten ('Atomen')" (Leipert 1989b, 27) besteht, sind die klimatologischen, geologischen und biologischen Prozeßeigenschaften des Ökosystems nicht in quantifizierbare Einzelelemente abgrenzbar und privatisierbar. Ein Beispiel zur Illustration dieser Problematik: Das Umweltmedium Boden wird als Depot für Rohstoffe benutzt, aus dem spezifische Substanzen extrahiert und zu einem marktfähigen Gut weiterverarbeitet werden. Zugleich wird es als mehr oder weniger "kostenneutrale" Lagerstätte für feste, flüssige und gasförmige Produktionsabfälle verwendet. In Geldwerten wird die Ware ausgedrückt, nicht aber die "kostenlosen" ökologischen Funktionen des Bodens wie etwa Wasserfilterung, Wasserspeicherung, Regenerierung von Nährstoffen, Humusproduktion usw. Allgemeiner formuliert: Markteffizientes Handeln ist an die *monetäre Quantifizierbarkeit* aller Operationen gebunden. Hingegen ist das Ökosystem nur als hochkomplexer und multiinteragierender Wirkungszusammenhang zu fassen. Erst recht sind die vielfältigen Reaktionsmöglichkeiten und Reaktionsintensitäten, Dosis-Wirkung-Beziehungen, kumulativen Kettenreaktionen, weiträumigen Nebeneffekte und intertemporalen Folgeprozesse weder abschätzbar noch monetarisierbar.

Bisher wurde danach gefragt, welche Umweltfaktoren überhaupt im Marktgeschehen in Preisen beurteilt werden und welche nicht. Damit ist jedoch keineswegs die Frage beantwortet, nach welchen Indikatoren jene Umweltressourcen bewertet werden, die als Waren gehandelt werden. Ohne auf die weitverzweigte Debatte zur ökonomischen Werttheorie genauer eingehen zu können, kann jedoch mit Blick auf die hier zu diskutierende Umweltproblematik des Marktes festgehalten werden: Wie hoch und von welcher Qualität der Stoff- und Energieinput eines Produktes ist, hat nur eine untergeordnete Bedeutung für die Frage, ob und in welchem Umfang Marktwerte entstanden sind. Wenn man etwa mit der Arbeitswerttheorie annimmt, daß der zur Herstellung eines Produkts notwendige durchschnittliche Arbeitsaufwand die Größe des Tauschwertes bestimmt, dann sinkt zwangsläufig der Tauschwert, wenn die Arbeitsproduktivität ansteigt. Angenom-

men, das in einer Zeitperiode produzierte Output an Arbeitsprodukten steigt, ohne
daß der dafür notwendige Arbeitsaufwand zunimmt, dann wird pro Produkteinheit
weniger Arbeitszeit aufgewendet, so daß der Wert pro hergestellter Ware notwendigerweise sinkt. In diesem Fall führt der Einsatz effizienterer Technologien und
die Rationalisierung menschlicher Arbeitskraft zur Erhöhung der Arbeitsproduktivität - und der Stückwert der Produkte sinkt. Wertveränderungen werden im
arbeitswerttheoretischen Modell somit immer auf Veränderungen der Arbeitsproduktivität zurückgeführt, nicht auf Veränderungen des physischen Reproduktions-
vermögens. Wenn sich die Qualität der Naturpotentiale durch Degradation verschlechtert, z.B. indem die Fruchtbarkeit der landwirtschaftlichen Böden zurückgeht oder die Ergiebigkeit von nachwachsenden Rohstoffen abnimmt, kann der zu
erwartende Rückgang der Ernte dadurch kompensiert werden, daß die technisch-
wissenschaftlichen Methoden der Naturausbeutung verfeinert und intensiviert
werden, mit der Folge, daß für die Produktion eines landwirtschaftlichen Produkts
größere Aufwendungen an Arbeit (und Kapital) pro Produkteinheit erfolgen.
Wenn dies nicht erfolgt, ist in derselben Arbeitszeit eine kleinere Outputmenge an
Produkten pro Hektar Nutzfläche zu erwarten. Anders formuliert kann das gleiche
Produkt zu gleicher Qualität nur hergestellt werden, wenn der Anstieg der Arbeitsproduktivität umgekehrt proportional zum Substanzverlust des Naturvermögens verläuft.

In der traditionellen Produktionsfaktorenlehre treten noch die Wertbestand-
teile Kapital und Boden hinzu, so daß sich der Tauschwert aus dem Arbeitslohn,
dem Kapitalzins und der Grundrente zusammensetzt. Wenn man hingegen den
Prämissen der Grenznutzentheorie folgt und vom Arbeits- oder Kapitalaufwand
absieht, bezieht sich der Tauschwert der Waren allein auf die subjektiven Nutzenpräferenzen der Individuen sowie auf die individuell und gesamtwirtschaftlich
verfügbare Menge eines Gutes. Der Tauschwert wird in diesem Fall dann definiert
als Resultante von Gebrauchsnutzen und Marktknappheit, so daß Schwankungen
der Nachfrage die Größe des Tauschwertes beeinflussen. Geht man von den Prämissen der subjektiven Werttheorie aus, repräsentiert der Wert keine den Waren
innewohnende objektive Eigenschaft, sondern ist auf die subjektive Begehrlichkeit der Tauschobjekte zurückzuführen bzw. in der individuellen Bewertung der
Dinge begründet.

Unabhängig davon, wie das Zustandekommen ökonomischer Werte theoretisch erklärt wird, abstrahieren allem Anschein nach die Wertindikatoren des
Marktes von Naturprozessen. Der Marktwert eines Produktes scheint jedenfalls in
keiner erkennbaren Relation zum absoluten Stoff- und Energiedurchsatz der industriellen Produktion und zu den notwendigen Entsorgungsleistungen zu stehen.
Zuweilen abstrahiert das ökonomische Geschehen so weit von den ökologischen
Ressourcenbeständen, daß die monetären Marktindikatoren Wachstum und Fortschritt signalisieren, obwohl die absolut noch verfügbare Ressourcenmenge, deren
Förderung unter wirtschaftlichen Aspekten noch lohnend erscheint, abnimmt.

Bereits an dieser Stelle liegt es nahe, den Umweltbezug des Marktgeschehens als paradox zu kennzeichnen. *Einerseits* sind Marktaktivitäten ohne die Transformation von Materie nicht möglich, werden diverse Naturpotenzen unbedingt benötigt, um Waren produzieren und artifizielle Welten hervorbringen zu können (vgl. Kap. IV.A.3); *andererseits* ist die ökonomische Bewertung der Marktprodukte nicht an das physische Reproduktionsvermögen des Ökosystems rückgekoppelt. Die physische Welt wird unter Ausblendung ihrer ökologischen Kontextgebundenheit nach vermarktbaren Substanzen abgesucht und verzehrt - und je erfolgreicher die möglichst kostenlose Aneignung betrieben wird, desto größere Marktgewinne sind zu erwarten und desto lukrativer erscheint der Zugriff auf bisher unerschlossene ökologische Ressourcen. Jene Natureigenschaften, die für die physische Reproduktion des Ökosystems unverzichtbar sind, aber für den Warenproduzenten keine verwertbaren Eigenschaften besitzen, werden obendrein zu "nutzlosen" Substanzen degradiert und entsprechend behandelt. Besonders gravierend ist der ökologisch indifferente Umgang mit *ökonomisch* wertlosen Naturpotenzen, wie beispielsweise der Luft, die als "besitzloses" Umweltmedium "kostenlos" nutzbar ist; nach dem Schaden, der durch die beliebige Nutzung entsteht, wird kaum gefragt.[29]

Der physische Reichtum der naturalen Umwelt kann nur unvollständig und selektiv in quantitativ-monetären Meßinstrumenten zum Ausdruck kommen. Die Kriterien für die Nutzung spezifischer Naturpotenzen werden nicht davon abgeleitet, welche Funktionen sie in komplexen Wirkungszusammenhängen des Ökosystems ausüben und welchen Nutzen sie für die physische Reproduktion der elementaren Lebensbedingungen haben, sondern sie resultieren aus den Interessen der Marktakteure, Stoffe und Energie unter den ausschließlichen Gesichtspunkten der optimalen Rentabilität und Vermarktung zu nutzen. Die Verwendung von Materie für Tauschzwecke erfolgt danach, ob die benutzten Stoffe und Substanzen im marktökonomischen Sinne "wertlos" oder "wertvoll" sind. Dadurch wird von Umweltindikatoren systematisch abgesehen, welche beispielsweise über die Biomasseproduktion, die Biodiversität, die Fruchtbarkeit der Böden, kurz: das physische Reproduktionsvermögen informieren. Beispielhaft sei daran erinnert, daß für ein Chemieunternehmen sauberes Wasser unabdingbar ist, um Stoffe synthetisieren zu können, die zu marktfähigen Produkten weiterverarbeitet werden. Hingegen stiftet die Wiederaufbereitung des verbrauchten Wassers keinen direkten betriebswirtschaftlichen Nutzen und macht - aus Opportunitätsmotiven - nur Sinn, wenn die standortbezogene Produktionsgenehmigung eines Chemiekonzerns, die

---

[29] Viele Umweltressourcen werden so extensiv genutzt, als ob es sich noch immer um "freie Güter" handele, deren Nutzung nichts koste. Diese ökonomische Praxis ist aber deshalb höchst fragwürdig geworden, weil viele Naturpotentiale die Schwelle zum knappen Gut schon längst überschritten haben. Obwohl in einzelnen Bereichen die Nutzung vormals freier Naturelemente nicht mehr kostenlos möglich ist, sind doch die Nutzungspreise, gemessen an ihrer ökologischen Bedeutung, zu vernachlässigen.

vom politisch-adminstrativen System erteilt worden ist, an die Einhaltung entprechender Produktionsauflagen und Wasserschutzbestimmungen gebunden ist. Die Verschmutzung von Wasser bleibt im Marktkalkül ebenso belanglos wie die mit der Destabilisierung des Wasserhaushalts verbundenen längerfristigen Bodenerosionen, Überschwemmungen oder Trockenheiten, die nicht als betriebsökonomische Werteinbußen registriert und verbucht werden.

Aus der Perspektive des Marktgeschehens stellen die unbearbeiteten Stoffe und Elemente der naturalen Umwelt als solche keine oder nur geringe ökonomische Werte dar. Gleichwohl sind sie als Ausgangsmaterialien für die Fertigung marktfähiger Objekte unverzichtbar. Diese Objekte wiederum fungieren als materielle Träger der abstrakten Wertvermehrung, während die naturale Umwelt als ökonomisch unbewertetes Aufnahmemedium für Rest- und Schadstoffe benutzt wird. Die Umweltbezüge werden somit in doppelter Weise hergestellt: erstens indem *marktwerte* Tauschobjekte produziert werden und zweitens indem *unbewertete* Kuppelprodukte wie Emissionen, Abwässer, Abraum oder Ausschuß (*produktiver Abfall*) und ökonomisch *entwertete*, weil vernutzte Produkte (*konsumtiver Abfall*) anfallen, die deponiert, recycelt oder entsorgt werden müssen. Die ökologische Gesamtbilanz des Marktprodukts ist im Marktwert ebensowenig repräsentiert wie die Vermehrung oder Vernichtung physischer Substanzen in Marktwerten ausgewiesen wird. Nur jene Materieelemente, die in tauschfähige Objekte umgeformt werden, werden auf dem Markt preislich bewertet und in die betriebswirtschaftliche Kostenrechnung einbezogen. Anders formuliert: *Die ökonomische Bemessungsgrundlage des Marktwertes ist nicht an ökologische Indikatoren rückgekoppelt.*[30] Die ökonomische Wahrnehmung von Zustandsänderungen der naturalen Umwelt ist erst dann zu erwarten, wenn die betreffenden Naturstoffe als Werkstoffe oder Betriebsmittel weitgehend oder völlig aufgebraucht sind oder

---

[30] Neoklassisch beeinflußte Ansätze der Umweltökonomie nehmen an, mit Hilfe des steuerrechtlichen Instrumentariums einen sogenannten ökologischen "Echtpreis" für Umweltressourcen einführen zu können, wobei das Bild einer harmonischen, streng marktwirtschaftlich orientierten "Versöhnung" von Ökologie und Ökonomie suggeriert und zuweilen stark überstrapaziert wird. Ganz abgesehen davon, daß in Wert- und Preis*relationen* keine konstanten Naturgrößen eingehen, sondern diese immer nur *soziale Größen* darstellen, welche mit keiner substantiellen Bedeutung verbunden sind, sei in diesem Zusammenhang auf eine Bemerkung von Sieferle (1991, 289) hingewiesen, demzufolge Naturpotentiale im Marktsystem nur als *externe Vorgaben* des politischen Systems ökonomisch repräsentiert werden können. Bei "ökologischen Preisen" handelt es sich also nicht um eine prozessurale Selbstorganisation des ökonomischen Systems, sondern um eine politische Intervention von Außen, die sich gleichwohl dem monetären Code bedient. Im Gegensatz zu den nicht-fiskalischen, ordnungsrechtlichen Instrumenten der Umweltpolitik wie Emissionsauflagen, Produktionsauflagen, Auflagen für Produktionsverfahren usw. nimmt der Ansatz der ökologischen Besteuerung deshalb auch nur *indirekt*, und zwar über die Preisbildung, Einfluß auf Marktentscheidungen.

an Ergiebigkeit und Qualität entscheidend eingebüßt haben, also dann, wenn die Ressourcen erschöpft sind. Systeminterne Frühwarnsignale, die die monetären Steuerungsmechanismen des Marktes (Preise) rechtzeitig aktivieren, um bereits auf geringfügige Zustandsänderungen der physischen Umwelt rasch reagieren oder präventiv intervenieren zu können, existieren praktisch nicht.

5. Das Nutzungsdilemma der Positionsgüter

Die Analyse wurde in diesem Kapitel bisher auf den paradoxalen Umweltbezug des Marktes fokussiert: Wirtschaftliche Operationen bringen in ihrer ökonomischen Bewertung die benutzten Naturressourcen nicht oder nur unzureichend zum Vorschein, obwohl die Realisierung des Marktwertes dauerhaft an das stoffliche und energetische *throughput* der Produktions- und Technosphäre gebunden bleibt. Die Abhängigkeit des Marktgeschehens von der elementaren Physis der Warenwelt ist unhintergehbar, auch wenn das virtuelle Geldmedium sich jederzeit von jeglicher Verbindung zu materiellen Objekten lösen kann. Nur im Sonderfall der "freischwebenden" Spekulationsgelder sind in zunehmendem Maße Geldtransaktionen auf internationalen Devisenmärkten zu beobachten, die sich in grundsätzlicher Weise von der erfahrbaren Welt der Güter und Dienstleistungen abzunabeln scheinen (Kap. III.6). Ansonsten ist das jeweilige Produkt mit seinen technischen Merkmalen und materiellen Verwendungseigenschaften der stoffliche Träger des Marktwertes.

Es stellt sich nun die Frage, welche Folgerungen aus diesem Verwiesensein auf das physische Umweltmilieu zu ziehen sind. Zunächst ist von Bedeutung, daß der konkrete Nutzen eines Gutes a des Warentyps x, der physische Gebrauchswert, keine fixe Größe darstellt, sondern von den allgemeinen Nutzungsmöglichkeiten abhängt, die der Konsument vorfindet. Hieraus wählt er jene Verwendungsvarianten aus, die seinen individuellen Präferenzen entsprechen. Genauer betrachtet stehen die allgemeinen Konsumtionschancen des Gutes a erstens in Relation zur absoluten Menge der gleichzeitig konsumierten Güter b, c, d ... n des gleichen Warentyps X, zweitens in Relation zu allen übrigen konsumierten Gütern aller übrigen Warentypen und drittens in Relation zu Qualität und Umfang des Nutzungsumfeldes, wobei insbesondere das Infrastrukturnetz sowie die allgemeinen Umweltindikatoren zu berücksichtigen sind. Wenn das Gut a optimal benutzt werden kann, realisiert sich sein Gebrauchswert; nimmt hingegen der Nutzen ab oder tendiert dieser sogar gegen Null, weil die Leistungskapazitäten der Infrastruktur ausgeschöpft sind oder die Umweltbedingungen spezifische Nutzungseinschränkungen des Gutes erzwingen, schwindet auch sein Gebrauchswert. Der amerikanische Ökonom Fred Hirsch hat in der Studie *Die sozialen Grenzen des Wachstums* (1980) diesen Sachverhalt genauer beleuchtet und daran erinnert, daß mit der massenhaften Nachfrage bestimmter Güter die mit ihrer Nutzung verbundenen Gebrauchswerteigenschaften abnehmen und schleichend entwertet werden: "Ab einer bestimmten Grenze, die in den industriellen Massengesellschaften seit langem überschritten ist, verschlechtern sich die Nutzungsbedingungen eines Gutes, je verbreiterter dessen Gebrauch ist." (Ebd., 17) Güter, deren allgemeine Nutzungschancen durch extensiven Gebrauch beeinträchtigt werden, bezeichnet Hirsch als "Positionsgüter". Hierunter faßt er "alle Eigenschaften von Gütern, Dienstleistungen, Berufspositionen und andere gesellschaftliche Verhältnisse, die entweder 1. absolut oder gesellschaftlich bedingt knapp sind oder 2. bei extensiverem Gebrauch zu Engpässen führen" (ebd., 52.)[31]

Mit dem Theorem des positionalen Gutes kritisiert Hirsch ein Grundaxiom der ökonomischen Theorie, welches besagt, daß Verteilungskonflikte durch stetiges wirtschaftliches Wachstum entschärft und die Grundlagen allgemeinen Wohlstands gesichert werden können. Demgegenüber erörtert Hirsch die sozialen Konsequenzen einer gestiegenen Nachfrage nach positionalen Gütern und kommt zu dem keineswegs überraschenden aber folgenreichen Ergebnis, daß mit der steigenden Anzahl positionaler Güter nur vordergründig Bedürfnisse zu befriedigen und Wohlstand zu schaffen seien. Je mehr positionale Güter produziert und nachgefragt würden, um so deutlicher sinke der konkrete Nutzungswert des einzelnen positionalen Gutes. Hirsch (1980, 23) spricht auch vom "Überflußparadox": Obwohl die Gütermenge absolut und relativ ansteige, entbrenne ein neuer Verteilungskampf um Positionsgüter auf höherem Niveau, ein "positionaler Wettbewerb" (ebd, 84ff.), der die Verteilungsfrage in ihrer politischen und gesellschaftlichen Brisanz nicht eindämme, sondern weiter anheize und die Knappheit verschärfe. Der positionale Wettbewerb sei letztlich ein tendenzielles Negativsummenspiel, da selbst für das Erzielen eines geringeren Nettonutzens mehr Geldressourcen als zuvor investiert werden müßten. Zusätzliche individuelle Leistungen oder Aufwendungen für Extrakosten seien nämlich erforderlich, um ein Ergebnis zu erreichen, das zu einem früheren Zeitpunkt noch mit geringeren Einsätzen realisierbar gewesen sei. Die Kosten stiegen an, ohne daß automatisch ein höherer Nutzen zu verbuchen oder zumindest das bisherige Nutzenniveau zu erreichen sei: "Es ist, als brenne ein Kohlefeuer mit gleichbleibender Intensität, aber sinkender

---

[31] Hirsch (1980, 56) unterscheidet zwischen *physisch* (z.B. Verkehrsstau, Haus am See) und *sozial* bedingten Engpässen (Führungspositionen, lukrative Erwerbspositionen, Schulausbildung, Universitätsabschlüsse). Der zweite Aspekt ist im Rahmen der Ökologieproblematik zu vernachlässigen. Im Hinblick auf gesellschaftliche Konflikte ist er jedoch kaum zu überschätzen. Vgl. exemplarisch Bourdieus Analyse (1982, 210ff.) der "geprellten Generation", die nicht rechtzeitig realisiert habe, daß akademische Titel durch die Bildungsinflation der sechziger und siebziger Jahre schleichend entwertet wurden. Die an den Erwerb eines Titels geknüpften Erwartungen bleiben unerfüllt, weil universitäre Bildungsabschlüsse selbst zu einem positionalen Gut geworden sind. Unter dem Begriff "Hysteresis des Habitus" untersucht Bourdieu die habituellen Effekte dieser Ernüchterung und Desillusionierung.

Außentemperatur oder schlechterer Raumisolierung. Dann wäre mehr Kohle erforderlich, um die Temperatur zu halten und eine Verschlechterung der physischen Umwelt auszugleichen." (Ebd., 86) Solange jedoch der abnehmende Ertragszuwachs einen bestimmten Punkt nicht überschritten habe und sich noch nicht ins Negative wende, erschienen die zusätzlichen Investitionen zunächst lohnend. Dies sei jedoch dann nicht mehr der Fall, wenn die Mehrausgaben den effektiven Nutzungszuwachs überstiegen. Aus diesem Grunde sei auch nicht auszuschließen, daß ein intensiverer Wettbewerb um positionale Güter für einen *begrenzten* Zeitraum einen Zuwachs an Nettoerträgen bringe, "wenn seine Beiträge zur individuellen Effizienz und zur Allokation der Mittel größer sind als die mit ihm verbundenen Extrakosten und Fehlallokationen. Das läßt sich jedoch mit den herkömmlichen Maßzahlen für wirtschaftlichen Output nicht beurteilen, da diese die negativen oder Ballastelemente des positionalen Wettbewerbs nicht berücksichtigen." (Ebd., 85)[32]

Wie bereits angedeutet läßt sich die ökologische Problematik nahtlos an das Theorem des positionalen Gutes anschließen. Von einem Nutzungsdilemma der industriellen Massengüter kann nämlich in folgender Weise gesprochen werden: Zunächst nimmt die excessive Mobilisierung mineralischer Rohstoffe eine Schlüsselrolle für die Massenproduktion industrieller Konsumgüter ein (Sieferle 1987). Weiter oben (Kap. IV.A.2) wurde bereits darauf verwiesen, daß der arbeitsteilig ausdifferenzierte Produktionsapparat nur aufrechterhalten werden kann, wenn großtechnische Umwandlungssysteme (Rohstoffbeschaffung, Energieerzeugung, Weiterverarbeitung) und logistische Organisationsnetze (Kommunikation, Planung, Verwaltung) genutzt werden können und leistungsstarke Unterstützungssysteme (Verkehrssysteme) mit entsprechender Infrastrukturausstattung zur Verfügung stehen. Zudem entsteht im Windschatten der expandierenden fordistischen Massenproduktion ein spezieller "Nachfragetypus"[33], der das stoffliche *throughput* der Produktionssphäre in den einzelnen Sektoren der Konsumtion spiegelbild-

---

[32] Die Konkurrenz um positionale Güter mündet in einen Zustand ein, den Hirsch (ebd., 47) im Anschluß an Harrod als oligarchischen Wohlstand bezeichnet: "Demokratischer Wohlstand (...) umfaßt jene Verfügbarkeit von Ressourcen, die jedermann zu einem bestimmten Zeitpunkt möglich ist. Wohlstand wird durch das durchschnittliche Produktionsniveau begrenzt und kann nur zusammen mit diesem steigen. Oligarchischer Wohlstand (...) ist das, was wenige erreichen können, niemals jedoch alle, wie hoch die Durchschnittsproduktivität auch sein mag." Im Bild des "Fahrstuhleffekts", mit dem Beck (1986, 121ff.) die deutlichen materiellen Niveauverbesserungen (Einkommenszuwächse, Bildungsexplosion) in westlichen Industriegesellschaften bei gleichzeitig relativer Konstanz der Verteilungsrelationen sozialer Ungleichheit beschreibt, bleibt dieser Aspekt ausgeklammert.

[33] Gorz (1983, 27) verwendet diesen Begriff in Anlehnung an J. Attalis Begriff der "Nachfrageproduktion". Schon bei Marx (1974, 14) heißt es in einer klassischen Formulierung: "Die Produktion produziert (...) nicht nur einen Gegenstand für das Subjekt, sondern auch ein Subjekt für den Gegenstand."

lich verdoppelt, indem das neue kommerzielle Konsummodell auf die Sphäre der
Freizeit und des privaten Haushalts übertragen und traditionelle Reproduktions-
formen häuslicher-familialer Subsistenztätigkeiten verdrängt werden (Hirsch/Roth
1986, 48ff.).

Allein schon die Wachstumsdynamik der standardisierten Massenfertigung
von Serienartikeln wie Autos, Kühlschränken und Fernsehgeräte erzwingt gewissermaßen die Kompatibilität von Angebot und Nachfrage, oder besser: die Anreizung der Nachfrage nach kurzlebigen Konsumgütern. Mit den Worten von André
Gorz (1983, 35) steht die industrielle Massengüterproduktion sogar vor der Notwendigkeit, "Konsumenten für seine Waren zu produzieren, Bedürfnisse zu produzieren, die den rentabelsten herzustellenden Produkten entsprechen". Während
der Produktionssektor die maximale Steigerung des Warenoutputs und die Vervielfältigung der angebotenen Produktpalette anstrebt, präjudiziert der kommerzielle Konsumtionssektor die maximale Steigerung des individuellen Verbrauchs
von kurzlebigen Konsumartikeln. Aus der Perspektive des Marktproduzenten liegt
es nahe, Konsumgüter, die nicht mehr hinreichend rentabel angeboten werden
können, durch neue Produkttypen zu ersetzen. Die standardisierte Massenproduktion ist auf eine konsumtive Massennachfrage angewiesen und an einem konsum-
geprägten Lebensstil interessiert. Gorz (1980, 109) spitzt diese Problemstellung zu
und notiert: "Der Konsument steht im Dienste der Produktion und muß die von ihr
benötigten Absatzmärkte garantieren."

In dem Maße, in dem das ökologische Milieu der Gesellschaft durch die res-
sourcenintensive Herstellung und Konsumtion industrieller Massenprodukte beeinträchtigt wird, können diese selbst auf längere Sicht nur noch eingeschränkt
ihren vorgesehenen Verwendungszweck erfüllen. Genauer formuliert sind die herkömmlichen Güter des industriellen Massenkonsums typische Positionsgüter, da
ihr Gebrauchswert mit der Verschlechterung der physischen Nutzungsbedingungen kontinuierlich abnimmt. Ökologisch bedingte Positionsgüter sind jedenfalls
solange nicht beliebig vermehrbar, wie ihr konkreter Nutzungswert in einem sinnvollen Verhältnis zu den unerwünschten ökologischen Folgewirkungen der Produktion und Konsumtion stehen soll. Am Beispiel der archetypischen Massenware
schlechthin, dem Automobil, kann dieser Zusammenhang illustriert werden: Stetiges Wachstum des Warenoutputs der globalen Automobilindustrie verursacht
einen höheren stofflichen und energetischen Produktionsaufwand, einen Zuwachs
an produktiven und konsumtiven Abfällen, einen weiteren Anstieg der Schadstoffbelastung der Atmosphäre und schließlich ein größeres Gedränge auf den Straßen.
Der Nutzungswert des Autos als individuelles Bewegungsmittel bleibt hiervon
allerdings nicht unberührt: Er sinkt, wenn die allgemeinen Umweltbedingungen
sich verschlechtern, die zulässigen Schadstoffgrenzwerte überschritten werden
und ein begrenztes oder totales Fahrverbot verfügt wird; oder es kommt zu "Nut-
zungsstauungen" (Türk 1987, 244), wenn die Kapazitätsgrenzen der automobilen
Infrastruktur erreicht sind, das überlastete Straßennetz verstopft und die Indivi-
dualmobilität einem kollektiven Verkehrsinfarkt erliegt. Das Positionsgut Auto-

mobil büßt in beiden Fällen seine primäre Transportmittelfunktion ein, bei der Bewegung von Personen und Sachen Räume zu verkürzen und Zeit einzusparen. Das Positionsgut wird *in funktionaler Hinsicht* tendenziell nutzlos.[34] Mit anderen Worten wird die Nutzungsfunktion des Autos schleichend entwertet und der Gebrauchswert gerät in eine Krise.

Folgt man diesen knapp skizzierten Überlegungen, so wird offenkundig, daß die ökologisch bedingten Nutzungsgrenzen industrieller Massengüter auch ein grundlegendes Axiom der klassischen Modernisierungstheorie zur Disposition stellen, nämlich die Annahme, daß es prinzipiell möglich und obendrein wünschenswert sei, das gegenwärtig vorherrschende Industrialisierungsmodell einerseits in den Industrieländern linear fortzuschreiben und andererseits auf die Länder der Dritten Welt global auszudehnen. Auch wenn die Verteilungsfunktion des Marktes suggeriert, daß im Prinzip jeder potentielle Nachfrager jedes angebotene Gut besitzen und nutzen könne, sobald er über die entsprechenden monetären Ressourcen verfügt, verhält es sich im Falle von positionalen Gütern genau umgekehrt. Wie Hirsch aufzeigen kann sind positionale Güter nur um den Preis der Entwertung ihres funktionalen Gebrauchswertes und der Verschlechterung der allgemeinen Nutzungsbedingungen beliebig vermehrbar. Entgegen der neoklassischen Annahme von der Optimalität der Marktallokation kommt Altvater (1992b, 99) deshalb auch im Falle der positionalen Eigenschaften einer Ware zu der Einschätzung, daß der Markt ein "ungeeigneter Mechanismus zur effizienten Allokation positioneller Güter" sei.

Altvater (1992a, 1992b) hat diese Überlegungen zum Nutzendilemma moderner Massenkonsumgüter generalisiert und auf die umfassende Produktions- *und* Konsumtionsstruktur der entwickelten Industrieländer Westeuropas, Nordamerikas und Südostasiens übertragen. Schon aufgrund der weithin ausgeschöpften Belastungskapazitäten des globalen Ökosystems sei es ratsam, diesen Industrialisierungstyp mit seinem exzessiven Durchsatz an Stoffen und Energie nicht auf weltgesellschaftlicher Ebene zu verallgemeinern. Das westliche Modell der industriellen Modernisierung sei ein exklusiver Luxus für privilegierte Teile der Weltbevölkerung. Würde die gesamte Weltbevölkerung über vergleichbare Konsum-

---

[34] Die Entwertung betrifft aus folgendem Sachverhalt jedoch nur den funktionalen Nutzen eines Gutes: Angenommen ein Positionsgut, z.B. ein Auto, wird nicht nur nachgefragt, weil es als Bewegungsmittel benutzt werden kann, um Distanzen zu überbrücken (*funktionaler Gebrauchswert*), sondern ist auch gerade deswegen begehrt, weil es als Indikator für Status und Sozialprestige (*symbolischer Gebrauchswert*) wahrgenommen wird. In diesem Fall ist kaum zu erwarten, daß mit der Abnahme des funktionalen Gebrauchsnutzens des Autos, z.B. durch die Überlastung der Kapazitäten der Straßenwege, die Nachfrage spürbar nachläßt und sich selbst reguliert, wenn sich nämlich das Nutzungsniveau des Autos auf das nächstbeste verfügbare Alternativangebot (Bahn und Bus) eingependelt hat und hierauf ausgewichen wird. Zur Begriffsunterscheidung zwischen funktionalem und symbolischen Gebrauchswert verweise ich auf Kap. V.

möglichkeiten verfügen, wären Wohlstandseinbußen schon allein wegen der Übernutzung des ökologischen Systems für alle kaum zu vermeiden. Industrialisierung diesen Typs besitze gerade deswegen positionale Eigenschaften, da die ökologisch destruktiven Folgen unabsehbar wären, würde dieses Entwicklungsmodell mit extrem hoher Ressourcenbeanspruchung, Abfallproduktion und Schadstoffemission pro Kopf auf alle Länder und Regionen der Erde übertragen.[35] Durch den rapiden Anstieg der Umweltbelastung ginge im Endeffekt der Nutzen der Industrialisierung auch für diejenigen verloren, welche in den reichen Industrieländern derzeit hiervon noch in hohem Maße profitieren.

In diesem Zusammenhang stellt sich nochmals das grundlegende Problem, daß die ökologischen Voraussetzungen und Folgen ökonomischer Aktivitäten durch ökonomische Parameter nur unzureichend repräsentiert sind. Das Nutzungsdilemma moderner Massenkonsumgüter wird zwar durch die Krise des Gebrauchswertes signalisiert. Gleichwohl können die Einbußen des Gebrauchswertes nur höchst unvollständig von den traditionellen Wachstums- und Wohlstandsindikatoren des Sozialprodukts erfaßt werden. Die informationelle Beobachtung ökonomischer Tätigkeiten durch die Volkswirtschaftliche Gesamtrechnung (VGR) birgt bekanntermaßen erhebliche Mängel, da dieses Instrument weitgehend auf die Addition *gegenwärtiger* Einkommens- und Güterströme fixiert bleibt. Die "heimlichen Kosten des Fortschritts" (Leipert 1989a) sind nämlich nicht in das vorherrschende System der Rechnungslegung und Erfolgsmessung integriert. Der Umweltökonom Herman Daly (1977) hat bereits in den 1970er Jahren im Anschluß an Überlegungen von K.E. Boulding die volkswirtschaftliche Rechnungslegung dahingehend kritisiert, daß substantiell ungleiche Tätigkeiten in ihren monetären Größen aufsummiert werden: Es handelt sich hierbei *erstens* um laufende Aufwendungen zur Bestandserhaltung oder Reproduktion der gesellschaftlichen Vermögensbestände, insbesondere die Kosten der Stoff- bzw. Energienutzung und Abfallentsorgung. *Zweitens* geht es um Wertzuwächse bei den physischen Vermögensbeständen und *drittens* um wohlstandsrelevante Leistungen und Nutzungen, die von den Vermögensbeständen abgebucht werden.

Wenn man einmal von staatlichen Leistungen absieht, gehen in die VGR ausschließlich jene Leistungen ein, die über Märkte zu Marktpreisen ausgetauscht werden, und zwar unabhängig davon, ob es sich um Nettozuwächse der Produktion, um Wohlfahrtsverluste bei Dritten, um Reproduktionsleistungen (Reparatur, Entsorgung) zur Sicherung oder Wiederherstellung des Naturvermögens oder um

---

[35] Die folgenden Zahlen dokumentieren die extrem ungleiche Pro-Kopf-Ressourcenbeanspruchung zwischen Industrieländern und Dritter Welt: 1990 beanspruchten die Industrieländer (OECD und ehemalige Sowjetunion: 20,1 % der Weltbevölkerung) mit etwa 75 % den Hauptteil des Weltenergieverbrauchs (Hauchler 1993, 110, 314). Seit 1950 zeichnen die Industrieländer für mehr als 80 % der kumulierten CO_2-Emissionen verantwortlich (ebd., 283ff.). Einen interessanten Vergleich des Pro-Kopf-Verbrauchs an ausgewählten Materialien und Gütern zwischen der Bundesrepublik und einigen Entwicklungsländern bietet Schmidt-Bleek (1993, 219).

reale Substanzverluste handelt. Zugleich bleiben alle Leistungen und Kostenfaktoren, die aus dem Marktgeschehen herausfallen, monetär unerkannt. Das Sozialprodukt ist kein Umweltindikator, sondern vornehmlich ein Indikator der Marktnachfrage, der die Folgekostenbelastung der Gesellschaft aufgrund unterkomplexer Beobachtungsinstrumente nicht wahrnehmen kann. Wirtschaftliche Leistungen werden als quantitative "Bewegungsgrößen" gemessen, die an Güterbewegungen, Wachstumsraten, Produktionskoeffizienten und Geldvolumen orientiert sind, während die biotisch-chemisch-physischen Bestandsgrößen, z.b. die Nettoprimärproduktion der Biomasse, vernachlässigt werden. Genauso verhält es sich mit den "defensiven Kosten" oder auch "kompensatorischen Ausgaben" (Leipert 1989a). Im Hinblick auf die physischen Vermögensbestände handelt es sich hierbei nicht um Nettoinvestitionen, die das ökonomische Leistungspotential der Gesellschaft steigern, sondern um Ersatzleistungen, die aufzubringen sind, um etwa die Folgeschäden von Umweltschäden bewältigen zu können. Hierunter zählen insbesondere die Kosten des Umweltschutzes, die anfallen, um Emissionen zu filtrieren, Abwässer zu klären, Abfälle zu entsorgen, Altlasten zu sanieren, umweltbedingte Gebäudeschäden zu reparieren etc.[36]

Allem Anschein nach wird in der VGR das Naturvermögen konstant gesetzt. Die industrielle Überbeanspruchung der Umweltmedien wird deshalb auch nicht als Abzug, sondern als Zuwachs des Nettowerts ökonomischer Leistungen verbucht. Paradoxerweise vergrößert sich das wertmäßige Nettoprodukt, wenn die Umweltbedingungen der Gesellschaft beeinträchtigt werden. Ein Beispiel: Je schneller die Verkehrsdichte, der Benzinverbrauch und die Kohlendioxid-Emissionen ansteigen, desto höher klettern die Wachstumsraten des Sozialprodukts. Während der Verzicht auf umweltbedenkliche Produktionslinien und Produktpaletten das Sozialprodukt schmälert, heizen umgekehrt ökologisch brisante Herstellungsverfahren und Wegwerfprodukte das wirtschaftliche Wachstum an. Da Umweltbelastungen keinen monetären Wertverlust darstellen, erscheint es marktökonomisch auch ratsam, auf entsprechende wirtschaftliche Ersatzleistungen zu verzichten, um die entstandenen Schädigungen zu kompensieren. Lediglich werden

---

[36] Die konzeptionell anspruchsvollste Kritik an der Bemessungsgrundlage des BSP stammt von Daly (1977). Einen knappen Literaturüberblick über das Konzept der defensiven Kosten bietet Leipert (1989a, 311ff.). Nach einem Vorschlag von Leipert (1984; 1989a) erschöpfen sich die Folgekosten von Produktion und Konsum nicht in defensiven Umweltschutzausgaben zur Reparatur, Verminderung und Kompensation von akuten und sichtbaren Umweltschäden. Folgekosten sind darüber hinaus zu klassifizieren in zweitens Folgebelastungen wie zusätzlichen bzw. späteren Einkommens-, Renten- und Krankengeldzahlungen der Versicherungsträger (Entschädigungskosten), drittens Produktions-, Einkommens- und Vermögensverluste und viertens monetär kaum bezifferbare dauerhafte Natur- und Lebensqualitätseinbußen (z.B. Streßfaktoren, Wohnwert). Die Untersuchungen von Wicke (1986) und Leipert veranschaulichen, wie notwendig und zugleich wie schwierig die Quantifizierung von Umweltbelastungen im Detail ist.

die Wertverluste der eingesetzten Produktionsanlagen, die auf Beschaffungsmärkten zu Marktpreisen gekauft werden, in Form von Abschreibungen auf das Anlagekapital (Maschinen, Gebäude) als Reproduktionskosten erfaßt.[37] Mit den Worten von Gorz (1980, 111) erscheinen "Zerstörungen als Wohlstandsquellen, denn alles, was zerbrochen, auf den Müll geworfen, verloren ist, muß ersetzt werden und veranlaßt neue Produktion, Warenkäufe, Geldumlauf, Profite. Je schneller die Sachen zerbrechen, verschleißen, veralten, weggeworfen werden, um so eindrucksvoller ist das Bruttosozialprodukt und um so bestimmter werden die Spezialisten der volkswirtschaftlichen Gesamtrechnung behaupten, wir seien reich. Selbst körperliche Verletzungen und Krankheiten werden als Wohlstandsquellen verbucht, insofern sie den Verbrauch an Arzneimitteln und ärztlicher Leistung steigern." In jedem Fall liefert der Indikator des Sozialprodukts keine zuverlässigen Informationen über Zustand und Veränderung des Ökosystems.

Wirtschaftliches Wachstum, das sich an rein quantitativen, abstrakten Wertzuwächsen orientiert und die Verluste an Naturpotentialen stillschweigend ausklammert, kann mit Gorz (1980, 109) als "destruktives Wachstum" gekennzeichnet werden. Schließlich zehrt ein an monetären Wertzuwächsen ausgerichtetes Wachstum an den Grundlagen dessen, worauf Wachstum eigentlich gründet. Die Schäden des wirtschaftlichen Wachstums, das um seiner selbst willen wächst, sind in diesem Falle größer als seine im Sozialprodukt ausgedrückten Leistungen. Schließlich muß ein zunehmendes Quantum des Sozialprodukts zur Kompensation der Langzeit- und Nebenfolgen aufgewandt werden. Wenn die Kosten der Nebenfolgen zudem rascher steigen als die Produktion und das Nationaleinkommen insgesamt, hat das zur Folge, daß präventive oder nachsorgende Maßnahmen zur Verhinderung oder Bekämpfung von ökologischen Schäden immer kostspieliger werden.[38] Zusammenfassend kann man somit festhalten, daß diese Zusatzkosten die positionalen Eigenschaften moderner Industriegüter monetär sichtbar machen.

---

[37]   Binswanger (1989, 149) hat darauf hingewiesen, daß der Kapitalstock wachsen kann, wenn Nettoinvestitionen vorgenommen werden. Hiervon unterscheidet er die Inanspruchnahme naturaler Ressourcen, die nicht investiert, sondern "*des*investiert" werden. Gegenüber den Annahmen der klassischen Wachstumstheorie, die sich an exponentiellen Zuwachsraten orientiert, schlägt er vor, zwischen *physischem* und *monetärem Sozialprodukt* zu unterscheiden.

[38]   Nach Lovins (1991) würde die Umsetzung der Kohlendioxid-Zielsetzungen der Toronto-Konferenz den USA jährlich 200 Mrd. Dollar kosten. Vgl. auch die gigantischen Kostenberechnungen einer ökologischen Umrüstung des Energie-, Verkehrs-, Chemie- und Agrarbereichs in der Bundesrepublik bei Grießhammer (1989) und Henseling (1992).

6. Exkurs zum Problem der Ressourcenproduktivität

Die Grenzen einer nachsorgenden Umweltschutzstrategie, die am "Ende der Röhre" ansetzt, sind in den letzten Jahren immer deutlicher hervorgetreten: Emissionen werden vor Eintritt in die Umwelt gefiltert, Produktionsabfälle entsorgt, Altlasten deponiert und verseuchte Flächen saniert, ohne daß die eigentlichen Schadstoffquellen stillgelegt werden können. Die Schadstoffquellen werden lediglich nach außen abgedichtet, um die freie Zirkulation toxischer Substanzen und Abfallstoffe in den Umweltmedien zu unterbinden. Der nachsorgende Umweltschutz ist auf technische Reparaturmaßnahmen zugeschnitten, die auf Schäden reagieren, welche in ihren unmittelbaren Belastungen entschärft werden sollen. Daß Umweltprobleme durch nachträgliche Maßnahmen der Luftreinhaltung, Abwasseraufbereitung und Grundwasserreinigung jedoch nicht vermieden, sondern nur *umweltmedial verschoben* und *zeitlich externalisiert* werden, läßt sich am drohenden Müllinfarkt und Entsorgungsnotstand zeigen.[39]

Die sogenannten end-of-pipe Technologien des nachsorgenden Umweltschutzes zielen nicht auf die Vermeidung von Schadstoffherden, sondern auf die Verringerung lokaler Schadstoffemissionen ab, indem toxische Stoffe den Umweltmedien Luft und Wasser entzogen und in konzentrierter Form, z.B. als Filterstäube und schwermetallhaltige Klärschlämme, im Boden deponiert werden. Dadurch werden akute Umweltprobleme in der Gegenwart vorübergehend stillgelegt, bis ihre "Schlummerfrist" abgelaufen ist und die deponierten Rückstände als unbewältigte Altlastenprobleme zurückkehren. Im Gegensatz zur weiträumigen Feinverteilung der Schadstoffe, durch die sogenannten "Politik der hohen Schornsteine", wird mit der Deponierung von Schadstoffen das Entsorgungsproblem zeitlich verlagert. Hierzu bemerkt Giegel (1992, 35) treffend: "Eine verspätet reagierende, nur auf Entsorgung gerichtete Umweltpolitik wirkt selbst an der Erzeugung von

---

[39] Vgl. Simonis (1988), Leipert (1989a; 1991), Giegel (1992, 30ff.). Der nachsorgende Umweltschutz ist auf technische Maßnahmen der Reparatur und Entsorgung zugeschnitten, die in aller Regel erst mit einer gewissen zeitlichen Verzögerung ergriffen werden, um auf bereits eingetretene Umweltschäden zu reagieren. Hingegen zielt das vorsorgende Umweltschutzkonzept auf die antizipative Erfassung und präventive Vermeidung ökologischer Gefahrenherde ab. Diese Strategie operiert ex-ante, indem sie bereits bei der Schadstofferzeugung bzw. den umfassenden stofflichen *throughputs* der Technosphäre ansetzt und das materielle Infrastruktursystem der Produktion (Energie- und Stoffumwandlungssysteme) und der Konsumtion (Nutzungssysteme wie Verkehrswegenetz) sowie die Produkte selber in die Bewertung einbezieht. Siehe auch Leipert (1989a, 119), der eine weitere Schwäche der nachgeschalteten Entsorgungsmaßnahmen in der "Kostenfalle" sieht, da "die Kosten für die Zurückhaltung von Schadstoffen und Abfällen um eine weitere Einheit bei steigendem Reinigungsgrad überproportional zunehmen." Vgl. dazu die folgenden Überlegungen.

Umweltproblemen mit (...). Entsorgung heißt nicht, daß umweltzerstörende Substanzen oder Gifte vermieden werden, sondern daß sie verschoben werden."[40]

Der nachsorgende Umweltschutz basiert auf den Komponenten Reparatur, Sanierung und Entsorgung. Von besonderer Bedeutung ist hierbei, daß diese Instrumente nicht in die inneren Kerne der industriellen Produktion eingreifen, sondern diesen äußerlich bleiben und gewissermaßen am Ende des Fertigungsprozesses implementiert werden, um mögliche Umweltgefährdungen des nicht mehr verwertbaren Stoffoutputs (Reststoffe, Abfälle und Emissionen) bewältigen zu können. Aufgrund des reaktiven Grundsatzes der einzelnen Komponenten sind weiterreichende Problemlösungsstrategien des integrierten Technologieeinsatzes, des mengenmäßigen Stoff- und Energiedurchsatzes der Technosphäre, der Produktionskonversion, der Produktsubstitution oder auch des "Rückbaus" ökologisch brisanter Produktionssektoren (z.B. Chlorchemie) kaum von Belang. Die Maßnahmen des Umweltschutzes werden ex-post an umweltproblematische Produktionslinien angekoppelt, indem technische Vorkehrungen getroffen werden, die die räumliche Verbreitung anfallender Schadstoffe in den Umweltmedien so weit wie möglich unterbinden sollen. Leipert (1991, 30) weist überdies darauf hin, daß beispielsweise eine nachgeschaltete Filteranlage den Produktionsprozeß um eine Verfahrensstufe verlängert, so daß "zur Erstellung des gewünschten Produkts mehr Energie und Material als zuvor" verbraucht wird. Da mit dem Bau, der Installation und dem Dauerbetrieb einer nachgeschalteten Filteranlage ein zusätzlicher Material- und Energiebedarf entsteht, kann folglich das unmittelbare Schadstoffaufkommen der entsprechenden Produktionslinie auch nur um den Preis eines

---

[40] Leipert (1991, 30) erinnert daran, daß mit den steigenden Erfolgen der Luftreinhaltung, Abwasseraufbereitung und Grundwasserreinigung die Abfallentsorgung kritischer werde und die Sondermüllmenge kontinuierlich anwachse. Nach Giegel (1992, 36) werden in der Bundesrepublik jährlich 64 Mio. Tonnen z.T. hochtoxische Klärschlämme angehäuft, mit steigender Tendenz. In den USA stammen bereits 19% aller Industrieabfälle aus Umweltschutzanlagen. Auch die Menge der nuklearen Abfälle nimmt beständig zu. Mit Hilfe von Filter- und Klärtechnologien können zweifelsohne *akute* Umweltbelastungen vorläufig eingedämmt werden. In den hochindustrialisierten G7-Staaten wurden die Schwefeldioxid-Emissionen durch den Einsatz von Filtern und die Nutzung von Brennstoffen mit niedrigem Schwefelgehalt seit 1970 deutlich gesenkt, während der Ausstoß von Kohlendioxid und Stickoxiden, trotz des Wirtschaftswachstums der letzten 20 Jahre um durchschnittlich 60%, aufgrund der erhöhten Energieeffizienz weitgehend konstant blieb. Der Bau von Kläranlagen hat z.B. den exponentiellen Anstieg der Schadstoffbelastung des Rheins mit dem toxischen Schwermetall Kadmium gestoppt. Auch konnten unmittelbar sichtbare Schadstoffe, wie z.B. Rußpartikel, in den Industriestaaten deutlich gesenkt werden. Die wilden Müllkippen der 1960er Jahre wurden geschlossen, die Schaumberge auf den Flüssen sind verschwunden (Meadows/Meadows/Randers 1992, 117ff.). Besonders akute Umweltschäden sind heute vor allem in jenen Ländern anzutreffen, die die Milliardenbeträge für Filter- und Klärtechnologien nicht aufbringen können: Osteuropa und die Dritte Welt.

absolut erhöhten Stoffinputs verringert werden. Hiervon abgesehen sind von der Implementierung einer Filtertechnologie zudem keine positiven Effekte hinsichtlich der Reduktion des Stoffaufwands zu erwarten, der notwendig ist, um eine Ware herzustellen.

Dieses Dilemma des ökologischen Krisenmanagements hat die Suche nach alternativen Konzepten einer antizipativen Umweltpolitik um so dringlicher gemacht. In der ökologischen Debatte hat sich deshalb auch in den letzten Jahren die keineswegs spektakuläre, aber höchst folgenreiche Überlegung durchgesetzt, daß eine tiefgreifende ökologische Modernisierung nicht erst am *Ende*, sondern bereits am *Beginn* der Produktion anzusetzen habe. Konsequenterweise seien somit auch nicht erst die Abfälle, Abwässer und Abgase auf den ökologischen Prüfstand zu stellen, die im Laufe der Produktion, Distribution, Konsumtion und Entsorgung von Gütern anfallen, sondern ausnahmslos alle Stoffe, Materialien und Substanzen, die von Menschen zu beliebigen Zwecken bewegt und verarbeitet werden. Der Blick müsse deshalb auf die umfassenden anthropogenen Stoffströme moderner Industriegesellschaften gerichtet werden, um diese hinsichtlich ihrer ökologischen Auswirkungen genauer zu analysieren (Schmidt-Bleek 1993).

In den neueren Überlegungen zu einer ökologischen Umstellung der Stoffwirtschaft spielt die Idee der "ökologischen Effizienzrevolution" eine herausragende Rolle. Ziel ist es, Stoffe und Energie effektiver und nutzenintensiver zu verwenden. Dies soll durch eine Erhöhung der "Ressourcenproduktivität" erreicht werden, wovon man sich erhofft, daß der Stoffdurchsatz der Gesellschaft ohne Wohlstandsverluste insgesamt gedrosselt werden kann. Ressourcenproduktivität wird etwa von E.U. von Weizsäcker (1992) als die Menge an Gütern und Dienstleistungen definiert, die aus einer Kilowattstunde, einem Kubikmeter Wasser, einer Tonne Eisen etc. erzeugt wird. Mit anderen Worten: Ressourcenproduktivität wird als die ökonomische Wertschöpfung *pro eingesetzter Material- bzw. Energieeinheit* verstanden. Schmidt-Bleek (1993) hat dieses Konzept spezifiziert und auf die Formel *Material-Intensität Pro Serviceeinheit* (MIPS) gebracht, welche als Annäherungsmaß für die Umweltbelastungsintensität von Gütern und Dienstleistungen dienen soll. Kurz gesagt ermittelt MIPS den gesamten Material-, Energie- und Flächenaufwand, der entsteht, um eine Ware produzieren, nutzen, recyclen und entsorgen zu können, wobei die Länge der Lebensdauer sowie der Nutzungseffekt einer Ware pro Lebensdauereinheit in die Bewertung ihres ökologischen Profils einfließen soll. Mit den Worten von Schmidt-Bleek (1993) durchleuchte das MIPS-Konzept den gesamten "ökologischen Rucksack" eines Produktes, und zwar "von der Wiege bis zur Bahre".

Bei aller Attraktivität des Konzepts ist indes seine ökologische Wirksamkeit zu problematisieren. Treten mit der Erhöhung der Ressourcenproduktivität bzw. mit der Verringerung der MIPS tatsächlich die erwünschten Effekte (Einsparung von Stoffen, Flächen und Energie) ein? Welche Bedingungen müssen mitbedacht werden, damit eine Entlastung des Ökosystems auch wirklich zustande kommt? Und mit Blick auf die Marktthematik: Ist nicht zwischen einer *Rationalisierung* und einer *Ökologisierung* der Stoffwirtschaft zu differenzieren? Um die Bedeutsamkeit dieses Ansatzes genauer abschätzen zu können, möchte ich im folgenden zwischen unterschiedlichen Bezugsgrößen bei der Bestimmung von Ressourcenproduktivität unterscheiden.

E.U. von Weizsäcker nimmt an, daß z.B. die Steigerung der Ressourcenproduktivität um den Faktor 2 zu einer umfangreichen Reduzierung des Gesamtstoffverbrauchs um circa 50% führt, ohne daß Wohlstandsverluste entstehen müssen. Dieser Überlegung liegt die implizite Annahme zugrunde, daß die Verdopplung der Ressourcenproduktivität einen proportional umgekehrten Einspareffekt ermöglicht, wenn die absolute Outputmenge der Güterproduktion konstant bleibt. Steigt die Outputmenge hingegen überproportional an, werden trotz erhöhter Ressourcenproduktivität absolut gesehen mehr Stoffe verwendet. Hinter der Formel von der "Steigerung der Ressourcenproduktivität" verstecken sich somit unterschiedliche Handlungsoptionen. *Einerseits* kann die gleiche Menge an Waren und Dienstleistungen mit erheblich geringerem Materialaufwand *oder* eine größere Menge an Waren und Diensten mit etwas geringerem Materialwand erzielt werden. *Andererseits* kann der effizientere Umgang mit Ressourcen aber auch dazu führen, daß zwar die MIPS abnimmt, zugleich aber eine noch größere Menge an Waren und Diensten mit einem insgesamt höheren Materialaufwand produziert wird. In diesem Fall sinkt der relative Materialaufwand pro Produkteinheit, obwohl der absolute Aufwand ansteigt. Die absolute Zunahme verbrauchter Stoffe und Energie schließt somit ihre relative Einsparung pro Produkteinheit keineswegs aus. Im Falle von ansteigenden Rohstoff- und Energiepreisen entspricht es durchaus dem marktökonomischen Kalkül eines Unternehmens, den *relativen* Stoffdurchsatz, gemessen am Material- und Energiedurchsatz pro Produktionseinheit (Ware), zu senken. Ein rationellerer und nutzenintensiverer Umgang mit Stoffen und Energie erscheint selbst im Rahmen einer expansiven, quantitativ wachsenden Marktökonomie alles andere als unrealistisch, sondern ist gerade dann wahrscheinlich und erwartbar, wenn im Rahmen einer steuerpolitischen Verteuerung von Naturressourcen ein ökonomischer Anreiz zur Stoffeinsparung geschaffen wird.

Vor diesem Hintergrund steht das Konzept der Effizienzrevolution, mittels einer Steigerung der Ressourcenproduktivität die maßlose Stoffökonomie zu drosseln, keineswegs zwangsläufig im Widerspruch zu einer Materialwirtschaft, die auf Wachstum der absoluten Gütermenge bzw. des absoluten Stoffdurchsatzes programmiert ist. Ökonomisch sinnvoll, aber ökologisch fragwürdig ist die marktkompatible Rationalisierungsstrategie des Stoffdurchsatzes jedenfalls dann, wenn - wie zu zeigen ist - die Verringerung des Kapitalaufwandes bei der Beschaffung von Rohstoffen und Energie pro Produktionseinheit verfolgt wird, keineswegs aber eine generelle Begrenzung des absoluten stofflichen Durchsatzes auf möglichst niedrigem Niveau. Oder anders formuliert: Eine betriebswirtschaftlich motivierte Rationalisierung des Energie- und Materialaufwandes pro Produktionseinheit ist nicht zwangsläufig auf eine ökologische Umstellung der Stoff- und Energiewirtschaft zugeschnitten. Überhaupt können die diversen Investitionen des sog. "produktionsintegrierten Umweltschutzes", durch die mittels verfahrenstechnischer Innovationen und verfeinerter Entsorgungstechniken der Materialverbrauch sowie die Emissionen und Produktionsabfälle pro Produkteinheit vermindert werden sollen, durch die mengenmäßige Zunahme der absolut verwerteten Stoffe und hergestellten Produkte unterlaufen, d.h. überkompensiert werden.[41] Der produktspezifische Einsparungseffekt von Stoffen und Energien verpufft dann durch das absolute Wachstum des Warenoutputs, mit anderen Worten: Die ökologischen Ziele werden konterkariert.

Ein Beispiel aus der bisherigen Praxis der Umweltpolitik mag dies verdeutlichen (Meadows/Meadows/Randers 1992, 120f.): Im Zeitraum zwischen 1970 und 1990 wurde in Kalifornien der Schadstoffausstoß pro Fahrzeug um 80-90% reduziert, während zugleich die Zahl der zugelassenen Fahrzeuge um 50% und die Fahrleistung jedes Fahrzeugs um 65% anstieg. Im Zuge eines technologischen Innovationsschubes konnten die Emissionsstandards verschärft werden, so daß auch der Schadstoffausstoß pro Auto reduziert werden konnte. Durch die Entwicklung leistungsfähigerer Motoren wurde nämlich der Benzinverbrauch pro Kilometer gesenkt und damit die Umweltbelastung pro Auto vermindert. Trotz der Fortschritte bei der Fahrzeugtechnik (wie Katalysator und Verbrauchsoptimierung der Motoren) wurde allerdings nicht die Gesamtmenge der absoluten Schadstoffproduktion reduziert: Die relativen Einspareffekte wurden nämlich weitgehend durch steigende Motor- und Fahrleistungen pro Fahrzeug und vor allem durch die zunehmende absolute Zahl der Fahrzeuge (Individualmobilitätsrate) überkompensiert.

Vor dem Hintergrund dieser und ähnlicher Erfahrungen sind die Erfolgsaussichten jener Umweltschutzstrategien, die auf die Reduzierung des Stoff- und Energiedurchsatzes pro Produkteinheit bzw. die Zunahme der Ressourcenproduktivität pro Produkteinheit abzielen, differenzierter zu bewerten. Bei einer absoluten Zunahme der hergestellten Güter können Energie- und Materialeinsparungen pro Produkteinheit schließlich leicht zunichte gemacht werden. Aus diesem Grunde sollte die Ressourcenproduktivität auch nicht ausschließlich im Hinblick auf eine Produkteinheit beurteilt werden, sondern nur in Relation zur globalen Ge-

---

[41] Das Konzept des "produktionsintegrierten Umweltschutzes" ist von der bundesdeutschen Chemieindustrie entwickelt worden und unterscheidet sich etwa vom Ansatz des "produktorientierten Umweltschutzes" des Freiburger Öko-Instituts (stoffliche und energetische "Produktlinienanalyse", "Ökobilanzierung", "ökologische Produktplanung") in grundlegender Hinsicht. Der korrektiv und antizipativ orientierte Ansatz des Öko-Instituts erschöpft sich im Gegensatz zum ersten betriebszentrierten Konzept nicht auf den Einbau von Umwelt- und Entsorgungstechnologien, sondern zielt gemäß dem Risikominimierungsgebot auf die Hinterfragung des gesellschaftlichen und ökologischen Nutzens von Produktionsverfahren *und* Produktpaletten, um den stofflichen und energetischen Durchsatz absolut reduzieren zu können (vgl. Grießhammer/Pfeifer 1992; Henseling 1992, 270ff.).

samtproduktionsmenge *und* der Toleranzschwellen des Ökosystems. Der überproportionale mengenmäßige Anstieg des Warenoutputs kann nämlich rasch in einen erhöhten Stoffumlauf und Energiebedarf einmünden und damit die allgemeine Umweltbelastung weiter vorantreiben.

Die derzeitige exzessive Stoff- und Energieökonomie wird durch die Dynamik spezifischer Marktzwänge in Schwung gebracht: Zum Zwecke der Schließung und des Ausbaus strategischer Marktpositionen streben die einzelnen Unternehmen gegenüber potentiellen oder gegenwärtigen Marktkonkurrenten an, die Stoffumwandlung in vermarktbare Produkte auszuweiten. Es liegt im ökonomischen Überlebenskalkül der jeweiligen Erwerbsunternehmen, ihre strategischen Marktpositionen gegenüber der Marktkonkurrenz zu verbessern. Die Eroberung von neuen Marktanteilen ist oftmals nur möglich, wenn die Produktion ausgeweitet und die Güteroutputmenge erhöht wird. Dies hat allerdings nicht zwangsläufig die Drosselung des absoluten Inputs an zu verarbeitenden Stoffen und Energie zur Folge, sondern ihre Steigerung, wenn die Ressourcenproduktivität konstant bleibt bzw. unterproportional zum zusätzlichen Materialbedarf ansteigt. So betrachtet ist eine Effizienzrevolution im Umgang mit Stoffen und Energie auch nur dann zu erwarten, wenn der vorherrschenden Stoffökonomie politisch legitimierte Höchstgrenzen des Materialumlaufs gesetzt werden. Die *in Bezug auf eine Stoffeinheit gemessene* Ressourcenproduktivität ist somit allein nicht geeignet, den - absolut gesehen - exzessiven stofflichen Durchsatz der modernen Materialwirtschaft zu drosseln.

Der ökologische Wert des Konzepts der Ressourcenproduktivität ist daher daran zu messen, ob es gelingt, den stofflichen und energetischen Durchsatz *absolut* zu senken. Folglich kann als angemessener ökologischer Indikator auch nur die in Relation zur weltweiten Gesamtproduktionsmenge bestimmte Ressourcenproduktivität angesehen werden. Die Bemessungsgrundlage von Ressourcenproduktivität sollte deshalb an absolute Verbrauchs- bzw. Belastungsgrenzen des Ökosystems angekoppelt werden, welche wiederum letztlich nur im Rahmen eines langwierigen Aushandlungsprozesses zwischen den divergenten gesellschaftlichen Interessen *politisch* definierbar sind.

B. Marktrationalität und Risiko

Wie im einzelnen dargestellt, wird aus der Optik der Marktentscheidungen das globale Ökosystem als Entnahmequelle für mineralische Stoffe und energetische Potentiale sowie als Schadstoffsenke für produktive und konsumtive Abfälle beansprucht, ohne daß die entstehenden Nutzungskosten von den monetären Signalen des Marktsystems (Preise) erfaßt und in betriebsökonomische Kostenkalkulationen übertragen werden. Wenn bereits die ökologischen Nutzungskosten, die gegenwärtig anfallen oder erwartbar sind, unberücksichtigt bleiben, ist unter den Restriktionen des Marktes die Antizipation zukünftiger Schädigungen erst recht unwahrscheinlich. Obwohl die Tragfähigkeit der Atmosphäre, der Hydrosphäre und der Biosphäre nicht beliebig hinauszuschieben ist, sind die allgemeinen Umweltindikatoren im Marktgeschehen, welches über die Parameter von Angebot und Nachfrage *selbstreferentiell* gesteuert wird, kaum entscheidungsrelevant.

Die moderne Industrieproduktion ist unhintergehbaren ökologischen Restriktionen unterworfen, die gleichwohl nur um den Preis des Überschreitens der Toleranzgrenzen des ökologischen Systems ignoriert werden können. Problemverschärfend kommt hinzu, daß die in das Ökosystem eingebrachten festen, flüssigen oder gasförmigen Abfälle Kumulationseffekte und Anreicherungsprozesse, Synergismen und Symbiosen auslösen können, die nicht kontrollierbar sind, da sie oftmals nur mit großer zeitlicher Verzögerung wahrnehmbar sind und unabsehbare, nicht-lineare Interaktionen und multiple Rückkopplungseffekte zeitigen, deren Dynamik nicht aus der Ausgangssituation deduziert werden kann (vgl. exemplarisch Bühl 1986). Mit den unübersichtlichen Umweltproblemen der industriellen Entwicklung tritt, wie Ulrich Beck in seiner weithin beachteten Studie zur *Risikogesellschaft* (1986) scharfsinnig diagnostiziert hat, ein historisch neuartiger Typus gesellschaftlicher Selbstgefährdung auf. Die bereits angehäuften Katastrophenpotentiale lassen vermuten, daß irreversible Schädigungen und unberechenbare Instabilitäten im planetaren Ausmaß a priori nicht auszuschließen sind. Wie bereits weiter oben erläutert (Kap. IV.A.2.) ist diese "ökologische Krise" weniger als potentielle Zerstörung von Natur an sich zu kennzeichnen. Vielmehr sind zukünftige *Entwicklungs*chancen menschlicher Gesellschaften in einem grundsätzlichen Sinne durch die Degradation von Umweltfunktionen beeinträchtigt. In den folgenden Abschnitten möchte ich an die vorangegangenen Überlegungen zum Umweltbezug des Marktgeschehens anknüpfen und unter Bezug auf die soziologische Risikothematik die Frage vertiefen, warum zukunftsverträgliche Entscheidungen an das *interne* Relevanzsystem des Marktes kaum anschlußfähig sind.

1. Umweltschäden in Zeitlupe

Es ist unmittelbar evident, daß anthropogene Schädigungen des Ökosystems nicht auf Territorialstaaten oder supranationale politische Allianzen beschränkt bleiben, in aller Regel die durchschnittlich erwartbare Lebenszeit eines Individuums überdauern und in ihren Folgewirkungen nicht vor sozialen Klassen- oder Milieuschranken haltmachen. Die negativen Effekte der Umweltnutzung sind potentiell unbegrenzt. In *sozialer* Hinsicht können Umweltschäden als unspezifische Bedrohungen charakterisiert werden, die *räumlich* betrachtet globale Folgewirkungen auslösen (können) und in *zeitlicher* Hinsicht ein intergeneratives Gefährdungspotential darstellen (Beck 1986; 1988). Luft und Wasser beispielsweise sind weltumspannende Umweltmedien, die sich den segmentären, stratifikatorischen oder funktionalen Ordnungsprinzipien, nach denen Gesellschaften in Kasten und Stände, Gruppen und Verbände, Klassen und Sozialmilieus, Ethnien und Nationalstaaten, Systeme und Subsysteme parzelliert und differenziert werden, systematisch entziehen.

Auch ist die Krise der gesellschaftlichen Naturbearbeitung nicht als singuläres Ereignis zu begreifen. Zwischen Schädigung und Alltag besteht keine Differenz: Die anthropogenen Umweltschäden gehen nicht in der Summe außeralltäglicher - gewissermaßen unwirklicher - "Störfälle" innerhalb geschlossener Technosysteme auf, die den "störungsfreien Normalbetrieb" auf dramatische Weise unterbrechen. Vielmehr haben sich die ökologischen Gefährdungspotentiale unmerklich als "blinde Passagiere" (Beck 1986, 53) in der alltäglichen Normalproduktion und im Normalkonsum der industriellen Produkte eingenistet. Paradoxerweise wird dadurch der geräuschlose Alltag des Industriesystems mehr oder weniger selbst zum Störfall in Kleinformat. Gewissermaßen sind es *ubiquitäre Gefahren des Normalvollzugs* des industriellen Systems, die in Raten zur "routinemäßigen Vergiftung der Biosphäre" (Traube 1987) beitragen, ohne daß zwingend eine *akute* Bedrohung von Gesundheit und Umwelt vorliegen muß.[42]

Exemplarisch läßt sich am Beispiel der modernen Chemieindustrie illustrieren, daß eine zentrale Schadstoffquelle die Endprodukte selbst sind: Die Chlorchemie etwa produziert neben z.T. krebserregenden Vor-, Zwischen- und Arbeitsprodukten zugleich brisante Endprodukte wie Lösungsmittel (Tetra, Chloroform, Per), polychlorierte Biphenyle (PCB), Massenkunststoffe (PVC) und Fluorchlorkohlenwasserstoffe (FCKW). Hieraus schlußfolgert Grießhammer (1993, 79), daß nicht die Kuppelprodukte, die Abfälle und Stoffrückstände der Produktion, sondern die eigentlichen Endprodukte die "größten Emissionen der Chemieindustrie" darstellen. Zudem werden diese Produkte nur vorübergehend als solche genutzt, bevor sie als problematische Konsumtionsabfälle zu "entsorgen" sind. Wie bereits in Kapitel IV.A.2 erörtert, bleiben am langen Ende jeder industriellen Produktionslinie und über den Umweg der kurzzeitigen Produktnutzung immer nur Abfälle übrig, die als Reststoffe und Produktionsrückstände und in noch größerem Umfang als verbrauchte Produkte und dissipative Verluste in die Umweltmedien eingebracht werden. Aber auch der anthropogene Kohlendioxid-Anstieg ("Treib-

---

[42] Zum Problem der schleichenden Dauerbelastung durch langlebige Giftstoffe vgl. Wassermann/Alsen-Hinrichs/Simonis (1990) und Grießhammer (1993). Interessanterweise bemerkt Perrow (1987, 103) in der bereits klassischen organisationssoziologischen Untersuchung zur unvermeidbaren - "normalen" - Störanfälligkeit komplexer technischer Großsysteme, daß die anonyme alltägliche Schädigung der Umwelt weit gravierendere Langzeitfolgen mit sich bringt als jeder außeralltägliche "Systemunfall" einer großtechnischen Anlage.

hauseffekt") und der Ozonabbau ("Ozonloch") in der Lufthülle, die zunehmende Säurebelastung der Luft ("Saurer Regen", "umkippende Gewässer", "Waldsterben"), der verdeckte, kaum merkliche Rückgang der Biodiversität ("Artensterben"), die Schadstoffablagerungen im Nährboden und die Gefährdungen der Grundwasservorräte durch eingebrachte Nitrate, chlorierte Kohlenwasserstoffe und Pestizide wie auch die schleichende Belastung des menschlichen Organismus durch die Anreicherung toxischer Substanzen über die Nahrungskette[43] verdeutlichen, daß die sich auftürmenden Umweltprobleme Gefährdungspotentiale darstellen, die sozusagen in Zeitlupe wirksam werden. Beck (1988, 10) formuliert treffend: "Unfälle sind keine Unfälle mehr, sondern irreversible Schädigungen und Zerstörungen, die zwar einen fixierbaren Anfang, aber kein absehbares Ende haben."[44]

---

[43] Vgl. auch die im menschlichen Körper angereicherten Substanzen wie Dichlor-diphenyltrichlorethan (DDT) und polychlorierte Biphenyle (PCB) im fetthaltigem Gewebe, in den Nervenzellen, Keimdrüsen und der Muttermilch sowie Schwermetalle wie Blei, Cadmium und Quecksilber in der Niere und dem Gehirn. Die pathogenen Wirkungen sind allerdings nach Lebensalter und Nähe zur Gefahrenquelle zu differenzieren. Einen knappen Überblick zu dieser Problematik bieten Heinrich/Hergt (1990, 171ff.). Verschlepptes DDT beispielsweise ist in der Natur weltweit nachgewiesen: im Grönlandeis, am Südpol und in den großen Meerestiefen der Ozeane. Hierbei ist von Bedeutung, daß bestimmte Personenkategorien (Chemiearbeiter etc.) über diese kontinuierlichen Umweltbelastungen hinaus besonderen Gesundheitsrisiken ausgesetzt sind. Hoffmann (1993, 63) weist darauf hin, daß die MAK-Werte (MAK = *M*aximale *A*rbeitsplatz-*K*onzentration), d.h. die innerbetrieblichen Toleranzwerte von Arbeitsstoffen, oftmals um ein vielfaches höher liegen als die entsprechenden außerbetrieblichen Grenzwerte. In jedem Fall werden mit den Konzentrationswerten von Einzelsubstanzen Gefahrenpotentiale nicht erfaßt, die sich aus der Langzeitwirkung von Belastungsstoffen und der Summation, der Ergänzung bzw. Potenzierung der Einwirkung (Gesamtbelastung) ergeben. Der Grenzwertdefinition liegt das Prinzip der Schwellenwerte zugrunde, mit dem eine bestimmte Dosis fixiert wird, unterhalb derer keine nennenswerte Wirkung auf den menschlichen Organismus erwartet wird. Wie Falke (1992, 207) allerdings betont, lassen sich Grenzwerte für krebserregende und erbgutmanipulierende Substanzen prinzipiell nicht angeben. Alle epidemiologischen Untersuchungen deuten ihm zufolge darauf hin, daß bereits kleinste Dosierungen und kurzzeitige Einwirkungen die Krebsentstehung begünstigen können. Dort auch weitere Literaturangaben zur Grenzwerteproblematik.

[44] E.P. Thompson (1981) hat den Begriff des Exterminismus vorgeschlagen, um auf einige charakteristische Tendenzen der Gesellschaften in Ost und West in der Zeit des Kalten Krieges hinzuweisen. Die Politik der atomaren Abschreckung habe ungeahnte Zerstörungsarsenale angehäuft, deren Dynamik relativ unabhängig von bewußten politischen Entscheidungen funktioniere und deshalb auch außerhalb jeder kriminellen Absicht oder Vorausplanung liege. Übertragen auf den hier diskutierten Kontext heißt das: Die atomare Bombe symbolisiert einen *Exterminismus des kurzen Weges*, die "Zeitbombe" der schleichenden Akkumulation von toxischen Stoffen einen *Exterminismus mit langer Latenzzeit*.

Da Umweltschäden weder in räumlicher, zeitlicher noch in sozialer Hinsicht eingrenzbar sind, können sie auch nicht exakt gemessen und quantifiziert werden. Hinsichtlich Umfang und Wirkung sind irreversible Schädigungen des Ökosystems deshalb kaum faßbar und prognostizierbar. In dieser ubiquitären Eigenschaft anthropogener Umweltschäden ist der Grund zu sehen, warum sie nicht "versicherungsfähig" (Beck 1993, 541) sind. Im Falle zeitlich verschobener und räumlich ausgebreiteter Umweltschäden muß die traditionelle Kalkulationsgrundlage von Unwägbarkeiten, das haftungsrechtliche Versicherungsprinzip versagen. Dieses beruht nämlich ganz wesentlich auf dem statistisch errechenbaren und quantifizierbaren Unfallrisiko (Erwartungswert = Schadenshöhe x Unfallwahrscheinlichkeit).[45] Alle Prognosen sind bezüglich der Eintrittswahrscheinlichkeit, der Größe und räumlichen Verteilung der Schädigung und der zeitlichen Folgewirkungen prinzipiell *unsicher*. Deswegen müssen auch die Sicherheitsversprechungen und Rückversicherungsgarantien des indstriegesellschaftlichen "Vorsorgestaates" (Ewald 1993), Schadenskosten monetär bemessen und kompensieren zu können, ins Leere laufen. Im Gegensatz zu den herkömmlichen sozialen Risiken, die als Arbeitslosigkeit, Wohnungslosigkeit oder Einkommensarmut sichtbar werden, können Umweltschäden nicht gegen Geld oder andere kompensatorische Sachleistungen aufgerechnet werden.

Wenn der politische Wille der gesellschaftlichen Akteure und Interessengruppen hypothetisch einmal vorausgesetzt wird, ist die individuelle Entschädigung erlittener Not durch den Leistungstransfer der kollektiven Versicherungsgemeinschaft zumindest potentiell möglich. Demgegenüber können die unkalkulierbaren Auswirkungen der Luftverunreinigung, der Bodenbelastung oder der Freisetzung radioaktiver Stoffe nicht einmal annäherungsweise mittels technischer Meßverfahren bestimmt und die Betroffenen monetär entschädigt werden. Umweltschäden überschreiten die Möglichkeit rationaler Kalkulation; sie lassen sich kaum in Geldgrößen umrechnen. "Die 'Restrisikogesellschaft' ist eine versicherungslose Gesellschaft, deren Versicherungsschutz paradoxerweise mit der Größe der Gefahr abnimmt." (Beck 1989, 5) Sozialstaatliche Institutionen, die die traditionellen Unsicherheiten der Existenzsicherung in sozialtechnologisch handhabbare und regulierbare Risiken verwandeln, indem das "Schicksal" der Armut in eine aktive sozialpolitische Ge-staltungsaufgabe von Arbeitsmarktbeziehungen transformiert wird (Evers/Nowotny 1987), bleiben immer an die Vorstellung des Meßbaren und Kalkulierbaren gebunden. Arbeitslosigkeit oder das Unterschreiten der Mindesteinkommensgrenze kann beispielsweise unzweideutig als Risikofall definiert werden, aus dem wiederum eindeutige, sozialstaatlich verbriefte Rechtsansprüche auf Lohnersatz- oder andere Sozialleistungen ableitbar und einklagbar sind. Un-

---

[45]   Die Grenzen des versicherungsmathematischen Risikokalküls verdeutlicht etwa Kollert (1993) sowohl an der mangelnden Verläßlichkeit von Unfallwahrscheinlichkeitsprognosen der Kernenergie als auch an der prinzipiell unzureichenden Erfassung ihrer Unfallrisiken und Katastrophenschäden.

abhängig von der Frage der kausalen Verursachung und der moralischen Beurteilung ("Schuld") haftet die Gesellschaft in einem begrenzten Umfang für soziale Risiken, denen die individuellen Anbieter auf Arbeitsmärkten sonst mehr oder weniger schutzlos ausgeliefert wären, kurz: Armutsrisiken werden mehr oder weniger als gesellschaftlich produzierte Unsicherheitslagen anerkannt und sozialisiert (Ewald 1993). Das klassische Prinzip des industriellen Wohlfahrtsstaates, der die herkömmlichen Armutsrisiken mit den Mitteln der Sozialplanung und Sozialadministration zu kontrollieren, zu regulieren und zu normalisieren versucht, muß indes bei der politischen Bearbeitung der ökologischen Problematik versagen. Können erstere bürokratisch verwaltet und kanalisiert und zugleich mit den Instrumenten der Sozialpolitik und Sozialfürsorge abgemildert werden, entzieht sich die ökologische Frage den herkömmlichen Bearbeitungsmustern sozialstaatlicher Problembewältigung und privatrechtlicher Haftungssysteme.

2. Zurechnungsprobleme von "Verantwortung"

Aus dem Problem der "exakten" Berechenbarkeit und Kalkulierbarkeit von Umweltschäden folgt zwingend, daß die Verursachungsherde der ökologischen Belastung nur im Ausnahmefall monokausal bestimmten Einzelpersonen, Funktionsgruppen oder Organisationen zugerechnet werden können. Die anthropogenen Verunreinigungen der Lufthülle, der Wasserkreisläufe und der belebten Räume sind oftmals die Folge der engen - zum großen Teil ungeklärten - Wechselwirkung einer ganzen Reihe von primären und sekundären Faktoren und Variablen, die den Degradationsprozeß komplex und häufig kumulativ gestalten. Sicherlich können Industrieproduzenten für Verstöße gegen Umweltschutzgesetze und vorsätzliche Unterlassungen haftbar gemacht werden, wenn etwa die Emissionsstoffe und -mengen bekannt sind. Die unmittelbaren Umweltschäden, die durch eindeutig umschriebene Unfälle oder Unfallserien ausgelöst werden, können vielleicht auch noch annäherungsweise zuverlässig registriert und der Produktionslinie x des Unternehmens y zugerechnet werden. Die weitreichenden Umweltfolgen des Normalbetriebs und des Normalkonsums bleiben allerdings in den meisten Fällen und für lange Zeit dem Wissenschaftssystem und dem Blick der Öffentlichkeit verborgen oder können in ihren synergistischen Destruktionswirkungen nur hypothetisch abgeschätzt werden.[46]

---

[46] Das *latente* Katastrophenpotential der Gentechnologie besteht Perrow (1987, 340ff.) zufolge gerade in unvorhergesehenen und über einen längeren Zeitraum unerkannt gebliebenen Interaktionen zwischen zuvor unverbundenen biologischen Mikrosystemen, die aufgrund ihrer weltweiten Zirkulation unkontrollierbar sind, so daß sogenannte Ökosystem-Unfälle von "buchstäblich epidemischem Charakter" (ebd., 342) nicht *ex-ante* ausgeschlossen werden können. Zur problematischen Abschätzung von Unsi-

Insbesondere die zeitlich gestreckten und räumlich verstreuten Folgewirkungen von Schadstoffemissionen verdecken die möglichen Folgekosten von Marktentscheidungen. Oftmals ist sogar das, was einzelne Einleiter oder Emittenten zu schleichenden Umweltschäden beitragen, gering und vernachlässigbar, während erst die aggregierte Wirkung aller Einleitungen und Emissionen zu gravierenden Umweltbelastungen führt. Das folgende Beispiel kann das Problem der Aggregateffekte verdeutlichen: Die Zuordnung der Luftverunreinigung zu einzelnen Individualhandlungen bzw. konkreten Verursachern ist eine schier unlösbare Aufgabe, wenn man den Ferntransport von Schadstoffen und die Verkehrsemissionen von weltweit ca. 400 Millionen Fahrzeugen (Hauchler 1993, 286) berücksichtigt. Da viele Schadstoffe unterhalb bestimmter Schwellenwerte vom Ökosystem absorbiert oder schrittweise abgebaut werden können, stellt ein und dieselbe Handlung nicht unbedingt umweltschädigendes Verhalten dar; dies kann sich jedoch schlagartig ändern, wenn ab einem bestimmten Zeitpunkt das kritische Belastungslimit überschritten wird und überproportionale bzw. kumulative Schädigungseffekte nicht mehr auszuschließen sind. Zudem ist zu bedenken, daß die Verunreinigung der Umweltmedien Luft und Wasser von einer ganzen Reihe von Abfallstoffen abhängt, die aufeinander in unvorhersehbarer Weise reagieren können. Hierbei sind die auslösenden Faktoren einer zeitlich ausgedehnten chemischen Kettenreaktion kaum zu identifizieren. Weiter wird der Grad der Luft- und Wasserverschmutzung nicht allein von dem Volumen, dem Konzentrationsgrad, dem Aggregatzustand und der chemischen und physikalischen Zusammensetzung der emittierten Stoffe bestimmt, sondern ebenso durch unkalkulierbare Umweltvariablen wie Windgeschwindigkeit und Windrichtung, Bodenbeschaffenheit und Temperaturgefälle, Wasserströmung und Wassertemperatur. Es wäre deswegen auch verkürzt, eine lineare Korrelation zwischen dem nationalen oder regionalen Output an Abfall und Abluft einerseits und der Beeinträchtigung der Umwelt andererseits anzunehmen.[47]

Das soziologisch Interessante am *Problem der rückbindenden Zuschreibung* externer Umwelteffekte an identifizierbare Verursacher ist jedoch weniger mit den unkalkulierbaren Reaktionen des Ökosystems auf anthropogene Belastungen verknüpft, sondern liegt vor allem in der Art und Weise begründet, wie die einzelnen Umweltnutzungsentscheidungen miteinander verbunden sind. Industrielle Übernutzungen der Umwelt sind durch Entscheidungen einzelner Akteure im Sektor der Produktion und Konsumtion bedingt, die jedoch nicht aus der Masse der sie umgebenden Einzel- und Organisationsentscheidungen, die erst einen Gefahrenherd konstituieren, isoliert und herausgefiltert werden können. Umweltgefahren werden gewissermaßen indirekt und ohne das explizite Wissen, Wollen und Mit-

---

cherheitsfaktoren gentechnologischer Verfahren vgl. Grosch/Hampe/Schmidt (1990), Spangenberg (1992, 50ff.) und Bonß/Hohlfeld/Kollek (1992).

[47] Kapp (1988, 35ff.) hat bereits 1950 am Beispiel der "kumulativen Verursachung" der Luftverschmutzung auf diesen Zusammenhang aufmerksam gemacht.

wirken der individuellen oder kollektiven Akteure produziert. Oftmals ist der einzelne Schadstoffproduzent nur ein schwächeres oder stärkeres Glied in einer ganzen Kette von Schadstoffproduzenten. Ein Beispiel: Der anthropogene Treibhauseffekt steht nach derzeitigem Wissensstand im Zusammenhang mit dem Anstieg des Kohlendioxidgehalts in der Erdatmosphäre in den letzten 150 Jahren. Der Anteil der anthropogenen CO_2-Emissionen kann nach Nationalstaaten, Staatengruppen oder Weltregionen (Industrieländer, Entwicklungsländer) aufgeschlüsselt werden, um beispielsweise den nationalen Pro-Kopf-Anteil am globalen "Emissionskuchen" in Relation zur Weltbevölkerung zu errechnen.[48] Auch ist eine Differenzierung in unterschiedliche Verbrauchssektoren (Industrie, Haushalte, Verkehr) hilfreich, welche ihrerseits wiederum in Subsektoren untergliedert werden können (z.B. Verkehr: Bahn, Binnenschiffahrt, Seeschiffahrt, Luftfahrt, Straßenverkehr). Eine weitere Aufgliederung nach unten in Einzelverursacher stößt allerdings schnell an unüberwindbare Grenzen, wenn etwa einzelnen CO_2-Emittenten prozentuale Verantwortlichkeiten zugeschrieben werden sollen. Vergleichbare Zurechnungsprobleme entstehen natürlich auch bei der Frage, welchen individuellen und kollektiven Akteuren die Säurebelastung des Bodens, der Artenrückgang usw. anzulasten sei. Unter diesen Bedingungen sind Verantwortlichkeiten sind im sozialen Raum kaum ortbar und zerfallen gewissermaßen in *Verantwortungsatome*, die sich nur zu leicht den Institutionen der politischen Planung, der bürokratischen Verwaltung und den Zugriffen des Justizapparates entziehen, da ihre Konturen in den schemenhaften Entscheidungslabyrinthen eines anonymen Produktionszusammenhangs zu verschwinden drohen, kurz: Verantwortung implodiert. Außerdem fallen intentionale Handlungen und nichtintendierte Handlungsfolgen zeitlich und räumlich weit auseinander, so daß die Zurechenbarkeit von Umweltschäden auch in dieser Hinsicht an eindeutige Grenzen stößt. Deshalb ist auch die haftungsrechtliche Frage, welche natürliche oder juristische Person "schuldig" ist und für den entstandenen Schaden zur Rechenschaft gezogen werden kann, streng genommen unterkomplex. Bedenkt man zudem mit Luhmann (1991, 203), daß auch das Vor-Sich-Herschieben von Entscheidungen, das passive Sich-Verhalten und tatenlose Zusehen ("Aussitzen") unter bestimmten Umständen Unterlassungen von großer Tragweite darstellen, dann können Nichtentscheidun-

---

[48] Bei Müller/Hennicke (1994, 41) findet sich eine imposante Zusammenstellung: Rund 80 Prozent der globalen Kohlendioxid-Emissionen entfallen auf die Industrieländer, in denen mit 1,3 Milliarden Menschen weniger als ein Viertel der Weltbevölkerung lebt. Die Industrieländer erzeugen fast 85 Prozent der Chlorproduktion, nutzen knapp 75 Prozent der kommerziellen Energie und verfügen über nahezu 80 Prozent aller motorisierten Fahrzeuge. Mit 4,7 Prozent Anteil an der Weltbevölkerung beanspruchen allein die USA über 23 Prozent am globalen kommerziell erzeugten Primärenergiebedarf. Damit ist dieser Bedarf so hoch wie der aller sog. Entwicklungsländer zusammen, wo über 75 Prozent der Menschheit lebt. Und beinahe jedes elfte motorisierte Straßenfahrzeug der Erde ist in der Bundesrepublik zugelassen, das sind fünfmal mehr als auf dem gesamten afrikanischen Kontinent (vgl. auch Hauchler 1993, 279ff.).

gen "unversehens zu Entscheidungen werden, wenn spätere Entscheidungen darauf angewiesen sind".

Die Zuschreibung von Umweltschäden zu bestimmten Entscheidungen, die Identifikation von Einzeltätern, Tätergruppen oder der ihre Entscheidungen exekutierenden "Schreibtischtäter" scheint kaum möglich zu sein. Beck (1986, 43) hat aus diesem Dilemma die Konsequenz gezogen und den Gedanken der Systeminterdependenz eingeführt, um den Fallstricken intentionalistischer Zuschreibungen zu entgehen: Der "hochdifferenzierten Arbeitsteilung entspricht eine allgemeine Komplizenschaft und dieser eine allgemeine Verantwortungslosigkeit. Jeder ist Ursache und Wirkung und damit Nichtursache. Die Ursachen verkrümeln sich in einer allgemeinen Wechselhaftigkeit von Akteuren und Bedingungen, Reaktionen und Gegenreaktionen." Zur Frage der Möglichkeit des Kausalitätsnachweises schlußfolgert Beck apodiktisch: "Der Smog hält nichts vom Verursacherprinzip" (ebd., 52).[49] Auch im Falle der Freisetzung gentechnisch manipulierter Organismen ist weder die präzise Kenntnis möglicher "Nebenfolgen" gegeben noch kann ihr Eintreten in Gegenwart oder Zukunft prognostiziert werden, noch ist ein individueller oder kollektiver Handlungsträger auszumachen, dem diese "Nebenfolgen" als fahrlässiges Handlungsergebnis unilinear angelastet werden können. Nur wenn der seltene Fall eintritt, daß der Schaden von A dem absichtlichen oder fahrlässigen Handeln von B zugeordnet werden kann, sind auch die Entschädigungsansprüche von A gegenüber B rechtlich unzweideutig.[50]

Neben der Verursacherfrage verliert auch der Betroffenenstatus seine scharfen Konturen: Der Kreis der Betroffenen ist kaum zu bestimmen und nur schwer von

---

[49]   Zum Problem der Kausalzuschreibung vgl. Luhmann (1986, 26ff.; 1991, 111ff.), wenn auch mit anderem theoretischen Zuschnitt. Siehe zudem Lau (1989, 423f.). Zum undeutlichen theoretischen Stellenwert des Systemgedankens in der Beckschen Argumentation vgl. weiter unten Kap. IV.B.5.

[50]   Die aus den Unsicherheiten des Kausalnachweises resultierenden Zurechnungsprobleme entstehen selbst im Falle der Produkthaftung, da zwar die im Produkt verborgenen toxischen Stoffe sowie auch der jeweilige Hersteller identifiziert werden können, gleichsam aber die mit der Produktnutzung und -entsorgung verbundene Belastung des ökologischen Systems nicht exakt bestimmt und dem Hersteller in Rechnung gestellt werden kann. Zum Problemkomplex der rechtlichen Haftung sei an Luhmann (1991, 192) erinnert, der bemerkt, daß "aus zahllosen Einzelentscheidungen eine auf sie nicht mehr zurechenbare Gesamtgefährdung" entsteht, die "im strengen Sinne paradox ist, weil sie sowohl zurechenbar als auch nicht zurechenbar ist". Mit den Worten Laus (1989, 424) entsteht ein "paradoxe(s) Verhältnis von persönlicher Verantwortlichkeit und kollektivem Verhängnis". Über die Frage, *welcher* Schaden *wie* definiert wird und *wem* schuldhaftes oder zumindest fahrlässiges Handeln zugeschrieben werden kann, entbrennen erbitterte "Zurechnungskonflikte" (Beck 1993, 537) und "Risikoverteilungskonflikte" (Lau 1989, 429), wobei die divergenten Wert- und Interessenbezüge von entscheidender Bedeutung sind. Allgemein zur soziokulturellen Konstruktion von Risiken und zur Frage der Definitionsmacht vgl. Douglas/Wildavsky (1983), Evers/Novotny (1987), Wolf (1988), Lau (1989) und Krohn/Krücken (1993b).

der Gruppe der Verursacher, die unter Umständen selbst von den produzierten Umweltbelastungen eingeholt werden können, abzugrenzen. Insofern ist auch immer schwieriger auszumachen, wer zum Kreis der Entscheider, der Nutznießer und der Betroffenen von riskanten Entscheidungen gehört.[51] Sicherlich ist einschränkend zu berücksichtigen, daß spezifische ökologische Belastungen als ungleiche Lebenslagenrisiken auftreten, etwa wenn man an hohe Konzentrationen toxischer Gifte in der industriellen Arbeitswelt denkt. Auch können Umweltprobleme zeitlich externalisiert werden. Wie die Altlastenproblematik zeigt, schlummern Gefährdungen zunächst über einen langen Zeitraum, bevor sie als solche erkannt und zum akuten Umweltproblem werden. Die Gruppe der Verursacher ist dadurch nicht zwangsläufig der Gefahr der Umweltübernutzung ausgesetzt, da die Zeitspanne zwischen Umweltnutzung und Umwelteffekten die durchschnittliche Lebenserwartung übertrifft. Neben der zeitlichen Externalisierung können die Gefahrenpotentiale der Abfallentlagerung zudem gezielt räumlich ausgelagert werden ("Mülltourismus"). Auch ist unbestritten, daß die Industrieländer als vorrangige Nutznießer fossiler Energieressourcen die Hauptverursacher globaler klimatologischer Veränderungen sind, während die negativen Klimaauswirkungen insbesondere in den Entwicklungsländern zu erwarten sind.[52] Und schließlich stehen den Ländern der Dritten Welt nicht die entsprechenden finanziellen Ressourcen und technologischen Apparaturen zur Verfügung, um notwendige Reparatur- und Sanierungsmaßnahmen durchzuführen. Diese und andere Aspekte deuten zumindest darauf hin, daß insbesondere die Frage der *Kostenaufbringung* für notwendige Umweltreparaturmaßnahmen nach dem klassischen Muster des ökonomischen Verteilungskonflikts beantwortet wird.

Gleichwohl sind Umweltschäden ein Problem von weltgesellschaftlicher Bedeutung. Am Beispiel der gesundheitlichen Gefahren des "Sommersmogs", der globalen Luftverunreinigungen, des "Ozonlochs", der radioaktiven Strahlenbelastung des "Fall-Outs" usw. kann vor Augen geführt werden, daß *potentiell* alle Individuen ohne Ansehen der Person und der sozialen Lebenslage in die Wirkungsketten der ökologischen Schädigung eingebunden sind. Aufgrund der ihnen immanenten Globalisierungstendenz produzieren ubiquitäre Umweltbelastungen einen "Bumerang-Effekt" (Beck, 1986, 48ff.), dem sich die Verursacher kaum entziehen können, die deshalb auch tendenziell auf eine Gefährdungsstufe mit den Betroffenen und Geschädigten gestellt werden. Die sozial indifferente Gefahrenverteilung tendiert daher auch zu einer *Gleichheit der Ungleichen*. Die Egalisie-

---

[51] Das Betroffensein wird indifferent und damit universell. Vgl. Becks (1986, 48) bereits klassische Formulierung: "Not ist hierarchisch, Smog ist demokratisch". Ähnlich Luhmann (1991, 120f.): Die "Betroffenen sind eine amorphe Masse", die "weder abgrenzbar noch organisierbar" sei.

[52] Z.B. ungewöhnliche Hurrikane in der Karibik und Zyklone im Pazifik, Flutkatastrophen in Bangladesch oder vermehrte Wüstenbildung, Bodenerosion und Flächendegradierung auf dem afrikanischen Kontinent (vgl. Müller/Hennicke (1994, 33, 40ff.).

rung von Betroffenheit kann zuweilen sogar so weit reichen, daß zukünftige Gesellschaften von den ökologischen Fernwirkungen gegenwärtiger Umweltschäden betroffen werden können. Mit anderen Worten: Globale Umweltbeeinträchtigungen sind zeitlich kontingent. Sie entfalten ihre aktuellen Schädigungswirkungen potentiell erst in der Zukunft, da zwischen dem Zeitpunkt der Verursachung und des Schadenseintritts Jahre und Jahrzehnte vergehen können.[53] Vor dem Hintergrund dieser und anderer Aspekte gewinnt auch die Bemerkung von Luhmann in *Soziologie des Risikos* (1991, 21) Bedeutung, daß alle Entscheidungen und insbesondere die hochgradig riskanten Entscheidungen in komplexen Gesellschaften Ereignisse darstellen, mit denen man "Zeit bindet".

3. Risikorationalität des Marktes

Der Markt ist, wie Walzer (1992, 166) hervorhebt, eine "Sphäre der Konkurrenz, in der das Risiko allgemein ist" und eine "Sphäre des Wettbewerbs, in der man gewinnen und verlieren kann". In der ökonomischen Sphäre treffen unzählige Erwerbsbetriebe unter den internationalen Konkurrenzbedingungen des Weltmarktes täglich und stündlich mehr oder weniger weitreichende Entscheidungen und Nichtentscheidungen über Forschungs- und Entwicklungtätigkeiten, Investitionsvorhaben, Produktinnovationen, Produktionsprogramme, Marketing- und Vermögensanlagestrategien. Diese Entscheidungen, die immer *Entscheidungen unter*

---

[53]   Zur zeitlich verzögerten Schadenswirksamkeit vgl. das Beispiel der Fluorchlorkohlenwasserstoffe (FCKW): Erst ca. 15 Jahre nach ihrer Freisetzung beginnen die FCKW, die sogenannten "Ozonkiller", ihr Zerstörungswerk in der Stratosphäre. Nach den Berechnungen von Gaber/Natsch (1988, 68) sind von den insgesamt 22 Mio. t FCKW, die zwischen 1932 und 1988 produziert wurden, erst 7 Mio. t in die Ozonschicht gelangt, wobei lediglich etwa eine Tonne abgebaut worden ist. Weitere 12 Mio. t FCKW sind noch auf dem Weg zur Ozonschicht; und ca. 3 Mio. t sind noch auf der Erde in Schäumen, Autoklimaanlagen, Kühlschränken etc. gebunden. FCKW-Moleküle sind obendrein chemisch stabil und wirken in der Ozonschicht noch mindestens ein Jahrhundert lang weiter. Die Verweildauer von FCKW 11 in der Atmosphäre beträgt 65-75 Jahre, von FCKW 12 100-140 Jahre. Ebenso haben Treibhausgase eine lange Verweildauer in der Atmosphäre (CO_2 bis zu 120, CH_4 10, N_2O 150 Jahre) (Meadows/Meadows/Randers 1992, 177ff.). Auch polychlorierte Verbindungen - beispielsweise das Ultragift Dioxin - verweilen lange im Boden, weil sie von den Pflanzen schwer aufgenommen werden. Erst recht sind Mutationen aufgrund erhöhter Strahlenbelastung frühestens in der nächsten Generation erkennbar, können aber auch erst viele Generationen später phänotypisch auftreten, wenn der Zusammenhang mit einer Strahlendosis nicht mehr nachweisbar ist. Vgl. neben den biologischen Halbwertszeiten toxischer Stoffe auch die physikalischen Halbwertszeiten radioaktiver Stoffe: z.B. Plutonium über 24.000 Jahre.

Unsicherheit sind, sind eingebettet in das Netzwerk global operierender Banken mit enormen Kapitalbasen, die Kredite vergeben oder verweigern, Geldanleger und Investoren beraten, Investitionen steuern und ökonomische Projekte weltweit in allen möglichen Industrie-, Handels- und Servicebranchen finanzieren. Die Entscheidungslage miteinander konkurrierender Güteranbieter wird weiter kompliziert, da in unüberschaubar vielen Privathaushalten marktrelevante Entscheidungen und Nichtentscheidungen getroffen werden, dieses oder jenes Gut zu kaufen oder nicht zu kaufen, Kredite aufzunehmen oder nicht aufzunehmen. Der transnationale Weltmarkt ist, so schlußfolgern Narr/Schubert (1994, 24) als "überschaubarer Raum, der notwendigerweise begrenzt sein muß, nicht mehr zu fassen. Der hektische Wettlauf um zukunftsträchtige Innovationen, von der Arbeitsorganisation über den produktiv-technologischen Apparat bis zum Marketing und der Werbung findet mit regionalen Schwerpunkten überall statt. Sein Ergebnis schlägt entsprechend überall durch. Dieser Markt ohne Marktplatz um den Globus kreisend läßt sich selbst von den direkt beteiligten Akteuren nicht präzise durchschauen. Er findet im Helldunkel statt." Der Weltmarkt und das hochkomplexe Zusammenwirken seiner Faktoren wird "faßlich, unfaßlich als Widerspruch: als eine nichtinstitutionalisierte Institution" (ebd.). Vor diesem Hintergrund sind die zahllosen Entscheidungen der beteiligten Erwerbsbetriebe allein schon deswegen *riskant*, weil sie bei hoher Gegenwarts- und Zukunftsunsicherheit getroffen werden: Diese Unsicherheit betrifft das ganze Set von Marktdaten, die die Marktchancen der wirtschaftlichen Akteure maßgeblich bestimmen, aber kaum durch isolierte Einzelentscheidungen zum eigenen Vorteil korrigiert oder zumindest beeinflußt werden können. Die Unsicherheit von Entscheidungen ist etwa auf die unhintergehbare mangelnde Informiertheit über alle relevanten Marktdaten und Marktlagen, Nachfrage- und Angebotsbewegungen zurückzuführen. Konjunkturelle und saisonale Zyklen, Markttrends und Absatzchancen sowie die Preisbewegungen auf Rohstoff-, Güter-, Arbeits-, Kredit- und Devisenmärkten können kaum vorhergesagt werden. Diese handfesten Informationsdefizite dementieren bereits jede überzogene Rationalitätsunterstellung und machen es schlicht unmöglich, das Verhalten der konkurrierenden Anbieter oder umworbenen Nachfrager unter Bedingungen eines expansiven und eng vernetzten Weltmarktes vorausschauend zu antizipieren.

Gleichwohl versuchen die wirtschaftlichen Akteure unentwegt, die grundsätzliche Unsicherheit über den Erfolg des Handelns zu rationalisieren. Dies geschieht dadurch, daß mit Hilfe der formalen Geldrationalität Kosten- und Gewinnrechnungen möglicher Optionen aufgestellt und mit denen durchsetzbarer Alternativoptionen verglichen werden. Investitionsvorhaben werden - wenn irgendwie möglich - hinsichtlich der Marktchancen abgewogen und auf unterschiedliche Anlageobjekte und Marktsegmente gestreut, um Marktrisiken kalkulierbarer zu machen. Das Eingehen unternehmerischer Risiken wird wiederum mit lukrativen Absatzchancen und Konkurrenzvorteilen belohnt oder im Falle des Scheiterns mit dem Verlust von Absatzchancen und dem Entzug von Marktpositionen negativ sanktioniert. Metaphorisch gesprochen sind riskante Entscheidungen das dynamische Lebenselixier des Marktgeschehens.

Genauer betrachtet begünstigen die individuell nicht kontrollierbaren Entscheidungsparameter des Marktkontextes eine spezifische, einzelwirtschaftliche *Risikorationalität*, welche weder als Minimierung noch als Maximierung von Unsicherheiten im allgemeinen Sinne zu begreifen ist, sondern durch spezifische *Risikopräferenzen* charakterisiert werden kann. Der marktspezifische Referenzhorizont, die betriebsökonomische Rentabilität, erzwingt gewissermaßen die Minimierung von Investitions- oder Kreditrisiken, indem erwartbare bzw. vermutete Kosten-Ertrags-Relationen für Einzelprodukte, Fertigungsverfahren, Investitionsvorhaben etc. ermittelt werden. Wirtschaftsorganisationen sind allein schon im Hinblick auf ihre Bestandssicherung und ihre Wettbewerbschancen daran interessiert, betriebsinterne Produktionsunsicherheiten und betriebsexterne Absatzunsicherheiten in ihre Entscheidungsprogramme einfließen zu lassen, während die ökologischen Folgekosten der industriellen Güterproduktion durch Abflußrohr und Schornstein, Sondermülldeponie und Warenrampe nach Möglichkeit externalisiert werden. Selbst die Schadstoffbelastungen am Arbeitsplatz können mittels des Arbeiterkörpers durch das Werkstor aus dem betrieblichen Verantwortungsbereich ausgelagert werden.[54] Aus der Sicht der Unternehmung stellen vorbeu-

---

[54] "Externe Kosten" sind nach der Theorie des britischen Volkswirtschaftlers Arthur Cecil Pigou (1877 bis 1959) *monetarisierbare* Schäden, denen Individuen und die Umwelt ausgesetzt werden, ohne daß sie in die Kalkulation der Produzenten und Verbraucher eingehen. Zur Abwälzung von Produktions- und Folgekosten auf Dritte (bzw. auf Umwelt und Gesellschaft) als Kostenträger vgl. besonders auch Kapp (1988). Leipert (1989a, 89ff.) hat das Konzept der externalisierten Sozialkosten von Kapp in zweifacher Hinsicht erweitert. *Erstens* erstrecken sich negative Effekte nicht nur auf die Produktionsseite, sondern fallen in gleichen Teilen auf die Konsumtionsseite (Lebensstil) an; *zweitens* sind Kostenfaktoren, die in die Kostenkalkulation eines Erwerbsbetriebes eingehen, auch weiterhin mit negativen Folgewirkungen behaftet. Deshalb greift die Internalisierungsforderung der neoklassischen Wirtschaftstheorie auch zu kurz: Schließlich werden die negativen Umwelteffekte der Güterkonsumtion ausgeblendet. Zudem büßen die internalisierten Kostenelemente, genauer: diejenigen Kosten, die auf den eigentlichen Schadstoffproduzenten abgewälzt würden, nichts von ihrer ökologischen Brisanz ein. Bedenkt man zudem mit Matthies (1992, 70), daß auch zwischen monetarisierbaren (Sanierungs-, Reparaturmaßnahmen, staatliche Kompensationsleistungen) und nicht-monetarisierbaren Kosten (Gesundheitsbeeinträchtigungen, Krankheiten, irreparable Naturzerstörungen) zu unterscheiden ist, werden die Grenzen quantitativer Kostenbemessung überdeutlich. Während erstere im Falle staatlicher Ordnungs- und Steuerpolitik (Umweltstandards, Ge- und Verbote, Abgabenpolitik, Ökosteuern) dem kapitalistischen Erwerbsbetrieb zumindest teilweise in Rechnung gestellt werden können, können letztere schon aus sachlichen Gründen keiner betriebswirtschaftlichen Bilanz aufgezwungen werden. Wie beispielsweise Thomasberger (1993, 47) betont, ist die neoklassische Theorie der Internalisierung externer Kosten insofern problematisch, da unterstellt wird, daß externe Kosten "quantitativ mit

gende oder nachsorgende Arbeits- und Umweltschutzmaßnahmen einen zusätzlichen Kostenfaktor dar, der nicht die Produktivität der Arbeit und die Zirkulationsgeschwindigkeit des investierten Geldkapitals, wohl aber die Summe des vorgeschossenen Geld- oder Anlagenkapitals erhöht. Schließlich erscheinen alle monetären Kosten - Lohnkosten, Abschreibungssatz, Kosten für Rohstoffe und Hilfsmittel, Entsorgungskosten etc. - vollständig als Produktionskosten, die betriebsökonomisch nicht unterschlagen werden können. Die Rentabilität eines Erwerbsbetriebes wird nicht zuletzt davon abhängen, ob es gelingt, diese Produktionskosten in Relation zu konkurrierenden Anbietern möglichst gering zu halten oder auf Dritte kostenneutral abzuwälzen. Im Streben um die Senkung der Herstellungskosten entsteht somit ein Kostensenkungswettlauf nach innen (Rationalisierung der Arbeit, Steigerung der Arbeitsproduktivität) und nach außen (Umweltschutzkosten, Kosten für Arbeitslosigkeit) (Hoffmann/Mückenberger 1992, 12). Mit anderen Worten tendieren die wirtschaftlichen Akteure zu einer *marktinternen Risikowahrnehmung* einerseits und zu einer *marktexternen Risikovergessenheit* andererseits. Dies gilt übrigens auch dann, wenn das politische System von außen in den ökonomischen Prozeß interveniert, um etwa die Marktpreise für mineralische Ressourcen nach oben zu korrigieren (Steuerrecht), oder um bestimmte Umweltmindeststandards zu erzwingen bzw. Produktionsverfahren oder ganze Produktpaletten zu verbieten (Ordnungsrecht). Im Geltungsbereich des Marktes scheint es jedenfalls durchaus ratsam, Umweltprobleme solange als "Restrisiken" zu vernachlässigen, wie sie nicht "spürbar" werden, d.h. den unmittelbaren Produktionsprozeß tangieren und den Absatz der hergestellten Güter in entscheidender Weise schmälern.[55]

Das marktinterne Risikokalkül folgt ganz wesentlich einer spezifischen Entscheidungsrationalität, der zufolge aus einer Vielzahl möglicher Entscheidungen jene ausgewählt werden, die Gewinn- und Absatzchancen erwartbar machen und zugleich das unternehmerische Investitionsrisiko möglichst begrenzen. Im Ratio-

---

genügender Präzision gemessen und dem jeweiligen Verursacher zugeordnet werden können". Das Konzept der Reinternalisierung externer Kosten thematisiert darüber hinaus lediglich die Art und Weise der *Zurechnung von Kosten*, nicht aber die Frage der Begrenzung der Kosten*ursachen*. Damit wird die entscheidende Frage der Limitierung der absoluten Stoff- und Energietransformation zugunsten der Korrektur der Preisgestaltung ausgeblendet.

[55]   Der relative Qualitätsverlust der Umweltmedien wird durch den betrieblich größeren Kostenvorteil (Verzicht auf Filteranlagen) überdeckt, solange die ökologischen Folgeschäden nicht zu einer existentiellen Bedrohung heranreifen. Hardin (1968) hat bekanntermaßen diesen Zusammenhang als "tragedy of the commons" bezeichnet: Der individuelle Nutzungszuwachs bleibt exklusiv bzw. ungeteilt, während sich die Verminderung der Umweltqualität auf alle Benutzer gleichermaßen verteilt und oft erst längerfristig sichtbar wird. Die dauerhafte Sicherung öffentlicher Güter wird nur soweit betrieben, wie der individuell abschöpfbare Wert des Ertrages dieses Aufwandes, der dem Aufwender zugute komme, dem Wert des Aufwandes mindestens entspricht.

nalitätsfall orientiert sich das marktinduzierte Entscheidungshandeln am strikten Rentabilitätsprinzip des Erwerbsbetriebes. Dies erscheint wiederum nur möglich, wenn zumindest alle naheliegenden Handlungsoptionen relational bewertet, genauer: monetär berechnet und miteinander verglichen werden können. Eine formal rationale Kostenkalkulation ist ohne eine halbwegs zuverlässige Kenntnis der erwartbaren Arbeits-, Material- und Energiekosten sowie der Markttrends kaum möglich. Riskante Marktentscheidungen auf gesicherter Grundlage zu kalkulieren, hieße, einen halbwegs verläßlichen Erwartungswert aus Nutzen und Kosten einer Kapitalinvestition errechnen zu können. Im Marktgeschehen ist dies trotz prinzipiell unvollständiger Marktinformationen und der hohen Wahrscheinlichkeit, allerhöchstens suboptimale Entscheidungen treffen zu können, zumindest annäherungsweise zu unterstellen.

Im Entscheidungshorizont der betriebsfixierten Risikokalkulation können produktionsbedingte Umweltgefahren durchaus vernachlässigt werden. Die Resonanz des ökonomischen Systems auf ökologische Problemlagen endet üblicherweise dort, wo ökologische Folgekosten, die bei der Produktion, der Distribution, der Konsumtion und der Entsorgung eines Gutes anfallen, nicht als ökonomische Kosten kalkuliert werden müssen. Die Erfolgskontrolle marktökonomischer Entscheidungen drückt sich einzig und allein in Geldeinheiten aus, wobei jede Zahlungsentscheidung auf der Folie der Rentabilitätserwartung der zu leistenden Zahlung bewertet wird. In diesem Zusammenhang ist es nur allzu verständlich, daß Informationen über den Zustand ökologischer Systeme immer nur dann operationalisierbar sind, wenn sie in ökonomische Indikatoren wie Preise, Gewinne und Kosten übersetzt werden müssen. In jedem Falle werden die physischen Grundlagen und Folgewirkungen ökonomischen Handelns nicht in einen umfasseneren Zusammenhang gestellt, etwa in Form von Energie- und Stoffbilanzen, um die Stoffströme zu quantifizieren, die bei der Herstellung, Distribution, Konsumtion und Entsorgung eines Gutes auftreten. Der ökonomische Erfolg oder Mißerfolg von Marktentscheidungen wird monetär bilanziert. Hingegen besitzen die physischen Folgewirkungen des Tuns oder Unterlassens zumindest solange keinen ökonomisch relevanten Aussagewert wie sie nicht als Kostenbelastung auftreten und bewertet werden müssen. Informationen über die Regenerationsfähigkeit des Ökosystems bleiben im Marktgeschehen selbst dann unthematisiert, wenn mit Hilfe wissenschaftlicher Methoden und technologischer Verfahren der Mikrokosmos der Moleküle, Atome und Gene nach marktfähigen Ressourcen intensiv abgesucht wird. Wie Altvater (1992a, 242) treffend bemerkt, verschwindet die "'sphärische Gebundenheit' des Produzierens und Konsumierens" aus dem Beobachtungsvisier des ökonomischen Rentabilitätskalküls.[56]

---

[56] Die einzelwirtschaftliche Externalisierungsstrategie kann natürlich nur dann gelingen, wenn das externalisierte Problem nicht sofort zurückschlägt. Es reicht aus naheliegenden Gründen nämlich nicht aus, einen toxischen Stoff in *unmittelbarer* Nähe der Produktionshalle zu lagern (Giegel 1992, 27).

Dieser eingeschränkte Wahrnehmungsradius hat damit zu tun, daß Preise lediglich *interne* Parameter des ökonomischen Systems darstellen, die Art und Umfang der wirtschaftlichen Nutzung ökologischer Ressourcen bestimmen. Marktpreise fungieren als systeminterne Knappheitsmesser und informieren über *ökonomische* Knappheit - und dies allerdings nur, wenn die Preisbildung wirklich frei ist -, während sie im Hinblick auf das Nutzungstempo und den Erschöpfungsgrad der globalen Ressourcenbasis[57] kaum aussagekräftig sind. Der Knappheitsindikator Preis ist insofern paradox, als er physische Endlichkeiten nicht als Knappheiten wahrnehmen und in die Sprache des ökonomischen Systems übersetzen kann. Genauer formuliert ist der Knappheitsindikator des ökonomischen Systems nicht von den Nutzungs- oder Kapazitätsgrenzen des ökologischen Systems her bestimmt, sondern hängt von der aktuellen Verfügbarkeit marktfähiger Güter ab und verweist auf ihre Nützlichkeit für den Nachfrager. Knappe Naturressourcen werden erst dann als solche begriffen, wenn sie aufgrund hoher Beschaffungskosten im ökonomischen System nur begrenzt verfügbar sind. Knappheit ist im Marktgeschehen somit nicht mit physischer Ressourcenknappheit zu verwechseln, sondern kann nur *relativ*, d.h. im Hinblick auf die jeweils angebotene und nachgefragte Menge an Marktgütern definiert werden, die z.T. erheblichen saisonalen, zyklischen oder anderen Schwankungen unterworfen ist.[58] Die Verwendung von Rohstoffen sowie die Nutzung von Energie ist folglich nur in dem Sinne als planvoll und sparsam zu bezeichnen, wie die Aussicht besteht, die Herstellungskosten zu minimieren. Kurzum, ökonomische Knappheit existiert unabhängig davon, ob Naturressourcen als physisch knapp wahrgenommen werden oder nicht. Ein vergleichsweise geringer Preis für physisch knappe Ressourcen stellt für ein Unternehmen deswegen auch einen massiven Anreiz dar, diese Ressourcen ausgiebiger zu nutzen, als dies bei einem Knappheitspreis für die Inanspruchnahme von Umweltleistungen der Fall wäre. Eine weniger exzessive Nutzung endlicher Ressourcen wäre hingegen erst dann zu erwarten, wenn der Marktpreis im

---

[57] *Absolut* sind endliche Ressourcen, da die wirtschaftlich ausbeutbaren Ressourcenbestände mengenmäßig quantifizierbar sind; *relativ* sind sie, da der Verbrauchszeitraum der noch verfügbaren Ressourcenbestände von dem Nutzungstempo und den Substitutionsmöglichkeiten (Ersatzstoffe) abhängt. Wie Leipert (1989b, 30) betont, können "nachwachsende" Ressourcen knapper sein als endliche Vorräte an energetischen und mineralischen Ressourcen, wenn ihre Nutzungsrate die natürliche Reproduktionsrate übersteigt. Ein Beispiel: Ausmaß und Tempo der Entwaldung in den Tropen nehmen raschere Formen an als der weltweite Abbau der Steinkohlevorräte (vgl. Hauchler (1993, 305ff., 319).

[58] Vgl. Bendixen (1991, 64), der ökonomische Knappheit als *relative* definiert, die "keine Eigenschaft von Dingen ist, sondern aus der sozialen Beziehung zwischen Besitzenden und Begehrenden begründet wird, zwischen denen sich Tauschhandlungen anbahnen lassen." Nach Luhmann (1988, 177) kann sogar von Knappheit im strengen Sinne immer erst dann gesprochen werden, wenn Knappheit als Beschränkung von Handlungschancen *sozial* wahrgenommen wird.

Sinne eines ökologisch-nachhaltigen Ressourcenmanagements *politisch* korrigiert würde. Solange für den einzelnen Erwerbsbetrieb keine Notwendigkeit besteht, die Kosten der Ressoucennutzung zu monetarisieren, erscheint es auch ratsam, diese selbst nicht zu beachten.[59]

Den marktinternen Operationen haftet ein immanenter "Zwang zur Leichtfertigkeit" (Luhmann 1991, 199) gegenüber externen Entscheidungseffekten an. Das selbstreferentielle Selektionskriterium marktrationaler Problemlösungsstrategien ist der zu erwartende unternehmerische Erfolg, dem alle anderen Erwägungen zum Opfer fallen müssen: Kostenfaktoren und Markterwartungen bestimmen das Maß betriebswirtschaftlicher Relevanz, während die Zeitdifferenz zwischen riskanter Entscheidung und Schadenseintritt unreflektiert bleiben muß. Schließlich ist der Zeithorizont eines privaten Erwerbsbetriebs anders strukturiert als der biologischer Systeme. Von der lokalen Emission toxischer Substanzen bis hin zur kumulativen Wirkung im ökologischen System vergehen oftmals Zeiträume, die dem rentabilitätsorientierten Umgang mit Zeit unzugänglich bleiben. Diese Langzeitfolgen können durch die "extreme Kurzsichtigkeit" (ebd., 130) der marktbezogenen Entscheidungen nicht erfaßt werden und sind obendrein monetär kaum noch auf zahllose Einzelentscheidungen zurechenbar. Hinzu kommt, daß die konkrete Schadenshöhe wie auch die Eintrittswahrscheinlichkeit des Schadens vielfach ungewiß ist deswegen auch nur unzureichend prognostiziert werden kann. Anreicherungsprozesse von Pestiziden über Nahrungsmittelketten (Schadstoffkreisläufe) oder die Schadenspotentiale chlorierter Kohlenwasserstoffe, die eine Vielzahl synergistischer Wirkungen auslösen, sind hier exemplarisch anzuführen (vgl. Kap. IV.B.1). Darüber hinaus werden produktionsinduzierte Schadstoffquellen (Emittierung von toxischen Kuppelprodukten *am* Herstellungsort) eher ins einzelwirtschaftliche Entscheidungskalkül gezogen als Endprodukte, die mitsamt ihren problematischen Substanzen auf Gütermärkten an Dritte verkauft werden. Schließlich reichen diese produktbezogenen Schadstoffquellen aus dem unmittelbaren betrieblichen Verantwortungsbereich heraus und werden in ganzer Breite erst im individualisierten Konsum sichtbar. Selbst wenn ein "guter Wille" hypothetisch vorausgesetzt würde, können im Marktprozeß nicht die komplexen Folgekosten berücksichtigt werden, da diese erst aus dem Zusammenwirken und der Interferenz der Einzelentscheidungen anfallen und vom Marktakteur zum Zeitpunkt der Entscheidung gar nicht erkannt werden können.

Die betriebsfixierte Risikorationalität schlägt sich schließlich auch in gewisser Weise auf die Bewertung, die Entwicklungsrichtung und den Einsatz technologischer Systeme nieder. Die wirtschaftlichen Akteure erhoffen sich nämlich einen strategischen Kostenvorteil gegenüber konkurrierenden Marktanbietern (Marktführerschaft), wenn die durchschnittliche Arbeitsproduktivität durch den Einsatz

---

[59] Preise, die nach Weizsäcker (1992, 141) "die volle wirtschaftliche und ökologische Wahrheit sagen", ergeben sich *nicht* über den Markt, sondern sind nur politisch einzuführen.

effizienterer Technologien entscheidend erhöht werden kann. Der Zwang zum Kostenwettlauf gegenüber der transnationalen Marktkonkurrenz beschleunigt den allgemeinen technologischen Forschungs- und Innovationsprozeß und stimuliert die Erfindung neuer Produkttypen, und zwar unabhängig davon, ob diese Entwicklungen als ökologisch nachhaltig oder kontraproduktiv zu bewerten sind. Vor allem kommt den sogenannten Schlüssel- oder Zukunftstechnologien eine besondere strategische Bedeutung bei der Eroberung neuer Marktsektoren und dem Ausbau von Systemführerschaften zu: Zu nennen sind hier die Industriezweige der Bio- und Gentechnologie, der Computer- und Kommunikationstechnologie, der chemischen und Pharmaindustrie, der Kraftfahrzeugbau und die Luft- und Raumfahrt. Von den Wettbewerbsbedingungen transnationaler Märkte hängt in gewisser Weise auch die strategische Ausrichtung der Technikentwicklung, die Auswahl des Technikeinsatzes oder die Frage ab, wie rasch technologische Innovationen das experimentelle Laborstadium verlassen und zur praktischen Anwendung und kommerziellen Nutzung kommen (vgl. Giegel 1987; Narr/Schubert 1994).[60]

4. Riskante Entscheidungen als Systemzwang

In den vorangegangenen Abschnitten wurden die Befunde zum Verhältnis von Markt und Rationalität (Kap. II.A und II.B) wieder aufgenommen und auf die Umweltproblematik übertragen. Hierbei sollten die Grenzen einer handlungstheoretischen Konzeption deutlich geworden sein: Riskante Entscheidungen, die auf intentional handelnde Akteure zurückverweisen, sind von riskanten Entscheidungen zu differenzieren, die von Systemparametern eingerahmt sind, welche auf der Ebene individueller Akteure nicht kontrollierbar sind. Hinzu kommt, daß die negativen Umwelteffekte riskanter Entscheidungen personal nicht zurechenbar sind, da sie hinsichtlich der Verursachung außerhalb des Entscheidungshorizonts der Akteure angesiedelt sind. Da Einzelhandlungen kaum in einen ursächlichen Zusammenhang zur ökologischen Degradation gestellt werden können, sind zweck-

---

[60] Bonß (1990, 200) diagnostiziert eine immer intensivere Verkopplung von Forschung, Entwicklung und Anwendung, die letztlich auf die "Ökonomisierung der Erkenntnisproduktion" verweise. Selbstverständlich folgen die unternehmerischen Entscheidungen über neue Technologien nie dem idealtypischen Modell einer antizipativen Kosten-Nutzen-Rechnung, sondern sie sind immer Entscheidungen unter Unsicherheit. Exemplarisch sind zeitraubende und aufwendige Forschungs- und Entwicklungstätigkeiten anzuführen, die oftmals einem kaum kalkulierbaren und kostenverschlingenden "Verwertungsrisiko" (Rammert 1992, 11) ausgesetzt sind. Da sich die investierten Forschungsmittel nicht automatisch in Form von markttauglichen Produkten auszahlen müssen, spricht Bonß (1990, 200) deswegen auch treffend von einer "Ökonomisierung unter der Bedingung von Unsicherheit".

rational oder wertrational motivierte Handlungen im Weberschen Sinne bei der Frage nach der Produktion derartiger Umweltschäden durchaus zu vernachlässigen. Bereits aus der Zurechnungsproblematik anthropogener Umweltschäden und dem zeit-räumlichen Auseinandertreten von Handlung und Handlungseffekt (vgl. Kap. IV.B.1 und IV.B.2) ergeben sich zwingend die Grenzen der handlungstheoretischen Konzepte, extensive Umweltnutzungsformen lediglich als Resultat zielgerichteten Handelns oder fahrlässigen Risikoverhaltens verständlich machen können. Insofern kann auch eine handlungstheoretische Reformulierung der Risikothematik kaum überzeugen.

Die Schwierigkeiten, die sich ergeben, wenn industriell erzeugte Umweltschäden dem Willen individueller oder kollektiver Subjekte zugeschrieben werden, sind evident. Damit erübrigt sich gleichwohl keineswegs die Frage nach der *gesellschaftlichen* Produktion der ökologischen Gefährdungslagen. Im folgenden ist deshalb die Aufmerksamkeit nochmals auf jene systemisch produzierten Risikoentscheidungen zu richten, die unter Marktbedingungen getroffen werden. Systemisch können diese riskanten Entscheidungen insofern bezeichnet werden, als die selbstlaufenden Mechanismen des Marktes sie unablässig hervorbringen, aber weder marktintern angemessene Signale zur Wahrnehmung von negativen Umwelteffekten verfügbar sind noch Instrumente bereitstehen, mit denen alle internen und externen Entscheidungskosten annähernd abgeschätzt und die ökonomischen Tätigkeiten einer ökologischen Erfolgskontrolle unterzogen werden können (Kap. IV.A.4 und IV.B.3). Der sich selbst verstärkende Systemkomplex des Marktes steht im Nacken der individuellen oder kollektiven Akteure und greift durch ihre Überlegungen und Erwartungen, Entscheidungen und Handlungen hindurch. Die im Diskursfeld des französischen Poststrukturalismus entwickelte Formel von der "Dezentrierung des Subjekts" (Foucault) findet ihren vehementesten Fürsprecher in den dezentrierten Strukturen des modernen Marktgeschehens. Dieses dementiert entschieden jede ungebundene Handlungssouveränität einzelner Akteure und jede bewußte, auf zwanglose, vernünftige Verständigung und kollektive Willensbildung beruhende Ordnung. Aus diesem Grunde ist das Verhältnis zwischen Markt und Umwelt auch nicht als bewußte Vergesellschaftung, sondern *subjektlos* organisiert, etwa über das anonyme Spiel von Angebot und Nachfrage. Der Markt ist immun gegenüber dem immensen Problemdruck von Umweltschädigungen, da er nur auf *Preis*signale reagiert, die ökonomische Knappheit anzeigen, nicht aber auf *Umwelt*signale, die über maximale Verarbeitungskapazitäten und absolut verfügbare Ressourcenbestände des Ökosystems informieren. Marktpreise für erschöpfliche Ressourcen können beispielsweise deren Begrenztheit nicht erfassen, weil sie lediglich auf die durchschnittliche Arbeitsproduktivität bzw. auf die Preise für Arbeit, Geld und Material Bezug nehmen und zudem von den jeweiligen Angebots- und Nachfrageschwankungen beeinflußt werden, aber in keiner erkennbaren Relation zu den noch - ökonomisch lukrativ - abbaubaren Ressourcenvorräten stehen. Ein aktuelles Marktüberangebot von Rohstoffen hat sogar den entgegengesetzten Effekt: Die Preise werden gesenkt, der Verbrauch angeheizt, die Fördermenge hochgeschraubt und damit die absolute Nutzungsdauer verkürzt.

Um mögliche Mißverständnisse auszuräumen, sei an dieser Stelle an die Unhintergehbarkeit von Risiken im Hinblick auf ungewisse Entscheidungsfolgen erinnert. Da menschliches Wissen über komplexe Naturzusammenhänge höchst unvollständig und lückenhaft ist, ist auch *jedes* Handeln mit dem Risiko unerwünschter Handlungsfolgen und Rückkopplungen behaftet. Nie ist mit letzter Gewißheit abschätzbar, was geschehen kann, wenn Erwartungen in Entscheidungen und Entscheidungen in Handlungen umgesetzt werden, noch kann antizipiert werden, welche Gefährdungen eintreten, wenn andere Gefahren vermieden, Probleme "ausgesessen", Entscheidungen in undurchsichtigen Situationen vertagt werden oder einfach nicht gehandelt wird. *Alle* Entscheidungen stehen unter dem Vorbehalt begrenzten Wissens, das immer korrekturbedürftig ist. Der Horizont des Wissens verschiebt sich unentwegt, indem bisherige Annahmen verworfen, neue Erkenntnisse erschlossen und neue Paradigmen entwickelt werden. Umweltgefahren können zudem immer nur ausschnitthaft und perspektivisch wahrgenommen werden, da subjektive Komponenten und Ermessenskriterien in die Definition und Berechnung eingehen, um Erwartungssicherheiten im Hinblick auf mögliche Ereignisse aufbauen zu können (Douglas/Wildavsky 1983). Und schließlich sind die verfügbaren Informationen über mögliche Umweltschädigungen auch deswegen defizitär, weil sie von gesellschaftlichen Machtverhältnissen und Interessenkonstellationen eingefärbt werden. Wie Luhmann gegenüber überzogenen Rationalitätsunterstellungen wiederholt herausgestellt hat, wächst insbesondere in modernen Gesellschaften mit der Zunahme von Handlungsoptionen und der Steigerung von Komplexität die irreduzible Ungewißheit möglicher Handlungsfolgen. Individuelle und kollektive Akteure müssen sich angesichts der unabsehbaren Fülle möglicher Optionen notgedrungen auf kontingente Entscheidungen einlassen bzw. stehen unter riskantem Selektionszwang. Japp (1992, 34) schließt an diese Grundüberlegung Luhmanns zur Kontingenzproblematik an: "Wenn Kommunikationen/Handlungen/Entscheidungen von irreduziblen Möglichkeitsüberschüssen begleitet wer-den, dann ist bereits in diese Grundausstattung moderner Gesellschaften der Zwang zum Sicheinlassen auf Risiken eingebaut."[61]

Risiken können noch nicht einmal umgangen werden, wenn Entscheidungen vermieden werden. Rapoport (1988, 128) betont mit Blick auf die grundsätzliche Zweideutigkeit von Risiken: Das "mit jeder Handlung verbundene Risiko wird immer von einem komplementären Risiko begleitet, vom Risiko des Nichtstuns". Absolute Sicherheit ist selbst im Falle des Nichthandelns undenkbar, da die Fol-

---

[61] Das Prinzip der Versicherung und die Ausbildung des modernen Vorsorge- und Wohlfahrtsstaates (Ewald 1993) sind die vorherrschende Antwort auf das Problem, mit Kontingenz und Unsicherheit umzugehen. Wie weiter oben erörtert (Kap. IV.B.2), stößt diese Strategie der Versicherbarkeit jedoch im Zeichen der ökologischen Problematik an eindeutige Grenzen.

gen unterlassener Entscheidungen ungewiß sind. Die Entscheidung, sich nicht festlegen zu wollen und deshalb auf eindeutige Handlungen zu verzichten, um mögliche Alternativen offenzuhalten, ist bereits riskant, wenn dadurch bestimmte Chancen, die sich aufgrund getroffener Entscheidungen eröffnen würden, ausgelassen werden. Obendrein reagieren eingelebte Handlungsroutinen schwerfällig und träge und nur mit einiger Verzögerung auf unerwartete Ereignisse. Insbesondere das Erkennen und Bewerten von Umweltschäden ist stets ein langwieriger Prozeß, der vielfältigen Unwägbarkeiten ausgesetzt ist. Die Absenz von Risiken würde einen Zustand vollkommener Informiertheit über Gegenwart und Zukunft voraussetzen oder einen Zustand absoluter Entscheidungslosigkeit erfordern. Vor diesem Hintergrund ist es nicht weiter erläuterungsbedürftig, daß risikofreie Entscheidungssituationen theoretisch und praktisch undenkbar sind.

Keine Umweltgefährdung kann mit Sicherheit ausgeschlossen werden: Ungewißheit ist im Hinblick auf die Umwelteffekte menschlicher Handlungen *irreduzibel*, so daß die kritische Grenze ökologischer Pufferkapazitäten auch nicht exakt bestimmbar ist. Anthropogene Umweltschäden sind bereits aus der Antike überliefert, als für den römischen Schiffsbau die Waldbestände des Mittelmeerraums dezimiert wurden, und zwar um den Preis der Verkarstung und Ausdörrung weiter Landstriche. Die Lüneburger Heide ist ein Ergebnis unbedachter Rodungen in der Zeit des Mittelalters, als Brennmaterial zur Feuerung der Salzsiedekessel in großen Mengen benötigt wurde. Hillebrecht (1987) berichtet über den steigenden Holzbedarf für das Berg- und Hüttenwesen im Mittelalter, der eine Übernutzung des Waldbestandes und eine *regionale* Energieverknappung zur Folge hatte. Wie diese und andere historische Befunde der Umweltforschung (vgl. exemplarisch Brüggemeier/Rommelsspacher 1987; Calließ/Rüsen/Striegnitz 1989) zeigen, ist die vollständige Kenntnis aller Entscheidungsfolgen schlicht unmöglich. Dies ist nicht zuletzt auch schon deshalb ausgeschlossen, weil hochkomplexe Gesellschaften der Moderne, wie Luhmann hervorhebt, durch kein zentrales Entscheidungszentrum repräsentiert werden, welches alle wesentlichen Handlungen vorausschauend plant, koordiniert und kontrolliert.

Die stets selektive Beobachtung des komplexen Ökosystems und die Unsicherheit hinsichtlich dessen, was global möglich und verträglich ist, wird gerade dann aber zu einem grundsätzlichen Problem, wenn die relative ökologische Unwissenheit vom Entscheidungshorizont einzelner Akteure auf den Systemkontext des Marktes transferiert und damit *objektiviert* und *generalisiert* wird. Anders formuliert schlagen zweckrationale Handlungen auf der Systemebene des Marktes in systemrationale Operationen um, die die naturalen Umweltbedingungen nach Gesichtspunkten marktinterner Relevanzstrukturen bewerten. Ökologisch unbedachtes Verhalten, fahrlässiges Handeln oder ausweichendes Nichthandeln einzelner Akteure ist nicht von Nutzen, möglicherweise aber gerade noch tolerabel oder kompensierbar. Anders verhält es sich, wenn die über Märkte erzwungenen Entscheidungen auf die verfügbaren Informationen über den Zustand des Ökosystems keinen Bezug nehmen. Diese riskanten Entscheidungen sind systemisch produziert, da sie nicht auf individuelle Motivlagen, Präferenzen und Handlungspläne rekurrieren, sondern auf die Entscheidungsparameter des Marktes, auf die durch Preise, Preisdifferentiale, Preisbewegungen etc. gesetzten Marktdaten. Kurz: Der ökologische Informationsmangel der Marktpreise ist systeminduziert. Die Akteure nehmen externe Umweltinformationen nach Maßgabe der Imperative von Angebot und Nachfrage nur selektiv auf. Hingegen sind die in Erfahrungen und Routinen, Bibliotheken und Datenbanken aufbewahrten und zirkulierenden Wissensbestände über die Folgen unkontrollierter Umweltnutzungen sowie das akkumulierte Wissen über diesbezügliche Wissenslücken kaum entscheidungsrelevant. Der Operationsmodus des Marktes besitzt keinen system*internen* Resonanzboden, der die Entscheidungskalküle und Erfolgserwartungen der Marktakteure auf ökologische Nachhaltigkeit umstellt. Wie weiter oben ausgeführt wurde, sind die physischen Bestandsgrößen des Ökosystems als solche im Marktgeschehen nur schwer operationalisierbar.

Folgt man diesen Überlegungen, dann liegt es auf der Hand, daß ökologische Gefährdungen nicht als Folge individueller Leichtsinnigkeit und Risikobereitschaft, Unwissenheit und Lernunfähigkeit zu fassen sind noch als Ergebnis krimineller oder selbstdestruktiver Neigungen verständlich werden.[62] Die Minimierung globaler Gefährdungspotentiale bedarf deshalb auch weit mehr als der individuellen Einsicht des Ausgeliefertseins an das physische Umfeld ("Umweltbewußtsein") und der Entschlossenheit der sozialen Akteure ("Umdenken"). Mit dem abstrakten Konzept einer regulativen Umweltethik und dem Appell an eine asketische Umweltmoral ("Verzicht") verhält es sich nämlich genauso wie mit allen anderen wertrationalen Motiven: Moralische Imperative werden ohne Ansehen ihrer Programmatik und der Reputation ihrer Sprecher im Getriebe des Marktgeschehens neutralisiert.[63] Selbst wenn einzelne Marktproduzenten auf die Fertigung

---

[62] In dieser Perspektive scheinen auch philosophisch-anthropologische Spekulationen gesellschaftstheoretisch unergiebig, die in Anlehnung an Hobbes, Nietzsche und Freud die ökologische Selbstzerstörungstendenz der "triebhaft bedingten Natur im Menschen" (Rosenmayr 1989, 28) zurechnen und eine "Fehlanpassung" der menschlichen Zivilisation an die allgemeinen Umweltbedingungen nahelegen. Die soziologisch interessante Frage nach den Modi der Vergesellschaftung von Natur wird damit ausgeblendet.

[63] Genau genommen reproduziert das unterkomplexe Bild des "Umweltsünders" - und spiegelbildlich das des "Umweltengels" - auf problematische Weise das Paradigma der personalen Verantwortlichkeit, da letztlich ein sich selbst bestimmender Entscheider vorausgesetzt wird, der strukturell ungebunden ist und souveräne Entscheidungen fällt. Hinter dem vermeintlichen Umweltsünder steht nur allzu oft eine unregulierte Systemrationalität des Marktes, die nach dem Prinzip der Verdrängungskonkurrenz funktioniert und den "profitsüchtigen Umweltsünder" in seinen Marktentscheidungen weitreichend anleitet. Zur Inkompatibilität von Markt und Moralcode vgl. Kap. II.A. Zur Idee des "Umdenkens" siehe exemplarisch Gore (1992, 51), für den der Schlüssel zur Bewältigung der ökologischen Krise primär in einem "neuen Denken" liegt.

umweltproblematischer Produkte verzichten würden, ist anzunehmen, daß unverzüglich andere Anbieter in die verwaiste Angebotsnische treten würden, wenn die Nachfrage ungebrochen anhielte. Die durchaus vorhandene individuelle und gesellschaftliche Erkenntnisfähigkeit wird jedenfalls nur zu oft systematisch von den Markterfordernissen unterminiert, die vom Axiom der nationalen und internationalen Konkurrenzfähigkeit ("Standort Deutschland") diktiert werden und dem Muster der Verdrängungskonkurrenz folgen. Das Insistieren auf eine ökologisch erweiterte "kommunikative Rationalität" (Habermas 1981) stößt jedenfalls dann schnell an unüberwindbare Grenzen, wenn auf die politische Implementierung geeigneter Steuerungsinstrumente (Ökosteuern, Umweltzertifikate, Joint Implementation) verzichtet wird, die allerdings, wenn sie Erfolg versprechen sollen, die "Form der Anregung und Motivierung zur Selbständerung annehmen müssen" (Willke 1987, 167).

In diesem Zusammenhang ist nochmals an Luhmanns Skepsis zu erinnern, Risiken auf Entscheidungen nach dem Schema von Ursache und Wirkung kausal zurechnen zu können, wenn diese in einem komplexen Interaktions- und Wirkungsfeld mit weiten Zeithorizonten getroffen werden. In *Soziologie des Risikos* (1991, 128) formuliert er: "Im Horizont des Entscheidens kommt es (...) unausweichlich zur Unterscheidung von beabsichtigten und unbeabsichtigten Folgen oder, in etwas anderem Zuschnitt, von Zwecken und indisponiblen Beschränkungen." Und weiter heißt es: "Je komplexer ein Entscheider seinen Kausalkontext zu berechnen versucht, desto wichtiger werden die unbeabsichtigten gegenüber den beabsichtigten Folgen und die Beschränkungen gegenüber den Zwecken." (Ebd., 128f.) Schon aufgrund dieser "indisponiblen Beschränkungen" können Umweltschädigungen nicht auf einzelne Unternehmensentscheidungen rückprojiziert werden. Vielmehr verweisen diese Beschränkungen darauf, daß ökologisch riskante Entscheidungen im ökonomischen System gerade dann *strukturell* belohnt werden, wenn etwa die Nachfrage nach "neuen" Produkten angeheizt, die Outputmenge erhöht, die Güterpreise konkurrierender Anbieter unterboten und die Umlaufzeiten der zirkulierenden Kapitaleinlagen beschleunigt werden.

Hieraus folgt, daß die strukturellen Voraussetzungen von ökonomischen Entscheidungen oder Nichtentscheidungen letztlich außerhalb der Erwerbsbetriebe angesiedelt sind. Aufsichtsräte, Management und Beraterstäbe streben danach, sich nur "richtig", d.h. marktkonform zu verhalten, wenn eine Entscheidung für oder gegen ein Investitionsvorhaben, eine Produktinnovation oder eine Verfahrenstechnik gefällt wird. "Die Entscheidung gegen den Markt kann dann nur heißen: die Entscheidung für den Bankrott." (Becker 1987, 145) Erfolgreiche Marktpro-duzenten nutzen lediglich die sich bietenden Absatzchancen und Konkurrenzvorteile, um ihre Marktinteressen zu wahren. Den Einzelentscheidungen sind *entscheidungsauslösende* Marktdaten vorgegeben, die den betrieblichen Entscheidungshorizont abstecken. Bildlich gesprochen wirken diese strukturellen Entscheidungsgrenzen wie eine Glocke, die den Marktakteuren übergestülpt ist und deren Blick auf außerökonomische Problemlagen erheblich trübt. In diesem

Sinne ist auch die berühmte Marxsche Rede (1983a, 100) von den "ökonomischen Charaktermasken der Personen", die "nur die Personifikationen der ökonomischen Verhältnisse sind, als deren Träger sie sich gegenübertreten", alles andere als historisch überholt. Im Rücken der Entscheidungen stehen keine allmächtigen Unternehmensmanager, sondern spezifische Marktkonstellationen, Absatzentwicklungen, Anlageerwartungen, Kapitalrenditen, Konkurrenzlagen usw. Wenn hingegen die Verantwortung für Umweltschäden kausal bestimmten Entscheidungsträgern zugeschrieben wird, wird übersehen, daß im Marktgeschehen auch jene Erwartungen und Entscheidungen ökonomisch *honoriert* werden, die von marktexternen Beobachtern als ökologisch riskant bewertet werden.

Um diesen Zusammenhang abschließend illustrieren zu können, ist hypothetisch eine nichtmonopolitische Marktsituation anzunehmen, wobei die Entscheidungen der Nachfrageseite aus Gründen der Überschaubarkeit außer Acht gelassen und nur die Anbieterseite betrachtet werden soll: Die Entscheidung des Anbieters A, das Produkt a bei spezifischen Stückkosten in einer Produktionsmenge von 100 herzustellen und zum Marktpreis von 99 DM anzubieten, ist immer schon mehr oder weniger eingezwängt in die Entscheidung des konkurrierenden Anbieters B, der ein vergleichbares Produkt zu vergleichbaren Konditionen bereits herstellt und zum gleichen Preis anbietet. B reagiert wiederum mit seiner Entscheidung auf die des Konkurrenzanbieters C. Verfolgt man diese Kette von Entscheidungen, in der Entscheidungen auf Entscheidungen, Entscheidungen auf Nichtentscheidungen, Nichtentscheidungen auf Entscheidungen, Nichtentscheidungen auf Nichtentscheidungen, Entscheidungen auf Entscheidungen auf Entscheidungen usw. getroffen werden, dann verliert man sich rasch im Entscheidungsdickicht einer komplexen Nachfrage- und Angebotssituation, in der wiederum Bezug genommen wird auf Entscheidungen und Nichtentscheidungen, die auf Rohstoffmärkten, Arbeitsmärkten, Geld- und Kreditmärkten usw. gefällt werden und die Entscheidungen der Anbieter A, B und C beeinflussen. Verallgemeinert folgt daraus: Entscheidungen werden von den jeweiligen Marktdaten und Marktlagen präjudiziert; sie sind Bestandteile einer Figuration von Handlungsbedingungen und Entscheidungsvoraussetzungen, die spinnennetzartig die Handlungsräume in den einzelnen Marktsegmenten einengen oder umschließen. Insofern handelt es sich auch in diesem Falle um einen Typus von Entscheidungen, deren Nebenfolgen zu Faktoren aggregieren, die "weiteres Entscheiden wie eine Kettenreaktion" (Luhmann 1991, 203) nach sich ziehen. Den Marktentscheidungen liegt hinsichtlich der Orientierung an Marktdaten eine *reaktive* Entscheidungsstruktur zugrunde, auch wenn einschränkend sicherlich zu bedenken ist, daß oftmals Entscheidungen nur dann Erfolg versprechen, wenn sie - wie z.B. im Falle des raschen Ausnutzens einer Marktlücke - ein hohes Maß an Innovationsoffenheit, Risikobereitschaft und Entscheidungsflexibilität aufbringen.

Diese Überlegungen können folgendermaßen zusammengefaßt werden: Die unzureichenden und trägen Reaktionsmöglichkeiten des Marktgeschehens auf ökologische Selbstgefährdungen liegen in dem Dilemma begründet, nur bei Strafe des Untergangs marktexterne Kriterien in die marktinterne Entscheidungsfindung einfließen zu lassen. Wie in Kapitel II bereits erörtert wurde, mündet die formelle Rationalität des Marktes in einen gesellschaftlichen Zusammenhang ein, dessen Reproduktion vom bewußten Wollen und Tun abgelöst wird: mit der Folge, daß *an die Stelle direkter Willensverhältnisse der handelnden Marktsubjekte die indirekte Willensbestimmung durch die Systemzwänge des Marktgeschehens treten.* Entscheidungen, die dem Kriterium der „ökologischen Nachhaltigkeit" entsprechen, sind jedenfalls immer dann strukturell benachteiligt, wenn diese quer zum Leitwert der Markteffizienz stehen oder dem betriebsökonomischen Kalkül zuwiderlaufen, eine möglichst hohe Rendite auf das eingesetzte Kapital zu erzielen. So wie dem modernen Produktionsarbeiter allenfalls die Freiheit bleibt, zu entscheiden, ob er überhaupt arbeiten will und wenn ja, dann unter den Bedingungen des modernen Arbeitsmarktes, bleibt dem Erwerbsbetrieb oftmals nur die Chance zur Verteidigung und zum Ausbau einer Marktposition, wenn zusätzliche Kostenbelastungen nach Möglichkeit externalisiert werden. Ob ökologisch riskante Entscheidungen willentlich oder nicht willentlich getroffen werden, ist aus der Binnenperspektive des Marktes unerheblich, der die Externalisierung ökologischer Kosten prämiert und ihre freiwillige Internalisierung durch Entzug zukünftiger Absatzchancen ohne Ansehen der Person und der Umstände umgehend bestraft. Allemal setzen sich diejenigen Operationen und Kalküle durch, die auf den selbstreferentiellen Marktmechanismus von Angebot und Nachfrage zugeschnitten sind. Kurzum, dieser Rationalitätsmodus ist *im* Marktgeschehen alternativlos.

5. Exkurs zu Ulrich Becks "Risikogesellschaft"

Ulrich Becks *Risikogesellschaft* (1986) sowie die Folgestudie *Gegengifte* (1988) haben die soziologische Zeitdiagnostik in der Bundesrepublik nachhaltig beeinflußt. Neben dem breit diskutierten Individualisierungstheorem, auf das in Kapitel V noch zurückzukommen sein wird, ist die Resonanz, die diese Arbeiten in der Fach- und Medienöffentlichkeit gefunden hat, zu einem wesentlichen Teil darauf zurückzuführen, daß Beck die Absenz der ökologischen Thematik in den Sozialwissenschaften (vgl. Kap. IV.A.1) aufzubrechen versucht, indem er sie in den Mittelpunkt der soziologischen Gegenwartsanalyse rückt und auf die tiefgreifenden Transformationsprozesse in den westlichen Industriegesellschaften bezieht. In *Risikogesellschaft* und *Gegengifte* ist die Absicht unverkennbar, die Erklärungsreichweite der traditionellen soziologischen Analyse vor dem Hintergrund der ökologischen Frage zu überprüfen und sie für neue gesellschaftliche Problemlagen zu sensibilisieren bzw. zu öffnen. Deshalb ist es auch das unbestrittene Verdienst von Beck, die soziologische Gesellschaftsdiagnostik mit neuen Deutungsangeboten und Themenfeldern konfrontiert und damit unter erheblichen Innovationsdruck gestellt zu haben.

Die Attraktivität des soziologischen Panoramas der modernen Gesellschaft, das Beck entwirft, verdankt sich in weiten Teilen einer wissenssoziologisch informierten *Phänomenologie der ökologischen Krise.* Wie keinem anderen Vertreter der Gegenwartssoziologie gelingt es ihm, die wissenschaftliche Bemäntelung ökologischer Gefährdungen, die oftmals als vernachlässigbare Restrisken apostrophiert werden, offenzulegen, die Sicherheitsversprechen der politischen und administrativen Apparate zu hinterfragen, die semantische Verarbeitung ökologisch-technologischer Bedrohungen zu beschreiben oder etwa den schleichenden Kontroll- und Machtverlust der Institutionen des industriellen Wohlfahrtsstaates im Hinblick auf die Bewältigung ökologischer Probleme zu thematisieren. Hingegen sucht man in der *Risikogesellschaft* eine ausgearbeitete Theorie des Risikos vergeblich. Die gelegentlich eingestreuten gesellschaftstheoretischen Überlegungen zum Begriff der Risikogesellschaft bleiben in ihren Konturen auf eigentümliche Weise unscharf und blaß. Joas (1988, 2) etwa hat die unpräzise Verwendung des Begriffs der Risikogesellschaft kritisiert, der lediglich "wie eine theoretisch entwickelte Kategorie behandelt" werde: "Theoretische Bestimmung des Wesens der 'Risikogesellschaft' und empirische Aufzählung ihrer Phänomene gehen verwirrend durcheinander." Beck (1988, 9) beschreibt eindringlich die Selbstbedrohungspotentiale gegenwärtiger Gesellschaften und bebildert die "Gefahren der technischen Hochzivilisation". Die gesellschaftstheoretisch aufschlußreiche Frage nach dem Treibmittel der Produktion von Umweltschäden wird jedoch nur am Rande angesprochen und kaum zusammenhängend diskutiert, so daß auch die strukturellen Voraussetzungen, die das Vabanquespiel moderner Gesellschaften fördern bzw. anheizen, auf eigentümliche Weise unterbelichtet bleiben. Im folgenden möchte ich kurz skizzieren, daß Becks Ausführungen zur Risikothematik in theoretischer Hinsicht gerade deswegen unbefriedigend bleiben, weil das *gesellschaftliche Profil* der Produktion moderner Umweltschädigungen mehr oder weniger unbeobachtet bleibt.

Bonß (1991) sieht die begrifflichen Unschärfen der *Risikogesellschaft* darin begründet, daß der Risikobegriff soziologisch kaum entfaltet werde. Beck verzichte weitgehend darauf, die Risikothematik "in Terms sozialen Handelns" (ebd., 260) zu erörtern. Risiken würden nicht als spezifischer Typus von Handlungen unter Bedingungen prinzipieller Unsicherheit erörtert, wobei das bewußte Einlassen auf riskante Entscheidungen ein bestimmtes modernes Selbstverständnis und die Fähigkeit zur Dekontextualität und Abstraktion voraussetze. Vielmehr sei die Behandlung der Risikothematik auf riskante Großtechnologien zugeschnitten und letztlich auf technikinduzierte Gefährdungslagen deduzierbar. Bei Beck erschienen Risiken lediglich als "technische Gefährdungen, die gesellschaftlich nur in dem Maße relevant werden, als sie mit sozialen Auswirkungen verknüpft sind" (ebd.). Beck (z.B. 1988, 120ff.) grenzt die schleichenden Gefährdungen der atomaren, chemischen und Genindustrie einerseits von vormodernen Bedrohungen

(Naturkatastrophen, Pest) und andererseits von den klassischen Risiken der Industriegesellschaft (Arbeits- und Verkehrsunfälle) ab, streicht die Definitionsabhängigkeit von Risiken heraus, betrachtet die räumliche, zeitliche und soziale Streuung der Umweltschädigungen in differenzierter Weise, betont ihre mangelnde Versicherungsfähigkeit und die Zurechnungsproblematik (vgl. Kap. IV.B.1. und IV.B.2.). Gleichwohl wird nicht stringent zwischen unterschiedlichen Risikotypen auf der Mikro- und Makroebene unterschieden. Die Bedeutung der Risikokategorie für eine soziologische Gesellschaftstheorie kann m.E. jedoch nur dann abgeschätzt werden, wenn die Bezüge sowohl auf der *Handlungsebene* als auch auf der *Organisations-* oder *Systemebene* in systematischer Weise freigelegt werden.[64] Genauer ist zu fragen: Bezieht sich der Risikobegriff auf "freiwillige" bzw. "unfreiwillige" Entscheidungen, auf beabsichtigte bzw. unbeabsichtigte Effekte von Entscheidungen oder auf ein komplexes Organisations- oder Systemmilieu, in das diese Entscheidungen strukturell eingebettet sind? In welchem Verhältnis steht der Risikobegriff zum soziologischen Handlungs- und Systembegriff? Wie stellt sich die Rationalitätsproblematik sozialer Handlungen unter unüberschaubaren, kontingenten und deshalb unsicheren Umweltbedingungen dar? Welche Bedeutung kommt dem Risikobegriff zu, wenn die gesellschaftlichen Umweltbezüge weder durch personal zurechenbare und "zweckrational" kalkulierte Pläne und Entscheidungen noch durch schlichtes Unsicherheitshandeln angesichts überkomplexer Entscheidungssituationen und unabsehbarer Entscheidungsfolgen hergestellt werden, sondern zu einem erheblichen Teil durch produktive und konsumtive Tätigkeiten, welche in das systemische, von den einzelnen Akteuren unkontrollierte Marktgeschehen eingeschlossen sind? Beck lehnt mit stichhaltigen Argumenten eine subjektzentrierte Betrachtung der Risikoproblematik moderner Gesellschaften ab und führt konsequenterweise ökologische Gefährdungslagen nicht auf entscheidungsbedingtes Risikohandeln einzelner Akteure zurück. Gleichwohl nimmt er auf theoretischer Ebene keine trennscharfe Differenzierung zwischen intentionalen, entscheidungsbedingten *Handlungsrisiken* einerseits und personal nicht zurechenbaren, strukturell produzierten *Systemrisiken* andererseits vor. Dies läßt vermuten, daß deshalb auch die soziologisch interessante Fragestellung nach der *gesellschaftlichen* Konstitution von Risikoentscheidungen vernachlässigt wird. Erst im Anschluß hieran wäre zu entscheiden, ob moderne Gesellschaften in Terms der "Risikogesellschaft" oder "Gefahrengesellschaft" zu fassen sind.[65]

---

[64]   Am Beispiel großtechnologischer Systeme hat bereits Perrow (1984) einfache Risikohandlungen von komplexen Risikoorganisationen unterschieden. Zum Forschungstand der Risikoproblematik großer technischer Systeme vgl. Braun/Joerges (1994).

[65]   Vgl. in diesem Zusammenhang auch Bonß (1991, 260), der unter Bezug auf Luhmanns Unterscheidung Risiko/Gefahr (1990b; 1991) und im Anschluß an Japp (1989, 5) vorschlägt, die Becksche Zeitdiagnose nicht unter dem Begriff der Risikogesellschaft, sondern unter dem der "Risikofolgengesellschaft" oder "Gefahrengesellschaft" zu subsumieren. Auf Bonß' Vorschlag, zwischen Gefahren "erster" und "zweiter Ordnung" (1991, 264ff.) zu unterscheiden, kann in diesem Zusammenhang nicht einge-

Mit diesen Einwänden ist auch der zentrale Kern der Beckschen Überlegungen berührt. Die Risikoproblematik wird von Beck (1986, 72) explizit wissenssoziologisch gewendet und an die klassische Technokratiethese angeschlossen. Mit der Formel, daß die Umweltvorsorge nach dem 'Stand von Wissenschaft und Technik' zu treffen sei, werde, so konstatiert Beck, die Kontrolle technologischer Risiken an das 'sachverständige' Personal der Techniker und Naturwissenschaftler selbst delegiert. Der korporatistischen Elite der Ingenieure, Physiker, Chemiker, Mediziner und Molekularbiologen werde damit in Fragen der Sicherheit und Technikkontrolle ein "Blankoscheck für politische Grundsatzentscheidungen ausgestellt" (1988, 191). Die Sachverständigen und Gutachter seien nämlich in die Lage versetzt, Macht und Einfluß zu ihren Gunsten zu verschieben, indem sie Grenzwerte definieren, Verhaltensrichtlinien empfehlen und Normalitätsstandards präjudizieren, während ihre Sachentscheidungen vom politischen System nur noch abgesegnet, vom bürokratischen Apparat durchgesetzt und vom Rechtssystem sanktioniert würden. So betrachtet wird die Gesellschaft abhängig vom asymmetrisch verteilten Monopolwissen einer verselbständigten Expertenkaste, die außerhalb der Reichweite politischer Legitimation und öffentlicher Kontrolle in der vorstaatlichen Grauzone der technisch-ökonomischen "Subpolitik" (Beck 1986, 300ff.) weitreichende, die Gestaltung und Entwicklung der Gesellschaft betreffende Entscheidungen vollziehe: "Die demokratischen Institutionen unterschreiben sozusagen ihre eigene Kapitulationsurkunde und treten im Glanze ihrer formalen Zuständigkeit die Macht in Sicherheitsfragen an die 'technokratische Nebenregierung' ständisch organisierter Gruppen ab. Die Formel 'Stand der Technik' kommt insofern einem impliziten Ermächtigungsgesetz gleich. Regierung, Parlament und Jurisprudenz entmachten sich selbst und werden in dem Maße, in dem Technikfolgen mehr als alle Gesetzesvorhaben die Gesellschaft verändern und die Tagesordnung der Politik bestimmen, zu Zweigniederlassungen, Ausführungsorganen, bloßen Rechtfertigungsgehilfen der mit dem Zepter des 'Sachverstands' und dem Talar 'technischer Notwendigkeiten' eigentlich regierender Gutachter und Ingenieursverbände." (Ebd., 191f.)

Wie Dörre (1991, 236) in einer instruktiven Kritik der wissenssoziologischen Grundlegung der *Risikogesellschaft* bemerkt, verlege Beck damit den "Ort der Gefahrenerzeugung schwerpunktmäßig ins Wissenssystem, in die Sphäre der Forschung, Entwicklung und Risikokalkulationen. Er betont die Definitionsabhängigkeit der Risiken, stellt heraus, daß Gefahren im Wissen vergrößert oder verkleinert werden können". Folgt man diesen Einwänden, so wird einsichtig, daß Beck die Risikogesellschaft gewissermaßen als Regime der Risiko*definition* charakterisiert, gleichzeitig aber darauf verzichtet, die systemischen Bedingungen

---

gangen werden. Siehe demgegenüber aber auch Becks (1988, 120ff; 1989) differenziertere Verwendung der Begriffe Risiko und Gefahr, die sich von einer Begriffskonfusion in der *Risikogesellschaft* wohltuend abhebt.

riskanter Entscheidungen eingehend zu erörtern.[66] Breuer (1991, 230) sieht in der risikosoziologisch zugeschnittenen Technokratiethese eine "Fortsetzung oder gar Erweiterung des alten Modells der rationalen Herrschaft mit anderen Mitteln und unter anderem Vorzeichen". Hiergegen sei einzuwenden: "Die Techniker und ihre Verbände können wohl Grenzwerte festsetzen, Meßverfahren bereitstellen und Expertenwissen monopolisieren, doch 'herrschen' sie damit nicht wie früher Souveräne und/oder deren Bürokratien herrschten. Sie bilden keine geschlossene Gruppe und keinen Stand, sind vielmehr so fragmentiert und segmentiert wie die wirtschaftlichen und sozialen Strukturen, unter denen sie arbeiten. Ihre Willensbildung beschränkt sich auf die technische Normung" (ebd.).

Selbstgefährdungslagen der Moderne, in der Beckschen Terminologie "Modernisierungsrisiken" (1986, 83), werden jedenfalls als Explanans, nicht aber als Explanandum diskutiert. Zudem wird an prominenter Stelle der *Risikogesellschaft* nahegelegt, ökologische Gefährdungen hätten ihren Grund in einem schlichten quantitativen Zuviel, in der "industriellen Überproduktion" (1986, 29). Damit werden die Gefährdungen ursächlich an ihre stofflichen Träger rückgebunden, aber kaum die gesellschaftlichen Strukturen befragt, die das historisch einzigartige Wachstum des Material- und Energiedurchsatzes pro Kopf in den Industriegesellschaften angeheizt und beschleunigt haben. Gelegentlich drängt sich sogar der Eindruck auf, als stünde die stoffliche Struktur der Technosphäre in keinem besonderen Verhältnis zu den dominanten Vergesellschaftungsmodi, sondern als sei statt dessen die *unmittelbare* Ursache der selbstdestruktiven Tendenzen in der stofflichen Beschaffenheit der großindustriellen Systeme selbst zu identifizieren. Dieser technikreduktionistischen Annahme ist entgegenzuhalten, daß die gesellschaftlichen Umweltbezüge Rückschlüsse auf jenes *Systemmilieu* zulassen, in welchem weitreichende *Entscheidungen* über den Umgang mit Stoffen und Energie getroffen werden. Gerade wenn aber die industriellen Produktionspotentiale nicht in einem direkten Zusammenhang mit den vorherrschenden Vergesellschaftungsformen gesehen, sondern hiervon abkoppelt werden, bleibt eine zentrale Dimension moderner Gesellschaftlichkeit, die Sachdimension, analytisch ausgeklammert.

Ohne auf das weite Feld der Techniksoziologie eingehen zu können, ist an dieser Stelle festzuhalten, daß Technik nicht der Gesellschaft äußerlich gegenübersteht, sondern in gegenständlicher Form Handlungen und Entscheidungen vermittelt. Technologische Systeme sind im Sinne von Berger/Luckmann (1977) soziale "Objektivationen", die keinen vom gesellschaftlichen Handeln unabhängigen ontologischen Status beanspruchen können. Sie sind immer auch dann durch

---

[66] Ganz ähnlich Wolf (1987; 1988), der die bürokratietheoretische Annahme Webers (1980, 129) von der "Herrschaft kraft Wissen" auf die Bedingungen der modernen Risikogesellschaft überträgt und am Beispiel der rechtlichen Regulation technischer Risiken und des technisch dominierten Umweltrechts von der "Herrschaft kraft Ingenieurwissen" spricht.

die "Verfolgung von Zwecken" (Weingart 1982, 114) charakterisiert, wenn diese sich aufgrund unkalkulierbarer Randbedingungen oder Folgewirkungen in ihr Gegenteil verkehren. In soziologischer Hinsicht verweisen anthropogene Umweltschäden deshalb nicht *primär* auf spezifische Verfahren und Techniken, Maschinen und Technologiesysteme *an sich*. Die Frage der Produktion von Umweltschädigungen ist erst dann zufriedenstellend zu erörtern, wenn der Blick sich über die isolierten technischen Artefakte hinaus der Gesellschaft selbst zuwendet, die jene ausdenkt, entwickelt, hervorbringt und schließlich im großen Stile einsetzt.[67] Damit ist das grundsätzliche Problem aufgeworfen, daß die Risikothematik gesellschaftstheoretisch nur zufriedenstellend eingeholt werden kann, wenn die vornehmlich über produktive und konsumtive Tätigkeiten hergestellten Umweltbeziehungen in die Analyse einbezogen werden. Weiter oben wurde bereits das Verhältnis von Markt und Risiko an ausgesuchten Themenfeldern diskutiert und hiervon ausgehend der Versuch unternommen, in idealtypischer Annäherung die gesellschaftliche Anatomie ökologischer Gefährdungen vor dem Hintergrund des Vergesellschaftungsmodus des Marktes zu rekonstruieren.

In diesem Kontext ist auch die Tragfähigkeit der Beckschen Zentralthese eines epochalen Wandels der Industriegesellschaft der "klassischen Moderne" zur Risikogesellschaft der "anderen Moderne" zu bewerten. Beck vermutet, daß mit dem Heraufziehen der "Risikogesellschaft" das Zeitalter der industriellen Moderne sich ihrem Ende zuneige. Was unterscheidet die moderne "Risikogesellschaft" strukturell von der "klassischen Industriegesellschaft"? Brock (1991, 19) wendet gegen die These eines generellen Kontinuitätsbruchs innerhalb der Moderne ein, daß die "Risikogesellschaft" eher auf die Kontinuität der ungezügelten kapitalistischen Dynamik des modernen Industriesystems verweise, die erst in der zweiten Hälfte des 20. Jahrhunderts in ihrem ganzen Destruktionspotential sichtbar geworden sei. Die von Beck vorgeschlagene strikte Grenzziehung zwischen bürgerlicher Gesellschaft und Risikogesellschaft ist von Bonß (1991, 261) schließlich mit den zutreffenden Worten kommentiert worden, daß das "Einüben der Risikofreudigkeit selbst zu den Grundqualifikationen bürgerlicher Vergesellschaftung gehört".

---

[67] Zu dieser Perspektive vgl. Dörre (1988; 1991). Er bemängelt das Fehlen einer "Produktionstheorie der Gefahr" (1991, 233), die die stoffliche Seite der Gesellschaft nur als Ausgangspunkt nehme, um von dort Rückschlüsse auf die Produktionsverhältnisse des "Risikokapitalismus" ziehen zu können.

V. Markt und Subjektkonstitution

A. Markt und Habitus

Der Modus der Marktvergesellschaftung ist im Verlauf der Untersuchung in mehrerlei Hinsicht problematisiert worden: Ausgehend von der Analyse des Markttausches als besondere soziale Beziehung und des Tauschobjektes, der Ware, wurde zunächst die Rationalitätsproblematik des Marktes sowohl in sozialer, sachlicher, zeitlicher wie auch räumlicher Hinsicht entfaltet und auf dessen ambivalente Entlastungsfunktion bezogen; sodann wurden unter machttheoretischen Gesichtspunkten die sozial ungleichen Tauschchancen auf der Folie des Arbeitsmarktes und des Geldmediums rekonstruiert; und schließlich wurden vor dem Hintergrund der ökologischen Fragestellung die marktrationalen Formen der Umweltnutzung thematisiert. Der soziologische Blick auf das Marktgeschehen wäre allerdings verkürzt, wenn die Tauschenden selbst - als Handlungs- und Entscheidungsakteure - nicht in die Analyse einbezogen würden. Wie bereits angedeutet sind nämlich von der Rationalisierung und Versachlichung der Tauschbeziehungen nicht nur ausnahmslos die *Objekte* des Marktes, die Tauschgüter, sondern auch die *Subjekte*, die Tauschakteure betroffen. Im abschließenden Kapitel ist unter besonderer Berücksichtigung kultursoziologischer Überlegungen die Marktbeziehung aus der Binnenperspektive der Anbieter und Nachfrager zu beschreiben, um die für das Marktgeschehen typischen Deutungsformen des Selbst, die *subjektiven Selbstverhältnisse*, idealtypisch rekonstruieren zu können. Hierbei gilt die besondere Aufmerksamkeit der soziologisch aufschlußreichen Frage, welche Erwartungen und Anforderungen das Marktgeschäft an das moderne Individuum stellt, welche Verhaltensdispositionen zumindest für die Dauer des Leistungstransfers ausgeklammert werden und in welcher Weise das unausgesprochene kulturelle Selbstverständnis der Individuen von den formalen Rationalitätsvorgaben des Marktes eingefärbt wird. Während dem objektivistischen Blick auf die gesellschaftlichen Strukturen in aller Regel die sozial konstruierten Vorstellungen von Identität, Subjektivität und Individualität ebenso verborgen bleiben wie die sozial artikulierten Sicherheiten und Unsicherheiten, Erwartungen und Enttäuschungen, soll im folgenden die subjektive Seite in die Überlegungen zum Modus der Marktvergesellschaftung einbezogen werden. Sozialtheoretisch erfaßt werden sollen damit auf der Ebene des einzelnen Individuums die unter den alltäglichen Bedingungen von Markt und Konkurrenz strukturell begünstigten Dispositionen, Deutungsweisen und Erwartungsstrukturen.

Von besonderer Bedeutung ist somit die Frage nach dem sozialen Akteur innerhalb des Marktgeschehens, daß, wie bisher gesehen, aus sich selbst und für sich allein verläuft. Was sind die angemessenen Handlungsrationalitäten des

Marktakteurs vor dem Hintergrund einer das Individuum dezentrierenden Anonymisierung und Versachlichung der ökonomischen Sphäre? Wie ist das Individuum im Hinblick auf den systemischen Charakter des Marktes zu charakterisieren? Welche Bedeutung kommt der systemischen Selbstorganisation des Marktes für die Selbstverortung und das Selbstverständnis seiner Akteure zu? Wie wirken sich die beschriebenen sozialen, sachlichen, zeitlichen und räumlichen Abstraktionsprozesse auf die Marktakteure aus? Welche Konsequenzen zieht der soziale Akteur aus den Rationalitätsvorgaben des Marktgeschehens? In welcher Weise werden die Akteure in den über das Geldmedium vermittelten Beschleunigungsprozeß der ökonomischen Sphäre einbezogen und in welcher Weise können sie sich ihm entziehen?

An dieser Stelle sei nochmals nachdrücklich auf die methodologische Herangehensweise verwiesen, die sich des Weberschen Begriffes des Idealtypus bedient, um das Verhältnis von Markt und Individuum gewissermaßen in komprimierter Form sozialtheoretisch beschreiben zu können. Da es sich bei der idealtypischen Begriffsbildung bekanntermaßen um eine gedankliche Akzentuierung der charakteristischen Merkmale einer Konfiguration der sozialen Welt handelt, ist natürlich auch die "reine" Form des Marktindividuums empirisch nicht anzutreffen.

1. Individuierung und Abstraktion

Der Marktakteur kann in idealtypischer Annäherung als einer gekennzeichnet werden, der sich durch individuelle Interessenverfolgung und "rationales Wahlhandeln" (Heinemann 1988, 55) qualifiziert.[1] Wie bereits in Kapitel II.A einge-

---

[1] Das entscheidungstheoretische Problem, inwieweit den Akteuren im Marktgeschehen tatsächlich unterstellt werden kann, daß sie im strikten Sinne des *homo oeconomicus* immer intentionalistisch und zielgerichtet agieren, möchte ich im Kontext meiner kultursoziologischen Annäherung an die Frage nach dem sozialen Akteur im Marktgeschehen nicht eingehender erörtern. Ich möchte lediglich darauf hinweisen, daß gerade unter Bedingungen komplexer und unüberschaubarer Entscheidungs- bzw. Risikosituationen eher von der subjektiven *Annahme* oder *Erwartung* auszugehen ist, individuelle Entscheidungen auf zweckrationale Erwägungen und Motive abzustimmen. Weber (1980, 12f.) verwendet den Begriff der Zweckrationalität in dem Sinne, daß Handlungen bewußt auf die Realisierung bestimmter Zwecke hin konzipiert werden, wobei die verfügbaren Mittel effektiv eingesetzt und mögliche Nebenfolgen im Hinblick auf die Zielrealisierung abgewogen werden. Man kann aber auch auf die *unterstellte* Rationalität oder Rationalitäts*erwartung* abheben, genauer: auf den *Glauben* an die rationale Kalkulierbarkeit und Berechenbarkeit von Entscheidungen und Handlungen. Dieser Rationalitätsglauben verarbeitet irreduzible Informationsdefizite und Unsicherheiten und legitimiert *nachträglich* die Entscheidungsverfahren und Handlungsergebnisse. Wie Bonß (1991, 266) hervorhebt, habe Weber (1980, 12f.) durchaus gese-

hend erörtert entbinden Marktbeziehungen, die nichts als dem Tauschzweck dienen, den Einzelnen - zumindest für die Dauer des Leistungstransfers - von traditionalen Gemeinschaftsnormen. Dadurch wird der ins Marktgeschehen involvierte Akteur sukzessive von sozialmoralischen Verpflichtungen und Ansprüchen befreit, die in traditionsgeleiteten Sozialbeziehungen typischerweise das Subjekt von allen Seiten vereinnahmen. Ganz unabhängig von der subjektiven Motivlage ist der moderne, aus der gemeinschaftlichen Enge entbundene, auf sich selbst zurückgeworfene Marktakteur dazu gezwungen, die eigenen wirtschaftlichen Entscheidungen an den Marktdaten auszurichten. Bei Strafe des Entzugs von Tauschchancen sind die sich bietenden Marktchancen gegenüber konkurrierenden Anbietern, Nachfragern oder Mitbewerbern möglichst nutzenoptimal auszunutzen. In *Die Protestantische Ethik und der Geist des Kapitalismus* formuliert Weber (1988a, 56) apodiktisch: "Wer sich in seiner Lebensführung den Bedingungen kapitalistischen Erfolges nicht anpaßt, geht unter oder kommt nicht hoch."

Das Marktgeschehen schafft sich gewissermaßen seine Individuen selber. Geldmärkte, Warenmärkte und Arbeitsmärkte setzen handlungsfähige, genauer: geschäfts- und eigentumsfähige Akteure voraus, die als Privatpersonen zum Zwecke des Kaufs und Verkaufs *im Singular* einander gegenübertreten. Ein Darlehen kann immer nur dann gewährt, ein Arbeitsverhältnis eingegangen, ein Güterkauf getätigt und eine Schuldverschreibung ausgestellt werden, wenn rechtsfähige Individuen auf dem Markt auftreten. Die Bedeutung dieser grundlegenden ökonomischen *Individuierung* läßt sich übrigens daran ermessen, daß selbst im Falle von Personenverbänden und Organisationen zu einer römischen Rechtskonstruktion gegriffen wird, um sie auf dem Markt in formaler Hinsicht mit Einzelpersonen gleichzustellen: "Auf dem Markt verkehren nur Personen, natürliche oder juristische Personen" (Kreckel 1991, 171). Von den Marktakteuren wird erwartet, daß sich so zu verhalten, "*als seien* sie isolierte Individuen - auch wenn sie sich nicht als solche fühlen oder erleben sollten" (ebd., 172).

Die Geltungsansprüche der propositionalen Wahrheit, der normativen Richtigkeit und der subjektiven Wahrhaftigkeit, die Habermas in der *Theorie des kom-*

---

hen, daß die "Sicherheitsversprechen des okzidentalen Rationalismus höchst relativ sind. Denn sie beziehen sich nicht auf faktische Sicherheiten, sondern auf den Aufbau von Erwartungssicherheiten. Zum anderen benennt er (Weber, Anmerk. v. mir; K.K.) zugleich das inhärente Sicherheitskonzept des Risikohandelns. Es ist der Glaube an die Berechenbarkeit der Welt, der es erlaubt, Risiken einzugehen bzw. Sicherheiten als Erwartungssicherheiten zu denken, und ohne diesen Glauben wäre nach Weber die Durchsetzung einer erhöhten Naturbeherrschung auch gar nicht denkbar". Zur Präferenzproblematik der ökonomischen Entscheidungstheorien siehe den instruktiven Beitrag von Wiswede (1987, bes. 40f.) sowie Türk (1987, bes. 28) und Hillmann (1988, 67ff.). Zur neueren Rezeption der ökonomischen Entscheidungstheorie in der Soziologie vgl. Elster (1986), Trapp (1986), Raub/Voss (1986), Wiesenthal (1987), Krause (1989), Coleman (1991), Kirchgässner (1991), Friedrichs/Stolle/Engelbrecht (1993).

munikativen Handelns (1981, I, 410ff.; 1985, 68ff.) für den "verständigungs-orientierten" Handlungstypus reklamiert und in der "Lebenswelt" verortet, sind im Falle von Tauschbeziehungen zwischen Marktsubjekten suspendiert. Ihr Interesse aneinander rührt einzig und allein aus ihrem jeweiligen Status als Geld- oder Warenbesitzer her. Die allgemeinen Marktbedingungen, die von den spezifischen Angebots- und Nachfrageparametern diktiert werden, erzwingen die marktkom-patible Kalkulation und Auswahl von möglichen Handlungen und Entscheidun-gen, die sich moralischen und ästhetischen Geltungskategorien weitgehend ent-ziehen. In diesem Sinne kann Handeln im Systemkontext des Marktes *erstens* als mehr oder weniger rechenhaft-kalkulierendes, am individuellen Markterfolg aus-gerichtetes Interessenhandeln charakterisiert werden, das - um eine Begriffsunter-scheidung von Habermas aufzunehmen - sowohl strategischen als auch instrumen-tellen Absichten dient: Strategisch ist Markthandeln, insofern es sich um eine Tauschbeziehung zwischen Anbieter und Nachfrager handelt, in der die Handlun-gen und Entscheidungen der jeweils anderen Seite im eigenen Marktinteresse beeinflußt werden sollen; und instrumentell ist Markthandeln, insofern der Han-delnde unter Gesichtspunkten der Vermarktung auf die "äußere Natur", genauer: auf Stoffe, Energie und Ressourcen des ökosystemaren Zusammenhangs einwirkt. In beiden Fällen kann auf das normative Einverständnis Dritter oder auf "letzte" Wertideen problemlos verzichtet werden.

Hieraus folgt *zweitens*, daß die gesellschaftlichen Verhältnisse, in denen die Individuen als Anbieter und Nachfrager wirtschaftlich interagieren, nicht als sta-tisch oder vorbestimmt, sondern als flüssig und variant erlebt werden. Im Kontext des strategischen Marktakteurs, der sich, seinem Selbstverständnis entsprechend, an den individuellen Präferenzen und Zielsetzungen orientiert und nicht, oder erst in sekundärer Hinsicht, an moralisch legitimierten Verhaltensgeboten und einge-lebten Gewohnheitshandlungen, wird die soziale Welt als machbar und wandelbar interpretiert (Heinemann 1987, 55f.). Handeln unter Marktbedingungen ist des-halb auch als Handlungstyp zu klassifizieren, der traditionelle Selbstbegrenzungen aufhebt, Kontingenz auf historisch einzigartige Weise steigert und damit jede exakte Berechenbarkeit von Gegenwart und Zukunft dementiert. Das handlungs-praktische Selbstverständnis der Marktakteure, daß alles auch anders sein könnte, wenn man Entscheidungen fällt und nichts so bleiben wird, wie es vorgefunden wurde, daß gegenwärtige Entscheidungen aufgrund veränderter Marktdaten mor-gen anders aussehen, daß sie in ihrem Ausgang ungewiß, aber auch korrigierbar sind, eröffnet gegenüber den starren Traditionsbeständen, festen Regelsystemen und invarianten Rollenzuschreibungen einer Stände- oder Kastengesellschaft ten-denziell ein Potential unbegrenzter Handlungsalternativen, die vielfältige, aber im vorhinein nicht genau berechenbare, offene Chancen und Risiken bergen. Hieraus resultiert eine immense Vergrößerung der Handlungsoptionen, die nur um den Preis einer zunehmenden Verunsicherung des Entscheidens und Handelns erkauft werden kann. Damit sinkt zwangsläufig auch die Wahrscheinlichkeit, daß sich wirtschaftliche Erwartungen - so wie im vorhinein angenommen und kalkuliert wurde - erfüllen werden.

Während in traditionalen Gesellschaften eine festgefügte Ständehierarchie dem Einzelnen seinen vorgesehenen Platz zuweist und den biographischen Weg vorbestimmt, der Einzelne damit in eine als kosmologisch oder göttlich gedachte Ordnung des Althergebrachten eingefügt bleibt, können sich die Individuen im Zeichen des raschen technologischen Wandels nicht mehr blind auf die gewohnheitsmäßigen Handlungsroutinen des Alltagslebens verlassen. Vielmehr *müssen* sie sich unentwegt auf das Neue und Unbekannte einlassen: Unerprobte Handlungspfade sind einzuschlagen, wenn zukünftige Marktchancen nicht mehr mit altbewährten Erfahrungen oder Berufsqualifikationen gesichert werden können. Mit anderen Worten wird es zur *Gewohnheit*, gegenüber Veränderungen *offen* zu sein, *anders* als üblich zu entscheiden, mit Fremden wirtschaftlich zu kooperieren oder *anderswo* zu arbeiten, wenn man nicht ins ökonomische Abseits geraten will. Im Angesicht des dynamischen wirtschaftlichen und gesellschaftlichen Wandels büßen feste Rollenzuschreibungen und Handlungsroutinen, die aus dem Fundus der Traditionsbestände schöpfen, ihre Bedeutung beim Aufbau von Erwartungssicherheiten ein. Die Bereitschaft zur unentwegten Innovation, Flexibilität und Mobilität tritt gewissermaßen nicht nur als wirtschaftliche, sondern auch als kulturelle Anforderung an den Einzelnen heran, die gegen die Gefahr des Stigmas der "Rückständigkeit", des "Zurückgebliebenseins" und des "Herausfallens" erfolgreich zu bewältigen ist.

Mit der expansiven Mobilisierung und unendlich vielfältigen Verwertung von Stoffen und Substanzen der naturalen Umwelt treten weiter Gegenwart und Zukunft aus dem Bann der Tradition, aus einer durch Herkunft und Lebenskreis bestimmten, die Unantastbarkeit der Werte suggerierenden Produktions- und Lebensweise heraus. Gegenwart und Zukunft werden unter diesen Bedingungen in zunehmendem Maße als unbestimmt und zugleich als innovationsoffen und gestaltbar erlebt, d.h. etwa als anpassungsfähig an die veränderten Relevanzstrukturen des Marktes und die neuen Erfordernisse der internationalen Konkurrenzfähigkeit. Indem die Individuen sich auf unbekannte Marktsituationen und ständig wechselnde Angebots- oder Nachfragekonstellationen einzustellen haben, werden die vertrauten Rollenanforderungen der Tradition entwertet und ihnen schließlich flexible Kompetenzen und eine hohe Anpassungsbereitschaft an die Dynamik der ökonomischen und gesellschaftlichen Entwicklung abverlangt. Die *Permanenz* der Innovation scheint alle Kräfte der Beharrung zu überrollen und sogar bis an den trägen kulturellen Untergrund und die konservierenden Schichten des Habitus heranzureichen. Heinemann (1988, 56) bemerkt zum beschleunigten Transformismus des Marktsystems treffend, daß "kulturelle Selbstverständlichkeiten ausgelöscht werden zugunsten einer neuen Selbstverständlichkeit, nämlich der des Wandels, der Veränderung, der beliebigen Verwertbarkeit, auch des Bildes der Gesellschaft als Potential vielfältiger Leistungschancen". Die Kehrseite dieser Aufgeschlossenheit des Einzelnen gegenüber den Kräften der ökonomischen

Veränderung wird von Beck in der *Risikogesellschaft* (1986, 191) notiert: Die Individuen des Marktes müssen "frei für die Erfordernisse des Marktes" sein, um ihre ökonomische Existenz und Zukunft sichern zu können.

Auch ist das wirtschaftliche Handeln nicht mehr den vorgegebenen Regeln einer traditionalen Bedarfsdeckungsökonomie unterworfen. Die angebotene Menge der Güter, die Tauschrelationen (Preise), die handwerklichen Herstellungsmethoden sowie die Produkttypen werden nicht mehr, wie noch bis weit ins 18. Jahrhundert, durch Berufsstände, Zünfte und Gilden reglementiert, sondern haben sich im "freien Spiel" der Marktkräfte zu bewähren. Dadurch büßen die ökonomischen Entscheidungen der einzelnen Akteure, die sich an den bereits getroffenen Entscheidungen der Konkurrenz zu orientieren haben, an Vorhersehbarkeit und Gewißheit ein. Auf längere Sicht ist in der ökonomischen Sphäre sogar erwartbares Verhalten im strikten Sinne des Wortes kaum anzutreffen, wenn die berufsständische Übereinkunft über Produkttypen, Preise, Absatzmengen und Verfahrenstechniken der uneingeschränkten Konkurrenz weicht. Mehr noch: Die stetigen Preisbewegungen für Güter, Geld und Arbeitskräfte sowie die sich rasch verändernden Konstellationen von Angebot und Nachfrage sind heutzutage in ein hochkomplexes Bündel ökonomischer Faktoren und Ereignisse des Weltmarktes eingeschlossen, die trotz der Bemühungen der Wirtschaftsprognose und der Konsumentenforschung kaum präzise vorherzusehen, geschweige denn exakt zu kalkulieren sind. Nicht zuletzt aus diesem Grunde sind deswegen auch prinzipiell alle Entscheidungsprogramme der Wirtschaftsakteure mit dem Risiko des Irrtums und Scheiterns behaftet.

Das versachlichte und entpersonalisierte Marktgeschehen begünstigt *drittens* ein Handlungsprofil, daß sich durch "hohe Abstraktionsleistungen" (Heinemann 1988, 56) auszeichnet. Die bereits in Kapitel II unter dem Aspekt der Entlastung diskutierte Möglichkeit, im Marktgeschehen von konkreten sozialen, sachlichen, zeitlichen und räumlichen Gegebenheiten abstrahieren zu können, ist in gewisser Hinsicht sogar die Voraussetzung für eine normativ unvorbelastete Hinwendung zu Marktchancen, die über das eingefahrene Repertoire von vertrauten Möglichkeiten hinausweisen. "So ist die Fähigkeit der Distanzierung von Sachen und Umständen und der Identifizierung mit immer neuen Aspekten der Umwelt, die Möglichkeit, in einer sich ständig verändernden Welt wirksam und teilnehmend vorgehen zu können, sich in andere Situationen zu versetzen, die Gesellschaft als Potential von Möglichkeiten zu erkennen, eine Grundvoraussetzung für das Funktionieren des Marktes" (ebd.). Ganz ähnlich wie Weber weist auch Simmel (1989, 375ff.) darauf hin, daß das Tauschmedium des Marktes, das Geld, an die Stelle direkter face-to-face-Interaktionen zwischen ego und alter tritt und die Operationen der Tauschakteure abstrakt vermittelt. Die moderne Geldökonomie formt gewissermaßen ein Habitusprofil, daß von *Kopräsenz auf Distanznahme* und von *Lokalität auf Abstraktion* umgestellt wird.

Mit dem Abstreifen normativer Erwartungshaltungen wird schließlich, wie bereits in Kapitel II.A eingehend erörtert, das rationale Tauschhandeln zugleich flexibel und äußerst effizient. Auch unüberschaubare Marktsituationen, in denen der Einzelne schlicht überfordert wäre, alle entscheidungsrelevanten Informationen auf ihre Zuverlässigkeit zu überprüfen, können mit Hilfe monetärer Indikatoren einfacher aufgenommen werden. Aus der situativen Ereignisfülle werden nämlich nur die sachlichen Daten über Markttrends und Marktpreise herausgefiltert, also jene, die für die Abwicklung der ökonomischen Tauschbeziehung unabdingbar sind. Im Gegensatz zu Tauschbeziehungen, die unter dem Einfluß sozialer Reziprozitätsnormen stehen und in denen die Leistungserfüllung durch stabile personale Sozialbindungen zwischen miteinander bekannten Tauschpartnern gewährleistet wird (vgl. Kap. II.A.3), sind Marktoperationen typischerweise nicht auf personale Vertrauensvorschüsse angewiesen.

In *dieser* Hinsicht ist der Markt als ein leistungsfähiger Steuerungsmechanismus zu kennzeichnen, der die Differenzierung und Rationalisierung ökonomischer Tätigkeiten forciert. Wie weiter oben gesehen, haben aus soziologischer Sicht insbesondere Weber und Simmel die zentrale Bedeutung des Geldes als Vereinfachung des rationalen Markthandelns betont. Der Markt entlastet von normativen Erwartungen, da das Geldmedium die Entscheidungen auf formal rationale Kalküle der Rechenhaftigkeit und Zweckmäßigkeit konzentriert. Der leicht verständliche Geldcode vereinfacht zugleich die sachbezogene Bewertung ökonomischer Ereignisse, indem Preise als unbestechlicher Indikator für die Relationen der Angebots- und Nachfragemengen fungieren. Schließlich können die Handelnden sich auch in unbekannten Marktsektoren auf den abstrakten, aber unzweideutigen Informationsgehalt der Preise blind verlassen. So können Aufwendungen und Erträge zuverlässiger abgeschätzt bzw. nachträglich bestimmt und aufeinander bezogen werden.

An die Stelle einer personalen Erwartung in die Verläßlichkeit des Tauschpartners tritt schließlich die formale Rechtsgültigkeit des Tauschkontraktes, die Erwartung in die Geldwertstabilität sowie die Erwartung, Geld für beliebige Tauschgeschäfte als Zahlungsmittel verwenden zu können. Im Marktgeschäft ist es gleichgültig, wem ein Gut verkauft wird. Geprüft wird nicht derjenige, mit dem man eine Tauschbeziehung eingeht, sondern, ob das gegen eine Leistung getauschte Geld wiederverwendbar ist. Den Akteuren braucht, um eine Formulierung von Luckmann (1992, 135) aufzugreifen, "nichts als das Geld 'bekannt' zu sein". Wer Geld von Dritten als Tauschäquivalent gegen die Hingabe einer Ware akzeptiert, verhält sich nicht so, weil die Tauschbeziehung auf einer persönlichen Bekanntschaft zwischen den Austauschenden basiert; vielmehr tauscht er eine Leistung gegen Geld, gerade weil wiederum unbestimmte Dritte das Geld in Zukunft als Tausch- und Zahlungsmittel für den Erwerb unbestimmter Leistungen akzeptieren werden. Der gemeinsame Nenner des Preises standardisiert und vereinfacht dadurch die Bedingungen, zu denen Leistungen auf dem Markt angeboten werden. Schließlich wird das strategische Interesse der Marktakteure auf jene Preisinformationen konzentriert, die für das Zustandekommen des Tausches unabdingbar sind.

Die beschriebenen Prozesse der Versachlichung und Abstraktion begünstigen das Auseinandertreten von Person und Sache. Eingehend beschreibt Simmel in der *Philosophie des Geldes* (1989, 405ff.) diese Differenzierung am Beispiel der Auflösung des feudalen Grundbesitzes. Mit der Durchsetzung der modernen Geldökonomie habe sich "Haben und Sein gegeneinander verselbständigt" (ebd., 428), stehe der Besitz nicht mehr in unmittelbarer Beziehung zur Person des Besitzers. Weder könne der Besitzer eines konkreten Eigentumstitels hieraus für sich besondere *objektgebundene* Rechtsansprüche gegenüber Dritten ableiten noch könne von einer ökonomischen Entscheidung blind auf die persönlichen Eigenschaften des Entscheidungsträgers rückgeschlossen werden. Wie begründet Simmel diese Entkopplungsthese genauer? Der moderne Sozialstatus werde nicht mehr automatisch über Besitz oder Nichtbesitz an Grund und Boden zugeschrieben und der Zugang zu Grundbesitz werde nicht mehr durch die exklusive Zugehörigkeit zu einem bestimmtem Stand, in diesem Fall zum Adel, begrenzt. Die Geldform habe sich in der Moderne als spezifische "Kategorie substanzgewordener Sozialfunktionen" (ebd., 209) zwischen den Besitz und seinen Eigentümer als Person geschoben, wodurch der Besitzer von der "qualitativen Bestimmtheit" des Besitzes unabhängiger werde und das Besitzobjekt die "persönliche Färbung" des Eigentümers abstreife (ebd., 430). Grundbesitz könne jederzeit verpachtet, mit Hypothekenverpflichtungen belastet, durch Verkauf einem beliebigem Interessenten übertragen oder einer neuen Bestimmung und Zweckverwendung zugeführt werden, ohne daß *deswegen* automatisch die soziale Position des Besitzers bzw. sein Persönlichkeitsprofil davon tangiert würde. Während in Feudalverfassungen Haben und Sein noch untrennbar miteinander verbunden seien und die Habe das Sein bestimme, sei im Zuge der industriellen Umwälzungen des 19. Jahrhunderts die selbstgewisse stabile Einheit zwischen Haben und Sein zerbrochen, da das Selbstverständnis des Individuums nicht mehr an ganz bestimmten Besitzobjekten hafte.

Wie bereits im Kontext der machttheoretischen Überlegungen (Kap. III.5) aufgezeigt werden konnte, ist Geld ein Zertifikat abstrakter Zugriffsrechte auf *beliebige* "Habeobjekte"; seine Einlösung ist nicht an bestimmte Objekte gebunden. Zirkulierendes Geld macht nämlich die Habe, den konkreten Besitztitel, gewissermaßen mobil; es kann sich in gänzlich unterschiedliche Kaufobjekte verwandeln, wodurch sich auch das gesellschaftliche Sein des Geld- oder Kapitalbesitzers vom Haben *konkreter* Objekte abtrennt. Anders formuliert wird das Sein entdinglicht und monetarisiert, auf den Besitz von Geldmitteln bezogen, die aufgrund ihres abstrakten Status nicht dafür geeignet sind, eine innige und dauerhafte Bindung zu bestimmten Objekten aufzubauen. Kurzum, im Hinblick auf die Selbst- und Fremdzuschreibung von Status und Sozialprestige gewinnt abstraktes Geldvermögen in Relation zum konkreten Besitz physischer Objekte an Gewicht. Das Geld ist ein Instrument, um sich von konkreten Objekten distanzieren und zugleich, entsprechend der faktischen Verfügung über monetäre Mittel, alle anderen Objekte potentiell besitzen zu können. Es ermöglicht eine "eigenartige Expansion der Persönlichkeit, sie sucht sich nicht mit dem Besitz der Dinge selbst zu schmücken, die Herrschaft über diese ist ihr gleichgültig; es genügt ihr vielmehr jene *momentane* (Hervorh. von mir, K.K.) Macht über sie, und während es scheint, als ob dieses Sich-Fernhalten von jeder qualitativen Beziehung zu ihnen der Persönlichkeit gar keine Erweiterung und Befriedigung gewähren könnte, wird doch gerade der Aktus des Kaufens als eine solche empfunden, weil die Dinge ihrer Geldseite nach sozusagen absolut gehorsam sind" (Simmel 1989, 439). Dadurch gewährt bereits der bloße Geldbesitz einen erweiterten, über einzelne Objekte hinausweisenden Machtanspruch, der "weit genug von den eigentlich empfindbaren Objekten absteht, um sich an den Schranken des Besitzens ihrer nicht zu stoßen" (ebd., 441).

Weiter sieht Simmel mit der Diffusion der Geldökonomie die traditionellen Verhältnisse von sozialräumlicher Nähe und Distanz umgekehrt. In der modernen Marktbeziehung sei die soziale Distanzierung von den Autochthonen die Bedingung der Möglichkeit, das Distanzgefälle gegenüber Unbekannten oder Fremden abzumildern: "Die Verhältnisse des modernen Menschen zu seinen Umgebungen entwickeln sich im ganzen so, daß er seinen nächsten Kreisen ferner rückt, um sich den ferneren mehr zu nähern. Die wachsende Lockerung des Familienzusammenhangs, das Gefühl unerträglicher Enge im Gebundensein an den nächsten Kreis, dem gegenüber Hingebung oft ebenso tragisch verläuft wie Befreiung, die steigende Betonung der Individualität, die sich gerade von der unmittelbaren Umgebung am schärften abhebt - diese ganze Distanzierung geht Hand in Hand mit der Knüpfung von Beziehungen zu dem Fernsten, mit dem Interessiert-sein für weit Entlegenes, mit der Gedankengemeinschaft mit Kreisen, deren Verbindung alle räumliche Nähe ersetzen. Das Gesamtbild aus alledem bedeutet doch ein Distanznehmen in den eigentlich innerlichen Beziehungen, ein Distanzverringern in den mehr äußerlichen." (Ebd., 663) Räumliche und soziale Distanzen werden auf historisch beispiellose Weise eingeebnet, da die gleichartigen Geldinteressen von sonst ungleichen Individuen über große räumliche Entfernungen und Milieuschranken hinweg blind zueinander finden. Der "Eintritt in fremde Kreise" wird erleichtert, gerade weil die Akteure "nur nach der geldwerten Leistung oder dem Geldbetrag ihrer Mitglieder fragen" (ebd., 664). Der Marktakteur macht nicht nur mit jenen Geschäfte, die ihm vertraut sind, sondern mit allen, die zahlen können.

Simmel konstatiert zugleich eine zunehmende Distanzierung zwischen Personen sowie zwischen Personen und Objekten. Einerseits schiebe sich eine "Barriere zwischen die Personen, indem immer nur der Eine von zwei Kontrahenten das bekommt, was er eigentlich will, was seine spezifischen Empfindungen auslöst, während der andere, der zunächst nur Geld bekommen hat, eben jenes erst bei einem Dritten suchen muß" (ebd.). Die Individuen gehen deshalb auch nur mit jenem "Ausschnitt ihrer Persönlichkeit" in eine Tauschbeziehung ein, der in "Geldäquivalenten ausdrückbar" (Nedelmann 1993, 407) ist. Andererseits trete die entwickelte Geldökonomie zwischen Person und Sache: "Seit der Geldwirtschaft stehen uns die Gegenstände des wirtschaftlichen Verkehrs nicht mehr unmittelbar gegenüber, unser Interesse an ihnen wird erst durch das Medium des Geldes gebrochen, ihre eigene Bedeutung rückt dem Bewußtsein ferner, weil ihr Geldwert diese aus ihrer Stelle in unseren Interessenzusammenhängen mehr oder weniger herausdrängt." (Simmel 1989, 666) Und zur Bedeutung des abstrakten Geldes notiert Simmel an anderer Stelle (ebd., 209): "Die Funktion des Tausches, eine unmittelbare Wechselwirkung unter Individuen, ist mit ihm zu einem für sich bestehenden Gebilde kristallisiert". Abstraktes Geld tritt somit an die Stelle direkter face-to-face-Interaktionen zwischen alter und ego, indem die Operationen der Tauschakteure ausnahmslos über das flüchtige Geldmedium vermittelt werden. Dadurch nimmt Geld aber zugleich auch eine Brückenfunktion zwischen unterschiedlichen sozialräumlichen Lebenswelten wahr, indem einander fremde und räumlich entfernte Individuen miteinander ins Gespräch resp. Geschäft kommen können.

Die Erosion traditioneller Distanzverhältnisse im Marktgeschehen kann auch am Beispiel der schwindenden Bedeutung des Körpers veranschaulicht werden.[2] In traditionellen Gesellschaften besitzt der Körper eine unverzichtbare soziale Markierungsfunktion, mit dem Statusmerkmale signalisiert und ständisch legitimierte Ansprüche symbolisch zur Schau gestellt werden. In der Feudalgesellschaft etwa tritt der Inhaber von Herrschaftspositionen in die "repräsentative Öffentlichkeit" (Habermas 1990, 58ff.), um sich selbst als Verkörperung einer höheren Gewalt darzustellen. Die Autorität des Herrn haftet gewissermaßen an der auratischen Kraft seiner leiblichen Gestalt, an Körpersprache, Körperbewegung und Körperhaltung: "Die Entfaltung der repräsentativen Öffentlichkeit ist an Attribute der Person geknüpft: an Insignien (Abzeichen, Waffen), Habitus (Kleidung, Haartracht), Gestus (Grußform, Gebärde) und Rhetorik (Form der Anrede, förmliche Rede überhaupt), mit einem Wort - an einen strengen Kodex 'edlen' Verhaltens" (ebd., 61). Die Gestik des Körpers fungiert buchstäblich als Abbild der Welt; starre Kleiderordnungen dienen dazu, die soziale Rangordnung der Ständegesellschaft zu zelebrieren, ihre allgemeingültige, unverfügbare Legitimität zu unterstreichen und die Übermacht und Unanfechtbarkeit des Souveräns rituell zur Geltung zu bringen. Durch die demonstrative Präsentation und zeremonielle Theatralisierung des Körpers wird die Ordnung der Privilegien symbolisch beschworen (vgl. auch Foucault 1977, 9ff.).

Die öffentlich anwesende Person des Herrn macht seine Herrschaft sichtbar und greifbar. Kleidung und Körper des Herrn sollen seinen Herrschaftsanspruch nicht verstellen, sondern sinnfällig machen, "ohne je Zweifel der Deutung aufkommen zu lassen, was Stellung und Geltung der Kleiderpuppe" (Meyer 1992, 25) sind. Die symbolische Inszenierung von Herrschaft und ihre Vergegenständlichung in Kleidung und Körper findet in der aristokratischen Architektur ihrer Fortsetzung. Meyer (ebd., 23) erinnert in diesem Zusammenhang an die "Pracht der Paläste, die schon dem flüchtigen Blick mit unwiderstehlicher Beweiskraft

---

[2] Bourdieus Theorie sozialer Distinktionen erörtere ich im Hinblick auf die Marktthematik in Kap. V.B.4.

demonstriert, was ihre Gebieter vermochten." Und zur sozialen Bedeutung des Körpers von vorindustriellen Gesellschaften bemerkt Heinemann (1987c, 336): "Über den Körper werden soziale Beziehungen aufgebaut und abgesichert; Macht und Herrschaftsausübung erfolgen oft nicht über formal gesetzte Ordnungen, sondern durch körperliches In-Erscheinung-Treten; Verträge werden rechtskräftig durch körperliche Bekräftigung und Rituale, körperliche Merkmale wie Größe, Wuchs, Hautfarbe, Geschicklichkeit besitzen für den sozialen Rang eine zentrale Rolle; Gestik - z.B. Handauflegen - erhält oft magische Kraft."

Welche Bedeutung kommt nun dem Körper im modernen Marktgeschehen zu? Das Marktgeschäft wurde als abstrakt vermittelte Tauschbeziehung beschrieben, in der Leistungen gegen Geld und Geld gegen Leistungen transferiert werden. Da die individuelle Aufmerksamkeit der Austauschenden einzig und allein auf den funktionalen Zweck des Leistungstransfers konzentriert ist, kann durchaus auf die unmittelbare physische Anwesenheit der Tauschakteure verzichtet werden. Mehr noch: Markthandeln muß sich gar nicht an bestimmten Akteuren als *Personen* orientieren. Es kommt lediglich darauf an, daß sich ego an einem erwartbaren Typ marktökonomischen Handelns (Anbieter oder Nachfrager bestimmter Leistungen) ausrichtet. Alter interessiert ego nur als *Träger* dieses Handlungstypus. Hingegen können ego und alter als unverwechselbare Personen einander anonym bleiben. Markthandelnde orientieren sich nicht an den persönlichen Eigenschaften des Gegenüber, sondern sind lediglich an den sachlichen Leistungen interessiert, die angeboten werden. Deshalb ist es völlig zweitrangig, ob die Tauschpartner an- oder abwesend sind. Selbst wenn alter physisch anwesend wäre, bliebe er für ego anonym. Da Situationen der Kopräsenz beim Zustandekommen von Marktbeziehungen nicht zwingend notwendig sind, verblassen auch die sozialen Konturen des immer schon ortsgebundenen Körpers.

Die Geldwerte, die selbst immer nur relative Werte repräsentieren, sind einer anderen Wirklichkeit zugeordnet als die der lebensweltlich vermittelten leiblichen Erfahrung und visuellen Anschauung. Das Marktgeschäft bedarf nicht des direkten Umgangs von Menschen mit Menschen, wenn es über das immaterielle Geldmedium vollzogen wird. Besonders sinnfällig wird dieser Prozeß im Falle von Geldtransaktionen des internationalen Kredit- oder Devisengeschäfts, das mit Leichtigkeit über große Raumdistanzen in Sekundenschnelle abgewickelt werden kann, aber kaum noch lebensweltlich einholbar ist, weil das virtuelle Geschehen des globalen Geldmarktes in Umfang und Qualität das sinnliche Vorstellungsvermögen der individuellen Akteure bei weitem übersteigt. Hinzu kommt, daß die gleich*zeitige* und gleich*räumige* Präsenz der Tauschakteure im Zeitalter der globalen Informationsübermittlung computergestützter Kommunikationsnetze überflüssig wird. Aus diesem Grund ist auch der Markt*platz* als lokalisierbarer Treffpunkt, an dem Anbieter und Nachfrager übereinkommen und Güter gegen Geld persönlich austauschen, zum Anachronismus geworden.

In dem Maße, in dem das Markthandeln nicht mehr auf direkte Kommunikationen bzw. unmittelbare soziale Begegnungen und die Kopräsenz der Interagierenden zugeschnitten ist, verlieren "Interaktionsrituale" (Goffmann 1971), die mit Hilfe der symbolischen Codierung des Mediums Körper interpretiert, bekräftigt und untermalt werden, an Bedeutung. Die Sozialanthropologin Mary Douglas (1974, 110) führt in ihrer Arbeit *Ritual, Tabu und Körpersymbolik* im Zusammenhang mit der Beobachtung, daß mit der steigenden Komplexität moderner Gesellschaftssysteme die sozialen Verkehrsbeziehungen mehr und mehr dem "Verkehr zwischen körperlosen Geistern" gleichen, den Begriff der "Entkörperlichung" ein. Ein typisches Beispiel für diesen Prozeß der Entkörperlichung sind moderne ökonomische Tauschbeziehungen, die als Kontrakte dargestellt wurden, welche von der Sichtbarkeit der Austauschenden, ihrer örtlichen und leiblichen Anwesenheit abstrahieren. In diesem Sinne kann der reine Markthandel auch auf "Ritualismus" verzichten, worunter Douglas eine gestische Darstellungsform versteht, die ein hochgradig geordnetes und gegliedertes Sozialverhalten und eine gemeinsame Weltsicht der Dinge symbolisch repräsentiert und hierbei der Wiedererkennung und Selbstvergewisserung der Handelnden dient. Insofern ist es auch bezeichnend, daß ortsungebundene Tauschgeschäfte, die eine beliebige Raumausdehnung zulassen und ökonomische Kooperationen zwischen Fremden ermöglichen, nicht auf eine steife hierarchische Formalisierung der Ränge und Positionen angewiesen sind. In Anlehnung an einen von Wouters (1977) in Auseinandersetzung mit der Zivilisationstheorie von Norbert Elias entwickelten Begriff kann dieser Prozeß als "Informalisierung" von Tauschbeziehungen beschrieben werden. Heinemann (1987c, 334) bringt diese den Nahbereich der unmittelbaren Erfahrung und Anschauung abwertende Dynamik mit der Formel "Entkörperlichung zugunsten abstrakter Recheneinheiten" prägnant zum Ausdruck.

2. Handlungsmotivation und Geld

Geld ist das universelle Tausch- und Zahlungsmittel des Marktes. Es wird im Austausch für Leistungen aller Art allgemein akzeptiert. Zugleich fungiert Geld als objektiver, quantitativer Wertmaßstab aller Sachwerte und Dienstleistungen, die auf dem Markt gehandelt werden. Aufgrund dieser in Kapitel III.6 eingehend erörterten Eigenschaft des Geldes erfolgt die Zuteilung von Lebenschancen im weitesten Sinne über den Zugang zu Geldressourcen: Da Geld zum Kauf beliebiger Güter von unbestimmten Dritten verwendet werden kann, dient es zur Befriedigung der sachlich heterogensten Bedürfnisse. Der Geldbesitzer verfügt somit über eine höchst potente - weil allgemeine - *Kaufkraft für beliebige Zwecke*. Diese Zwecke schließen sowohl wirtschaftliche als auch wirtschaftsfremde Zwecke ein. Mit anderen Worten wird dem Geldbesitzer ein *Leistungsanspruch* auf unbestimmte Marktgüter und Leistungen zugesprochen. Geld signalisiert sowohl die

Möglichkeit der Teilhabe an der materiellen Kultur[3] sowie die Exklusion Dritter von dieser. Geldressourcen vermitteln in den Grenzen ihrer Verfügbarkeit Sicherheit und Unabhängigkeit, während umgekehrt Abhängigkeit, Unsicherheit und Bedeutungslosigkeit die Folgen sein können, wenn Geldmittel individuell nicht vorhanden sind. Ohne die in Kapitel III.6 ausgeführten Überlegungen zur soziologischen Relevanz des Geldes im einzelnen nochmals rekapitulieren zu wollen, mögen die folgenden Bemerkungen veranschaulichen, warum nicht nur Geld für die Beschaffung beliebiger Güter unverzichtbar ist, sondern der individuelle Bedarf an Geld zum unstillbaren Bedürfnis aller wird.

Nach Heinemann (1969, 3) ist Geld, ganz unabhängig davon, welche individuellen Bedürfnisse die Einzelnen damit zu befriedigen suchen, ein höchst zuverlässiges "Instrument ökonomischer Verhaltenssteuerung". Geld macht das Verhalten der Marktakteure von schwankenden Handlungszwecken unabhängig, indem es ihre Erwartungen und Motive generalisiert und standardisiert. Die Orientierung der Handelnden wird am Geldcode vereinheitlicht. Mit anderen Worten finden die sachlich heterogensten Interessen im Geld ihren "einzigen Vereinigungspunkt" (ebd., 105). Der Preis scheint hierbei die einzig verbliebene verläßliche Kategorie zu sein, die die auseinanderstrebenden Gegensätze punktuell zusammenschmiedet. Der Institution des Vertrages kommt hier übrigens eine besondere Bedeutung zu, da sie spezifische Erwartungssicherheiten stiftet und es den Marktakteuren erleichtert, das Verhalten der Vertragspartner im buchstäblichen Sinne berechenbarer zu machen. Überdies reichen in einer komplexen, arbeitsteilig ausdifferenzierten Industriegesellschaft die Eigenleistungen der Subsistenzarbeit oder Haushaltsproduktion nicht aus, um die physische Reproduktion des Einzelnen zu gewährleisten. Vielmehr sind diese von den Leistungen der vielen anderen funktional abhängig. Unter Bedingungen der vorangeschrittenen Arbeitsteilung ist der Ausgleich der Interessen sowie der Austausch der Leistungen zwischen den vielen allerdings nicht über den Naturaltausch denkbar, sondern nur noch durch Geld, das die Funktion eines Scharniers einnimmt. Da materielle Bedürfnisse und Interessen in modernen Industriegesellschaften in aller Regel nur über Geld befriedigt

---

[3]   Das Streben nach "Integration" in die materielle Kultur ist keine Geschmacksfrage, etwa im Sinne, ob ein "materialistischer" oder "postmaterialistischer" Konsumstil zu favorisieren sei. Gemeint ist damit vielmehr die Teilhabe an den ausdifferenzierten Leistungen einer modernen, arbeitsteiligen Gesellschaft, auf die kein Individuum dauerhaft verzichten kann. Unter materieller Kultur versteht Brock (1994) nicht nur die Gesamtheit der Produktpalette und Dienstleistungen einer modernen Industriegesellschaft, sondern vor allem auch die dichtverwobenen infrastrukturellen Netzwerke, "die uns mit Strom, Informationen oder Unterhaltung versorgen, die globale Kommunikationen oder auch eine schnelle Fortbewegung von A nach B ermöglichen und vieles andere mehr. Ihre Verbindlichkeit entspringt aus der Effizienz: wir *müssen* uns ihrer Modalitäten bedienen, um private Zwecke überhaupt bzw. mit einem Minimum an Zeit und Energieaufwand realisieren zu können." (Ebd., 62)

werden können, kann es als zentrales "Sicherungsmittel der Zukunft" (Fürstenberg 1988, 64) angesehen werden.

Mit der modernen Geldökonomie entsteht ein genereller Motivationshintergrund, der die Bestrebungen auf den Erwerb von Geldmitteln bündelt. Im Hinblick auf die Motivlage des individuellen Marktakteurs begründet Heinemann (1993, 313) die soziologische Relevanz des Geldes mit den folgenden Worten: "Dadurch, daß die Abhängigkeiten auf ein Mittel gebündelt werden, deren Erlangung nicht eigentlicher, endgültiger Handlungszweck ist, wird gleichzeitig der individuelle, zufällige, wechselnde und heterogene Bedarf an Gütern umgewandelt in einen konstanten, dauerhaften und inhaltlich stets gleichen Bedarf an Geld. Der aber kann nur durch eine systemkonforme Eingliederung und Mitwirkung in wirtschaftlichen Systemen befriedigt werden. Die Konstanz der Verhaltenserwartungen ergibt sich aus dieser erst durch Geld konstant gewordenen Abhängigkeit."

Die Markttauglichkeit der erworbenen Berufsqualifikationen bzw. die Konkurrenzfähigkeit der feilgebotenen Güter entscheidet maßgeblich darüber, wer über welche Geldbeträge verfügt. Die Verteilung monetärer Ressourcen ist über den Markt*erfolg* reguliert, dessen Umfang und Größe sich exakt in Geldeinheiten bemessen läßt, die gegen die Hingabe einer Arbeitsleistung oder einer Ware im Austausch auf Arbeits- oder Gütermärkten erworben werden.[4] Das objektive Maß der Effektivität von Aufwand und Mühe ist die Höhe des Gewinns. Der Erfolg ist damit keine Frage der persönlichen Bedeutsamkeit und der subjektiven Wertschätzung; er wird meßbar durch die erworbene Geldmenge, durch das zusammengetragene Vermögen an geldwerten Objekten oder anderen Zertifikaten (Aktien, Wertpapiere, Bundesanleihen, Schuldverschreibungen etc.). Erfolg und Mißerfolg, Kompetenz und Inkompetenz in ökonomischen Dingen wird durch keine Autorität, keine Werteskala und keinen Tugendkatalog bestätigt, sondern kann exakt und zweifelsfrei errechnet, d.h. quantifiziert und objektiviert werden. Dadurch wird "die Fähigkeit des Individuums, seine Tugend meßbar: Mehr ist mehr als weniger, und der, dem es gelingt, mehr zu verdienen, gilt mehr als jener, der weniger verdient." (Gorz 1989, 163)

---

[4]   Entgegen einer weitverbreiteten Ideologisierung des Marktmechanismus, die auf eine *Remoralisierung* von ökonomischem Erfolg und Mißerfolg abzielt, wurde bereits weiter oben an das normative Vakuum wirtschaftlicher Transaktionen erinnert. Der Markterfolg muß nicht mit der Verausgabung individueller "Leistung" identisch sein; er tritt keineswegs zwangsläufig ein, selbst wenn eine auf die moralischen Maßstäbe des "Arbeitsfleißes" und der "Strebsamkeit" gegründete Leistungsethik strikt befolgt würde. Der an traditionale Arbeitstugenden appellierende Leistungsbegriff bemüht einen normativen Bezugspunkt von Leistung, der, vom sachlichen Marktgeschehen aus betrachtet, irrelevant ist: Leistung "lohnt sich" nur dann, wenn z.B. die auf dem Arbeitsmarkt angebotene Berufsqualifikation auch *effektiv* nachgefragt wird. Die "Besserverdienenden" sind nicht zwingend, sozusagen qua Kontostand, die "Leistungsträger" der Gesellschaft, während die "Normalverdienenden" durchaus zu "überdurchschnittlichen" Arbeitsleistungen imstande sind.

In dem Maße, in dem das Individuum nur in Beziehung zur Außenwelt treten
kann, wenn es über Geldressourcen verfügt, wirkt Geld auf den *Subjektivierungs-
modus* ein. Das Geld ist für das Individuum nicht nur bedeutsam im Hinblick auf
die Teilhabe am materiellen Konsum und den funktionalen Infrastrukturangeboten
der modernen Industriegesellschaft. In der Form des Arbeitseinkommens speist
das Geld in erheblichem Maße auch das subjektive Selbstverständnis. Die Verfügung über monetäre Ressourcen ist notwendig, wenn sicherlich auch nicht hinreichend, um die individuelle Existenz zu sichern, soziale Lebensrisiken zu bewältigen, Identität herzustellen und Selbstwertgefühle aufzubauen. Ohne eine minima-
le, aber regelmäßig fließende Finanzierungsquelle erscheint alles andere *nichts*.
Wenn man bedenkt, daß in der modernen Gesellschaft über Geld nicht nur elementare physische Bedürfnisse wie Wohnen, Essen und Kleidung befriedigt, sondern auch Bildungs- und Informations-, Kultur- und Sinn-, Freizeit- und Sportan-
gebote bezogen werden, ist der Aufbau von personaler und sozialer Identität ohne
monetäre Mittel schlicht unmöglich geworden. Konsumtive Chancen und Möglichkeiten der Bedürfnisbefriedigung sind ebenso über Geld vermittelt wie symbolische Machtchancen und Sozialprestige hierüber zugeordnet und festgeschrieben werden. Damit wird Geld zum "zentralen, quantitativen Indikator für Rang
und Macht" (Heinemann 1987c, 322).

Die Individuen bestimmen ihre soziale Position anhand ihrer Konkurrenzfähigkeit auf dem Markt und den Wert ihrer Selbstachtung über Geld, das üblicherweise über Arbeitseinkünfte oder sozialstaatliche Transfer- bzw. Lohnersatz-
leistungen bezogen wird. Versiegen diese Geldquellen oder können keine Alternativen mobilisiert werden, ist die individuelle Existenz mehr oder weniger zur
Disposition gestellt. Insbesondere die spezifische Stellung auf dem Ausbildungs-
und Arbeitsmarkt sowie die Verfügung über jene Arbeitsqualifikationen und individuellen Ressourcen, die auf den jeweiligen Märkten kommerzialisierbar sind,
werden zum allgemeinen Maßstab, an dem die soziale Stellung des Einzelnen
ablesbar und der Lebenserfolg meßbar ist. Der Erwerb von Berufsqualifikationen
und Besitztiteln bzw. die Einnahme von lukrativen Erwerbsarbeitsstellen ist oftmals die einzige Möglichkeit bzw. unverzichtbares Werkzeug, mit dem der Sozialstatus bestätigt und untermauert werden kann, unabhängig davon, ob die derzeit
eingenommene Stellung in der sozialen Hierarchie weiter "oben" oder weiter
"unten" anzusiedeln ist. Geld ist gewissermaßen ein verallgemeinertes, von *allen*
Gesellschaftsmitgliedern anerkanntes *Symbol der Wertschätzung*, da sein Besitz
nicht nur zum Kauf von spezifischen Dingen berechtigt, sondern der Besitzer von
Geldvermögen zum Kaufen schlechthin ermächtigt ist. Die soziale Bedeutung des
Geldes läßt sich schließlich an der Reputation ablesen, die mit der Höhe des Einkommens gebunden ist. Aristokratische Titel, traditionelle Prestigesymbole und
andere "ehrenwerte" Auszeichnungen und Gratifikationen, aber auch akademische
Zertifikate, denen das Gütesiegel der Markttauglichkeit nicht anhaftet, büßen vor
diesem Hintergrund zuweilen dramatisch an Bedeutung ein. Die Schlußfolgerung
drängt sich geradezu auf, daß die monetäre Regulation gesellschaftlicher Ein- und

Ausschließungspraktiken im Habitus des Marktindividuums seine Fortsetzung und zugleich seinen höchsten Ausdruck findet.

Das marktförmige Habitusprofil ist im Geltungsbereich des Marktes an ein Handlungsmotiv gebunden, das von konkreten Personen, Sachen, Zeiten und Räumen abstrahiert. Am Beispiel des Arbeitsmarktes kann gezeigt werden, daß ein Verhaltensmuster prämiert wird, das den hohen Mobilitäts- und Flexibilitätsanforderungen der Nachfrageseite nicht im Wege steht. Auch ist ein Arbeitsmarktanbieter, der seine Arbeitsmotivation nur aus *einer* und nur *dieser* ganz bestimmten Arbeitstätigkeit bezieht, gegenüber flexibleren Anbietern, die sich prinzipiell vorstellen können, sich auch in berufsfremden und nicht erlernten Tätigkeitsfeldern zu verdingen, nicht gerade im Konkurrenzvorteil. Eine intrinsische Bindung der Arbeitskraft an bestimmte Arbeitstechniken, Produkttypen oder Produktionsbetriebe ("Branchenstolz", Betriebsidentifikation und "Wir"-Gefühle) wäre nämlich einer freien Disponibilität mehr oder weniger hinderlich. Die formale Rationalität des Marktes findet somit ein individuelles Pendant: Der Gelderwerb steht im Mittelpunkt eines abstrakten Einstellungsmusters, das handlungsleitend wirkt. Nur wenn der motivationale Einstellungshintergrund funktional auf Gelderwerb ausgerichtet und habitualisiert wird, läßt sich der rasche Wandel konkreter Arbeitsinhalte und die hohe Flexibilität und Mobilität des gesellschaftlichen Arbeitsvermögens dauerhaft sichern und individuell bewältigen.

Den Habitus des bürgerlichen Individuums hat Reichwein (1985, 271), neben anderen Merkmalen wie Emanzipation, Handlungsfähigkeit und -autonomie, Leistungs- und Aufstiegsstreben, die in diesem Kontext vernachlässigt werden müssen, mit dem Begriff der "Selbstinstrumentalisierung" umschrieben: Das bürgerliche Individuum müsse "bereit und fähig sein, sich selbst als ein Mittel zur Erreichung dieser, seiner eigenen Zwecke einzusetzen, sich selbst und alle übrigen Bedürfnisse diesen Zwecken freiwillig unterzuordnen". Dadurch würden die erwünschten Zwecke von an sich nicht erwünschten Mitteln getrennt, werde die Tätigkeit nur um der damit verfolgten Zwecke willen in Kauf genommen. Übertragen auf den hier diskutierten Kontext wäre das Individuum im Falle des Gelderwerbs *sich Selbstzweck.* Der Arbeitskraftanbieter ist bereits schon durch den Arbeitsvertrag genötigt, zu sich selbst, d.h. zu seinem Arbeitsvermögen und seiner Persönlichkeit und Leiblichkeit wie zu den äußeren Dingen der Arbeitswelt und der naturalen Umwelt in eine instrumentelle Beziehung zu treten. Von einer instrumentellen Einstellung zur Erwerbsarbeit kann gesprochen werden, wenn die individuelle Verausgabung der Arbeitskraft nicht auf konkrete, subjektiv-sinnliche Bedürfnisse *in* der Arbeit zugeschnitten ist.[5]

---

[5]   Vgl. zu dieser Problematik auch Lukács' Begriff der "Selbstobjektivierung", der jedoch diesen Prozeß eindeutig negativ bewertet als "entmenschten und entmenschlichenden Charakter der Warenbeziehung" (1968, 183). Dagegen ist einzuwenden, daß "Entmenschlichung" "sich nicht automatisch aus der 'Selbstobjektivierung' ergibt, daß

Dieser *instrumentelle Selbstbezug* - in Anlehnung an Neckel (1991, 174) kann man auch vom "Training des funktionalen Ich" sprechen - bezieht sich sowohl auf das Persönlichkeitsprofil, aber auch auf diverse marktstrategische Kompetenzen und funktionale Fähigkeiten (Abstraktionsvermögen und Selbstdisziplin, Streßtoleranz und Konfliktfähigkeit, Verantwortungsbereitschaft und Durchsetzungsvermögen). Funktional ist das Verhältnis zu sich selbst insofern, als jenseits individueller Bedürfnisse diese sozialen Kompetenzen strikt danach beurteilt werden, inwieweit sie als "Schlüsselqualifikationen" dem Anforderungsprofil der effektiven Nachfrage des Arbeitsmarkes entsprechen. Diese Selbstinstrumentalisierung aus einer bildungselitären oder kulturkritischen Warte als minderwertiges oder "entfremdetes" Verhaltensmodell zu denunzieren, hieße, ihren soziologisch rationalen Kern, eine durchaus erfolgversprechende und "realistische" Strategie des individuellen "Durchkommens" zu sein, leichtfertig zu übersehen. Wie die folgenden Überlegungen zeigen werden, wäre es überdies verfehlt, nicht danach zu fragen, zu welchen *individuellen* Bedürfniszwecken die Anbieter auf Arbeitsmärkten ihr Arbeitsvermögen als bloßes Mittel zum Geldverdienen instrumentalisieren. Welche Absicht verfolgt ein Anbieter auf dem Arbeitsmarkt, wenn der *Betriebszweck* der Tätigkeit als solcher für ihn selbst keinen direkten Nutzen hat? Warum ist die arbeitstechnische Teilfunktion, die er innerhalb einer arbeitsteiligen Produktionsorganisation auszufüllen hat, für seine Arbeitsmotive nur von abgeleitetem Interesse? Warum interessiert sich der Anbieter oftmals nur am Rande für den übergeordneten betrieblichen Einsatz seines Arbeitsvermögens? Warum weist die Rationalität ökonomischer Organisationen (Erwerbsbetriebe) keinen sinnvollen Bezug zu den individuellen Zwecksetzungen und Zielen der Organisationsmitglieder auf? Im folgenden ist also der Frage nachzugehen, warum der Anbieter sich als "ausführende" Arbeitskraft dem betrieblichen Geschehen unterordnen und wie ein Rädchen im Getriebe der Betriebsmaschinerie funktionieren kann, ohne deshalb automatisch seine davon abweichenden individuellen Interessen und Bedürfnisse preiszugeben.

3. Separierung der Handlungsmotivation

Unter Rückgriff auf Webers wirtschaftssoziologische Überlegungen zum Begriff der formalen Rationalität konnte weiter oben (Kap. II.A.4) der Markt nicht nur als rechenhaft kalkulierender Austausch von Leistung und Gegenleistung charakterisiert werden, sondern gleichsam auf der Systemebene als Ordnung *sui generis* beschrieben werden. Im vorigen Abschnitt wurde problematisiert, inwieweit der formal rationale Operationsmodus des Marktes die Motivlage des Individuums

---

es vielmehr offen ist, wie auf dieses 'Zur-Ware-Werden' der Arbeiter reagiert und damit welchen Charakter die Warenbeziehung hat" (Lohmann 1991, 314, Fn. 37).

modelliert. Hierbei konnte vorläufig festgehalten werden, daß das Marktindividuum im Rationalitätsfall über rechenhaft-kalkulierende und sachlich-abstrahierende Handlungskompetenzen verfügt, gegebene Marktlagen flexibel und innovationsoffen verarbeitet und die Marktdaten nach Maßgabe individueller Präferenzen bewertet. Die Befunde zum Habitusprofil des modernen Marktindividuums scheinen damit zunächst die weitverbreitete Annahme eines durchrationalisierten, zuverlässigen und angepaßten Verhaltensmusters des *homo oeconomicus* zu bestätigen.

Insbesondere die unhintergehbare Abhängigkeit der individuellen Existenz von Geldressourcen nötigt dem Einzelnen *im* Marktgeschehen einen auf Konstanz und formal rationale Methodik zugeschnittenen Verhaltensstil auf. Ist damit aber zugleich die Vermutung hinreichend begründet, daß die moderne Gesellschaft die Individuen zu einer einheitlichen, formal rationalen Lebensführung verpflichte, die etwa im Sinne der Habermasschen These von der systemischen "Kolonisierung der Lebenswelt" (1981) zunehmend alle Lebensbereiche umschließe? Im folgenden ist genauer danach zu fragen, ob das marktrationale Verhaltensmuster, das den Individuen im Marktgeschehen strukturell abverlangt wird, auch auf die Reproduktionssphäre des privaten Alltags abfärbt und ihnen eine marktkompatible, ökonomisch rationalisierte Lebensform aufherrscht. Anders gefragt: Nehmen die Systemimperative des Marktes das Individuum als Ganzes in Anspruch, so daß dieses seine Verhaltensmaßstäbe auch außerhalb der ökonomische Sphäre nach instrumentalistischen Kalkülen ausrichtet oder wirken die Systemanforderungen nur partiell? Kann der Geltungsbereich der Marktrationalität im Sinne einer starken Inkorporierungsthese vorbehaltlos auf die innere Konstitution des Subjektes übertragen werden oder ist eher davon auszugehen, daß die über den Markt vermittelten monetären und materiellen Leistungsangebote auf vielfältige Weise und für eigene Zwecke und Bedürfnisse nutzbar gemacht werden können?

Der Annahme einer inneren Geschlossenheit und biographischen Beständigkeit eines formal rationalen Lebensstils möchte ich im folgenden die These von der Separierung der Handlungsmotivation gegenüberstellen. *Erstens* kann von einer funktionalen Integration des Marktindivdiuums gesprochen werden. Die individuellen Motive und Absichten sind im Marktgeschehen auf beruflichen Aufstieg und Wettbewerbsfähigkeit, Gelderwerb und Einkommenschancen ausgerichtet, die im Rationalitätsfall eine methodisch-planmäßige und rational-kalkulierende Handlungsführung voraussetzen würden. In jedem Fall werden Entscheidungen durch geldwerte Handlungsanreize motiviert und orientieren sich an den objektiven Angebots- und Nachfrageparametern.

Zweitens scheinen einige Indizien dafür zu sprechen, daß nur jene Seiten des Subjektes in den Systemalltag des Marktes integriert sind, die für den Funktionsablauf ökonomischer Tätigkeiten bedeutsam sind. Hingegen werden subjektive Sinnbezüge und normative Geltungsansprüche durch die sachlichen Relevanzstrukturen des Marktes neutralisiert. Der Handelnde selbst verliert als Person in anonymen Tauschbeziehungen an Gewicht. Die personale Identität und der biographische Hintergrund wird sozusagen beliebig und verblaßt. Das Marktgeschäft ist eine Form der gesellschaftlichen Kooperation, die von allen persönlichen Attributen und normativen Codes absieht. Mehr noch: Der Ablauf des Marktgeschehens funktioniert viel reibungsloser, wenn er nicht durch subjektive Befindlichkeiten und normative Ansprüche eingefärbt wird.

Während die Tauschform der sozialen Reziprozität dazu dient, die *soziale Beziehung* zwischen den Austauschenden, die sich im Austausch wechselseitig ihrer sozialen Reputation vergewissern, zu stabilisieren, die Gültigkeit der Binnenmoral der Gemeinschaft zu beschwören oder die Unverletzbarkeit der Individuen zur Geltung zu bringen (vgl. II.A.3), fungiert das Marktgeschäft als *Waren*tausch, in der sich die Austauschenden lediglich über ihre Funktion als Anbieter oder Nachfrager definieren: Im ersten Fall ist das ausgetauschte Gut gewissermaßen Mittel zum Zweck, die soziale Anerkennung der Austauschenden sicherzustellen; im zweiten Fall wird ein Marktzweck "subjektlos" gesetzt, dem die personal unbestimmten Austauschenden als Mittel zugeordnet sind. Die Tauschkooperation des Marktes wird eingegangen, weil der Nachfrager für eine angebotene Leistung *bezahlt*. In diesem Fall beruht die Verbindung einzig und allein darauf, daß derjenige, der ein Gut wünscht, es auch bekommt, *weil* er zahlt: Man gibt nicht in Ausführung einer sozialen Reziprozität, man hilft nicht als Nachbar, man arbeitet nicht in der frommen Gesinnung, dadurch dem Willen Gottes zu dienen. Man läßt sich bezahlen." (Luhmann 1988, 240f.) Ohne Zahlungsvorgang würde hingegen der marktvermittelte Austausch von Leistung und Gegenleistung niemals zustande kommen. Geld ist die exklusive Möglichkeit, am Tauschgeschäft teilnehmen zu können. Wer nicht zahlen kann, weil er kein Geld oder nicht genug Geld hat, muß auf die Erfüllung seiner Wünsche notgedrungen verzichten oder die Erfüllung zumindest auf einen späteren Zeitpunkt verschieben, etwa wenn er wieder in ausreichendem Umfang zahlungsfähig oder kreditwürdig ist. Für den Anbieter geht es lediglich darum, seine Produkte gegen einen Preis an den sprichwörtlichen Mann zu bringen. Die Tauschbeziehungen des Marktes sind somit *konditional*: sie werden unter spezifischen Bedingungen aufgenommen und werden, wenn diese nicht mehr gegeben sind, nicht weiter fortgeführt.

Die in normativer Hinsicht flüchtige Beziehung unterscheidet den Tauschmodus des Marktes grundlegend vom Tauschmodus der sozialen Reziprozität, der auf einen intersubjektiv geltenden Hintergrundkonsens über fraglos geteilte Überzeugungen und Einstellungen nicht verzichten kann. Die Differenz zwischen ego und alter wird überbrückt, ohne daß die Austauschenden ihre Besonderheit und Individualität auf den anderen beziehen, einen Hintergrundkonsens intersubjektiv herstellen oder ihre normativen Ansprüche an den anderen miteinander in Einklang bringen müssen. Auf diese Weise wird der Tausch über die Gruppe der Autochthonen hinaus auch mit Fremden unkompliziert. Da jedoch der Leistungstransfer sozial und personal unbestimmt bleibt, wird, wie Luhmann (1988, 241) betont, die "'Sozialität' des Tausches abgeschwächt". Im Anschluß an Luhmann formuliert Bolz (1993, 96): "Man erfährt durch den Preis nichts über den Menschen - bis auf das eine: diese Zahlung erwartet er."

Das Gemeinsame des Tausches ist das Interesse am reinen Austausch als solchem, das Trennende sind und bleiben die grundverschiedenen individuellen Interessen und Motive, die zum Tausch führen. Jeder Marktakteur prüft die Konditionen der Tauschbeziehung, indem er die zu tauschenden Objekte in Geldeinheiten bewertet und macht davon seine Entscheidung abhängig, sich auf das Angebot des anderen einzulassen, d.h. zu kaufen oder zu verkaufen. In der Marktbeziehung wird ein Konsens (oder Dissens) *über* die Bedingungen des Leistungstransfers (Kaufpreis, Warenqualität, Zahlungsmodalitäten usw.) hergestellt, eine darüber hinausgehende, an substantiellen Maßstäben orientierte intersubjektive Verständigung zwischen den Tauschpartnern erübrigt sich.[6] Eine solche Verständigung scheint auch deswegen hochgradig unwahrscheinlich, weil die in sachlicher Hinsicht ungleichen Leistungen des Tausches bereits im absolut qualitätslosen Geld gleichgestellt werden. Die Geldform repräsentiert als generelles Wertäquivalent gewissermaßen die Einheit des Verschiedenen. Geld dokumentiert die Ersetzbarkeit eines jeden Tauschvorgangs, indem es die Tauschrelation beliebiger Dinge selbständig zum Ausdruck bringt. Wie weiter oben gezeigt besteht das Abstraktionspotential des Geldes nämlich darin, daß es von den konkreten Dingen, Umständen und Akteuren einer ganz bestimmten Tauschbeziehung abgelöst ist, oder mit den Worten von Aglietta (1993, 202), als "Gegenposten zu jedweder Ware" fungiert. Dadurch kann es jedoch zugleich für beliebig differenzierte, produktive und konsumtive Zwecke von den Zahlungsempfängern in der Produktions- und Privatsphäre wiederverwendet werden.[7]

---

[6] Aus differenztheoretischer Perspektive wendet sich Schimank (1992) gegen das traditionelle Konsenspostulat der soziologischen Gesellschaftstheorie in der Tradition von Durkheim und Parsons. In modernen, polyzentrischen Gesellschaften sei ein substantiell faßbarer "genereller Orientierungskonsens" unerreichbar und für die Produktion und Reproduktion gesellschaftlicher Systemintegration sogar entbehrlich geworden. Damit sei jedoch keineswegs ausgeschlossen, daß "innersystemische spezifische Interessenkonsense" zustande kommen. Diese liegen immer dann vor, "wenn Akteure darin übereinstimmen, wer von ihnen in einer Konstellation interdependenter Interessenverfolgung welche Interessen in welchem Maße befriedigen kann. Dieser Konsens besteht nur selten in einer substantiellen Übereinstimmung von Interessen, sondern bezeichnet eine Einigung über die Abstimmung von Interessen, die in der Regel durchaus unterschiedlich sind." (Ebd., 239) Die differenten Interessen werden auf ihre Kompatibilität hin überprüft: "Egos Ziele erscheinen Alter als Mittel zur Erreichung seiner eigenen Ziele, und umgekehrt." (Ebd., 259) Vgl. auch die Kritik von Nassehi (1995) an der "Desintegrationsthese" Heitmeyers.

[7] Im Anschluß an Simmel (1989) und Aglietta/Orléan (1984) kann diese Ambivalenz des Geldes als Einheit von Indifferenz und Differenzierung bestimmt werden. Vgl. hierzu Baecker (1993). Simmel (1989, 12) beschreibt das Geld als "Indifferenz selbst". Zugleich sei Geld aber auch ein äußerst effizientes Instrument, um die Kontinuität, Differenziertheit und Vervielfältigung von Tauschbeziehungen in einer hochkomplexen, arbeitsteilig vernetzten Gesellschaft zu gewährleisten (vgl. etwa ebd., 392ff.). Siehe auch Kap. II.A.4 sowie III.5.

Ganz in diesem Sinne hat bereits Simmel (1992a, 348) die Marktkonkurrenz als "Zurücktreten der Persönlichkeit hinter die Objektivität des Verfahrens" beschrieben, welche das "sittliche Bewußtsein entlastet". Indem das Geld die persönlichen Elemente des Einzelnen ausklammere, sei dieser auf sich selbst zurückverwiesen und dazu genötigt, sein Eigenes und Innerlichstes in den eigenen Grenzen auszubauen. Das Geld "schafft zwar Beziehungen zwischen Menschen, aber es läßt die Menschen außerhalb derselben, es ist das genaue Äquivalent für sachliche Leistungen, aber ein sehr inadäquates für das Individuelle und Personale an ihnen: die Enge der sachlichen Abhängigkeiten, die es stiftet, ist für das unterschiedsempfindliche Bewußtsein der Hintergrund, von dem sich die aus ihnen herausdifferenzierte Persönlichkeit und ihre Freiheit erst deutlich abhebt." (Simmel 1989, 404) In einer Vorstudie zur *Philosophie des Geldes* (1986, 78) faßt er diese Überlegung in der Annahme zusammen, daß die modernen Tauschbeziehungen "Subjekt und Objekt gegeneinander verselbständigt" haben. Der mit der Differenzierung und Versachlichung ökonomischer Beziehungen einhergehende größere Vernetzungsgrad zwischen einzelnen Handlungsbereichen in der modernen Gesellschaft korrespondiert mit der Suche des Subjekts nach unversehrter Individualität *außerhalb* des Marktgeschehens. Das eigenschaftslose Geld läßt in der Tauschbeziehung keine Eigentlichkeit zu. Die Darstellung des eigenen Selbst muß sich einen anderen Ort suchen. Die moderne, arbeitsteilig differenzierte Welt der Ökonomie scheint ganz offensichtlich dem weitverbreiteten Bedürfnis nach Einheit und "Ganzheitlichkeit" des individuellen Erlebens zu widersprechen. Die Persönlichkeit, so faßt Nassehi (1993b, 6) in einem Beitrag zu Simmels Theorie der Individualität zusammen, habe "in sich selbst eine Synthese zu vollbringen, die die Gesellschaft selbst nicht mehr bietet. Was die Moderne durch ihre Versachlichung und Differenzierung geteilt, muß das Individuum in sich selbst zu einer Einheit verschmelzen lassen. Die Identität des Individuums ist damit nichts, was die Gesellschaft vermittelt, sondern was sich das Individuum selbst erarbeiten, zu der es durch Eigenaktivität streben muß." Der Markt spricht die Individuen nur als wirtschaftliche Handlungsträger an, etwa als Produzenten oder Konsumenten, während personale Identität sich nur noch jenseits von Tauschbeziehungen ausbilden und entfalten kann. Im Marktkontrakt ist das persönliche Profil der Produzenten und Konsumenten unbedeutsam, da diese durch Mitkonkurrenten beliebig ersetzbar und austauschbar sind. In dem Maße, in dem das Individuum aus der Enge eindeutig umgrenzter Gemeinschaften heraustritt und als Funktionsträger in die unvergleichliche Objektivität sachlicher Verkehrsformen des Marktes eintritt, welche ihrerseits die überkommen Wertmuster nivelliert und relativiert, wird überhaupt erst die Konstruktion des Selbst als "selbstreferentielle Eigenleistung" (ebd., 9) denkbar. Kurzum, die "Individualität der auf sich selbst referierenden Person" erscheint als "letzte Bastion der Einheit in einer vom Signum der Differenzierung geprägten Welt" (ebd., 10).

Ganz ähnlich - wenn auch mit anderem theoretischen Zuschnitt - bemerkt bereits Luckmann (1988, 82 und 84), daß die personale Identität moderner Individuen in komplexen Industriegesellschaften immer weniger über die Zugehörigkeit zu Organisationsapparaten bzw. Institutionen, in denen sie spezielle Funktionsrollen ausüben, hergestellt werde. Wenn aber die Zuschreibung von Ich-Identität und subjektivem Sinn nicht mehr in den jeweiligen Funktionssystemen verankert sei, werde der Modus der Sinnkonstruktion ausgelagert und mehr und mehr zur *privaten* Angelegenheit. In Anlehnung an die differenztheoretischen Überlegungen Luhmanns (1993, 149ff.) kann diese Separierung der Handlungsmotivation als funktionale Inklusion bei gleichzeitiger Exklusion subjektiver Sinnstiftung beschrieben werden: Das durchschnittliche Individuum ist gefragt als Anbieter von Arbeitskraft mit speziellen Arbeitsfertigkeiten und beruflichen Qualifikationen oder als zahlungsfähiger Konsument, während Sinn- und Identitätsfragen ausgeklammert und in Haushalt, Familie und Freizeit privatisiert werden.[8] Die Reproduktionssphäre kann damit zum Ort der Intimität werden, in der sich die gestiegenen Ansprüche auf persönliche Sinnerfüllung zurückziehen und ungehindert von den funktionalen Restriktionen des Erwerbslebens heimisch fühlen können.[9] Ob diese unentwegte Suche nach Sinn im Angesicht einer fragmentierten, die Kontingenz von Sinn erfahrbar machenden "postmodernen" Moderne (Welsch 1991) für problematisch gehalten wird, ob man ihr gelassen gegenüber tritt und die Differenz betont, sie romantisch, nostalgisch oder kitschig auflädt oder ob sie bis zum äußersten Punkt getrieben und esoterische, spiritualistische oder andere groteske Züge annimmt, ist sozusagen Privatsache. Aus der Perspektive des Marktgeschehens sind in jedem Fall diese - übrigens klassen- und milieuspezifisch differenzierten - inneren Befindlichkeiten eine Angelegenheit, die den Individuen überlassen bleibt. Die Idee des modernen Individuums, anders sein zu können als andere, ist im Privaten eingehegt. Hier ist der Ort, an dem das Ich nicht in einem Anflug von Selbstüberschätzung die Welt im ganzen in sich aufnimmt, sondern zum selbstbezüglichen Ich, zum Selbstsein finden *kann*. Im privaten Abseits kommuniziert das freigestellte Individuum mit sich selbst.

---

[8] Die Inklusion jener Akteure, die nicht oder nur eingeschränkt als Konsumenten auftreten können, weil sie arbeitslos und/oder nur vermindert zahlungsfähig sind, beschränkt sich einerseits auf das Angebot von beruflichen Qualifikationen auf dem Arbeitsmarkt und andererseits auf wenige Kaufakte im Konsumsektor. Wie bei allen Funktionssystemen gilt für Luhmann (1988, 268) auch im Falle von Arbeitslosigkeit und Zahlungsunfähigkeit: "Die Inklusion ist zugleich Exklusion." Er bemerkt lakonisch, daß "die Betroffenen das Geld als das Geld der anderen, als diabolisches Medium erleben. Sie werden entsprechend nicht bereit sein, den Zugriff auf knappe Güter zu tolerieren, nur weil dafür gezahlt wird. Sie tolerieren, weil ihnen keine andere Wahl bleibt." Zur Inklusionsproblematik siehe weiter Stichweh (1988).

[9] Die Auflösung der traditionellen Hauswirtschaft, die Trennung von Erwerbsbetrieb und Privathaushalt, Berufsarbeit und Familie, Arbeitszeit und Freizeit sowie die Entstehung des Leitbilds der bürgerlichen Familie in der zweiten Hälfte des 18. Jahrhunderts ist die grundlegende historische Voraussetzung dieser Privatisierung und Intimisierung (Rosenbaum 1982, 251ff.).

Der doppelte Mechanismus von Inklusion und Exklusion trennt die Motivlage des Individuums auf und treibt es in eine "Mischexistenz" (Luhmann 1980, 30) hinein, die dem Einzelnen abverlangt, die Differenz von funktionaler Rolle und individueller Person auszuhalten. An anderer Stelle formuliert Luhmann (1988, 241) diese Problematik folgendermaßen: "Jeder kalkuliert seine Beziehung zum anderen nach Maßgabe seiner (privaten) Beziehung zum Geld. Einerseits gewinnt man dadurch Freiheit in dieser Beziehung und andererseits die Möglichkeit, seine sozialen Bedürfnisse anderweitig zu binden und zu befriedigen." Diesen Differenzierungsprozeß beschreibt Luhmann im Rückgriff auf Durkheim als paradox anmutendes wechselseitiges Steigerungsverhältnis. Die funktionsspezifische Exklusion steigere die "Individualität der Individuen" (Luhmann 1993, 151), gerade weil das ökonomische System sich nicht für den Einzelnen als solchen interessiere und mit seiner Individualität nach Belieben verfahre. Im Marktgeschehen zeichnet sich das Individuum in sozial-normativer Hinsicht durch nichts besonderes aus. Die Unverwechselbarkeit der individuellen Existenz liegt außerhalb ökonomischer Tauschbeziehungen. Wer am Marktgeschehen teilnimmt, bleibt als Person doch unbeteiligt. "Das Individuum kann nicht mehr durch Inklusion, sondern nur noch durch Exklusion definiert werden." (Ebd., 158) Wie Luhmann (ebd., 159) selbst hervorhebt, sagt diese Exklusion jedoch nichts über funktionale Abhängigkeiten aus, in die der einzelne verstrickt ist.

Der Markt bleibt seinen Akteuren lebensweltlich fremd. Gorz (1989, 51ff.) beschreibt diese Trennung der individuellen Existenz in Erwerbstätigkeit und Freizeit als "Spaltung von Arbeit und Leben". Scheinbar unkompliziert und reibungslos werde diese Doppelexistenz gelebt, wobei die individuellen Zwecksetzungen und Motive nicht mehr aus der Berufsrolle und den Anforderungen des Erwerbslebens gespeist werden, sondern in der Reproduktionssphäre des privaten Lebens an Gestalt gewinnen. Die Handlungsrationalität der Individuen und die Systemrationalität des Marktmechanismus stehen in keinem inneren Zusammenhang; aus der jeweils anderen Perspektive erscheinen sie als irrational: "Der große oder kleine Angestellte will, nachdem er seinen Arbeitstag dem Dienst an den ökonomischen Werten von Konkurrenzfähigkeit, Leistung und technischer Effektivität gewidmet hat, am Feierabend eine Nische aufsuchen, in der die ökonomischen Werte ersetzt sind durch Kinder- und Tierliebe, Landschaftsgenuß und Bastelvergnügen." (Ebd., 59f.) Gorz sieht insofern auch Webers düstere Prophezeiung sowohl bestätigt als auch widerlegt: Das von Weber beschworene Bild des "Gehäuses der Hörigkeit" sei - so Gorz (ebd., 61) - "gleichzeitig zwanghafter und bequemer" geworden.

Das Erfüllung äußerer Marktzwänge reicht somit nicht aus, um sich selbst als Subjekt zu erfahren. Die Konstruktion des Selbst speist sich mehr und mehr aus anderen Quellen als der der funktionalen Integration ins Erwerbsleben. Die Anforderungsprofile des Arbeitsmarktes und des Produktions- bzw. Büroalltags werden stillschweigend bedient, ohne daß sie im Hinblick auf subjektive Sinnstiftung bedeutsam erscheinen. Da Sinnbezüge im Marktgeschehen dysfunktional sind, scheinen sie mehr und mehr der Sphäre der Freizeit und der Intimität zuge-schrieben zu werden. Mit anderen Worten wird die Selbstwahrnehmung um das eigene Ich zentriert. Das Selbst *begreift* sich von seinen Intentionen, Handlungs-plänen und Zielsetzungen her, die mit letzter Gewißheit nur ihm selbst zugänglich sind. Sinnbildung wandert damit aus den Funktionsbereichen der Gesellschaft aus und wird privatisiert und individualisiert: Sinn wird selbstbezüglich, Identitätsstif-tung wird subjektiviert.[10] Die Suche nach Einzigartigkeit und Unvergleichbarkeit, Nähe und Intimität im Privaten dient gewissermaßen als Fluchtpunkt, um den komplexer gewordenen Abhängigkeitsketten in modernen Gesellschaften eine um das Individuum zentrierte Selbstbeschreibung gegenüberzustellen.[11]

Dieser Bezug auf das Selbst wird jedoch zum Problem. Sinnfragen sind näm-lich nicht mehr unter Bezugnahme auf eine höhere, das Individuum transzendie-rende Heilsgewißheit, auf einen universellen Willen, auf ein kollektiv beglaubig-tes System von Moralität oder gar auf die Sinnvorgaben einer geburtsständisch verbrieften Zugehörigkeit zu lösen. Das Individuum kommt mit sich selbst auf neue Weise in Tuchfühlung. Der Markt stellt keine haltgebenden Weltdeutungen, Sinnangebote oder Reflexionshilfen bereit, nach denen die Individuen ihre Le-bensrisiken, biographischen Brüche und Identitätsprobleme reibungsarm bearbei-ten und sich ihrer selbst vergewissern könnten, sondern mutet ihnen die perma-nente Erfahrung von Differenz und Uneigentlichkeit zu. Die wie auch immer brü-chige und ungewisse Sinnsicherheit im Privaten markiert deswegen auch keinen letztgültigen Fluchtpunkt, in dem Identität als fraglose Einheit möglich wäre. Die Selbstvergewisserung im Privaten, das Bedürfnis, wenigstens an diesem Ort mit sich selbst identisch zu sein, ist allenfalls Teilmenge einer fragmentierten und ver-änderlichen Selbstkonstruktion, die im herkömmlichen emphatischen Sinne keine Identität mehr darstellen kann. In diesem Zusammenhang erscheint die aus dem Konzept der Autopoiesis eines psychischen Systems gewonnene Einsicht Luh-manns (1993, 246) plausibel, daß das moderne Individuum seine Individualisie-rung nicht mit Identität, sondern immer mit einer Differenzerfahrung beginnen müsse. Das Individuum müsse nämlich die Fähigkeit entwickeln, "sich in mehrere Selbsts, mehrere Identitäten, mehrere Persönlichkeiten zu zerlegen" (ebd., 223), um den funktionalen Anforderungen der unterschiedlichen Subsysteme der Ge-sellschaft zu genügen: "Das Individuum wird durch Teilbarkeit definiert. Es benö-

---

[10]   Im Anschluß an Riesman u.a. hat Schulze (1992) hervorgehoben, daß Sinnstiftung in westlichen Industriegesellschaften nicht mehr über eine außengeleitete Pflichtauffas-sung hergestellt wird, sondern durch die Qualität subjektiven "Erlebens". Vgl. auch die Beiträge zur neueren Individualisierungsdebatte in der bundesdeutschen Soziolo-gie (Mooser 1983; Beck 1983; 1986; 1993; Brose/Hildenbrand 1988; Berger/Hradil 1990; Hradil 1992; Beck/Beck-Gernsheim 1994). Zur "Erfahrung des Selbst als Sub-jekt" siehe zudem Nunner-Winkler (1985).

[11]   Am Rande sei erwähnt, daß auch nach Luhmann (1993, 160) die Semantik der Indivi-dualität die ausschließlich funktionalen Anforderungen der gesellschaftlichen Teilsy-steme zu kompensieren versucht.

tigt ein musikalisches Selbst für die Oper, ein strebsames Selbst für den Beruf, ein geduldiges Selbst für die Familie. Was ihm für sich selbst bleibt, ist das Problem der Identität." (Ebd., 223) Letztlich wird dem Individuum freigestellt, ob es im Privaten oder im Erwerbsleben mit sich selbst zufrieden ist oder nicht. Das ökonomische System produziert lediglich funktionale Erwartungshaltungen, die bestätigt oder enttäuscht werden, und legt den Individuen nahe, ein marktkompatibles Handlungsprogramm zu präferieren, die objektiven Marktchancen und Marktrisiken zu sondieren und die eigenen Ansprüche an diesen auszurichten.

In diesem Zusammenhang ist nochmals auf Heinemann (1993, 283ff.) zurückzukommen, der die scheinbar paradoxe These Simmels (1989), Geld würde zugleich standardisieren *und* individualisieren, aufgreift und weiterführt. Die Eigenschaft des Geldes als bloßes Mittel zur Realisierung unbestimmter Zwecke spalte die individuelle Handlungsmotivation auf. Mit dem Geld finde nämlich "eine Sache Verwendung, deren Erlangung nicht endgültiger Zweck, sondern nur Mittel zum Zweck" (Heinemann 1987c, 327) sei. Obwohl mit Geld nicht unmittelbar Bedürfnisse befriedigt werden könnten, würden seinem Besitzer die Freiheit der Wahl aus einer Vielzahl von Konsummöglichkeiten übertragen. "Mit der Verwendung des Geldes entsteht für alle Handlungspartner der gleiche Motivationshintergrund für ökonomisches Handeln, ohne daß sie in ihren eigentlichen Handlungszielen übereinstimmen müssen." (Ebd.) Mit der Entlohnung einer Arbeitsleistung wird beispielsweise dem Zahlungsempfänger in den Grenzen der transferierten Geldmenge die Freiheit beliebiger Tauschchancen übertragen. Deswegen kann der Gelderwerb auch als Mittel für hochgradig differenzierte private Zwecke fungieren, die von den Imperativen des Erwerbsleben so weit wie möglich abgeschottet werden.[12]

Damit kann das Verhältnis von Markt und Individuum von zwei gegenläufigen Trends her bestimmt werden: Auf der einen Seite findet im anonymen Markt-

---

[12]　Aufgrund der strukturellen Abhängigkeit der allermeisten Privathaushalte von außerhäuslicher Lohnarbeit, Güterproduktion und Geldeinkommen benötigt das moderne Individuum *in* der Privatsphäre ein tragfähiges ökonomisches Gehäuse mit solidem Fundament, das die Verfolgung nicht-marktökonomischer (wertrationaler, traditionaler, affektiv-impulsiver) Zwecke und Ziele überhaupt erst erlaubt. Für Reichwein (1993, 118) ist der vorwiegend sachlich-rationale Familien*haushalt* das "ökonomische Gehäuse der Familie, das zwischen externen und internen Faktoren zu vermitteln" habe. Diese Überlegung ließe sich problemlos auch auf andere, nichtfamiliale Haushaltsformen übertragen. Selbst wenn man - realistischerweise - eine zunehmende Ökonomisierung und Rationalisierung der Privathaushalte annehmen würde, wäre deswegen aber die "Innenseite" der Privatsphäre noch lange nicht kolonisiert oder verschluckt bzw. nicht *automatisch* ein schutzloses Einfallstor für die Systemimperative der Geldwirtschaft. Die Frage, wie und in welchem Ausmaß äußere Marktanforderungen in die Privatsphäre eindringen und dort wirksam bzw. kleingearbeitet werden können, andere Handlungsrationalitäten überlagern, mit diesen koexistieren usw., kann in diesem Kontext jedoch nicht weiter verfolgt werden.

geschehen aufgrund der funktionalen Anforderungen und der weitgehenden Austauschbarkeit von Personen eine *Entindividualisierung* statt, die paradoxerweise von einem Zuwachs an *Individualisierungschancen* begleitet wird. Da im Markttausch nichts als die geldwerte Leistung und Gegenleistung zählt, ist es auch den Individuen freigestellt, über die Verwendung der verfügbaren Geldressourcen eigenständig zu entscheiden. Die Kriterien, nach denen die Entscheidung zugunsten dieser und nicht jener Tauschchance getroffen wird, sind individueller Natur und intersubjektiv nicht begründungspflichtig. Die mit dem Gelderwerb verbundene Zunahme an Wahlmöglichkeiten sollte jedoch nicht darüber hinwegtäuschen, daß alle Entscheidungen gemäß den Parametern des Marktsystems zu fällen sind, die dem einzelnen nicht zur Disposition stehen. Gegenüber voluntaristischen Vereinseitigungen hebt deswegen Habermas (1988, 237) zu Recht hervor, daß die Imperative des ökonomischen und politischen Systems den von Inklusion erfaßten Individuen eine Verhaltenskontrolle aufnötigt, "die einerseits individualisiert, weil sie auf die durch Präferenzen gesteuerte Wahl des Einzelnen zugeschnitten ist, andererseits auch standardisiert, weil sie nur Wahlmöglichkeiten in einer vorgegebenen Dimension (des Habens oder Nicht-Habens, des Befehlens oder Gehorchens) einräumt".

Die Befunde zur Separierung der Handlungsmotivation deuten jedenfalls darauf hin, daß die Annahme einer prinzipiengeleiteten, den formal rationalen Anforderungen des Marktes dienenden Handlungsführung auf eigentümliche Weise unwirklich geworden ist. Statt dessen scheint ein "inkonsequentes" und unbeständiges Habitusprofil den Platz des methodisch-rationalen Habitus eines Benjamin Franklin (vgl. Weber 1988a, 32f.) eingenommen zu haben, der noch einem übergreifenden Wertekanon unterstellt ist, Kontinuität im Sinne eines verläßlichen, auch materiell gesicherten Lebenslaufs erlebbar macht und der individuellen Existenz einen zusammenhängenden Sinn auf festem Fundament vermittelt. Die Habitualisierung von Marktzwängen reicht jedoch *nur* so weit, wie die Individuen ins ökonomische Geschehen funktional inkludiert sind. Sieht man einmal von der manifesten strukturellen Abhängigkeit der individuellen Existenz gegenüber den Parametern der Arbeits- und Konsummärkte ab, dann ist das Individuum im übrigen frei, zu tun und zu lassen, was seinen Bedürfnissen und Präferenzen entspricht bzw. zuwiderläuft.

B. Semantik des Marktes

Ohne die systemtheoretischen Prämissen übernehmen zu wollen, möchte ich an dieser Stelle die von Luhmann vorgenommene kategoriale Unterscheidung zwischen Sozialstruktur und Semantik fruchtbar machen, um das wechselseitige Verhältnis zwischen "weichen" Selbstbeschreibungsmustern und "harten" Organisationsformen eines Vergesellschaftungstypus begrifflich präziser zu beschreiben. Im Vorwort des dritten Bandes von *Gesellschaftsstruktur und Semantik* erläutert Luhmann (1993) am Beispiel des Übergangs von der spätmittelalterlichen Ständegesellschaft zur Moderne sein Verständnis des Wechselspiels von strukturellen und semantischen Wandlungen: "Teils leistet die Semantik sich probeweise Innovationen, die noch nicht in das Muster strukturstützender Funktionen eingebaut sind und daher jederzeit wieder aufgegeben werden könnten. (...) Teils kontinuiert sie längst obsolete Ideen, Begriffe, Worte und verschleiert damit die Radikalität des Strukturwandels (...). Teils wechselt sie in Unterscheidungen die Gegenbegriffe aus und hält den Term, auf den es ihr ankommt, konstant (...). Teils fusioniert sie eine Mehrheit von Unterscheidungen (...) zu nur einer." (Ebd., 7f.) Der Wandel von Gesellschaftsstruktur und Semantik verlaufe nicht im synchronen Gleichschritt, sondern vollziehe sich als historisch ungleichzeitige Entwicklung, in der die Selbstbeschreibungsmuster unterschiedlicher Epochen sich überlappen und vermischen, miteinander um semantische Hegemonie konkurrieren, in mehrdeutiger und vielschichtiger Varianz auftreten, scheinbar Widersprüchliches vereinnahmen usw. Gleichwohl setzten sich auf Dauer jene Semantiken sukzessive durch, die die neuen Strukturvorgaben in angemessener Weise beobachten, d.h. fixieren, bebildern, verarbeiten und begrifflich erfassen und reflektieren könnten: Der Strukturwandel der Gesellschaft selbst entzieht sich der "Beobachtung und Beschreibung durch die Zeitgenossen; und erst nachdem er vollzogen und praktisch irreversibel geworden ist, übernimmt die Semantik die Aufgabe, das nun sichtbar Gewordene zu beschreiben"; und er fügt hinzu: "im vollen Umfange erst in unseren Tagen werden die Realfolgen der neuen Gesellschaftsformation sichtbar" (beide Zitate: ebd., 8). Demzufolge sind Semantiken sinnhafte Deutungsschemata, die nicht nur in geronnenen Ideen und Weltbildern, sondern auch in routinisierten Symbolsprachen und Redewendungen der profanen Alltagskultur eingeschmolzen und gespeichert sind. Als durchschnittlich verbreitete Semantiken seien sie typisch für eine bestimmte Gesellschaftsepoche und stehen gewissermaßen in einer spezifischen Beziehung zum sozialstrukturellen Untergrund des Gesellschaftssystems. "Das, was man im Moment gern 'Kultur' nennt, läuft somit voraus und hinterher, antezipiert und registriert Veränderungen, und dies in einem Getümmel von Kontroversen, die ihrerseits den Blick ablenken von dem was geschieht." (Ebd., 8)

Im folgenden möchte ich der Frage nach der Semantik des Marktes nachgehen. Zunächst sind einige charakteristische Elemente der Produktion und des Gebrauchs von Zeichen und Symbolen am Beispiel moderner Kulturmärkte idealtypisch zu skizzieren (V.B.1.). Mit der Unterscheidung zwischen funktionalem und symbolischem Gebrauchswert einer Ware, die in Abschnitt (V.B.2.) vorgenommen wird, soll der kultursoziologische Zugang zur Marktproblematik theoretisch genauer begründet und unterfüttert werden. Sodann werden die Ergebnisse von Schulze zur *Erlebnisgesellschaft* aufgegriffen, um die These vom Bedeutungszuwachs des symbolischen Gebrauchswertes darlegen zu können (V.B.3.). Diese Überlegungen zur Semantik des Marktes münden abschließend in den Versuch

ein, Pierre Bourdieus Theorie sozialer Distinktion vor dem Hintergrund der dem
Marktgeschehen eigenen Distinktionsformen kritisch zu beleuchten (V.B.4).

1. Kulturmärkte und die Pluralisierung der Semantik

Patricia Crone (1992, 123ff.) hat die festgefügte, starre Symbolordnung vormo-
derner Gesellschaften auf die Formel der "demonstrativen Ungleichheit" zwischen
den Ständen gebracht, um zu verdeutlichen, daß die scharfen horizontalen und
vertikalen Trennungslinien zwischen den sich abschirmenden Ständen und Rän-
gen symbolisch reproduziert werden. Der Gebrauch von Zeichen ist in der
"repräsentativen Öffentlichkeit" (Habermas 1990, 58ff.) der feudalen Gesellschaft
sozial verläßlich bestimmbar und zurechenbar. Rang und Status werden für jeden
sichtbar und demonstrativ zur Schau gestellt, womit allen unzweideutig signalisiert wird, wer zu welchen Ansprüchen berechtigt ist, von wem welche Verpflichtungen zu erwarten sind usw. Im *formalisierten* Rollenverhalten des Alltagslebens
wird die Ordnung der Normalität symbolisch vorgeführt und gezeigt, wer man ist
und was man kann. Ganz ähnlich bemerkt Jean Baudrillard in seinem Hauptwerk
Der symbolische Tausch und der Tod (1982, 80) zum hierarchischen Zeichensystem der Ständegesellschaft, daß es keine Mode gebe, "denn die Zuordnung ist all-
umfassend und die Beweglichkeit innerhalb der Klassen gleich null. Ein Verbot
schützt die Zeichen und sichert ihnen eine absolute Klarheit: jedes verweist zweifelsfrei auf einen Status. Im Zeremoniell gibt es keine Möglichkeit zur Imitation,
es sei denn als schwarze Magie und Sakrileg - und entsprechend wird auch die
Vermischung von Zeichen bestraft: als schwerer Verstoß gegen die Ordnung der
Dinge selbst." In diesem System eindeutiger Zeichen kommt dem Habitus, der
Kleidung und Körpergestik, den Tugendkatalogen und Anredeformen, der rituellen Benutzung diverser Objekte und Insignien, aber auch dem besonders ausge-
prägten "Ehrgefühl" der sozialen Stände eine große symbolische Bedeutung zu.
Nochmals Crone (1992, 123f.): "In der Sitzordnung und Reihenfolge bei Hof, im
Zirkus oder im Theater, in Kirchen und bei allen öffentlichen Zeremonien spiegel-
te sich die Rangordnung der Beteiligten. Auch die Sprache war ein wichtiges
Statussymbol, (...) weil ein reicher Schatz an Ehrbezeigungen, Anreden und rhe-
torischen Floskeln zur Verfügung stand, der Alter, Geschlecht und soziale Position sowie die verschiedenen Nuancen von Vertrautheit zwischen Sprecher und an-
gesprochener Person widerspiegelte. Man konnte sofort erkennen, mit wem man
es zu tun hatte und mußte mit seiner eigenen Redeweise zu erkennen geben, ob
der Angesprochene ranghöher, niedriger oder gleichrangig war." Die symbolisch
zelebrierte Ordnung der Stände schafft zwischen diesen selbst soziale und räumliche Distanz und dient zugleich der Selbstdarstellung der Herrschaft von Adel und
Klerus, die sinnfällig gemacht wird. Vor allem fungiert die Kleidung als ausge-

wiesenes Standessymbol, mit dem der gesellschaftliche Rang ihres Träger gekennzeichnet wird. Hierzu schreibt Walzer in *Sphären der Gerechtigkeit* (1992, 59): "Der Rang bestimmte den Anzug. Die Bedeutung der Kleidung entsprach der feudalen Gesellschaftsordnung. Einen Staat oder Putz anzulegen, den anzulegen man keine Berechtigung hatte, kam einer Lüge gleich; denn man behauptete fälschlich zu sein, was man nicht war. Wenn ein König oder ein Premierminister in die Kleidung eines Commoner, eines Mitglieds des britischen Unterhauses, schlüpfte, um herauszufinden, wie und was seine Untertanen dachten, dann war das eine bewußte politische Irreführung."[13]

Die modernen, über den Markt vermittelten Sozialbeziehungen erzwingen demgegenüber ein neues Prinzip der Produktion und Zirkulation von Zeichen, das mit der ständischen Markierung der Symbole radikal bricht und die tradierten Verweisungszeichen buchstäblich entleert. Die Semantik der Zeichen sowie die symbolische Codierung der Artefakte löst sich von ständischen Deutungszuschreibungen und wird zunächst klassenspezifisch eingefärbt. Mit der Umwälzung der materiellen Kultur im Verlauf des 20. Jahrhunderts und dem Aufstieg der industriellen Massenkultur, in dessen Verlauf die Überreste vorindustrieller Kulturformen und Lebenswelten schließlich gänzlich verschwinden, werden Zeichen auch klassenübergreifend verfügbar und damit interpretierbar. Insbesondere die bunte Waren- und Bilderwelt des multimedialen Kulturmarktes bringt eine unendliche Vielzahl von Symbolen und Zeichen hervor, die sich der überkommenen Moralordnung entziehen. Kurz: Die Formen der Produktion, Zirkulation und Aneignung von Zeichen geraten in den Sog einer tiefgreifenden Modernisierung.

Im Hinblick auf die symbolische Dimension kann der Markt als "großer Gleichmacher" (Willis 1991, 159) gekennzeichnet werden, der die monopolistische Sinngebung von Welt durch die traditionellen kulturellen Eliten prekär werden läßt und jede autoritär-zentralistische Symbolinstanz (z.B. König, Papst) vom sprichwörtlichen Sockel stößt. Die Produktion und Verwendung von Zeichen ist unter diesen Bedingungen nicht mehr dem soziokulturellen Deutungsmonopol des Adels (höfische Kultur), der Kleriker (göttliche Ordnung) oder der gebildeten Bürger (Bildungsreligion) unterworfen. Insbesondere auch jene normativen Bewertungsmaßstäbe der traditionellen bürgerlichen Kultur, die mehr oder weniger universelle Geltung beanspruchen und die sich beispielsweise in den Gegensätzen tugendhaft/pöbelhaft, gläubig/ungläubig, distinguiert/vulgär und raffiniert/grob ausdrücken, scheinen im Kontext sachlicher Marktbeziehungen, in denen primär quantitativ-monetäre Distinktionen relevant sind, zu verblassen. In diesem Sinne entziehen sich Symbole und Zeichen immer nachhaltiger den traditionellen Bezügen einer starren Statushierarchie, die kulturelle Praktiken und Deutungsformen

---

[13] Zusammenfassend zur symbolischen Rangordnung der Ständegesellschaft van Dülmen (1992, 176ff.). Zur Sonderform der höfischen Symbolkultur des absolutistischen Zentralstaats in Europa vgl. vor allem Elias (1969; 1976) sowie auch Bauer/Matis (1988, 190ff.).

nach der binären Codierung "gebildete Kultur"/"Volkskultur", "Hochkultur/Alltagskultur", "Ernste Musik"/"Unterhaltungsmusik" oder "anspruchsvolle Literatur"/"triviale Literatur" klassifiziert. Ein Beispiel zur Illustration: In dem Ma
ße, in dem die Aussicht auf Vermarktung steigt, wird "elitäres" Tennis einem
Massenpublikum angedient wie auch Fußball Schritt für Schritt das Image eines
reinen "Proleten"-Sports ablegt und die zahlungskräftige Kundschaft eines
schicht- und milieuübergreifenden Massenpublikums erreicht.

Insbesondere der multimediale Markt der "Kulturindustrie" ist in kultureller
Hinsicht eine Institution des *Relativismus* im doppelten Sinne: er erzwingt auf der
Angebotsseite die hemmungslose Kommerzialisierung der Zeichen durch Mode
und Produktdesign, Werbung und Marketing, Fotografie und Film, Video und
Computer; zugleich ermöglicht er auf der Nachfrageseite ihre *eklektizistische Benutzung* durch Outfit, Styling und Selbstinszenierung. Die vormals abgeschotteten
Zeichensysteme diverser Stände- und Klassenmilieus werden je nach Marktlage,
Absatzerwartung und Konsumentenverhalten dekonstruiert, ihre Komponenten
miteinander vermischt und auf neue Weise komponiert. So entstehen neue Sprachen, Redeweisen, Stilelemente und Wahrnehmungsmuster, die dem ästhetischen
Konservatismus einer statischen Symbolordnung fremd sind. Das symbolische
Ensemble wird in dem Maße durcheinandergewirbelt und neu konstruiert, in dem
die Geschmacks- und Kulturpräferenzen der Konsumenten von Kulturwaren in
den Mittelpunkt der Marketingstrategien gestellt werden. Zur Soziologie der Konkurrenz hat bereits Simmel in der *Soziologie. Untersuchungen über die Formen
der Vergesellschaftung* (1992a, 328) die interessante Beobachtung gemacht, daß
das "Ringen um den Beifall" der Kunden zur "Adaptierung der Anbietenden an
die Nachfragenden" führe. Da das dargebotene Produkt möglichst vielen Kunden
gefallen muß, avanciert folglich die breite Streuung der Angebote der Kulturwaren auch zum Zielpunkt aller Bemühungen der Anbieter. Es entsteht eine Film-,
Musik- und Werbeindustrie, die gemäß der Losung des Marktes nach Expansion
und Absatzerweiterung einen historisch neuartigen Produktionssektor ("Kulturindustrie"), eine neue Kommunikationsbühne ("Massenmedium"), neue Produkte
(die serielle "Kulturware") und eine neue Nachfrage ("Massenkonsum") schafft.[14]

Bezogen auf die bundesrepublikanische Gesellschaft der 1980er Jahre sieht
Gerhard Schulze (1992, 54ff.) die strukturellen Voraussetzungen dieser soziokulturellen Umbrüche *erstens* in der Expansion des Angebots von massenindustriell
hergestellten Kulturgütern, da auch "entlegene Bereiche des Alltagslebens als

---

[14] In dem Aufsatz *Das Kunstwerk im Zeitalter seiner technischen Reproduzierbarkeit* hat
Benjamin (1977, 10ff.) bereits 1935 am Beispiel der Filmtechnik hervorgehoben, daß
die neuen Medien die Wahrnehmungs- und Rezeptionsformen von Kunst grundlegend
verändern. Der Mythos des Kunstwerkes, seine traditionelle "Aura" (ebd., 13), werde
entzaubert und die massenhafte Verbreitung der Kulturprodukte erzwungen. Benjamin
(ebd., 32) zufolge verändert die technische Reproduzierbarkeit des Kunstwerks das
"Verhältnis der Masse zur Kunst".

Marktnische ausgespäht und von Offerten umstellt" (ebd., 56) würden. Eine besondere Bedeutung komme hierbei dem Wegfall von Handelshemmnissen sowie
den globalen Kommunikationstechniken zu, die die Angebote via Kabel- und
Satellitenfernsehen breit streuten und die regionalen Besonderheiten im Konsum-
verhalten anglichen (vgl. ebd., 447f.). *Zweitens* habe die verbesserte Ausstattung
mit realer Kaufkraft und die Zunahme an arbeitsfreien Zeitreserven nicht nur zu
einem allgemeinen Anstieg der durchschnittlichen Konsumfähigkeit geführt (vgl.
Kreckel 1992, 122ff.); auch sei der Anteil der Ausgaben für Grundnahrungsmittel
und andere physisch unentbehrliche Güter wie Wohnung, Energie und Kleidung
an den Gesamtaufwendungen eines Durchschnittshaushalts von 1950 bis 1973
etwa halbiert worden und der Ausgabenanteil für freien Bedarf ungefähr um das
Doppelte gestiegen (vgl. hierzu auch Zapf 1987, 27). Dadurch sinke proportional
zum verfügbaren Einkommen der ökonomische Aufwand eines durchschnittlichen
Privathaushalts, beispielsweise beim Kauf eines Autos. *Drittens* könne die individuelle Verfügungsgewalt über Güter nicht mehr durch formale Zugangsbarrieren
der Stände und Zünfte behindert werden, sondern sei lediglich als Resultat von
Angeboten einerseits und individueller Nachfragekapazität bzw. Zahlungsfähigkeit andererseits zu begreifen. Pointiert formuliert Schulze (1992, 57): "Der Tür-
steher vor der Diskothek ist der letzte Gruß aus dem Mittelalter". Und *viertens* sei
der freie Austausch von Leistungen auf dem Markt nicht mehr durch kognitive
Barrieren blockiert, die den Horizont des Möglichen als gottgegeben oder schick-
salhaft vorgäben, die Reglementierung des täglichen Lebens im Detail vorschrie-
ben und zur Mäßigung und Bescheidenheit aufforderten: "Die als gestaltbar definierten Bereiche der Alltagswirklichkeit haben ungeahnte Dimensionen angenommen. Psyche, Beziehung, Familie, Biographie, Körper, all dies gilt zunehmend als
machbar, reparierbar, revidierbar." (Ebd., 58)
      Mit der Diffusion ehemaliger Schlüsselgüter des Wohlstandes wie Staubsau-
ger, Kühlschrank, Waschmaschine, Telefon, Fernseher, Urlaubsreise und Automobil auch in einkommensschwache Bevölkerungsgruppen verblassen zugleich
die *alten* Statussymbole zu diffusen Zeichen des Wohlstands inmitten einer Fülle
anderer Wohlstandszeichen. Der Distinktionseffekt des puren Besitzes einer überschaubaren Anzahl von klassischen Luxusartikeln verflacht und wird durch eine
"semiotische Unsicherheit" (Müller-Schneider 1994, 83) ersetzt, wie an dem ex-
plosionsartig erweiterten Sortiment von Marken, Typen, Serien und Ausstattungen
eines Gutes abzulesen ist. Damit verlieren prestigeträchtige Statussymbole einen
wesentlichen Teil ihres Bedeutungsinhalts, nämlich die "Distanz zu einer öffentlich sichtbaren Existenzform der Armut" (ebd., 82). Zudem wird vielen exklusive-
ren Gütern nicht mehr konstant über einen langen Zeitraum eine ihnen inhärente
distinktive Symbolik zugeschrieben. Ihre Attraktivität als Zeichen von sozialem
Status leidet unter dem sogenannten *trickle-effect*. Alte Statussymbole werden immer rascher durch unverbrauchte ausgewechselt, wenn der reale Zeitvorsprung
des Besitzes durch die beschleunigte Ausbreitung nach "unten" zusammen-
schmilzt. Im Zeichen eines endlosen Wettlaufs um neue Statussymbole ist jeden-

falls die Annahme einer altehrwürdigen, in sich stabilen Statuspyramide kaum aufrechtzuerhalten. Dies hat auch damit zu tun, daß "teure" oder "gehobene" Objekte nicht immer sofort als solche wahrgenommen werden. Teure Markenprodukte, die als "gehobene" Statussymbole gelten, werden binnen kürzester Zeit durch preisgünstige Imitate auf den Markt gebracht. Selbst die bisher verschlossenen Reservate der Exklusivität bleiben von dieser Dynamik im Prinzip nicht ausgeklammert: "Weltreisen, Autos der Luxusklasse, eigene vier Wände, gediegene Einrichtungen, teurer Schmuck, erlesene Restaurants - was gestern den Upper Ten vorbehalten war, wird heute zum Standard in der sozioökonomischen Mittellage." (Schulze 1992, 57)

Der klassen- und milieuspezifisch privilegierte Zugang zu spezifischen Kulturpraktiken und die Kontrolle von Symbolmonopolen wird durch die "Kulturindustrie", deren Bilder- und Zeichenangebote möglichst jeden, der zahlungsfähig ist, erreichen sollen, schrittweise aufgeweicht. Genauer: Zumindest *potentiell* wird dadurch mehr oder weniger allen die Chance der Aneignung von diversen Symbolen und Zeichen im Massenkonsum, die "freie" Auswahl aus der bunten Palette der multimedialen Angebote der Kulturindustrie ermöglicht. Die moderne kommerzielle Kulturware beseitigt überkommene Schranken des Konsumprivilegs, entweiht das bildungsbürgerliche Rezeptionsmonopol von Kunst, Musik und Literatur und demontiert ihre kommunikative Macht im Feld der distinktiven Kultur. Alleiniges formales Kriterium des Ein- oder Ausschlusses vom Konsum eines exquisiten Kleidungsstückes oder einer gewöhnlichen Freizeitjacke, einer Südseereise oder eines BigMac, einer Sonic Youth-CD oder einer Stravinsky-CD, einer Coca-Cola oder eines Mercedes der S-Klasse ist die Verfügung über Geldressourcen oder Kreditnahmechanen. Kurzum, die Embleme des Massenkonsums verunsichern Tradition und Konvention; sie zersetzen sukzessive überkommene Konsumgewohnheiten und sprengen jene normativen Setzungen, die den Konsum spezifischer Güter stände- und klassenspezifisch begrenzten und den Einzelnen unter das Diktat eines holistischen Kulturmusters stellten. Gegenüber einer radikalen Individualisierungsannahme (Beck 1983, 1986) bleibt gleichwohl ausdrücklich festzuhalten, daß die *formale* kulturelle Wahlfreiheit des Individuums durch den ungeschriebenen Rahmen der Möglichkeiten beschränkt bleibt, der durch die ungleiche und sich gegenwärtig wieder verschärfende Verteilung von Lebenschancen vorgegeben ist und das Ausmaß der "Stilisierungschancen" (Müller 1992, 375) bedingt.[15]

---

[15]   Müller (1992, 375ff.) beabsichtigt, die kultursoziologische Lebensstilanalyse für eine
       Theorie der sozialen Ungleichheit fruchtbar zu machen. Er wendet sich gegen den Eindruck, Güterkonsum und Lebensstilisierung seien in der "Postmoderne" gänzlich in
       das Belieben des persönlichen Geschmacks und der autonomen Entscheidung gestellt.
       Demgegenüber bindet Müller die *Chance* und *Neigung* zur individuellen Wahlfreiheit
       an die faktische Ausstattung mit Wohlstandsgütern (insbesondere Geld, Bildung und
       andere Ressourcen) sowie an die fortwirkende Relevanz bzw. das veränderte Profil
       von Wert- und Normsystemen zurück. Siehe demgegenüber Becks (1986, 124f.) Pro-

An die Stelle einer *immer schon* reglementierten Zuordnung von Bedeutung und Bedeutungsträger tritt die prinzipiell freie und unbekümmerte Zirkulation der Bilder-, Zeichen- und Formensprachen des Kulturmarktes, der auch dann das Stil*angebot* rasch vervielfältigt, wenn die individuelle Nachfrage nach Kulturwaren abnimmt, etwa infolge verringerter Einkommenschancen durch Unterbeschäftigung oder Erwerbsarbeitslosigkeit. Ethische, ästhetische, politische oder andere Bedeutungen sind jedenfalls nicht mehr eindeutig in ein normatives Hierarchiesystem einzuordnen, sondern konkurrieren miteinander und treten in einen prinzipiell offenen Wettbewerb der Distinktionszeichen, an dem die veraltete Einheit von Signifikat und Signifikant zerbricht. Dadurch wird keineswegs die Möglichkeit einer Wertorientierung aufgegeben, sondern lediglich die *objektive Geltung* der Werte und die *traditionellen Wertprioritäten* zur Disposition gestellt und ein gänzlich neues Verhältnis von Zeichenordnung und materieller Referenz erzwungen. Insofern "implodieren" Bedeutungen und Sinnzuschreibungen auch nicht, wie etwa Baudrillard in seiner Theorie der Simulation (1982) immer wieder unbeirrt verkündet, sondern werden *kontingent*, dem Kriterium der subjektiven Auslegung untergeordnet und damit im jeweiligen Einzelfall *begründungsbedürftig*. Erst die Kontingenz der Werte macht sie individuell verfügbar und modellierbar. In diesem Zusammenhang ist Baudrillards Annahme, daß mit dem Niedergang der traditionellen Semantik der Zeichen die allgemeinverbindliche und autoritativ festgelegte Zuordnung von Signifikat und Signifikant auseinanderbreche, sicherlich zutreffend. Das kulturpessimistische Diktum von der universalen Unbestimmtheit - Baudrillard (ebd., 8, 90 und 91) spricht auch von der "Vernichtung von Referenzen", der Auflösung der "Aura des Zeichens" und der "Implosion allen Sinns" - kann jedoch keineswegs überzeugen.[16] Warum büßen Zeichen jegli-

---

blembeschreibung: "Das Geld mischt die sozialen Kreise neu und läßt sie im Massenkonsum zugleich verschwimmen. Nach wie vor gibt es Orte, wo die 'einen' sich treffen und die 'anderen' nicht. Aber die Überschneidungszonen wachsen, und die Grenzen zwischen Vereinen und Wirtshäusern, Jugendtreffs und Altenheimen, die noch im Kaiserreich und in der Weimarer Republik das Leben außerhalb der Arbeit erkennbar in 'Klassenschranken' trennten, werden unkenntlich oder aufgehoben. An ihre Stelle treten ungleiche Konsumstile (in Einrichtung, Kleidung, Massenmedien, persönlicher Inszenierung usw.), die aber - bei aller demonstrativer Unterschiedlichkeit - die klassenkulturellen Attribute abgelegt haben."

[16] In Baudrillards Simulationstheorie sind die Zeichen des Medienzeitalters jedes sinnhaften Ausdrucks entkleidet: sie sind "von der 'archaischen' Verpflichtung, etwas bezeichnen zu müssen" (1982, 18), entbunden und verweisen nur auf die reine Oberfläche, das ästhetische Formenspiel, das Design der Dinge. In der Mode etwa, so behauptet Baudrillard (1982, 133) kategorisch, "verschwindet das Bezeichnete (das Signifikat), und der Aufmarsch des Signifikanten führt nirgendwo mehr hin. Die Unterscheidung von Bezeichnetem und Bezeichnendem, von Signifikat und Signifikant wird (...) abgeschafft". An anderer Stelle (Kraemer 1994c) habe ich ausführlicher Probleme diskutiert, die sich aus Baudrillards Annahme des selbstreferentiellen Zei-

che symbolische Ausdruckskraft ein und werden unbestimmbar, wenn ihre *traditionellen* Sinnpotentiale fragwürdig werden? Im Sinne der Weberschen These von der "Ausdifferenzierung von Wertsphären" ist vielmehr eine zunehmende *Pluralisierung von Bedeutungen und des Gebrauchs von Zeichen* zu vermuten, die es den Rezipienten des Kulturmarktes zumindest potentiell ermöglicht, Signifikant und Signifikat auf neue Weise zusammenzufügen, um Sinn zu bestreiten, zu modellieren, zu verfremden, zu neutralisieren, zu hintertreiben, zu ironisieren, mit semantischen Doppeldeutigkeiten aufzuladen bzw. eigenen Sinnfragmenten anzureichern. Diese *Diversifizierung von Sinn* wird von gängigen, verfallstheoretisch inspirierten Kulturkritiken ausgeblendet, wobei übersehen wird, daß die Konkurrenz zwischen hegemonialen Sinnformen, untergründigen Sinnschichten und alternativen Sinnkonstruktionen geradezu *angeregt* wird, wenn sich der archimedische Punkt verflüchtigt, auf den jeder einzig gültige Sinn noch fixiert ist.

Im Zusammenhang mit den vorangestellten Überlegungen zum Kulturmarkt ist die von Horkheimer und Adorno in der *Dialektik der Aufklärung* (1985, 108ff.) entworfene Perspektive, das Verwertungsprinzip des Kapitalismus habe sich in die Kultur-Dinge eingegraben und der Ding-Ästhetik sozusagen den Stempel aufgedrückt, kaum tragfähig. Die hermetisch geschlossene Negativität der Geschichtsphilosophie der *Dialektik der Aufklärung* erscheint nämlich insofern problematisch, als die Analyse der "Kulturindustrie" weitgehend vom symbolischen Gebrauch der Dinge in der profanen Alltagskultur absieht und diese auf ihren marktförmigen Tauschwertcharakter reduziert.[17] Die Frage nach der gesellschaftlichen Wirkung der "Kulturindustrie" scheint für Horkheimer und Adorno mit der Analyse der Angebotsseite erschöpfend beantwortet zu sein. Mit dem Theorem der "Verdinglichung" wird sogar den industriellen Kulturprodukten jede von ihrem Warenstatus unabhängige semantische Qualität abgesprochen. Die Analyse der Vermarktung der Kulturwaren läßt jedoch nur einen begrenzten Rückschluß auf ihre alltagspraktische Rezeption zu. Im folgenden Abschnitt ist deshalb das in der Annahme der totalen Herrschaft der "Kulturindustrie" implizierte Postulat zu hinterfragen, der Tauschwert der Ware verschlucke gleichsam seine *symbolischen* Gebrauchsweisen, indem die kapitalistischen Gestaltungsgesetze in die Substanz der Dinge eindrängen, die Semantik der Kulturwaren okkupierten und einen warenästhetischen "Schein" mitlieferten, der die subjektive Rezeption manipulativ vereinnahme.[18] Erst der Blick auf die Nachfrageseite der "Kulturindustrie" und

---

chens ergeben und diese mit einigen kulturtheoretischen Überlegungen zur Semantik des Kulturmarktes konfrontiert.

[17] Ganz ähnlich auch die tauschwertzentrierte *Kritik der Warenästhetik* von Haug (1976).

[18] Siehe demgegenüber bereits die medientheoretischen Überlegungen Benjamins, der die Ambivalenz der Massenmedien, einerseits zerstreuend, formierend und entpolitisierend zu wirken, andererseits aber nicht nur manipulative Nutzungsmöglichkeiten, sondern auch partizipative Aneignungsformen zu bieten, hervorhebt. Hierzu zusammenfassend Kausch (1988, 79ff. und 163ff.), der die "stimulusorientierte" Mediendiagnostik von Horkheimer und Adorno mit dem "responseorientierten Paradigma" Ben-

die theorietechnische Aufwertung des durchschnittlichen Konsums als elementare *soziale Praxis* verspricht, den produktionsfixierten Standpunkt zu überwinden. Zugleich wird dadurch ein Zugang zur Rezeption kultureller Massengüter eröffnet, der es erlaubt, nicht nur die denunziatorischen Zwischentöne der einschlägigen Kulturkritik zu vermeiden, sondern auch den Reduktionismen des tauschwertzentrierten Verdinglichungstheorems zu entkommen.

2. Funktionaler und symbolischer Gebrauchswert

Der amerikanische Kulturanthropologe Clifford Geertz (1983, 7ff., 96ff., 133ff.) grenzt sich in seinen grundlegenden Überlegungen zum "Verstehen kultureller Systeme" sowohl von funktionalistischen als auch idealistischen Erklärungsmodellen von Kultur ab. Gegenüber der funktionalistischen Analyse beabsichtigt Geertz (1998), die Erforschung von Kultur nicht auf eine formal logische Matrix von Verhaltensdispositionen zu reduzieren, die in einer internen Beziehung zueinander stehen und nach festen ideologischen Prinzipien organisiert sind. Kulturelle Äußerungen können nicht, so postuliert Geertz, von der "informellen Logik" (ebd., 25) des alltäglichen Lebens, seinen Rissen, Brüchen, Ambivalenzen oder "disfunktionalen Begleiterscheinungen" (ebd., 97) abgeschnitten werden. Kultur sei keine statische oder schematische "Instanz, der gesellschaftliche Ereignisse, Verhaltensweisen, Institutionen oder Prozesse kausal zugeordnet werden könnten" (ebd., 21). Sie könne nicht einseitig als funktionales System begriffen werden, das die untergründigen gesellschaftlichen Machtformen schlicht reproduziere, indem allgemeine Anforderungen und Verhaltenserwartungen von den sozialen Akteuren in der Alltagswelt unbefragt und stillschweigend internalisiert werden. Der Funktionalismus suggeriere damit ein reibungsloses Gleichgewicht, einen homöostatischen Zustand, der alle Elemente bis in die letzten Winkel der sozialen Welt konserviere. Kultur im weitesten Sinne sei vielmehr als historisch wandelbarer Rahmen zu begreifen, der die Auslegung und Deutung von Zeichen nicht nach einheitlichen, unantastbaren Mustern und vorgestanzten Verlaufsmodellen präjudiziere, sondern auf unterschiedliche Weise und mit durchaus unvorhersehbaren Folgen das Alltagshandeln anleite. Deshalb verabschiedet sich Geertz von einem monolithischen Kulturbegriff, der vorgibt, von einem Fixpunkt aus exakt be-

---

jamins kontrastiert. Von Bedeutung ist auch Umberto Ecos grundsätzlicher Einwand (1984) gegen die Kulturindustrie-These der Kritischen Theorie: Die sogenannte Massenkultur habe überhaupt erst jenen sozialen Kreisen den Zugang zu Kulturobjekten möglich gemacht, die hiervon in früheren Zeiten ausgeschlossen waren. Damit wendet er sich gegen den Anspruch der "Hochkultur" auf ein ästhetisches Deutungsmonopol und betont die prinzipielle Gleichwertigkeit und Gleichrangigkeit unterschiedlicher Kulturformen.

stimmbar zu sein, und schlägt statt dessen vor, sich dem zuzuwenden, "was den Symbolen Leben verleiht: ihrer Verwendung" (ebd., 193).

Idealistische Erklärungsversuche sind für Geertz (ebd., 34) aber ebenso unzureichend, da "soziale Handlungen mehr als nur sich selbst kommentieren". Kultur bestehe zwar aus Ideen, sie existiere aber "nicht in den Köpfen; obwohl sie unkörperlich ist, ist sie keine okkulte Größe" (ebd., 16), Geertz (ebd., 134) begründet den kulturphänomenologischen Ansatz der *thick description* wie folgt: "Um Vorstellungen, Begriffe, Werte und Ausdrucksformen weder als Schatten auffassen zu müssen, die die Organisation der Gesellschaft auf die unbewegte Oberfläche von Geschichte wirft, noch als Weltgeist, dessen Fortschreiten sich der inneren Dynamik beider Momente verdankt, wurde es notwendig, sie als unabhängige, aber dennoch voneinander losgelöste Kräfte zu sehen, deren Wirkungs- und Auswirkungsbereich nur innerhalb bestimmter sozialer Kontexte liegt, an die sie sich anpassen und von denen sie stimuliert werden, auf die sie jedoch gleichzeitig einen mehr oder minder bestimmenden Einfluß ausüben." (Ebd., 134) Kulturelle Artefakte, Ideen und Vorstellungen sind Geertz zufolge in ihren Sinnbezügen nicht an einwandfreie Bedeutungen gebunden, deren Elemente voneinander isoliert, auf dem Reißbrett kartographisch erfaßt und zu einem abstrakten Muster mit einer internen hierarchischen Struktur zusammengefügt werden können. Das relativ flüssige Terrain der Alltagskultur besitze kaum festumrissene, stringente Konturen, die überall in gleicher Weise präsent und dauerhaft wirksam seien. Geertz wendet sich damit gegen die Annahme, daß, wie die oft benutzte Metapher des "Spiegelbildes" offenkundig macht, kulturelle Bedeutungen lediglich die Gesellschaftsstruktur maßstabsgetreu abbildeten. Vielmehr bezögen kulturelle Artefakte und Zeichen Sinn erst aus ihrer Anwendung im Nahbereich bzw. Handlungsfeld der sozialen Praxis. Obwohl die Zuschreibung der Bedeutung von Zeichen immer auf die soziale Kontextualität der jeweiligen Situation zugeschnitten sei, in der diese benutzt würden, könne das semantische Profil einer kulturellen Praxis nie antizipativ vorausgesagt und mit mathematischer Genauigkeit berechnet werden.

Kulturelle Zeichen verweisen nicht auf sich selbst, sie bringen sich nicht selbst zum Sprechen. Und es ist keineswegs immer schon entschieden, daß die Zeichen eine dahinterstehende Botschaft auch tatsächlich transportieren, selbst wenn dies von den Zeichen-"Anbietern" im Hinblick auf einen bestimmten Kreis von Adressaten intendiert ist und eine bestimmte Sinnauslegung mitgeliefert oder nahegelegt wird. Das Gelingen oder Mißlingen hängt von sozialen Konstellationen ab, die über den Entscheidungshorizont der Zeichenproduzenten hinausweisen. Die sinnhafte Bedeutung von Zeichen wird deshalb auch erst dann sichtbar, wenn eine lokale, in ihrem Radius begrenzte *Gebrauchskultur* der Zeichen in den Blick genommen wird, die die Rezeption und Ausdeutung der Sinn-"Angebote" anleitet und filtert. Welche Bedeutungen im einzelnen übernommen und eliminiert, konserviert und modifiziert, aufgezwungen und durchgesetzt, erinnert und vergessen werden, hängt dann entscheidend davon ab, in welchem sozioökonomischen und kulturellen Kontext die Gebrauchskultur eingebettet ist. Dieser Rahmen gibt in gewisser Weise eine Bannbreite vor, in der ein bestimmtes Spektrum von Bedeutungen sinnvoll erscheint und gegenüber anderen Interpretationen und Sinnhorizonten bevorzugt wird.[19]

Ohne die kulturtheoretischen Implikationen von Geertz an dieser Stelle weiter vertiefen zu können, sind diese Überlegungen im folgenden für die Fragestellung fruchtbar zu machen, wie das Verhältnis zwischen der Marktproduktion kultureller Güter und ihrer alltäglichen Konsumtion beschrieben werden kann. Zunächst ist davon auszugehen, daß auch der semantische Gehalt der kommerziellen Zeichen des Kulturmarktes stets auf ihren spezifischen *Gebrauch* durch die Rezipienten und Konsumenten verweist. Um die Gebrauchsweisen der Zeichen im Blickfeld der soziologischen Analyse genauer entschlüsseln zu können, möchte ich deshalb in analytischer Hinsicht zwischen dem *funktionalen* und dem *symbolischen* Gebrauchswert einer Ware unterscheiden.[20] Der funktionale Gebrauchswert bezieht sich auf die Architektur der Ware, ihre gegenständliche Eigenart als

---

[19]   Zu dieser Perspektive vgl. die von Williams (1982, 1990) angeregten Arbeiten aus dem Umfeld des Birminghamer *Centre for Contemporary Cultural Studies* (Clarke 1979; Hall 1989; 1990a; Willis 1981; 1982; 1990; 1991) sowie Miller (1987). Müller (1994) nimmt die Anregungen der neueren amerikanischen und britischen Kulturtheorie zum Anlaß, um die symbolische, prozessuale und handlungsorientierte Dimension von Kultur zu unterstreichen. Im Umgang mit kulturellen Artefakten verwenden die sozialen Akteure symbolische Codes, die für Müller (ebd. 144) in mehrerlei Hinsicht kultursoziologisch bedeutsam sind: sie informieren *erstens* über Sinnbezüge, die durchaus zu einem kulturellen System gerinnen können; sie sind *zweitens* aussagekräftig im Hinblick auf institutionalisierte Anforderungen, Sozialisationsmuster und Kontrollinstanzen, welche die kulturellen Elemente veralltäglichen und deswegen auf Dauer stellen; und sie verweisen *drittens* auf die flüssigen kulturellen Praktiken in der Lebenswelt, die in Harmonie, in abwartender Distanz oder in offener Opposition zu einem vorherrschenden Kultursystem stehen. Müllers Überlegungen können auch als Versuch interpretiert werden, zwischen jenen kulturtheoretischen Ansätzen zu vermitteln, die Kultur als soziales Handeln definieren (Geertz) und jenen, die die Reproduktionsfunktion von Kultur im Gefüge gesellschaftlicher Macht hervorheben (Bourdieu). Das spannungsreiche Oszillieren zwischen der stillschweigenden Reproduktion der Sozialstruktur auf der Ebene kultureller Stile, die Bourdieu in der Theorie des Habitus thematisiert, und der durchaus eigensinnigen, kreativen "kulturellen Produktion" der Handelnden erörtert Willis (1990) am Beispiel des Bildungssystems. Zum Doppelgesicht der Kultur als verflüssigter *Lebenswelt* und verfestigtem *Monument* siehe Assmann/Harth (1991).

[20]   Die von Haug (1976, 16f.) vorgeschlagene Unterscheidung zwischen Gebrauchswert und "Erscheinung des Gebrauchswertes" ist insofern problematisch, als der Gebrauchswert weitgehend vom Tauschwertstandpunkt der Angebotsseite betrachtet wird. Die Vernachlässigung der Nachfrageseite schlägt sich u.a. darin nieder, daß die symbolische Dimension einer Ware auf das "ästhetische Gebrauchswertversprechen" (ebd., 17) des Warenproduzenten beschränkt bleibt, nicht aber danach gefragt wird, was die "Konsumenten" mit welchen Versprechungen anfangen und was nicht. Hierzu siehe auch Kap. V.B.1 sowie die folgenden Ausführungen.

Sachobjekt und die qualitativen Eigenschaften der verarbeiteten Materialien. Die praktischen Anwendungsmöglichkeiten einer Ware als Nutzobjekt, z.B. als Gerät, Maschine, Werkzeug oder Hilfsmittel, sind in gewisser Weise vorgegeben und eingeschränkt.

Im Gegensatz zur stofflichen Architektur einer Ware und ihrem funktionalen Nutzen färbt der Tauschwertcharakter jedoch nur bedingt und in einem höchst eingeschränkten Sinne den symbolischen Gebrauchswert ein. Ruppert (1993b, 10) betont zu Recht, daß es nicht genüge, sich auf "die Dinge selbst" zu beschränken, indem nur die Oberflächenstruktur der Artefakte und die Summe ihrer reinen Formen betrachtet werde. Objekte der materiellen Kultur, welche auf Konsummärkten angeboten und verkauft werden, um einen Tauschwert zu realisieren, lassen sich deshalb auch nicht allein durch die nackte Gegenständlichkeit und praktische Funktionalität, die stofflichen Komponenten und sachlichen Formen bestimmen. Die alltagsweltliche Bedeutung der kulturellen Artefakte hängt zugleich von ihrer symbolischen Wahrnehmung und Verwendung in der - vermeintlich unscheinbaren - Welt des Alltags ab.[21] Hingegen wird mit der Gleichsetzung von industrieller Produktion und alltäglicher Konsumtion übersehen, daß der Gütergebrauch stets mit Sinninhalten und *kulturellen* Zweckbestimmungen angereichert wird. Genauer: Waren im allgemeinen und Kulturwaren im besonderen besitzen neben ihren materiellen Eigenschaften zugleich einen symbolischen Gebrauchswert, der erst im Prozeß der alltagsweltlichen Rezeption und "Konsumtion" zugeschrieben wird.[22] Während der funktionale Gebrauchswert einen praktischen

---

[21] Vgl. hierzu und zum folgenden insbesondere die neueren Überlegungen von Willis (1991), der in einer ethnographisch angelegten Studie zur *common culture* jugendlicher Sozialmilieus darauf hingewiesen hat, daß massenmedial erzeugte Zeichen von den Rezipienten selbst mit eigenen sinnhaften Bedeutungen angereichert werden, die sich ihrerseits jeder Kanonisierung im Sinne eines allgemeingültigen, "offiziellen" Meta-Sinns entziehen. Willis (ebd. 21ff.) spricht in diesem Zusammenhang von den "elementaren Ästhetiken" oder der "symbolischen Arbeit" alltagsweltlicher Kulturmilieus, um die *dezentrierte*, *informelle* und zugleich *plurale Produktion von Bedeutungen* begrifflich genauer fassen zu können. Damit wendet er sich gegen eine, auch von ihm früher vertretene funktionalistische Überbetonung kultureller Reproduktionsmechanismen (1982). Vgl. auch Halls (1990b) Unterscheidung zwischen drei unterschiedlichen Strategien der Rezeption kultureller Güter: Unterwerfung unter das Angebot, Ablehnung des Angebots und Opposition, Synthetisierung des Angebots mit eigenen Deutungen. Erwähnt sei an dieser Stelle auch die begriffliche Unterscheidung Benjamins (1977, 40f.) zwischen "taktiler" und "optischer Rezeption" eines Kulturobjektes: Er weist auf die doppelte Rezeption von Bauwerken hin, nämlich "durch Gebrauch und deren Wahrnehmung". Einen kulturhistorischen Zugang zur Geschichte des Konsums industrieller Massengüter bietet neuerdings Ruppert (1993a; 1993b).

[22] Mit der Unterscheidung zwischen Kulturwaren und anderen Güterwaren berücksichtigt Willis (1991, bes. Kap. 1 und 6) nicht hinlänglich, daß auch gegenständliche Waren eine ästhetisch-symbolische Dimension besitzen: Der Verweis auf das Opel-Modell "Manta" und das entsprechende Witzgenre mag an dieser Stelle ausreichen.

Nutzen stiftet, dient der symbolische Gebrauchswert der Distinktion und dem ästhetischen Selbstausdruck des Rezipienten. Es versteht sich von selbst und bedarf keiner weiteren Erläuterung, daß der Ort, an dem die Güter der materiellen Kultur symbolisch zur Geltung kommen, außerhalb der Erwerbsarbeit liegt.[23]

Der symbolische Gebrauchswert ist keine inhärente Eigenschaft des Dings an sich, das als Quelle von Sinn einfach anzuzapfen wäre. Genauer formuliert existiert der symbolische Gebrauchswert nur in einem wandelbaren, nicht rigide geordneten System von Wahrnehmungen und Deutungen, Aneignungen und Anwendungen, in das die Nutzer eingewoben sind. Während die materiellen Komponenten der Konsumgüter nach Maßgabe marktstrategischer Absatzinteressen konstruiert und hergestellt werden, bestehen sie im Feld der profanen Alltagskultur in erster Linie symbolisch. Ganz unabhängig davon, welche Absichten und Verkaufsstrategien die Produzenten mit der ästhetischen Verpackung und Präsentation eines Gutes verfolgen, ist sein faktischer Symbolwert keineswegs ein für allemal durch die offiziellen Deutungsangebote der Werbeindustrie festgelegt. Der symbolische Nutzen ist nichts Fertiges, nichts Abgeschlossenes. Während der Hersteller haftungsrechtlich zur Verantwortung gezogen werden kann, wenn aufgrund technischer Mängel oder Montagefehler die Funktionstüchtigkeit eines Gutes eingeschränkt ist, bürgt er nicht für seinen symbolischen Nutzen. Mehr noch: Trotz aufwendiger Marketingstrategien und Werbekampagnen spricht vieles dafür, daß über den symbolischen Wert von Image und Design eines Gutes erst in der alltäglichen Konsumtion entschieden wird.

Der alltagsästhetische Gebrauch einer Ware scheint nicht durch eine innere Struktur des Objektes vorgegeben und aufeinander abgestimmt zu sein, wie auch noch Habermas (1990, 255) nahelegt, wenn er im Anschluß an die Verdinglichungsthese des frühen Lukács (1968) und die Kritik der "Kulturindustrie" von Horkheimer und Adorno (1985, 108ff.) annimmt, die Kulturobjekte mutierten in Form *und* Inhalt zu einer gleichförmigen Ware. Damit würde letztlich den materiellen Eigenschaften und äußeren Stilformen ein innewohnender Sinn unterstellt, der bereits vor der Aneignung durch die Konsumenten unabänderlich festgelegt ist. Oder aber den Erfindern und Herstellern von kommerziellen Gütern würde eine Definitionsmacht zugesprochen, welche sie in die Lage versetzte, ein System

---

[23]   Einerseits stiftet ein Auto als Transportmittel einen konkreten Nutzen, andererseits dient es der symbolischen Distinktion und dem ästhetischen Selbstausdruck seines Besitzers. Aufgrund dieser Doppelgesichtigkeit einer Ware erscheint es mir sinnvoll, zwischen ihrem funktionalen und symbolischen Gebrauchswert zu differenzieren. Diese Unterscheidung ist jedoch lediglich eine *analytische*, da nach Sahlins (1981, 235ff.) letztlich auch die konkreten Eigenschaften eines Gutes, die die funktionale Nützlichkeit des Gebrauchswertes bestimmen, sozial definiert bzw. kulturell überformt sind. Vgl. in diesem Zusammenhang auch Joas (1992), der aus der Perspektive einer pragmatischen Handlungstheorie die kulturelle Kreativität im alltäglichen menschlichen Handeln verortet. Joas ergänzt hierbei die gängigen Handlungsmodelle des rationalen und des normativ ausgerichteten Handelns um den Typus des "kreativen Handelns".

von Bedeutungen zu kreieren und zu konservieren, das von späteren Einflüssen Dritter hermetisch abgedichtet bliebe. Die elementaren alltagsweltlichen Rezeptionsformen der Waren, die in der Gesellschaft zirkulieren und durchaus von den vorgestanzten symbolischen Verwendungsmustern ihrer Erfinder abweichen können, wären in diesem Falle analytisch jedoch kaum zu fassen. Damit wäre den Konsumenten letztlich auch jedes symbolische Vermögen im Umgang mit Zeichen abgesprochen und die mit dem Verschwinden einer statischen Zuordnung von Sinn entstandenen Möglichkeiten negiert, Signifikate und Signifikanten flexibel und virtuos miteinander zu verknüpfen, Zeichen aus ihren konventionellen Bedeutungskontexten herauszulösen und für die eigene symbolische Praxis verfügbar zu machen. Im folgenden ist deshalb davon auszugehen, daß Bedeutungen letztlich nur im Feld ihrer praktischen Verwendung existieren und zu entschlüsseln sind. Insbesondere die massenmedial simulierten Zeichen des Kulturmarktes werden auf der Folie sozialer und biographischer Erfahrungen interpretiert, von den Konsumenten semantisch umcodiert und in einen alltagsweltlichen Kontext gestellt. In dem Maße, in dem sich der massenmediale Kulturmarkt ausbreitet und verallgemeinert, schwindet obendrein das Rezeptionsmonopol der traditionellen kulturellen Eliten, so daß Zeichen in zunehmendem Maße auch außerhalb ihres "vorgesehenen" oder althergebrachten Gebrauchs verwendbar werden. Die hegemoniale Ordnung des Sinns muß zwangsläufig kollabieren, wenn das Deutungsprivileg der kulturellen Eliten durch die Massenkultur des Marktes demontiert wird. Nicht zuletzt dadurch büßen die Zeichen der Gesellschaft ihre autoritative Markierungsfunktion ein, werden aber nicht unbestimmt, sondern mehrdeutig und in ihren semantischen Bezügen ambivalent.

Willis (1991, 42) sieht das entscheidende Problem der traditionellen Kulturtheorie darin, "daß dynamische und elementare Ästhetiken in ontologische Dingeigenschaften transformiert oder transferiert werden, in Eigenschaften von Gegenständen und Gebilden, die zwar Repräsentanten solcher Ästhetiken sein können, die aber tatsächlich davon unterschieden werden müssen. Die ästhetische Wirkung liegt nicht *im* Text oder im Gegenstand." Sinnhafte Bedeutungen hafteten nicht an der Materie der Dinge, sondern würden von "außen", von den Rezipienten, aktiv herangetragen und seien dadurch in gewisser Weise offen für verschiedene, voneinander abweichende Stilisierungen und Interpretationen. Natürlich, so führt Willis (ebd., 42f.) fort, könnten subjektive Bedeutungen "die 'Gegebenheit' von Textualität, von Dingen, Formen oder Symbolen niemals transzendieren oder überflüssig machen." Die Dinge selbst seien aber "nicht die Herrscher und Herrscherinnen von Ausdruck und Erfahrung" (ebd., 43), die das ausdifferenzierte Alltagsleben kolonisierten. In unterschiedlichen sozialen Kontexten können die Objekte der materiellen Kultur deshalb auch *gleichzeitig* einmal *dieses* und einmal *jenes* bezeichnen. Mit anderen Worten ist der symbolische Gebrauchswert kein Phänomen sui generis, das getrennt vom Alltagsleben im Inneren der Kulturgüter erzeugt werden kann, um dann ein von allen äußeren Einflüssen unberührtes Eigenleben zu führen. Erst indem Individuen auf der Folie ihrer biographischen und sozialen Erfahrungen die Dinge der materialen Kultur symbolisch verwenden und interpretieren, um sich auf Dritte zu beziehen oder von Dritten zu distanzieren, gewinnen diese Zeichenstatus. Zeichen sind unter den Bedingungen der modernen Massenkultur keine symbolischen Stellvertreter für eine höhere, unangreifbare Instanz, markieren kein immer schon stabiles Set von konventionellen Sinnbezügen, das intern nach binär angelegten Dichotomien, z.B. Hochkultur vs. Volkskultur, sortiert ist und eine unzweideutige Zuweisung von Anerkennung und Mißachtung erlaubt.[24]

Um die oft nur schwer faßbare und unbeständige Semantik eines kulturellen Objektes genauer beschreiben zu können, schlägt Willis vor, zwischen Zeichen und Symbolen begrifflich zu unterscheiden. Zeichen versteht er als "materielle Indikatoren von symbolischer Bedeutung. Sie existieren, wenn man so will, in einem kulturellen Schwebezustand. Sie haben nicht als solche Bedeutung. Symbole dagegen sind Zeichen plus ihre von Menschen verliehene Bedeutung. Die ästhetische Spannung zwischen Symbolen kann Zeichen gewissermaßen von ihren gegebenen oder konventionellen Bedeutungen lösen. Dadurch entsteht die Möglichkeit alternativer Kombinationen" (ebd., 191). Einen Sinn nehme ein Gut erst dann an, wenn seine ästhetische Wirkung im Akt der Konsumtion hergestellt werde. Kulturgüter seien schon deswegen alles andere als Objekte, die einen bestimmten symbolischen Code speicherten, welcher im Konsum als Botschaft bloß abgerufen und aktiviert werden müsse.

Willis' These von der alltagsweltlichen Decodierung und Recodierung der Kulturgüter unterminiert schon im Ansatz jeden eindimensionalen Manipulationseffekt. Er wendet sich gegen reduktionistische Ansätze innerhalb der Medientheorie, die die Aufmerksamkeit auf die Angebotsseite richteten, hierbei aber alle Besonderheiten der Nachfrageseite außer Acht ließen und diese auf den Status einer Kulisse reduzierten. Der multimediale Markt der "Kulturindustrie" werde als stromlinienförmige Röhre für Unterhaltungs- und Informationsangebote gedeutet, an deren Eingang die Marketingagenten der Medienkonzerne eine bestimmte "Botschaft senden", die am Ausgang der Röhre von den "Empfängern" widerspruchslos aufgenommen und "konsumiert" werde.[25] Den medienzentrierten Ansatz konfrontiert Willis mit der Überlegung, daß der Akt des Konsumierens, besser: *Benutzens*, weniger als Widerhall einer kommerziellen Botschaft zu verstehen sei, sondern als originäre kulturelle Leistung, welche einen monokausalen Nexus von Absicht und Wirkung, Intendiertem und Aufgenommenem schon im Keime zur Disposition stelle: "An die Stelle der Kommunikation durch 'gesendete Bot-

---

[24] Willis' Analyse kann auch als Versuch gelesen werden, die Warenanalyse aus ihrer Verengung auf die Produktionssphäre zu befreien und auf die Konsumtionssphäre auszudehnen. Zu den werttheoretischen Implikationen dieses kultursoziologischen Ansatzes vgl. ders. (1991, 162f.).

[25] Ähnlich auch Hall (1990b). Zum Stand der nutzenorientierten Publikumsforschung innerhalb der Medientheorie informiert Renckstorf (1989) im Überblick.

schaften' tritt Kommunikation durch 'hergestellte Botschaften'. Die Zeichen verknüpfen sich als Signifikanten nicht mehr einfach mit dem, was in intendierten
Botschaften bezeichnet wird. Doch produziert dies faktisch einen erweiterten
Spielraum für kommunikative Arbeit. Die empfangenen Zeichen, die durch informelle Arbeit und Kreativität zusammengesetzt und modifiziert werden, können
auf neue Weise Bedeutung gewinnen und ihre eigenen 'Signifikate' finden. Fast
drehen sie dabei den einseitigen Kommunikationsfluß um, in der Weise, daß 'der
Hörer spricht'." (Ebd., 167) Eine 'gemachte' Botschaft der Werbeindustrie setze
sich nicht unangefochten durch, sondern werde von den Rezipienten mit lebensweltlichen Sinnbezügen konfrontiert und angereichert, mit sekundären Bedeutungen unterlegt oder sogar für eigene Zwecke umfunktioniert: "Entscheidend ist
weniger, daß die Beziehung zwischen Signifikant und Signifikat zusammengebrochen ist, sondern daß ihr Unterschied tendenziell verschwindet. Das eine kann
mittlerweile als das andere verwendet werden, und dies gehört zur Bedeutung
('Signifikanz') dessen, wie elementare Ästhetiken funktionieren. Das Bezeichnete
kann ungehemmt zum Bezeichnen benutzt werden." (Ebd., 168) Damit wird nicht
die Perspektive einer individuellen Aneignung im Privaten überbetont noch dem
Inoffiziellen oder Informellen ein letzter oder epistemologischer Wert zugesprochen, sondern lediglich auf die Vermittlungsebene zwischen der sachlichen Architektur der Dinge (funktionaler Gebrauchswert), den Sozialnormen und kollektiven
Rezeptionsmustern sowie der individuellen Auslegung angespielt und die Prozeßhaftigkeit der gelebten Aneignung und Realisation hervorgehoben. In der individuellen Aneignung der Angebote des Kulturmarktes, so ließe sich folgern, kumu-
lieren die Materialität der Dinge, milieuspezifische Konsummuster, die sie umgebenden sozioökonomischen Strukturen sowie die persönlich-biographische Ge-
brauchsgeschichte mit den Dingen.

Im Anschluß an Michel de Certeau wendet sich auch der Sozial- und Kulturhistoriker David Warren Sabean in dem Aufsatz *Die Produktion von Sinn beim
Konsum der Dinge* (1993, 38) gegen die statische Vorstellung eines vollständig
codierten Systems von Bedeutungen und Symbolen, in dem die Konsumenten
unentrinnbar eingesponnen seien. Auf der Folie der zyklisch wiederkehrenden
Konsumformen des Karnevals (Exzeß) und der Fastenzeit (Enthaltsamkeit) des
Spätmittelalters und der Renaissance, der plebejischen Kultur des 18. Jahrhunderts
und des zeitgenössischen Sportkonsumismus in den USA (Baseball) formuliert er
die These, daß in vormodernen wie auch in modernen Gesellschaften Konsumieren "in den Begriffen der Kreisläufe der Kommunikation und des Austausches
verstanden werden kann, also nicht in Begriffen von Subjekt/Objekt-, sondern von
Subjekt/Subjekt-Beziehungen. Gegenstände erlangen Sinn im sozialen Austausch." Sabean betont den lokalen, zerstreuten Aspekt des Konsums und das
symbolische Spiel mit Bedeutungen im Prozeß der wiederholten Nutzung eines
Gutes, fragt nach der aktiven Aneignungstaktik, dem Produzieren von Sinn im
Akt der Konsumtion und danach, wie Gegenstände des täglichen Gebrauchs außerhalb ihres vorgesehenen Gebrauchs verwendet und semantisch umcodiert

werden. Ohne von einem individualistischen Standpunkt auszugehen, hebt Sabean (ebd., 50) hervor, daß "Objekte nur im Kontext von Subjekt/Subjekt-Beziehungen als bedeutungsvoll angeeignet werden. Konsum ist ein sozialer und politischer Akt, nicht erst in der postmodernen oder monopolkapitalistischen Gesellschaft. In der Tat ist Konsum keineswegs ein autonomer Akt oder etwas, das außerhalb der Produktionsstrukturen oder der Kreisläufe des Austausches verstanden werden kann. Die Tatsache, daß strukturelle Beschränkungen Konsum streuen und in lokale Kanäle sowie in versteckte taktische Bewegungen zwingen können, bedeutet nicht, daß Struktur 'sozial' und Konsum 'individuell' ist."

Im Hinblick auf die symbolische Bedeutung des Konsums in modernen Industriegesellschaften notiert Müller (1994, 143) ganz ähnlich: "Der Konsum, der materielle wie der symbolische, und die Appropriation und Nutzung von wirtschaftlichen Gütern aller Art wie auch der Genuß von Bildungs- und Kulturgütern erhält einen Kranz neuer Bedeutungen. Der Konsum, vor allem der Kulturkonsum, dient als Medium der Kommunikation zur Kreation von Bedeutung, er signalisiert die Zugehörigkeit zu Gruppen, er demonstriert sozialen Status und symbolisiert die Stilisierung der Lebensführung seitens des Nutzers in hochgradig verdichteter Form." Folgt man diesen Überlegungen, dann beruht der symbolische Wert einer Ware weniger auf speziellen Attributen des Objektes selbst. Wenn der Kauf eines Autos mit persönlicher Freiheit und Unabhängigkeit assoziiert oder eine Sicherheitsnadel als Modeaccessoire benutzt wird, dann hat das nichts mit dem Gegenstand an sich zu tun. Die ästhetische Qualität einer Ware verweist auf etwas ihr *Äußerliches*. Die semantische Einhüllung einer Ware, die Aura, die ihr zugesprochen wird, die Imaginationen, die mitschwingen und die Assoziationen und Bilder, die diese auslöst, geschieht hierbei in einem komplexen, spannungsreichen Beziehungsfeld sozioökonomischer Bedingungen und sozialtypischer Konsummuster, soziokultureller Sinnsetzungen und Diskursfelder und ist eingewoben in eine Matrix von "Kollektivsymboliken" (Jürgen Link), die die individuelle Auslegung bedingen, anregen und anleiten. Erst wenn diese elementare Kontextualität der Zeichen in den Blick genommen wird, kann die Sogwirkung der sozialen Gravitationskräfte ermessen werden, denen die symbolischen Zuschreibungen von Sinn in der Gesellschaft ausgesetzt sind.

3. Die Aufwertung des symbolischen Gebrauchswerts

Mit der vorgeschlagenen analytischen Differenzierung zwischen funktionalem und symbolischem Gebrauchswert sollten unterschiedliche Verwendungszwecke eines Produktes herausgearbeitet werden. Unter besonderer Berücksichtigung der kultursoziologischen Überlegungen Schulzes zur *Erlebnisgesellschaft* (1992) möchte ich im folgenden genauer darlegen, daß im Zuge der Ausweitung des

Tauschvolumens expandierender Konsum- und Kulturmärkte der symbolische Gebrauchswert der Konsumgüter in Relation zum rein praktischen Nutzen erheblich an Bedeutung gewonnen hat, und zwar sowohl für die Angebots- als auch für die Nachfrageseite.

Betrachten wir zunächst die Anbieterseite. Hier sind drei Sachverhalte bedeutsam. Die Notwendigkeit für einen Marktanbieter, sein Produkt nicht nur im Hinblick auf dessen technische Daten, materielle Eigenschaften und sachliche Verwendungszwecke anzupreisen, sondern es auch werbestrategisch als ästhetisches Erlebnis zu präsentieren, ist *erstens* auf die relative Marktsättigung für herkömmliche Massenartikel des täglichen Bedarfs zurückzuführen. Dies läßt sich beispielsweise an der vergleichsweise breiten Grundversorgung Privathaushalte mit dauerhaften Gebrauchsgütern bzw. Haushaltsgeräten wie Kühlschrank, Fernsehgerät, Waschmaschine und Staubsauger ablesen (vgl. Reichwein 1993, 125). *Zweitens* konkurrieren die Anbieter unter verschärften nationalen und internationalen Bedingungen um die verbliebenen Marktsegmente mit Gütern derselben Warengattung, die in ihren technischen Leistungsfunktionen trotz Diversifizierung der Produktpalette, unentwegter technischer Innovation und ständigem Wechsel der Modellserien immer ähnlicher geworden sind. Oftmals ist sogar Expertenwissen unverzichtbar, um die Qualitätsstandards der Konkurrenzprodukte im Detail miteinander vergleichen und auseinanderhalten zu können. Wenn sich der funktionale Nutzen eines Konsumartikels jedoch nur mühsam von dem Angebot eines Marktkonkurrenten abhebt oder einfach ununterscheidbar geworden ist, dann kommt es um so mehr auf die Verpackung, die optische Präsentation, das Versprechen von "action", "Besinnlichkeit" und "Geselligkeit" oder einfach darauf an, ob eine Ware mit dem Zusatz "light", "special", "super" oder "comfort" feilgeboten wird. In diesem Zusammenhang ist schließlich *drittens* auf die Überlegungen zum Nutzendilemma der industriellen Massenware zurückzugreifen. In Kapitel IV.A.5 konnte unter Rückgriff auf Hirschs Theorem des positionalen Gutes verdeutlicht werden, daß der Verwendungszweck bestimmter Industriegüter schleichend entwertet wird, wenn sie massenhaft nachgefragt werden. Anders formuliert wird der praktische Gebrauchsnutzen eines Gutes beeinträchtigt, wenn seine massenhafte Nachfrage und extensive Benutzung zu physischen Engpässen führt. Beispielsweise wird der funktionale Gebrauchswert eines Automobils, seinen Besitzer von a nach b zu transportieren, geschmälert, wenn der Verkehr sich staut und das automobile Infrastrukturnetz infolge der Übernutzung der Straßenwege zusammenbricht.

Aus diesen drei Sachverhalten läßt sich folgern, daß der symbolische Gebrauchswert eines Konsumgutes *im Verhältnis* zum funktionalen Gebrauchswert zunimmt, wenn die Nachfrage nach herkömmlichen Funktionsgütern nachläßt und der Grad der Marktsättigung ansteigt, die technisch-sachlichen Eigenschaften der Konkurrenzgüter sich angleichen oder ihr funktionaler Nutzen mit dem massenhaften Konsum entwertet wird. Umgekehrt sinkt der physische Nutzen eines Konsumgutes in Relation zum symbolischen Wert immer dann, wenn alle potentiellen

Interessenten bereits versorgt und ihre unmittelbaren materiellen Bedürfnisse gestillt sind, die einzelnen Produkte der Angebotspalette sich im Hinblick auf die technische Ausstattung kaum noch unterscheiden oder das Gut nicht mehr in vollem Umfang, d.h. bis an seine physischen Leistungsgrenzen, genutzt werden kann, weil etwa die Nutzungsinfrastruktur überlastet ist. Damit schwindet auch sukzessive das Kaufmotiv, ein Produkt einzig und allein aufgrund seines funktionalen Gebrauchswertes zu erwerben.

Die schleichende Entwertung des funktionalen Gebrauchswertes schlägt mit einer gewissen Notwendigkeit immer dann in eine Absatzkrise um, wenn es den Anbietern von Konsumartikeln nicht gelingt, ein anderes Versprechen an die Stelle des funktionalen Gebrauchswertes zu setzen, das die Sehnsüchte und Begehrlichkeiten der Konsumenten motiviert. Einer Absatzkrise für herkömmliche Massenartikel ist etwa unter Bedingungen gesättigter Konsumentenmärkte nur zu begegnen, wenn entweder neue Produkte entwickelt und neue Märkte erschlossen oder alte Produkte designed und aufwendige Marketingkampagnen initiiert werden, um neue Konsumwünsche zu stimulieren. Wenn die technischen Verbesserungen der sachlichen Attribute für sich allein genommen nicht mehr ausreichen, um die Abwertung des funktionalen Gebrauchswertes zu kompensieren, dann müssen neue Konsummotive geschaffen werden. Hierbei zielen die Bestrebungen zur Steigerung des Absatzes insbesondere auf die *Ästhetisierung der Ware* ab.[26] Werbung bedient sich der Kunst, um die Produkte attraktiver zu machen und sie von gleichen Produkten, die den gleichen Konsumsektor beliefern, abheben zu können. Werbung zielt unter den Bedingungen einer Absatzkrise darauf ab, die Produkte als solche nicht mehr schlicht abzubilden, sondern die seriellen Massenprodukte mit Bedeutungen, Identifikationsangeboten und Erlebnisversprechungen aufzuladen, die über deren unmittelbare Bestimmung - im Falle des Autos: Mobilität - hinausgehen, um den potentiellen Käufer trotz relativer Marktsättigung anreizen zu können. Im Lichte der Marketingstrategien erscheint die Ware folglich nicht mehr als oberflächliches Nutzobjekt, sondern gleichsam als wiederverzaubertes Objekt, als *Fetisch*, das, um dem Stigma der Gewöhnlichkeit zu entgehen, je nach Zielgruppe in eine "individuelle" oder "persönliche", "heroische" oder "coole", "sportive" oder "dynamische", "mystische" oder "spirituelle" Atmosphäre eingetaucht wird. Dieser Schwebezustand verleiht dem nackten Gegenstand einen gewissermaßen transzendentalen Wert, der zusätzliche Kaufanreize schafft bzw. das Produkt mit einem Lebensstil verbindet, der der Zielgruppe at-

---

[26] Sparke (1993) hat die wachsende Bedeutung der ästhetischen Produktgestaltung auf der Folie der wachsenden Verflechtung von Design und Massenkultur in den USA seit den 1920er Jahren untersucht. Hierbei gehe es vor allem darum, das Produkt von allen negativen Konnotationen zu befreien und mit einem symbolischen "Mehrwert" auszustatten.

traktiv erscheint.[27] Ganz ähnlich äußert sich Ruppert (1993b, 16) über die Selbstinszenierung der seriellen Warenwelt: "Meist sind die in Designerläden angebotenen Objekte industriell gefertigt, doch durch Entwerfername und eine besondere ästhetisierte Erscheinungsweise dem Individualitätsanspruch, dem Kult des Besonderen und der damit einhergehenden Distinktion verbunden." Der saisonale Wechsel von Mode und Serientyp mobilisiert obendrein neue Konsumwünsche, in dem der "Zyklus der Objektveraltung" (Sparke 1993, 59) beschleunigt und die Zeiteinheit pro Durchschnittsnutzung verkürzt wird.

Geht es nach dem Willen der Marktanbieter, so ist die Stofflichkeit eines Gutes in den Hintergrund zu drängen und durch das Formenprofil und die ästhetische Sprache (Logo, Markenname, Produktverpackung) zu überdecken. Die angebotenen Distinktionszeichen sollen einen begehrten metaphysischen Gebrauchswert stiften, der den Kaufinteressenten über die industrielle Normung der Massenware hinwegsehen lassen soll. Indem die materiellen Differenzen der Produkte eines bestimmten Marktsegments mehr und mehr verschwimmen, werden die immateriellen Komponenten eines Artikels bedeutsamer: Der Name eines Produkts, seine Verpackung, die werbestrategische Präsentation ("Aufmachung"), d.h. die Art und Weise, wie es symbolisch inszeniert und angeboten wird, wird damit relevanter als das Produkt selber. Hierbei spinnt die Marke das Produkt gewissermaßen in ein Netz von Assoziationen ein, das ihm ein "unverwechselbares" und "einzigartiges" Image geben soll. Unter Umständen soll das Imageprofil eines Markenartikels sogar über materielle Mängel hinwegtrösten. Schließlich soll ein Konsumartikel nicht nur als schlichte Massenware wahrgenommen werden, sondern eine besondere "Atmosphäre" ausstrahlen und ein bestimmtes "Lebensgefühl" signalisieren. Die Verheißungen der Werbeindustrie suggerieren, daß eine Ware nicht nur praktisch nützlich ist, sondern auch als *Bekenntnis* zu einem Lebensstil aufzufassen ist. Paradoxerweise wird die Massenware exklusiv, wenn sie

---

[27] Siemons (1993, 54f.) weist am Beispiel der Zigarettenindustrie auf neue Werbetrends hin, die dahingehen, nur noch auf die Geschichte der Marke selbst zurückzuverweisen und selbstironische Zitate zu verwenden. Das Produkt werde nicht mehr mit einem Lebensstil identifiziert und mit Bildern assoziiert wie "Männer(n) im Dschungel, Cowboys auf dem Pferd, Flugzeuge(n) am blauen Himmel". Inzwischen sehe die Tabakwerbung sogar "von jedem Bezug zur sinnlich erfahrbaren Lebenswelt des Konsumenten ab und konzentriert sich allein auf das Zeichen der Marke, mit dem sie spielerisch kokettiert. Camel läßt das Kamel aus einem Packungsdesign tapsig durch die Wüste laufen; es reicht sogar, allein die Wüste mit Palmen zu zeigen, etwa mit der Überschrift 'Fehlanzeige'. Auch Lucky Strike beschränkt sich darauf, allein die Pakkung in wechselnden Positionen zu zeigen, zusammen mit der koketten Unterzeile: 'Lucky Strike. Sonst nichts.' Und bei Marlboro ist es gar nur die Packungsfarbe, die der Wiedererkennung dienen soll: 'What is red? Marlboro is red.'" Damit, so schlußfolgert Siemons (ebd., 55), bewege sich die Werbung "an der vordersten Front der Weiterentwicklung der Kunst, sie wird zur Fortsetzung der Avantgarde mit anderen Mitteln".

das Bedürfnis nach Individualität ansprechen und zum unverzichtbaren Teil der Persönlichkeit werden soll. Diese neueren Absatzstrategien zielen jedenfalls darauf ab, den uniformen Massenartikel in gewisser Weise wiederzuverzaubern und ihn zur Illusionsware zu machen, die den Verbraucher emotional anspricht, ihn mit Sinn- und Erlebnisangeboten versorgt, in denen er sich selbst "wiederfinden" kann. In diesem Sinne kann man auch von einer "Spiritualisierung der Produkte" (Siemons 1993, 36ff.) sprechen.[28]

Damit hat das Marktgeschäft die immaterielle Ebene der kulturellen Kommunikation erreicht. In der Kulturware ist Geld mit Kultur und Wissen eine innige Verbindung eingegangen: Einschaltquote und Besucherfrequenz, Bestsellerplazierung und Auflagenhöhe, Design und Dingästhetik, Trendsettermoden und massenmedial erzeugte Stimmungen, traditionalistische *und* modernistische Stilelemente oder auch die Zuschreibung sozialer Rollen zu Warenartikeln sind Geld wert. Die Kulturwaren sind dabei nicht der menschlichen Imagination entrückt, sondern schöpfen aus der Geschichte der Kunst, Literatur, Musik und Alltagskultur sowie dem zeitgenössischen Stilrepertoire diverser Subkulturen, um einzelne Elemente und Formenspiele als verkaufsförderndes Produktimage selektiv zu vermarkten. Um einem Konsumartikel ein Markenprofil anzuheften und in eine "einzigartige", außeralltägliche Aura einzuhüllen, die unter Umständen sogar über materielle Mängel des Produkts hinwegtäuschen soll, kennen die Anleihen der professionellen Kulturproduzenten bei der institutionellen Kunst und der profanen

---

[28] Schulze (1992, 56) verdeutlicht diese Entwicklung an der Expansion des Angebots von diversen Produkten und Dienstleistungen des Kultur- und Unterhaltungsmarktes (Kino, Radio, Fernsehen, Massentourismus, Illustrierte, Musikkonserven, produktbezogene neue Sportarten usw.), deren Gebrauchswert vorrangig in ihrem "Erlebniswert" (ebd., 56) bestehe. Auch am Beispiel des breiten Angebots von zweckidentischen Artikeln für Körperpflege kann dieser Trend illustriert werden: "Es ist beispielsweise noch nicht lange her, daß die Menschen für die Körperpflege nichts anderes verwendeten als Wasser, Seife, Zahnpasta und vielleicht noch eine Creme. In den letzten Jahrzehnten war der Hygiene- und Schönheitsmarkt besonders expansiv. (...) Die Kosmetikabteilungen in den Kaufhäusern sind großflächig gewachsen, und eine neue kommerzielle Erfindung ist aufgetaucht: der Drogeriemarkt. Dort füllen inzwischen etwa ganze Produktvarianten für Haarpflege ganze Regalfronten. Dann geht es weiter mit dem Gesicht: spezielle Seifen, Reinigungslotions, Masken, Tagescremes, Nachtcremes, Salben für bestimmte Gesichtspartien (z.B. Augenwinkel). Die Inhaltsanalyse der Bestelliste einer Körperpflegeabteilung fördert zutage, daß es zwischen Kopf und Fuß kaum noch einen Quadratzentimeter des menschlichen Körpers gibt, auf den sich nicht eine eigene Klasse von Artikeln beziehen würde. Und innerhalb jeder Klasse konkurrieren verschiedene Erzeugnisse, die demselben Zweck zugeordnet sind. Lange dauerte es etwa, bis das Deodorant als Möglichkeit für jedermann erfunden war, dann aber vollzog sich die hundertfache Auffächerung in verschiedene Marken, Verpackungen und Aggregatzustände in Windeseile." (Ebd.)

Alltagskultur keine Grenzen.[29] Wie die Verwendung von Punk-Accessoires oder der Hammer-und-Sichel-Symbolik in der professionellen Bekleidungsindustrie der 1980er Jahre gezeigt hat, geht dies zuweilen so weit, daß selbst die Gesten kultureller Auflehnung und die Erkennungszeichen politischer Ideologien in der Form des Warenetiketts absorbiert werden. Selbst ethische Maßstäbe werden als Kultursponsoring, Umweltengagement als Ökosponsoring zur erfolgversprechenden Marketingidee.[30] Bezogen auf den Kulturmarkt wird in gewisser Weise sogar die ökonomische Innovation durch die Quelle der menschlichen Einbildungskraft und kulturellen Kreativität gespeist und angeheizt. Solange gekauft wird und das Geld fließt, scheint jedenfalls (fast) alles auch kommerziell möglich zu sein. Kurzum, alles ist erlaubt, was einen potentiellen Käufer anspricht und alles zahlt sich aus, was viele Käufer findet.

Um den symbolischen Gebrauchswert aufzuwerten, bedienen sich die Marktanbieter im wesentlichen vier Absatzstrategien, die Schulze (1992, 439ff.) mit den Begriffen *Schematisierung, Profilierung, Abwandlung* und *Suggestion* beschreibt. *Erstens* werde ein Produkt mit einem semantischen Code ausgestattet, der nicht unterschiedliche Lebensstile vermische, sondern sich durch Stilsicherheit auszeichne und deswegen eine ganz bestimmte Zielgruppe anspreche. Die Schematisierung des Angebots lasse sich besonders gut am Beispiel des Musikmarktes aufzeigen, der in die Bereiche klassische Musik, volkstümliche Musik, Schlagermusik, Popmusik, Jazz usw. separiert ist: "Unterstützend wird die optische Aufmachung eingesetzt: bei klassischer Musik etwa Dirigenten- und Solistenportraits, Abbildungen alter Instrumente, Fotografien von Altartafeln und Kunstreproduktionen; bei volkstümlicher Musik Trachtengruppen, Berge, gemütliche Stuben, warmherzig lächelnde Schlagerstars; bei Pop, Rock, Jazz und ähnlichen Musikformen dämonische oder ekstatische Posen, ungewöhnlicher Aufzug, provokative oder ausgefallene Titel, ungewohnte Designs mit der Ausstrahlung von Unkonventionalität." *Zweitens* werde ein Objekt werbestrategisch mit einem semantischen Code versehen und erhalte ein ästhetisches Profil, um es von funktionsverwandten Objekten symbolisch unterscheiden zu können. Es werde ein Markenimage konstruiert, welches eine Ware in eine Aura einhülle, ihr etwas ästhetisch Außergewöhnliches inmitten funktionsgleicher Artikel verleihe, und zwar unab-

---

[29] Ein Beispiel von Siemons (1993, 33) aus dem Bereich des Kunstsponsoring mag dies verdeutlichen: "American Express präsentierte den authentischen Rembrandt im Alten Museum in Berlin (jeden Mittwoch abend exklusiv für Mitglieder). Lufthansa zeigte die russische Avantgarde in der Frankfurter Schirn, RTL finanzierte die Eröffnungsveranstaltung der documenta." Nüchtern schlußfolgert er: "Während sich die Kunst zur Ware macht, wird die Ware immer mehr zum Kunstwerk." (Ebd., 36)

[30] Exemplarisch für die Fülle an Beispielen vgl. nochmals Siemons (1993, 77): "Opel sponsert die Pinguine auf Galapagos, Daimler-Benz das Nestos-Delta. 'Komm, begreife den Ursprung', lädt Peter Stuyvesant in die 'jahrtausendealten Regenwälder Madagaskars' ein. Und ein Waschmittelkonzern gab der Deutschen Umwelthilfe gleich eine Million, um den pestizidbedrohten Bodensee vor dem Schlimmsten zu bewahren."

hängig davon, ob es sich um Produkte der "Hochkultur" oder "Massenkultur" handele. *Drittens* sinke der Reiz, ein Gut nur aufgrund seines ästhetischen Profils zu kaufen und zu konsumieren, im alltäglichen Konsum. Die symbolischen Eigenschaften müßten mit dem "Stimulus des Neuartigen" (ebd., 442) verbunden werden, wenn der Absatz auch in Zukunft gesichert sein soll. Sicherlich würden die technischen Komponenten einer Ware weiterentwickelt, ihre funktionalen Anwendungsgebiete verbessert, die allgemeinen Qualitätsstandards heraufgesetzt und der Benutzerkomfort angehoben. Mit der technischen Ausreifung herkömmlicher Massenartikel stoßen jedoch alle möglichen Verbesserungen des funktionalen Gebrauchswertes in die "Sphäre des Unbrauchbaren vor: Erhöhung der Geschwindigkeit von Autos, Erhöhung der Lautstärke von Boxen, Erhöhung der Genauigkeit von Armbanduhren. Wenn die Autos schon vor der Produktwandlung schneller waren, als man fahren kann, die Boxen lauter, als sich ertragen läßt, die Uhren genauer, als man seine Zeit einzuteilen pflegt, so hat die Gebrauchswertsteigerung illusionären Charakter. Worauf es ankommt, ist unter diesen Bedingungen allein das Wachrufen neuer Erlebniserwartungen, während die objektive Produktveränderung irrelevant ist." (Ebd.) Wenn die formalen, inhaltlichen und materiellen Attribute eines Gutes *viertens* nahezu unverändert bleiben, dann bestehe das Neuartige "neuer" Produkte lediglich in der Etikettierung: "Das Neue hat symbolische Qualität; es muß suggeriert werden. Suggestion ist dann keine Lüge mehr, wenn sie von den Abnehmern geglaubt wird" (ebd.), wenn also das "Neue" aufgrund seiner symbolischen Codierung alltagsweltlich für neu gehalten wird.

Auch auf der Nachfrageseite gewinnt die ästhetische Rezeption einer Ware an Bedeutung. *Erstens* steigt das Bedürfnis nach symbolischer Differenz, wenn der funktionale Nutzen der angebotenen Güter kaum noch voneinander unterscheidbar ist. Es reicht schon lange nicht mehr aus, daß ein bestimmtes Produkt funktionstüchtig ist, um nachgefragt zu werden. Ein Kleidungsstück muß zugleich "schön" sein, ein Film "spannend", ein Gaststättenbesuch "gemütlich", ein Auto "faszinierend", ein Möbelstück "stilvoll". Sparke (1993) hebt deswegen auch hervor, daß es nicht mehr allein genüge, ein Auto zu besitzen, sondern ein Auto mit signifikantem Design. Das Auto sei zum Massen-Statussymbol par excellence geworden, das einen "enormen Schweif von Konsumenten-bezogenen Bedeutungen nach sich zog, die es von einem reinen Transportobjekt in ein hochkomplexes Zeichensystem transformierten, das sehr stark abhängig war von Bildern, die mit Sexualität und futuristischen Formen des Reisens zu tun hatten." (Ebd., 56) Mit anderen Worten bezieht sich die Nachfrage nach Produktinnovationen mehr und mehr auf symbolische Qualitätsmerkmale. Da die Unterschiede zwischen verwandten Gütern nicht der nackten Gegenständlichkeit, sondern dem ästhetischen Profil zugeschrieben werden, ist auch der funktionale Nutzen nicht mehr kaufentscheidend: "Täglich stehen wir vor der Notwendigkeit der freien Wahl: Kleidung, Essen, Unterhaltung, Information, Kontakte usw. Fast immer sind jedoch die Gebrauchswertunterschiede der Alternativen bedeutungslos. Waschmittel x wäscht so gut wie Waschmittel y; Beförderungsprobleme lassen sich gleich gut mit verschiedenen Autos lösen; für das körperliche Empfinden ist es gleichgültig, ob man dieses oder jenes Hemd anzieht." (Schulze 1992, 55) Soweit die Individuen über entsprechende Geldressourcen bzw. Kreditnahmechancen verfügen, ist die Frage der praktischen Verwendung eines Gutes bei der Kaufentscheidung nicht mehr primär entscheidungsbestimmend. Die Funktionalität eines Gutes ist mit den Eigenschaften eines verwandten Gutes weitgehend vergleichbar bis identisch geworden und deswegen auch *selbstverständlich*.

Ganz unabhängig von der relativen Konstanz der Verteilungsungleichheiten und dem Anstieg ungleicher Einkommens- und Vermögensverhältnisse, der in den letzten Jahren auch in der Bundesrepublik wieder zu beobachten ist, entsteht mit der gesellschaftsweiten Anhebung des materiellen Konsum- und Wohlstandsniveaus (Beck 1986, 121ff.; Kreckel 1992, 122ff.) *zweitens* ein Mangel an rein funktionalen Statusobjekten. Dieser Trend wird verschärft durch die funktionale Entwertung der Positionsgüter. Der Nutzen eines Gutes wird nicht mehr allein über seine funktionalen Eigenschaften garantiert, sondern verlagert sich auf den Bereich symbolischer Bedeutungen. Auch dies kann am Beispiel des Autos illustriert werden: In praktischer Hinsicht sind im Verkehrsstau alle gleich, da kein Verkehrsteilnehmer ein klassenspezifisches oder ständisches Vortrittsrecht besitzt, sondern die Straßenverkehrsordnung den Fluß des Verkehrs reguliert. Aber es macht einen beträchtlichen symbolischen Unterschied aus, ob man in einer Luxuslimousine mit Klimaanlage und *handy* sitzt, in einem Liebhaber-Oldtimer, in einem Dreitakter-Trabant oder in einer "Rostlaube".

Schließlich können *drittens* die semantischen Codes der Marktgüter von den Konsumenten vielfältiger verwendet werden, wenn die traditionale Symbolordnung durch die Kulturindustrie durcheinandergewirbelt und althergebrachte Konsumschranken eingerissen werden. Weder sind die Angebote des Kulturmarktes Garanten einer beständigen, zweifelsfreien Zuordnung von Signifikant und Signifikat, noch können ihre Konsummuster in ein System ständischer oder bildungsbürgerlicher Ausschließungskriterien eingezwängt werden (vgl. Kap. V.B.1). Die Kulturprodukte sind für ästhetische Umcodierungen insbesondere deswegen offen, weil sie nicht der Popularkultur entrückt, sondern ihr entlehnt sind, auch wenn die populären Stilelemente für Marktzwecke instrumentalisiert, höchst unvollständig benutzt und in ihren Sinnbezügen verfremdet oder simplifiziert werden. Aus naheliegenden Gründen liegt es jedoch nicht im Interesse der Anbieter von Massenartikeln, Distinktionshürden aufzustellen, die ein Massenpublikum abschrecken könnten. Das Streben nach kultureller Distanznahme und erst Recht der direkte Ausschluß einzelner Sozialmilieus von der Möglichkeit, ein Produkt zu konsumieren, verbietet sich für den Marktproduzenten, da dies mit seinem Interesse an einem größtmöglichem Absatz unvereinbar wäre. Sollen industrielle oder massenmediale Kulturgüter erfolgreich vermarktet werden, erscheint es opportun, bestimmte Stilelemente der Popularkultur für Marktzwecke auszuschlachten, die Wünsche eines Massenpublikums auszuspähen und die Angebote an die Bedürfnisse eines Massenpublikums anzuschmiegen, um die Gunst und Aufmerksamkeit der Nachfrager zu erheischen.[31] Schließlich gehorchen die Kulturwaren nicht einer Belehrung im Namen der Vernunft oder der Erweckung im Namen Gottes, sondern dienen einzig und allein dem Tauschzweck und *damit* der Möglichkeit des *Gebrauchs*.

Die kommerziellen Konsumangebote wecken bisher unbekannte Bedürfnisse und Präferenzen, die nicht mehr in die alten Gewißheiten und Selbstverständlichkeiten eingepaßt werden können. Willis zufolge stellen sie sogar ein breites Spektrum von symbolischen Ressourcen bereit, das die profane Alltagsästhetik anregt, als "Rohmaterial" (1991, 44) im Konsum angeeignet und lebensweltlich weiterverwendet werden kann. Mit der Freisetzung der Warenobjekte aus traditionellen Reglementierungen lösen sich, so wäre fortzuführen, die Dinge von ihren angestammten Bedeutungszuschreibungen. Es entsteht eine Welt der Artefakte, in der der Umgang mit und der Gebrauch von Symbolen und kulturellen Codierungen nicht unangetastet bleibt. Die Reproduktionssphäre wird aus den für selbstverständlich geglaubten Bedeutungskontexten herausgerissen und den Turbulenzen des Marktgeschehens ausgesetzt. Indem die bunte Waren- und Bilderwelt der Kulturmärkte eine unendliche Vielzahl von Zeichen hervorbringt, die sich ausnahmslos einer kanonisierten Moralordnung entziehen, bildet sich ein (relativ) offener Raum für kreative Setzungen, Verfremdungen und Recodierungen von Zeichen aus. Der symbolische Gebrauchswert der modernen Kulturgüter wird in dem Maße plural, wie die traditionelle bildungsbürgerliche Kulturelite durch den Massenkonsum demontiert, die Aura der Bildungsreligion entweiht, der "reine Geschmack" profanisiert und schließlich durch eine dezentrierte Produktion und Rezeption von Deutungen ersetzt wird. Dies *ermöglicht* überhaupt erst die dezentrierte und nicht zuletzt auch ludische Aneignung von "unten". Bedeutungen werden im Alltagskonsum aus festen Kontexten gelöst und vorbehaltlich der Verfügung über ausreichende Kaufkraftchancen frei verfügbar und austauschbar. Kurzum, die autoritäre Markierungsfunktion allgemeinverbindlicher Zuschreibungen von Sinn erfährt im Massenkonsum ihre Auflösung. In dem abschließenden Kapi-

---

[31]   Zur Strategie der Anpassung der Anbieter von Konsumwaren an die Präferenzen der
       Nachfrager erläutert Simmel (1992a, 327f.): Die Konkurrenz "zwingt den Bewerber,
       der einen Mitbewerber neben sich hat und häufig erst hierdurch eigentlicher Bewerber
       wird, dem Umworbenen entgegen- und nahezukommen, sich ihm zu verbinden, seine
       Schwächen und Stärken zu erkunden und sich ihnen anzupassen, alle Brücken aufzu-
       suchen oder zu schlagen, die das eigne Sein und Leisten mit jenem verbinden könnten.
       Freilich geschieht dies oft um den Preis der persönlichen Würde und des sachlichen
       Wertes der Produktion (...). Die antagonistische Spannung gegen die Konkurrenten
       schärft bei dem Kaufmann die Feinfühligkeit für die Neigungen des Publikums bis zu
       einem fast hellseherischen Instinkt für die bevorstehenden Wandlungen seines Ge-
       schmacks, seiner Moden, seiner Interessen; und doch nicht nur bei dem Kaufmann,
       sondern auch bei dem Zeitungsschreiber, dem Künstler, dem Buchhändler, dem Par-
       lamentarier. Die moderne Konkurrenz, die man als den Kampf Aller gegen Alle kenn-
       zeichnet, ist doch zugleich der Kampf Aller um Alle."

tel V.B.4 möchte ich diese Überlegungen zur Semantik moderner Kulturmärkte zum Anlaß nehmen, um die von Pierre Bourdieu vorgelegte kultursoziologische Theorie sozialer Distinktion in kritischer Absicht diskutieren zu können.

4. Distinktion und Markt

In einer breit angelegten Kulturanalyse der französischen Gegenwartsgesellschaft der 60er und 70er Jahren hat Bourdieu (1982) den Versuch unternommen, das jeweilige Habitusprofil eines Individuums als Produkt der sozialen Herkunftsklasse (Klassenmilieu), der Sozialisationsbedingungen (Familie und Schule) sowie der besonderen biographischen Ereignisse (Laufbahn) zu dechiffrieren. Die leitende Überlegung ist dabei, daß die unterschiedlichen Soziallagen der Gesellschaft alltagskulturell übersetzt werden. Die sozialen Differenzierungen reichen demzufolge bis in die ästhetischen Geschmackspräferenzen, die "feinen Unterschiede" der Körpergestik, Eßgewohnheiten, Kleidungsstile und des Tonfalls hinein. Von dieser Bestimmung des Verhältnisses zwischen Lebensstil und Sozialstruktur ausgehend wird sodann die zentrale These entfaltet, daß die *kulturelle Vergesellschaftung* der Individuen eben nicht über einen offenen Wettbewerb der Distinktionszeichen, sondern über eine einheitliche, in sich konsistente Symbolordnung vermittelt sei, die als *Statushierarchie* die sozialen Ungleichheitsstrukturen kulturell reproduziere. Oder anders formuliert: Soziale Macht wird über die habituelle Aneignung von Kultur und Bildung symbolisch stabilisiert. Wie Bourdieu aufzeigen kann, zerbricht die Idee der Chancengleichheit bereits an diesen unsichtbaren Barrieren des Habitus.[32]

Die klassen- und milieuspezifisch eingefärbten Kulturattribute und Habitusprofile, die eine höhere oder niedrigere öffentliche Legitimität besitzen, befähigen in ganz unterschiedlichem Maße dazu, statushöhere Positionen einzunehmen, Machtchancen wahrzunehmen, materielle Ressourcen zu nutzen, zu privilegierten sozialen Kreisen Zugang zu finden und andere symbolische Distinktionsgewinne zu erlangen. Die distinktiven Lebensstile und Geschmackspräferenzen des bürgerlichen Milieus seien, so Bourdieu, auf der obersten Rangstufe der sozialen Geltungshierarchie angesiedelt. Ihr gelinge es in scheinbar unnachahmlicher habitueler Selbstsicherheit, die Merkmale ihrer Lebensform zur kulturellen *Leitwährung* zu erklären, indem ihre Klassifikationsraster fein/grob, raffiniert/primitiv distinguiert/vulgär, vornehm/ordinär etc. generalisiert würden. Lebensstile und habituelle Sozialprofile der (alten und neuen) Mittelklassen und Arbeitermilieus erscheinen vor dem Hintergrund dieser Bewertungsmaßstäbe in abgestufter Form als

---

[32] Zur konzeptionellen Entfaltung seiner Habitustheorie vgl. bes. Bourdieu (1979; 1987). Siehe auch die Diskussionsbeiträge von Honneth (1984), Raphael (1987), Miller (1989), Janning (1991), Müller (1992, 238ff.) und Kraemer (1994a).

ästhetisch und moralisch minderwertig, so daß ihnen nicht im gleichen Maße soziale Bestätigung, Wertschätzung und Anerkennung gewährt werde.

Die symbolische Ordnung ist Bourdieu zufolge eine in den kulturellen Alltag abgetauchte, *subpolitische Legitimationsordnung*, die spezifische Herrschaftseffekte hervorbringe bzw. verstärke. Entlang der Statushierarchie bildeten sich nämlich entsprechende kulturelle Attribute aus, die bei subalternen Gruppen die Neigung zur habituellen Selbstanerkennung der eigenen Unterlegenheit gegenüber dem Wertesystem der bürgerlichen Hochkultur beförderten. Die buchstäblich sanfte Gewalt der Umgangsnormen reproduziere und befestige in der Sphäre des kulturellen Alltags stillschweigend soziale Ungleichheiten, indem diesen selbst auch dann noch der "Anschein der Rechtfertigung" (ebd., 604) zukomme, wenn ihnen die politische Legitimität abgesprochen werde: "Oft wird vergessen, daß die spezifische Logik kultureller Herrschaft mit sich bringt, daß die bedingungsloseste Anerkennung kultureller Legitimität mit der radikalsten Aberkennung politischer Legitimität einhergehen kann und auch tatsächlich einhergeht. Mehr noch: politische Bewußtwerdung verbindet sich häufig mit einem Rehabilitieren des Selbstwertgefühls, das allerdings in der als befreiend empfundenen - und wirklich auch befreienden - Reaffirmation kultureller Würde eine Unterwerfung unter die herrschenden Werte und bestimmte Prinzipien einschließt - wie die Anerkennung der Hierarchien, die sich auf Bildungstitel gründen, oder von Fähigkeiten, deren Besitz die Schule angeblich gewährleistet -, auf denen die herrschende Klasse ihre Herrschaft aufbaut." (Ebd., 617f.)

Um die Wirkungsweise der Ordnung der Symbole erfassen und analysieren zu können, geht Bourdieu (1990, 99) von der Annahme aus, daß die soziale Welt nicht nur durch die objektiven Koordinaten der Sozialstruktur, der materiellen Ungleichheitsrelationen usw. zu bestimmen sei, sondern zugleich auch immer als "Wille und Vorstellung" symbolisch konstruiert werde. Die symbolische Ordnung der Gesellschaft wird somit machttheoretisch definiert als "Stätte ständiger Kämpfe um die Definition von 'Realität'" (ebd.). Habituelle Klassifikationskämpfe um den kulturellen *common sense* repräsentierten eine implizite Auseinandersetzung "um das Monopol auf legitime Benennung" (1985, 23). Die hegemonialen Formen der symbolischen Produktion von Wirklichkeit bezeichnet Bourdieu auch als "Benennungsmacht" (1985)[33], durch die festgeschrieben, bestätigt und sanktioniert werde, was die legitime Sichtweise von Kultur und Gesellschaft auszeichne und was nicht, welche Klassifizierungen und Trennungsprinzipien (Sozialstatus, Geschlecht, Nation, Region, Alter, berufliche Titel, Bildungszertifikate etc.) von gesellschaftlicher Relevanz seien und welche Distinktionen welchen symbolischen Nutzen besäßen. Symbolische Sinnsetzungen seien gewissermaßen rituelle Machtsetzungen, insofern es den sozialen Akteuren gelinge, "dem Benannten Existenz zu verleihen", "das Gesagte mit dem Akt des Sagens herbeizuführen" (1990, 98)

---

[33]   An anderer Stelle spricht Bourdieu von der "Macht der Repräsentation" (1990) oder der "Konstitutionsmacht" (1992, 152).

und "Dinge mit Wörtern zu schaffen" (1992, 153). Die legitimen Inhaber der *symbolischen Macht* definieren Bourdieu (1985, 25) zufolge allgemeinverbindlich die "Wahrheit der sozialen Welt", der sich subalterne Gruppen schließlich selbstgenügsam und selbstbeschränkend anzupassen und unterzuordnen haben. In der "offiziellen Nomination" (ebd., 26) von Bildungstiteln und anderen beruflichen Gratifikationen drücke sich diese einschüchternde Macht der Unterscheidung in institutioneller Form paradigmatisch aus.

In der bürgerlichen Kulturelite sieht Bourdieu die Inhaber des *semantischen Deutungsmonopols*, das sie alltagsweltlich befähige, spezifische Zeichencodes und Distinktionssysteme in Konkurrenz zu alternativen Sinnsetzungen gesellschaftsweit durchzusetzen. Wesentlich sei hierbei, daß die legitime Sichtweise der sozialen Welt weder per Dekret verfügt noch durch einen autoritativen Sprecher durchgesetzt werde, sondern durch eine habituelle Alltagspraxis des Wählens, der Unterscheidung und der Distanzierung. Dem kulturellen Diskurs des bürgerlichen Milieus liege gewissermaßen ein symbolisches Realitätsprinzip zugrunde, das über das "Sehen und Glauben, Kennen und Anerkennen" einer gesellschaftlichen Ordnung und ihrer legitimen Gliederungsprinzipien entscheide: Indem soziale Barrieren, Grenzziehungen, Ausschließungspraktiken und Stigmatisierungsstrategien für legitim erklärt würden, werde zugleich auch über die allgemeine Seinsweise, die "Bildung und Auflösung sozialer Gruppen" (beide Zitate: 1990, 95) entschieden. In der Kultursoziologie Bourdieus werden Lebensstile und Geschmacksfragen somit zum Medium veralltäglichter, impliziter "symbolischer Klassenkämpfe" (1982, 517), die jenseits der materiellen Verteilungskämpfe angesiedelt sind.[34]

Um die Dynamik dieser Distinktionskämpfe im "Raum der Lebensstile" genauer analysieren zu können, erstellt Bourdieu (ebd., 405ff.) ein Psycho- und Soziogramm charakteristischer Sozialmilieus, die jeweils unterschiedliche Wertsysteme und Geschmackskulturen hervorbringen: der "Kulturaristokratismus" der bürgerlichen Hochkultur, die Bildungsbeflissenheit und Prätention des Kleinbürgertums und der "Notwendigkeitsgeschmack" des Arbeitermilieus. Diese sozialmoralischen Milieus differenzierten sich wiederum in sachlicher Hinsicht (unterschiedliche Verfügungschancen über "ökonomisches, kulturelles und soziales Kapital"[35]) sowie unter zeitlichen Aspekten (soziale Laufbahn, Generationszugehörigkeit) in z.T. fein verästelte, antagonistische Lebensstilfraktionen aus. Bourdieu läßt sich hierbei von der Annahme leiten, daß die unterschiedlichen bürgerli-

---

[34] Eder (1989b) spricht von einer kulturtheoretischen Brechung der traditionellen Klassentheorie bei Bourdieu, der das "Klassenhandeln" in einem System alltäglicher kultureller Praktiken und symbolischer Konstruktionen und Klassifikationen aufhebt. Vgl. auch Bourdieus (1985, 12ff.; 1987, 247ff.) Kritik an objektivistischen und voluntaristischen Implikationen des Marxschen Klassenbegriffs sowie sein Bemühen, die Webersche Begriffsabgrenzung von Stand und Klasse zu überwinden.

[35] Der Kapitalbegriff als Grundbegriff der Sozialtheorie wird systematisch expliziert in Bourdieu (1983). Zur Diskussion vgl. Eder (1989a) und Müller (1992, 259ff.).

chen Milieus (Besitz- und Bildungsbürgertum) den "eigentlichen Schauplatz der symbolischen Kämpfe" (ebd., 395) abgeben. Die Kultur der Bürger bildet demzufolge das eigentliche Zentrum der legitimen Werte und Normen. Die moralische und ästhetische *Selbstaufwertung* der tonangebenden bürgerlichen Klassen korrespondiere mit einer habituellen *Selbstabwertung* aller aus den inneren Bezirken des bürgerlichen Lebensstils ausgeschlossenen Sozialmilieus, die ihr soziales Selbstwertgefühl über ihre jeweilige Nähe und Ferne zur bürgerlichen Hochkultur definierten. Selbstrestriktive Minderwertigkeitsgesten, Gefühle der "kulturellen Scham" (1986b, 199) und resignative Lebensstile seien deshalb auch typischerweise in den einzelnen Fraktionen des Kleinbürgertums und des Arbeitermilieus aufzufinden.

Das kultursoziologische Panorama der Lebensstile, das Bourdieu entfaltet, läßt sich grob vereinfachend folgendermaßen zusammenfassen: Die inszenierte Ungezwungenheit des bürgerlichen Lebensstils und das Streben nach stilistischer Exklusivität ("Luxusgeschmack") erscheinen als Garanten für das größte Maß an sozialer Distinktion. Dem distinguierten Lebensstil soll durch die demonstrative Absetzung gegenüber dem profanen Massengeschmack die auratische Kraft kultureller Höherwertigkeit verliehen werden. Der "Mann von Welt", der "Gelehrte", der "Ästhet" setze die ästhetische Form an die Stelle praktischer Funktionalität; er huldige einem virtuosen Habitus, der als Inbegriff von Individualität und Persönlichkeit gelte. Der "gebildete Bürger" habe den "Blick" für den "ästhetischen Genuß", den "reinen Geschmack" für "raffinierte Köstlichkeiten" und das "Auge" für das "Wesen der Kunst". Einschränkend macht Bourdieu allerdings geltend, daß sich in dem Aussterben der alteingesessenen, traditionsverhafteten Kulturelite und dem Aufstieg der modernistischen, "neuen Bourgeoisie" ein tiefgreifender Wandel der hegemonialen Lebensstile vollziehe, der die überkommene bürgerliche Distinktionsordnung nicht unberührt lasse. Die "dynamischen Führungskräfte" beispielsweise seien nämlich die Initiatoren "der von der neuen Ökonomie geforderten ethischen Umwertung", deren neuer Lebensstil sich vor allem "in der *Abschwächung aller äußeren Merkmale sozialer Distanz* (Herv. von mir, K.K.) - besonders auf dem Gebiet der Kleidung und der kalkulierten Zurücknahme aristokratischer Steifheit bemerkbar macht" (1982, 489f.).

Der Lebensstil des Kleinbürgertums sei zwischen der "legitimen Kultur" der kulturellen Elite und dem "barbarischen Geschmack" der "Massenkultur" anzusiedeln. Vorzugsweise ziele sein Distinktionsbemühen einerseits auf die Abgrenzung von der populären "Kultur der Notwendigkeit", andererseits auf die Aneignung deklassierter, abgewerteter Produkte der legitimen Kultur. Der soziale Aufstieg werde vom Credo der Sparsamkeit, der Opferbereitschaft und des Bildungseifers begleitet, mit der fehlende monetäre und kulturelle Ressourcen kompensiert werden sollten: "Der Kleinbürger ist ein Proletarier, der sich klein macht, um Bürger zu werden." (Ebd., 530) Das Kleinbürgertum strebe typischerweise nach gesellschaftlicher Anerkennung, indem orthodoxe Kulturregeln ("Anstand", "Schicklichkeit") beflissen befolgt und respektiert würden. Der opferbereite, auf Verzicht,

Entsagung, Fleiß, Disziplin und Ausdauer programmierte kleinbürgerliche Habitus sei in seiner angestrengten Bemühtheit, seiner unbeholfenen Ängstlichkeit und seinem autodidaktischen Eifer ein Produkt der Zwänge. Der respektvollen Ergebenheit gegenüber der distinguierten Kultur der Bürgerwelt liege ein "Gefühl eigenen Unwerts" (ebd., 503) zugrunde. Auch in diesem Lebensmilieu macht Bourdieu auf einen säkularen Wandel kultureller Präferenzen aufmerksam, indem er zwischen dem Lebensstil des "absteigenden" Kleinbürgertums der in ihrem Sozialstatus bedrohten Handwerker und Händler und dem des "neuen" Kleinbürgertums der Werbefachleute, Kulturvermittler, Public-Relations-Spezialisten, Journalisten, Erzieher und Pflegeberufe sorgfältig unterscheidet: Das traditionelle kleinbürgerliche Milieu hänge einer Ästhetik des "Gepflegten" und der "Gewissenhaftigkeit" an und neige ausdrücklich zu konventionellen und restaurativen Geschmacksvarianten. Der sozialmoralische Traditionalismus dieses Milieus dokumentiere sich in der Scheu vor jeder riskanten kulturellen Investition und in tiefsitzenden Ressentiments gegenüber modernen Normerwartungen. Das aufstrebende "neue" Kleinbürgertum hingegen habe die "Moral der Pflicht" durch eine "Pflicht zum Genuß" (ebd., 575f.) ersetzt, verkörpere eine neue, hedonistische Konsumethik und predige erlebnisorientierte Selbstentfaltung ("Fun"), die sich am Ideal des Individualismus und Privatismus ausrichte.

Das Arbeitermilieu sei hingegen einem praktischen Ethos verpflichtet, das jenseits feiner Ästhetisierungen kulturelle Produkte und Präferenzen nach ihrer Funktionalität und Zweckmäßigkeit ("schlicht", "kein Firlefanz") befrage: Der Arbeiter stehe auf dem nackten Boden des "Realismus". Die Not der ökonomisch beengten Verhältnisse werde in die Tugend eines Lebensstils übertragen, die den Mangel idealisiere und ein Bedürfnissystem hervorbringe, das sich an finanziell machbaren Vergnügen und lebenspraktischen Konsumgütern ausrichte. Mit dem geringsten Aufwand solle die größte Wirkung erzielt werden ("das wird Eindruck machen", "sich herausputzen"). Andere Bedürfnissysteme, die der eigenen sozialen Stellung nicht entsprächen, würden in Sinnsprüchen wie "ein verschwenderischer Lebensstil paßt nicht zu mir" habituell zurückgewiesen. Im selbstgenügsamen "Notwendigkeitsgeschmack" (ebd., 585ff.) passen sich also Bourdieu zufolge demnach die subjektiven Motive an objektive Handlungsnotwendigkeiten an.

Zusammenfassend kann festgehalten werden, daß sich aus der Perspektive Bourdieus in den Kulturen und Lebensstilen subalterner Klassenmilieus ein vorauseilender Gehorsam gegenüber den kulturellen Geboten einer für legitim erklärten Symbolordnung eingelagert hat. Die habituelle Akzeptanz bürgerlicher Kultur komme in Redewendungen wie "das gehört sich so", "das tut man nicht" und "das wird Eindruck machen" zum Ausdruck. Das "Konformitätsprinzip" (ebd., 585ff.) des Arbeitermilieus funktioniere als informelle soziale *Selbstkontrolle*, indem derjenige, der "aus dem Rahmen fällt", zur Ermahnung gerufen und negativ sanktioniert werde ("für was hält sich denn die"). In stereotypen Redewendungen wie "die sind nicht so wie wir" würden die sozialen Differenzen zwischen "oben" und "unten" anerkannt und mit dem metaphysischen Schleier der vermeintlich natürlichen Gegebenheit überzogen. Diese normative Abhängigkeit der Selbsteinschätzung subalterner Gruppen von der legitimen Bürgerkultur sei in den kulturellen Alltag abgetaucht und in "winzigen Nachlässigkeiten" und in den "vielen kleinen Nichtigkeiten resignierender Gefälligkeit und unterwürfiger Komplizenschaft" (1988, 36) verborgen.

Die Ordnung der Lebensstile ist von Bourdieu gewissermaßen als *hegemoniale Einbahnstraße* konzipiert, deren Bedingungen weitgehend von "oben" nach "unten" durchgesetzt werden. Die Kultur des Arbeitermilieus wie auch der alten und neuen Mittelklassen akzeptiere und adaptiere auf jeweils unterschiedliche Weise bürgerliche Kulturmaßstäbe. Insofern repräsentierten alle nichtbürgerlichen Habitusprofile letztlich nur die Kehrseite der distinktiven Symbolsprache bürgerlicher Kreise. Die kulturelle Selbstidentifikation des Arbeitermilieus wird beispielsweise nur in Relation zur bürgerlichen Kultur und damit als *defizitär* beschrieben: "Leicht ließen sich die Merkmale des Lebensstils der unterdrückten Klassen aufzählen, denen ein Gefühl von Inkompetenz, Scheitern und kultureller Unwürdigkeit anhaftet, und damit eine Anerkennung der herrschenden Werte einschließen. (...) Der Lebensstil der unteren Klassen kennzeichnet sich durch die Abwesenheit von Luxuskonsum (Whisky, Gemälde, Champagner, Konzerte, Kreuzfahrten, Kunstausstellungen) nicht weniger als durch den billigen Ersatz für etliche dieser erlesenen Güter (Schaumwein statt Champagner, Kunstleder statt Leder, Kitschbilder statt Gemälde), Indikatoren einer potenzierten Expropriation, die sich noch der Definition dessen beugt, was wert ist, besessen zu werden." (1982, 601f.) Diese Reduktion nichtbürgerlicher Kulturformen auf eine *kontrastive Negativfolie* des bürgerlichen Kulturstils ist wiederholt kritisiert worden. Schindler (1985, 214) etwa bemerkt, daß aus der Ökonomie der Armut vielmehr eine "Improvisationskunst" erwachse, die bestimmte kulturelle Kreativitäten und Kompetenzen voraussetze, welche keineswegs auf eine resignative Unterwerfung unter die materiellen Zwänge der Not zu reduzieren seien. Ohne auf diesen Einwand genauer einzugehen, möchte ich im folgenden auf einer grundsätzlicheren Ebene Bourdieus Annahme einer von der bürgerlichen Kulturwelt dominierten Distinktionsordnung, die seinen kultursoziologischen Überlegungen zugrundeliegt, kritisch hinterfragen.

Der Erkenntnisgewinn der Habitustheorie Bourdieus liegt zu einem erheblichen Teil darin begründet, daß sie einen ungetrübten Blick auf die scheinbar selbstgewählten Lebensstile und kulturellen Praxen ermöglicht. Diese selbst sind, wie oben erläutert wurde, in die sozialen Ungleichheitsstrukturen des gesellschaftlichen Raumes eingebettet. Vor diesem Hintergrund erlangt die Kultursoziologie Bourdieus ihre Bedeutung in dem Versuch einer habitustheoretischen Klärung der impliziten Grundlagen sozialen Handelns. Die soziologische Perspektive auf die "Feinen Unterschiede" bietet sodann ein faszinierendes Panorama der kulturellen Distinktionskämpfe moderner Gesellschaften, in denen Bourdieu zufolge die Grundaxiome der legitimen Prestigeordnung von der bürgerlichen Kulturwelt festgelegt werden. Wie steht es aber um die Erklärungsreichweite und

Aktualität dieses soziologischen Programms, wenn der Bestand des traditionellen bürgerlichen Wertekanons, auf dessen Folie die Distinktionsrituale analysiert werden, im Marktgeschehen *relativiert* werden? Besitzt der kulturelle Diskurs des Bildungs- und Besitzbürgertums überhaupt noch eine derart intensive Ausstrahlungskraft und Sinnstiftungsfunktion, wie es Bourdieu insbesondere auch gegenüber der popularen Kultur annimmt? Ist die mehr oder weniger statische Hierarchie kultureller Symbole, die er im Blick hat, vereinbar mit den dezentrierten Strukturen des Marktgeschehens? Treten im Hinblick auf die oben erörterte Ausweitung der Kultur- und Freizeitmärkte nicht neuartige Distinktionssymbole und Unterscheidungsmerkmale in Konkurrenz zu den traditionellen Unterscheidungsmerkmalen, die Bourdieu im Blick hat? Verunsichert die Kommerzialisierung nicht konventionelle Statussymbole und Distinktionskriterien des bürgerlichen Bildungsideals? Kann man vor dem Hintergrund moderner Kulturmärkte noch sinnvollerweise von einer Dominanz des bildungsbürgerlichen Kulturverständnisses über die populäre Kultur sprechen? Bourdieu geht wie selbstverständlich von einer ungebrochenen Einheit von Sender und Empfänger, Signifikant und Signifikat, Absicht und Wirkung aus, ohne kritisch zu überprüfen, ob diese Einheit selbst nicht in dem Maße ausfasert, in dem die traditionelle "kulturelle Elite ihre einseitige Kommunikationsmacht verloren hat" (Willis 1991, 167).

Im Hinblick auf meine Überlegungen zur kulturellen Vergesellschaftung der Individuen über die Tauschsphäre ist demgegenüber eher von der Annahme auszugehen, daß die "feinen Unterschiede" des traditionellen bürgerlichen Kulturmilieus und die damit verbundenen Statusprivilegien von der Geldform des Markttausches und den wirtschaftlichen Effizienzkriterien sukzessive relativiert bzw. in ökonomieferne Handlungsfelder (z.B. private Reproduktionssphäre) abgedrängt werden. Kulturelle Statusordnungen, die von elitären Kulturdiskursen dominiert werden, scheinen jedenfalls *im* Geltungsbereich des Marktes tendenziell dysfunktional zu sein. Vielmehr ist anzunehmen, daß vorrangig jene Distinktionen soziale Relevanz besitzen, die *monetär* bestimmbar sind. Hieraus wäre zu folgern: An die Stelle der von Bourdieu thematisierten normativ-kulturellen Distinktionen treten im Kontext marktökonomischer Tauschbeziehungen die in Geldeinheiten gemessenen *abstrakten Distinktionen*. Die bürgerlichen Gegensatzpaare fein/grob, raffiniert/primitiv und distinguiert/vulgär werden durch marktkompatible Bewertungsmaßstäbe zahlen/nicht zahlen, liquide/nicht liquide, schnell/langsam, effizient/ineffizient, produktiv/unproduktiv etc. ersetzt. Der Markt scheint jedenfalls die signifikanten Unterscheidungen der bürgerlichen Kultur zu untergraben, so daß die herkömmlichen Prinzipien kultureller Geltung ins Leere laufen müssen. Über- und Unterlegenheitsgefühle gehen demzufolge nicht mehr primär aus der positionalen Selbsteinschätzung bzw. Fremdverortung innerhalb der bürgerlich dominierten Prestigeordnung hervor, sondern werden durch die sachlichen Ergebnisse des Marktgeschehens (Geldbesitz und Geldarmut, beruflicher Aufstieg und Erwerbsarbeitslosigkeit) produziert und reproduziert.

In dem Maße, in dem in der Tauschsphäre die Zahlungsfähigkeit, die Kredit-
fähigkeit und der sachliche (Nicht-)Besitz an Warengütern und Produktionsmitteln zum zentralen Distinktionsmerkmal aufsteigen (vgl. Kap. III), scheint
auch die symbolisch-kulturelle Macht der Unterscheidung schrittweise profanisiert zu werden. Die von Bourdieu beschriebene Anerkennung einer bildungsbür-
gerlich geprägten Rangordnung basiert jedenfalls auf anderen Grundlagen als die
sachliche Anerkennung der bürgerlichen Rechtsinstitute des Warentausches (Vertragsrecht, Eigentumstitel): Im Marktgeschäft treten schließlich nur Besitzende
und Besitzlose, Inhaber von Rechtstiteln (Schuldner, Gläubiger), Besitzer von
Geld, Wertpapieren und Güterwaren sowie Arbeitskraft- und Produktionsmittelbesitzer auf. Das rationale Tauschgeschäft zwischen *formal* Gleichrangigen bringt
ein unverhülltes nüchternes Interesse hervor, das sich offensichtlich von den
Symbolbeständen der bürgerlichen "Kulturaristokratie" freimacht. Unter den Bedingungen expandierender Freizeit- und Kulturmärkte scheint jedenfalls auch die
Aura der bürgerlichen Bildungsreligion und das Charisma des "reinen Ge-
schmacks" entwertet zu werden. Und wenn die traditionelle kulturelle Elite durch
die ungeheure Waren- und Symbolfülle demontiert wird, muß auch ihre Definiti-
onsgewalt über den symbolischen Kosmos brüchig werden. Die Machtchancen
des "kulturellen Kapitals" (Bourdieu) reduzieren sich unter diesen Bedingungen
auf die Chancen seiner kommerziellen Vermarktung. In diesem Zusammenhang
ist die Beobachtung von Reichwein (1985, 269ff.) von Bedeutung, daß die Funktion des heutigen Schul- und Bildungssystems nicht mehr primär darin besteht,
den Habitus des Gebildeten hervorzubringen, sondern den des erfolgs- und aufstiegsorientierten Individuums. Auch wenn Bourdieu (1982, 210ff.) die mit der
Bildungsinflation und der Entwertung der Bildungsabschlüsse verbundenen habituellen Verwerfungen und Desillusionierungen ("Hyseresis des Habitus", "ge-
prellte Generation") eingehend analysiert, berücksichtigt er nicht hinreichend, daß
mit der Ausweitung marktökonomischer Rationalitätskriterien das Gewicht des
kulturellen Kapitals abnimmt (vgl. Schwengel 1993, 135).

Unter Bedingungen der Marktkonkurrenz bleibt die Hegemoniekrise der bürgerlichen Distinktionskultur und der schleichende Wertverlust ihrer kulturellen
Ressourcen nicht folgenlos für das Habitusprofil jener Sozialmilieus, die Bourdieu
zufolge ihre Kollektividentität über ihr Verhältnis zum vorherrschenden Wertekanon der kulturellen Elite definieren. An die Stelle eines an der bürgerlichen Kulturwelt ausgerichteten - klassen- und milieuspezifisch differenzierten - Habitus-
profils scheint der klassenübergreifende Sozialcharakter des "Markt-Individuums"
(Beck 1986, 144) zu treten: Dieser zeichnet sich in weitaus größerem Maße durch
ein *habitualisiertes Leistungsprinzip* als durch eine Adaption und Kopie bildungsbürgerlicher Distinktionsrituale aus. Vor diesem Hintergrund ist auch zu vermuten, daß sich eine marktförmige, an pragmatischen Nützlichkeitskriterien, am individuellen Fortkommen und Erfolg ausgerichtete Verhaltensrationalität nachhaltig
in den Vordergrund schiebt, die nicht auf bestimmte Klassenlagen oder Sozialmilieus beschränkt ist, sondern gesellschaftsweit, aber *keineswegs* unterschiedslos

habitualisiert wird.[36] Dieser Wandel der Habitusstile wird von Bourdieu lediglich in den innovationsoffenen, aufstiegsorientierten Soziallagen des "neuen Kleinbürgertums" (innengeleitete Konsum- und Genußorientierung) und der "neuen Bourgeoisie" (Effizienz- und Flexibilitätsorientierung, Sozialtechnokratismus) lokalisiert. Wie weiter oben ausgeführt, macht sich für ihn der Mentalitätswandel der "neuen Bourgeoisie" in der definitiven Abkehr von allen paternalistisch beeinflußten Herrschaftsformen und der Hinwendung zur "sanften Tour" (1982, 490), in der Abschwächung und Zurücknahme steifer Gesten, distinguierter Kleidungsstile etc. zugunsten eines modernisierten, "entkrampften, lockeren Lebensstil(s)" (ebd.) bemerkbar. Gleichwohl bleiben diese vertreuten Beobachtungen theoretisch mehr oder weniger folgenlos.

---

[36] Gegenüber einer radikalisierten Version der Individualisierungsthese ist herauszustellen, daß der Prozeß der Marktindividuierung je nach Klassenlage und Sozialmilieu differenziert zu betrachten ist. Die Marktindividuierung stößt in jedem soziokulturellen Milieu auf andere Normbestände und weltanschauliche Einstellungsmuster, die nicht unvermindert, aber möglicherweise doch abgeschwächt fortexistieren, sie nimmt in jedem Handlungsfeld eine andere Färbung an, wird in das jeweils gültige, habituell eingelebte Verhaltensrepertoire übersetzt und findet ganz unterschiedliche ideologische Rechtfertigungen: Marktindividuierung kann sich als zielstrebiger Alltagspragmatismus, als hedonistische Konsumfixierung, als utilitaristisch-abstrakte Leistungsethik oder ganz traditionslos, desorientiert und illusionslos darstellen. Auch ist anzunehmen, daß sie in der Sphäre der Erwerbsarbeit in anderer Weise wirksam ist als dies in privaten Rückzugszonen des Haushalts, der Familie und der Freizeit zu erwarten ist (Kap. V.B.3). Zum Wandel der Haushaltsmentalitäten siehe vor allem Reichwein (1993, 111ff.). Bellah (1987) unterbreitet in einer Untersuchung über die Verhaltensnormen der amerikanischen Mittelklasse den Vorschlag, zwischen "expressivem" und "utilitaristischem Individualismus" zu unterscheiden: Einerseits sei das Selbst auf die Steigerung des individuellen Lebensgenusses und die persönliche psychische Befriedigung fixiert, andererseits auf ein egozentristisches Nutzenkalkül. Bei allen Unterschieden sei beiden gemeinsam, außerhalb der Belange der eigenen Person kaum andere Entscheidungsmaßstäbe zuzulassen. Vgl. auch die an Bourdieu anschließenden Überlegungen von Eder (1989c) zur "Verkleinbürgerlichung". Das Ausmaß der Klassen(ent)strukturierung und der Grad der Individualisierung kann hier nicht erörtert werden. Vgl. hierzu Mooser (1983), Beck (1983, 1986), P.A. Berger (1986; 1987; 1988), Giesen/Haferkamp (1987), Brose/Hildenbrand (1988), Neckel (1989), Eder (1989a), Hradil (1992), Kreckel (1992), Müller (1989; 1992), Beck/Beck-Gernsheim (1993; 1994).

VI. Schlußbemerkung

In den abschließenden Überlegungen möchte ich darauf verzichten, die vorangegangene Untersuchung zum Strukturprinzip Markt als spezifischem Vergesellschaftungsmodus in ihren leitenden Gedanken zu rekapitulieren. Vielmehr möchte ich am Beispiel des Verhältnisses von Markt und Individuum, Markt und Wirtschaft und Markt und Staat einige Gesichtspunkte kurz ansprechen, um die strukturbildende Kraft des Marktes im Hinblick auf Reichweite und Ausmaß differenzierter abschätzen zu können.

(1) In Kapitel II wurde u.a. die weitgehende Normabsenz in marktförmigen Tauschbeziehungen erörtert. In Kapitel V sind jedoch einige grundlegende Sachverhalte angeführt worden, die entgegen der Annahme, daß außerökonomische Wertbezüge, Motivstrukturen und Handlungsrationalitäten unter den Zweckvorgaben des Marktes sukzessive aufgebraucht und verzehrt werden, eine wechselseitige *Steigerung* von normfreier Marktkommunikation und außerökonomischer Moralkommunikation vermuten lassen. Die in den Sozialwissenschaften weit verbreitete einsilbige Diagnose der Kommerzialisierung von kulturellen Ausdrucksformen und lebensweltlichen Praktiken übersieht nämlich beispielsweise, daß mit der - in traditionalen Agrargesellschaften noch unbekannten - sozialräumlichen Funktionstrennung von Haushalt und Erwerbsbetrieb eine Sphäre der Privatheit und Intimität entstanden ist, die von wirtschaftlich zweckgerichteten Tätigkeiten wie außerhäuslicher Erwerbsarbeit und Güterproduktion für Märkte so weit wie möglich abgeschottet wird. Der Privathaushalt fungiert, wie gezeigt wurde, als ökonomische Organisationshülle (nicht)familialer Gemeinschaften, die die Verfolgung nicht-marktökonomischer Handlungsrationalitäten in der Reproduktions- und Freizeitsphäre überhaupt erst ermöglicht. Selbst wenn man eine zunehmende Ökonomisierung der Privathaushalte annehmen würde, wäre deswegen die Innenseite der Privatsphäre noch lange nicht zwangsläufig ein schutzloses Einfallstor für die Systemimperative des Marktes.

(2) Am Beispiel des kapitalistischen Erwerbsbetriebes wurde auf die Differenz von Markt und Wirtschaftsorganisation hingewiesen (vgl. Kapitel II.A) , um zu verdeutlichen, daß wirtschaftliche Handlungen mit marktvermittelten Zahlungsvorgängen nicht gleichgesetzt werden können. Wie die sozioökonomische Netzwerkforschung aufgezeigt hat (vgl. Mahnkopf 1994), gibt es darüber hinaus auch *zwischen* Wirtschaftsorganisationen Tauschbeziehungen, die sich der markttypischen Systemdynamik von Angebot und Nachfrage entziehen. Zu diesen reziproken Produktions- und Unternehmensnetzwerken und informellen Austauschbeziehungen sind zu zählen sog. strategische Allianzen zwischen Groß- und Kleinbetrieben, globale Kooperationen von multinationalen Unternehmungen in hochtechnologisierten Branchen der Mineralöl-, der chemischen und Pharmaindustrie sowie neuerdings in den Bereichen Luftfahrt und Biotechnologie. Desweiteren sind ökonomische Austauschbeziehungen anzuführen, die in ein dichtes

Netzwerk von regionalen Institutionen und Besonderheiten (Verbände, Verwaltungen, Politik) eingebettet sind. Und schließlich sind Zulieferernetzwerke von Großunternehmen wie z.B. in der Automobilindustrie zu nennen, deren Interaktionen durch z.T. ausgeprägte Machtasymmetrien geprägt sind, die mit dem idealtypisch gedachten atomistischen Marktmodell von Angebot und Nachfrage nicht kompatibel sind. Auf vielen Märkten hat eine zunehmende horizontale, vertikale und diagonale Verflechtung von Unternehmen zu Vermachtungen und Konzentrationsgraden geführt, die die Preis- bzw. Produktkonkurrenz stark verringert haben.

(3) Der Marktökonomie, unterteilt in die Sektoren Produktion und Distribution, steht mit der Herausbildung des modernen politisch-administrativen Systems eine Sphäre gegenüber, die eine unverzichtbare Grundbedingung jeder hochentwickelten Industriegesellschaft westlichen Typs darstellt. Ohne auf die historische Genese des modernen politisch-administratvien Systems und die mit seiner Geschichte verbundenen politischen Auseinandersetzungen und sozialen Konflikte näher eingehen zu können, ist analytisch zwischen unterschiedlichen Funktionen des modernen Staatsapparates zu unterscheiden. Die aus dem klassischen liberalen Staatsprinzip (John Stuart Mill) entstandenen *rechtsstaatlichen Kernfunktionen* bestehen darin, für alle Marktakteure ohne Ansehen der Person, der Herkunft, der Konfession und des Sozialstatus Vertragssicherheit zu gewährleisten, die Institution des Privateigentums zu garantieren, Gewerbe- und Berufsfreiheit sicherzustellen, ferner andere wirtschaftsrelevante Gesetze und Richtlinien (Schuldenhaftung, Börsen- und Kartellrecht usw.) zu erlassen, nach denen sich die Erwartungshaltungen wirtschaftlicher Akteure orientieren können. Über diese klassischen Ordnungsfunktionen hinausgehend werden dem modernen Staat *regulative Steuerungsaufgaben* zugeschrieben, denen im Prozeß der industriellen Entwicklung eine wachsende Bedeutung zukommt. Die Schaffung eines Reservoirs von hinreichend qualifizierten Arbeitskräften durch staatliche Bildungspolitik oder Infrastruktur- und Raumordnungsmaßnahmen sind beispielhaft anzuführen. Diese und andere Leistungen stellen unverzichtbare institutionelle Voraussetzungen dar, da sie in das Rationalitätskalkül von kapitalistischen Erwerbsbetrieben nur schwer integrierbar sind. In Antithese zum liberalen Staatsprinzip sind diese Funktionen wiederum in Richtung einer aktiven Intenvention in das Wirtschaftsgeschehen (Steuer-, Subventions-, Konjunktur- und Wachstumspolitik) erweitert worden, um unerwünschten ökonomischen Krisen (z. B. Erwerbsarbeitslosigkeit) entgegenzuwirken (vgl. Lange 1989, 254ff.).

Darüber hinaus ist mit der Herausbildung wohlfahrtsstaatlicher Institutionen eine Sphäre der *Redistribution* entstanden, die den Individuen - mit begrenztem Erfolg - eine von ihren Tauschchancen auf Arbeitsmärkten unabhängige Einkommensquelle garantieren soll. Dem redistributiven Tausch der politischen Sphäre kommt hierbei die Aufgabe zu, die Zuteilung monetärer Ressourcen von den Verteilungsergebnissen des Marktes zu lockern. Die staatliche Gewalt greift durch die selektive Steuer- und Abgabenbelastung der Bürger direkt in den ökonomischen Verteilungsprozeß ein, und zwar in der Absicht, die sozialen Kosten des Marktes abzufedern, extrem ungleiche Einkommens- und Vermögens-relationen politisch zu entschärfen usw. Einen herausragenden Stellenwert besitzt hierbei die Institutionalisierung des industriellen Arbeitskonfliktes bzw. die Ver-rechtlichung des Arbeitsmarktes. Für die Bundesrepublik sind exemplarisch das Tarifrechtssystem und Betriebsverfassungsgesetz, Arbeitsgesetzgebung und Ar-beitsrechtsprechung, Sozialpolitik und Sozialversicherung, staatliche Arbeitsver-waltung und Arbeitsmarktpolitik zu nennen (vgl. Müller-Jentsch 1986). Gleich-wohl beschränken sich die korporatistisch ausgehandelten Konfliktregelungs- und Normsetzungsverfahren zwischen Staat, Unternehmungen und Gewerkschaften ("Korporatistisches Dreieck") auf *korrektive* Funktionen. Neuerdings wird diese redistributive Funktion sukzessive durch die "Entsorgungsfunktion" (Jänicke 1986, 21) ergänzt, um die externalisierten Effekte der industriellen Produktion einzudämmen. Hierunter fallen die Schadstoffbelastungen der Umweltmedien Luft, Wasser und Boden sowie wie indirekten, nichtintendierten Folgewirkungen des Stoff-, Energie- und Flächenverbrauchs auf das globale Ökosystem. Diese Funktionen zusammengenommen schaffen einen gewaltigen Finanzbedarf, der die politischen Entscheidungskorridore einschnürt und die Handlungskapazitäten des Staatsapparates an die Wachstumsraten der Ökonomie rückkoppelt.

Der Staat greift in Unternehmen und Privathaushalten sowie auf den Märkten *aktiv* über Gesetze, Verordnungen und andere politische Interventionsmöglichkei-ten ein. Umgekehrt wird dem Staat durch die ökonomischen Ergebnisse des Marktgeschehens über Steuern und Abgaben die finanzielle Grundlage für politi-sche Gestaltungsmöglichkeiten gegeben. Anders formuliert sind in modernen In-dustriegesellschaften Entwicklungstrends unverkennbar, die auf eine zunehmende Regelungsdichte des wirtschaftlichen Geschehens durch politische Entscheidun-gen und auf eine umgekehrte Abhängigkeit der politischen Sphäre von den Lei-stungen der Ökonomie zuweisen, so daß die idealtypisch hypostasierten "eigen-logischen" Koordinationsmechanismen von Politik und Marktökonomie an Ein-deutigkeit verlieren. Vor diesem Hintergrund wird von einer wechselseitigen Durchdringung oder Überflutung von Politik und Marktökonomie, zuweilen sogar von einer strukturellen *Ent*differenzierung gesprochen. Ganz in diesem Sinne be-schreibt Richard Münch (1994, 388) die institutionellen Arrangements des Ar-beits- und Sozialrechts (*Wohlfahrtsökonomie*) bzw. der Umweltgesetzgebung (*Umweltökonomie*) als "Interpenetrationszonen", in denen Ökonomie, Politik und Moral eine gemeinsame "Schnittmenge" bilden.

Mit der Transnationalisierung ökonomischer Tätigkeiten und Geldbewegungen ist nun in jüngster Zeit eine neue internationale Arbeitsteilung entstanden, die alle Nationalstaaten des Globus nachhaltig beeinflußt. Sogar die Länder mit dem höchsten Grad an Industrialisierung können ihre wirtschaftlichen Tätigkeiten nicht in demselben Maße wie früher steuern und sind gezwungen, die globale Marktin-tegration zur dominanten Referenzfolie der eigenen politischen Entscheidungen zu machen. Die Konkurrenz der territorial gebundenen Nationalstaaten um Pro-

duktionsstandorte der transnationalen Konzerne (global player) unterminiert nämlich ihren politischen Gestaltungsanspruch in doppelter Hinsicht: Sowohl die
staatliche Souveränität nach außen als auch die gesellschaftspolitische und administrative Steuerung nach innen scheint dadurch prekär zu werden (vgl. exemplarisch Scharpf 1991). Als Folge dieser Entwicklung wird - so Narr/Schubert (1994,
153) - der "nach innen gerichtete Wohlfahrtsstaat" vom "nach außen gewandten
Konkurrenzstaat" abgelöst. Diese Überforderung der nationalstaatlichen Problem-
lösungskapazität läßt das Vertrauen in die politische Regulationskompetenz ökonomischer Krisen weiter schwinden, macht allerdings das politisches System nicht
funktionslos, sondern erzwingt eine Neubestimmung seines Verhältnisses zur
Marktökonomie. Mit dem modernen politisch-administrativen System existiert
eine Sphäre staatlicher Akteure, die den Einfluß außerökonomischer Determinanten auf das Marktgeschehen ständig ausgeweitet hat. Im Zuge der Globalisierung
der Märkte werden zwar die nationalstaatlichen Politiken in ein immer dichteres
Geflecht transnationaler und innergesellschaftlicher Abhängigkeiten und Ver-
handlungszwänge eingebunden, die die politische Steuerung gesellschaftlicher
Entwicklungen mehr und mehr in Frage stellen. Damit verschwinden jedoch keineswegs politische Akteure von der Bühne, sondern es verlagern sich lediglich
ihre Bezugsgrößen und Interventionsmöglichkeiten.

Literaturverzeichnis

Adam, B.: Time and Social Theory, Oxford 1990.

Aglietta, M.: Die Ambivalenz des Geldes. In: Kintzelé, J. u. P. Schneider (Hg.): Georg Simmels Philosophie des Geldes, Frankfurt/M. 1993, 175-220.

Aglietta, M. u. A. Orléan: La violence de la monnaie, Paris 1994.

Ahrens, A. u. R. Grießhammer: Perspektiven für die Chlorchemie. In: Jahrbuch Ökologie 1994, hg. von G. Altner, B. Mettler-Meibom, U.E. Simonis u. E.U. von Weizsäcker, München 1993, 120-131.

Alber, J.: Sozialstaat in der Bundesrepublik 1950-1983, Frankfurt/M. 1989.

Albert, H.: Marktsoziologie und Entscheidungslogik. Ökonomische Probleme in soziologischer Perspektive, Neuwied 1967.

Altmann, N., M. Deiß, V. Döhl u. D. Sauer: Ein 'Neuer Rationalisierungstyp' - neue Anforderungen an die Industriesoziologie. In: Soziale Welt 1986, 191-207.

Altvater, E.: Ökologische und ökonomische Modalitäten von Zeit und Raum. In: Prokla 1987, 35-54.

Altvater, E.: Die Zukunft des Marktes. Ein Essay über die Regulation von Geld und Natur nach dem Scheitern des 'real existierenden Sozialismus', Münster 1992a.

Altvater, E.: Der Preis des Wohlstands - oder Umweltplünderung und neue Welt-(un)ordnung, Münster 1992b.

Ankele, K. u. F. Rubik: Mit Produktbilanzen zum ökologischen Produkt. In: Jahrbuch Ökologie 1995, hg. von G. Altner, B. Mettler-Meibom, U.E. Simonis u. E.U. von Weizsäcker, München 1994, 213-221.

Appold, S. J. u. J. D. Kasarda: Agglomerationen unter den Bedingungen fortgeschrittener Technologien. In: Friederichs, J. (Hg.): Soziologische Stadtforschung. Sonderheft der Kölner Zeitschrift für Soziologie und Sozialpsychologie, Opladen 1988.

Arendt, H.: Macht und Gewalt, München 1970.

Assmann, A. u. D. Harth (Hg.): Kultur als Lebenswelt und Monument, Frankfurt/M. 1991.

Ayres, R.U. u. U.E. Simonis (Hg.): Industrial Metabolism. Restructuring for Substainable Develepment, New York 1994.

Ayres, R.U. u. U.E. Simonis (Hg.): Industrieller Metabolismus Konzept und Konsequenzen. In: Zeitschrift für angewandte Umweltforschung 1993, 235-244.

Badelt, C.: Altruismus, Egoismus und Rationalität, In: Heinemann, K. (Hg.): Soziologie wirtschaftlichen Handelns. Sonderheft 28 der Kölner Zeitschrift für Soziologie und Sozialpsychologie, Opladen 1987, 54-72.

Bader, V.-M.: Max Webers Begriff der Legitimität. Versuch einer systematisch-kritischen Rekonstruktion. In: Weiß, J. (Hg.): Max Weber heute. Erträge und Probleme der Forschung, Frankfurt/M. 1989, 296-334.

Bader, V.-M. u. A. Benschop: Ungleichheiten. Protheorie sozialer Ungleichheit und kollektiven Handelns, Bd.1, Opladen 1989.

Bader, V.-M., J. Berger, H. Ganßmann u. J. v. d. Knesebeck: Einführung in die Gesellschafstheorie. Gesellschaft, Wirtschaft und Staat bei Marx und Weber, Frankfurt/M. 1983.

Baecker, D.: Steuerung im Markt. Zur These paradoxer Systemkonstitution am Beispiel einer Analyse der Wirtschaft. In: Glagow, M. u. H. Willke (Hg.): Dezentrale Gesellschaftssteuerung. Probleme der Integration polyzentrischer Gesellschaft, Pfaffenweiler 1987, 136-154.

Baecker, D.: Information und Risiko in der Marktwirtschaft, Frankfurt/M. 1988a.

Baecker, D.: Die Unwahrscheinlichkeit der Marktwirtschaft. In: Freibeuter 1988b, 54-64.

Baecker, D.: Womit handeln Banken? Eine Untersuchung zur Risikoverarbeitung in der Wirtschaft. Mit einem Vorwort von Niklas Luhmann, Frankfurt/M. 1991.

Baecker, D.: Die Metamorphosen des Geldes. In: Kintzelé, J. u. P. Schneider (Hg.): Georg Simmels Philosophie des Geldes, Frankfurt/M. 1993, 277-300.

Baecker, D.: Die Form des Unternehmens, Frankfurt/M. 1993.

Baethge, M.: Arbeit und Identität. In: Beck, U. u. E. Beck-Gernsheim (Hg.): Riskante Freiheiten. Individualisierung in modernen Gesellschaften, Frankfurt/M. 1994, 245-261.

Bardmann, T.M.: Wenn aus Arbeit Abfall wird. Überlegungen zur Umorientierung der industriesoziologischen Sichtweise. In: Zeitschrift für Soziologie 1990, 179ff.

Bargatzky, T.: Einführung in die Kulturökologie. Umwelt, Kultur und Gesellschaft, Berlin 1986.

Bargatzky, T.: Kulturökologie. In: Fischer, H. (Hg.): Ethnologie. Einführung und Überblick, Berlin 1992, 383-406.

Bataille, G.: Die Aufhebung der Ökonomie, München 1985.

Baudrillard, J.: Der symbolische Tausch und der Tod, München 1982.

Bauer, L. u. H. Matis: Geburt der Neuzeit. Vom Feudalsystem zur Marktgesellschaft, München 1988.

Bechmann, G.: Großtechnische Systeme, Risiko und gesellschaftliche Unsicherheit. In: Halfmann, J. u. K.P. Japp (Hg.): Riskante Entscheidungen und Katastrophenpotentiale. Elemente einer soziologischen Risikoforschung, Opladen 1990, 123-149.

Bechmann, G.: Risiko als Schlüsselkategorie in der Gesellschaftstheorie. In: Bechmann, G. (Hg.): Risiko und Gesellschaft. Grundlagen und Ergebnisse interdisziplinärer Risikoforschung, Opladen 1993.

Beck, U.: Risikogesellschaft. Auf dem Weg in eine andere Moderne, Frankfurt/M. 1986.

Beck, U.: Gegengifte. Die organisierte Unverantwortlichkeit, Frankfurt/M. 1988.

Beck, U.: Risikogesellschaft. Überlebensfragen, Sozialstruktur und ökologische Aufklärung. In: Das Parlament. Aus Politik und Zeitgeschichte B 36, 1989, 3-13.

Beck, U.: Risikogesellschaft und Vorsorgestaat. Zwischenbilanz einer Diskussion. In: Ewald, F.: Der Vorsorgestaat. Mit einem Essay von Ulrich Beck, Frankfurt/M. 1993, 535-558.

Beck, U. u. E. Beck-Gernsheim: Nicht Autonomie, sondern Bastelbiographie. Anmerkungen zur Individualisierungsdiskussion am Beispiel des Aufsatzes von Günter Burkart. In: Zeitschrift für Soziologie 1993, 178-187.

Beck, U. u. E. Beck-Gernsheim (Hg.): Riskante Freiheiten. Individualisierung in modernen Gesellschaften, Frankfurt/M. 1994.

Beckenbach, F.: Möglichkeiten und Grenzen einer Ökologisierung der Ökonomie. In: Prokla 1987, 55-70.

Beckenbach, F.: Wirtschaftssoziologie. In: Kerber, H. u. A. Schmieder (Hg.): Spezielle Soziologien. Problemfelder, Forschungsbereiche und Anwendungsorientierungen, Reinbek b. Hamburg 1994, 99-127.

Beckenbach, N.: Industriesoziologie, Berlin 1991.

Becker, A., W. Küpper und G. Ortmann: Revisionen der Rationalität, In: Küpper, W. u. G. Ortmann (Hg.): Mikropolitik. Rationalität, Macht und Spiele in Organisationen, Opladen 1988, 89-113.

Becker, E. (Hg.): Jahrbuch für sozial-ökologische Forschung 1990, Frankfurt/M. 1990.

Becker, G.S.: Der ökonomische Ansatz zur Erklärung menschlichen Verhaltens, Tübingen 1982.

Beier, U.: Der fehlgeleitete Konsum. Eine ökologische Kritik am Verbraucherverhalten, Frankfurt/M. 1993.

Bendixen, P.: Fundamente der Ökonomie. Ökologie und Kultur, Wiesbaden 1991.

Benevolo, L.: Die Stadt in der europäischen Geschichte, München 1993.

Benjamin, W.: Das Kunstwerk im Zeitalter seiner technischen Reproduzierbarkeit, Frankfurt/M. 1977.

Berger, J.: Die Versprachlichung des Sakralen und die Entsprachlichung der Ökonomie. In: Honneth, A. u. H. Joas (Hg.): Kommunikatives Handeln. Beiträge zu Jürgen Habermas' "Theorie des kommunikativen Handelns", Frankfurt/M. 1986, 255-326.

Berger, J.: Der Konsensbedarf der Wirtschaft. In: Giegel, H.-J. (Hg.): Kommunikation und Konsens in modernen Gesellschaften, Frankfurt/M. 1992, 151-196.

Berger, J. u. S. Hradil (Hg.): Lebensläufe, Lebenslagen, Lebensstile. Sonderband 7 der Sozialen Welt, Göttingen 1990.

Berger, J. u. C. Offe: Die Zukunft des Arbeitsmarktes. Zur Ergänzungsbedürftigkeit eines versagenden Allokationsprinmzips. In: Offe, C.: "Arbeitsgesellschaft". Strukturprobleme und Zukunftsperspektiven, Frankfurt/M. 1984, 87-117.

Berger, P.A.: Entstrukturierte Klassengesellschaft? Klassenbildung und Strukturen sozialer Ungleichheit im historischen Wandel, Opladen 1986.

Berger, P.A.: Klassen und Klassifikationen. Zur "neuen Unübersichtlichkeit" in der soziologischen Ungleichheitsdiskussion. In: Kölner Zeitschrift für Soziologie und Sozialpsychologie 1987, 59-85.

Berger, P.A.: Die Herstellung sozialer Klassifikationen. Methodische Probleme der Ungleichheitsforschung. In: Leviathan 1988, 501-520.

Berger, P.L. u. Th. Luckmann: Die gesellschaftliche Konstruktion der Wirklichkeit. Eine Theorie der Wissenssoziologie, Frankfurt/M. 1977.

Berger, R.: Politik und Technik. Der Beitrag der Gesellschaftstheorien zur Technikbewertung, Opladen 1991.

Berger, U.: Rationalität, Macht und Mythen. In: Küpper, W. u. G. Ortmann (Hg.): Mikropolitik. Rationalität, Macht und Spiele in Organisationen, Opladen 1988, 115-130.

Bergmann, W.: Das Problem der Zeit in der Soziologie. Ein Literaturüberblick zum Stand der 'zeitsoziologischen' Theorie und Forschung. In: Kölner Zeitschrift für Soziologie und Sozialpsychologie 1983, 462-504.

Bergmann, W.: Bewußtsein oder Handlung. Ansatzpunkte einer soziologischen Zeittheorie. In: Seifert, E.K. (Hg.): Ökonomie und Zeit. Beiträge zur interdisziplinären Zeitökonomie, Frankfurt/M. 1988, 79-101.

Binswanger, H.C.: Ökologisch orientierte Wirtschaftswissenschaft. In:; Glaeser, B. (Hg.) Humanökologie. Grundlagen präventiver Umweltpolitik, Opladen 1989, 143-152.

Böge, S.: Erfassung und Bewertung von Transportvorgängen. Die produktbezogene Transportkettenanalyse. In: Läpple, D. (Hg.): Güterverkehr, Logistik und Umwelt. Analysen und Konzepte zum interregionalen und städtischen Verkehr, Berlin 1993, 131-159.

Böhm-Bawerk, E. von: Macht oder ökonomisches Gesetz? In: Zeitschrift für Volkswirtschaft, Sozialpolitik und Verwaltung 1914, 205-271.

Bogner, A.: Zivilisation und Rationalisierung. Die Zivilisationstheorien Max Webers, Norbert Elias' und der Frankfurter Schule im Vergleich, Opladen 1989.

Bolz, N.: Am Ende der Gutenberg-Galaxis. Die neuen Kommunikationsverhältnisse, München 1993.

Bonß, W.: Zwischen Emanzipation und Entverantwortlichung. Zum Umgang mit den Risiken der Gentechnologie. In: Grosch, K., P. Hampe u. J. Schmidt (Hg.): Herstellung der Natur? Stellungnahmen zum Bericht der Enquete-Kommission "Chancen und Risiken der Gentechnologie", Frankfurt/M. 1990, 183-205.

Bonß, W.: Unsicherheit und Gesellschaft. Argumente für eine soziologische Risikoforschung. In: Soziale Welt 1991, 258-277.

Bonß, W., R. Hohlfeld u. R. Kollek: Risiko und Kontext. Zur Unsicherheit der Gentechnologie. In: Bechmann, G. u. W. Rammert (Hg.): Technik und Gesellschaft. Jahrbuch 1992, Frankfurt/M. 1992.

Borst, A.: Computus. Zeit und Zahl in der Geschichte Europas, Berlin 1990.

Bourdieu, P.: Zur Soziologie der symbolischen Formen, Frankfurt/M. 1974.

Bourdieu, P.: Entwurf einer Theorie der Praxis auf der ethnologischen Grundlage der kabylischen Gesellschaft, Frankfurt/M. 1979.

Bourdieu, P.: Titel und Stelle. Über die Reproduktion sozialer Macht, Frankfurt/M. 1981.

Bourdieu, P.: Die feinen Unterschiede. Kritik der gesellschaftlichen Urteilskraft, Frankfurt/M. 1982.

Bourdieu, P.: Ökonomisches Kapital, kulturelles Kapital, soziales Kapital. In: Krekel, R. (Hg.): Soziale Ungleichheiten. Sonderband 2 der Soziale Welt, Göttingen 1983, 183-198.

Bourdieu, P.: Sozialer Raum und "Klassen". Leçon sur la leçon. Zwei Vorlesungen, Frankfurt/M. 1985.

Bourdieu, P.: Der Kampf um die symbolische Ordnung. Pierre Bourdieu im Gespräch mit Axel Honneth, Herman Kocyba und Bernd Schwibs. In: Ästhetik und Kommunikation, 1986a, 142-163.

Bourdieu, P.: Die Kunst, Parolen zu widerstehen. In: Ästhetik und Kommunikation, 1986b, 196-200.

Bourdieu, P.: Sozialer Sinn. Kritik der theoretischen Vernunft, Frankfurt/M. 1987.

Bourdieu, P.: Homo academicus, Frankfurt/M. 1988.

Bourdieu, P.: Was heißt sprechen? Die Ökonomie des sprachlichen Tausches, Wien 1990.

Bourdieu, P.: Rede und Antwort, Frankfurt/M. 1992.

Borchert, M.: Geld und Kredit. Einführung in die Geldtheorie und Geldpolitik, München 1992.

Braudel, F.: Sozialgeschichte des 15.-18. Jahrhunderts. Der Handel, München 1986a.

Braudel, F.: Sozialgeschichte des 15.-18. Jahrhunderts. Aufbruch zur Weltwirtschaft, München 1986b.

Braudel, F.: Die Dynamik des Kapitalismus, Stuttgart 1986.

Braun, I. u. B. Joerges (Hg.): Technik ohne Grenzen, Frankfurt/M. 1994.

Braverman, H.: Die Arbeit im modernen Produktionsprozeß, Frankfurt/M. 1977.

Breuer, S.: Max Webers Herrschaftssoziologie, Frankfurt/M. 1991.

Bruckmeier, K.: Strategien globaler Umweltpolitik. "Umwelt und Entwicklung" in den Nord-Süd-Beziehungen, Münster 1994.

Brüggemeier, F.-J. u. Th. Rommelspacher (Hg.): Besiegte Natur. Geschichte der Umwelt im 19. und 20. Jahrhundert, München 1987.

Brock, D.: Die Risikogesellschaft und das Risiko soziologischer Zuspitzung, In: Zeitschrift für Soziologie 1991, 12-24.

Brock, D.: Rückkehr der Klassengesellschaft? Die neuen sozialen Gräben in einer materiellen Kultur. In: Beck, U. u. E. Beck-Gernsheim (Hg.): Riskante Freiheiten. Individualisierung in modernen Gesellschaften, Frankfurt/M. 1994, 61-73.

Brose, H.-G. u. B. Hildenbrand (Hg.): Vom Ende des Individuums zur Individualität ohne Ende, Opladen 1988.

Brose, H.-G., M. Wohlrab-Sahr u. M. Corsten: Soziale Zeit und Biographie. Über die Gestaltung von Alltagszeit und Lebenszeit, Opladen 1993.

Brubaker, R.: The Limits of Rationality. An Essay on the Social and Moral Thought of Max Weber, London 1984.

Bukold, S.: Entwicklungstrajekte des Kombinierten Verkehrs. Industrialisierung und Kettenintegration in Gütertransportsystemen. In: Läpple, D. (Hg.): Güterverkehr, Logistik und Umwelt. Analysen und Konzepte zum interregionalen und städtischen Verkehr, Berlin 1993, 85-130.

Bühl, W.L.: Soziologie und Systemökologie. In: Soziale Welt 1986, 362-389.

Bühl, W.L.: Grenzen der Autopoiesis. In: Kölner Zeitschrift für Soziologie und Sozialpsychologie 1987, 221-254.

Burawoy, M.: Manufacturing Consent. Changes in the Labor Process under Monopoly Capitalism, London 1979.

Burawoy, M.: The Politics of Production, London 1985.

Burghardt, A.: Allgemeine Wirtschaftssoziologie. Eine Einführung, München 1974.

Buß, E.: Markt und Gesellschaft. Eine soziologische Untersuchung zum Strukturwandel der Wirtschaft, Berlion 1983.

Buß, E.: Lehrbuch der Wirtschaftssoziologie, Berlin 1985.

Calließ, J., J. Rüsen u. M. Striegnitz (Hg.): Mensch und Umwelt in der Geschichte, Pfaffenweiler 1989.

Canetti, E.: Masse und Macht, Frankfurt/M. 1992.

Cansier, D.: Umweltökonomie, Stuttgart 1993.

Cavalli, A.: Politische Ökonomie und Werttheorie in der Philosophie des Geldes. In: Kintzelé, J. u. P. Schneider (Hg.): Georg Simmels Philosophie des Geldes, Frankfurt/M. 1993, 156-174.

Claessens, D.: Kapitalismus und demokratische Kultur, Frankfurt/M. 1992.

Clarke, J., P. Cohen, P. Corrigan u.a.: Jugendkultur als Widerstand. Milieus, Rituale, Provokationen, Frankfurt/M. 1979.

Claus, F., H. Friege u. D. Gremler: "Es geht auch ohne PVC", Hamburg 1990.

Coleman, J.S.: Grundlagen der Sozialtheorie, 2 Bde., München 1991.

Collins, R.: Weberian Sociological Theory, Cambridge 1986.

Crozier, M. u. G. Friedberg: Macht und Organisation. Die Zwänge kollektiven Handelns, Königstein/Ts. 1979.

Daheim, H. u. G. Schönbauer: Soziologie der Arbeitsgesellschaft. Grundzüge und Wandlungstendenzen der Erwerbsarbeit, Weinheim 1993.

Dahrendorf, R.: Markt und Plan. Zwei Typen der Rationalität, Tübingen 1966.

Dahrendorf, R.: Der moderne soziale Konflikt. Essay zur Freiheit der Politik, Stuttgart 1992.

Daly, H.E.: Steady-State Economics, San Francisco 1991.

Daly, H.E.: Ökologische Ökonomie. Konzepte, Fragen, Folgerungen. In: Jahrbuch Ökologie 1995, hg. von G. Altner, B. Mettler-Meibom, U.E. Simonis u. E.U. von Weizsäcker, München 1994, 147-161.

Deecke, H., J. Glaser, T. Krüger u. D. Läpple: Perspektiven des Straßenverkehrs. Zukunftsentwurf eines stadtzentrierten Verkehrskonzepts. In: Läpple, D. (Hg.): Güterverkehr, Logistik und Umwelt. Analysen und Konzepte zum interregionalen und städtischen Verkehr, Berlin 1993, 255-282.

Deutschmann, C.: Systemzeit und soziale Zeit. Veränderungen gesellschaftlicher Zeitarrangements im Übergang von der Früh- zur Hochindustrialisierung. In: Leviathan 1983, 494-514.

Döbert, R.: Formale Rationalität als Kern der Weberschen Modernisierungstheorie. In: Lutz, B. (Hg.): Soziologie und gesellschaftliche Entwicklung. Verhandlungen des 22. Deutschen Soziologentages in Dortmund 1984, Frankfurt/M. 1985, 523-529.

Döbert, R.: Max Webers Handlungstheorie und die Ebenen des Rationalitätskomplexes. In: Weiß, J. (Hg.): Max Weber heute. Erträge und Probleme der Forschung, Frankfurt/M. 1989, 210-249.

Dörre, K.: Risikokapitalismus. Zur Kritik von Ulrich Becks 'Weg in eine andere Moderne', Marburg 1988.

Dörre, K.: Schafft sich autoritäre Technokratie selbst ab? Oder: Welche 'Gegengifte' braucht die 'Risikogesellschaft'? In: Beck, U. u.a.: Politik in der Risikogesellschaft, Frankfurt/M. 1991, 232-247.

Dohrn-van Rossum, G.: Die Geschichte der Stunde. Uhren und moderne Zeitordnungen, München 1992.

Douglas, M.: Ritual, Tabu und Körpersymbolik. Sozialanthropologische Studien in Industriegesellschaft und Stammeskultur, Frankfurt/M. 1974.

Douglas, M. u. A. Wildavsky: Risk and Culture. An Essay on the Selection of Technological and Enviromental Dangers, Berkeley 1983.

Dubiel, H.: Autonomie oder Anomie. Zum Streit des nachliberalen Sozialcharakters. In: Berger, J. (Hg.): Die Moderne - Kontinuitäten und Zäsuren. Sonderband 4 der Sozialen Welt, Göttingen 1986, 263-281.

Duda, H. u. E. Fehr: Macht und Ökonomie. Das Beispiel atomistischer Arbeitsmärkte, In: Küpper, W. u. G. Ortmann (Hg.): Mikropolitik. Rationalität, Macht und Spiele in Organisationen, Opladen 1988, 131-151.

Dülmen, R. van: Kultur und Alltag in der Frühen Neuzeit. Bd.2: Dorf und Stadt, München 1992.

Durkheim, E.: Die elementaren Formen des religiösen Lebens, Frankfurt/M. 1981.

Durkheim, E.: Über soziale Arbeitsteilung. Studie über die Organisation höherer Gesellschaften, Frankfurt/M. 1992.

Eco, U.: Apokalyptiker und Integrierte. Zur kritischen Kritik der Massenkultur, Frankfurt/M. 1984.

Eder, K.: Die Vergesellschaftung von Natur. Studien zur sozialen Evolution der praktischen Vernunft, Frankfurt/M. 1988.

Eder, K. (Hg.): Klassenlage, Lebenstil und kulturelle Praxis. Theoretische und empirische Beiträge zur Auseinandersetzung mit Pierre Bourdieus Klassentheorie, Frankfurt/M. 1989a.

Eder, K.: Klassentheorie als Gesellschaftstheorie. In: Eder, K. (Hg.): Klassenlage, Lebenstil und kulturelle Praxis. Theoretische und empirische Beiträge zur Auseinandersetzung mit Pierre Bourdieus Klassentheorie, Frankfurt/M. 1989b, 15-43.

Eder, K.: Jenseits der nivellierten Mittelstandsgesellschaft. Das Kleinbürgertum als Schlüssel einer Klassenanlayse in fortgeschrittenen Industriegesellschaften. In: Eder, K. (Hg.): Klassenlage, Lebenstil und kulturelle Praxis. Theoretische und empirische Beiträge zur Auseinandersetzung mit Pierre Bourdieus Klassentheorie, Frankfurt/M. 1989c, 341-392.

Edwards, R.C.: Herrschaft im modernen Produktionsprozeß, Frankfurt/M. 1981.

Eisel, U.: Die schöne Landschaft als kritische Utopie oder als konservatives Relikt. In: Soziale Welt 1982, 157-168.

Elias, N.: Die höfische Gesellschaft. Untersuchungen zur Soziologie des Königtums und der höfischen Aristokratie Darmstadt, 1969.

Elias, N.: Was ist Soziologie?, München 1970.

Elias, N.: Über den Prozeß der Zivilisation. Soziogenetische und psychogenetische Untersuchungen, 2 Bde., Frankfurt/M. 1976

Elias, N.: Studien über die Deutschen. Machtkämpfte und Habitusentwicklung im 19. und 20. Jahrhundert, Franklfurt/M. 1989.

Elias, N.: Die Gesellschaft der Individuen, Frankfurt/M. 1987.

Elias, N.: Über die Zeit. Arbeiten zur Wissenssoziologie II, Frankfurt/M. 1988.

Elster, J.: Rational Choise, Oxford 1986.

Elwert, G.: Märkte, Käuflichkeit und Moralökonomie. In: Lutz, B. (Hg.): Soziologie und gesellschaftliche Entwicklung. Verhandlungen des 22. Deutschen Soziologentages in Dortmund 1984, Frankfurt/M. 1985, 509-519.

Elwert, G.: Ausdehnung der Käuflichkeit und Einbettung der Wirtschaft. Markt und Moralökonomie. In: Heinemann, K. (Hg.): Soziologie wirtschaftlichen Handelns. Sonderheft 28 der Kölner Zeitschrift für Soziologie und Sozialpsychologie, Opladen 1987, 300-321.

Esser, H.: Figurationssoziologie und methodologischer Individualismus. Zur Methodologie des Ansatzes von Norbert Elias. Kölner Zeitschrift für Soziologie und Sozialpsychologie 1984, 641-666.

Evans-Pritchard, E.E.: The Nuer Time-Reckoning. In: Africa 12, 1939, 189-216.

Evers, A. u. H. Nowotny: Über den Umgang mit Unsicherheit. Die Entdeckung der Gestaltbarkeit von Gesellschaft, Frankfurt/M. 1987.

Ewald, F.: Der Vorsorgestaat. Mit einem Essay von Ulrich Beck, Frankfurt/M. 1993.

Falke, J.: Grenzwerte im Arbeits- und Umweltschutz. In: Hoffmann, J., H. Matthies u. U. Mückenberger (Hg.): Der Betrieb als Ort ökologischer Politik - am Beispiel einer Schadstoffgruppe, Münster 1992, 200-247.

Fandel, G. u. P. François: Just-in-Time-Produktion und -Beschaffung. Funktionsweise, Einsatzvoraussetzungen und Grenzen. In: Zeitschrift für Betriebswirtschaft, 1989, 531-544.

Featherstone, M.: Consumer Culture and Postmodernism, London 1991.

Fink-Eitel, H.: Dialektik der Macht. In: Angehrn, E., Fink-Eitel, H. u.a. (Hg.): Dialektischer Negativismus. Michael Theunissen zum 60. Geburtstag, Frankfurt/M. 1992, 35-56.

Firth, R.: Primitive Polynesian Economy, New York 1950.

Foucault, M.: Überwachen und Strafen. Die Geburt des Gefängnisses, Frankfurt/M. 1977.

Foucault, M.: Der Wille zum Wissen. Sexualität und Wahrheit 1, Frankfurt/M. 1983.

Franz, P.: Soziologie der räumlichen Mobilität. Eine Einführung, Frankfurt/M. 1984.

Friedrichs, J.: Neue Technologien und Raumentwicklung. Eine Theorie der Technik als Problemlösung. In: Technik und sozialer Wandel. Verhand-lungen des 23. Deutschen Soziologentages in Hamburg, Frankfurt/M. 1987.

Friedrichs, J., M. Stolle u. G. Engelbrecht: Rational Choice-Theorie. Probleme der Operationalisierung. In: Zeitschrift für Soziologie 1993, 2-15.

Fürstenberg, F.: Wirtschaftssoziologie, Berlin 1970.

Fürstenberg, F.: Geld und Geldkritik aus wirtschaftssoziologischer Sicht. In: Reinhold, G. (Hg.): Wirtschaftssoziologie, München 1988, 60-73.

Gaber, H. u. B. Natsch: Klima, München 1991.

Gäfgen, G.: Die Marktmacht sozialer Gruppen. In: Hamburger Jahrbuch für Wirtschafts- und Gesellschaftspolitik 1967.

Gawel, E.: Ökonomie der Umwelt. Ein Überblick über neuere Entwicklungen. In: Zeitschrift für angewandte Umweltforschung 1994, 37-84.

Gebauer, G. u. Ch. Wulf (Hg.): Praxis und Ästhetik. Neue Perspektiven im Denken Pierre Bourdieus, Frankfurt/M. 1993.

Geertz, C.: Dichte Beschreibung. Beiträge zum Verstehen kultureller Systeme, Frankfurt/M. 1983.

Gerloff, W.: Die Entstehung des Geldes und die Anfänge des Geldwesens, Frankfurt/M. 1947.

Gerstenberger, H.: Die subjektlose Gewalt. Theorie der Entstehung bürgerlicher Staatsgewalt, Münster 1990.

Giddens, A.: Die Klassenstruktur fortgeschrittener Gesellschaften, Frankfurt/M. 1979.

Giddens, A.: Die Konstitution der Gesellschaft. Grundzüge einer Theorie der Strukturierung, Frankfurt/M. 1988.

Giegel, H.-J.: Katastrophenrisiken der Megatechnologie. Gesellschaftliche Bedingungen ihrer Erzeugung und Verleugnung. In: Gewerkschaftliche Monatshefte 1987, 321-337.

Giegel, H.-J.: Die ökologische Krise der Arbeitsgesellschaft. In: Hoffmann, J., H. Matthies u. U. Mückenberger (Hg.): Der Betrieb als Ort ökologischer Politik am Beispiel einer Schadstoffgruppe, Münster 1992, 23-43.

Giesen, B. und H. Haferkamp (Hg.): Soziologie der sozialen Ungleichheit, Opladen 1987.

Glaeser, B.: Entwurf einer Humanökologie. In: Glaeser, B. (Hg.): Humanökologie. Grundlagen präventiver Umweltpolitik, Opladen 1989, 27-45.

Glaeser, B. u. P. Teherani-Krönner (Hg.): Humanökologie und Kulturökologie. Grundlagen - Ansätze - Praxis, Opladen 1992a.

Glaeser, B.: Natur in der Krise? Eine kulturelles Mißverständnis. In: Glaeser, B. u. P. Teherani-Krönner (Hg.): Humanökologie und Kulturökologie. Grundlagen - Ansätze - Praxis, Opladen 1992b, 49-70.

Glaser, J.: Basisdaten: Strukturen und Entwicklungstrends im Güterverkehr. In: Läpple, D. (Hg.): Güterverkehr, Logistik und Umwelt. Analysen und Konzepte zum interregionalen und städtischen Verkehr, Berlin 1993, 283-301.

Goffman, G.: Interaktionsrituale. Über Verhalten in direkter Kommunikation, Frankfurt/M. 1971.

Gore, A.: Wege zum Gleichgewicht. Ein Marshallplan für die Erde, Frankfurt/M. 1992.

Gorz, A.: Abschied vom Proletariat. Jenseits des Sozialismus, Hamburg 1980.

Gorz, A.: Wege ins Paradies. These zur Krise, Automation und Zukunft der Arbeit, Berlin 1983.

Gorz, A.: Kritik der ökonomischen Vernunft. Sinnfragen am Ende der Arbeitsgesellschaft, Berlin 1989.

Gouldner, A.W.: Reziprozität und Autonomie. Ausgewählte Aufsätze, Frankfurt/M. 1984.

Grießhammer, R.: Chemie und Umwelt, München 1993.

Grießhammer, R., C. Hey, P. Hennicke u. F. Kalberlah: Ozonloch und Treibhauseffekt. Ein Report des Öko-Instituts, Reinbek 1989.

Grießhammer, R. u. R. Pfeifer (Hg.): 1. Freiburger Kongreß Produktlinienanalysen und Ökobilanzen, Öko-Institut, Freiburg 1992.

Groh, R. u. D. Groh: Weltbild und Naturaneignung. Zur Kulturgeschichte der Kultur, Frankfurt/M. 1991.

Grosch, K., P. Hampe u. J. Schmidt (Hg.): Herstellung der Natur? Stellungnahmen zum Bericht der Enquete-Kommission "Chancen und Risiken der Gentechnologie", Frankfurt/M. 1990.

Gurjewitsch, A.: Das Weltbild des mittelalterlichen Menschen, München 1989.

Habermas, J.: Theorie des kommunikativen Handelns, 2 Bde., Frankfurt/M 1981.

Habermas, J.: Der philosophische Diskurs der Moderne. Zwölf Vorlesungen, Frankfurt/M. 1985.

Habermas, J.: Nachmetaphysisches Denken. Philosophische Aufsätze, Frankfurt/M. 1988.

Habermas, J.: Strukturwandel der Öffentlichkeit. Untersuchungen zu einer Kategorie der bürgerlichen Gesellschaft, Frankfurt/M. 1990.

Hack, L.: Industriesoziologie. In: Kerber, H. u. A. Schmieder (Hg.): Spezielle Soziologien. Problemfelder, Forschungsbereiche und Anwendungsorientierungen, Reinbek b. Hamburg 1994, 40-74.

Haesler, A.J.: Das Ende der Wechselwirkung - Prolegomena zu einer "Philosophie des (unsichtbaren) Geldes". In: Kintzelé, J. u. P. Schneider (Hg.): Georg Simmels Philosophie des Geldes, Frankfurt/M. 1993, 221-263.

Hampicke, U.: Ökologische Ökonomie, Opladen 1992.

Häußermann, H. u. W. Siebel: Die schrumpfende Stadt und die Stadtsoziologie. In: Friedrichs, J. (Hg.): Soziologische Stadtforschung. Sonderheft 29 der Kölner Zeitschrift für Soziologie und Sozialpsychologie, Opladen 1988.

Hahn, A.: Soziologische Aspekte der Knappheit. In: Heinemann, K. (Hg.): Soziologie wirtschaftlichen Handelns. Sonderheft 28 der Kölner Zeitschrift für Soziologie und Sozialpsychologie, Opladen 1987, 119-132.

Hall, S.: Ausgewählte Schriften, Hamburg 1989.

Hall, S. (Hg.): Culture, Media, Language. Working Papers in Cultural Studies 1972-79, London 1990a.

Hall, S.: Encoding/decoding. In: Hall, S. (Hg.): Culture, Media, Language. Working Papers in Cultural Studies 1972-79, London 1990b, 128-138.

Hansen, K.P.: Die Mentalität des Erwerbs. Erfolgsphilosophen amerikanischer Unternehmer, Frankfurt/M. 1992.

Hardin, G.: The Tragedy of the Commons. In: Science 1968, 1243-1248.

Harris, M.: Kulturanthropologie. Ein Lehrbuch, Frankfurt/M. 1989.

Hassenpflug, D.: Die Natur der Industrie. Philosophie und Geschichte des industriellen Lebens, Frankfurt/M. 1990.

Hassenpflug, D. (Hg.): Industrialismus und Ökoromantik. Geschichte und Perspektiven der Ökologisierung, Wiesbaden 1991.

Hassenpflug, D.: Sozialökologie. Ein Paradigma, Opladen 1993.

Hauchler, I. (Hg.): Globale Trends 93/94. Daten zur Weltentwicklung, Frankfurt/M. 1993.

Haug, W.F.: Kritik der Warenästhetik, Frankfurt/M. 1976.

Heckes, D.: Eigentum als Sachherrschaft, Zur Genese und Kritik eines besonderen Herrschaftsanspruchs, Paderborn 1990.

Heidenreich, M.: Informatisierung und Kultur. Die Einführung und Nutzung von Informationssystemen in italienischen, französischen und westdeutschen Unternehmen, Opladen 1995.

Heinemann, K.: Grundzüge einer Soziologie des Geldes, Stuttgart 1969.

Heinemann, K.: Elemente einer Soziologie des Marktes. In: Kölner Zeitschrift für Soziologie und Sozialpsychologie 1976, 48-69.

Heinemann, K. (Hg.): Soziologie wirtschaftlichen Handelns. Sonderheft 28 der Kölner Zeitschrift für Soziologie und Sozialpsychologie, Opladen 1987a.

Heinemann, K.: Probleme der Konstituierung einer Wirtschaftssoziologie. In: Heinemann, K. (Hg.): Soziologie wirtschaftlichen Handelns. Sonderheft 28 der Kölner Zeitschrift für Soziologie und Sozialpsychologie, Opladen 1987b, 7-39.

Heinemann, K.: Soziologie des Geldes. In: Heinemann, K. (Hg.): Soziologie wirtschaftlichen Handelns. Sonderheft 28 der Kölner Zeitschrift für Soziologie und Sozialpsychologie, Opladen 1987c, 322-338.

Heinemann, K.: Soziologie des Marktes. In: Reinhold, G. (Hg.): Wirtschaftssoziolgie, München 1988, 45-59.

Heinemann, K.: Geld und Vertrauen. In: Kintzelé, J. u. P. Schneider (Hg.): Georg Simmels Philosophie des Geldes, Frankfurt/M. 1993, 301-323.

Heinemann, K. u. P. Ludes: Zeitbewußtsein und Kontrolle der Zeit. In: Hammerich, K. u. M. Klein (Hg.): Materialien zur Soziologie des Alltags. Sonderheft 20 der Kölner Zeitschrift für Soziologie und Sozialpsychologie, Opladen 1978, 220-243.

Heinze, R.G., T. Olk u. J. Hilbert: Der neue Sozialstaat. Analyse und Reform, Freiburg 1988.

Hellenbrandt, S. u. F. Rubik (Hg.): Produkte und Umwelt. Anforderungen, Instrumente und Ziele einer ökologischen Produktpolitik, Marburg 1994.

Henseling, K.O.: Ein Planet wird vergiftet. Der Siegeszug der Chemie: Geschichte einer Fehlentwicklung, Reinbek 1992.

Herrmann, B. (Hg.): Umwelt in der Geschichte, Göttingen 1989.

Heydemann, B.: Freisetzung gentechnisch veränderter Organismen - Chancen und Risiken. In: Grosch, K., P. Hampe u. J. Schmidt (Hg.): Herstellung der Natur? Stellungnahmen zum Bericht der Enquete-Kommission "Chancen und Risiken der Gentechnologie", Frankfurt/M. 1990, 98-111.

Hickel, R.: Ein neuer Typ der Akkumulation, Hamburg 1988.

Hildebrandt, E. (Hg.): Betriebliche Sozialverfassung unter Veränderungsdruck. Konzepte, Varianten, Entwicklungstendenzen, Berlin 1991.

Hillebrecht, P.: Eine mittelalterliche Energiekrise. In: Herrmann, B. (Hg.): Mensch und Umwelt im Mittelalter. Stuttgart 1987, 275-283.

Hillmann, K.-H.: Allgemeine Wirtschaftssoziologie. Eine grundlegende Einführung, München 1988.

Hinrichs, K.: Zur Zukunft der Arbeitszeitflexibilisierung. Arbeitnerhmerpräferenzen, betriebliche Interessen und Beschäftigungswirkungen. In: Soziale Welt 1992, 313-330.

Hirsch, F.: Die sozialen Grenzen des Wachstums. Eine ökonomische Analyse der Wachstumskrise, Reinbek bei Hamburg 1980.

Hirsch, J. u. R. Roth: Das neue Gesicht des Kapitalismus. Vom Fordismus zum Post-Fordismus, Hamburg 1986.

Hirschman, A.O.: Abwanderung und Widerspruch, Frankfurt/M. 1974.

Hirschman, A.O.: Entwicklung, Markt und Moral. Abweichende Betrachtungen, Frankfurt/M. 1993.

Hitzler, R. u. A. Honer: Bastelexistenz. Über subjektive Konsequenzen der Individualisierung. In: Beck, U. u. E. Beck-Gernsheim (Hg.): Riskante Freiheiten. Individualisierung in modernen Gesellschaften, Frankfurt/M. 1994, 307-315.

Hochgerner, J.: Die soziologische Codierung technischer Systeme. In: Tschiedel, R. (Hg.): Die technische Konstruktion der gesellschaftlichen Wirklichkeit. Gestaltungsperspektiven der Techniksoziologie, München 1990, 35-48.

Höfer, M.A.: Die Natur als neuer Mythos. In: Aus Politik und Zeitgeschichte. Beilage zur Wochenzeitung Das Parlament 1990, B6, 35-45.

Hohn, H.-W.: Die Zerstörung der Zeit. Wie aus einem göttlichen Gut eine Mangelware wurde, Frankfurt/M. 1984.

Hohn, H.-W.: Zyklizität und Heilsgeschichte. Religiöse Zeiterfahrung des europäischen Mittelalters. In: Zoll, R. (Hg.): Zerstörung und Wiederaneignung von Zeit, Frankfurt/M. 1988, 120-142.

Homans, G.C.: Elementarformen sozialen Verhaltens, Opladen 1972.

Honneth, A.: Die zerrissene Welt der symbolischen Formen. Zum kultursoziologischen Werk Pierre Bourdieus. In: Kölner Zeitschrift für Soziologie und Sozialpsychologie 1984, 147-164.

Honneth, A.: Kritik der Macht. Reflexionsstufen einer kritischen Gesellschaftstheorie, Frankfurt/M. 1986.

Horkheimer, M. u. Th.W. Adorno: Dialektik der Aufklärung. Philosophische Fragmente, Frankfurt/M. 1985.

Hradil, S. (Hg.): Zwischen Bewußtsein und Sein. Die Vermittlung "objektiver" Lebensbedingungen und "subjektiver" Lebensweisen, Opladen 1992.

Hübner, K.: Flexibilisierung und Verselbständigung des monetären Weltmarkts. In: Prokla H. 71, 1988.

Immler, H.: Natur in der ökonomischen Theorie, Opladen 1985.

Immler, H.: Vom Wert der Natur. Zur ökologischen Reform von Wirtschaft und Gesellschaft, Opladen 1989.

Immler, H. u. W. Schmied-Kowarzik: Marx und die Naturfrage. Ein Wissenschaftsstreit, Hamburg 1984.

Jänicke, M.: Wie das Industriesystem von seinen Mißständen profitiert, Opladen 1979.

Jänicke, M.: Versorgung und Entsorgung im superindustriellen System. Soziale Probleme als Wachstumsfolge und Wachstumsbedingung. In: Matthes, J. (Hg.): Verhandlungen des Deutschen Soziologentages 1980, Frankfurt/M. 1981.

Jänicke, M.: Staatsversagen. Die Ohnmacht der Politik in der Industriegesellschaft, München 1986.

Jänicke, M.: Vom Nutzen nationaler Stoffbilanzen. In: Jahrbuch Ökologie 1995, hg. von G. Altner, B. Mettler-Meibom, U.E. Simonis u. E.U. von Weizsäcker, München 1994, 20-28.

Jahn, T.: Das Problemverständnis sozial-ökologischer Forschung. Umrisse einer kritischen Theorie gesellschaftlicher Naturverhältnisse. In: Becker, E. (Hg.): Jahrbuch für sozial-ökologische Forschung 1990, Frankfurt/M. 1990, 15-71.

Jahrbuch Ökologie 1994, hg. von G. Altner, B. Mettler-Meibom, U.E. Simonis u. E.U. von Weizsäcker, München 1993.

Janning, F.: Pierre Bourdieus Theorie der Praxis. Analyse und Kritik der konzeptionellen Grundlegung der praxeologischen Soziologie, Opladen 1991.

Japp, K.P.: Komplexität und Kopplung. Zum Verhältnis von ökologischer Forschung und Risikosoziologie. In: Halfmann, J. u. K.P. Japp (Hg.): Riskante Entscheidungen und Katastrophenpotentiale. Elemente einer soziologischen Risikoforschung, Opladen 1990, 176-193.

Japp, K.P.: "Selbstverstärkungseffekte" riskanter Entscheidungen. Zur Unterscheidung von Rationalität und Risiko. Zeitschrift für Soziologie 1992, 31-48.

Joas, H.: Die unglückliche Ehe von Hermeneutik und Funktionalismus. In: Honneth, A. u. H. Joas (Hg.): Kommunikatives Handeln. Beiträge zu Jürgen Habermas' "Theorie des kommunikativen Handelns", Frankfurt/M. 1986, 144-176.

Joas, H.: Das Risiko der Gegenwartsdiagnose. In: Soziologische Revue H. 2, 1988.

Joas, H.: Die Kreativität des Handelns, Frankfurt/M. 1992.

Käsler, D.: Max Weber. In: Käsler, D. (Hg.): Klassiker des soziologischen Denkens. 2.Bd. Von Weber bis Mannheim, München 1987, 40-177.

Kahlberg, S.E.: Max Webers Typen der Rationalität. Grundsteine für die Analyse von Rationalisierungsprozessen in der Geschichte. In: Sprondel, W.M. u. C. Seyfarth (Hg.): Max Weber und die Rationalisierung sozialen Handelns, Stuttgart 1981, 9-38.

Kapp, K.W.: Die sozialen Kosten der Marktwirtschaft, Frankfurt/M. 1988.

Kausch, M.: Kulturindustrie und Populärkultur. Kritische Theorie der Massenmedien, Frankfurt/M. 1988.

Keller, B.: Zur Soziologie von Arbeitsmärkten. Segmentationstheorien und die Arbeitskräfte des öffentlichen Sektors. In: Kölner Zeitschrift für Soziologie und Sozialpsychologie 1985, 648-676.

Kern H. u. M. Schumann: Das Ende der Arbeitsteilung? Rationalisierung in der industriellen Produktion, München 1984.

Kintzelé, J. u. P. Schneider (Hg.): Georg Simmels Philosophie des Geldes, Frankfurt/M. 1993.

Kirchgässner, G.: Homo oeconomicus. Das ökonomische Modell individuellen Verhaltens und seine Anwendung in den Wirtschafts- und Sozialwissenschaften, Tübingen 1991.

Kleinspehn, T.: Der flüchtige Blick. Sehen und Identität in der Kultur der Neuzeit, Hamburg 1989.

Kluge, T.: Gesellschaft ohne Natur - Natur ohne Gesellschaft. In: Hassenpflug, D. (Hg.): Industrialismus und Ökoromantik. Geschichte und Perspektiven der Ökologisierung, Wiesbaden 1991, 93-102.

Knapp, F.G.: Staatliche Theorie des Geldes, Leipzig 1921.

Kneer, G.: Rationalisierung, Disziplinierung und Differenzierung. Sozialtheorie und Zeitdiagnose bei Habermas, Foucault und Luhmann, Opladen 1996.

Kneer, G. u. A. Nassehi: Niklas Luhmanns Theorie sozialer Systeme. Eine Einführung, München 1993.

Kösters, W.: Ökologische Zivilisierung. Verhalten in der Umweltkrise, Darmstadt 1993.

Kößler, R.: Arbeitskultur im Industrialisierungsprozeß. Studien an englischen und sowjetischen Paradigmata, Münster 1990.

Kößler, R.: Despotie in der Moderne, Frankfurt/M. 1993.

Kohli, M.: Institutionalisierung und Individualisierung der Erwerbsbiographie. In: Beck, U. u. E. Beck-Gernsheim (Hg.): Riskante Freiheiten. Individualisierung in modernen Gesellschaften, Frankfurt/M. 1994, 219-243.

Kollert, R.: Systematische Unterbewertung von Katastrophenrisiken - Zur Anwendung des Risikobegriffs in nuklearen Risikoanalysen. In: Bechmann, G, (Hg.): Risiko und Gesellschaft. Grundlagen und Ergebnisse interdisziplinärer Risikoforschung, Opladen 1993, 25-57.

Koslowski, P.: Gesellschaftliche Koordination. Eine ontologische und kulturwissenschaftliche Theorie der Marktwirtschaft, Tübingen 1991.

Koslowski, P.: Politik und Ökonomie bei Aristoteles, Tübingen 1993.

Kraemer, K.: Soziale Grammatik des Habitus. Zum sozialtheoretischen Potential der Kultursoziologie Pierre Bourdieus. In: Kneer, G., K. Kraemer u. A. Nassehi (Hg.): Soziologie - Zugänge zur Gesellschaft. Geschichte, Theorien und Methoden, Bd.1, Münster 1994a, 169-189.

Kraemer, K.: Was heißt Ressourcenproduktivität? In: Jahrbuch Ökologie 1995, hg. v. G. Altner, B. Mettler-Meibom, U.E. Simonis u. E.U. von Weizsäcker, München 1994b, 29-34.

Kraemer, K.: Schwerelosigkeit der Zeichen? Die Paradoxie des selbstreferentiellen Zeichens bei Baudrillard. In: Bohn, R. u. D. Fuder (Hg.): Baudrillard. Simulation und Verführung, München 1994c, 47-69.

Krause, D.: Ökonomische Soziologie. Einführende Grundlegung des ökonomischen Programms in der Soziologie, Stuttgart 1989.

Kreckel, R.: Class, Status and Power? Begriffliche Grundlagen für eine politische Soziologie der sozialen Ungleichheit. In: Kölner Zeitschrift für Soziologie und Sozialpsychologie 1982, 617-648.

Kreckel, R.: Individualismus und "moderne" Gesellschaft. In: Geschichte und Gegenwart 1991, 163-179.

Kreckel, R.: Politische Soziologie der sozialen Ungleichheit, Frankfurt/M. 1992.

Krohn, W. u. J. Weyer: Gesellschaft als Labor. Die Erzeugung sozialer Risiken durch experimentelle Forschung. In: Soziale Welt 1989, 349-373.

Krohn, W. u. G. Krücken (Hg.): Riskante Technologien. Reflexion und Regulation. Einführung in die sozialwissenschaftliche Risikoforschung, Frankfurt/M. 1993a.

Krohn, W. u. G. Krücken: Risiko als Konstruktion von Wirklichkeit. Eine Einführung in die sozialwissenschaftliche Risikoforschung. In: Dies. (Hg.): Riskante Technologien. Reflexion und Regulation. Einführung in die sozialwissenschaftliche Risikoforschung, Frankfurt/M. 1993b, 9-44.

Küpper, W. u. G. Ortmann (Hg.): Mikropolitik. Rationalität, Macht und Spiele in Organisationen, Opladen 1988.

Kunitzki, N. von: Geld und Macht. In: Kintzelé, J. u. P. Schneider (Hg.): Georg Simmels Philosophie des Geldes, Frankfurt/M. 1993, 324-341.

Kutsch, Th. u. G. Wiswede: Wirtschaftssoziologie. Grundlegung, Hauptgebiete, Zusammenschau, Stuttgart 1986.

Läpple, D.: Transport, Logistik und logistische Raum-Zeit-Konfigurationen. In: Läpple, D. (Hg.): Güterverkehr, Logistik und Umwelt. Analysen und Konzepte zum interregionalen und städtischen Verkehr, Berlin 1993, 21-57.

Lärm, T.: Arbeitsmarkttheorie und Arbeitslosigkeit, München 1982.

Laermann, K.: Alltags-Zeit. Bemerkungen über die unauffälligste Form sozialen Zwangs. In: Zoll, R. (Hg.): Zerstörung und Wiederaneignung von Zeit, Frankfurt/M. 1988, 321-343.

Lange, E.: Marktwirtschaft. Eine soziologische Analyse ihrer Entwicklung und Strukturen in Deutschland, Opladen 1989.

Lau, Ch.: Risikodiskurse. Gesellschaftliche Auseinandersetzungen um die Definition von Risiken. in: Soziale Welt 1989, 418-436.

Laum B.: Heiliges Geld. Eine historische Untersuchung über den sakralen Ursprung des Geldes, Tübingen 1924.

Le Goff, J.: Zeit der Kirche und Zeit der Händler im Mittelalter. In: Honegger, C. (Hg.): Schrift und Materie der Geschichte. Vorschläge zur systematischen Aneignung historischer Prozesse, Frankfurt/M. 1977, 393-414.

Le Goff, J.: Geschichte und Gedächtnis, Frankfurt/M. 1992.

Lehndorff, S. u. G. Bosch: Autos bauen zu jeder Zeit? Arbeits- und Betriebszeiten in der europäischen und japanischen Automobilindustrie, Berlin 1993.

Leipert, C.: Ökologische und soziale Folgekosten der Produktion. Zum Problem der zunehmenden Unwirtschaftlichkeit der industriegesellschaftlichen Produktionsweise. In: Aus Politik und Zeitgeschichte. Beilage zur Wochenzeitung Das Parlament B 19, 1984, 33-47.

Leipert, C.: Die heimlichen Kosten des Fortschritts. Wie Umweltzerstörung das Wirtschaftswachstum fördert, Frankfurt/M. 1989a.

Leipert, C.: Die Aufnahme der Umweltproblematik in der ökonomischen Theorie (Sozial-ökologische Arbeitspapiere 23), Frankfurt/M. 1989b.

Leipert, C.: Die volkswirtschaftlichen Kosten der Umweltbelastung. Zur Abschätzung der ökologischen und ökonomischen Kosten kurativer Nachfrage- und offensiver Vorsorgestrategien des Umweltschutzes. In: Aus Politik und Zeitgeschichte. Beiträge zur Wochenzeitung Das Parlament, B 10, 1991, 26-36.

Lindner, C.: Max Weber als Handlungstheoretiker. In: Zeitschrift für Soziologie, 1986, 151-166.

Lindner, C.: Max Webers handlungstheoretisches Programm für die Soziologie. In: Weiß (1989), 358-370.

Littek, W., W. Rammert u. G. Wachtler (Hg.): Einführung in die Arbeits- und Industriesoziologie, Frankfurt/M. 1983.

Lohmann, G.: Indifferenz und Gesellschaft. Eine kritische Auseinandersetzung mit Marx, Frankfurt/M. 1991

Luckmann, T.: Persönliche Identität und Lebenslauf. In: Brose/Hildenbrand 1988, 73-88.

Luckmann, T.: Theorie des sozialen Handelns, Berlin 1992.

Luhmann, N.: Zweck - Herrschaft - System. Grundbegriffe und Prämissen Max Webers. In: Mayntz, R. (Hg.): Bürokratische Organisation, Köln 1968a, 36-55.

Luhmann, N.: Zweckbegriff und Systemrationalität. Über die Funktion von Zwecken in sozialen Systemen, Tübingen 1968b.

Luhmann, N.: Vertrauen. Ein Mechanismus der Reduktion sozialer Komplexität, Stuttgart 1968c.

Luhmann, N.: Klassische Theorie der Macht. In: Zeitschrift für Politik 1969.

Luhmann, N.: Weltzeit und Systemgeschichte. In: Luhmann, N.: Soziologische Aufklärung 2. Aufsätze zur Theorie der Gesellschaft, Opladen 1975, 103-133.

Luhmann, N.: Gesellschaftsstruktur und Semantik. Studien zur Wissenssoziologie der modernen Gesellschaft, Bd. 1, Frankfurt/M. 1980.

Luhmann, N.: Soziale Systeme - Grundriß einer allgemeinen Theorie, Frankfurt/M. 1984.

Luhmann, N.: Ökologische Kommunikation. Kann die moderne Gesellschaft sich auf ökologische Gefährdungen einstellen?, Opladen 1986.

Luhmann, N.: Die Wirtschaft der Gesellschaft, Frankfurt/M. 1988.

Luhmann, N.: Paradigm lost: Über die ethische Reflexion der Moral, Frankfurt/M. 1990.

Luhmann, N.: Risiko und Gefahr. In: Luhmann, N.: Soziologische Aufklärung 5. Konstruktivistische Perspektiven, Opladen 1990b, 131-169.

Luhmann, N.: Gleichzeitigkeit und Synchronisation. In: Luhmann, N.: Soziologische Aufklärung 5. Konstruktivistische Perspektiven, Opladen 1990c, 95-130.

Luhmann, N.: Soziologie des Risikos, Berlin 1991.

Luhmann, N.: Gesellschaftsstruktur und Semantik. Studien zur Wissenssoziologie der modernern Gesellschaft, Bd.3, Frankfurt/M. 1993.

Lukács, G.: Geschichte und Klassenbewußtsein. Studien über marxistische Dialektik, Neuwied 1968.

Lutz, B.: Der kurze Traum immerwährender Prosperität. Eine Neuinterpretation der industriell-kapitalistischen Entwicklung im Europa des 20. Jahrhunderts, Frankfurt/M. 1984.

Lovins, A.: Die Bedeutung rationeller Energienutzung. In: Legget, J. (Hg.): Global Warming. Die Wärmekatastrophe und wie wir sie verhindern können. Der Greenpeace-Report, München 1991.

Macpherson, C.B.: Die politische Theorie des Besitzindividualissmus. Von Hobbes bis Locke, Frankfurt/M. 1973.

Mahnkopf, B.: Markt, Hierarchie und soziale Beziehungen. Zur Bedeutung reziproker Beziehungsnetzwerke in modernen Marktgesellschaften. In: Beckenbach, N. u. W. van Treeck (Hg.): Umbrüche gesellschaftlicher Arbeit, Sonderband 9 Soziale Welt 1994, 65-84.

Malinowski, B.: Argonauten des westlichen Pazifik. Ein Bericht über Unternehmungen und Abenteuer der Eingeborenen in den Inselwelten von Melanesisch-Neuguinea, Frankfurt/M. 1979.

Malinowski, B.: Korallengärten und ihre Magie. Bodenbestellung und bäuerliche Riten auf den Trobriand-Inseln, Frankfurt/M. 1981.

Malsch T. u. R. Seltz (Hg.): Die neuen Produktionskonzepte auf dem Prüfstand. Beiträge zur Entwicklung der Industriearbeit, Berlin 1987.

Malsch, T. u. U. Mill (Hg.): ArBYTE. Modernisierung der Industriesoziologie?, Berlin 1992.

Mann, M.: Geschichte der Macht, 2 Bde., Frankfurt/M. 1990.

Manske, F.: Ende oder Wandel des Taylorismus? Von der punktuellen zur systemischen Kontrolle des Produktionsprozesses. In: Soziale Welt 1987.

Manske, F.: Kontrolle, Rationalisierung und Arbeit. Konituität durch Wandel. Die Ersetzbarkeit des Taylorismus durch moderne Kontrolltechniken, Berlin 1991.

Marshall, T.H.: Bürgerrechte und soziale Klassen. Zur Soziologie des Wohlfahrtsstaates, Frankfurt/M. 1992.

Marx, K.: Grundrisse der Kritik der Politischen Ökonomie. Rohentwurf 1857-1858, Berlin 1974.

Marx, K.: Das Kapital. Kritik der politischen Ökonomie. Erster Band, Berlin 1983a.

Marx, K.: Das Kapital. Kritik der politischen Ökonomie. Zweiter Band, Berlin 1983b.

Matthies, H.: Empirische Annäherung an eine 'Ökologie des Betriebs'. In: Hoffmann, J., H. Matthies u. U. Mückenberger (Hg.): Der Betrieb als Ort ökologischer Politik - am Beispiel einer Schadstoffgruppe, Münster 1992, 69-85.

Mauss, M.: Die Gabe. Form und Funktion des Austausches in archaischen Gesellschaften, Frankfurt/M. 1990.

Mayer, K.U. u. W. Müller: Individualisierung und Standardisierung im Strukturwandel der Moderne. Lebensläufe im Wohlfahrtsstaat. In: Beck, U. u. E. Beck-Gernsheim (Hg.): Riskante Freiheiten. Individualisierung in modernen Gesellschaften, Frankfurt/M. 1994, 265-295.

McKenzie, R. u. G. Tullock: Homo Oeconomicus. Ökonomische Dimensionen des Alltags, Frankfurt/M. 1984.

Meadows, D. H., D.L. Meadows u. J. Randers: Die neuen Grenzen des Wachstums. Die Lage der Menschheit: Bedrohung und Zukunftschancen, Stuttgart 1992.

Meyer, Th.: Die Inszenierung des Scheins. Essay-Montage. Voraussetzungen und Folgen symbolischer Politik, Frankfurt/M. 1992.

Metzner, A.: Probleme sozio-ökologischer Systemtheorie. Natur und Gesellschaft in der Soziologie Luhmanns, Opladen 1993.

Metzner, A.: Offenheit und Geschlossenheit in der Ökologie der Gesellschaft. In: Beckenbach, F. u. H. Diefenbacher (Hg.): Zwischen Entropie und Selbstorganisation. Perspektiven einer ökologischen Ökonomie, Marburg 1994, 349-391.

Mikl-Horke, G.: Industrie- und Arbeitssoziologie, München 1991.

Miller, D.: Material Culture and Mass Consumption, Oxford 1987.

Miller, M.: Systemisch verzerrte Legitimationsdiskurse. Einige kritische Überlegungen zu Bourdieus Habitustheorie. In: Eder, K. (Hg.): Klassenlage, Lebensstil und kulturelle Praxis. Theoretische und empirische Beiträge zur Auseinandersetzung mit Pierre Bourdieus Klassentheorie, Frankfurt/M. 1989, 191-219.

Mooser, J.: Auflösung der proletarischen Milieus. Klassenbildung und Individualisierung in der Arbeiterschaft vom Kaiserreich bis in die Bundesrepublik Deutschland. In: Soziale Welt 1983, 270-306.

Mooser, J.: Arbeiterleben in Deutschland 1900 - 1970. Frankfurt/M. 1984.

Moscovici, S.: Versuch über die menschliche Geschichte der Natur, Frankfurt/M. 1982.

Müller, H.-P.: Kultur, Geschmack und Distinktion. Grundzüge der Kultursoziologie Pierre Bourdieus. In: Neidhardt, F., M. R. Lepsius und J. Weiß (Hg.): Kultur und Gesellschaft. Sonderheft 27 der Kölner Zeitschrift für Soziologie und Sozialpsychologie, 1986, 162-190.

Müller, H.-P.: Lebensstile. Ein neues Paradigma der Differenzierungs- und Ungleichheitsforschung? In: Kölner Zeitschrift für Soziologie und Sozialpsychologie 1989, 53-71.

Müller, H.-P.: Sozialstruktur und Lebensstile. Der neuere theoretische Diskurs über soziale Ungleichheit, Frankfurt/M. 1992.

Müller, H.-P.: Kultur und Gesellschaft. Auf dem Weg zu einer neuen Kultursoziologie? In: Berliner Journal für Soziologie 1994, 135-156.

Müller, H.-P. u. M. Schmid: Arbeitsteilung, Solidarität und Moral. Eine werkgeschichtliche und systematische Einführung in die 'Arbeitsteilung' von Emile

Durkheim. In: Durkheim, E.: Über soziale Arbeitsteilung. Studie über die Organisation höherer Gesellsschaften, Frankfurt/M. 1992, 481-521.

Müller, M. u. P. Hennicke: Wohlstand durch Vermeiden. Mit der Ökologie aus der Krise, Darmstadt 1994.

Müller-Jentsch, W.: Soziologie der industriellen Beziehungen. Eine Einführung, Frankfurt/M. 1986.

Müller-Schneider, T.: Schichten und Erlebnismilieus. Der Wandel der Milieustruktur in der Bundesrepublik Deutschland, Wiesbaden 1994.

Münch, R.: Zahlung und Achtung. Die Interpenetration von Ökonomie und Moral. In: Zeitschrift für Soziologie 1994, 388-411.

Mumford, L.: Technics and Civilization, New York, 1934.

Mumford, L.: Die Stadt. Geschichte und Ausblick, Köln 1963.

Murphy R.: Exploitation or Exclusion? In: Sociology 1985, 225-243.

Naschold, F. (Hg.): Arbeit und Politik. Gesellschaftliche Regulierung der Arbeit und der sozialen Sicherung, Frankfurt/M. 1985.

Nassehi, A.: Die Zeit der Gesellschaft. Auf dem Weg zu einer soziologischen Theorie der Zeit, Opladen 1993a.

Nassehi; A.: Gesellschaftstheorie, Kulturphilosophie und Thanatologie. Eine gesellschaftstheoretische Rekonstruktion von Georg Simmels Theorie der Individualität. In: Sociologia Internationalis 1993b, 1-21.

Nassehi, A.: Inklusion, Exklusion - Integration, Desintegration. Die Theorie funktionaler Differenzierung und die Desintegrationsthese. In: Heitmeyer, W. (Hg.): Was hält eine multiethnische Gesellschaft zusammen?, Frankfurt/M. 1996.

Natsch, B.: Abfall, München 1993.

Narr, W.-D. u. A. Schubert: Weltökonomie. Die Misere der Politik, Frankfurt/M. 1994.

Neckel, S.: Individualisierung und Theorie der Klassen. Zwischenbemerkungen im Paradigmastreit. In: Prokla 1989, 51ff.

Neckel, S.: Status und Scham. Zur symbolischen Reproduktion sozialer Ungleichheit, Frankfurt/M. 1991.

Nedelmann, B.: Geld und Lebensstil. Georg Simmel - ein Entfremdungstheoretiker? In: Kintzelé, J. u. P. Schneider (Hg.): Georg Simmels Philosophie des Geldes, Frankfurt/M. 1993, 398-418.

Negt, O. u. A. Kluge: Maßverhältnisse des Politischen. 15 Vorschläge zum Unterscheidungsvermögen, Frankfurt/M. 1992.

Neuberger, O.: Spiele in Organisationen, Organisationen als Spiele. In: Küpper, W. u. G. Ortmann (Hg.): Mikropolitik. Rationalität, Macht und Spiele in Organisationen, Opladen 1988, 53-86.

Nullmeier, F. u. F.W. Rüb: Die Transformation der Sozialpolitik. Vom Sozialstaat zum Sicherungsstaat, Frankfurt/M. 1993.

Nunner-Winkler, G.: Identität und Individualität. In: Soziale Welt 1985, 466-482.

Obermeier, O.-P.: Zweck - Funktion - System, Freiburg 1988.

Oechsle, M.: Der ökologische Naturalismus. Zum Verhältnis von Natur und Gesellschaft im ökologischen Diskurs, Frankfurt/M. 1988.

Oechsle, M.: Überlegungen zu einem historischen Naturbegriff. Auseinandersetzung mit Moscovicis Konzept der menschlichen Geschichte der Natur. In: Hassenpflug, D. (Hg.): Industrialismus und Ökoromantik. Geschichte und Perspektiven der Ökologisierung, Wiesbaden 199, 103-122.

Offe, C.: "Arbeitsgesellschaft". Strukturprobleme und Zukunftsperspektiven, Frankfurt/M. 1984.

Offe, C. u. H. Wiesenthal: Two logics of collective action: theoretical notes on social class and organizational form. In: Social Power ans Social Theory, 1980, 67-115.

Offe, C. u. K. Hinrichs: Sozialökonomie des Arbeitsmarktes: primäres und sekundäres Machtgefälle. In: Offe, C.: "Arbeitsgesellschaft". Strukturprobleme und Zukunftsperspektiven, Frankfurt/M. 1984, 44-86.

Ohno, T.: Das Toyota-Produktionsystem, Frankfurt/M. 1993.

Olsen, M.: Aufstieg und Niedergang von Nationen, Tübingen 1985.

Opp, K.-D.: Das "ökonomische Programm" in der Soziologie. In: Soziale Welt 1978, 129-154.

Opp, K.-D.: Die Entstehung sozialer Normen. Ein Integrationsversuch soziologischer, sozialpsychologischer und ökonomischer Erklärungen, Tübingen 1983.

Opp, K.D.: Ökonomie und Soziologie. Die gemeinsamen Grundlagen beider Fachdisziplinen. In: Schäfer, H.-B. u. K. Wehrt (Hg.): Die Ökonomisierung der Sozialwissenschaften. Sechs Wortmeldungen, Frankfurt/M. 1989, 103-127.

Ortmann, G., A. Windeler, A. Becker u. H.-J.: Schulz: Computer und Macht in Organisationen. Mikropolitische Analysen, Opladen 1990.

Parkin, F.: Strategien sozialer Schließung und Klassenbildung. In: Kreckel, R. (Hg.): Soziale Ungleichheiten. Sonderband 2 der Sozialen Welt, Göttingen 1983, 121-135.

Parsons, T.: The Structure of Social Action, New York 1968.

Parsons, T. u. N. Smelser: Economy and Society. A Study in the Integration of Economic and Social Theory, London 1956.

Perrow, C.: Normale Katastrophen. Die unvermeidbaren Risiken der Großtechnik, Frankfurt/M. 1987.

Perrow, C.: Lernen wir etwas aus den jüngsten Katastrophen. In: Soziale Welt 1986, 390-401.

Pfriem, H.: Konkurrierende Arbeitsmarkttheorien. Neoklassische, duale und radikale Ansätze, Frankfurt/M. 1979.

Pierenkemper, T.: Wirtschaftssoziologie. Eine problemorientierte Einführung mit einem Kompendium wirtschaftssoziologischer Fachbegriffe, Köln 1980.

Piore, M. u. C. Sabel: Das Ende der Massenproduktion. Studie über die Requalifizierung der Arbeit und die Rückkehr der Ökonomie in die Gesellschaft, Berlin 1985.

Polanyi, K.: Dahomey and the Slave Trade, Seattle, 1966.

Polanyi, K.: The Great Transformation. Politische und ökonomische Ursprünge von Gesellschaften und Wirtschaftssystemen, Frankfurt/M. 1978.

Popitz, H.: Phänomene der Macht, Tübingen 1992.

Prewo, R.: Max Webers Wissenschaftsprogramm. Versuch einer methodischen Neuerschließung, Frankfurt/M. 1979.

Der Rat von Sachverständigen für Umweltfragen (RSU): Abfallwirtschaft. Sondergutachten, Stuttgart 1991.

Rammert, W.: Soziale Dynamik der technischen Entwicklung, Opladen 1983.

Rammert, W.: Wer oder was steuert den technischen Fortschritt? Technischer Wandel zwischen Steuerung und Evolution. In: Soziale Welt 1992, 8-25.

Rammstedt, O.: Alltagsbewußtsein von Zeit. In: Kölner Zeitschrift für Soziologie und Sozialpsychologie 1975, 46-63.

Raphael, L.: "Die Ökonomie der Praxisformen". Anmerkungen zu zentralen Kategorien P. Bourdieus. In: Prokla 1987, 152-171.

Rapoport, A.: Risiko und Sicherheit in der heutigen Gesellschaft. Die subjektiven Aspekte des Risikobegriffs. In: Leviathan 1988, 123-136.

Raub, W. u. Th. Voss: Die Sozialstruktur der Kooperation rationaler Egoisten. Zur "utilitaristischen" Erklärung sozialer Ordnung. In: Zeitschrift für Soziologie 1986, 309-323.

Redclift, M. u. T. Benton (Hg.): Social Theory and the Global Environment, London 1994.

Reichwein, R.: Das deutsche Schulsystem im Reproduktionsprozeß der Gesellschaft. In: Buer, F., A. Cramer u.a.: Zur Gesellschaftsstruktur der BRD, Münster 1985, 234-300.

Reichwein, R.: Privatsphäre im Umbruch. Von der Familie zum Haushalt. In: Reichwein, R., A. Cramer u. F. Buer: Familie und Haushalt zwischen Politik, Ökonomie und sozialen Netzen, Bielefeld 1993, 81-228.

Reinhold, G. (Hg.): Wirtschaftssoziologie, München 1988.

Renckstorf, K.: Mediennutzung als soziales Handeln. Zur Entwicklung einer handlungstheoretischen Perspektive der empirischen (Massen-)Kommunikationsforschung. In: Kaase, M. u. W. Schulz (Hg.): Massenkommunikation. Theorien, Methoden, Befunde. Sonderheft der Kölner Zeitschrift für Soziologie und Sozialpsychologie, Opladen 1989, 315-336.

Rinderspacher, J.P.: Gesellschaft ohne Zeit. Individuelle Zeitverwendung und soziale Organisation der Arbeit, Frankfurt/M. 1985.

Ritzer, G.: The McDonaldization of Society, London 1993.

Röttgers, K.: Spuren der Macht. Begriffsgeschichte und Systematik, Freiburg 1990.

Rohbeck, J.: Technologische Urteilskraft. Zu einer Ethik technischen Handelns, Frankfurt/M. 1993.

Rosenbaum, H.: Formen der Familie. Untersuchungen zum Zusammenhang von Familienverhältnissen, Sozialstruktur und sozialem Wandel in der deutschen Gesellschaft des 19. Jahrhunderts, Frankfurt/M. 1982.

Rosenmayr, L.: Soziologie und Natur. Plädoyer für eine Neuorientierung. In: Soziale Welt 1989, 12-28.

Rothschild, K.: Theorie der Arbeitslosigkeit, München 1988.

Ruppert, W. (Hg.):: Fahrhrad, Auto, Fernsehschrank: Zur Kulturgeschichte der Alltagsdinge, Frankfurt/M. 1993a.

Ruppert, W. (Hg.): Chiffren des Alltags. Erkundungen zur Geschichte der industriellen Massenkultur, Marburg 1993b.

Sabean, D.: Die Produktion von Sinn beim Konsum der Dinge, In: Ruppert, W. (Hg.):: Fahrhrad, Auto, Fernsehschrank: Zur Kulturgeschichte der Alltagsdinge, Frankfurt/M. 1993, 37-51.

Sahlins, M.: Stone Age Economics, London 1974.

Sahlins, M.: Kultur und praktische Vernunft, Frankfurt/M. 1981.

Sengenberger, W.: Struktur und Funktionsweise von Arbeitsmärkten, Frankfurt/M. 1987.

Scharf, G.: Zeit und Kapitalismus. In: Zoll, R. (Hg.): Zerstörung und Wiederaneignung von Zeit, Frankfurt/M 1988, 143-159.

Scharpf, F.W. Die Handlungsfähigkeit des Staates am Ende des zwanzigsten Jahrhunderts. In: Politische Vierteljahresschrift 1991, 621-634.

Scharping, M. u. C. Görg: Natur in der Soziologie. Ökologische Krise und Naturverhältnis. In: Görg, C. (Hg.): Gesellschaft im Übergang. Perspektiven kritischer Soziologie, Darmstadt 1994, 179-201.

Sauer, D.: Grenzüberschreitungen. Zwischenbetriebliche technische Vernetzung. In: Schäfers, B. (Hg.): Lebensverhältnisse und soziale Konflikte im neuen Europa. Verhandlungen des 26. Deutschen Soziologentages in Düsseldorf 1992, Frankfurt/M. 1993, 432-440.

Scherhorn, G.: Verbraucherinteresse und Verbraucherpolitik, Göttingen 1975.

Schivelbusch, W.: Geschichte der Eisenbahnreise. Zur Industrialisierung von Raum und Zeit im 19. Jahrhundert, München 1989.

Schimank, U.: Dynamiken wissenschaftlich-technischer Innovation und Risikoproduktion. In: Halfmann, J. u. K.P. Japp (Hg.): Riskante Entscheidungen und Katastrophenpotentiale. Elemente einer soziologischen Risikoforschung, Opladen 1990, 61-88.

Schimank, U.: Spezifische Interessenkonsense trotz generellem Orientierungsdissenz. Ein Integrationsmechansimus polyzentrischer Gesellschaften In: Giegel, H.-J. (Hg.): Kommunikation und Konsens in modernen Gesellschaften, Frankfurt/M. 1992, 236-275.

Schindler, N.: Jenseits des Zwangs? Zur Ökonomie des Kulturellen innerhalb und außerhalb der bürgerlichen Gesellschaft. In: Zeitschrift für Volkskunde 1985, 192-219.

Schluchter, W.: Religion und Lebensführung, 2 Bde., Frankfurt/M. 1988.

Schmahl, K.: Industrielle Zeitstruktur und technisierte Lebensweise. In: Zoll, R. (Hg.): Zerstörung und Wiederaneignung von Zeit, Frankfurt/M. 1988, 344-370.

Schmeiser, M.: Pierre Bourdieu. Von der Sozio-Ethnologie Algeriens zur Ethnosoziologie der französischen Gegenwartsgesellschaft. In: Ästhetik und Kommunikation, 1986, 166-183.

Schmidt, A.: Marx und die Naturfrage, Frankfurt/M. 1971.

Schmidt-Bleek, F.: Ohne De-Materialisierung kein ökologischer Strukturwandel. In: Jahrbuch Ökologie 1994, hg. von G. Altner, B. Mettler-Meibom, U.E. Simonis u. E.U. von Weizsäcker, München 1993a, 94-107.

Schmidt-Bleek, F.: Wieviel Umwelt braucht der Mensch? MIPS - Das Maß für ökologisches Wirtschaften, Berlin 1993b.

Schmied, G.: Soziale Zeit. Umfang, "Geschwindigkeit" und Evolution, Berlin 1985.

Schudlich, E.: Die Abkehr vom Normalarbeitstag. Entwicklung der Arbeitszeiten in der Industrie der Bundesrepublik seit 1945, Frankfurt/M. 1987.

Schütz, A.: Der sinnhafte Aufbau der sozialen Welt. Eine Einführung in die verstehende Soziologie, Frankfurt/M. 1974.

Schultz, S.: Zwischen konkreter Natur und Ding-An-Sich. Über die Suche nach dem richtigen Naturbegriff in der sanften Naturwissenschaftskritik. In: Hassenpflug, D. (Hg.): Industrialismus und Ökoromantik. Geschichte und Perspektiven der Ökologisierung, Wiesbaden 1991, 211-233.

Schulze, G.: Die Erlebnisgesellschaft. Kultursoziologie der Gegenwart, Frankfurt/M. 1992.

Schulze-Böing, M. u. H.-J. Unverferth: Rationalität in komplexen Sozialsystemen. Zur Entwicklung des Rationalitätsbegriffs in der Systemtheorie Niklas Luhmanns. In: Unverferth, H.J. (Hg.): System und Selbstreproduktion. Zur Erschließung eines neuen Paradigmas in den Sozialwissenschaften, Frankfurt/M. 1986, 14-90.

Schumpeter, J.A.: Das Grundprinzip der Verteilungstheorie. In: Archiv für Sozialwissenschaft und Sozialpolitik, 42, 1916/1917, 1-88.

Schumpeter, J.A.: Kapitalismus, Sozialismus und Demokratie, München [3]1972.

Schwengel, H.: Jenseits der feinen Unterschiede. In: Gebauer, G. u. Ch. Wulf (Hg.): Praxis und Ästhetik. Neue Perspektiven im Denken Pierre Bourdieus, Frankfurt/M. 1993, 135-147.

Sedillot, R.: Muscheln, Münzen und Papier. Die Geschichte des Geldes, Frankfurt/M. 1992.

Seltz, R.: Re-Organisation von Kontrolle im Industriebetrieb. In: Seltz, R., U. Mill u. E. Hildebrandt (Hg.): Organisation und Sozialsystem, Berlin 1986.

Seltz, R. u. E. Hildebrandt: Produktion, Politik und Kontrolle - Arbeitspolitische Varianten am Beispiel der Einführung von Produktionsplanungs- und Steuerungssystemen im Maschinenbau. In: Naschold, F. (Hg.): Arbeit und Politik. Gesellschaftliche Regulierung der Arbeit und der sozialen Sicherung, Frankfurt/M. 1985.

Siebel, W.: Vorwort zur deutschen Ausgabe. In: Saunders, P.: Soziologie der Stadt, Frankfurt/M. 1987.

Sieferle, R.P.: Energie. In: Brüggemeier, F.-J. u. Th. Rommelspacher (Hg.): Besiegte Natur. Geschichte der Umwelt im 19. und 20. Jahrhundert, München 1987, 20-41.

Sieferle, R.P.: Die Krise der menschlichen Natur. Zur Geschichte eines Konzepts, Frankfurt/M. 1989.

Sieferle, R.P.: Umweltpolitik nach dem Ende der Geschichte. In: Hassenpflug, D. (Hg.): Industrialismus und Ökoromantik. Geschichte und Perspektiven der Ökologisierung, Wiesbaden 1991, 273-296.

Siemons, M.: Schöne Neue Gegenwelt. Über Kultur, Moral und andere Marketingstrategien, Frankfurt/M. 1993.

Simmel, G.: Schriften zur Soziologie. Eine Auswahl, Frankfurt/M. 1986.

Simmel, G.: Philosophie des Geldes, Frankfurt/M. 1989.

Simmel, G.: Soziologie. Untersuchungen über die Formen der Vergesellschaftung, Frankfurt/M. 1992a.

Simmel, G.: Aufsätze und Abhandlungen 1894 bis 1900, Frankfurt/M. 1992b.

Simon, H.: Die Zeit als strategischer Erfolgsfaktor. In: Zeitschrift für Betriebswirtschaft 1989, 70-93.

Simonis, U.E. (Hg.): Präventive Umweltpolitik, Frankfurt/M. 1988.

Smelser, N.J.: Soziologie der Wirtschaft, München 1968.

Smith, A.: Der Wohlstand der Nationen. Eine Untersuchung seiner Natur und seiner Ursachen, München [6]1993.

Söllner, F.: Neoklassik und Umweltökonomie. In: Zeitschrift für Umweltpolitik und Umweltrecht 1993, 431-460.

Sofsky, W. u. R. Paris: Figurationen sozialer Macht. Autorität, Stellvertretung, Koalition, Opladen 1991.

Sombart, W.: Der moderne Kapitalismus, 3 Bde., Berlin 1969.

Sohn, W.: Zwischen technologischer Aufhebung der Gesellschaft und Politisierung der Technologie. In: Görg, C. (Hg.): Gesellschaft im Übergang. Perspektiven kritischer Soziologie, Darmstadt 1944, 239-254.

Sorokin, P.A. u. R.K. Merton: Social Time. A Methodological and Funktional Analysis. In: American Journal of Sociology, 42, 1937, 615-629.

Spangenberg, J.: Das grüne Gold der Gene. Vom Angriff der Gentechnik auf das Leben in der 3. Welt, Wuppertal 1992.

Sparke, P.: Design und Massenkultur in den USA 1860-1960. In: Ruppert, W. (Hg.): Chiffren des Alltags. Erkundungen zur Geschichte der industriellen Massenkultur, Marburg 1993, 49-59.

Stanko, L. u. J. Ritsert: Zeit als Kategorie der Sozialwissenschaften. Eine Einführung, Münster 1994.

Stichweh, R.: Inklusion in Funktionssysteme der modernen Gesellschaft. In: Mayntz, R., B. Rosewitz u.a.: Differenzierung und Verselbständigung. Zur Entwicklung gesellschaftlicher Teilsysteme, Köln 1988, 261-293.

Strange, S.: Casino Capitalism, New York 1986.

Swaan, A. de: Der sorgende Staat. Wohlfahrt, Gesundheit und Bildung in Europa und den USA, Frankfurt/M. 1993.

Swedberg, R.: Ökonomische Macht und wirtschaftliches Handeln. In: Heinemann, K. (Hg.): Soziologie wirtschaftlichen Handelns. Sonderheft 28 der Kölner Zeitschrift für Soziologie und Sozialpsychologie, Opladen 1987, 150-163.

Teherani-Krönner, P.: Human- und kulturökologische Ansätze zur Umweltforschung. Ein Beitrag zur Umweltsoziologie, Wiesbaden 1992.

Teherani-Krönner, P.: Von der Humanökologie der Chicagoer Schule zur Kulturökologie. In: Glaeser, B. u. P. Teherani-Krönner (Hg.): Humanökologie und Kulturökologie. Grundlagen - Ansätze - Praxis, Opladen 1992b, 15-43.

Thompson, E.P.: Plebeische Kultur und moralische Ökonomie. Aufsätze zur englischen Sozialgeschichte des 18. und 19. Jahrhunderts, Frankfurt/M. 1980.

Thompson, E.P.: Der Exterminismus als letztes Stadium der Zivilisation. In: Das Argument 1981, 326-351.

Thompson, M.: Die Theorie des Abfalls. Über die Schaffung und Vernichtung von Werten, Stuttgart 1981.

Thurnwald, R.: Economics in Primitive Communities, Oxford 1932.

Tischler, W.: Einführung in die Ökologie, Stuttgart 1984.

Tönnies, F.: Gemeinschaft und Gesellschaft. Grundbegriffe der reinen Soziologie, Darmstadt 1979.

Trapp, M.: Utilitaristische Konzepte in der Soziologie. Eine soziologische Kritik von Homans bis zur Neuen Politischen Ökonomie. In: Zeitschrift für Soziologie 1986, 324-340.

Traube, K.: Vorwort. In: Perrow, C.: Normale Katastrophen. Die unvermeidbaren Risiken der Großtechnik, Frankfurt/M. 1987, IX-XIII.

Trepl, L.: Zur politischen Geschichte der biologischen Ökologie. In: Hassenpflug, D. (Hg.): Industrialismus und Ökoromantik. Geschichte und Perspektiven der Ökologisierung, Wiesbaden 1991, 193-210.

Türk, K.: Einführung in die Soziologie der Wirtschaft, Stuttgart 1987.

Vanberg, V.: Markt und Organisation, Tübingen 1982.

Virilio, P.: Der negative Horizont. Bewegung - Geschwindigkeit - Beschleunigung, München 1989.

Vobruda, G. (Hg.): Strukturwandel der Sozialpolitik. Lohnarbeitszentrierte Sozialpolitik und soziale Grundsicherung, Frankfurt/M. 1989.

Voß, G.G.: Berufssoziologie. In: Kerber, H. u. A. Schmieder (Hg.): Spezielle Soziologien. Problemfelder, Forschungsbereiche und Anwendungsorientierungen, Reinbek b. Hamburg 1994, 128-148.

Walzer, M.: Sphären der Gerechtigkeit. Ein Plädoyer für Pluralität und Gleichheit, Frankfurt/M. 1992.

Wassermann, O., C. Alsen-Hinrichs u. U.E. Simonis: Die schleichende Vergiftung, Frankfurt/M. 1990.

Weber, M.: Vom inneren Beruf zur Wissenschaft. In: Winkelmann J. (Hg.): Max Weber. Soziologie, Weltgeschichtliche Analysen, Politik, Stuttgart 1968, 311-340.

Weber, M.: Wirtschaft und Gesellschaft. Grundriss der verstehenden Soziologie, Tübingen 1980.

Weber, M.: Gesammelte Aufsätze zur Religionssoziologie I, Tübingen 1988a.

Weber, M.: Gesammelte Aufsätze zur Wissenschaftslehre, Tübingen 1988b.

Weede,, E.: Wirtschaft, Staat und Gesellschaft. Zur Soziologie der kapitalistischen Marktwirtschaft und der Demokratie, Tübingen 1990.

Weingart, P.: Strukturen technologischen Wandels. Zu einer soziologischen Analyse der Technik. In: Jokisch, R. (Hg.): Techniksoziologie, Frankfurt/M. 1982, 112-141.

Weiß, J.: Wiederverzauberung der Welt? Bemerkungen zur Wiederkehr der Romantik in der gegenwärtigen Kulturkritik. In: Neidhardt, F., R.M. Lepsius u. J. Weiß (Hg.): Kultur und Gesellschaft. Sonderheft 27 der Kölner Zeitschrift für Soziologie und Sozialpsychologie, Opladen 1986, 286-301.

Weiß, J. (Hg.): Max Weber heute. Erträge und Probleme der Forschung, Frankfurt/M. 1989.

Wendorff, R.: Zeit und Kultur. Geschichte des Zeitbewußtseins in Europa, Opladen 1980.

Wendorff, R.: Dritte Welt und westliche Zivilisation. Grundprobleme der Entwicklungspolitik, Wiesbaden 1984.

Wendorff, R.: Tag und Woche, Monat und Jahr. Eine Kulturgeschichte des Kalenders, Opladen 1993.

Weizsäcker, E.U. von: Erdpolitik. Ökologische Realpolitik an der Schwelle zum Jahrhundert der Umwelt, Darmstadt 1992.

Weizsäcker, E.U. von (Hg.): Umweltstandort Deutschland. Argumente gegen die ökologische Phantasielosigkeit, Berlin 1994.

Weizsäcker, C. v. u. E.U. v. Weizsäcker: Fehlerfreundlichkeit. In: Kornwachs, K. (Hg.): Offenheit - Zeitlichkeit - Komplexität. Zur Theorie der offenen Systeme, Frankfurt/M. 1984, 167-187.

Welsch, W.: Unsere postmoderne Moderne, Darmstadt 1991.

Welzk, S.: Boom ohne Arbeitsplätze, Frankfurt/M. 1986.

Wicke, L.: Die ökologischen Milliarden. Das kostet die zerstörte Umwelt, München 1986.

Wiese, L. v.: Wirtschaftssoziologie. In: Beckerath, E. v., H. Bente u.a, (Hg.): Handwörterbuch der Sozialwissenschaften, Bd. 12, 1965, 247-254.

Wiesenthal, H.: Rational Choise. Ein Überblick über Grundlinien, Theorienfelder und neuere Themenakquisition eines sozialwissenschaftlichen Paradigmas. In: Zeitschrift für Soziologie 1987, 434-449.

Wiesenthal, H.: Das Syndrom Arbeitszeitflexibilität. In: Seifert, E.K. (Hg.): Ökonomie und Zeit. Beiträge zur interdisziplinären Zeitökonomie, Frankfurt/M. 1988, 189-207.

Wiesenthal, H.: Lernchancen der Risikogesellschaft. Über gesellschaftliche Innovationspotentiale und die Grenzen der Risikosoziologie. In: Leviathan. Zeitschrift für Sozialwissenschaft 1994, 135-159.

Williams, R.: The Sociology of Culture, New York 1982.

Williams, R.: Television. Technology and Cultural Form, London 1990.

Willis, P.: "Profane Culture". Rocker, Hippies. Subversive Stile der Jugendkultur, Frankfurt/M. 1981.

Willis, P.: Spaß am Widerstand, Frankfurt/M. 1982.

Willis, P.: Erziehung im Spannungsfeld zwischen Reproduktion und kultureller Produktion. In: Das Argument 1990, 9-28.

Willis, P.: Jugend-Stile: Zur Ästhetik der gemeinsamen Kultur, Hamburg 1991.

Willke, H.: Kontextsteuerung und Re-Integration der Ökonomie. Zum Einbau gesellschaftlicher Kriterien in ökonomische Rationalität. In: Glagow, M. u. H. Willke (Hg.): Dezentrale Gesellschaftssteuerung. Probleme der Integration polyzentrischer Gesellschaft, Pfaffenweiler 1987, 155-172.

Wiswede, G.: Über die Entstehung von Präferenzen. In: Heinemann, K. (Hg.): Soziologie wirtschaftlichen Handelns. Sonderheft 28 der Kölner Zeitschrift für Soziologie und Sozialpsychologie, Opladen 1987, 40-53.

Wiswede, G.: Soziologie, Landsberg, 1991.

Wolf, R.: Zur Antiquiertheit des Rechts in der Risikogesellschaft. In: Leviathan 1987, 357-391.

Wolf, R.: "Herrschaft kraft Wissen" in der Risikogesellschaft. In: Soziale Welt 1988, 164-187.

Wolf, R.: Sozialer Wandel und Umweltschutz. Ein Typologisierungsversuch. In: Soziale Welt 1992, 351-376.

Worster, D.: Nature's economy. A history of ecological ideas, Cambridge 1985.

Wouters, C.: Informalisierung und der Prozeß der Zivilisation. In: Gleichmann, P., J. Goudsblom u. H. Korte (Hg.): Materialien zu Norbert Elias' Zivilisationstheorie, Frankfurt/M. 1977, 279-298.

Zapf, W.: Individualisierung und Sicherheit, München 1987.

Zieschank, R.: Bodenschutz. Ein Kernelement präventiver Umweltpolitik. In: Simonis, U.E. (Hg.): Präventive Umweltpolitik, Frankfurt/M. 1988, 245-258.

Zoll, R. (Hg.): Zerstörung und Wiederaneignung von Zeit, Frankfurt/M. 1988a.

Zoll, R.: Zeiterfahrung und Gesellschaftsform. In: Zoll, R. (Hg.): Zerstörung und Wiederaneignung von Zeit, Frankfurt/M. 1988b, 72-88.

Zoll, R.: Alltagssolidarität und Individualismus. Zum soziokulturellen Wandel, Frankfurt/M. 1993.

Aus dem Programm
Sozialwissenschaften

WESTDEUTSCHER VERLAG
Abraham-Lincoln-Str. 46 · 65189 Wiesbaden
Fax (06 11) 78 78 - 420

Aus dem Programm
Sozialwissenschaften

Willi Küpper · Günther Ortmann (Hrsg.)

MIKROPOLITIK

RATIONALITÄT,
MACHT UND SPIELE
IN ORGANISATIONEN

Westdeutscher Verlag

Willi Küpper / Günther Ortmann (Hrsg.)
Mikropolitik
Rationalität, Macht und Spiele
in Organisationen
2., durchges. Aufl. 1992. 240 S. Kart.
ISBN 3-531-12018-2
Wichtige Vertreter der betriebswirtschaftlichen Organisationslehre (Staehle, Küpper, Ortmann), der Organisationssoziologie (z. B. Luhmann) und -psychologie (Neuberger), der Volkswirtschaftslehre (Duda, Fehr) und der Industriesoziologie (Berger) legen hier neue theoretische Arbeiten zu Macht, Mikropolitik und Spielen in Organisationen vor.

„(...) In diesem Sammelband wird ein hochinteressantes und zukunftsfähiges Thema auf vielseitige und anregende Weise angegangen, der Rezensent fand in diesem Buch keine einzige langweilige Seite."

Kölner Zeitschrift für Soziologie
und Sozialpsychologie

Bernhard Glaeser / Parto Teherani-Krönner (Hrsg.)
**Humanökologie
und Kulturökologie**
Grundlagen – Ansätze – Praxis
1992. 443 S. Kart.
ISBN 3-531-12375-0
„(...) Insgesamt liegt hier ein ausgezeichnetes Fachbuch vor, wissenschaftlich fundiert, dem Leser sprachlich gut zugänglich, informativ und zeitweise geradezu spannend zu lesen, zum Nachdenken und Handeln herausfordernd."

technik und mensch

Georg Kneer
Rationalisierung, Disziplinierung und Differenzierung
Zum Zusammenhang von Sozialtheorie
und Zeitdiagnose bei Jürgen Habermas,
Michel Foucault und Niklas Luhmann
1996. 425 S. Kart.
ISBN 3-531-12846-9
Die Untersuchung thematisiert den Zusammenhang von Sozialtheorie und Zeitdiagnose bei Jürgen Habermas, Michel Foucault und Niklas Luhmann. Das Einführungskapitel führt mit Bezug auf die Schriften Max Webers zur leitenden Problemstellung: Welcher grundbegriffliche Rahmen ermöglicht es, den Phänomenbereich des Sozialen kategorial zu erschließen und erweist sich zugleich konzeptionell geeignet für eine Theorie und Diagnose moderner Gesellschaften? In den anschließenden drei Hauptteilen erfolgt die Rekonstruktion der Schriften von Habermas, Foucault und Luhmann, wobei die einzelnen Teile wechselseitig aufeinander verweisen.

WESTDEUTSCHER VERLAG
Abraham-Lincoln-Str. 46 · 65189 Wiesbaden
Fax (06 11) 78 78 - 420